何琳儀 著

# 戰國文字通論

訂補

上海古籍出版社

### 圖書在版編目(CIP)數據

戰國文字通論：訂補/何琳儀著. —上海：上海古籍出版社，2021.5（2024.7重印）
ISBN 978-7-5325-9959-2

Ⅰ.①戰… Ⅱ.①何… Ⅲ.①漢字－古文字學－研究－戰國時代 Ⅳ.①H121

中國版本圖書館 CIP 數據核字(2021)第 068154 號

---

### 戰國文字通論(訂補)

何琳儀 著

上海古籍出版社出版發行

(上海市閔行區號景路 159 弄 1–5 號 A 座 5F　郵政編碼 201101)

(1) 網址：www.guji.com.cn
(2) E-mail: gujil@guji.com.cn
(3) 易文網網址：www.ewen.co

蘇州市越洋印刷有限公司印刷

開本 700×1000　1/16　印張 35.75　插頁 7　字數 513,000

2021 年 5 月第 1 版　2024 年 7 月第 2 次印刷

印數：2,101—2,700

ISBN 978-7-5325-9959-2

H·237　定價：138.00 元

如有質量問題.請與承印公司聯繫

燕文字一

1　郾王喜劍（《集成》11614）
2　郾王職戈（《集成》11227）

燕文字二

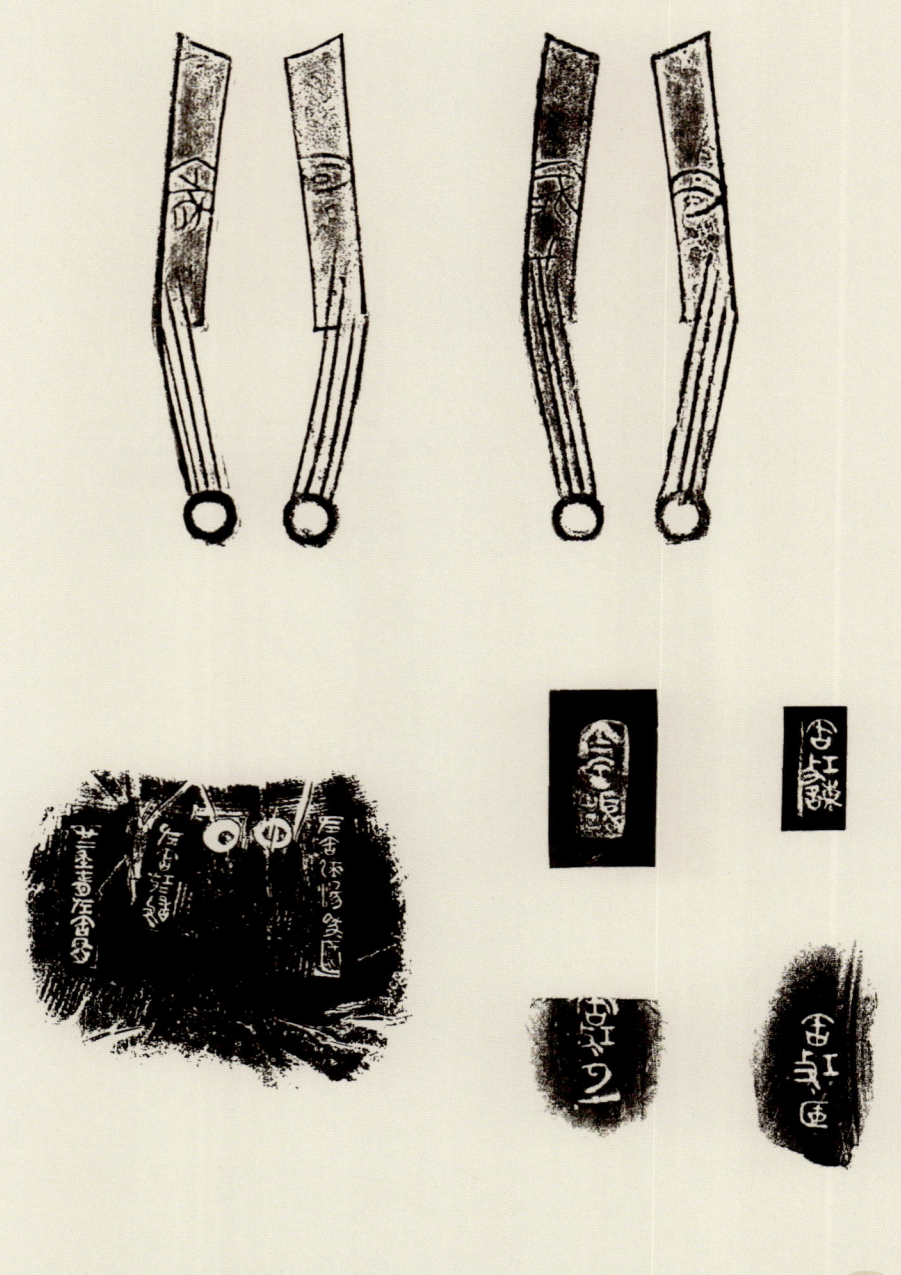

1　燕刀幣（《中國歷代貨幣大系・先秦》）
2　燕陶文（《古陶文彙編》）

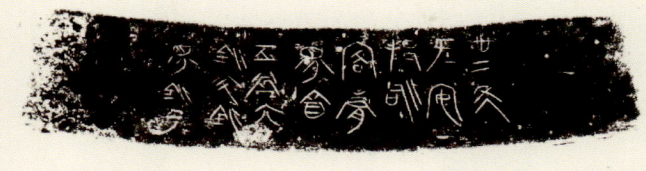

1　卅二年坪安君鼎（《集成》02764·2）
2　戰國中山王鼎（《集成》02840A）

三晋文字二

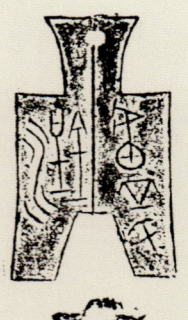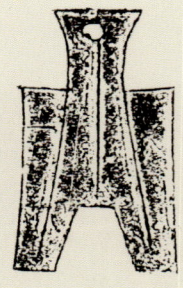

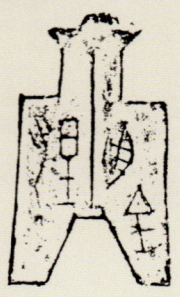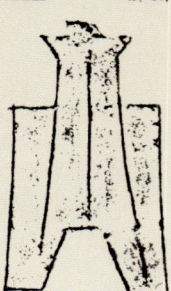

1　閟令趙狽矛（《集成》11561）
2　廿二年屯留戟（《珍秦齋藏金·吳越三晉篇》）
3　銳角布（百涅）（《中國歷代貨幣大系·先秦》）

齊文字一

1　十四年陳侯午敦（《集成》04646）
2　陳純釜（《集成》10371）

齊文字二

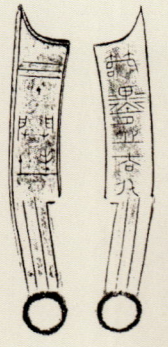
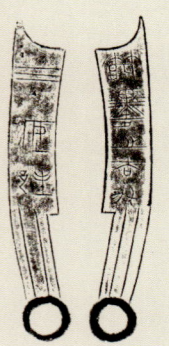

1　子禾子左戟（《集成》11130）
2　齊陶文（《古陶文彙編》）
3　齊刀幣、刀範（《中國歷代貨幣大系·先秦》）

楚文字一

1　鄂君啟節（《中國歷史博物館藏法書大觀・金文》）
2　長沙子彈庫楚帛書（《楚帛書》）
3　楚王酓肯簠（《集成》04551・1）

楚文字二

郭店楚簡・老子

楚文字三

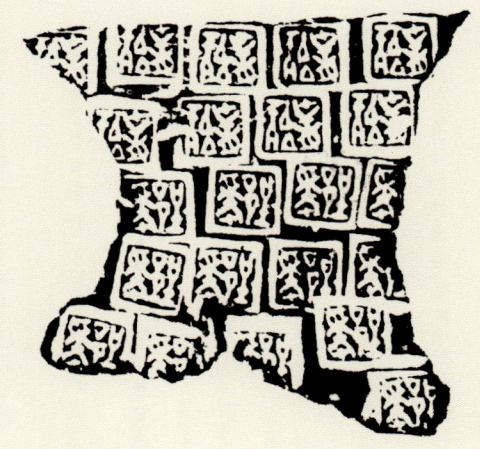

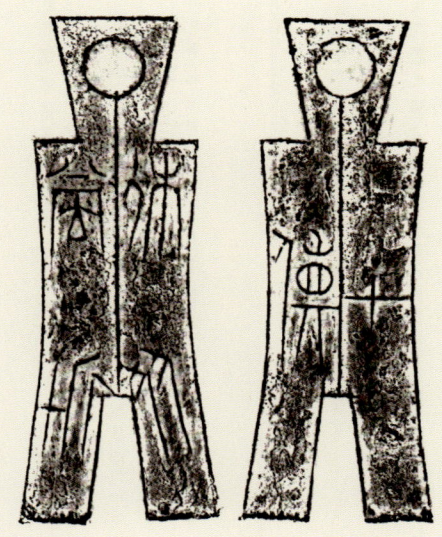

楚金版、布幣（《中國歷代貨幣大系・先秦》）

秦文字一

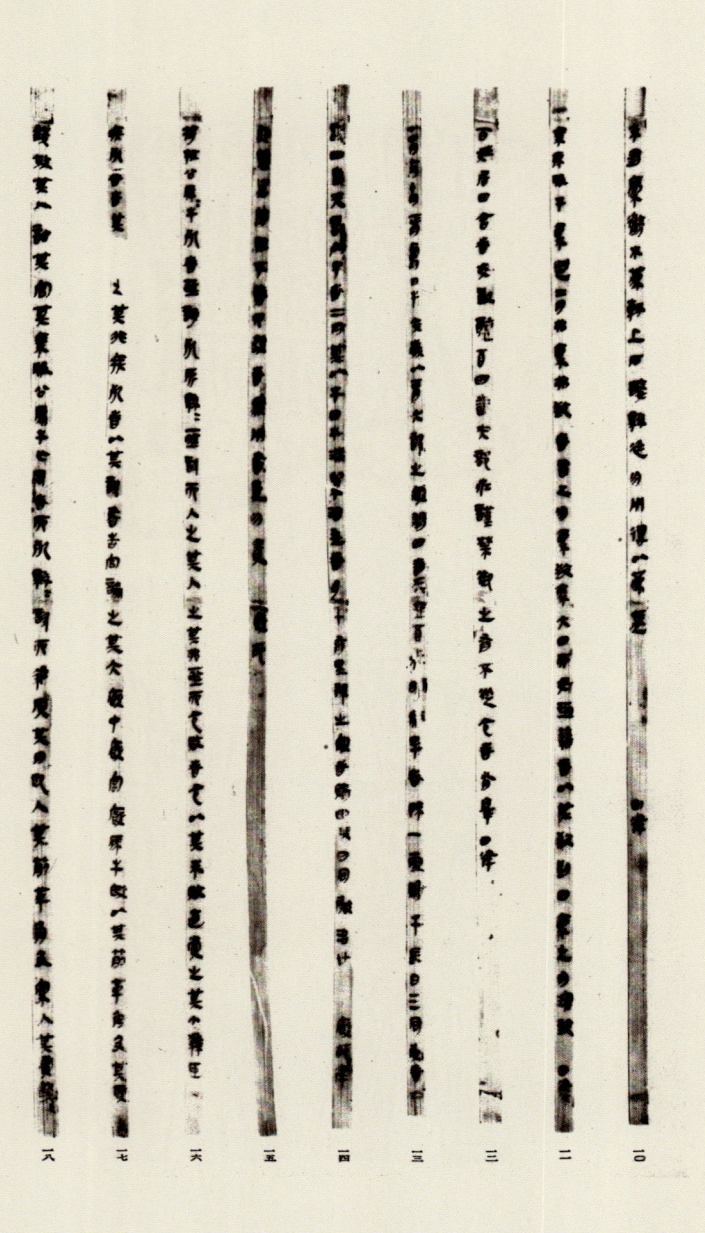

睡虎地秦簡・秦律十八種

秦文字二

 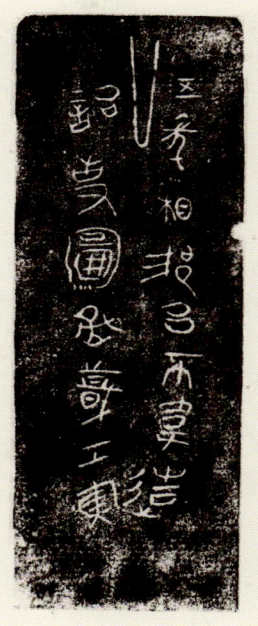

1　五年相邦吕不韋戈（《集成》11396B1）
2　秦半兩錢（《中國歷代貨幣大系·先秦》）

秦文字三

 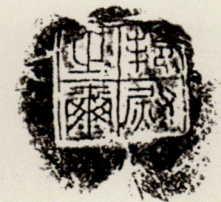 

1 秦封泥（《中國封泥大系》）
2 秦陶文（《古陶文彙編》）

秦文字 四

瑯邪臺刻石（《書道全集》）

古璽文字

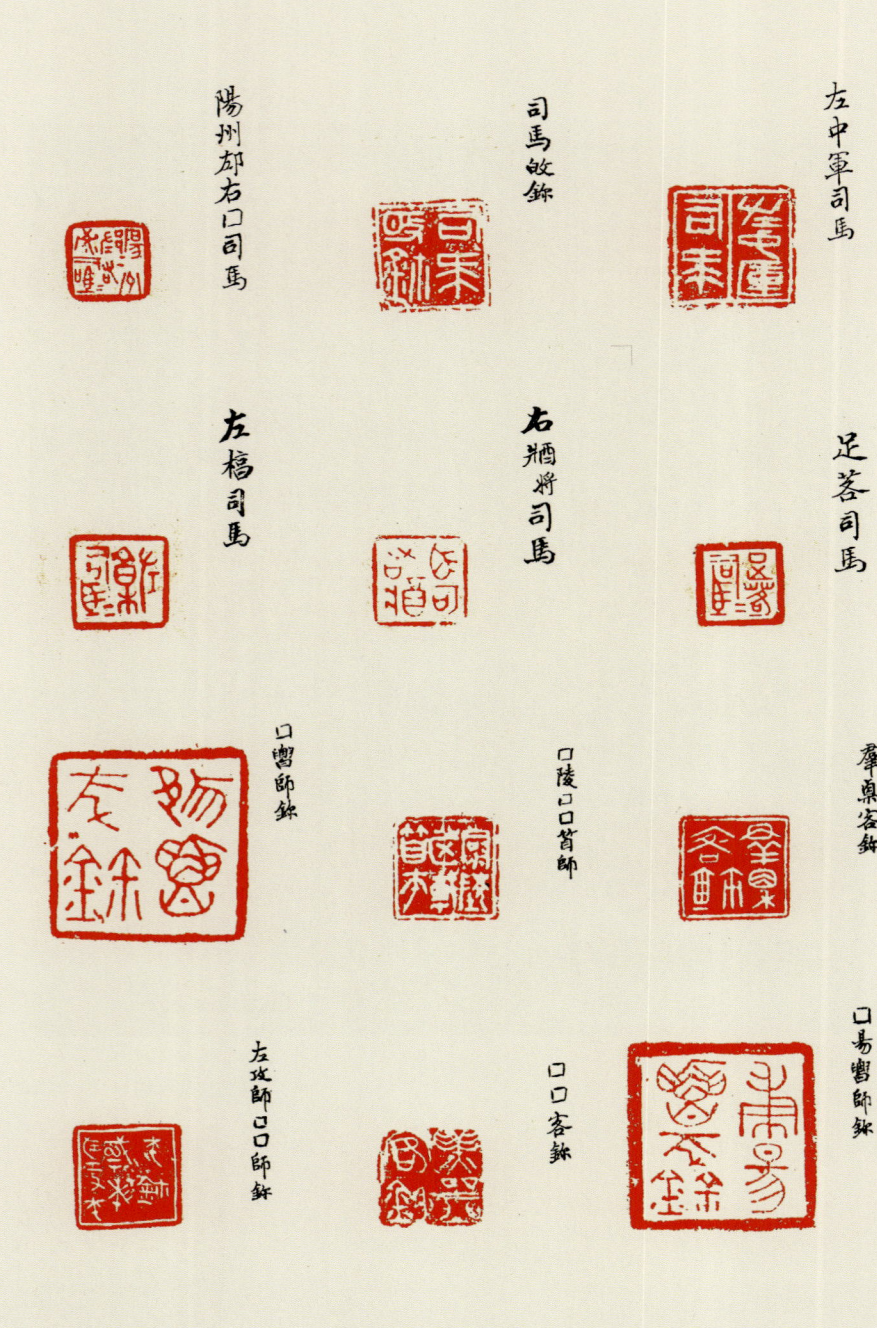

戰國官璽（《古璽彙編》）

# 再 序

李學勤

我應何琳儀教授之邀，爲他的《戰國文字通論》一書的初版作序，時間是在 1987 年的冬天。這部專著於 1989 年由中華書局印行，很受學者們的歡迎。荏苒至今，不覺已經十多年了。

這期間，中國正經歷不平凡的變革，科學事業的各方面都取得了明顯的進步。中國古文字學，伴隨着考古工作的開展，成績也很彰著，而在古文字學的幾個分支裏，戰國文字研究的前進尤其突出。

學科的分支化，是其發展的一項重要標誌。例如現代的物理學，按照通行的《學科專業目錄》，就分爲理論物理、粒子物理與原子核物理、原子與分子物理、等離子體物理、凝聚態物理、聲學、光學、無綫電物理等分支。中國古文字學的發展史也是這樣，陸續形成了甲骨文研究、金文研究、簡帛研究等獨立的分支。戰國文字研究的興起是比較晚的，但其成爲一種新的分支却相當快速，確定了自己的領域和方法，積累起自己的材料與文獻，隨之專門的學者隊伍也組織起來。

《戰國文字通論》的初版，對這一學科分支的早期成果做了綜合總結。因此，我在那時寫的序言中曾説，該書的出版，"在這一分支學科的成長過程中，是一件大事，必將促進學科的深入發展，有利於中國古文字學的進步"。

如果説戰國文字研究在當時還處於成長的階段，作爲學科分支没有爲大家充分認識的話，在今天，這一學科分支可以説業已臻於成熟了。值得注意的是，戰國文字研究本身又在進一步分支化。

《戰國文字通論》已依據學者的研究成果，將戰國文字劃分爲齊、燕、晉、楚、秦五系。這五系文字，都有專門的論作發表，但因爲各系已發現材料數量並不均衡，有的系的研究進展特快，已顯露建立爲分支的趨勢。

　　首先表現這種傾向的是秦文字。早自王國維先生，即以西土的秦文字與東土的六國古文相區別。近年有學者集中輯錄秦文字材料，雲夢睡虎地的秦簡也有文字編問世。日前傳來訊息，湖南龍山里耶新出秦簡，竟多達約兩萬支，這無疑會大爲開拓我們對秦文字的眼界。

　　同樣重要而更需要研究精力的是楚文字。1933 年發現的壽縣李三孤堆楚金文，1942 年發現的長沙子彈庫楚帛書，20 世紀 50 年代開始出土的楚竹簡，已使楚文字躍爲學者論析的焦點。前些年新出的荊門郭店楚簡與上海博物館收藏的楚簡，更確立了楚文字的重要地位。今天研究六國文字，不得不先從楚文字入手。和秦文字得到重點研究一樣，楚文字研究也趨於專門化。

　　這一類徵象表明，戰國文字研究有很多新内涵，有待再加綜合總結。何琳儀教授在此時增訂再版他的《戰國文字通論》，正是適應了這樣的需要。

　　何琳儀教授一直在戰國文字研究的前沿辛勤工作。1998 年，他出版了厚 1 600 頁的《戰國古文字典——戰國文字聲系》。這部巨作不妨説是戰國文字的一次普查，處處顯示出作者的深厚功底與敏鋭識見。書内許多觀點，同《戰國文字通論》相通，讀者如能合觀，必能有左右逢源的感受。

2002 年 7 月 16 日

# 序　言

李學勤

　　東漢許慎撰《説文解字·叙》，描述戰國時期"分爲七國，田疇異畝，車涂異軌，律令異法，衣冠異制，言語異聲，文字異形"。清段玉裁注云，所謂"言語異聲，文字異形"，即"各用其方俗語言，各用其私意省改之文字也。言語異聲則音韻岐，文字異形則體製惑，車同軌、書同文之盛於是乎變矣"。按子思著《中庸》，引孔子的話説，"今天下車同軌，書同文，行同倫"，是春秋晚期文字尚能維持大體一致，至戰國時歧異始形顯著，爲一大變。秦兼併六國，以秦文字爲標準，"罷其不與秦文合者"，又爲一大變。由此看來，戰國文字在中國文字演變史上自成段落，應當專門加以研究。

　　北宋以來學者重視青銅器銘文，所指主要是商代晚期至春秋的文字。清末甲骨文發現，商代文字研究更爲興盛。戰國文字，由於材料繁多分散，且少長篇巨製，歷來不爲學者所重；加以戰國文字有其本身種種特點，雖有著作涉及，每每難於掌握其間規律，在釋讀上造成許多誤解，以訛傳訛，歷久不改。這不僅影響着對文字演變的通盤瞭解，而且對古代歷史文化的探索也有不小妨礙。戰國文字作爲系統研究的對象，是在 20 世紀 50 年代開始的，二十多年間發展迅速，迄今已形成中國古文字學的一個獨立分支。

　　戰國文字研究發展的標誌是：已經有了相當數量的研究成果，已經有了一批專心從事這方面研究的人員。中國古文字研究會各屆年會都有戰國文字研究的論文提出。在研究生培養上，也有了以戰國文字研究作爲專業方向或者論文主題的。隨着近年田野考古工作的開展，新的戰國文字材料大量出現，實際工作迫切要求有關研究成果的傳布普及。從各方面看，對戰國文字研究的豐富收穫進行總結綜合，現在不但是可能的，而且是必要的。何琳儀同志這部《戰國文字通論》正好滿足了大家的希望和要求。

何琳儀同志從學於古文字學界前輩于省吾先生，取得學位後，在吉林大學講授戰國文字。他在古文字學方面有深厚基礎，因而論述戰國文字，能由古文字流變全局著眼。《通論》一書有兩點優長，是特別值得向讀者推薦的：

第一，是博採衆説，去取矜慎。如前所言，戰國文字材料本多瑣碎，考釋論著爲數頗多，兩者都不便蒐集，讀者苦於難觀其全。《通論》篇幅雖屬有限，但已將各家成説盡可能搜羅在内，予以系統化。書中特别注意吸收學術界最新研究成果，包括一些剛剛發表的，也已收入融會。

吸收已有成果，貴在有所别擇。任何學科，尤其是像戰國文字研究這樣成形不久，正處在發展時期的分支學科，學者間難免有若干爭論，新説也必然有不能成立者。本書不狃於舊説，亦不惑於新義。例如幾年前我曾寫一小文，論及上海博物館收藏有江陵地名的戰國官璽，何琳儀同志取文中釋地部分，而芟除所釋未妥部分，甚爲允當，值得感謝。

第二，是推陳出新，多有創見。本書雖然是一部"通論"，首先側重於綜述，而各章節中實含有作者精心研究的新獲，不少即在舉例之間，請讀者不要忽視。以下試選數例聊見一斑。

燕國長條形璽，多有勹字，前人多置不釋。或釋爲卩，讀爲節，亦嫌未妥。《通論》由于省吾先生釋甲骨文勹字出發，釋此字爲勹，讀爲符，是新穎的見解。此例一。

趙國相邦春平侯等鈹，刻銘有時有"左右伐器"之詞，舊多不識，或識之而不知所云。《通論》引《楚辭·天問》及注，指出"伐器"猶言兵器，解決了這一疑難。此例二。

江蘇盱眙南窰莊出土銅壺，曾經幾位學者討論，銘文釋讀逐漸明晰。其中有"重金某某"四字，後兩字就是"絡壺"，壺字之釋，是由於認爲該字是器名，實不妥當。《通論》改釋爲"絡裏"，可讀爲"絡鑲"，與此器有鏤空銅絲網套及錯金、鑲嵌綠松石吻合。此例三。

河北平山出土中山王方壺，銘文有𢦏，即絕字，字从刀作。《通論》引孔廣居《説文疑疑》説，指出前人預見這一點。此例四。

河南信陽長臺關出土楚簡，有"[相]附如會，相保如介"之語，《通論》説明附、會，保、介意義相關，如爲連詞。按《大戴禮記·文王官人篇》"志殷如淡（深），其氣寬以柔，其色儉而不諂"，如字用法正與此同。此例五。

這五個例子不過是隨手拈來，書中還有許多新見解。各章所論戰國文字變化規律，更是富於啟示性，對讀者有很大幫助。

《戰國文字通論》的出版，在這一分支學科的成長過程中，是一件大事，必將促進學科的深入發展，有利於中國古文字學的進步。蒙琳儀同志叫我寫幾句話，我是極感欣幸的。所説容有不當，請琳儀同志和大家指正。

1987年11月

# 目　　録

再序 …………………………………………………… 李學勤　001
序言 …………………………………………………… 李學勤　001

**第一章　戰國文字的發現和研究** …………………………… 001
　第一節　引言 …………………………………………… 001
　第二節　古代戰國文字的發現和研究 ………………… 003
　第三節　近代戰國文字的發現和研究 ………………… 009
　第四節　現代戰國文字的發現和研究 ………………… 015
　第五節　戰國文字的分類 ……………………………… 031
　第六節　小結 …………………………………………… 042

**第二章　戰國文字與傳鈔古文** …………………………… 044
　第一節　引言 …………………………………………… 044
　第二節　籀文 …………………………………………… 045
　第三節　《說文》古文 ………………………………… 052
　第四節　三體石經古文 ………………………………… 067
　第五節　《汗簡》和《古文四聲韻》古文 …………… 077
　第六節　小結 …………………………………………… 090

## 第三章　戰國文字分域概述 ········· 092
### 第一節　引言 ········· 092
### 第二節　齊系文字 ········· 094
### 第三節　燕系文字 ········· 113
### 第四節　晉系文字 ········· 131
### 第五節　楚系文字 ········· 176
### 第六節　秦系文字 ········· 218
### 第七節　小結 ········· 247

## 第四章　戰國文字形體演變 ········· 251
### 第一節　引言 ········· 251
### 第二節　簡化 ········· 252
### 第三節　繁化 ········· 263
### 第四節　異化 ········· 276
### 第五節　同化 ········· 299
### 第六節　特殊符號 ········· 304
### 第七節　小結 ········· 317

## 第五章　戰國文字釋讀方法 ········· 319
### 第一節　引言 ········· 319
### 第二節　歷史比較 ········· 323
### 第三節　異域比較 ········· 328
### 第四節　同域比較 ········· 337
### 第五節　古文比較 ········· 343
### 第六節　諧聲分析 ········· 349
### 第七節　音義相諧 ········· 353

第八節　辭例推勘 …………………………………… 359
　　第九節　語法分析 …………………………………… 366
　　第十節　小結 ………………………………………… 369

**餘論** …………………………………………………… 372

**引用書刊簡稱表** ……………………………………… 378

**後記（一）** …………………………………………… 383

**後記（二）** …………………………………………… 384

**附錄：論著目錄** ……………………………………… 386
　　大陸論著目錄 ………………………… 徐在國　386
　　港澳論著目錄 ………………………… 袁國華　532
　　臺灣論著目錄 ………………………… 季旭昇　539
　　國外論著目錄 ………………………… 徐在國　556

**出版後記** ……………………………………………… 562

# 第一章 戰國文字的發現和研究

## 第一節 引言

漢語古文字，顧名思義是指記錄上古漢語的文字，通常特指包括小篆在內的先秦古文字（有些學者主張漢武帝以前的古隸也屬於古文字範疇）。近幾十年來，古文字學界都傾向於把漢語古文字分爲殷商文字、西周春秋文字和戰國文字三部分。我們認爲，這種三段分期法基本能夠反映三段歷史時期的文字發展演變過程。

戰國文字是漢語古文字的晚期書寫形式。從字體而言，戰國文字既包括筆畫圓轉的篆書，也包括筆畫方折的古隸；從書寫材料而言，戰國文字既包括金屬、石器、陶器、木器、漆器，也包括絲織品。僅就外在形式觀察，戰國文字就是一相當複雜的概念。因此，在介紹這種古文字之前首先必須搞清它的範疇。

戰國時期的下限，公認爲秦始皇統一六國之年，即公元前221年。戰國時期的上限則有公元前481年（上接《春秋》終年）、公元前475年（周元王元年）、公元前468年（周貞定王元年）、公元前403年（三家始封諸侯）等異說[①]。

戰國文字的使用時間，一般說來應與歷史上的戰國時期相對應。然而，不同期古文字的分期絕不能如歷史年表那樣整齊劃一（何況上舉戰國始年已在近 80 年間浮動),其形體也絕不會因改朝換代而發生突變。文字的變異總是按照自身的演進規律而發展變化。一般說來,這種發展變化都要經歷一段較長的漸變過程。殷代文字演變爲西周文字,西周文字演變爲春秋文字,春秋文字演變爲戰國文字,都有其歷史、地域、人爲諸方面的複雜因素。很難設想,一種古文字在某天早晨會變成另一種古文字。秦始皇統一六國之後,采取中央集權的威力,罷黜六國古文,推行秦文字,是一場雷厲風行的文字革命,堪稱文字學史上僅見的文字"突變"。儘管如此,也不能把秦代小篆開始使用的時間限定爲公元前 221 年。因爲,前此不久秦國已出現了像新郪虎符那樣標準的小篆②。而後此幾十年的秦漢竹簡帛書文字中也時常可以找到六國古文的影子③。因此,機械地劃分戰國文字使用年代的上下限是不够妥當的。

其實,自春秋中期以來,列國文字已開始發生引人矚目的變異,其形體結構和書寫風格都逐漸失去西周文字的特點,而開啓戰國前期文字的先河。下面試舉若干春秋中期以後的金文,以之與戰國文字相互比較:

| 春秋中期以後 | | | 戰國時期 | | |
|---|---|---|---|---|---|
| 屯 | 󰀀 | 叔夷鎛 | 屯 | 󰀀 | 陳純釜"純" |
| 國 | 󰀀 | 國差𦉢 | 國 | 󰀀 | 《陶彙》3·1005 |
| 合 | 󰀀 | 晉公盦 | 合 | 󰀀 | 槁朝鼎 |
| 四 | 󰀀 | 郘鐘 | 四 | 󰀀 | 大梁鼎 |
| 吉 | 󰀀 | 徐沈尹鉦 | 吉 | 󰀀 | 《包山》204 |
| 乘 | 󰀀 | 鄧公乘鼎 | 乘 | 󰀀 | 鄂君啓車節 |

不難發現二者筆畫結構一脈相承,呈現典型的晚周文字風格。至於春秋中期以降的楚系銘文,諸如王子嬰次爐、王子申盞等,與戰國早期嗇章諸器、曾侯乙諸器等風格類似,更是一目了然。而南方楚國,包括吴、越、蔡等國的銅器銘文中的花體字,其春戰之際的界限就更難以掌握了。因此,對戰國文字使用時間的上下限,乃至對一種字體的始末予以探討,只能求其概

數,而不宜强指其絶對年代。

　　基於這種認識,所謂"戰國文字"的上下限應是比較寬的。我們認爲如春秋末年的侯馬盟書(或以爲戰國初年)以及部分越國、蔡國銅器銘文,乃至年代頗有争議的石鼓文,都可以與戰國文字對比研究。同理,秦統一後的若干銅器銘文和簡牘文字,也可以與戰國文字對比研究。至於時代不宜確指的貨幣、璽印、陶文等材料,我們也間或採用春秋戰國之際和秦統一以後者。這不僅便於文字學方面的比較研究,而且與文字形體"漸變"的規律也是並行不悖的。

　　總之,我們所討論的"戰國文字"材料並不十分嚴格地局限於歷史上的戰國時期,而間有闌入春秋末期和秦統一以後者。大體可以這樣説:古文字學中的所謂"戰國文字",是指春秋末年至秦統一以前這段歷史時期内,齊、燕、韓、趙、魏、楚、秦等國曾使用過的一種古文字。戰國文字在漢字發展史中是上承春秋金文,下啓秦漢篆隸的重要環節。

　　下面就按古代、近代、現代的時間順序,介紹歷代戰國文字出土和研究的概況。

**注釋:**

① 楊寬《戰國史》4頁,上海人民出版社,1980年。
② 唐蘭《中國文字學》156頁,上海古籍出版社,1979年。
③ 李學勤《秦簡的古文字學考察》,引《雲夢秦簡研究》341頁,中華書局,1981年;又《新出簡帛與楚文化》,引《楚文化新探》39頁,湖北人民出版社,1981年。

## 第二節　古代戰國文字的發現和研究

### 一、兩漢時期

　　戰國文字材料的首次發現應追溯到兩千年前的西漢前期。

　　漢惠帝四年(公元前191年),詔令廢除秦始皇時期頒行的"挾書律",許多秦火之餘的戰國古籍賴以保存下來。例如：河間人顏貞秘藏《孝經》、北平侯張蒼所獻《左傳》、河間獻王所得《周禮》等儒家典籍相繼發現。不過這一時期轟動一時而對後世産生巨大影響的事件，當首推孔子壁中書的發現。

西漢景武之際，魯恭王在山東曲阜孔子故宅墻壁中意外地獲得一批珍貴的儒家典籍。這些典籍書寫於竹簡之上，其文字與當時通行的隸書迥然不同。後來稱這批典籍爲"古文經"，其文字爲"古文"。其實這是戰國文字的首次大規模發現，遺憾的是這一點有意無意地被人們忽視了。"古文經"出現後，立即遭到"今文經"學家的激烈反對。然而也有少數有識之士非常珍視這批新材料，並用以校正當時通行的"今文經"。例如：武帝時學者孔安國得古文《尚書》，則"以今文讀之"（《史記·儒林傳》），並"以今讎古，以隸篆推科斗"（《孔叢子·與從弟書》）。這顯然是具體而微地整理和研究古文字。孔安國研究古文《尚書》應是古代研究戰國文字的濫觴。成帝"愍學殘文缺，稍離其真，乃陳發秘藏，校理舊文"（《漢書·劉歆傳》），乃詔劉向"校中五經秘書"（《漢書·劉向傳》）。西漢末年，劉向之子劉歆繼父之業負責整理這批"古文"材料時，勢必也和孔安國一樣，對其文字進行釋讀和校理。所謂"釋讀"，是研究任何一種古文字的先行步驟，也是最基礎的工作。又據《論衡·正説》記載，漢宣帝時"河内女子發老屋，得逸《易》、《禮》、《尚書》各一篇，奏之"，這也應是先秦"竹書"。延及東漢，研究"古文經"成爲一代風氣。兩漢古文經學家多是古文字學家，如張敞、桑欽、爰禮、揚雄、杜林、衛宏、徐巡、賈逵、許慎等人，均爲其中翹楚[①]。這一時期，應該特別指出的是東漢文字學大師許慎對戰國文字研究的功績。衆所周知，許慎《説文解字》的體例是"叙篆文，合以古籀"（《説文·叙》）。所謂"古籀"多是戰國文字的傳鈔材料，今天已成爲釋讀出土戰國文字的重要依據（詳第二章）。另外，通過古文、籀文與戰國文字及其他傳鈔材料的比較，還可以豐富我們對戰國文字形、音、義諸方面的認識。下面試舉幾例説明：

1.《説文》："周，古文周，从古文及。""乁，古文及，秦刻石及如此。弓亦古文及。"關於"周"从"及"，以往學者多有疑惑[②]。檢中山王圓壺銘之"周"作

"![]"③，中山國十四祀鼎銘之"筲"作"![]"④，《古文四聲韻》引《説文》"周"作"![]"。凡此證明戰國文字中的確有从"及"的"周"。當然，"周"何以从"及"，"及"何以省"又"作"人"形，尚值得進一步研究。但是，今後的研究方向應是用新出土的戰國文字印證許説，而不是否定或懷疑許説。

2.《説文》："![]，古文席，从石省。""囡"即"囟"⑤，乃"簟"之古文⑥。"囥"之所从"厂"爲聲符，"囡"乃形符。"厂"、"石"之省，可參九年衛鼎銘之"席"作"![]"，望山二號楚簡"席"作"![]"。《古文四聲韻》還保存着不省的"席"作"![]"。"席"从"石"得聲，聲韻均合。

3.《説文》："![]，古文伊，从古文死。"案，"![]"，从人，死聲。伊、死疊韻。望山一號楚簡之"死"作"![]"⑦，與《説文》古文契合。

4.《説文》："![]，古文備。"戰國文字標準形體作"![]"（隨縣簡），其所从右旁乃"箙"之初文，象"箭"倒置箭袋之形。或作"![]"（中山王鼎），其箭杆訛作"女"形，古文遂訛作"![]"。子備戈作"![]"，可證此訛體亦淵源有自⑧。

許慎對《説文》古籀的解釋當然未必盡確，有的結論還相當荒謬。例如：釋"爲"之古文"![]"字"象兩母猴相對形"，釋"省"之古文"![]"字"从少从囧"云云。然而通觀《説文》有關對古文、籀文的解釋，則不難看出許慎對這批不同於小篆的文字相當重視，並進行過深入的研究。他對古籀的形體分析，至今在研究戰國文字中仍有十分重要的借鑒意義。

總之，兩漢是研究"古文"的鼎盛時期。古文經學家在研究"古文經"的同時，對其文字的形體也進行研討。他們研究的對象"古文"，其實就是戰國文字。可惜由於"古文經"的亡佚，有關著作都未能流傳下來（《説文》除外），今天已無從瞭解其研究的詳情。

## 二、魏晉南北朝時期

這一時期，魏石經的刊立和汲冢竹書的發現，最值得大書特書。

魏石經刊行於魏曹芳正始年間，所以又名魏正始石經，以區別於漢熹平石經。魏石經碑文每字多載古文、篆文、隸書三種字體，所以也名三字石經或三體石經。石經古文與《説文》古文的形體十分接近，應是一個系統的文字(詳第二章第三節)。魏石經的刊立對"古文"的傳播和研究起過積極的作用。今天研究"古文"，除了《説文》古文之外，這批材料最爲可靠。因此，石經古文也是釋讀戰國文字的重要參證之一。

這時出土的戰國文字材料以汲冢竹書最爲顯赫。西晉武帝咸寧五年(公元279年)，今河南汲縣民不準盜掘戰國魏王古墓所得竹簡凡75篇，其中包括《周易》、《紀年》、《穆天子傳》、《瑣語》等16種，約10餘萬言(《晉書·武帝紀》)。這是繼孔子壁中書之後又一次重大的考古發現。與壁中書不同，汲冢竹書發現之時即受到政府的高度重視。太康二年(公元281年)，詔令當時著名學者整理這批竹書，寫出"隸古定"釋文。所謂"隸古定"就是把戰國古文寫成今隸，這當然屬於古文字研究範疇，我們今天尚能看到的《古本竹書紀年》佚文和《穆天子傳》，即西晉學者荀勖、和嶠、摯虞、衛恒、束晳等人整理這批竹書的部分結晶。另外，衛恒在整理竹書時通過分析同字異形，歸納爲數百條，撰《古文官書》一卷⑨。續咸撰《汲冢古文釋》十卷。這些都是專門研究古文字的著作，可惜唐宋以後已蕩然無存。

汲冢竹書與三體石經也是同一系統的文字(詳第二章第三節)。西晉學者在整理汲冢竹書之時，已有40年前刊立的石經作爲"隸古定"依據，顯然要方便得多。《穆天子傳》不到一年就整理完畢，其他竹書也於永康元年(公元300年)全部編校寫定⑩。杜預曾參考這批新出土的材料爲《左傳》做注。凡此説明汲冢竹書的整理速度和研究成果都相當可觀，這與三體石經的刊立和流布不無關係。

但是也必須指出，《紀年》的體例比較接近石經中的《春秋》，用後者常用的文字與前者戰國古文參讀，其文字障礙不會太多(《紀年》也偶存古字，如"宋景公縊"與宋公欒戈的"縊"同形，《史記》則作"欒")。然而《穆天子傳》所涉及的人名、地名、草木魚蟲、珍寶異器等文字則相當繁富，遠非石經古文所能囊括。今天能見到的《穆天子傳》雖是隸定本，然猶存古文。如"時"作"旹"(卷一)，"壽"作"㝉"(卷二)，"其"作"丌"(卷四)，"乘"作"椉"(卷六)等，均見於戰國文字。又如"山隒自出"（卷三），"隒"乃"陵"之古文⑪。其右下兩點，乃古"冰"字，爲疊加音符。這類形體，也可從散盤"[陵]"、長陵盉"[陵]"等"陵"字中得到驗證。又如"左驂赤虉，而左白俄"（卷四），郭注"俄，古義字"⑫。參照䣅王䁂戈"義"作"[羛]"（"羊"旁與"我"旁合書），其上方正從"羊"頭。可以推測，竹書原作"儀"，後隸定爲"俄"。類似的"古文"在《穆天子傳》中並不算少，應引起戰國文字研究者充分重視。

另外，南齊高帝時在湖北襄陽古墓中發現《考工記》10 餘簡，梁任昉獲《尚書》遺篇殘簡，今均亡佚。

總之，魏晉南北朝期間，以三體石經的刊立和汲冢竹書的發現最爲重要。這一時期原始材料和研究成果（如衛恒、續咸等人的著作）未能流傳至今，乃是戰國文字研究中的憾事。

### 三、唐宋元明時期

這一時期比較重要的收穫是石鼓文和詛楚文的發現。隋唐之際，在秦國故地雍邑發現 10 枚饅頭狀的石頭，上刻韻文 10 首，這就是著名的石鼓文。因爲石鼓文中有幾個字與《說文》籀文形體吻合，所以長期以來被誤認爲周宣王遺物。其實石鼓文乃是戰國秦文字（詳第三章第六節）。北宋中葉，也是在秦國故地又發現了詛楚文石刻。石鼓文和詛楚文爲研究秦始皇以前的秦國文字提供了絕好的材料。

考古材料的發現，往往能開拓人們的視野。以出土文獻驗證傳世文獻的方法，一直被古代學者所運用。衆所周知，隋初顏之推根據當時出土的秦權銘文"乃詔丞相狀綰"，糾正了《史記·秦本紀》"丞相隗林"的"林"是"狀"之訛（《顏氏家訓·書證》）。唐代傅奕根據北齊時發現的《古老子》，校訂通行本《道德經》等。

宋代，一些戰國銅器銘文被陸續發現。在宋人的金石著作裏，戰國銘文尚未能從兩周金文中分離出來，或係屬商代（如者旨於賜鐘），或係屬夏代（如蔡侯產戈）。以今天銅器斷代的水平來衡量，其荒誕自不待言。這時重要的金石著作有：呂大臨《考古圖》、王黼《宣和博古圖》、薛尚功《歷代鐘鼎彝器款識法帖》等。少數戰國銘文在這時被辨識出來。例如：經金石家趙明誠考訂的會章鐘，至今仍是楚國銅器銘文斷代的標準器。

北宋初年，郭忠恕根據當時尚能見到的"古文"材料，輯成《汗簡》。其後，夏竦又在該書基礎上增補許多"古文"，輯成《古文四聲韻》。這兩部書雖然取材較爲龐雜，且時有訛誤，但從保存傳鈔古文材料而言，至今仍有重要的參考價值。以往學者對這兩部書的評價甚低，考古新材料已經證明：《汗簡》和《古文四聲韻》乃是釋讀戰國文字不可缺少的工具書（詳第二章第五節）。

元、明兩代，戰國文字的材料既無重要發現，搜輯整理方面的工作也鮮有重要成果，故茲從略。

總之，唐代至明代的戰國文字資料所獲不多，搜輯和整理傳鈔古文則頗有成績，這爲今天我們研究戰國文字提供了某些方便條件。

西漢至明這段漫長的歷史歲月裏，出土戰國文字資料的數量和品類都很有限，惟獨竹簡文字資料堪稱大宗。古代學者對孔子壁中書、汲冢竹書等竹簡曾做過許多整理和研究工作。遺憾的是這些成果與竹書原物均已湮沒無聞，經傳注疏的"隸古定"及字書中的"古文"亦並非戰國文字的本來面貌，我們只能從傳鈔古文中得其仿佛。因此，對《說文》古文、籀文、三體石經、《汗簡》、《古文四聲韻》之類的傳鈔古文資料應倍加珍視。因爲古代學者對戰國文字的時代缺乏明確的認識，所以可稱"古代"爲"戰國文字研究的蒙昧階段"。

**注釋：**

① 王國維《兩漢古文學家多小學家說》，《觀堂集林》卷七，上海古籍出版社，1981年。
② 商承祚《說文中之古文考》11頁，上海古籍出版社，1983年。
③ 李學勤、李零《平山三器與中山國史的若干問題》，《考古學報》1979年2期。
④ 雍城考古工作隊《鳳翔縣高莊戰國秦墓發掘簡報》，《文物》1980年9期。
⑤ 唐蘭《古文字學導論》下編58頁，齊魯書社，1981年。
⑥ 李孝定《甲骨文字集釋》3.0689—0690，"中研院"史語所，1960年。
⑦ 中山大學古文字研究室《戰國楚簡研究》(3)17頁，1977年油印本。
⑧ 朱德熙《朱德熙古文字論集》203頁，中華書局，1995年。

⑨《古文官書》舊以爲漢衛宏著,其實"宏"乃"恒"之誤。《尚書大傳》"恒山"作"弘山",元魏避諱"恒農"爲"宏農",均其證。詳孫詒讓《籀廎述林》卷四。
⑩ 朱希祖《汲冢書考》37—43頁,中華書局,1957年。
⑪《文選·沈休文〈早發定山詩〉》注、《太平御覽》卷八均引作"丘陵自出"。
⑫ 通行本"赤"作"亦",今據《太平御覽》卷八九六引作"右驂赤驥,而左白義"改。

## 第三節　近代戰國文字的發現和研究

### 一、出土和研究概況

　　清代,尤其是乾嘉時期,正處於封建社會學術研究的頂峰階段。在"樸學"風氣的影響之下,"小學"的附庸"金石學"也有了長足的發展。內府編纂的《西清古鑑》和阮元編纂的《積古齋鐘鼎款識》,均被收入《皇清經解》,是其重要的標誌。

　　晚清以後出土的戰國銘文遽增,較著者有戰國早期田齊標準器——陳侯四器。兵器銘文的數量也遠遠超過前代。這一時期的金石著作總總林林,其中多載戰國銘文。例如:吳式芬《攈古錄金文》、吳大澂《愙齋集古錄》、方濬益《綴遺齋彝器款識》、劉心源《奇觚室吉金文述》、端方《陶齋吉金錄》等。

　　降至民國,出土戰國銘文尤富。最重要的收穫是,1928年至1930年間在洛陽金村古墓的發現。墓中所出驫羌鐘是戰國早期的魏國標準器,劉節、吳其昌、唐蘭、溫廷敬、郭沫若、徐中舒等學者均有專文考證①。該墓還出有若干有銘容器和金銀器,則是東周國的標準器②。金村古墓所出的這批銅器銘文資料,詳見加拿大懷履光《洛陽故城古墓考》③、日本梅原末治《洛陽金村古墓聚英》兩部著作。另一重要收穫是,1933年安徽壽縣朱家集楚王墓出土有銘銅器30餘件。其中酓忎諸器的器主是楚幽王熊悍,這爲戰國晚期楚國銅器銘文樹立了可靠的標尺。唐蘭、郭沫若、胡光煒、劉節等學者均有專文研究④。朱德熙研究戰國文字即從壽縣所出銅器入手,1947—1948年間朱氏先後撰寫三篇有關壽縣銅器的文章⑤,已表現出作者考釋戰國文字的功力。

該銅器群留存在國內者，多收入北京歷史博物館編纂的《楚文物展覽圖錄》。其他新出土戰國銘文尚多，茲不備述。劉體智《小校經閣金文拓本》、羅振玉《三代吉金文存》是這一時期集大成的金文總集，其中收錄的戰國銘文相當豐富，至今仍不失爲研究戰國兵器銘文的主要資料來源。

晚清以來，傳統金石學迅速發展，已漸有獨立之勢。學科分類的日趨精密，有利於促進在金石學園地裏開拓戰國文字研究的新領域。在戰國文字尚未明確地從舊金石學中分離出來以前，石器、貨幣、璽印、陶器等文字資料的整理和研究工作已先行展開。下面就簡單地介紹銅器銘文以外各種文字的研究概況。

石鼓文和詛楚文的研究，在民國期間頗爲興旺。郭沫若、馬叙倫、馬衡、唐蘭等學者都參加了石鼓文年代的討論⑥，羅振玉、張政烺、郭沫若等則通篇考釋石鼓文⑦，郭沫若《石鼓文研究》一書尤爲重要。關於詛楚文，容庚、郭沫若等均有專著研究⑧。商承祚《石刻篆文編》則是研究魏晋以前石刻的工具書。

現存最早的貨幣文字著作是宋代洪遵編寫的《泉志》，那時戰國貨幣尚未被人們所認識。貨幣文字形體簡易詭異，長期以來被誤認爲遠古或夏代的遺物，有太昊、高陽、黃帝幣之説⑨。自乾嘉古錢學家蔡雲提出"今所見金幣……蓋流行於春秋戰國"⑩的論斷，歷史上的種種謬説才得以澄清。有清一代古錢學家對戰國貨幣的整理和研究做了許多有益的工作。例如：李佐賢《古泉匯》對戰國貨幣出土地點和鑄造歷史的考證，馬昂《貨幣文字考》、劉心源《奇觚室吉金文述》對戰國貨幣文字的釋讀，都各具特色。1938年，丁福保編纂《古錢大辭典》，幾乎全部收入了當時見於著錄的古錢品種。該書附有釋文及諸家研究成果，甚便學者。與此同時，日本奥平昌洪編纂了《東亞錢志》，該書除間收不見於舊錢譜的珍品之外，還採用了近人的考釋，頗有參考價值。

璽印文字歷代都有發現，明代已出現印譜，但是比較系統地搜輯和整理璽印文字則是從清代開始的。與戰國貨幣相反，戰國璽印的時代曾一度被誤認爲秦漢。乾嘉著名學者程瑤田首先釋出"㦯爾"爲"私璽"，並指出"璽但用爾者，古文省也"⑪。程氏把戰國璽印文字歸屬於"古文"，見解十分犀利。

後來徐同柏索性把古璽稱爲"古文印"[12]，吳式芬又進一步分出"古璽官印"和"古朱文印"[13]。同治年間，陳介祺薈萃各家印譜編輯《十鐘山房印舉》，其中古璽的材料十分豐富。該書雖兼收漢以下材料，但是首列"古璽"，又進而先列官璽，後列私璽，這一體例至今仍在沿用。陳氏"朱文銅璽似六國文字，玉印似六國書法近兩周者"[14]的推測也頗有見地。光緒年間，吳大澂編纂《說文古籀補》。該書雖以收錄金文爲主，但兼收古璽570餘字，其釋讀間有可採。民國期間，丁佛言的《說文古籀補補》又對吳氏之書有所補充。嗣後出現許多古璽印譜，較重要者有黃濬《尊古齋古璽集林》、方清霖《周秦古璽菁華》等。1930年，羅福頤《古璽文字徵》出版，收錄可識璽文629字，這是我國第一部古璽字書。吳幼潛《封泥彙編》收錄十幾方戰國封泥，也是研究璽文的罕見對比材料。

清同治年間，陳介祺開始鑒定和搜輯山東濰縣出土的陶文。嗣後山東、河南、陝西等地又發現了齊、燕、韓、秦諸國陶文，其中以齊、燕舊地出土量最多。早期研究陶文的學者以陳介祺和吳大澂的貢獻最大，但二人的著作多未刊行。吳大澂對陶文研究的部分成果散見於《吳愙齋尺牘》，而《說文古籀補》對陶文的考釋不過反映他的部分研究成果而已。民國期間，丁佛言《說文古籀補補》、強運開《說文古籀三補》均收錄陶文。後來顧廷龍《古陶文舂錄》不但收錄陶文單字，而且附有辭例，體例更爲完備，是當時最權威的陶文工具書。這一時期幾篇有關陶文研究的論文頗具水平，例如：唐蘭考證陶文"陳向"即典籍之"田常"[15]，張政烺考證陶文"陳得"與陳璋壺、子禾子釜銘文的"陳得"實爲一人[16]。凡此種種無疑提高了陶文的史料價值。著錄陶文的著作主要有：陳介祺《簠齋藏陶》、劉鶚《鐵雲藏陶》、周進《季木藏陶》（參李零《新編全本季木藏陶》分類考釋）等。

1942年，在湖南長沙古墓出土的楚帛書，是戰國文字罕見的縑帛文字材料。楚帛書發現不久即流失國外，國內只有不精確的摹本，研究著作有蔡季襄《晚周繒書考證》。

1883年，吳大澂草創按《說文》順序收錄古文字的體例，編纂《說文古籀補》。這類古文字字典雖以收錄金文爲主，但也收錄了數量相當可觀的戰國銅器、兵器、貨幣、璽印、陶器等文字,這為戰國文字字形的系統整理奠定了基礎。這類字書對戰國文字的釋讀多有可取之處,至今仍有重要的參考價值。

以上吳大澂、丁佛言、強運開所著三書,就戰國文字的考釋水平而論,丁佛言《説文古籀補補》取得的成績最為突出。例如:"莓"(P2)、"登"(P6)、"屎"(P7)、"誃"(P11)、"朘"(P19)、"胎"(P19)、"虘"(P22)、"來"(P25)、"夏"(P25)、"韓"(P25)、"柏"(P26)、"瘳"(P36)、"咢"(P37)、"聘"(P51)、"永"(P63)、"垔"(P63)、"瘳"(P65)、"皿"(P68)、"厦"(P68)、"封人"(P72)、"相如"(P72)、"左"(P74)、"端"(P75)、"綴"(P76)等(其中也偶爾採用吳大澂、陳介祺之説),其釋讀往往隻言片語,然而"億則屢中"。至於其所釋"遷"(P7)、"犮"(P69)等,也可備一説。現代學者若干考釋與丁氏結論吻合,而漏引其説,是不應該有的疏忽。馬叙倫云:"丁於文字之學識尤陋謬,故其書無足多稱。"⑰可謂本末倒置,癡人説夢。1993年,筆者赴臺北做專題演講,高度評價《補補》的學術價值。嗣後,也有學者專門評論丁氏在考釋戰國文字方面的貢獻⑱。以歷史的眼光來看,《補補》無疑應該引起戰國文字研究者的高度重視。

## 二、王國維的貢獻

在近代戰國文字研究的領域中,王國維的貢獻尤其值得我們珍視。眾所周知,王國維是甲骨學開山鼻祖之一,他對銅器銘文也有精邃的見解,同時他在戰國文字的理論建設和實踐研究方面也取得了卓異的成就。王氏對戰國文字的貢獻主要有三個方面:

1. 王國維對戰國文字的宏觀研究,體現在他首先明確地指出"戰國時秦用籀文、六國用古文"⑲。他列舉大量戰國文字與《説文》古文、石經古文形體相合的例證,得出兵器、陶器、璽印、貨幣"四種文字自爲一系,又與昔人所傳壁中書爲一系"的結論⑳。今天,用新出土的六國文字資料與《説文》古文、石經古文相互比較,也完全可以證成王説。

2. 王國維注意用傳鈔古文資料考釋戰國文字,所舉戰國文字與《説文》

古文、石經古文互爲印證者 40 餘例。除誤釋"夏"爲"履"之外，其他所釋戰國文字均確切無疑㉑。王氏用同樣的方法研究籀文，也時有創獲㉒。另外，王氏還有一些有關石經古文和戰國文字的研究論文㉓。凡此都是王氏對其理論的延伸擴大和具體應用。

3. 王國維所處的時代"戰國以後彝器傳世者唯有田齊二敦、一簠及大梁、上官諸鼎，寥寥不過數器"㉔，然而王氏精辟地指出"兵器、陶器、壐印、貨幣四者正今日研究六國文字之惟一材料，其爲重要實與甲骨彝器同"㉕。這種認識無疑擴大了戰國文字資料的範疇。

清末民初，已有學者注意到六國文字與"古文"的關係，不過首先強調六國文字即"古文"的學者應是王國維。這一命題的提出，從根本上廓清了歷史上對"古文"的種種誤解，意義十分重大。王國維以其理論和實踐擴大了古文字研究者的視野，啓迪後人甚巨。在近代古文字學界普遍只注重甲骨文和金文研究的形勢中，王氏的觀點的確是洗人耳目的空谷之音。我們認爲：近代戰國文字研究，是建立在出土文字資料和對傳世"古文"研究基礎上而興起的新學科，王國維則是這一學科的奠基人。

受王國維的影響，《說文》、三體石經之類的"古文"開始得到重視。除上文所引王國維有關著述之外，這一時期的學者如胡光煒、舒連景、商承祚等，都有研究《說文》古文的專著㉖，孫海波則有整理和研究三體石經的專著㉗。上述著作在整理方面頗有成就，然而在研究方面則不盡如人意。主要的原因是，當時所見戰國文字資料相當有限，再加上這些學者對兵器銘文、貨幣銘文、壐文、陶文等資料不夠重視，他們把"古文"的比照對象多限定在商周甲骨文和銅器銘文之中，這顯然不能把握住"古文"——這一戰國文字傳鈔資料與商周文字的演變關係。這是時代的局限，不宜過分苛求前賢。

1932 年，郭沫若《兩周金文辭大系》出版，這對兩周金文研究有劃時代的意義。該書對部分戰國銅器銘文，由縱橫兩個方面予以定點：即首先按國別分域，然後再按時代分期。這無疑奠定了戰國銅器銘文斷代和分域的基礎。由於當時資料有限，其編排體例未能盡美盡善，但《大系》堪稱戰國銅器銘文斷代和分域的嚆矢。至今仍然有許多學者按着《大系》的體例，繼續編纂戰國銅器銘文編年。

　　清代，尤其晚清以來，隨着戰國文字資料的增多，戰國文字已從蒙昧的古代黑暗之中露出一綫曙光。近代學者把戰國文字研究的對象由地上傳鈔"古文"轉向地下出土"古文"。這一時期，王國維的理論研究多有可取，丁佛言的考釋文字頗見水平，其他學者的搜輯、整理工作也取得一些成績。然而，當時的戰國文字研究實則剛剛起步，兵器、貨幣、石器、璽印、陶文等銘文的考證頗爲零散。從總體來看，上述研究缺乏綜合性的探討。因此，這一時期可稱之爲"戰國文字研究的萌芽階段"。

**注釋：**

① 劉節《厵氏編鐘考》，《北平圖書館館刊》5卷6期，1931年；又《跋厵羌鐘考釋》，《北平圖書館館刊》6卷1期，1932年。吳其昌《厵羌鐘補考》，《北平圖書館館刊》5卷6期，1931年。唐蘭《厵羌鐘考釋》，《北平圖書館館刊》6卷1期，1932年。溫廷敬《厵羌鐘銘釋》，《史學專刊》1卷1期，1935年。郭沫若《厵羌鐘補遺》，見《古代銘刻彙考》，1933年。徐中舒《厵氏編鐘圖釋》，中研院，1932年。

② 唐蘭《洛陽金村古墓爲東周非韓墓考》，上海《大公報》1946年12月23日；又《關於洛陽金村古墓答楊寬先生》，上海《大公報》1946年12月11日。

③ William Charles White, Tombs of Old Lo-yang, Kelly and Walsh Ltd, Shanghai, 1934.

④ 唐蘭《壽縣所出銅器考略》，《國學季刊》4卷1期。郭沫若《壽縣出土楚器之年代》，《古代銘刻彙考續編》，1934年。胡光煒《壽縣所出楚王鼎釋》，《國風半月刊》4卷3期，1934年。劉節《楚器圖釋》，《考古專集》第二種，北平圖書館，1935年；又《壽縣所出楚器考釋》，《古史考存》，人民出版社，1958年。

⑤ 朱德熙《集脰考》，北平《新生報》1947年4月28日、5月5日；又《王旬考》，北平《新生報》1947年9月1日、9月8日；又《剛币考》，北平《新生報》1948年1月27日。以上三文又載《歷史研究》1954年1期。

⑥ 郭沫若《石鼓文研究》，《郭沫若全集・考古編》第9卷，科學出版社，1982年。馬叙倫《石鼓文疏記引辭》，《北平圖書館館刊》7卷6期，1933年。馬衡《石鼓爲秦刻石考》，《凡將齋金石叢考》，中華書局，1977年。唐蘭《石鼓文刻於秦靈公三年考》，上海《申報》1947年12月6日、12月13日；又《關於石鼓文的時代答童書業先生》，上海《申報》1948年3月6日。

⑦ 羅振玉《石鼓文考釋》，上虞羅氏刊本，1916年。張政烺《獵碣考釋》，《史學論叢》第一册，1934年。郭沫若《石鼓文研究》，商務印書館，1939年。

⑧ 容庚《詛楚文考釋》，《古石刻零拾》，1934年。郭沫若《詛楚文研究》，《郭沫若全集・考

古編》第 9 卷,科學出版社,1982 年。
⑨ 鄭樵《通志‧食貨二》卷六二。羅泌《路史》卷五。
⑩ 蔡雲《癖談》卷二。
⑪ 程瑤田《看篆樓印譜序》。
⑫ 張廷濟《清儀閣古印偶存》。
⑬ 吳式芬《雙虞壺齋印存》。
⑭ 陳介祺《簠齋尺牘》。
⑮ 唐蘭《陳常匋釜考》,《國學季刊》5 卷 1 期。
⑯ 張政烺《平陵陳得立事歲陶考證》,《潛社史學論叢》3 期。
⑰ 引自强運开《説文古籀三補》序。
⑱ 徐在國《略論丁佛言的古文字研究》,《烟臺師範學院學報》1998 年 3 期。
⑲ 王國維《戰國時秦用籀文六國用古文説》,《觀堂集林》卷七。
⑳ 王國維《桐鄉徐氏印譜序》,《觀堂集林》卷六。
㉑ 王國維《桐鄉徐氏印譜序》,《觀堂集林》卷六。
㉒ 王國維《史籀篇疏證》,《王國維遺書》6 册,上海書店,1996 年。
㉓ 王國維《魏石經考》、《魏石經殘石考》、《秦新郪虎符跋》、《匈奴相邦印跋》等,《觀堂集林》卷一八、卷二〇。
㉔ 王國維《桐鄉徐氏印譜序》,《觀堂集林》卷六。
㉕ 王國維《桐鄉徐氏印譜序》,《觀堂集林》卷六。
㉖ 胡光煒《説文古文考》,引《胡小石論文集三編》,上海古籍出版社,1995 年。舒連景《説文古文疏證》,商務印書館,1937 年。商承祚《説文中之古文考》,上海古籍出版社,1983 年。
㉗ 孫海波《魏三字石經集録》,1937 年石印本。

## 第四節　現代戰國文字的發現和研究

### 一、出土概況

建國以來,隨着考古事業的蓬勃發展,戰國文字資料的新發現層出不窮。新出戰國文字資料有如下幾個特點:

1. 數量多。建國以來,戰國文字資料出土的數量遠遠超過歷史上任何一個朝代。許多古墓所出的文字資料相當可觀,僅就竹簡資料而言,隨縣簡、包山簡、郭店簡的文字均在萬字以上。

2. 重器多。如中山王鼎記載中山國及燕國歷史,銘文 469 字,比起長達

497字的西周重器毛公鼎亦不遑多讓。

3. 品類齊全。除銅器、兵器、貨幣、石器、璽印、陶文等銘刻以外，建國以來還新發現了大量的盟書和竹簡。

4. 分布廣泛。出土地點不但遍及戰國秦、楚、齊、燕、韓、趙、魏七雄之舊地，而且中山、衛、宋、蔡、曾、越、巴蜀等小國舊地也有新資料發現。

5. 斷代明確。建國以來新發現的戰國文字資料多來源於科學發掘，這爲文字本身的斷代提供了可靠的依據。

建國後出土的戰國文字資料舉不勝舉，其數量之多，內容之富，都遠非歷代所能比擬。僅舉最重要的發現就有：

甲、銅器：安徽壽縣鄂君啓舟節和車節（戰國中期楚國）①、河南新鄭兵器群（戰國晚期韓國）②、河北平山縣中山王銅器群（戰國中期中山國）③、湖北隨縣曾侯乙墓銅器群（戰國早期曾國）④等。

乙、盟書：山西侯馬盟書（春秋戰國之際三晋）⑤、河南溫縣盟書（春秋戰國之際三晋）⑥等。

丙、簡牘：湖南長沙仰天湖竹簡（戰國中期楚國）⑦、河南信陽長臺關竹簡（戰國中期楚國）⑧、湖北江陵望山竹簡（戰國中期楚國）⑨、湖北江陵天星觀竹簡（戰國中期楚國）⑩、湖北隨縣竹簡（戰國早期曾國）⑪、湖北荆門包山竹簡（戰國中期楚國）⑫、湖北荆門郭店竹簡（戰國中期楚國）⑬、湖北雲夢竹簡（戰國末期秦國）⑭、甘肅天水放馬灘竹簡和木牘（戰國晚期秦國）⑮、四川青川木牘（戰國晚期秦國）⑯等。

以上三項是建國以來戰國文字資料的大宗發現。至於其他項目，諸如鐵器、金器、銀器、石器、貨幣、璽印、陶器、骨器、木器、漆器等小規模或零星的發現，就不一一臚列了。

## 二、研究概況

20世紀50年代末期，第一篇系統全面地研究戰國文字的綜述文章，應是李學勤的長文《戰國題銘概述》⑰。該文搜集傳世和出土的金、石、貨、璽、陶、簡、帛等戰國文字資料，按地域把戰國文字分爲"齊國題銘"、"燕國題銘"、"三晋題銘"、"楚國題銘"、"秦國題銘"五個範疇。這種五分法比起王國維"東西二土文字"[18],或唐蘭"六國系文字"、"秦系文字"[19]的兩分法顯然要前進一大步。該文在簡明介紹各國主要文字資料的同時,指出其若干地域特點。更重要的是作者把戰國文字資料與歷史、考古研究有機地結合在一起予以闡述,顯示出作者見解的博洽。該文雖不以考釋文字爲主,但對一些難度較大的文字隸定則相當精審,尤其所釋三晋兵器銘文中習見的"冶"字,意義十分重大。

在考釋文字方面,朱德熙、裘錫圭的貢獻最爲突出。他們合寫或分寫了許多頗有水平的考釋文字專文[20],這些文章大多都收在朱德熙《朱德熙古文字論集》、裘錫圭《古文字論集》二書之中。他們掌握材料嫻熟,方法嚴謹,因此對未識的戰國文字多有創獲,也爲後進樹立了優秀的典範。

建國以來出土了幾批具有斷代意義的銅器群,直接推動了戰國文字的研究。有關這些典型銅器群的研究成果斐然可觀。例如:蔡侯墓銅器群一向認爲是春秋戰國之際的蔡器,經郭沫若、李學勤、陳夢家、史樹青、孫百朋、唐蘭、于省吾、裘錫圭等學者多年討論,現在基本可以確定爲春秋晚期蔡侯申之器。鄂君啓車節、舟節的內容涉及楚文字和楚地理的廣泛領域,殷滌非、羅長銘、郭沫若、譚其驤、商承祚、于省吾、黃盛璋、劉和惠、姚漢源、陳偉、朱德熙、李家浩、何琳儀等學者詳加考證[21],銘文基本可通。有關中山王墓銅器群的研究尤爲集中,其中以張政烺、朱德熙、裘錫圭、李學勤、李零、于豪亮等學者的考釋最爲詳備[22]。張守中撰集的《中山王䯧器文字編》,是一部摹寫精美的文字資料彙編。曾侯乙墓樂器銘文起初發表了部分原始資料,全部資料當時只有文字隸定[23],裘錫圭、李家浩就其中癥結性的文字予以討論[24],解決了許多釋讀方面的問題。嗣後,全部資料著錄於《曾侯乙墓》。其中有關樂理方面,也有許多學者撰文研究[25],有關樂器銘文部分的資料也全部陸續發表[26]。黃盛璋《試論三晋兵器的國別和年代及其相關問題》[27],是研究戰國兵器銘文不可多得的長文。該文把90餘件兵器銘文分別歸屬韓、趙、魏三國,對其銘刻款式、文字特點、職官制度、鑄造地點均有詳密考證。嗣後,黃氏又發表2篇討論齊國、燕國、秦國兵器銘文的長文[28],是上文的姊妹作。林清源《兩周青銅句兵銘文彙考》也涉及戰國兵器銘文的諸多問題㉜。凡此,對戰國文字分國、斷代和史地研究都有重要的參考價值。《殷周金文集成》是近年出版最爲完備的金文資料,其中戰國兵器銘文凡752件(戈戟類341件、矛類117件、劍類122件、雜兵類122件、車馬器50件),這一統計數字未必盡確(若干春秋晚期或可移入戰國,尚有若干僞器似可剔出)。如果再加上《集成》編纂以後公布的材料,戰國兵器銘文有800餘件,應該説還是比較保守的數字。圍繞這些兵器銘文予以考證的文章也相繼發表㉝。除《集成》之外,王振華《臺灣古越閣藏青銅兵器精粹展》,張光裕、吳振武《武陵新見古兵三十六器集錄》,是收錄兵器銘文比較豐富的兩種專門資料。

繼《兩周金文辭大系》之後,日本學者白川静編纂的《金文通釋》堪稱皇皇巨製。《通釋》收錄大量戰國銅器銘文,體例比《大系》更爲完備,甚便讀者。馬承源主編《商周青銅器銘文選》"東周"部分按地區分類收錄戰國銅器,也可資參考。李學勤《東周與秦代文明》是一部考古學專著,其中對許多戰國文字資料進行分國和斷代,有很重要的學術價值。許學仁《戰國文字分域與斷代研究》㉞,在分域和斷代研究方面做了許多細緻的工作。近幾十年,楚系銅器出土的數量,在列國之中遥遥領先,這有利於有銘銅器的斷代。近年劉彬徽、李零結合考古器形學對有銘楚系銅器進行編年㉟。若干銘文的考證詳見"分域概述"。

侯馬盟書的發現引起學者極大的興趣,郭沫若、唐蘭、朱德熙、裘錫圭、張頷、高明等學者均有專文考證㊱。山西省文物工作委員會編纂的《侯馬盟書》除載盟書照片、摹本之外,還附有"釋文"、"綜論"、"字表"等,尤便閱讀和研究。1930年、1934年、1935年,在河南温縣曾多次發現與侯馬盟書性質相近的盟書,僅存11片,或稱"沁陽盟書"㊲。繼侯馬盟書發現之後,温縣又發現大量的温縣盟書,部分材料已整理發表,簡報後附有研究論文㊳,據云温縣盟書全部資料即將公布。石刻文字方面,唐蘭提出石鼓文爲戰國文字説㊴,在學術界引起強烈反響。詛楚文、行氣玉銘、守丘石刻等也有專文考釋㊵。近年,石器文字的綜合研究逐漸受到重視㊶。

王毓銓《我國古代貨幣的起源和發展》、鄭家相《中國古代貨幣發展史》

和王獻唐《中國古代貨幣通論》三書,是建國以後出版的較爲重要的古代貨幣專著。這些專著對戰國貨幣使用的範圍和歷史演變予以詳盡介紹,對貨幣文字的釋讀也有一定參考價值。至於專門考釋貨幣文字的論文,當首推裘錫圭《戰國貨幣考》(12 篇)創獲最多㊴。其中對"漆垣"、"榆次"、"圁陽"、"南行唐"諸幣文的釋讀都相當精彩。另外,曾庸、李家浩、吳振武、駢宇騫、李學勤等也有考釋戰國貨幣的專文㊵。商承祚、王貴忱、譚棣華合著《先秦貨幣文編》,是第一部先秦貨幣文字字典,正編收 313 字,附錄收 534 字。該書搜輯材料比較豐富,尤其甄採若干罕見的私家拓本,彌足珍貴。但該書吸收最新研究成果較少,隸定也間有可商㊶。張頷《古幣文編》是又一部先秦貨幣文字字典,正編收 322 字,附錄收 509 字,計 897 字(包括合文)。該書多取材實物拓本,每字下標明品類、辭例、出處,尤便使用。若干誤釋已有文修正㊷。馬飛海等《中國歷代貨幣大系》(第一卷)是迄今爲止收錄拓本最爲豐富的資料總匯,編號 4343,可謂洋洋大觀。或對該書釋文予以校訂㊸,糾正了許多誤釋。朱活等《中國錢幣大辭典·先秦編》收集資料亦可補苴《貨系》,且有簡明考釋。該書與《貨系》一樣,吸取最新科研成果較少。何琳儀《古幣叢考》收錄 25 篇論文,其內容"幾乎包括了先秦時代各地區的各類貨幣……在判斷各種貨幣的國別和時代方面,作者較前人有不少進步"㊹,其釋讀也時有創見。至 2001 年 12 月爲止,又見到黃錫全兩部新著:《先秦貨幣研究》、《先秦貨幣通論》。前者收錄黃氏有關先秦貨幣研究論文 37 篇,多有新意,且多載新品;後者注重諸家的最新研究成果,是對 20 世紀後半段貨幣文字研究的總結。

有關古璽研究的論文向來比較零散。黃質《賓虹艸堂璽印釋文》是較早的一部考釋璽文專著。其中對若干璽文的釋讀頗爲精審。例如:釋"慶"、"郯"、"千"、"軓"、"欥"、"韶"等。"文革"以後,石志廉、黃盛璋、葉其峰、于豪亮、李學勤、裘錫圭、李家浩、曹錦炎、湯餘惠、何琳儀、王人聰、劉釗、施謝捷等都有專文考證戰國古璽㊺。綜述古璽研究的論著有羅福頤《古璽印概論》、馬國權《古璽文字初探》㊻、林素清《先秦古璽文字研究》㊼、曹錦炎《古璽通論》、葉其峰《古鉥印與古鉥印鑒定》等。以往秦印一直是戰國璽印研究的薄弱環節，近年王人聰《秦官印考叙》⑱、王輝《秦印通論》⑲，尤其後者廣搜秦印文字資料系統整理研究，才使這一局面得以扭轉。20 年前羅福頤等編纂《古璽彙編》和《古璽文編》的出版，是新中國成立以來對古璽整理和研究的最主要成果。前者收錄套色古璽 5 708 方，並附有釋文；後者按《説文》順序收録璽文 2 773 字，其中正編收録 1 432 字、合文 31 字、附録 1 310 字。二書互爲表裏，堪稱集古璽大成的雙璧。儘管二書的隸定間有可商，附録也有可入正編者（吳振武有專著予以校訂⑳，吳振武、施謝捷等還發表一系列論文，創獲尤多㉑）。然而《璽彙》、《璽文》二書對古璽研究所産生的深遠影響，不可低估。除《璽彙》之外，若干博物館、大學也相繼編輯印譜。例如：《故宫博物院藏古璽印選》、《上海博物館藏印選》、《天津藝術館藏印選》、《湖南省博物院藏古璽印集》、《吉林出土古代官印》、《吉林大學藏古璽印選》。

王人聰《新出歷代璽印集録》補充了許多新資料，大多數有出土地點，價值較高。蕭春源《珍秦齋古印展》、《珍秦齋藏印·戰國篇》、《珍秦齋藏印·秦印篇》，是近年來個人收藏最爲豐富的印譜。最近施謝捷擬將所見新舊印譜及出土資料匯爲一集，數量超過萬方，這幾乎是《璽彙》數量的一倍，相信這批資料的公布必將使古璽研究又掀起一次熱潮。孫慰祖《古封泥集成》與 1932 年出版的《封泥彙編》相比，其收錄戰國封泥也有所增加（六國封泥 21 方）。

有關陶文的考釋多散見於各家研究其他品類戰國文字的論文之中，專門考釋陶文的論文甚少㉒。其中，考古工作者對各國陶文的研究，頗值得重視㉓。最近，徐在國正在編輯有關陶文考證方面的集解式大型工具書。李學勤《山東陶文的發現和著録》、《燕齊陶文叢論》是兩篇介紹齊系陶文的重要文獻㉔，鄭超《戰國秦漢陶文研究概述》、董珊《從新編全本季木藏陶談到古陶文的發現與研究》比較系統地介紹百年來的陶文研究㉕。1964 年，臺灣學者金祥恒《匋文編》出版。正編收 408 字，附録收 90 字，計 582 字。該書比《古匋文㫺録》資料更爲豐富，但惜未附辭例，不便使用。1990 年，高明《古陶文彙編》出版，這是迄今最爲完備的陶文資料，編號 2622。除少量商周陶文外，多爲戰國陶文。全書按山東、河北、陝西、河南、山西、湖北等省出土地分類，这爲陶文的分域研究提供了最重要的依據。高明、葛英會《古陶文字徵》是在《彙編》的基礎上編纂的陶文字書,其得失已有學者評述㊽。袁仲一《秦代陶文》是一部專門匯集秦國陶文的資料,王輝《秦文字集證》補充了許多最新出土的秦陶文資料。

西漢發現的壁中書和西晉發現的汲冢書,分別是戰國的齊系竹簡和晉系竹簡,之後歷史上就再未曾有過大宗戰國竹簡出土。建國以來,由於成批的楚簡和秦簡相繼發現,歷史的缺環才重新銜接起來。仰天湖和信陽楚簡資料已全部發表㊼,因此,論著較爲集中。史樹青、余鎬堂、羅福頤、李學勤、饒宗頤、商承祚、朱德熙、裘錫圭、李家浩、劉雨、郭若愚、何琳儀等有專文和專著研究楚簡㊽。中山大學古文字研究室《戰國楚簡研究》對七批楚簡進行考釋,有油印本行世。望山簡資料豐富,但研究論文不多㊾。九店簡《日書》資料重要,研究論文比較集中㊿。1991年,《包山楚簡》出版。次年報刊上即有若干學者撰文做出迅速反應,如李學勤、林澐、劉信芳等㉑。張光裕、袁國華迅速編纂了《包山楚簡文字編》。1992年10月,在南京大學召開"中國古文字研究會第九屆學術研討會"。會議主題爲戰國文字,然而多數文章與包山楚簡有關㉒。以此爲契機,掀起一次楚簡熱㉓。至今有關論文仍不絕如縷(詳本書所附論著目錄)。以上研究論文,除少數文章綜合論述之外,多屬文字考釋。有關包山簡綜合研究的專著則有袁國華《包山楚簡研究》(博士論文,1994年)、陳偉《包山楚簡初探》等,後者分析竹簡文書部分具體而微,對考查楚國法律制度頗有啓迪。郭店楚簡發表以來,楚簡已成爲戰國文字研究的熱點,有關論著不勝枚舉(詳見本書"分域概述")。1998年,《郭店楚墓竹簡》出版,比起包山簡,郭店簡的公布引起了更大的轟動。當年即在美國達慕思大學召開郭店老子國際學術研討會,中外學者對郭店簡展開深入的討論。嗣後,研究者對郭店簡的關注一發不可收拾。如果説對包山簡的研究基本上還局限在古文字學、考古學小圈子之内,那麽對郭店簡的研究則遠遠超出這一小圈子,而波及哲學、思想史、文獻學等廣闊領域。據2000年武漢大學中國文化研究院所編《郭店楚簡國際學術研討會論文集》統計,共有研究專著、論文集26種,研究論文400餘篇。短短不到三年時間,郭店簡在學術界的轟動效應,可謂史無前例。2001年,適逢《上海博物館藏戰國楚竹書(一)》出版,雖然這僅僅是上博簡的一小部分,而簡帛網已首發論文數十篇,引起學術界的強烈反響。其中《孔子詩論》的資料,相信也會引起古典文學研究者的極大興趣。可以預言上博簡80種"竹書"全部公布,必將會使我們對傳統的學術史有一新的認識。雲夢秦簡資料已基本發表㉚,研究成果甚多,可參中華書局編輯部《雲夢秦簡研究》所附論著目錄。放馬灘秦簡只公布部分資料㉛,全部資料尚在整理之中。青川木牘是先秦罕見的木牘文字資料,有關研究論文也很多㉜。

20世紀40年代初發現的長沙帛書,建國以後有許多學者撰文研究,曾經引起中外學者的廣泛矚目㉝。1972年,澳大利亞學者巴納在其專著中公布了帛書紅外綫照片,並附摹本㉞。紅外綫照片字迹清晰,直接推動了帛書的深入研究。據紅外綫照片或摹本,林巳奈夫、巴納、嚴一萍、金祥恒、陳邦懷、李學勤、李零、饒宗頤、曾憲通、曹錦炎、高明、何琳儀、朱德熙等相繼撰寫論文和專著㉟,解決了許多舊摹本不能解決的問題。李零《長沙子彈庫戰國楚帛書研究》,饒宗頤、曾憲通《楚帛書》是兩部研究帛書的專著。饒宗頤、曾憲通《楚地出土文獻三種研究·長沙子彈庫楚帛書研究》後出轉精,對以往楚帛書的性質、文字、月名、藝術等方面加以綜述。饒、曾之書附有放大3.3倍的紅外綫照片,文字比以往材料更加清晰。曾憲通《長沙楚帛書文字編》是側重楚帛書文字釋讀的工具書,甚便讀者。

戰國文字形體歧異,但並非漫無規律可循。以往學者對這些規律的探索,零星散見諸家論文之中。湯餘惠撰寫長文比較系統地歸納戰國文字形體變化規律㊱,是有意義的嘗試。近年分域研究成爲學者關注的焦點,其中楚系文字的研究尤爲突出,詳見本書"分域研究"。

傳鈔古文,是古代發現的戰國文字。民國初年以來,許多學者已注意運用傳鈔古文考釋戰國文字,如上文所舉王國維、胡光煒、舒連景、商承祚等。"文革"以後,研究者更加注意將傳鈔古文與戰國文字相互印證,全面系統地研究二者間的關係。例如:曾憲通、何琳儀、黄錫全、許學仁等撰有相關論文㊲。黄錫全《汗簡注釋》是一部利用古文字資料重新疏證《汗簡》的專著,期盼有更多這方面的專著問世。

《説文古籀補》之類的古文字字典，將商周、春秋、戰國文字混雜在一起，缺乏條理性。《金文編》爲體例所限，只附帶收錄少量戰國金文。"文革"以後，高明開創三欄古文字字形表，編纂《古文字類編》，三欄分別爲"甲骨文"、"銅器銘文"、"簡書及其他刻辭"。徐中舒等也"按古文字發展的歷史層次分三欄排列"[72]，編纂《漢語古文字字形表》，三欄分別爲"殷代"、"西周"、"春秋戰國"（兼收《説文》古籀、三體石經古文）。徐中舒等還編纂《秦漢魏晋篆隸字形表》，第一欄收秦文字。這些工具書爲檢索戰國文字字形提供一定的方便。戰國文字分類工具書比較多，例如：張守中《中山王𰯼器文字編》，張光裕、曹錦炎《東周鳥篆文字編》，施謝捷《吴越文字彙編·字表》，商承祚、王貴忱、譚棣華《先秦貨幣文編》，張頷《古幣文編》，山西省文物管理委員會《侯馬盟書·字表》，羅福頤《古鉩文編》，金祥恒《匋文編》，高明、葛英會《古陶文字徵》，徐谷甫、王延林《古陶字彙》，袁仲一《秦代陶文·字表》，袁仲一、劉鈺《秦文字類編》，商承祚《戰國楚竹簡匯編·字表》，葛英會、彭浩《楚簡帛文字編》，滕壬生《楚系簡帛文字編》，郭若愚《戰國楚竹簡文字編》，李守奎《楚文字編》，湖北省荆沙鐵路考古隊《包山楚簡·字表》，張光裕、袁國華《包山楚簡文字編》，張守中《包山楚簡文字編》，張光裕、黄錫全、滕壬生《曾侯乙墓竹簡文字編》，張光裕《郭店楚簡研究·文字編》，張守中《郭店楚簡文字編》，李零《長沙子彈庫戰國楚帛書研究·索引》，曾憲通《長沙楚帛書文字編》，張世超、張玉春《秦簡文字編》，陳振裕、劉信芳《睡虎地秦簡文字編》，張守中《睡虎地秦簡文字編》。

以上"文字編"、"字表"、"索引"等分類工具書的材料都比較完備，便於深入研究。但因缺少横向對比材料，讀者往往難以綜觀戰國文字形體變化之全貌。有鑒於此，何琳儀《戰國古文字典——戰國文字聲系》熔各類戰國文字於一爐，以字表爲主，兼顧字義和詞義，匯集成爲一部較爲齊備的中型戰國文字字典。該書截稿日期爲 1996 年，因此郭店楚簡這樣重要的材料未能收入。據云《戰國文字編》即將出版，似乎可以彌補《聲系》的缺憾。

戰國文字研究論文比較零散，孫稚雛《青銅器論文索引》有關東周銅器、璽印、貨幣、陶文、盟書、簡帛、刻石、玉器銘等部分，所收近現代學者研究戰國文字的論文相當詳盡（截至 1982 年），檢索尤便。何琳儀《戰國文字通論》（訂補）所附中國大陸、港澳、臺灣、國外等學者有關戰國文字研究的論著（截至 2000 年），材料基本齊備。

林素清《戰國文字研究》②，是臺灣學者研究戰國文字的第一部綜合性專著。全書共分五章："戰國文字的特色之一——簡化現象"、"戰國文字的特色之二——繁飾與美化"、"戰國文字的特色之三——合文符的運用"、"王國維'戰國時秦用籀文六國用古文說'重探"、"戰國文字編年表"。該書歸納的戰國文字特點比較細微，其首創之功不可沒。何琳儀《戰國文字通論》，系統地概述 20 世紀 80 年代以前的戰國文字研究。全書共分五章："戰國文字的發現和研究"、"戰國文字與傳鈔古文"、"戰國文字分域概述"、"戰國文字形體演變"、"戰國文字釋讀方法"。戰國文字劃分"五域"觀點的提出以及戰國文字形體演變規律的歸納，是該書的兩大特點。

20 世紀末葉，出現兩部優秀的文字學史專著：黃德寬、陳秉新《漢語文字學史》，姚孝遂等《中國文字學史》。二書比較系統全面地介紹了戰國文字研究的概況，有重要的文字學價值。因爲其作者都是著名的古文字學家，所以二書不同於一般性文字學史的泛泛之論。

建國以來，戰國文字資料不僅數量多，而且有明確的出土地點。尤其大批竹簡和盟書的發現，爲戰國文字的研究提供了豐富而可靠的原始材料。這一時期的研究水平也比以往有顯著進步，綜合研究向斷代和分國縱橫兩個方向發展。考釋文字日趨嚴謹，一掃舊古玩家空疏臆斷的積習，獲得豐碩的成果。但是，也必須指出當前戰國文字研究中也存在一些不利的因素：

1. 新出土的材料公布不夠及時，大批珍貴的楚簡尚未全部公之於世。近來這一狀況有所改進，但仍有不盡人意之處。換言之，整理出版的速度遠遠跟不上研究者的步伐。

2. 文字資料的拓本或照片不夠清晰，兵器銘文和竹簡文字尤甚，這勢必會影響文字的辨識。希望文物出版單位能逐漸改變重視器物，而忽視文字的傾向。

3. 戰國文字與甲骨文、金文的整理研究工作相比,顯得很不平衡。甲骨文和金文不但有各種專著、論文,而且有許多系統的工具書。戰國文字這方面的成果則相形見絀。近年戰國文字分類工具書漸多,但綜合各類文字的工具書則甚少。

4. 戰國文字的分域,近年已有長足的發展,但分國研究還有許多細緻的工作需要進一步努力。例如:三晉貨幣、璽印文字的分國,齊、魯文字的區別,宋、衛等國文字的辨識等。至於戰國文字的斷代,也應該做更細的工作。

5. 衆所周知,《甲骨文合集》、《殷周金文集成》是研究商周文字必不可少的原始資料。而戰國文字這方面集大成的資料匯編尚無人問津。

6. 《甲骨文獻集成》近已出版,類似的金文"集成"正在編輯,戰國文字這方面的工作亟待進行。

7. 迄今爲止,用以總結歷代戰國文字研究的《戰國文字學》尚未問世。換言之,作爲古文字學的一個重要分支——"戰國文字學"的理論建樹,值得文字學家多予關注。

8. 從歷史學、文獻學角度而言,陳夢家《殷虚卜辭綜述》是非常理想的綜合性巨著。當然,戰國文字也應該有自己體大思精的"綜述"。

9. 自郭店簡發表以來,戰國文字的研究已不再局限於古文字學和考古學範圍之内。許多歷史學、哲學、文獻學等方面的學者也參與了戰國文字的研究,這本來是件好事。但是毋庸諱言,若干未受過古文字學專門訓練的學者,任意地解釋戰國文字,出現許多令人啼笑皆非的所謂"字形分析",初學戰國文字者對此應格外警惕。

10. 戰國出土文獻,對傳世文獻的重新認識無疑有重大的學術意義。然而不恰當地"趨同"和"立異"㉔,顯然也會影響我們對戰國出土文獻釋讀的正確認識。

凡此種種,不論對初學者,還是對研究者都是不利的因素。今後應努力克服這些問題。

戰國文字,是在建國以後才從金石學附庸裹徹底獨立出來的一門與甲骨文、金文鼎立的新興學科。李學勤《戰國題銘概述》的發表是其主要標誌。

嗣後(尤其"文革"以後)，隨着考古新材料數量和範圍的擴大，戰國文字的研究逐漸由局部向全面展開。這是建國以來有別於歷代戰國文字研究的最主要特色。因此，可稱此期爲"戰國文字研究的分蘗時期"。

**注釋：**

① 《考古》1963年8期圖版捌。
② 郝本性《新鄭鄭韓故城發現一批戰國銅兵器》，《文物》1972年10期。
③ 張守中《中山王譽器文字編》，中華書局，1981年。
④ 湖北省博物館《隨縣曾侯乙墓鐘磬銘文釋文》，《音樂研究》1981年1期。
⑤ 山西省文物工作委員會《侯馬盟書》，文物出版社，1976年。
⑥ 河南省文物研究所《河南溫縣東周盟誓遺址一號坎發掘簡報》，《文物》1983年3期。
⑦ 史樹青《長沙仰天湖楚簡研究》，群聯出版社，1955年。
⑧ 《文物參考資料》1957年9期。
⑨ 湖北省文化局工作隊《湖北江陵三座楚墓出土大批重要文獻》，《文物》1966年5期。
⑩ 湖北省荊州地區博物館《江陵天星觀一號楚墓》，《考古學報》1982年1期。
⑪ 隨縣擂鼓墩一號墓考古發掘隊《湖北隨縣曾侯乙墓發掘簡報》，《文物》1979年7期。
⑫ 劉彬徽等《荊門包山大冢出土文物擷英》，《江漢早報》1987年5月22日。
⑬ 荊門市博物館《郭店楚墓竹簡》，文物出版社，1998年。
⑭ 睡虎地秦墓竹簡整理小組《睡虎地秦墓竹簡》，文物出版社，1990年。
⑮ 甘肅省文物考古研究所、天水市北道區文化館《甘肅天水放馬灘戰國秦漢墓群的發掘》，《文物》1989年2期。
⑯ 四川博物館、青川縣文化館《青川縣出土秦更修田律木牘》，《文物》1982年1期。
⑰ 李學勤《戰國題銘概述》，《文物》1959年7—9期。
⑱ 王國維《戰國時秦用籀文六國用古文說》，《觀堂集林》卷七，上海古籍出版社，1981年。
⑲ 唐蘭《古文字學導論》上編5頁，齊魯書社，1981年。
⑳ 朱德熙、裘錫圭《戰國文字研究》，《考古學報》1972年1期；又《戰國銅器銘文中的食官》，《文物》1973年12期；又《信陽楚簡考釋》，《考古學報》1973年1期；又《平山中山王墓銅器銘文的初步研究》，《文物》1979年1期；又《戰國時代的"料"和秦漢時代的"半"》，《文史》8輯，1980年。朱德熙《壽縣出土楚器銘文研究》，《歷史研究》1954年1期；又《戰國記容銅器刻辭考釋四篇》，《語言學論叢》2輯，1958年；又《戰國匋文和璽印文字中的"者"字》，《古文字研究》1輯，1979年；又《詛篇屈禁解》，《方言》1979年4期；又《戰國文字中所見有關厥的資料》，《古文字學論集(初編)》，1983年；又《古文字考釋四篇》，《古文字研究》8輯，1983年；又《釋桁》，《古文字研究》12輯，1985年；又《關於鷹羌鐘銘文的斷句問題》，《中國語言學報》2期，1985年；又《望山楚簡裏的敔和簡》，《古文字研究》17輯，1989年；又《長沙帛書考釋》，《古文字研究》19輯，1992年。裘錫圭《戰國貨幣考》，《北京大學學報》1978年2期；又《談談隨縣曾侯乙墓的文字資料》，《文物》1979年7期；又《戰國文字中的"市"》，《考古學報》1980年3期；又《戰國璽

印文字考釋三篇》,《古文字研究》10 輯,1983 年;又《戰國文字釋讀二則》,《于省吾教授百年誕辰紀念文集》,吉林大學出版社,1996 年;又《郭店楚墓竹簡‧裘按》,文物出版社,1998 年。

㉑ 殷滌非、羅常銘《壽縣出土的鄂君啓金節》,《文物參考資料》1958 年 4 期。郭沫若《關於鄂君啓節的研究》,《文物參考資料》1958 年 4 期。商承祚《鄂君啓節考》,《文物精華》2 輯,1963 年;又《談鄂君啓節銘文中幾個文字和幾個地名等問題》,《中華文史論叢》6 輯,1965 年。張振林《"檐徒"與"一檐飤之"新詮》,《文物》1963 年 3 期。于省吾《鄂君啓節考釋》,《考古》1963 年 8 期。譚其驤《鄂君啓節銘文釋地》,《中華文史論叢》2 輯,1962 年;又《再論鄂君啓節地理——答黃盛璋同志》,《中華文史論叢》5 輯,1964 年。黃盛璋《關於鄂君啓節交通路綫復原問題》,《中華文史論叢》5 輯,1964 年。船越昭生《關於鄂君啓節》,《東方學報》43 册,1972 年。劉和惠《鄂君啓節新探》,《考古與文物》1982 年 5 期。姚漢源《鄂君啓節釋文》,《古文字研究》10 輯,1983 年。陳偉《鄂君啓節之鄂地探討》,《江漢考古》1986 年 2 期。朱德熙、李家浩《鄂君啓節考釋》,《紀念陳寅恪先生誕辰百年學術論文集》,1989 年。李家浩《鄂君啓節銘文中的高丘》,《古文字研究》22 輯,2000 年。何琳儀《鄂君啓舟節釋地三則》,《古文字研究》22 輯,2000 年。

㉒ 朱德熙、裘錫圭《平山中山王墓銅器銘文的初步研究》,《文物》1977 年 1 期。張政烺《中山王譽壺及鼎銘考釋》,《古文字研究》1 輯,1979 年;又《中山國胤嗣𪓣壺釋文》,《古文字研究》1 輯,1979 年。趙誠《中山壺、中山鼎銘文試釋》,《古文字研究》1 輯,1979 年。李學勤、李零《平山三器與中山國史的若干問題》,《考古學報》1979 年 2 期。于豪亮《中山三器銘文考釋》,《考古學報》1979 年 2 期。徐中舒、伍士謙《中山三器釋文及宫堂圖説明》,《中國史研究》1979 年第 4 期。黃盛璋《中山國銘刻在古文字、語言上若干研究》,《古文字研究》7 輯,1982 年。陳邦懷《中山國文字研究》,《天津社會科學》1983 年 1 期。何琳儀《中山王器考釋拾遺》,《史學集刊》1984 年 3 期。

㉓ 湖北省博物館《隨縣曾侯乙墓鐘磬銘文釋文》,《音樂研究》1981 年 1 期。

㉔ 裘錫圭、李家浩《曾侯乙墓鐘磬銘文釋文説明》,《音樂研究》1981 年 1 期。

㉕ 參曾憲通《關於曾侯乙墓編鐘銘文的釋讀問題》附"參考資料",《古文字研究》14 輯,1986 年。

㉖ 黃錫全《湖北出土商周文字輯證》,武漢大學出版社,1992 年。

㉗ 黃盛璋《試論三晉兵器的國別和年代及其相關問題》,《考古學報》1974 年 1 期。

㉘ 黃盛璋《燕、齊兵器研究》,《古文字研究》19 輯,1992 年;又《秦兵器分國斷代與有關制度研究》,中國古文字學研討會論文,1988 年。

㉙ 林清源《兩周青銅句兵銘文彙考》,碩士論文,1987 年。

㉚ 何琳儀《戰國兵器銘文選釋》,《考古與文物》1999 年 5 期;《古兵地名雜識》,《考古與文物》1996 年 6 期。吳振武《東周銘文考釋五篇》,《容庚先生百年誕辰紀念文集》,1998 年。

㉛ 許學仁《戰國文字分域與斷代研究》,博士論文,1986 年。

㉜ 劉彬徽《楚國有銘銅器編年概述》,《古文字研究》9 輯,1984 年;又《湖北出土兩周金文國别年代考述》,《古文字研究》13 輯,1986 年;又《楚系青銅器研究》,湖北教育出版

㉝ 郭沫若《侯馬盟書試探》,《文物》1966年2期;又《新出侯馬盟書釋文》,《出土文物二三事》,人民出版社,1972年。唐蘭《侯馬出土晉國趙嘉之盟載書新釋》,《文物》1972年8期。朱德熙、裘錫圭《關於侯馬盟書的幾點補釋》,《文物》1972年8期。長甘《侯馬盟書叢考》,《文物》1975年5期。張頷《侯馬盟書叢考續》,《古文字研究》1輯,1979年。高明《侯馬載書盟主考》,《古文字研究》1輯,1979年。李裕民《侯馬盟書疑難字考》,《古文字研究》5輯,1981年。吳振武《讀侯馬盟書文字札記》,《中國語文研究》6期,1984年。

㉞ 陳夢家《東周盟誓與出土載書》,《考古》1966年5期。張頷《侯馬盟書叢考續》,《古文字研究》1輯,1979年。

㉟ 河南省文物研究所《河南溫縣東周盟誓遺址一號坎發掘簡報》,《文物》1983年3期。

㊱ 唐蘭《石鼓年代考》,《故宮博物院院刊》1958年1期。

㊲ 姜亮夫《秦詛楚文考釋》,《蘭州大學學報》1980年4期。陳世輝《詛楚文補釋》,《古文字研究》12輯,1985年。陳邦懷《戰國行氣玉銘考釋》,《古文字研究》7輯,1982年。張光裕《玉刀珌銘補說》,《中國文字》52冊,1974年。黃盛璋《平山戰國中山石刻初步研究》,《古文字研究》8輯,1983年。

㊳ 林志強《戰國玉石文字述評》,《中山大學研究生學刊》1990年4期。

㊴ 裘錫圭《戰國貨幣考》,《北京大學學報》1978年2期。

㊵ 曾庸《若干戰國布幣地名的辨釋》,《考古》1980年1期。李家浩《戰國貨幣文字中的幣和比》,《中國語文》1980年5期。吳振武《戰國貨幣銘文中的刀》,《古文字研究》10輯,1983年。駢宇騫《試釋楚國貨幣文字"巽"》,《語言文字研究專輯》(下),1986年。李學勤《論博山刀》,《中國錢幣》1986年3期。

㊶ 曹錦炎《讀先秦貨幣文編札記》,《中國錢幣》1984年2期。

㊷ 何琳儀《古幣文編校釋》,《文物研究》6輯,1990年。

㊸ 黃錫全《中國歷代貨幣大系先秦貨幣釋文校訂》,《第二屆國際中國古文學研討會論文集》,1993年。

㊹ 裘錫圭《何琳儀古幣叢考讀後記》,《中國文物報》1999年11月17日。

㊺ 石志廉《館藏戰國七璽考》,《中國歷史博物館館刊》1979年1期;又《戰國古璽考釋十種》,《中國歷史博物館館刊》1980年2期。黃盛璋《所謂夏虛都三璽與夏都問題》,《河南文博通訊》1980年3期。葉其峰《戰國官璽的國別及有關問題》,《故宮博物院院刊》1981年3期。于豪亮《古璽考釋》,《古文字研究》5輯,1981年。李學勤《楚國夫人璽與戰國時的江陵》,《江漢論壇》1982年7期。裘錫圭《戰國璽印文字考釋三篇》,《古文字研究》10輯,1983年。曹錦炎《釋辜——兼釋續、瀆、賣、鄭》,《史學集刊》1983年3期;又《戰國璽印文字考釋》,《考古與文物》1985年4期。李家浩《戰國官印考釋》,《江漢考古》1984年2期。湯餘惠《楚璽兩考》,《江漢考古》1984年2期。何琳儀《古璽雜識》,《遼海文物學刊》1986年2期;又《古璽雜識續》,《古文字研究》19輯,1992年;又《古璽雜識再續》,《中國文字》新17期,1993年;又《戰國官璽雜識》,《印林》16卷2期,1995年。王人聰《古璽考釋》,《古文字學論集(初編)》,1983年。劉釗《璽印文字釋叢》,《考古與文物》1998年3期。施謝捷《古璽印考釋五篇》,《印林》16卷2期,1995

年；又《古璽彙編釋文校訂》，《印林》16 卷 5 期，1995 年；又《古璽雙名雜考》，《中國古文字研究》1 輯，1999 年。

㊻ 馬國權《古璽文字初探》，中國古文字研究會第三屆年會論文（油印本），1980 年。

㊼ 林素清《先秦古璽文字研究》，碩士論文，1976 年。

㊽ 王人聰《秦官印考叙》，引王人聰、葉其峰《泰漢魏晋南北朝官印研究》，香港中文大學文物館專刊之四，1990 年。

㊾ 王輝《秦文字集證・秦印通論》145 頁，藝文印書館，1999 年。

㊿ 吴振武《古璽文編校訂》，博士論文，1985 年。

(51) 吴振武《〈古璽彙編〉釋文訂補及分類修訂》，《古文字學論集（初編）》，1983 年。施謝捷《古璽彙編釋文校訂》，《印林》16 卷 5 期，1995 年。

(52) 李學勤《戰國題銘概述》，《文物》1959 年 7—9 期。朱德熙《戰國匋文和璽印文中的"者"字》，《古文字研究》1 輯，1979 年。裘錫圭《戰國文字中的"市"》，《考古學報》1980 年 3 期。何琳儀《古陶雜識》，《考古與文物》1992 年 4 期。

(53) 俞偉超《漢代的亭市陶文》，《文物》1963 年 2 期。鄒衡《鄭州商城即湯都亳説》，《文物》1978 年 2 期。李先登《河南登封陽城遺址出土陶文簡釋》，《古文字研究》7 輯，1982 年。牛濟普《鄭州滎陽兩地新出戰國陶文介紹》，《中原文物》1981 年 1 期。袁仲一《秦代的市亭陶文》，《考古與文物》1981 年 1 期。王學理《亭里陶文的解讀與秦都咸陽的行政區劃》，《古文字研究》14 輯，1986 年。孫敬明《齊陶新探》，《古文字研究》14 輯，1986 年。

(54) 李學勤《山東陶文的發現和著録》，《齊魯學刊》1982 年 5 期；又《燕齊陶文叢論》，《上海博物館集刊》1 期，1992 年。

(55) 鄭超《戰國秦漢陶文研究概述》，《古文字研究》14 輯，1986 年。董珊《從新編全本季木藏陶談到古陶文的發現與研究》，《書品》2000 年 1 期。

(56) 陳偉武《古陶文字徵訂補》，《中山大學學報》1995 年 1 期。

(57) 仰天湖簡照片刊載《文物參考資料》1954 年 3 期，文字不清晰，頗難使用。有若干摹本行世：史樹青《長沙仰天湖楚簡研究》，群聯出版社，1955 年。余鎬堂《鎬堂楚簡釋文》，曬藍本。羅福頤摹本，《金匱論古綜合刊》1 期。郭若愚寫本，《上海博物館集刊》3 期。信陽簡照片刊載《文物參考資料》1957 年 9 期，又參見河南省文物研究所《信陽楚墓》。商承祚《信陽出土戰國楚簡摹本》，曬藍本；又《戰國楚竹簡匯編》，齊魯書社，1995 年。

(58) 史樹青《長沙仰天湖楚簡研究》，群聯出版社，1955 年；又《信陽長臺關出土竹書考》，《北京師範大學學報》1963 年 4 期。余鎬堂《鎬堂楚簡釋文》，曬藍本。羅福頤《談長沙發現的戰國楚簡》，《文史參考資料》1954 年 9 期。李學勤《談近年新發現的幾種戰國文字資料》，《文物參考資料》1956 年 1 期。饒宗頤《戰國楚簡箋證》，《金匱論古綜合刊》1 期。朱德熙、裘錫圭《戰國文字研究》，《考古學報》1972 年 1 期；又《信陽楚簡考釋》，《考古學報》1973 年 1 期。裘錫圭《談談隨縣曾侯乙墓的文字資料》，《文物》1979 年 7 期。李家浩《信陽楚簡澮字及从关之字》，《中國語言學報》1 期。劉雨《信陽楚簡釋文與考釋》，《信陽楚墓》，文物出版社，1986 年。郭若愚《長沙仰天湖戰國楚簡文字的摹寫和考釋》，《上海博物館集刊》3 期，1986 年。何琳儀《信陽竹簡選釋》，《文物研究》8 輯，1993 年；又《仰天湖竹簡選釋》，《簡帛研究》3 輯，1998 年。商承祚《戰國楚竹簡匯編》，齊魯書社，1995 年。

(59) 朱德熙、裘錫圭、李家浩《釋文與考釋》，《望山楚簡》，中華書局，1995 年。劉信芳《望山楚簡校讀記》，《簡帛研究》3 輯，1998 年。曹錦炎《望山楚簡文字新釋》，《東方博物》4 輯，1999 年。程燕《望山楚簡文字研究》，碩士論文，2002 年。

(60) 劉樂賢《九店竹簡日書研究》，《華學》2 輯，1996 年。饒宗頤《説九店楚簡之武君與復山》，《文物》1997 年 6 期。劉信芳《九店楚簡日書與秦簡日書比較研究》，《第三届國際中國古文字學研究會論文集》，1997 年。陳松長《九店楚簡釋讀札記》，《第三届國際中國古文字學研究會論文集》，1997 年。陳偉武《戰國楚簡考釋校義》，《第三届國際中國古文字學研究會論文集》，1997 年。徐在國《楚簡文字拾零》，《江漢考古》1997 年 2 期。李守奎《江陵九店 56 號墓竹簡考釋四則》，《江漢考古》1997 年 4 期。李零《讀九店楚簡》，《考古學報》1999 年 2 期。李家浩《九店楚簡告武夷研究》，第一届簡帛學術討論會論文，1990 年。周鳳五《九店楚簡告武夷重探》，第一届古文字與出土文獻學術研討會論文，2000 年。

(61) 李學勤《包山楚簡中的土地買賣》，《中國文物報》1992 年 3 月 22 日。林沄《讀包山楚簡札記七則》，《江漢考古》1992 年 4 期。劉信芳《包山楚簡遣策研究拾遺》，《中國文物報》1992 年 3 期。劉信芳《包山楚簡遣策考釋拾零》，《江漢考古》1992 年 3 期。

(62) 何琳儀《包山竹簡選釋》，《江漢考古》1993 年 4 期。李天虹《包山楚簡釋文補正三五則》。李零《包山楚簡研究文書類》，《王玉哲先生八十壽辰紀念文集》，1994 年。林素清《讀包山楚簡札記》。黄錫全《包山楚簡釋文校釋》，《湖北出土商周文字輯證》，武漢大學出版社，1992 年。湯餘惠《包山楚簡讀後記》，《考古與文物》1993 年 2 期。曾憲通《包山卜筮簡考釋七篇》，《第二届國際中國古文字學研討會論文集》，1993 年。劉釗《包山楚簡文字考釋》。

(63) 周鳳五《包山楚簡初考》，《王叔岷先生八十壽慶論文集》，1993 年；又《舒睪命案文書箋釋——包山楚簡司法文書研究之一》，《文史哲學報》41 期。曾憲通《包山卜筮簡考釋七篇》，《第二届國際中國古文字學研討會論文集》，1993 年。李家浩《包山楚簡中的旌旆及其他》，《第二届國際中國古文字學研討會論文集》，1993 年；又《包山楚簡敝字及其相關之字》，《第三届國際中國古文字學研討會論文集》，1997 年。陳松長《包山楚簡遣策釋文訂補》，《第二届國際中國古文字學研討會論文集》，1993 年。袁國華《包山楚簡文字考釋》，《第二届國際中國古文字學研討會論文集》，1993 年；又《包山楚簡文字零釋》，《中國文字》新 18 期。張桂光《楚簡文字考釋二則》，《江漢考古》1994 年 3 期。陳煒湛《包山楚簡研究七篇》，《容庚先生百年誕辰紀念文集》，1998 年。

(64) 雲夢睡虎地秦墓編寫組《雲夢睡虎地秦墓》，文物出版社，1981 年。

(65) 甘肅省文物考古研究所、天水市北道區文化館《甘肅天水放馬灘戰國秦漢墓群的發掘》，《文物》1989 年 2 期。

(66) 于豪亮《釋青川秦墓木牘》，《文物》1982 年 1 期。李昭和《青川出土木牘文字簡考》，《文物》1982 年 1 期。黄盛璋《青川新出秦田律木牘及其相關問題》，《文物》1982 年 9 期。李學勤《青川郝家坪木牘研究》，《文物》1982 年 10 期。胡平生《青川墓木牘"爲田律"所反映的田畝制度》，《文史》19 輯，1983 年。

⑥⑦ 饒宗頤《長沙出土戰國繒書新釋》,《選堂叢書》之四,香港義友昌記印務公司,1958年。李學勤《戰國題銘概述》,《文物》1959年7—9期;又《補論戰國題銘的一些問題》,《文物》1960年7期。安志敏、陳公柔《長沙戰國繒書及其相關問題》,《文物》1963年9期。商承祚《戰國楚帛書述略》,《文物》1964年9期。
⑥⑧ Noel Barnad,*The Chu Silk Manuscript Translation and Commentary*,The Australian National University,Canberra,1973.
⑥⑨ 林巳奈夫《長沙出土戰國帛書考補正》,《東方學報》三十七册,1966年。Noel Barnad,*The Chu Silk Manuscript Translation and Commentary*,The Australian National University,Canberra,1973. 嚴一萍《楚繒書霣慮解》,《中國文字》28册,1968年。饒宗頤《楚繒書疏證》,《史語所集刊》四十册,1968年。陳邦懷《戰國楚帛書文字考證》,《古文字研究》5輯,1981年。李學勤《論楚帛書的天象》,《湖南考古輯刊》(一)輯,1982年;又《楚帛書中的古史宇宙觀》,《楚史論叢》,湖北人民出版社,1984年;又《長沙楚帛書通論》,《楚文化研究論集》1集,荆楚書社,1987年。李零《長沙子彈庫戰國楚帛書研究》,中華書局,1985年;又《長沙子彈庫戰國楚帛書研究補正》,《古文字研究》20輯,2000年。饒宗頤、曾憲通《楚帛書》,中華書局香港分局,1985年。曹錦炎《楚帛書月令篇考釋》,《江漢考古》1985年1期。高明《楚繒書研究》,《古文字研究》12輯,1985年。何琳儀《長沙帛書通釋》,《江漢考古》1986年1期、2期;又《長沙帛書通釋校補》,《江漢考古》1989年4期;又《説無》,《江漢考古》1992年2期。朱德熙《長沙帛書考釋》,《古文字研究》19輯,1992年。
⑦⓪ 湯餘惠《略論戰國文字形體研究中的幾個問題》,《古文字研究》15輯,1986年。
⑦① 曾憲通《三體石經古文與説文古文合證》,《古文字研究》7輯,1982年。何琳儀《戰國文字與傳鈔古文》,《古文字研究》15輯,1986年。黄錫全《利用汗簡考釋古文字》,《古文字研究》15輯,1986年;又《〈汗簡〉、〈古文四聲韻〉中之石經、〈説文〉古文的研究》,《古文字研究》19輯,1992年。許學仁《古文四聲韻古文研究》,文史哲出版社。
⑦② 徐中舒《漢語古文字字形表》出版説明,四川人民出版社,1981年。
⑦③ 林素清《戰國文字研究》,博士論文,1984年。
⑦④ 裘錫圭《中國古典學重建中應該注意的問題》,《北京大學中國古文獻研究中心集刊》2輯,2001年。

## 第五節　戰國文字的分類

　　如果還能勉强地把甲骨文與殷商文字、金文與西周春秋文字籠統地對應起來,那麽卻根本找不到一種可以代表戰國文字的對應書體。因爲,如果按照書寫物質材料予以分類,戰國文字則顯得異常複雜,很難説哪一種文字材料可以代表戰國文字。

　　殷商文字以甲骨文爲主,銅器銘文爲副,還包括少量的玉刻、陶器、石器文字等。西周以銅器銘文爲主，還包括甲骨、玉刻、陶器、石器文字等。然而，戰國文字的名目則相當繁多，諸如銅器、鐵器、金器、銀器、石刻、玉器、盟書、貨幣、壐印、封泥、陶文、骨器、簡牘、木器、漆器、縑帛文字，等等，可謂應有盡有，無所不包。

　　古文字通常按其書寫物質材料或器物用途分類，其實這種分類並不很科學，甚至有嚴重的弊病。如：銅壐、銀壐和玉壐若按書寫物質材料可歸入金屬器和石器，但是按器物用途分類只能歸入壐印文字。衆所周知，壐印材料除金屬器（銅壐、銀壐）居多外，尚包括石器（石壐、玉壐、琉璃壐）、骨器（骨壐）、土器（封泥）、木器（木烙印）等。至於打製在陶範上，然後燒製的文字，屬於壐印文字？抑或屬於陶器文字？其界限本來就不宜區分，所以，上述傳統的分類從來都是相對而言的。

　　戰國文字最理想的分類法應該是，首先橫向分國，其次縱向斷代，打破舊分類法的各種界限（當然也要適當考慮不同品類文字的特點），使文字本身既能反映出其流動變化的趨勢，也能反映出由地域造成的差異，從而提高其科學價值。

　　當前出土和傳世的戰國文字材料，尤其是具備斷代或分國條件的材料，還顯得很不足。各國舊地出土材料的情況也很不平衡。如三晉地區的兵器銘文、貨幣文字和南楚地區的銅器銘文、竹簡文字已初步具備了分國和斷代的條件，其他地區則尚未具備條件。因此，所謂"最理想的分類法"現在使用起來尚爲時過早。我們只能局部地對這一問題進行某些有益的探討（詳第三章）。

　　本章暫時還採用傳統的分類法：即以書寫物質材料爲主，適當考慮器物用途予以分類。這種權宜之計不過是爲了便於說明戰國文字材料來源的廣泛而已。另外，這種傳統分類法畢竟還有某些優點，即"在搜集材料時較爲方便，在研究銘辭的時候，也容易有效果"①。戰國文字材料按傳統分類法大致可以分爲八類（骨器文字相當罕見，也不便單獨立類，故從略）。

## 一、銅器文字

1. 禮器銘文。春秋時習見的禮器銘文，戰國時仍在流行，諸如鼎（平安君鼎）、敦（陳侯午敦）、𠤎（酓前𠤎）、豆（䣩陵君豆）、壺（中山王壺）、鑒（䣩陵君鑒）、盤（酓忎盤）、匜（鑄客匜）等銘文；而春秋時代習見的簠、鬲等銘文則逐漸銷聲匿迹。

戰國前期禮器銘文基本仍是春秋禮器銘文的繼續，銘文筆畫圓勁凝重，字數較多。內容多係因某事爲先人做器云云，如陳侯午敦、鄭侯斨簠、哀成叔鼎、嗣子壺、曾姬無卹壺等。戰國中晚期以後的禮器銘文，筆畫纖細靡弱，字數較少。內容則以"物勒工名"的格式占主導地位，如三十五年虒令鼎、䣩陵君豆、私官鼎、平安君鼎等。當然這也並不是絕對的，如中山王鼎乃戰國中期器，記事、記言洋洋 400 餘字，文字秀逸峻整。然其筆畫纖細方折，終與前期銘文字體迥乎不同。

2. 樂器銘文。戰國樂器銘文仍以鐘銘爲大宗。其文字規整，結體修長，如驫羌鐘、酓章鐘等。曾侯乙墓所出樂律編鐘銘文蟠曲迴環，具有濃厚的楚系文字風格。其他樂器銘文，諸如鎛（楚王酓章鎛）、勾鑃（姑馮勾鑃）、鐸（鄍郢鐸）等，則比較罕見。

3. 量器銘文。戰國量器銘文是戰國銅器銘文中獨特的品類。許多國家都有量器銘文，如陳純釜（齊）、金村銅鈁（三晉）、鄝大府量（楚）、商鞅方升（秦）等。量器銘文載有許多容量和重量單位，如升、益、斗、釜、斛、斠、斤、兩等，是研究戰國度量衡的珍貴資料。

值得注意的是，很多戰國禮器銘文中也載有計量單位，如重金壺（燕）、大梁鼎（魏）、上樂鼎（韓）、土勻壺（趙）、中山王壺（中山）、平安君鼎（衛）、公廚左官鼎（東周）、䣩陵君豆（楚）、中敀鼎（秦）等。這說明戰國銅禮器的實用價值相應提高，而其作爲禮器的作用則有所降低。

另外，銅權文字或載有重量單位，如高奴權、司馬成公權用"石"計量。也可附於量器銘文之內。

4. 符節銘文。符、節和璽印都是古代一種作爲憑證的信物。璽印文字乃戰國文字大宗材料，下面另有討論。戰國唯秦國有兵符銘文，如新郪虎符、杜虎符等。節銘則有楚國的鄂君啓節、龍節、虎節，齊國的馬節、熊節，燕國的鷹節、雁節等。

5. 兵器銘文。在戰國銅器銘文中，兵器銘文最爲發達，這可能與戰國時期各國的尚武風氣有關。兵器銘文雖然數量很多，但字數一般都很少。鑄款的銘文尚比較規整，如高密造戈、郾王職戈、吉日劍、曾侯乙戟等；刻款的銘文則相當草率，如右貫府戈、十七年春平侯鈹、陳旽戟、八年呂不韋戈等。

除常見的戈、戟、劍銘文之外，還有某些兵器上也有銘文，諸如鈹（中山侯鈹）、鏚（大武鏚）、鏃（左矢鏃）、矢括（十年矢括）、戈鐓（中府戈鐓）、距末（二十年距末）、弩牙（左攻尹弩牙）、弩機（十年陽曲弩機）等。這從側面反映出戰國時代戰爭的頻仍，所需兵器的浩繁。

值得注意的是，楚系兵器銘文自春秋中晚期以後就盛行一種"鳥書"。其器主多是王公貴族。繁縟的"鳥書"點綴在精良的武器上，更顯得雍容華貴。如楚王孫鮪戈、薈璋戈、越王劍等。

6. 車馬器銘文。該類銘文都鑄於車馬器小件之上，因此文字不多，一般只有三五字，如下宮車書、陳寞節鍵、兩年車器等。1966年，在西安附近發現羊頭車書，銘文十字，比較罕見。

7. 其他。除以上六類銅器銘文之外，尚有某些器物銘文，或數量太少，或器物不易歸屬，如兆域圖乃建築圖所附説明文字，鋪首乃門飾等。今暫列爲其他類。

金器（不包括楚金幣）、銀器、鐵器均屬金屬器，可附於銅器銘文之末。如洛陽金村墓所出銀質小像、小匣銘文，内蒙古準格爾旗匈奴墓所出金飾牌，中山王墓所出金、銀泡飾等。燕國"右酉"鐵範，屬鐵器銘文。著名的"垣釿"鐵範也屬鐵器銘文。

總之，戰國銅器銘文品類繁多，數量可觀。其中兵器銘文堪稱大宗，現在尚需系統整理。而禮器銘文數量不多，但頗爲重要。量器銘文和符節銘文爲戰國新創品類，值得重視。其他罕見的銘文品類也豐富了戰國銅器銘文的内容。

## 二、石器文字

嚴格意義上講，通常所說的石刻文字應稱之爲石器文字。大量的侯馬盟書、溫縣盟書都是直接用筆書寫在玉片和石片上的文字，它們與石鼓之類的石刻文字都應統稱爲石器文字。比較可靠的戰國石器文字，除盟書外，材料並不很多。有趣的是這些石器的形制都比較特殊。

1. 石刻銘文

石鼓文。石鼓的形制在方圓之間，上小下大，形狀如饅頭。前人又以其形制似鼓，遂稱"石鼓"。其實據《説文》"碣，特立之石"，《後漢書·竇憲傳》注"方者謂之碑，員（圓）者謂之碣"，石鼓應稱"石碣"②。石刻的内容記載秦王田獵，基本爲十首四言詩。

詛楚文。詛楚三石早已不存在，其形制也不得而知。舊説以爲秦惠王向神靈詛咒楚懷王，刻石記之以沉埋。

守丘石刻。文字鐫於天然卵石之上，疑亦"碣"之類。銘文與墓葬有關③。

岣嶁碑。傳世岣嶁碑即所謂衡山"禹碑"，早已不存。其字體頗似能原鎛之類的鳥蟲書，應是越國的石刻文字。

玉璜箴銘。金村戰國古墓所出玉璜刻有銘文八字，屬箴言性質。

行氣玉銘。玉器形制爲十二面體小柱，每面刻三字。名稱不易確指，銘文與古代氣功有關。

秦駰玉版。一件墨玉刻款，另一件墨玉朱書，内容爲禱祝之文。

2. 盟書

已發現的侯馬盟書和溫縣盟書都有朱書（或墨書）在玉片（或石片）上的文字。形制以圭形爲多，其他則爲不規則片狀或塊狀。内容多是古代盟誓之辭。

中山王墓所出玉飾、玉片文字以及曾侯墓所出石磬文字等，亦均屬石器文字，兹不備述。

## 三、貨幣文字

春秋已出現鑄有銘文的空首布貨幣,但出土或傳世的有銘貨幣多爲戰國時遺物。有銘戰國貨幣,除南楚地區曾用金質外,幾乎全用銅質。按其形制大致可分四類。

1. 布幣。古錢學家一般都認爲"布"乃"鎛"之假借。《詩·周頌·臣工》"庤乃錢鎛"傳:"鎛,鎒。"鎛、鎒均爲鏟形鋤草農具,所以布幣也稱鏟幣,原始空首幣正作鏟形。不過也有人認爲布幣的"布"與"鎛"無涉,而與布帛實物有關。凡此有待深入研究。布幣主要通行於三晉,燕、楚也有發現。戰國布幣多是平首布,按其肩、足、跨三個部位的特點可以分爲六類。

甲、空首布。建國以來,在河南鄭州、洛陽附近發現空首布 210 餘種,其使用上限爲春秋早期,下限爲戰國中期④。幣文内容多爲單字,如"商"、"雨"、"柳"、"上"等;或二字,如"安臧"、"東周"等;或四字,如"小(少)曲市南"、"小(少)曲市中"等。

乙、方足布。

① 方肩、方足、方跨布,或稱方足小布。這類布幣三晉普遍通行,如"宅陽"(韓)、"土匀(軍)"(趙)、"皮氏"(魏)等。

② 方肩、方足、圓跨布,或稱平肩橋形方足布。這類布幣流行於魏國,如"禾(和)二鈣"、"高安一鈣"、"陰晉半鈣"等。

③ 圓肩、方足、圓跨布,或稱圓肩橋形方足布。這類布幣也流行於魏國,如"山陽"、"安陰(陰)"等。

④ 銳角布,又稱平首銳角方足布。這類布幣均爲韓幣,如"百涅(盈)"、"盧氏百涅(盈)"等。

丙、尖足布。

① 尖肩、尖足布,或稱平首尖足布。布分大型、小型兩種,均爲趙幣,如"甘(邯)丹(鄲)"、"閔(藺)"等。

② 平肩、尖足幣,或稱平首尖足小布,亦爲趙幣,如"晉陽"、"平陶(遙)"等。

丁、圓足布。

① 圓肩、圓足布，均爲趙幣，如"閵（藺）"、"離石"等。

② 圓肩、圓足三孔布，亦爲趙幣，如"安陽"、"南行唐（唐）"等。

戊、燕尾足布。楚幣。其面文爲"枎（橅）比（幣）當釿"，背文爲"七偵"。

己、連布。亦爲楚幣。其面文爲"四比（幣）"，背文爲"當釿"。幣由四足相連的兩枚小布組成，故稱連布。

2. 刀幣。刀幣取象於刀削之形。《墨子·經說》下："賣刀糴相爲賈，刀輕則糴不貴，刀重則糴不易，王刀無變。"其中所謂"刀"即指刀幣。齊、燕、趙、中山是流行刀幣的地區。刀幣一般分三類：

① 齊刀。刀銘有"齊返邦張（長）夻（大）朲（刀）"、"齊夻（大）朲（刀）"等，流行於齊國。

② 明刀。有二種，或圓折，或磬折。刀銘多爲"明"，主要流行於燕國。

③ 直刀。或稱小直刀。刀銘"甘（邯）丹（鄲）"、"白（柏）人"、"閵（藺）"者，流行於趙國。刀銘"成（城）白（陌）"者，應是中山國貨幣。

3. 錢幣。根據上引《詩·周頌·臣工》"庤乃錢鎛"傳"錢，銚；鎛，鎒"，可知錢和鎛均爲鏟形鋤草農具。但後世圓形錢與農具毫無關係，而可能取象於環璧（或以爲取象於紡輪）。《爾雅·釋器》："肉倍好謂之璧，好倍肉謂之瑗，肉好若一謂之環。"按，"安臧"、"共屯（純）赤金"圜錢作〇形取象於"璧"，而"東周"、"西周"圜錢作◎形則取象於"環"。環、圜、錢音近可通。《漢書·食貨志》"周公爲周立九府圜法"注："圜即錢也。"戰國後期，幾乎各國都流行圜錢。戰國圜錢按形制基本可分爲兩大類。

甲、圓孔圜錢（包括楚國錢牌）

① 東西周："東周"、"西周"等。

② 魏："垣"、"共屯（純）赤金"等。

③ 趙："閵（藺）"、"離石"等。

④ 楚："見（現）金一朱（銖）"、"見（現）金四朱（銖）"等。

⑤ 秦："重一兩十二朱（銖）"、"半睘"等。

乙、方孔圜錢

① 東周:"東周"。
② 齊:"賹四訛(刀)"、"賹六訛(刀)"等。
③ 燕:"明刀"、"一刀"等。
④ 秦:"重十二朱(銖)"、"兩甾(錙)"等。

4. 貝幣。舊稱"蟻鼻錢"或"鬼臉錢",實際是仿製貝形的銅幣,因此又稱之爲"銅貝"⑤。幣文有"巽(選)"、"君"、"圻(斤)"、"行"等。貝幣流行於楚國。

5. 金幣。幣文有"郢禹(稱)"、"陳禹(稱)"等。舊名"爰金"或"郢爰",殊誤。應稱"金幣"或"金版"。金幣也流行於楚國。

總之,戰國貨幣形制十分複雜,幣文多爲地名或幣值。

## 四、璽印文字

《説文》:"璽,王者印也,所以主土。从土,爾聲。壐,籀文从玉。"其實許慎依據漢制的解説,與戰國璽印的實際使用情況並不符合。戰國璽文"璽"作"鈢"、"坄"、"尒"等形,尊卑皆可用之,非"王者"所專用。"璽"(坄)从土,取義其印於泥土。《淮南子·齊俗訓》"若璽之抑(印)埴",是其確證。"壐"从玉,表明其質料爲玉石。"鈢"从金,表明其質料爲銅。至於"尒",則是"鈢"或"坄"的省文。從字形分析,"尒"乃"爾"之省簡,本義待考。或以爲"尒"字象印章之形,並不可信。戰國古璽中"璽"或稱"節"、"符"、"鍴"等,這可能是地域性的差別。

戰國古璽的形制頗多變化。其印面以正方形居多,長方形(《璽彙》0361—0369)、圓形(《璽彙》0081、0172、0183、0300)、曲尺形(《璽彙》3596、3737)、新月形(《璽彙》2713、3631)、心臟形(《璽彙》5451、5452)、三角形(《璽彙》1304)、菱形(《璽彙》5707)等,則比較少見,至於其他不規則形體就更罕見了。還有少數古璽兩面或多面都有文字,釋讀時應注意,如"百千萬秋昌"(《璽彙》4919)。

根據文字内容,戰國古璽可以分爲四大類。

1. 官璽。官璽的印面一般比私名璽大,文字較多,史料價值最高。常見的官璽有兩種。

① 官名:"春安君"(《璽彙》0005)、"司馬之鈢"(《璽彙》0026)、"士尹之鈢"(《璽彙》0146)、"卜正"(《璽彙》5128)等。

② 官名前冠地名:"樂陰司寇"(《璽彙》0073)、"武隊(遂)大夫"(《璽彙》0103)、"東武城攻(工)帀(師)鈢"(《璽彙》0150)、"湘陵莫囂"(《璽彙》0164)等。

還有一些辭例較爲特殊的官璽,如"陳之新都"(《璽彙》0281)、"王兵戎器"(《璽彙》5707)等。比較罕見。

2. 姓名私璽。該類多爲朱文小璽,印面呈方形,白文及圓形印面者較少。姓名私璽一般由姓氏和名字兩部分組成。

① 單姓私璽:"王買"(《璽彙》0370)、"長亡(無)澤(斁)"(《璽彙》0858)等。

② 複姓私璽:"司徒焰"(《璽彙》3761)、"公孫生昜(陽)"(《璽彙》3897)等。也有一些姓名私璽的姓名之後綴以"信鈢",如《璽彙》3695—3732。

3. 成語璽。該類璽文多與吉祥富貴和自身修養的詞彙有關,可分兩種。

① 吉語璽:"長生"(《璽彙》4404)、"宜千金"(《璽彙》4740)、"出入大吉"(《璽彙》4912)、"百千萬秋昌"(《璽彙》4919)等。

② 箴語璽:"敬身"(《璽彙》4257),參《禮記·哀公問》"敬身爲大"。"敬文"(《璽彙》4236),參《荀子·禮論》"不敬文謂之野"。"敬事"(《璽彙》4142),參《論語·學而》"敬事而信"。"中(忠)悥(仁)"(《璽彙》4653),參《司馬法·仁本》"權出于戰,而不出于中(忠)人(仁)"。"可以正下"(《璽彙》4852),參《墨子·天志》"無自下正上者,必自上正下"等。

4. 單字璽。印面僅一字者稱單字璽,這當然是就形式而言。其實單字璽的印面內容也比較複雜。大部分的單字璽可能都是私名璽,"鈢"只是璽之功能標志,至於"哲"、"敬"之類的單字璽應屬箴言璽,"昌"、"富"之類的單字璽應屬吉語璽。因此,單字璽歸屬的問題尚有待進一步推究。

封泥是鈐有璽印文字的土塊,用以封緘簡牘。封泥與古璽相表裏,也是研究戰國文字的罕見材料,如"左司馬閒(門)絇信鈢"、"宋連私璽"(《封泥》)等。

## 五、陶器文字

　　陶器可能是書寫文字的最原始物質材料。半坡和大汶口陶器已載有陶文，殷周也有少量的陶文。傳世的陶文則多爲晚周齊、燕遺物。建國以後，在韓、趙、魏、楚、秦等國舊地也均有陶文相繼發現。戰國陶文用璽印印成者居多，這些陶文多具邊框，與璽文相同。有的學者曾列舉某些陶文與璽文内容相同者以比照⑥，則尤能使人信服。除璽印者外，戰國陶文也有刻契者和筆書者。

　　戰國陶文，根據文字内容大致可分爲三類：

　　1. 私名陶文：多爲製造者的姓名，如"興"(《季木》1.4)、"王疢"(《季木》1.22)等。至於大量的單字陶文，無疑也是陶工的名字。

　　2. 官器陶文：多爲使用陶器的單位，如"左里㲋(軌)"(《季木》2.33)、"陽城倉器"(《古研》7.222)等。

　　3. 記事陶文：私名和官器前冠以時間及各級職官，如"十七年八月，右匋(陶)脀(尹)、俟(里)㫃(看)、㲋(軌)貣"(《季木》2.61)，"陳寞立事歲安邑亳釜"(《季木》4.111)等。

　　瓦當的質料爲陶土，因此瓦當文字也應屬陶器文字。1911 年，河北易州出土"左宮駒"瓦當，是戰國燕器。秦國雲紋瓦當有"左宮"、"右宮"等。而所謂"羽陽千歲"瓦當，舊傳爲秦武王時遺物，殊不可據，實則應是漢瓦當⑦。

## 六、簡牘文字

　　簡牘文字取材於竹木，既方便又經濟，遠勝於金石。因此，簡牘文字應是戰國時代最主要的書寫形式。然而竹木易朽，難於保存，建國以來只在南方發現楚國和秦國的簡牘。上文提到，歷史上中原地區也曾發現有齊魯系竹簡(壁中書)和三晉系竹簡(汲冢書)。我們相信，隨着考古事業的發展，齊、燕、三晉簡牘仍有重見天日的可能。

　　戰國簡牘所載内容異常豐富，既有與典籍性質相同的編年、地圖等資

料,也有不見於典籍的遣策、占驗、日書等資料,近年來又發現了真正意義上的大量典籍。現有的楚、秦簡牘資料大致可分十類:

1. 編年:雲夢秦簡《編年紀》。

2. 文書:夕陽坡楚簡,包山楚簡《文書》,雲夢秦簡《語書》、《秦律十八種》、《效律》、《秦律雜抄》、《法律答問》、《封診式》、《爲吏之道》等。

3. 田律:青川木牘。

4. 日書:九店楚簡、雲夢秦簡《日書》、放馬灘秦簡《日書》等。

5. 地圖:放馬灘木牘地圖。

6. 書信:雲夢秦牘。

7. 卜筮:望山一號楚簡、天星觀楚簡、包山楚簡《卜筮》、江陵秦家嘴楚簡、新蔡楚簡等。

8. 遣策:五里牌楚簡、仰天湖楚簡、信陽楚簡第二組、望山二號楚簡、臨澧楚簡、天星觀楚簡、包山楚簡《遣策》、包山木牘、隨縣曾簡等。

9. 典籍:信陽楚簡第一組、慈利楚簡、郭店楚簡、上海楚簡等。

10. 小説:放馬灘秦簡《墓主記》。

木質雜器上的文字是戰國文字中稀罕的品類,今暫附於簡牘文字之後。木器文字一般字數都不多,如長沙木烙印以及中山王墓木條等。

## 七、漆器文字

戰國出土漆器異常豐富,但載有文字的漆器甚少。較重要者有:廿九年漆樽、廿八年漆衣箱、紫錦之衣箱。另外,衛國、秦國也有少量的漆器文字。

## 八、縑帛文字

比起金、石、竹、木等物質,縑帛之類的絲織品更不容易保存。因此,20世紀40年代初發現的戰國長沙楚帛書彌足珍貴。帛書寫有墨書900餘字,是戰國文字罕見的一份完整而系統的資料。

總之,戰國文字的書寫物質品類繁多,遠非殷周文字所能比擬。不同的書寫物質品類,決定了採用不同的書寫方式,或範鑄,或刻契,或筆書等等。這不僅使戰國文字呈現出紛紜複雜的風格,而且直接影響到戰國文字的形體變化。例如,同是三晋文字的䶒羌鐘和侯馬盟書,其書寫風格就截然不同。前者工緻峻整,後者率意欹斜;前者規範,後者省易。至於三晋貨幣文字之筆畫凌亂、高度省簡,更甚於盟書。又如,同是楚系文字的酓章鐘和信陽竹簡的書寫風格亦大相徑庭。前者形體修長,銘刻工整;後者形體扁平而略帶弧形,書寫簡易。這些都是在研究戰國文字時應注意的現象。

注釋:

① 唐蘭《古文字學導論》上篇 4 頁,齊魯書社,1981 年。
② 馬衡《中國金石學概論》,《凡將齋金石叢考》68 頁,中華書局,1977 年。
③ 黄盛璋《平山戰國中山石刻初步研究》,《古文字研究》8 輯,1983 年。
④ 蔡運章《談解放以來空首布資料的新發現》,《中國錢幣》1983 年 3 期。
⑤ 李佐賢《續泉說》,引《古錢大辭典》總論 19 頁。
⑥ 黄質《陶璽文字合證》,1930 年。
⑦ 陳直《秦漢瓦當概述》,《摹廬叢著七種》337—338 頁,齊魯書社,1981 年。

## 第六節 小 結

甲骨文、金文、戰國文字的發展順序與三者的發現順序恰恰相反。歷史的誤會也往往是頗有興味的。近代古文字學發軔於清季出土的甲骨文,嗣後甲骨學成爲古文字學領域中發展速度最快的一門學科。北宋興起的金石學至近代重新崛起,成爲古文字學的重要組成部分。建國以來,由於新出戰國文字資料巨增,戰國文字才成爲古文字學的又一支分支。然而回顧歷史,不難看出:儘管戰國文字的興起最遲,但推溯其發現和研究的歷史,則最爲顯赫。不僅戰國文字的發現比甲骨文的發現早了兩千多年,而且戰國文字早在西漢就已是一門十分發達的學科。遺憾的是近代古文字學論著中似乎都忽視了這一點。因此這一章用較多的筆墨介紹古代戰國文字的發現和研究。又因爲戰國文字的重新光大畢竟是在近幾十年,所以本章介紹的重點又只能是近、現代戰國文字的發現和研究。戰國文字，在"蒙昧"中沉睡了兩千年才逐漸"萌芽"，而"分蘖"成爲古文字學這棵參天大樹的新枝。戰國文字品類繁多，亟待系統整理。只有認真地總結以往的研究成果，縝密地整理現有的文字資料，才能爲戰國文字研究的進一步發展奠定堅實的基礎。

# 第二章　戰國文字與傳鈔古文

## 第一節　引　言

　　上一章所介紹的八類戰國文字資料，一般説來，都來源於地下發掘或地上採集。新出或傳世的考古實物，留有戰國書寫者的手澤，當然是研究戰國文字的第一手原始資料，有毋庸置辯的科學價值。另外，還有一類戰國文字資料也不容忽視，那就是本章即將介紹的"地上"戰國文字。

　　古文字學是近代新興的學科，它與傳統的文字學有一定的聯繫，但又不盡相同。僅以研究對象而言，文字學以研究《説文》爲主，古文字學則以研究有銘考古實物爲主。然而學習古文字又不能不以文字學爲基礎，簡而言之，必須從《説文》入門。因此，《説文》也是學習和研究戰國文字的必讀要籍。尤其《説文》所載古文、籀文，更應熟練掌握。

　　上章介紹的壁中書、汲冢書等竹簡文字，雖然今天已不能親睹其考古實物，但是在至今流傳的《説文》、三體石經古文中猶能得其仿佛。另外，在傳世的各種"古文"、經傳注疏、字書之中，也往往可以尋覓戰國文字的踪影。凡此傳鈔"古文"，實乃古代發現戰國文字資料之吉光片羽，彌足珍貴。以其與新出戰國文字比勘研討，則不失爲考釋戰國文字的重要途徑。

## 第二節 籀 文

### 一、籀文的來源

什麼是籀文？傳統的觀點都認爲籀文來源於《史籀篇》，故名其書體爲"籀"。《漢書·藝文志》"《史籀》十五篇"，班固注"周宣王時太史，作大篆十五篇，建武時亡六篇矣"。《說文·叙》"及宣王太史籀著大篆十五篇"。看來這一相沿已久的舊說並非無根之談。然而王國維曾提出一新說，他根據《倉頡篇》首句"倉頡作書"，推斷《史籀篇》的首句也應是"太史籀書"，並認爲"籀"有"抽讀"之義①。我們認爲這一新說缺乏充分的依據，鄰於玄想，還不足以推翻舊說。另外，周壽昌、王先謙認爲"史籀"即《漢書·古今人表》之"史留"②。因爲"史留"在《古今人表》中的位置相當於春秋戰國之際，唐蘭遂疑《藝文志》的"周宣王"乃"周元王"之誤③。

東漢時期班固、許慎等學者皆以《史籀篇》作於周宣王，並非杜撰。古文字材料可以證實這一點。上海博物館館藏的趞鼎乃周厲王十九年標準器④，銘文中"史留"，唐蘭認爲即"史籀"，爲周宣王太史⑤。按唐後說甚是。"籀"從"留"得聲，例可與"留"通假。周宣王是周厲王之子，據《史記·周本紀》記載，厲王在位37年，宣王在位46年。如果厲王十九年時史留爲壯年，那麼宣王中期他已是前朝耆老。因此舊說以爲史籀是"周宣王太史"，不但不能輕易否定，而且徵之銅器銘文，更加明確無疑。

《藝文志》云："《史籀篇》者，周時史官教學童書也。"大概相當於後代《千字文》、《三字經》之類的有韻課本，原書今已全部散佚。但據《藝文志》"建武時（漢光武帝年號）亡六篇"，知許慎是見過其餘九篇的。唐玄度《十體書》云："秦焚《詩》、《書》，惟《易》與《史籀》得全。逮王莽亂，此篇亡失。建武中獲九篇，章帝時王育爲作解說，所不可通者十又二三。晉時此篇廢，今略傳字體而已。"⑥由此可見，東漢時《史籀篇》尚多爲學者所稱引。《說文》引"王育說"應來源於王育之"解說"。《說文》所保存的225個籀文，是今天研究《史籀篇》的最重要資料。

關於籀文的特點,王筠指出"籀文好重叠"⑦,王國維描述爲:"大抵左右均一,稍涉繁複。象形象意之意少,而規旋矩折之意多。"⑧其實所謂"規旋矩折"云云,乃是西周中晚期以後銅器銘文的共同特點。這一時期銘文的布局,横行竪行都非常整齊,字體也日趨綫條化、方塊化,筆畫無波折,兩端平齊,成爲普遍作風。如克器、頌器、虢季子白盤等都屬於這一路銘文的典範作品。至於説"籀文好重叠","左右均一,稍涉繁複",就更是皮相之談了。誠然,籀文中有許多"繁複"的形體,例如(以下引用籀文、《説文》古文、三體石經古文下的頁碼,多爲《漢語古文字字形表》頁碼。另見者隨文注明):

登作䇂　（54）
商作𠹛　（82）
敗作𡀔　（124）
粟作𥝩　（272）
秦作𥠭　（280）
煙作㷄　（393）

但是,它們的形體也多能在殷周文字或六國文字中找到。相反,按王氏的觀點,與籀文相對應的古文中,其"稍涉繁複"的形體也不乏其例。例如:

一作弌　（1）
社作𧯆　（11）
業作𪎄　（98）
罪作𦋛　（103）
惠作𢤲　（153）
巫作𢍰　（175）
某作槑　（216）

另外,還有一些與小篆異構的籀文。例如:

| | | | |
|---|---|---|---|
| 甲 | 嘯作歗(43) | 乙 | 遟作遲(64) |
| | 靮作䪜(105) | | 話作䛡(92) |
| | 胗作疹(159) | | 靭作鞭(105) |
| | 觸作䚅(166) | | 鶾作鷳(149) |
| | 籩作匽(170) | | 糂作糣(282) |

甲類屬於不同形符的異體,乙類屬於相同形符的異體。廣義而言,均屬聲音假借範疇。《説文》古文、石經古文等傳鈔材料均有其例,這當然更不屬於"左右均一,稍涉繁複"之列。

總之,《説文》籀文來源於《史籀篇》,《史籀篇》是經厲、宣之際史官"留"整理過的一種童蒙課本。據史籍記載,周宣王是西周後期的中興之主。他在位期間詔史留進行一番文字規範化的工作是有可能的。原本《史籀篇》應是取材於克器、頌器、虢季子白盤之類西周後期銅器銘文,並用稍加整齊化的字體所寫成。《史籀篇》是童蒙課本,其書寫材料自應是竹簡。"籀"字從"竹"頭,與《史籀篇》同性質的《倉頡篇》也書寫於竹簡,均透露出其中的消息。西周後期,銅器銘文日趨綫條化、方塊化,乃是時代風氣所致。史籀以類似的字體施於簡册,作爲童蒙課本是合情合理的。

## 二、籀文與戰國文字的關係

"石鼓文即籀文",這是以往相當流行的説法。其主要根據是:唐代詩人韋應物、韓愈等以石鼓文爲周宣王遺物⑨,而籀文據史籍記載也是周宣王時的"教學童書"。這似乎是順理成章的結論。其實石鼓文根本不是西周遺物,而是戰國時期的秦刻石(有關這一問題在第三章第六節討論)。我們可以在石鼓文中找到"尌"、"圖"、"鼎"、"嗣"等字與籀文吻合,相反也可以找到石鼓文與籀文歧異的例證:

| 石鼓文 | 籀文 |
|---|---|
| 遄 | 遄 60 |
| 箕 | 箕 171 |

| 秦國文字 | 石鼓文 |
|---|---|
| 馬 | 影 377 |
| 車 | 轊 537 |

因此，從時代和字形分析，都不能貿然地把石鼓文和籀文等同起來。那麼，籀文使用的時間和空間範疇究竟如何呢？有關這方面的研究，以王國維"秦用籀文"説影響最廣。

他説：

> 所謂秦文即籀文也……六藝之書行於齊魯，爰及趙魏，而罕布於秦（猶《史籀篇》之不行於東方諸國——原注）。其書皆以東方字書之……故古文、籀文乃戰國時東西土文字之異名。⑩

固然，在秦國文字中可以找到與籀文相吻合的例證：

| 秦國文字 | 籀文 |
|---|---|
| 長 | 長 101 |
| 邾 | 邾 349 |
| 参 | 参 403 |
| 飼 | 飼 555 |

但是，在六國文字的傳鈔材料《説文》古文中，也可以找到與籀文相吻合的例證：

| 古文 | 籀文 |
|---|---|
| 殳古文作ㄒ（役字下"殳"旁）118 | 殳籀文作ㄒ（小徐本"殺"字下） |
| 馬古文作影 377 | 馬籀文作影 377 |
| 堂古文作臺（鄭字下"臺"旁） | 堂籀文作臺（堂字下）514 |
| 員古文作鼎（霣字下"鼎"旁）440 | 員籀文作鼎（員字下）240 |
| 鋭古文作厲（繭字下）《説文》22上 | 鋭籀文作厲（鋭字下）530 |
| 申古文作electric（電字下"申"旁）441 | 申籀文作electric（申字下）563 |

第二章　戰國文字與傳鈔古文　049

　　這些交叉現象表明籀文與《說文》古文並不能完全隔緣。"六藝之書行於齊魯，爰及趙魏，而罕布於秦"的結論，大體說來是對的。至於謂"《史籀篇》之不行於東方諸國"則根本不符合出土六國文字的實際情況。且不論《說文》"匋，《史篇》讀與缶同"，而齊、燕陶文中則每以"缶"爲"匋"（陶）；僅以下列六國文字與籀文形體做一番比較，就足以說明問題：

| 六國文字 | | | 籀文 | |
|---|---|---|---|---|
| 旁 | 𩃬 | 《上海》詩2"雱"⑪ | 𩃬 | 2 |
| 折 | 𣂚 | 《璽彙》4299 | 𣂚 | 25 |
| 嘼 | 𣣉 | 《璽彙》5294 | 𣣉 | 48 |
| 登 | 𤼩 | 《侯馬》349 | 𤼩 | 54 |
| 俎 | 𧁣 | 《包山》188 | 𧁣 | 58 |
| 詩 | 𧥛 | 《侯馬》353"𧥛" | 𧥛 | 93 |
| 誕 | 𧥜 | 《匋文》2.11⑫ | 𧥜 | 93 |
| 敻 | 𦥑 | 《隨縣》7"紳"⑬ | 𦥑 | 105"鞠" |
| 晝 | 𦘒 | 長沙帛書 | 𦘒 | 116 |
| 殺 | 殺 | 《侯馬》326 | 殺 | 小徐本 |
| 敗 | 𧵫 | 鄂君啓節 | 𧵫 | 124 |
| 則 | 𠟭 | 《中山》45 | 𠟭 | 162 |
| 盧 | 𧆣 | 《東亞》4.58 | 𧆣 | 188 |
| 侖 | 侖 | 《中山》34 | 侖 | 198 |
| 槃 | 𥃝 | 會忑盤 | 𥃝 | 221 |
| 若 | 𦳊 | 《中山》43 | 𦳊 | 232 |
| 昌 | 昌 | 《璽彙》4975 | 昌 | 259 |
| 頂 | 𩕙 | 魚顛匕 | 𩕙 | 352 |

| | | | | |
|---|---|---|---|---|
| 昔 | 𦧈 | 《匋文》7.49 | 𦥔 | 360 |
| 馬 | 𩡱 | 《侯馬》322 | 𩡱 | 377 |
| 麗 | 𧴪 | 陳麗子戈 | 𪋻 | 382 |
| 煙 | 𤊙 | 哀成叔鼎 | 𤐰 | 393 |
| 愆 | 𢘓 | 《侯馬》349 | 𢠋 | 414 |
| 紟 | 𦄂 | 《包山》272 | 𦃰 | 500 |
| 地 | 𡐦 | 《𩰫錄》13.4 | 𡊊 | 513 |
| 封 | 𡉈 | 《貨幣》14.211 | 𡉚 | 515 |
| 城 | 𩫖 | 《𩰫錄》13.3 | 𩫰 | 516 |
| 四 | 亖 | 《中山》19 | 亖 | 547 |
| 辭 | 𤔲 | 邾公牼鐘 | 𤔲 | 555 |
| 昏 | 𣄴 | 長沙帛書"𣄴" | 𣄴 | 558 |
| 申 | 𢆶 | 《璽彙》3137 | 𢆶 | 563 |
| 醬 | 𤖅 | 許子鐘 | 𤖅 | 565 |

　　以上所舉六國文字(包括偏旁)與籀文或完全吻合,或基本相同。由此可見,籀文並非秦國的專用文字。所謂籀文爲"西土文字"說並不可信。

　　籀文與秦和六國文字均能吻合,這至少説明兩個問題:

　　其一,秦文字與六國文字相比較,有較强的穩定性。王國維云:"秦居宗周故地,其文字猶有豐鎬之遺。"因此,秦文字與籀文頗爲相近是理所當然的。但是,籀文與秦文字並不能完全劃等號。

　　其二,産生於西周晚期的籀文與戰國六國文字也間有吻合者,這似乎有些矛盾,但並非是不能解釋的現象。《史籀篇》是西周晚期貴族子弟的教科書,秦始皇焚書時不在焚燒之列,足見其影響之深遠。一般説來,作爲這種傳統教科書的内容,即便經歷千百年也不會有明顯的變動;但其書寫形式,即文字形體結構,則可能有較大幅度的演化。取材於《史籀篇》的《倉頡篇》,其採於秦本的漢初阜陽漢簡與後來的流沙墜簡、居延漢簡在文字上便不盡相同⑬,可作爲一個旁證。換言之,《史籀篇》原來的那種西周晚期模式的文字,流傳到後代,不可能不摻雜有晚周文字的形體。因此《説文》籀文既包涵諸如"四"、"棄"、"鬻"、"衾"、"圛"、"穟"、"靁"、"嬬"、"絲"、"骰"、"凳"之類的早期文字,也包涵上面所舉的"這"、"夏"、"馬"、"麗"、"肇"、"辭"之類的晚期文字。

總之,《説文》所保存的籀文形體,並非史籀時代的原貌,乃是西周延及戰國各種文字的混合體。既不能盲目地將其時代提得太早,也不能籠統地將其時代推得過晚。

春秋以後,無論是六國還是秦國的文字,都是由西周晚期整齊化的籀文發展變化而來。因此,在所謂"東西土文字"中都可以找到籀文的遺迹。如果按照王國維"古文、籀文者乃戰國時期東西土文字之異名"的觀點,古文字的發展序列應該是:

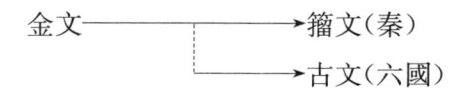

$$
金文 \begin{cases} \rightarrow 籀文(秦) \\ \rightarrow 古文(六國) \end{cases}
$$

這表明籀文和古文是平行的地域關係,但無法解釋上面所舉籀文與六國文字形體吻合的例證。我們則認爲古文字的發展序列應該是:

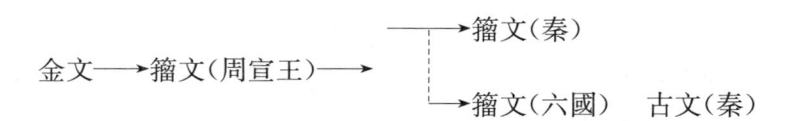

$$
金文 \rightarrow 籀文(周宣王) \begin{cases} \rightarrow 籀文(秦) \\ \rightarrow 籀文(六國) \quad 古文(秦) \end{cases}
$$

這表明籀文和古文是橫綫時代關係和交叉地域關係的混合。換言之,秦文字和六國文字都是籀文的後裔,籀文也是戰國文字的遠祖。在當前戰國文字對比材料還不多的情況下,這 200 多個籀文仍不失爲研究戰國文字的參證。這也是我們把籀文歸入"傳鈔古文"討論的原因所在。

**注釋:**

① 王國維《史籀篇疏證·叙錄》3 頁,《王國維遺書》6 册,上海書店,1996 年。
② 王先謙《漢書補注》:"周壽昌曰,即史籀也,《藝文志》周宣王太史。籀之爲留,古字通用耳。先謙曰,周説近之,而《表》次時代稍後。"

③ 唐蘭《中國文字學》155 頁，上海古籍出版社，1979 年。
④ 《上海博物館集刊》2 期 25 頁，1982 年。
⑤ 引劉啓益《伯寬父盨銘與厲王在位年數》，《文物》1979 年 11 期。
⑥ 桂馥《説文義證》，引《説文詁林》6745 頁。
⑦ 王筠《説文釋例》卷五。
⑧ 王國維《史籀篇疏證·叙録》3 頁，《王國維遺書》6 册，上海書店，1996 年。
⑨ 韋應物《韋蘇州集》卷九《石鼓歌》："周宣大獵兮岐之陽，刻石表功兮煒煌煌……乃是宣王之臣史籀作。"韓愈《韓昌黎集》卷五《石鼓歌》："周綱陵遲四海沸，宣王憤起揮天戈……鑿石作鼓隳嵯峨。"
⑩ 王國維《戰國時秦用籀文六國用古文説》，《觀堂集林》卷七，上海古籍出版社，1981 年。
⑪ 何琳儀《滬簡詩論選釋》，《上博館藏戰國楚竹書研究》，上海書店，2002 年。
⑫ "這"，从辵言聲（《慧琳音義》卷五七），魚變切（《廣韻》33 線），與"誕"之籀文"這"應是一字。
⑬ 裘錫圭《談談隨縣曾侯乙墓的文字資料》，《文物》1979 年 7 期。
⑭ 阜陽漢簡整理組《阜陽漢簡〈蒼頡篇〉》，《文物》1983 年 2 期。

# 第三節　《説文》古文

## 一、古文的界説和始末

古文，是含義相當廣泛的概念。我們通常稱"殷周古文"、"晚周古文"、"秦漢古文"等，這是指與隸書相對而言的廣義"古文"，相當於今天所説的"古文字"；而狹義的"古文"，則是指以《説文》古文爲主，包括其他諸如石經古文、《汗簡》古文等轉抄戰國文字的字體。

其實，早在漢代，學者對"古文"已有兩種解釋。《漢書·郊祀志》載，宣帝時，美陽得鼎，中有刻書曰："王命尸臣，官此栒邑，賜爾鸞旗黼黻琱戈。尸臣拜手稽首曰，敢對揚天子丕顯休命。"緊接着張敞曰："臣愚不足以迹古文。"這裏所謂"古文"顯係尸臣鼎銘文。根據辭例可以斷定尸臣鼎是西周遺物。《説文·叙》："郡國亦往往於山川得鼎彝，其銘即前代之古文。"這裏所謂"前代古文"也是指先秦銅器銘文而言。至於《説文·叙》又曰："古文，孔子壁中書。"則是東漢以後産生的專有名詞。一般特指壁中書之類的簡册文字。本章介紹的"傳鈔古文"，就是指這類狹義的"古文"。

秦始皇統一六國之後，下令焚燒儒家經典，並嚴禁私家藏書。經這番"厄運"，再加上秦統一以後強制推行秦文字，用六國文字書寫在簡帛之上的儒家舊典自然被大多數人所遺忘。漢高祖戎馬倥傯，無意於儒家舊典。至惠帝始"除挾書之律"，文、景之後"廣開獻書之路"，武帝則"獨尊儒術"，對儒家典籍的搜求，更是不遺餘力。如"建藏書之策、置寫書之官"(《漢書·藝文志》)，還設立了"博士"之職，專主其事。

漢代統治者搜求儒家典籍，主要採取兩種方式：

其一，由政府直接派員，博訪碩儒通人乃至前代遺老，把他們所誦古書記錄下來，用漢代通行的隸書書寫於簡帛之上。有時也將典籍移於石刻，類似漢熹平石經。諸如此類用隸書寫定的儒家典籍，一般稱爲"今文經"。

其二，徵集秦火之後散失在民間的列國簡策。如景武之際，魯恭王壞孔子宅，從牆壁中發現了一大批竹簡文字。其中包括《尚書》、《禮記》、《春秋》、《論語》、《孝經》等儒家典籍(《説文·叙》)，後稱"壁中書"。另外還有北平侯張蒼所獻《春秋左氏傳》，河間獻王所得《書》、《周官》、《禮》、《孟子》、《老子》，杜林所得《古文尚書》漆書一卷等。諸如此類用戰國流傳下來的字體書寫於竹簡之上的先秦典籍，一般稱爲"古文經"。

晚出的古文經一發現，就遭到今文經學家的非議。古文經字體奇譎難識，與通行以隸書書寫的今文經大相徑庭，當時一般的學者已不能通讀。因此，古文經的第一批重要材料——壁中書，發現後不久即被束之高閣。所謂"莫能讀者，遂秘於中，外不復見"(《論衡·正説》)，而没有得到應有的重視。

西漢末年，由於劉歆的倡導，古文經開始抬頭，而且一度立於學官①。古文經一旦興起，便逐漸與今文經分庭抗禮。今、古文經各立師法，標榜門户，形成兩個截然不同的學術流派。而"古文"和"今文"遂由書體之名引申爲學派之名。東漢一百多年間，兩派展開論戰，互相攻訐，始有"今古文之争"。

東漢末年，古文經學家馬融、鄭玄等融合兩派學説，重新注釋《尚書》、《三禮》等典籍，今文經、古文經的差異基本泯没，而六國古文也就瀕於絶滅。經馬、鄭這番調停，以六國古文書寫的典籍大多數都改爲隸定之本。今天通行的儒家典籍，實際上已是馬、鄭以及後來經師雜糅今文、古文的混合體。

## 二、古文的真偽和來源

因爲古文經的發現晚於今文經，所以今文經學斥古文經學家爲"顛倒五經，令學士疑惑"（《漢書·王莽傳》）。關於壁中書發現的年代，史籍記載互有抵牾。如《漢書·藝文志》云"武帝末"，《論衡·正説》云"孝景帝時"，但據《史記·漢興以來諸侯王年表》記載，魯恭王死於武帝十一年，那麼"武帝末"不當有魯恭王，何論有所謂壁中書？《史記》與《漢書》的矛盾，再加上《史記》根本没記載壁中書一事，無怪乎要引起今文經學家的種種非難。至於清代的崔述、皮錫瑞、康有爲等學者就根本否認有過所謂"古文經"。今文經學家還以爲提倡古文經的劉歆是個"貳臣"，人品不端，指控其僞造古書，經學史上所謂的"古文經"完全是他爲迎合新莽托古改制，而一手杜撰出來的。

我們認爲，不同的史籍在記載同一歷史事件時，於其時間、地點乃至情節都可能有某些出入，即便同一史籍記載前後舛錯的現象也屢見不鮮，但我們不能據以否認歷史事件的存在。何況《藝文志》所謂"武帝末"，焉知非"景帝末"之訛？至於劉歆是否曾僞造古書，誰也不敢替他打包票。但至少可以肯定他不可能創造一種有系統的字體——古文。今文經學家甚至説："出土之鐘鼎彝器，皆劉歆私鑄埋藏以欺後世。"② 則未免成見過深。衆所周知，一種文字的形體是按照自身發展演變規律，在相當長的一段時間裏形成的，它絶非某人一時所能杜撰而成。不但西漢學者見過這種"古文"③，而且一直到東漢末年鄭玄也見過這種"古文"。如他稱今文《尚書》之外的篇章和殘句爲"逸書"。他在《禮記》注中每云"古文作某，今文作某"。他以《古論語》校《魯論》，每云"魯讀某作某，今從古"等等。凡此都證明古文經的字體並非子虛烏有。

許慎是古文經學家賈逵的弟子，賈逵又是劉歆的再傳弟子。因此《説文》所收古文應基本取材於壁中書。據《説文·叙》所云新莽時壁中書尚存，當時的字體有所謂"六書。一曰古文，孔子壁中書也"，其内容有"《禮記》、《尚書》、《春秋》、《論語》、《孝經》"等。又云："其稱《易》孟氏、《書》孔氏、《詩》毛氏、《禮》、《周官》、《春秋》左氏、《論語》、《孝經》，皆古文也。"由此可見許慎所傳古文的來源與《漢書》所載壁中書内容"《古文尚書》及《禮記》、《論語》、《孝經》凡數十篇,皆古字也"大致相同。許慎之子許沖《上説文表》也稱"慎又學《孝經》孔氏古文説"。因此《説文》古文十之八九皆出於壁中書,是没有多大疑問的。

《説文》古文主要來源於壁中書,但壁中書不是其唯一的來源。上文已提到古文經除壁中書之外,尚有張蒼所獻、河間獻王所得、杜林所得等來自民間的簡册。當時政府"中秘"所藏,及得自民間的古文經傳鈔之本,東漢中葉的許慎應是能見到的。王國維認爲:"古文當無出壁中書及《春秋左氏傳》以外者,即有數字不見於今經文,亦當在逸經中。"④這裏所謂"逸經",即《説文》古文的另一來源。在今本《説文》之中尚可見其痕迹。例如:

1. 篆文下羅列兩種,甚至三四種異體。據初步統計,篆文下羅列兩種古文形體者44字,三種古文形體者5字,四種古文形體者1字。下面各舉一例:

| | | | | | | |
|---|---|---|---|---|---|---|
| 正 | 𠙑 | 56 | 𤴓 | 56 | | |
| 及 | 𢎮 | 111 | 🰧 | 112 | 𢎚 | 112 |
| 殺 | 𣪩 | 112 | 𣏂 | 119 | 𢽅 | 119 | 𣪠 (小徐本) |

2. 同一古文偏旁,或有兩種異體:

| | | | | | | |
|---|---|---|---|---|---|---|
| 史 | 𠂋 | (黃偏旁) | 25 | 𠂇 | (妻偏旁) | 465 |
| 言 | 𠱞 | (詩偏旁) | 88 | 𧨎 | (誚偏旁) | 95 |
| 又 | 𠬶 | (反偏旁) | 112 | 屮 | (友偏旁) | 113 |
| 殳 | 𣪡 | (役偏旁) | 118 | 𣪠 | (殺偏旁) | 119 |
| 目 | 𡇽 | (省偏旁) | 135 | 目 | (睿偏旁) | 155 |
| 刀 | 𠃜 | (利偏旁) | 161 | 丿 | (剮偏旁) | 162 |
| 糸 | 𢆶 | (絹偏旁) | 495 | 𢆶 | (繇偏旁) | 502 |
| 申 | 𢅓 | (電偏旁) | 441 | 𢅻 | (陳偏旁) | 546 |

3. 同一古文偏旁，或有三種異體：

虍 ␥（唐偏旁）185　␥（虎偏旁）186　␥（虘偏旁）185

雨 ␥（霄偏旁）266　␥（電偏旁）441　␥（雹偏旁）441

虫 ␥（蠱偏旁）507　␥（蟲偏旁）509　␥（蜶偏旁）509

4. 獨體與在偏旁中形體殊異：

玉　␥　13　　　王（璿偏旁）13

目　␥　131　　 ␥（省偏旁）135

虎　␥　186　　 ␥（唐偏旁）185

馬　␥　377　　 ␥（馭偏旁）74

糸　␥　495　　 ␥（䜌偏旁）502

申　␥　563　　 ␥（電偏旁）441

5. 奇字，據《說文·叙》乃是與"古文而異者"，可能取材於"逸經"。《說文》尚存4字：

儿　␥　176

倉　␥　199

涿　␥　430

无　␥　486

這些現象都說明，《說文》古文的來源並非一種，而是多頭的。但從另一角度看，《說文》古文異體充其量不過 50 多字，歧異的偏旁（包括訛變）也不算太多。這又說明古文是單一的、獨自成體系的字體。換言之，《說文》古文基本取材於西漢時發現的孔子壁中書。壁中書是同一時間、同一地點發現的戰國"叢書"。其字體獨成一系，是理所當然的。

## 三、古文的性質

與今文經學家相反，古文經學家則竭力維護壁中古文的神聖地位。《說文·叙》以爲:"孔子書六經,左丘明述《春秋傳》,皆以古文。"孔子是春秋末期的學者,他有可能在書寫簡册時使用過類似於《說文》古文的晚周文字。然而壁中古文並非孔子時代手筆。因爲壁中書所包括的《禮記》、《論語》、《孝經》等書均七十子及後學者之所爲。因此我們傾向壁中書是戰國晚期以後的竹簡,下距漢景武之際不算太久,其被偶然發現於墻壁之中,當屬可能。以現代文字學的眼光看,壁中書屬齊魯系竹簡(或以爲屬楚系竹簡),西晉發現的汲冢竹書屬三晉系竹簡,都是以戰國流行的六國古文書寫的典籍。建國後新發現的大批楚簡與它們應是同時代的產物,而大量出土的戰國文字資料也應是它們的一家眷屬。下面就列舉部分例證説明之:

| 六國古文 | | | 《說文》古文 | |
|---|---|---|---|---|
| 弌 | 𢍌 | 《郭店》緇 17 | 𢍌 | 1 |
| 上 | 丄 | 《貨系》1236 | 丄 | 3 |
| 下 | 丅 | 《匋文》1.2 | 丅 | 4 |
| 禮 | 礼 | 九里墩鼓座⑤ | 礼 | 5 |
| 社 | 䄷 | 《中山》36 | 䄷 | 11 |
| 弌 | 弌 | 《陶彙》5.407 | 弌 | 12 |
| 王 | 王 | 者汈鐘 | 王 | 12 |
| 玉 | 玉 | 《包山》3 | 玉 | 13 |
| 瑁 | 珇 | 《匋文》1.4 | 珇 | 14 |
| 毒 | 𦯨 | 長沙帛書 | 𦯨 | 小徐本 |
| 黄 | 黄 | 《璽彙》0410 | 黄 | 25 |
| 番 | 羽 | 《上海》緇 15 | 羽 | 34 |
| 君 | 𠂤 | 《侯馬》308 | 𠂤 | 41 |
| 唐 | 啺 | 《璽彙》0147 | 啺 | 45 |
| 吝 | 𠳄 | 《雨臺》21.3 | 𠳄 | 46 |

| | | | | | |
|---|---|---|---|---|---|
| 正 | 足 | 《郭店》老甲 29 | 正 | 56 | |
| 造 | 䢧 | 邾大司馬戟 | 䢧 | 59 | |
| 返 | 迋 | 《中山》30 | 迋 | 引《春秋傳》 | |
| 近 | 斤 | 《望山》2.45 | 斤 | 66⑥ | |
| 往 | 𨓆 | 《侯馬》317 | 𨓆 | 71 | |
| 退 | 𨒌 | 子禾子釜 | 𨒌 | 72 | |
| 後 | 倭 | 《侯馬》322 | 𨒌 | 73 | |
| 馭 | 𢿐 | 《陶彙》3.961 | 𩪤 | 74 | |
| 齒 | 凵 | 《仰天》5 | 囟 | 76 | |
| 牙 | 𠮷 | 《璽彙》0412 | 㐭 | 77 | |
| 嗣 | 𠂤 | 嗣子壺 | 𠂤 | 小徐本 | |
| 商 | 𠷎 | 曾侯乙樂律鐘 | 𠷎 | 83 | |
| 言 | 丫 | 《匋文》附 24"悍"⑦ | 丫 | 88"詩" | |
| 謀 | 𠂤 | 《天星》 | 𠂤 | 89 | |
| 謀 | 𣉻 | 《郭店》尊 16 | 𣉻 | 89 | |
| 信 | 仂 | 《匋文》3.17 | 仂 | 90 | |
| 業 | 𠨜 | 《上海》詩 5 | 𠨜 | 98 | |
| 僕 | 𨜮 | 《包山》137 反 | 𨜮 | 100 | |
| 弇 | 弇 | 《望山》2.38 | 弇 | 100 | |
| 共 | 𢍱 | 長沙帛書 | 𢍱 | 102 | |
| 與 | 枲 | 《信陽》1.03 | 枲 | 103 | |
| 革 | 革 | 鄂君車節 | 革 | 104 | |
| 鞭 | 𢻹 | 《璽彙》0399 | 𢻹 | 106 | |
| 及 | 𠃌 | 十四秝鼎"筍" | 𠃌 | 112 | |

| | | | | |
|---|---|---|---|---|
| 及 | 遑 | 《郭店》語二 19 | 遑 | 112 |
| 反 | 反 | 《中山》30"返" | 反 | 112 |
| 事 | 叓 | 《侯馬》312 | 叓 | 115 |
| 殺 | 杀 | 《郭店》唐 7 | 杀 | 119 |
| 皮 | 𡰒 | 《中山》19 | 𡰒 | 120 |
| 用 | 用 | 《璽彙》3206 | 用 | 129 |
| 目 | 囧 | 《陶彙》3.750 | 囧 | 131 |
| 睹 | 豬 | 《包山》19 | 覩 | 132 |
| 百 | 百 | 《中山》26 | 百 | 137 |
| 奭 | 奭 | 《璽彙》2680 | 奭 | 138 |
| 於 | 鷖 | 《郭店》語一 23 | 絲 | 150 |
| 於 | 絲 | 《夕陽》1 | 絲 | 150 |
| 棄 | 弃 | 《郭店》老甲 1 | 弃 | 151 |
| 玄 | 𢆯 | 邾公牼鐘 | 𢆯 | 153 |
| 敢 | 敢 | 《包山》85 | 敢 | 155 |
| 死 | 𣦵 | 《郭店》忠 3 | 𣦵 | 156 |
| 肯 | 肎 | 《璽彙》1473 | 肎 | 160 |
| 利 | 𥝢 | 《侯馬》311 | 𥝢 | 161 |
| 剛 | 信 | 《匋文》4.28 | 信 | 162 |
| 制 | 制 | 王子午鼎 | 制 | 164 |
| 簋 | 簋 | 《十鐘》3.50 | 簋 | 169 |
| 巽 | 羿 | 《陶彙》6.145 | 羿 | 173 |
| 巨 | 玉 | 巨萱鼎 | 玉 | 175 |
| 甚 | 延 | 《郭店》唐 24 | 延 | 176 |
| 丂 | 丂 | 者汈鐘 | 丂 | 178 |

| | | | | |
|---|---|---|---|---|
| 平 | 夈 | 平阿右戈 | 夈 | 180 |
| 喜 | 嘼 | 《吉大》154 | 嘼 | 181 |
| 豆 | 豆 | 《陶彙》5.33 | 豆 | 183 |
| 虐 | 雩 | 《信陽》1.109 | 雩 | 185 |
| 養 | 𩙿 | 《郭店》唐22 | 𩙿 | 197 |
| 倉 | 仝 | 《貨幣》5.69 | 仝 | 159 |
| 全 | 仝 | 《侯馬》370 | 仝 | 200 |
| 享 | 倉 | 陳侯午敦 | 倉 | 204 |
| 厚 | 厒 | 《璽彙》0724 | 厒 | 205 |
| 良 | 𠅜 | 廿三年郚令戈 | 𠅜 | 205 |
| 夏 | 舍 | 《璽彙》1291"瘦"⑧ | 舍 | 209 |
| 舜 | 夌 | 《郭店》唐23 | 夌 | 209 |
| 弟 | 戈 | 《郭店》唐5 | 弟 | 210 |
| 乘 | 𪫶 | 鄂君車節 | 𪫶 | 211 |
| 李 | 秾 | 《類編》279 | 秾 | 213 |
| 南 | 峯 | 《璽彙》2563 | 峯 | 235 |
| 垂 | 杕 | 燕王職戟 | 杕 | 236 |
| 困 | 㞢 | 《璽彙》2256"佷"⑨ | 㞢 | 240 |
| 貧 | 貟 | 《璽彙》2563 | 貟 | 244 |
| 賓 | 冈 | 者旨鐘"賓" | 冈 | 246 |
| 邦 | 峕 | 啓封戈 | 峕 | 247 |
| 時 | 峕 | 《郭店》窮14 | 峕 | 257 |
| 旅 | 㡿 | 《璽彙》3248 | 㡿 | 263 |
| 雨 | 用 | 郾王職戈"霋" | 用 | 266"霸" |
| 期 | 晉 | 《璽彙》0250 | 晉 | 267 |
| 明 | 明 | 《貨系》2342 | 明 | 268 |

| | | | | |
|---|---|---|---|---|
| 盟 | 盟 | 《侯馬》342 | 盟 | 269 |
| 外 | 外 | 《璽彙》0365 | 外 | 270 |
| 夙 | 夙 | 《望山》1.73"怨"⑩ | 夙 | 270 |
| 多 | 多 | 《郭店》老甲14 | 多 | 271 |
| 克 | 克 | 《陶彙》3.124 | 克 | 277 |
| 稷 | 稷 | 《上海》詩24 | 稷 | 278 |
| 家 | 家 | 杕氏壺 | 家 | 284 |
| 宅 | 宅 | 《望山》1.113 | 宅 | 285 |
| 容 | 容 | 公廚右官鼎 | 容 | 287 |
| 宜 | 宜 | 《包山》133 | 宜 | 290 |
| 疾 | 疾 | 《璽彙》1433 | 疾 | 297 |
| 保 | 保 | 《中山》43 | 保 | 310 |
| 仁 | 仁 | 《郭店》忠8 | 仁 | 311 |
| 仁 | 仁 | 《中山》43 | 仁 | 311 |
| 伊 | 伊 | 《望山》1.58 | 伊 | 312 |
| 備 | 備 | 《郭店》語一94 | 備 | 314 |
| 侮 | 侮 | 《中山》26 | 侮 | 320 |
| 丘 | 丘 | 牙丘褱小器 | 丘 | 327 |
| 徵 | 徵 | 曾侯乙樂律鐘⑪ | 徵 | 328 |
| 量 | 量 | 大梁司寇鼎 | 量 | 329 |
| 襄 | 襄 | 《璽彙》0322"衡" | 襄 | 333 |
| 衰 | 衰 | 《郭店》唐26 | 衰 | 334 |
| 屋 | 屋 | 《璽彙》3143 | 屋 | 340 |
| 履 | 履 | 《包山》80 | 履 | 340 |

| | | | | |
|---|---|---|---|---|
| 視 | 睅 | 《中山》47 | 眡 | 346 |
| 色 | 頢 | 《郭店》語一 110 | 𩲉 | 360 |
| 旬 | 匀 | 王孫鐘 | 㚘 | 361 |
| 鬼 | 禤 | 陳貯簋 | 鬼 | 363 |
| 廟 | 庿 | 《中山》61 | 庿 | 367 |
| 礦 | 卝 | 《貨幣》附 242 | 卝 | 369 |
| 長 | 兵 | 汝陽戟 | 兵 | 370 |
| 希 | 杀 | 《郭店》語二 24 | 希 | 373 |
| 馬 | 䎃 | 《陶彙》2.5"團" | 䎃 | 377 |
| 驅 | 敺 | 《侯馬》349 | 敺 | 379 |
| 灑 | 金 | 《侯馬》314 | 金 | 381⑫ |
| 狂 | 姓 | 《包山》22 | 姓 | 387 |
| 光 | 烾 | 《包山》276 | 烾 | 393 |
| 吳 | 𠯑 | 《璽彙》1173 | 𠯑 | 399 |
| 德 | 悳 | 《侯馬》347 | 悳 | 407 |
| 慎 | 㫟 | 邾公華鐘 | 㫟 | 408 |
| 恕 | 㤨 | 《中山》29 | 忠 | 409 |
| 愛 | 㤅 | 《郭店》語一 92 | 㤅 | 412 |
| 怨 | 䛋 | 《侯馬》334 | 䛋 | 415 |
| 恐 | 㤰 | 《中山》29 | 㤰 | 416 |
| 淵 | 囦 | 《郭店》性 62 | 囦 | 427 |
| 津 | 鶯 | 《郭店》尊 1 | 鶯 | 429 |
| 泰 | 夳 | 《陶徵》65 | 夳 | 433 |
| 云 | 云 | 《璽彙》4877 | 云 | 443 |

| | | | | |
|---|---|---|---|---|
| 黔 | 仐 | 《包山》180 | 仺 | 443 |
| 黔 | 仱 | 《璽彙》3163 | 仺 | 443 |
| 至 | 坙 | 《中山》21 | 坙 | 448 |
| 户 | 脉 | 陳胎戈 | 屌 | 449 |
| 開 | 閦 | 《上印》 | 鬭 | 451 |
| 閒 | 開 | 《璽彙》3215 | 開 | 451 |
| 聞 | 䐓 | 《中山》68 | 䐓 | 454 |
| 手 | 夆 | 《郭店》五43 | 㐅 | 456 |
| 拜 | 犇 | 《郭店》性21 | 犇 | 456 |
| 撫 | 從 | 《中山》25 | 從 | 458 |
| 揚 | 敭 | 《中原》1986.1 陶 | 敭 | 460 |
| 播 | 歔 | 《信陽》1.024 | 歔 | 460 |
| 奴 | 伲 | 《陶彙》6.195 | 伲 | 468 |
| 民 | 㞢 | 《郭店》忠2 | 㞢 | 475 |
| 我 | 㦰 | 嗣子壺 | 㦰 | 483 |
| 无 | 走 | 長沙帛書 | 㐬 | 486 |
| 曲 | 凵 | 《包山》260 | 凵 | 489 |
| 絕 | 𢇍 | 《中山》71 | 𢇍 | 497 |
| 續 | 蒼 | 《匋文》附31 | 蒼 | 497 |
| 彝 | 虩 | 曾章鎛 | 虩 | 504 |
| 凡 | 凡 | 《璽彙》5461 | 凰 | 510 "風" |
| 弍 | 寺 | 襄安君瓶 | 弍 | 511 |
| 恒 | 亙 | 長沙帛書 | 亙 | 512 |
| 堂 | 尙 | 《中山》41 | 尙 | 514 |

| | | | | |
|---|---|---|---|---|
| 毀 | 𣪠 | 鄂君車節 | 𣪠 | 517 |
| 堯 | 𡐳 | 《璽彙》0262 | 𡐳 | 519 |
| 勛 | 勛 | 《中山》59 | 勛 | 524 |
| 勇 | 㦷 | 《郭店》五 34 | 㦷 | 524 |
| 鈞 | 銒 | 子禾子釜 | 銒 | 530 |
| 斷 | 㫃 | 《包山》16 | 㫃 | 536 |
| 陟 | 陟 | 《匋文》附 39 | 陟 | 544 |
| 四 | 亖 | 《貨幣》14.203 | 亖 | 548 |
| 五 | ✕ | 《匋文》14.95 | ✕ | 548 |
| 禹 | 禹 | 《璽彙》5124 | 禹 | 550 |
| 成 | 戌 | 長沙帛書 | 戌 | 554 |
| 己 | 丆 | 莒公孫潮子鐘 | 丆 | 554 |
| 辜 | 辜 | 《中山》57 | 辜 | 555 |
| 孟 | 盂 | 陳侯因資敦"保" | 盂 | 558 |
| 寅 | 寅 | 陳純釜 | 寅 | 560 "𡨄" |
| 申 | 申 | 《璽彙》3646 | 申 | 563 |
| 醬 | 牆 | 《中山》53 | 牆 | 565 |

以上按《說文》排列順序,把六國文字與《說文》古文(包括文字偏旁)相互比較,凡得一百餘例。當然,《說文》古文中若干形體稍有訛變,如"容"、"周"、"䜌"、"申"等。但是,一經與六國文字對比,尚不難看出其間的演變關係。爲了便於把《說文》古文與六國文字比較,我們没有把《說文》古文與殷周文字相互印合的例證列舉出來。其實,這部分古文有的也延續使用到戰國。例如"嚴"、"正"、"馭"、"䮮"、"孚"、"畫"、"效"、"匋"、"難"、"敢"、"利"、"其"、"旨"、"弟"、"明"、"般"、"州"、"庸"、"金"、"子"、"𠫓"等。如果把這部分古文字也計算在内,《說文》古文與戰國文字相吻合的例證就更

多了。

《說文》古文不僅與小篆形體有別,有些與殷周文字形體也距離較大,唯獨在六國古字中可以找到它們的前身。這充分説明,來源於壁中書的《説文》古文應屬戰國時期東方六國文字體系,它們的真實性是毋庸置疑的。

清代文字學家極力推崇《説文》,然而對《説文》古文的時代卻認識不清,以其爲倉頡以來之"初文"。例如,段玉裁擅改《説文》古文"丄"爲"二",近代古文字學家引甲骨文"上"作"二"以證段説正確,至今猶傳爲美談。殊不知"丄"乃"二"與"上"之間的過渡形體。"丄"和"上"都是戰國文字⑬,"二"乃殷周文字。許慎以"丄"爲"古文"可謂名實相符,斷代無誤。段氏不明"古文"時代,求深反晦。自從王國維明確地提出"六國文字即古文"這一重要命題,古文時代的模糊認識才逐漸得以澄清。

王國維的論據"六藝之書行於齊魯,爰及趙魏,而罕布於秦",是合乎歷史實際情況的。因爲不但儒家的鼻祖"孔子西行不到秦"(韓愈《石鼓歌》),而且儒家典籍的傳播者也都是六國人⑭,即使著名的秦博士伏生本來也是齊國人(《史記·儒林列傳》)。因此在《説文》古文中很難找到秦文字的踪影。當然,六國文字與秦文字也不能截然一刀兩斷。這兩個地域的文字都導源於殷周文字,兩者的共同點應占主導地位。這反映在《説文》古文中也偶見與秦文字相合者。有某些形體,既與六國文字相合,也與秦文字相合:

| 反 | 辰 | 《中山》30 | 辰 | 石鼓《作原》"阪" | 辰 | 112 |
| 敢 | 訂 | 《侯馬》336 | 訶 | 詛楚文 | 設 | 155 |
| 虐 | 虞 | 《信陽》1.011 | 虞 | 詛楚文 | 虐 | 185⑮ |
| 裘 | 求 | 《郭店》成 1 | 求 | 石鼓《車工》 | 求 | 334 |
| 驅 | 敺 | 《侯馬》349 | 敺 | 石鼓《車工》 | 駈 | 379 |
| 百 | 百 | 《郭店》語四 5 | 百 | 詔版 | 百 | 《説文》184 下 |

至于《説文》古文與殷周文字相吻合更是不勝枚舉。凡此都説明《説文》古文是繼承殷周文字的一種古文字轉抄字體。其中與殷周文字、秦文字形體或有差異者,乃是典型的六國文字。

　　總之,《説文》保存的500多個古文是先秦以前簡册文字的轉抄材料,來源於孔子壁中書之類的古文經。這些幸存的古文字形體,雖然幾經輾轉抄寫、摹刻,筆劃容有訛變舛錯,但是仍不失爲研究六國文字的重要參照材料,有很高的文字學價值。大批出土的戰國文字資料已經證明了這一點。我們相信,隨着戰國文字資料的日益豐富,《説文》古文在考釋文字方面,一定會起到越來越重要的作用。

**注釋:**

① 《漢書·儒林傳》贊曰:"平帝時,又立《左氏春秋》、《毛詩》、《逸禮》、《古文尚書》。"
② 梁啓超《清代學術概論》128頁,商務印書館,1925年。
③ 王國維《史記所謂古文説》,《觀堂集林》卷七,上海古籍出版社,1981年。
④ 王國維《説文所謂古文説》,《觀堂集林》卷七。
⑤ 何琳儀《説文聲韻鈎沉》,《説文解字研究》(一),1991年。
⑥ 徐鍇《説文繫傳》謂"屵"字"與前同意",其後釋者亦多以"屵"字从止斥聲(《説文詁林》786—787頁)。其實"止"乃"夂"之訛,"屵"即"旂",與"近"音近可通。
⑦ 陶文原篆作"𤰳"。吳大澂云:"𧥑即言,見《説文》。𠀇或𠄑或𠄎。"(引自《㫚録》17)按,吳所釋古文"言"似爲"心"之變,"𠀇"爲"旱",然則陶文應隸定"悍"。
⑧ 《補補》附12"𤴔"釋"瘦"。檢《龍龕手鑑》卷三"瘦音夏,正作厦"。
⑨ 璽文原篆作"𣏟",應隸定爲"侎"。《古文四聲韻》卷一"根"作"𣏟",从"之"(止之訛)从"木",與《説文》"困"之古文形同。"根"見紐文部,"困"溪紐文部,見、溪同屬見系。《説文》古文正以"根"爲"困"。由此類推,璽文"侎"即"佷",同"很"。參《玉篇》卷二。
⑩ 施謝捷《釋楚簡文字中的悚字》,《古文字研究》23輯,2002年。
⑪ 裘錫圭、李家浩《曾侯乙墓鐘磬銘文説明》,《音樂研究》1981年1期。
⑫ 《論語·憲問》"齊桓公正而不譎",《漢書·鄒陽傳》引作"法而不譎"。"金"即"定","定"从"正"得聲,"正"與"法"義近。
⑬ 《璽彙》4207"上"或作"𠄞"。由此類推,"上"、"𠄞"、"𠄟"等都是在"上"基礎上加"-"或"="作爲裝飾符號的後起字。
⑭ 《史記·仲尼弟子列傳》所載唯秦祖、壤駟赤等爲秦人,其他絶大多數爲六國人。
⑮ "虐",疑紐宵部;"唬",曉紐宵部。曉、疑爲喉、牙通諧。《古文四聲韻》卷四"号"作"唬","號"作"虐",爲"虐"、"唬"相通之確證。

## 第四節　三體石經古文

### 一、三體石經是古文經

東漢末年，傳授儒家典籍者往往各依師法説經，文字殊異，頗爲混亂。爲了正誤訂訛，樹立統一標準，漢靈帝熹平四年詔蔡邕校正經書文字，於洛陽太學刊立石碑，這就是所謂的熹平石經，又稱漢石經。漢石經採用當時通行的隸書刻寫，是西漢流行的"今文經"。東漢以後，古文經大盛，當時治今文的經師也兼通"古文"。但是，東漢末年太學内只刊立"今文經"的石刻——熹平石經，遠不能滿足學者的需要。因此，魏曹芳正始年間，在洛陽太學漢石經之側又刊立"古文經"石經，專供學者摹寫觀覽。爲了區別漢熹平石經，稱這批石碑爲魏正始石經，簡稱魏石經。魏石經多是用三種字體刻寫的，因此也稱三體石經或三字石經。從現存的魏石經殘石來看，有下列四種書寫格式：

其一爲直下式，古文、篆書、隸書直書而下；其二爲品字式，古文在上，篆書、隸書在下；其三爲二體式，古文、篆書直書而下；其四爲一體式，古文一體直書而下。魏石經有四種體式，這似乎説明刊立之時並非一種，而可能有若干副本刻石。四種形式的共同點都以古文爲首，這表明魏石經主要是爲刊布"古文經"而立。

三體石經的内容，據王國維考證，皆出於《尚書》、《春秋》及《左傳》之隱、桓、莊三公①。而壁中書據《説文·叙》所云也包括這三種書。因此，三體石經古文應是壁中書之内古文經轉抄下來，又迻録於碑石的文字，它其實就是漢魏年間"古文經"的"翻版"。更重要的是,三體石經古文與《説文》古文多能吻合(詳下文);而《説文》古文也主要來源於壁中書,這就更能説明三體石經是古文經。

古文經碑石的刊立雖説是應古文經之需而產生的,但是在客觀上則起到傳播古文字體的作用,並爲後來的研究提供了較爲原始的文字資料。三體石經刊立四十年後發現一大批戰國竹簡,即汲冢竹書。其整理之迅速,首先應歸功於三體石經的刊立。今天我們能目睹的"古文"形體,除《説文》古文之外,也就只有這一種最爲原始了。

三體石經的書寫者,今已無可考。但其字體優劣殊異,知其斷非一人之手筆,或亦非一時之所立。三體石經古文有可能是邯鄲淳後學祖述其筆意而移於碑石的文字。《晉書·衛恒傳》引《四體書勢》云:

> 漢武時,魯恭王壞孔子宅,得《尚書》、《春秋》、《論語》、《孝經》。時人以不復知有古文,謂之科斗書。漢世秘藏,希得見之。魏初傳古文者,出於邯鄲淳。恒祖敬侯寫淳《尚書》,後以示淳,而淳不別。至正始中,立三字石經,轉失淳法,因科斗之名,遂效其形。太康元年,汲縣人盜發魏襄王冢,得策書十餘萬言。案敬侯所書,猶有髣髴。

這段記載相當重要,以石經古文爲中間環節,上承壁中古文,下接汲冢古文,可以做如下推測:

其一,壁中書發現之後,即藏於秘府,但後世或有傳其字體者,邯鄲淳是漢魏之際精通古文《尚書》的學者,他所傳寫的"古文"字體應導源於孔子壁中書。

其二,三體石經是邯鄲淳後學模仿他的書法風格,而迻録於碑石的"古文"。章炳麟與于右任論三體石經書云:

> 既云轉失淳法,則明其追本於淳。若絶不相係者,又何失法之有?《書勢》之作,所以窮究篆法,而非辨章六書。篆書用筆不如淳,則以爲轉失淳法。故其言因科斗之名,遂效其形。言筆勢微傷於鋭也。豈謂形體點畫之間,有所訛誤乎?②

按，章氏對"轉失淳法"的理解是正確的。所謂"轉失淳法"確指書法而言。今所見石經殘石之古文，其筆畫或"豐中銳末"，或"豐上銳下"，這與六國銅器銘文中的吉日劍、智君子鑑、嗣子壺、者汈鐘、酓前鼎等極其相似。這類銘文的數量在六國銘文中畢竟只占少數，三體石經的書法應屬這類字體，而壁中書古文則應該是戰國時期六國通行的字體。其實，上舉吉日劍等銘文的字體與通常的六國銘文字體在形體結構方面，是沒有根本性差別的。

其三，所謂"猶有髣髴"，是指衛顗所書與戰國文字的真迹汲冢竹書字體相似。衛顗所書又與源於壁中書的邯鄲淳所書十分相似，並幾乎可以亂真。而石經古文雖"轉失淳法"，與壁中古文書法有異；但就字體而論，卻又承襲了壁中古文，所謂"科斗書"的遺意。凡此更加證實了壁中古文、石經古文和汲冢古文都是一個系統的文字。以今天古文字學的眼光來看，壁中古文爲齊魯系竹簡，石經古文爲在齊魯系竹簡基礎上進一步美術加工的石刻文字，汲冢古文爲三晉系竹簡。三者之間"猶有髣髴"，自是情理之中事。

漢、魏石經同立於洛陽太學，晉永嘉之亂開始崩壞流散。之後屢經戰亂遷徙，或廢毀建寺，或沉沒於水，或用爲柱礎。至唐貞觀初"魏徵始收聚之，十不存一。其相承傳拓之本，猶在秘府"。北宋以後，除有蘇望摹刻本以外，石經原刻和原拓均佚。清末以來，在洛陽、西安附近陸續出土石經殘石。建國以後，也有零星發現③。據孫海波統計，清末以來發現的石經字數汰其重複者，共得 379 字④。如果再加上洪适《隸續》所錄《左傳遺字》（取材於蘇望本）不重複的 55 字，1944 年和 1957 年西安新出的不重複字，石經古文的總數約 440 字左右⑤。孫海波搜集整理的石經資料尚有遺漏，最近施謝捷又增補許多新資料。孫書現在已不易得，期盼施書早日付梓。

## 二、石經古文與戰國文字互證

據統計，石經古文與《説文》古文相同者 70 餘字，其中若干形體與戰國文字吻合無間。在第三節我們列舉了許多《説文》古文與六國文字相同或相近的例證，其中就有見於石經古文者。如"革"、"及"、"事"、"用"、"奭"、"典"、"平"、"倉"、"乘"、"南"、"時"、"盟"、"宅"、"念"、"奴"、"冬"、"至"、"慎"、

"禹"、"成"、"卯"等。這充分説明石經古文與《説文》古文實乃一家之眷屬，它們都與戰國文字有着不可分割的血緣關係。

石經古文中還有一些雖不見於《説文》古文，或與之形體不盡相同，卻與六國文字吻合者，則尤其值得珍視。下面就列舉這類石經古文，以其與六國文字相互比較：

| 六國文字 | | | 石經古文 | |
|---|---|---|---|---|
| 上 | 上 | 《中山》5 | 上 | 3 |
| 帝 | 帝 | 《中山》45 | 帝 | 3 |
| 下 | 下 | 《中山》5 | 下 | 4 |
| 禮 | 豊 | 《郭店》緇24 | 豊 | 4 |
| 神 | 神 | 行氣玉銘 | 神 | 7 |
| 瑕 | 瑕 | 《籀補》1.3 | 瑕 | 15 |
| 中 | 中 | 《中山》10 | 中 | 17 |
| 春 | 春 | 《璽彙》2415 | 春 | 27 |
| 余 | 余 | 鄂君啓節 | 余 | 34 |
| 舍 | 舍 | 《郭店》語1.38 | 舍 | 39 |
| 歷 | 歷 | 禹戈 | 歷 | 54 |
| 達 | 達 | 左行議達戈 | 達 | 57 |
| 迪 | 迪 | 《郭店》尊20 | 迪 | 62 |
| 遠 | 遠 | 《璽彙》3595 | 遠 | 67 |
| 遥 | 遥 | 《郭店》語一95 | 遥 | 69 |
| 復 | 復 | 《侯馬》339"腹" | 復 | 71 |
| 後 | 後 | 《郭店》老甲3 | 後 | 73 |
| 嗣 | 嗣 | 平安君鼎⑥ | 嗣 | 80 |

| | | | | |
|---|---|---|---|---|
| 商 | 丙 | 蔡侯紳盤 | 爾 | 83 |
| 諸 | 𢽎 | 《郭店》語三 9 | 𢽎 | 88 |
| 信 | 㐰 | 《郭店》忠 1 | 㣻 | 90 |
| 忱 | 忠 | 徐沈尹鉦"訛" | 周 | 90 |
| 異 | 異 | 《郭店》語三 53 | 異 | 103 |
| 卑 | 𤰞 | 《侯馬》321 | 𤰞 | 《無逸》 |
| 殺 | 𢼛 | 徐郊尹鼎⑦ | 𢼛 | 118 |
| 收 | 𢻲 | 《璽彙》3702⑧ | 𢻲 | 125 |
| 庸 | 膚 | 拍尊 | 膚 | 129 |
| 爽 | 爽 | 《上海》緇 18 | 爽 | 138 |
| 敢 | 訐 | 《侯馬》336 | 訐 | 155 |
| 則 | 𠛬 | 長沙帛書 | 𠛬 | 162 |
| 笠 | 笠 | 《侯馬》168 | 笠 | 168 |
| 典 | 典 | 陳侯因𦥑敦 | 典 | 173 |
| 巫 | 𠮎 | 《侯馬》309 | 𠮎 | 175 |
| 寧 | 寍 | 《中山》66 | 寍 | 178 |
| 虔 | 虔 | 《郭店》語三 57 | 虔 | 185 |
| 益 | 𥁋 | 《璽彙》1551 | 𥁋 | 190 |
| 主 | 余 | 《侯馬》314⑨ | 余 | 192 |
| 今 | 今 | 《侯馬》201 | 今 | 198 |
| 內 | 內 | 鄂君啓節 | 內 | 《皋繇謨》 |
| 京 | 𣆪 | 《璽彙》0279 | 𣆪 | 204 |
| 邦 | 𨛘 | 長沙帛書 | 𨛘 | 247 |
| 晨 | 𢍰 | 《陶彙》3.1201 | 𢍰 | 259 |

| | | | | |
|---|---|---|---|---|
| 游 | 𧗎 | 《璽彙》1154 | 㳺 | 263 |
| 束 | 朿 | 《匋文》3.17 | 朿 | 273 |
| 克 | �585 | 《中山》31 | 克 | 277 |
| 年 | 秊 | 廿年距末 | 秊 | 279 |
| 秦 | 秦 | 會忎鼎 | 秦 | 281 |
| 稱 | 爯 | 《貨系》4201 | 爯 | 281 |
| 免 | 免 | 《上海》緇13 | 免 | 322 |
| 丘 | 丘 | 鄂君啓節 | 丘 | 327 |
| 庶 | 庶 | 叔夷鎛 | 庶 | 366 |
| 麋 | 麋 | 《璽彙》0360 | 麋 | 382 |
| 獲 | 獲 | 《望山》1.170 | 獲 | 386 |
| 狄 | 狄 | 《璽彙》0337"犾"⑩ | 狄 | 387 |
| 能 | 能 | 《郭店》五10 | 能 | 390 |
| 奔 | 奔 | 《璽彙》3693 | 奔 | 400 |
| 臭 | 臭 | 《中山》54 | 臭 | 403 |
| 囟 | 囟 | 《補補》10.5 | 囟 | 406 |
| 德 | 德 | 《侯馬》347 | 德 | 407 |
| 念 | 念 | 者汈鐘 | 念 | 408 |
| 潮 | 潮 | 陳侯午敦 | 潮 | 425 |
| 泉 | 泉 | 長沙帛書⑪ | 泉 | 438 |
| 冬 | 冬 | 陳璋壺 | 冬 | 439 |
| 雨 | 雨 | 《中山》42 | 雨 | 440 |
| 聽 | 聽 | 《郭店》唐6 | 聽 | 454 |
| 聞 | 聞 | 《郭店》五26 | 聞 | 454 |

| | | | | | |
|---|---|---|---|---|---|
| 聘 | 𦎧 | 《璽彙》2951⑫ | 𦎧 | 455 |
| 拜 | 𢪙 | 不降矛 | 𢪙 | 456 |
| 妻 | 𡠦 | 廿八星宿漆書 | 𡠦 | 472 |
| 民 | 𠈼 | 《中山》18 | 𠈼 | 475 |
| 弗 | 弗 | 鄆王脮戈 | 弗 | 476 |
| 戰 | 獸 | 曾忎鼎 | 獸 | 480 |
| 戚 | 𢧆 | 《郭店》六48 | 𢧆 | 483 |
| 紹 | 𥁕 | 曾忎盤 | 𥁕 | 497 |
| 陳 | 陸 | 曾忎盤 | 陸 | 546 |
| 隧 | 𨒋 | 《中山》37 | 𨒋 | 547 |
| 七 | 七 | 《信陽》2.012 | 七 | 549 |
| 亂 | 𤔔 | 長沙帛書 | 𤔔 | 552 |
| 丙 | 丙 | 子禾子釜 | 丙 | 552 |
| 丑 | 丑 | 《天星》1076 | 丑 | 559 |
| 卯 | 卯 | 陳卯戈 | 卯 | 560 |
| 黃 | 黃 | 趙孟庎壺 | 黃 | 《隸續》 |
| 禹 | 禹 | 《郭店》窮2 | 禹 | 《隸續》 |
| 粵 | 粵 | 《中山》54 | 粵 | 《隸續》 |
| 我 | 我 | 廿年距末 | 我 | 《隸續》 |
| 壽 | 壽 | 齊侯鎛 | 壽 | 《隸續》 |
| 寡 | 寡 | 《中山》63 | 寡 | 《隸續》 |
| 廩 | 廩 | 《璽彙》0319 | 廩 | 《隸續》 |
| 爲 | 爲 | 左師壺 | 爲 | 《隸續》 |

石經古文中還有一些與《說文》古文形體殊異者，情況比較複雜，大致可

分四種類型。下表先列石經古文,後列《說文》古文,以資比照。

1. 石經古文承襲殷周古文,《說文》古文出自晚周古文:

| | | | | | |
|---|---|---|---|---|---|
| 一 | 一 | 1 | 弌 | | 1 |
| 三 | 三 | 12 | 弎 | | 12 |
| 王 | 王 | 12 | 王 | | 12 |
| 周 | 周 | 45 | 周 | | 45 |
| 正 | 正 | 56 | 正 | | 56 |
| 古 | 古 | 84 | 古 | | 84 |
| 自 | 自 | 135 | 自 | | 136 |
| 保 | 保 | 309 | 保 | | 310 |
| 閒 | 閒 | 454 | 閒 | | 454 |
| 彝 | 彝 | 504 | 彝 | | 504 |
| 二 | 二 | 511 | 弍 | | 511 |
| 四 | 三 | 548 | 亖 | | 548 |

2. 石經古文爲正體,《說文》古文爲訛變:

| | | | | | |
|---|---|---|---|---|---|
| 中 | 中 | 17 | 中 | | 17 |
| 君 | 君 | 41 | 君 | | 41 |
| 遂 | 遂 | 66 | 遂 | | 66 |
| 爲 | 爲 | 《隸續》 | 爲 | | 108 |
| 智 | 智 | 137 | 智 | | 137 |
| 典 | 典 | 173 | 典 | | 173 |
| 乃 | 乃 | 177 | 乃 | | 177 |
| 弟 | 弟 | 210 | 弟 | | 210 |
| 師 | 師 | 439 | 師 | | 439 |

| | | | | | |
|---|---|---|---|---|---|
| 息 | 㿽 | 《集録》2 | | 㮒 | 327 |
| 拜 | 𢷎 | 456 | | 𢷎 | 456 |
| 亂 | 𤔌 | 552 | | 𤔌 | 93⑬ |
| 卯 | 非 | 560 | | 非 | 560 |

3. 石經古文與《説文》古文互爲異體：

| | | | | | |
|---|---|---|---|---|---|
| 上 | 丄 | 3 | | 丄 | |
| 下 | 丅 | 4 | | 丅 | |
| 遠 | 𢕂 | 67 | | 𢕂 | 67 |
| 往 | 𨑗 | 71 | | 𨑗 | 71 |
| 及 | 𢎥 | 112 | | 𢎥 | 112 |
| 教 | 敎 | 127 | | 敎 | 127 |
| 惠 | 蕙 | 153 | | 蕙 | 153 |
| 巫 | 𢁥 | 175 | | 𢁥 | 175 |
| 夏 | 𠍺 | 209 | | 𠍺 | 209 |
| 栗 | 㮚 | 272 | | 㮚 | 272 |
| 丘 | 𠱒 | 327 | | 𠱒 | 327 |

4. 石經古文與《説文》古文互爲假借：

| | | | | | |
|---|---|---|---|---|---|
| 僕 | 𦻁 | 100 | | 𦻁 | 100 |
| 盤 | 鑒 | 221 | | 鑒 | 222 |
| 邦 | 𨛬 | 247 | | 𨛬 | 247 |
| 監 | 鑒 | 329 | | 鑒 | 329 |
| 遷 | 𨙅 | 63 | | 𨙅 | 63 |
| 殺 | 𢼄 | 119 | | 𢼄 | 119 |

蔡 [字] 23　　　　　　　　[字] 119

囟 [字] 406　　　　　　　　[字] 406

　　以上諸例，"僕"之異文均從"業"聲。"盤"之異文均從"般"聲。"邦"之異文均從"豐"聲。"監"，《說文》古文從"言"，"監"省聲。"遷"，《說文》古文作"㩭"，從手西聲。"西"，心紐文部；"遷"，清紐元部。心、清均屬精組。"殺"，《說文》古文作"𣪩"，從"介"得聲，"殺"、"介"均屬月部。三體石經"蔡"與《說文》古文"殺"同形，均屬心紐⑭。"囟"，三體石經作"脺"，從"宰"得聲。"宰"，精紐之部；"囟"，《說文》古文作"甾"。"甾"，精紐之部；"囟"，心紐真部。精、心均屬精組。

　　這些複雜的現象表明，三體石經古文保存了不少較爲原始的古文字形體。同時也表明，戰國文字的形體歧異多變在石經古文和《說文》古文中也有所反映。

　　總之，三體石經古文雖說是壁中書的傳刻材料，然而畢竟是曹魏時的真迹，其形體去古未遠，所謂"猶有髣髴"。從考古意義上來講，三體石經文字點畫的準確度，要略高於《說文》古文那種輾轉摹寫的形體。因此，三體石經對考釋戰國文字尤爲重要。

　　無獨有偶，1799年，在埃及發現的羅賽達碑石（Rosetta stone），也是由三種文字（象形文字、古埃及俗語、希臘文字）刻寫，成爲釋讀古埃及象形文字的一把鑰匙。中國的羅賽達石——三體石經，無疑也是釋讀戰國文字的重要依據。

**注釋：**

① 王國維《魏石經考》，《觀堂集林》卷二〇，上海古籍出版社，1981年。
② 孫海波《魏三字石經集錄·源流》2頁。
③ 孫海波《魏三字石經集錄·源流》6頁。曾憲通《三體石經古文與說文古文合證》，《古文字研究》7輯，1982年。
④ 孫海波《魏三字石經集錄·古文》1—12頁。
⑤ 曾憲通《三體石經古文與說文古文合證》，《古文字研究》7輯，1982年。
⑥ 何琳儀《平安君鼎國別補證》，《考古與文物》1986年5期。

⑦ 曹錦炎《紹興坡塘出土徐器銘文及其相關問題》,《文物》1984 年 1 期。"賹"應讀"郊"。"賹"從"爻"得聲,"郊"從"交"得聲。"爻"、"交"相通,典籍習見。故銘文"賹尹"即"郊尹"。《左傳》昭公十三年"而使爲郊尹",注"郊尹,治郊境大夫"。"賹"亦可隸定"賮"。"殽",匣紐宵部;"孝",曉紐幽部。曉、匣均屬喉音,幽、宵旁轉。
⑧ 黃錫全《汗簡注釋》415 頁,武漢大學出版社,1990 年。
⑨ 李學勤、李零《平山三器與中山國史的若干問題》,《考古學報》1979 年 2 期。黃盛璋《中山國銘刻在古文字語言上若干研究》,《古文字研究》7 輯,1982 年。
⑩ 何琳儀《古璽雜識》,《遼海文物學刊》1986 年 2 期。
⑪ 嚴一萍《楚繒書新考》,《中國文字》26 冊 2971 頁。
⑫ 何琳儀《古璽雜識》,《遼海文物學刊》1986 年 2 期。
⑬ 《説文》古文以"爰"之訛體"叞"爲"寏","爰"、"寏"均來紐元部。
⑭ 沈兼士《希殺祭古語同原考》,《沈兼士學術論文集》212—225 頁,中華書局,1986 年。

## 第五節  《汗簡》和《古文四聲韻》古文

### 一、《汗簡》和《古文四聲韻》概説

壁中書之類的古文經轉抄本,唐代猶有存者。如李陽冰曾把《古文孝經》和《古文官書》合爲一卷,前者即古文經①。又如唐天寶三載玄宗詔集賢學士衛包改定《古文尚書》爲"今文"(《新唐書·藝文志》)。其古文本藏於秘府,外界不復誦習。北宋薛季宣據《古文尚書》作《書古文訓》,此等材料當時已屬鳳毛麟角。不過自漢魏以降,輯集"古文"材料的工作相當盛行。如東漢衛宏《古文官書》、郭顯卿《古文奇字》、魏張揖《古今字詁》等。唐代以前用"古文"字體鐫刻的碑文也不少,如漢貝丘長碑、唐碧落碑等。北宋初年國子監主簿郭忠恕撫拾殘存的古文經、古佚書、《説文》古文、三體石經及上述各種以字書形式出現的古文轉抄材料和古文碑刻,熔爲一爐,輯成《汗簡》。

《汗簡》凡七卷。全書基本以《説文》540 部爲順序,但以"古文"爲部首統繫所收文字。《汗簡》計收古文 2 961 字,近有學者增補爲 3 073 字②。《汗簡》徵引古書、碑刻共 71 種,其中 95% 均已散佚③。

北宋仁宗慶曆四年,夏竦在《汗簡》基礎上,廣爲搜求古文材料,輯成《古

文四聲韻》（下文簡稱《四聲韻》）。

《四聲韻》凡五卷。全書以《切韻》四聲爲綱，按韻繫字，檢索尤便。據初步統計收古文（包括隸定古文）約 9 000 餘字。《四聲韻》徵引包括《汗簡》在內古佚書 98 種。

《汗簡》、《四聲韻》是兩種性質相近的"古文"字典。其收録"古文"形體之多，徵引古佚書之廣，實屬罕見。《四聲韻》除囊括了《汗簡》所收字之外，又收録了數量相當可觀的古文形體。如"房"下收異體 18 字，"乃"下收異體 21 字，這是《汗簡》不能與之相比的，若干古文字就保存在這些異體之中。有人説《四聲韻》"其實即取《汗簡》而分韻録之，無他長技也"④，這是不符合實際情況的。《四聲韻·序》："斷碑盡簡，搜求殆徧。"看來夏竦曾見過一些古文原始材料。因此，《四聲韻》的價值並不亞於《汗簡》。至於兩書摹寫間有異同，得失互見，只能從具體材料出發，判斷其優劣是非。如《汗簡》"禂"作"[字形]"（上 1.3），"彈"作"[字形]"（下 1.70），就比《四聲韻》"[字形]"（3.20）和"[字形]"（1.31）可靠。相反《四聲韻》"都"作"[字形]"（1.27），"莊"作"[字形]"（2.15），則比《汗簡》"[字形]"（中 1.33）和"[字形]"（上 2.22）可靠。

關於《汗簡》和《四聲韻》的真僞並不是没有疑義的。考據大家錢大昕評論《汗簡》"偏旁詭異，不合《説文》"⑤。即便爲《汗簡》作注的鄭珍對其也並無好感。《汗簡箋正·叙》稱《汗簡》"其歷採諸家自《説文》、石經而外，大抵好奇之輩影附詭托，務爲僻怪，以炫末俗"。因此，《汗簡箋正》中駁難郭氏的案語隨處可見。與其説鄭珍爲《汗簡》作注，還不如説是以《説文》小篆校正《汗簡》古文。金石家吴大澂認爲《汗簡》、《四聲韻》"援據雖博，蕪雜滋疑"⑥。至於古文字學家唐蘭對其抨擊尤烈，他認爲"從漢到宋初，除了篆籀和竹簡古文外，只有杜撰的古字了。郭忠恕做《汗簡》是這一個時期的結束"⑦，"夏竦本意是集録這些材料以備研究鐘鼎文字，但結果這些材料，大抵不能用"⑧。

《汗簡》、《四聲韻》所收《説文》古文和石經古文，一般還很少有人非議。至於其他古文，則被毫不客氣地斥爲"務爲怪僻"的"假造古文"了。

首先應該肯定，像《汗簡》、《四聲韻》這類廣徵博引的古文字典，其所收古文本來就不會是有系統結構的文字。多頭的來源導致這些古文無論從時間或空間上都不能統一。換言之，這些文字既有時代較早的，也有時代較晚的；既有從碑刻、竹簡迻錄的，也有從紙本轉抄的。因此，兩書所收形體泛濫無方，即使所徵引同一材料也有多種異體共存的現象。衆所周知，秦火以後，中國學術界托古作僞之風甚盛。經書有僞，字書也有僞。北宋學者由於時代的局限，考據水平不高，對某些贋品不能"別裁僞體"，致使許多"古文"字書真僞參半，難以盡信。因此，《汗簡》、《四聲韻》收入相當數量的僞造"古文"是不可否認的事實。如《汗簡》"靪"（上 2.23）"𢼊"（中 2.58）、"䩞"（下 2.83）、"䪖"（下 2.83）等字"手"旁均作"𠦬"形，這顯然是受"折"作"𣂚"的影響而造的僞體。又如《四聲韻》"涉"作"𣥿"（5.21），以戰國文字"步"作"𣥂"驗之是合理的；或作"𣥿"，與籀文形體亦合。或作"𣥿"與"森"同形，則難以理解，凡此真可謂"畫虎不成反類犬"了。至於《汗簡》"囻"（中 1.33）和《四聲韻》"囻"（5.29）則是武則天稱帝時所造的"國"字。這類"奇字"對研究古文字毫無意義。

與《説文》、石經古文相比，《汗簡》、《四聲韻》的訛變則非常嚴重。如"倉"訛作"𠔌"（上 1.4），"問"訛作"𦖠"（中 1.37），"流"訛作"𣻒"（2.23），"箸"訛作"𥬇"（4.10）等。若干"奇字"目前還無法做出合理的解釋，如"莫"作"𦰩"，（上 1.5）"先"作"𠑹"（下 1.67），"解"作"𦂌"（3.21）等。對原篆隸定時見明顯的錯誤。其中有作者的誤認，如"革"誤作"挹"（上 1.9），"童"誤作"疾"（上 1.12），"遷"（徙）誤作"徒"（1.26），"敵"誤作"敵"（5.13）等。也有翻版者的誤刻，如"瓔"誤作"瓊"（上 1.4），"散"誤作"徵"（上 1.14），"秦"誤作"泰"（中 1.37），"禽"誤作"牏"（下 2.81）等。

由於《汗簡》和《四聲韻》存在上述的嚴重缺點，因此遭到一些學者的攻訐也就不足爲怪了。

然而，剔除糟粕，吸取精華，就會發現《汗簡》和《四聲韻》所徵引的"古文"材料中保存了大量的古文字形體。下表首列甲骨文和金文，次列《汗簡》（《汗簡》引文下數字爲汪本卷頁，原篆偶採馮本）和《四聲韻》古文，以資比照。

1. 甲骨文與《汗簡》互證：

| | | | | |
|---|---|---|---|---|
| 道 | 𠂇 | 《甲骨》2.29 | 𧗞 | 上 1.10 |
| 會 | 㡀 | 《甲骨》2.16⑨ | 㡀 | 上 2.26 |
| 束 | 朿 | 《甲骨》6.9 | 朿 | 中 1.32 |
| 役 | 伇 | 《甲骨》3.25 | 伇 | 中 1.41 |
| 尋 | 㝏 | 《甲骨》12.4⑩ | 㝏 | 中 2.47 |
| 彈 | 弓 | 《甲骨》12.21 | 弓 | 下 1.70 |

2. 甲骨文與《四聲韻》互證：

| | | | | |
|---|---|---|---|---|
| 雌 | 隹 | 《甲骨》2.16 | 隹 | 1.16 |
| 專 | 叀 | 《甲骨》3.23 | 叀 | 1.25 |
| 賓 | 宀 | 《甲骨》6.10 | 宀 | 1.32 |
| 祉 | 止 | 《甲骨》2.23⑪ | 止 | 3.8 |
| 字 | 子 | 《甲骨》8.10⑫ | 子 | 4.16 |
| 拔 | 癶 | 《甲骨》附上 2⑬ | 癶 | 5.12 |

3. 金文與《汗簡》互證：

| | | | | |
|---|---|---|---|---|
| 兆 | | 簠叔鼎"姚"⑭ | | 上 1.8 |
| 冊 | | 啓卣"遘"⑮ | | 上 1.10 |
| 誥 | | 史話簋⑯ | | 上 1.12 |
| 奉 | | 散盤 | | 上 1.13 |
| 饋 | | 墻盤⑰ | | 上 2.26 |
| 朱 | | 師西簋 | | 中 1.30 |
| 居 | | 召鼎⑱ | | 中 1.43 |

臨　[金文]　毛公鼎　　　　[古文]　中 1.44

4. 金文與《四聲韻》互證：

窺　[古文]　伯窺父盨⑲　　[古文]　1.15

妻　[古文]　叔皮父簋　　　[古文]　1.27

藝　[古文]　毛公鼎　　　　[古文]　4.15

虜　[古文]　召伯簋"獻"　　[古文]　4.23"甗"

要　[古文]　伯要簋　　　　[古文]　4.27

泛　[古文]　啓尊⑳　　　　[古文]　4.41

如果認爲這些今本《説文》和石經所無的古文爲郭忠恕、夏竦所僞造，那麼它們竟與北宋以前千餘年的殷周文字若合符契，豈非咄咄怪事？其實上引"彈"、"居"等字，《汗簡》明言引自《説文》，而爲今本《説文》所佚。"誥"、"妻"等字也比《説文》古文"[古文]"（91）、"[古文]"（465）更接近殷周文字的本來面目。不言而喻，這部分文字的價值尤其值得珍視。至於《汗簡》、《四聲韻》與戰國文字吻合者俯拾皆是，我們將在下一部分重點舉例説明。

## 二、《汗簡》、《四聲韻》與戰國文字互證

《汗簡》、《四聲韻》大量徵引《古尚書》、《古周易》、《古春秋》、《古周禮》、《古論語》、《古孝經》等古佚書。這些材料雖不一定完全可靠，但根據其書名，知其必與漢魏流行的古文經有關，其中某些"古文"形體可能是有來歷的。1899年敦煌發現大批手抄本古籍，其中有唐寫本隸古定《尚書》及孔傳㉑。日本國也珍藏有類似的材料㉒。以《汗簡》引《古尚書》古文與這些隸古定古文相互比較，多有吻合。如"陳"作"敶"（上 1.15），"圖"作"圖"（中 1.33），"居"作"凥"（中 1.43），"洛"作"雒"（下 1.61），"房"作"防"（下 1.63），"析"作"所"（下 2.76）等。這説明《汗簡》的確保存有唐衛包改字以前的古文經轉手材料。因此，可以從《汗簡》、《四聲韻》中鈎稽出相當數量的戰國文字

形體。

其實遠在宋代已經有學者開始注意到《汗簡》和《四聲韻》的重要性,對其評價也比較客觀。如吕大臨云:

> 孔安國以伏生口傳之書訓釋壁中書,以隸定古文,然後古文稍能訓讀。其傳於今者有《古尚書》、《孝經》、陳倉石鼓文,及郭氏《汗簡》、夏氏《集韻》(即《四聲韻》)等書尚可參考。

吕氏把《汗簡》、《四聲韻》與古《尚書》、《孝經》、石鼓文等戰國文字相提並論,可謂獨具慧眼,頗有見地㉓。

儘管《汗簡》、《四聲韻》長時間不被多數文字學家所重視,但是有的古文字學家自覺或不自覺地引用其中的古文來考釋古文字。隨着近數十年來戰國文字研究的勃起,有些學者敏銳地指出,出土的晚周文字材料"把石經和《汗簡》復活了"㉔,"今天對《汗簡》一書似有重新估價的必要"㉕。最近有的學者還結合古文字和傳鈔材料重新注釋《汗簡》,顯然是十分有意義的工作㉖。

上文已列舉部分甲骨文、金文與《汗簡》、《四聲韻》古文吻合的例證,但這畢竟只占少數。真正與《汗簡》、《四聲韻》古文吻合的形體,大量地保存在戰國文字之中。

1. 戰國文字與《汗簡》古文互證:

| 戰國文字 | | | 《汗簡》古文 | |
|---|---|---|---|---|
| 天 | 丌 | 《郭店》成4 | 丌 | 上1.3 |
| 士 | 圢 | 仕斤戟 | 圢 | 上1.4 |
| 臧 | 牂 | 《璽彙》3488㉗ | 牂 | 上1.4 |
| 族 | 㫃 | 《侯馬》329 | 㫃 | 上1.7 |
| 旗 | 斺 | 《匋文》附48 | 斺 | 上1.7㉘ |
| 兆 | 兆 | 長沙帛書"逃" | 兆 | 上1.8 |
| 此 | 歨 | 《璽彙》5654"庇" | 歨 | 上1.8 |

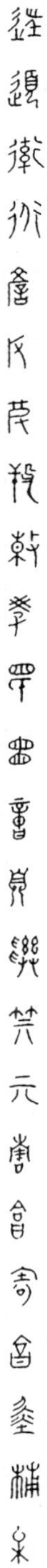

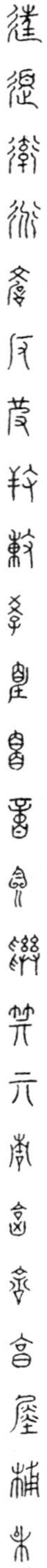

| | | | | |
|---|---|---|---|---|
| 往 | | 《匋文》2.12 | | 上 1.8 |
| 道 | | 詛楚文 | | 上 1.9 |
| 率 | | 詛楚文 | | 上 1.10 |
| 道 | | 《郭店》老甲 6 | | 上 1.10 |
| 諺 | | 《籀補》3.3 | | 上 1.12 |
| 反 | | 鄂君啓節"返" | | 上 1.13 |
| 皮 | | 《璽彙》3998 | | 上 1.14 |
| 悍 | | 者㲽鐘 | | 上 1.15 |
| 陳 | | 二十八宿漆書 | | 上 1.15 |
| 教 | | 《郭店》老甲 12 | | 上 1.15 |
| 視 | | 《中山》47 | | 上 2.16 |
| 瞿 | | 《璽彙》3261 | | 上 2.16 |
| 億 | | 嗣子壺 | | 上 2.16 |
| 鼻 | | 攻敔王戈 | | 上 2.17 |
| 彝 | | 曾侯乙鎛 | | 上 2.19 |
| 箕 | | 《璽彙》5203 | | 上 2.21 |
| 亓 | | 長沙帛書 | | 上 2.22 |
| 青 | | 《郭店》語一 88 | | 上 2.26 |
| 合 | | 九里墩鼓座 | | 上 2.26 |
| 余 | | 《郭店》老甲 10 | | 上 2.27 |
| 亯 | | 《璽彙》5296 | | 上 2.27 |
| 舜 | | 《郭店》唐 23 | | 上 2.28 |
| 楠 | | 《璽彙》2194 | | 中 1.30 |
| 柖 | | 《璽彙》0079[29] | | 中 1.30 |

| | | | | |
|---|---|---|---|---|
| 野 | 埜 | 會忐鼎 | 埜 | 中 1.30 |
| 滿 | 圂 | 《璽彙》3223㉚ | 圂 | 中 1.33 |
| 都 | 𨒋 | 《璽彙》0293 | 𨒋 | 中 1.33 |
| 昆 | 𠱥 | 《郭店》六 28㉛ | 𠱥 | 中 1.34 |
| 期 | 刑 | 《璽彙》2766 | 刑 | 中 1.35 |
| 稷 | 禝 | 《上海》詩 24 | 禝 | 中 1.37 |
| 魏 | 鬼 | 《中山》31㉜ | 鬼 | 中 1.37 |
| 問 | 𠯑 | 《璽彙》1073 | 𠯑 | 中 1.37 |
| 官 | 𨸏 | 平安君鼎 | 𨸏 | 中 1.39 |
| 兩 | 兩 | 金村銀器 | 兩 | 中 1.40 |
| 再 | 冉 | 陳璋壺 | 冉 | 中 1.40 |
| 比 | 𣥈 | 《貨幣》附 305㉝ | 𣥈 | 中 1.42 |
| 矢 | 屖 | 馬節 | 屖 | 中 1.43 |
| 殿 | 𠂹 | 隨縣簡㉞ | 𠂹 | 中 1.43 |
| 先 | 𡕒 | 曾侯乙樂律鐘 | 𡕒 | 中 2.46 |
| 夏 | 頁 | 長沙帛書 | 頁 | 中 2.47 |
| 施 | 𠂹 | 《郭店》忠 7 | 𠂹 | 中 2.48 |
| 色 | 𦣻 | 《郭店》語一 47 | 𦣻 | 中 2.48 |
| 文 | 爻 | 《包山》203 | 爻 | 中 2.48 |
| 詞 | 嗣 | 《中山》66 | 嗣 | 中 2.49 |
| 詞 | 司 | 《郭店》老甲 19 | 司 | 中 2.49 |
| 鹵 | 鹵 | 《璽彙》2055 | 鹵 | 中 2.49 |
| 畏 | 𢗊 | 《郭店》五 36 | 𢗊 | 中 2.50 |
| 寓 | 厵 | 《璽彙》3236 | 厵 | 中 2.51 |

| | | | | | |
|---|---|---|---|---|---|
| 緁 | 緁 | 《中山》68㉟ | 緁 | 中 2.52 |
| 氣 | 槩 | 長沙帛書 | 槩 | 中 2.55 |
| 敬 | 萪 | 《中山》73 | 萪 | 中 2.59 |
| 渴 | 濿 | 《中山》59 | 濿 | 下 1.61 |
| 門 | 門 | 《璽彙》0170 | 門 | 下 1.65 |
| 美 | 媺 | 《郭店》老甲 15 | 媺 | 下 1.66 |
| 安 | 㝍 | 《侯馬》306 | 㝍 | 下 1.67 |
| 誅 | 䇞 | 《中山》49 | 䇞 | 下 1.68 |
| 越 | 𨒋 | 越王劍 | 𨒋 | 下 1.68 |
| 樞 | 蕾 | 《中山》73 | 蕾 | 下 1.69 |
| 綦 | 亝 | 《璽徵》13.1 | 亝 | 下 1.70 |
| 蜀 | 𦇚 | 《璽彙》3302㊱ | 𦇚 | 下 2.70 |
| 完 | 弅 | 《望山》2.49㊲ | 弅 | 下 2.74 |
| 成 | 城 | 《璽彙》0207 | 城 | 下 2.74 |
| 籥 | 鑰 | 《璽彙》4574 | 鑰 | 下 2.75 |
| 析 | 柝 | 《中山》71"𣁋" | 柝 | 下 2.76 |
| 序 | 序 | 《貨幣》附 298㊳ | 序 | 下 2.77 |
| 威 | 威 | 子禾子釜 | 威 | 下 2.79 |
| 好 | 㚩 | 《郭店》語二 21 | 㚩 | 下 2.81 |
| 次 | 㳄 | 《河北》36 陶文 | 㳄 | 下 2.83 |
| 鄰 | ○○ | 《貨幣》附 310㊴ | ○○ | 下 2.83 |

2. 戰國文字與《四聲韻》古文互證:

戰國文字　　　　　　　　　　《四聲韻》古文

斯　𣂰　《郭店》語三 17　　𣂰　1.16

| | | | | |
|---|---|---|---|---|
| 基 | 丕 | 《匋文》13.88 | 丕 | 1.20 |
| 徐 | | 者旨於賜戈 | | 1.23 |
| 虞 | | 《璽彙》1170 | | 1.24 |
| 吾 | | 石鼓《吾水》 | | 1.26 |
| 妻 | | 長沙帛書㊵ | | 1.27 |
| 皆 | | 《郭店》唐 27 | | 1.28 |
| 皆 | | 蔡侯鐘"諧" | | 1.28"鱸" |
| 雷 | | 《匋文》11.76 | | 1.29 |
| 雷 | | 十三年繁陽令戟 | | 1.29 |
| 晨 | | 《匋文》附 35 | | 1.31 |
| 親 | | 《璽彙》3521㊶ | | 1.32 |
| 賓 | | 邾公釛鐘 | | 1.32 |
| 群 | | 《郭店》老甲 38 | | 1.34 |
| 軍 | | 《郭店》語三 2 | | 1.34 |
| 天 | | 行氣玉銘㊷ | | 2.2 |
| 淵 | | 長沙帛書 | | 2.3 |
| 商 | | 《璽彙》3241㊸ | | 2.14 |
| 霜 | | 長沙帛書㊹ | | 2.16 |
| 周 | | 《中山》45 | | 2.24 |
| 乘 | | 《璽彙》0742 | | 2.28 |
| 兢 | | 《郭店》語二 3 | | 2.28 |
| 孔 | | 《香港》5 | | 3.3 |
| 旨 | | 《郭店》緇 10 | | 3.5 |
| 比 | | 《璽彙》5377 | | 3.6 |

| | | | | |
|---|---|---|---|---|
| 李 | 梓 | 鄂君啓車節 | 李 | 3.7 |
| 矣 | 乁 | 《郭店》語二 50 | 乁 | 3.8 |
| 矛 | 丯 | 《中山》57"務" | 妻 | 3.10 |
| 閔 | 蒙 | 《郭店》語一 60㊺ | 鬱 | 3.14 |
| 棗 | 夲 | 《郭店》緇 19"載" | 崙 | 3.20 |
| 捨 | 晙 | 淳于公戟㊻ | 誇 | 3.22 |
| 寡 | 秦 | 《中山》63 | 貧 | 僧翻本 3.15 |
| 守 | 爯 | 《侯馬》306 | 闱 | 3.26 |
| 牡 | 牸 | 《中山》62 | 墷 | 3.27 |
| 弄 | 弄 | 《璽彙》3144 | 弄 | 4.3 |
| 共 | 丼 | 《侯馬》321 | 丼 | 4.4 |
| 治 | 祠 | 《匋文》14.97 | 祠 | 4.6 |
| 二 | 迖 | 《璽彙》4095 | 迖 | 4.6 |
| 饉 | 飥 | 《璽彙》2019 | 飥 | 4.6 |
| 御 | 徟 | 《璽彙》2040 | 徟 | 4.9 |
| 怒 | 迣 | 《上海》詩 27"迣" | 乢 | 4.11㊼ |
| 歲 | 龙 | 《璽彙》0629 | 歲 | 4.14 |
| 弊 | 荞 | 《郭店》老乙 15 | 荞 | 4.15 |
| 介 | 尒 | 趙孟疥壺 | 尒 | 4.16 |
| 悖 | 尃 | 《璽彙》3407 | 尃 | 4.16 |
| 門 | 禸 | 《貨幣》4.16"閔" | 禸 | 4.18"閒" |
| 建 | 逮 | 《隨縣》1 | 逮 | 4.20 |
| 戰 | 角 | 《郭店》語三 2 | 角 | 4.23 |
| 單 | 嘼 | 嗣子壺 | 嘼 | 4.23 |

| | | | | |
|---|---|---|---|---|
| 膚 | 膚 | 九年將軍張戈 | 膚 | 4.23"甗" |
| 关 | | 《望山》2.49㊽ | | 4.24"秦" |
| 盜 | | 《包山》10㊾ | | 4.29 |
| 盜 | | 《璽彙》0734㊿ | | 4.29 |
| 病 | | 《包山》243 | | 4.35 |
| 定 | | 蔡侯鎛 | | 4.37 |
| 目 | | 《郭店》唐26 | | 5.5 |
| 觸 | | 《璽彙》0664 | | 5.6 |
| 達 | | 《郭店》老甲8 | | 5.11 |
| 拔 | | 《郭店》老乙15 | | 5.12 |
| 各 | | 《璽彙》5548"客" | | 5.24 |
| 惡 | | 《古研》5.246㊱ | | 5.25 |
| 織 | | 鄂君啟節㊲ | | 5.25 |
| 織 | | 《璽彙》0768 | | 5.26 |

以上《汗簡》、《四聲韻》古文與戰國文字相符的例證，從數量而言，要遠遠超過與殷周文字相符者的例證。如果再把其中與《說文》古籀、石經古文相符者的例證也計算在內，那麼《汗簡》、《四聲韻》這些古文與戰國文字有着更密切的血緣關係也就不言而喻了。

北宋宣和元年杜從古編撰《集篆古文韻海》，也屬《四聲韻》之類的傳鈔古文材料，據作者自序所言，其書收字比《四聲韻》"增廣數十倍"。然而該書原篆之下均無出處，因此有學者指出其中有很多所謂"古文"，"只是把《集韻》之隸古定再還原爲古文"㊳而已。至於明清之際閔齊伋編撰《六書通》所引材料十分蕪雜，引用時應格外留意。

總之，可以把《汗簡》、《四聲韻》若干古文（包括稍有訛變的形體）看作是古文字的傳鈔材料。其中有的形體還相當古樸原始，甚至可以從甲骨文、金文中找到其來源,這無疑提高了其學術價值。大量例證雄辯地證明,《汗簡》、《四聲韻》若干古文決非郭忠恕、夏竦自我作古的產物,更非好奇之輩所能夢見。不能因其出自於北宋人之手筆而懷疑其真實性。

**注釋:**

① 韓愈《韓昌黎集》卷一三《科斗書後記》:"識開封令服之者,陽冰子,授余以其家科斗《孝經》、漢衛宏《官書》兩部合一卷。"
② 黃錫全《汗簡注釋》4 頁,武漢大學出版社,1990 年。
③《四庫全書總目》卷四一:"且所徵引七十一家,存於今者不及二十分之一。"
④ 全祖望《鮚埼亭集》,引《古文四聲韻》附錄 6 頁。
⑤ 引謝啓琨《小學考》卷一七。
⑥ 吳大澂《説文古籀補》叙 4 頁。
⑦ 唐蘭《古文字學導論》39—40 頁,齊魯書社,1981 年。
⑧ 唐蘭《古文字學導論》360 頁,齊魯書社,1981 年。
⑨ 何琳儀《汗簡古文四聲韻與古文字的關係》,碩士學位論文,1981 年。
⑩ 朱德熙《古文字考釋四篇》,《古文字研究》8 輯,1983 年。
⑪ 黃錫全《利用汗簡考證古文字》,《古文字研究》15 輯,1986 年。
⑫ 張亞初《甲骨文金文零釋》,《古文字研究》6 輯 1981 年。
⑬ 于省吾《甲骨文字釋林》26 頁,中華書局,1979 年。
⑭ 金文"𡉚",舊釋"姚",學者多疑之。以《汗簡》驗之,所釋不誤。《兆域圖》"逃"作"𧗟",《璽彙》2405"桃"作"𣓃",可資佐證。
⑮ 何琳儀、黃錫全《啓卣啓尊銘文考釋》,《古文字研究》9 輯,1984 年。
⑯ 唐蘭《史䐩簋銘考釋》,《考古》1972 年 5 期。
⑰ 裘錫圭《史墙盤銘解釋》,《文物》1978 年 3 期。
⑱ 郭沫若《兩周金文辭大系考釋》18 頁。
⑲ 何琳儀《釋寬》,《汗簡古文四聲韻與古文字的關係》,碩士學位論文,1981 年;又《古文字論集》(一),1983 年。
⑳ 何琳儀、黃錫全《啓卣啓尊銘文考釋》,《古文字研究》9 輯,1984 年。
㉑ 王重民《敦煌古籍叙錄》8—26 頁。
㉒ 小林信明《古文尚書の研究》。
㉓ 吕大臨《考古圖釋文》271 頁,中華書局,1987 年。
㉔ 李學勤《青銅器與山西古代史的關係》,《山西文物》1982 年 1 期。
㉕ 張頷《中山王譽器文字編序》,引《中山》5 頁。
㉖ 黃錫全《汗簡注釋》,武漢大學出版社,1990 年。
㉗《古文四聲韻》卷二"藏"作"胜",與璽文亦近。
㉘《汗簡》"旂",原在"埵"與"旗"之間。"旂"乃"旗"之古文,與"旂"同,應在"旂"之後。《汗簡》誤移"旂"之前,遂使其釋文"上同"無法理解。

㉙《汗簡》闕釋,黃錫全釋"桓",見《汗簡注釋》229頁,武漢大學出版社,1990年。
㉚"圖"从"馬"得聲,"馬"、"滿"一聲之轉。"滿",古姓氏。
㉛黃德寬、徐在國《郭店楚簡續考》,《江漢考古》1999年2期。
㉜黃盛璋《中山國銘刻在古文字語言上若干研究》,《古文字研究》7輯,1981年。
㉝李家浩《戰國貨幣文字中的幣和比》,《中國語文》1980年5期。
㉞裘錫圭《談談隨縣曾侯乙墓的文字資料》,《文物》1979年7期。
㉟于豪亮《中山三器銘文考釋》,《考古學報》1979年2期。張頷《中山王𰯼器文字編序》,引《中山》6頁。
㊱何琳儀《古璽雜識》,《遼海文物學刊》1986年2期。
㊲李家浩《信陽楚簡澮字及其从关之字》,《中國語言學報》1期194頁,1982年。
㊳古璽亦有"𨸏",參黃錫全《利用汗簡考證古文字》,《古文字研究》15輯137頁,1986年。
㊴島邦男《殷墟卜辭綜類》288頁"叩",亦應釋"鄰",見何琳儀《汗簡古文四聲韻與古文字的關係》,碩士學位論文,1981年。
㊵何琳儀《長沙帛書通釋》,《江漢考古》1986年2期。
㊶陶文亦有"親",見湯餘惠《略論戰國文字形體研究中的幾個問題》,《古文字研究》15輯13頁,1986年。
㊷此字亦見《璽彙》5339、《匋文》附30。行氣玉銘"窔則遄",謂行氣始於頭囟。下文"天"則讀"天地"之"天"。
㊸李學勤、李零《平山三器與中山國史的若干問題》,《考古學報》1979年2期。黃盛璋《中山國銘刻在古文字、語言上若干研究》,《古文字研究》7輯,1981年。
㊹何琳儀《長沙帛書通釋》,《江漢考古》1986年2期。
㊺李家浩説,引李學勤《試解郭店簡讀文之字》,《孔子儒學研究文叢》(一),2001年。
㊻"豫"、"捨"一音之轉。
㊼"怒",泥紐魚部;"巛",透紐陽部。泥、透均屬舌音,魚、陽陰陽對轉。
㊽李家浩《信陽楚簡澮字及其从关之字》,《中國語言學報》1期194頁,1982年。
㊾包山簡"盗"讀"縣",行政區域。詳另文。
㊿《説文》"閱讀若縣"。"盗"从"次""縣"均屬元部。參注黃錫全《利用汗簡考證古文字》,《古文字研究》15輯135頁,1986年。
51湯餘惠《楚器銘文八考》,《古文字論集》(一)64頁,1983年。
52于省吾《鄂君啓節考釋》,《考古》1963年8期。
53郭子直《記元刻古文字老子碑兼評集篆古文韻海》,中國古文字學學會第六屆年會論文,1988年。

## 第六節 小 結

這一章分別介紹《説文》籀文、古文、石經古文、《汗簡》、《四聲韻》等文字材料。它們的時代有早有晚,或屬轉鈔本,或源於碑石,但都大體保存了戰國文字的基本構形。如果説第一章介紹的是戰國文字的第一手原始資料，那麽這一章介紹的則是戰國文字的第二手傳鈔資料，後者往往可以對讀前者。傳鈔古文以隸釋古的體例，實際上起到戰國文字字典的作用。另外，傳鈔古文還保存了豐富的形符互換和古音通假材料。凡此爲考釋戰國文字提供了極其珍貴的參證。有關這方面的問題，還將在第五章繼續討論。

以往的學者由於對《説文》的尊崇，因而對其所載古籀也深信不疑；石經古文爲曹魏真迹，也比較可靠；而對《汗簡》、《四聲韻》之類的古文，則很不以爲然。其實綜合上文考察的結果，《汗簡》、《四聲韻》與《説文》古籀、石經古文都是包蘊大量戰國文字的傳鈔資料。既然是"傳鈔"，就難免有錯。《説文》古籀、石經古文的訛誤也不乏其例。當然，由於《汗簡》、《四聲韻》體例失謹，濫收一些僞造古文，再加上後人竄改和翻版時所造成的訛誤，其缺點比起《説文》古籀、石經古文尤爲嚴重。然而，這不能成爲厚此薄彼的理由。因爲我們在考釋古文字時，對待一切傳鈔資料同樣要採取吸收其合理因素，參考其訛變因素的原則。我們認爲經過去僞存真後的考釋戰國文字的參證材料，多多益善。

另外，傳世典籍《周禮》、《管子》等，尤其是《玉篇》、《集韻》、《一切經音義》、《龍龕手鑑》、《萬象名義》等字書，也保存了很多戰國文字的隸定形體。但由於材料畸零分散，這裏就不一一介紹了。黃秀燕《從文字演進看周官古文》（碩士論文，1985 年）、徐在國《隸定古文疏證》（博士論文，1997 年），都是有關這方面的研究論文。

# 第三章　戰國文字分域概述

## 第一節　引　言

　　時間和空間的概念，即通常所説的斷代和分域，對於古文字研究顯得十分重要。如果没有這一起碼的認識，不但一大堆散無攴紀的文字資料不能發揮其應有的作用，而且會導致文字自身研究陷入一片無所統繫的渾沌狀態之中，從而使古文字研究失去堅實的科學基礎。

　　建國以前，甲骨文和金文的斷代和地域研究，從深度和廣度而言，都超過了戰國文字這方面的研究。雖然某些論著也曾涉及戰國文字資料中年代和地名的考訂，但都是局部的、零星的。郭沫若《兩周金文辭大系》東周部分在這方面做了有意義的嘗試。不過由於當時資料的缺乏，以及編纂體例的局限，《大系》中的戰國文字分類只能是東周銅器編年的附庸。

　　建國以後，隨着戰國文字資料日益增多，學者對戰國文字的分域和斷代開始進行了較爲縝密的研究。李學勤《戰國題銘概述》和黄盛璋《試論三晋兵器的國別和年代及其相關問題》就是有關這方面研究的兩篇重要論文。許學仁《戰國文字分域與斷代研究》(博士論文，1986年)編年表甚便檢索和研究。各系文字的綜合論著罕見，然而就某一類别文字的論著則比較多見。例如：

　　齊系——江淑惠《齊國彝銘匯考》(碩士論文，1984年)，徐在國《論晚周齊系文字的特點》(碩士論文，1992年)。

　　燕系——馮勝君《戰國燕系古文字資料綜述》(碩士論文，1997年)。

晉系——黄盛璋《試論三晉兵器的國別和年代及其相關問題》，朱歧祥《論中山彝器銘文字體的系統》。

楚系——劉彬徽《楚國有銘銅器編年概述》、《楚系青銅器研究》，李零《楚國銅器銘文編年彙釋》，董楚平《吳越徐舒金文集釋》，黄錫全《楚系文字略論》。

秦系——王輝《秦銅器銘文編年集釋》、《秦文字集證》、《秦出土文獻編年》，陳昭容《秦系文字研究》（博士論文，1996年）。

至於單就某一銘刻的國別和年代進行研究的論文，也都頗有深度，這裏就不詳舉其例了。

本章參照前人和近代學者有關戰國文字分域和斷代研究的成果，介紹戰國時期各地區的文字資料，並探討其文字特點。首先説明幾個問題：

1. 一般説來，研究商代和西周文字只存在斷代問題。然而研究春秋和戰國文字則無形中多了一個層次，即以分域爲經，斷代爲緯。研究者在歸納戰國文字資料時又往往以分域爲主，斷代爲輔。這固然是由於特定歷史環境中產生的戰國文字地域性差別比較突出的緣故，同時也反映了大多數學者已習慣於這種便於提綱挈領式的分類。

2. 我們認爲，除某些地域若干銅器銘文和簡牘文字之外，其他戰國文字資料斷代和研究的條件尚不够成熟。許多傳世的璽印、貨幣、陶文等材料多非經科學發掘，其年代本來就不易確定，因此只能附屬於"分域"之内予以粗綫條地探討。

3. 分域和斷代研究，往往要借助於考古、歷史、地理、曆法等多方面知識的綜合運用。但是，本章則以古文字學的眼光，即主要以文字自身所體現的點畫、結構、款式、風格諸方面的特點，考察戰國文字資料，從而辨明其國别，確定其年代。當然在分析諸因素時也還要輔之以其他手段。

4. 本章採用《題銘》的五分法，但並不以國家分類，而以地區分類，即以"系"分類。一系之内既可以是一個國家的文字，如"燕系文字"、"秦系文字"；也可以包括若干國家的文字，如"齊系文字"、"晉系文字"、"楚系文字"等。

## 第二節　齊系文字

　　春秋中葉以還，以齊國爲中心的魯、邾、倪、任、滕、薛、莒、杞、紀、祝等國銅器銘文，逐漸形成一種頗具特色的東方文字體系。例如：銘文中習見的"壽"作"🀄"形，"𥫗"作"🀄"形等。這與其他地區乃至西周文字中的"🀄"、"🀄"等形有明顯的區別。類似形體或一直延續使用到戰國。

　　齊國是戰國東方最大的國家，其疆域轄有山東沂蒙山以北，兼有河北東南部，向東和向南各嵌入河南東部和江蘇北部一角，國都設於臨淄（山東淄博）。下面以齊國爲主，兼及東方各小國，分類介紹齊系文字。

### 一、銅器銘文

　　公元前 404 年，田齊太公正式取代姜齊政權。其實早在春秋末年，陳氏已經控制了姜齊的命脉。這時的銘文之中，陳氏之"陳"作"🀄"形，與陳國之"陳"作"🀄"形有明顯的區別，此乃鑒定齊器的可靠標尺[①]。明確屬於戰國田齊銅器銘文的有：陳逆匜（《三代》10.25.2）、陳逆簠（《三代》8.28.1）、陳曼匜（《三代》10.20.1）、陳喜壺（《文物》1961.2.45）等。陳逆見《左傳·哀公十四年》。陳曼即田襄子盤，見《史記·田敬仲完世家》[②]（"曼"字隸定可疑，今暫從舊說）。陳喜壺的發現曾引起學術界的廣泛注目[③]，銘文是否後來鑲嵌，尚有待研究[④]。另外，柳可忌豆（《考古》1990.11.1045）的器主是齊國柳（節）姓貴族，可定爲春秋戰國之際的齊器[⑤]。國子鼎（《考古》1958.6.50）的器主"國"姓是齊國貴族中的顯赫大姓，該銘可能是戰國初年器。

　　田齊建國以後，有明確紀年的銅器銘文以十年陳侯午敦（《錄遺》168）、十四年陳侯午敦（《三代》8.42.1）最爲著名。陳侯午即太公和之子齊桓公，因此，"十年"和"十四年"應分別是公元前 365 年和公元前 361 年。陳侯因𰵴敦（《三代》9.17.1）器主"因𰵴"讀"因齊"，即齊威王。以上諸器向來被公認爲田齊的標準器，徐中舒有專文考釋[⑥]。陳璋壺（《三代》12.24.1）銘"陳璋内

(入)戍匽(燕)亳邦之隻(獲)"中"陳璋"即伐燕之齊將田章⑦。壺銘"惟王五年"即齊宣王五年(公元前 314 年)。該銘"陳𢔖(得)"又見於子禾子釜、陳得陶文等器,然則諸器年代亦似在威、宣之際。又有陳肪簠(《三代》8.46.2)器主陳肪自稱"𨽸叔柷子",其中"柷"或釋"栮",或釋"杏"(詳見下文)。舊釋"和",以爲是太公和之子,定爲齊桓公時器,顯然有問題。

子禾子釜(《三代》18.23.2)、陳純釜(《三代》18.23.1)、左關鉨(《三代》18.17.1),是三件有名的齊國量器,清咸豐年間出土於山東膠縣靈山衛⑧。三銘有"鉨"、"釜"等計量單位。一鉨相當十升,一釜相當一百升。陳氏新量升、鉨、釜、鍾皆十進位,比齊國舊量升、豆(四升)、區(二十升)、釜、鍾顯然有所進步⑨。或釋"鉨"爲"錙"⑩,則是器物之名。亦可釋"衡",則是衡器(參見第三節燕系文字)。近年臨淄新發現若干齊量(《考古》1996.4),其中"右里毁𨘷"與舊著錄(《奇觚》6.38)相同。"𨘷",齊系璽文和陶文中習見,或讀"照",有憑證之義⑪。另外"櫅岜(邑)襄(鄉)□里"的"邑"、"鄉"、"里"連文,頗值得注意。近年臨淄出土耳杯與傳世耳杯辭例相同:

冢(重)十六偵　　　　　　　《三代》18.26.3
丁之冢(重)一益(鎰)卅八偵　《文物》1999.6.20

兩相比勘可知,"鎰"後之"偵"無疑應是重量單位。

諸城臧家莊戰國墓地所出莒公孫潮子鐘、鎛(《文物》1987.12.51)是齊國罕見的樂器銘文,器主"公孫潮子"大概是在齊國供職的莒國後裔,該器屬戰國中期。臨淄商王村戰國墓出土若干銅器銘文(《文物》1997.6.17—24),例如:巿㐄鼎、絢奠盒、趞陵夫人匜等,大概屬於"物勒主名"格式。

《集成》著錄八件符節銘文:

節　　　　　　　　　　　　12086　　　節節
郲(乘)□車　　　　　　　　12087　　　乘虎節
麿殿　　　　　　　　　　　12088　　　麿節
猶節　　　　　　　　　　　12089　　　猶節
齊節大夫遂五乘　　　　　　12090　　　馬節

亡（無）縱一乘　　　　　　　　　12092　　熊節
柘者旃節　　　　　　　　　　　　12093　　柘者旃節
辟大夫信節□坵（丘）牙□□□　　12107　　辟大夫虎節

《歷博》1993年2期也著録一件貴將軍虎節，可與上揭辟大夫虎節對讀[12]：

貴將軍信節填（營）坵（丘）牙婁弁

以上九件符節銘文據文字風格可定爲齊器。"郲"，疑即"乘丘"，在山東鉅野（參下文"兵器銘文"）。"辟"，在山東莒縣，戰國屬齊系範圍。"貴"，亦應是地名，地望待考。

1979年，山東棗莊出土銅泡銘文："十四年十二月，帀（師）紿。"與陳介祺《簠齋手拓古印集》所載一方銅璽的款式和印文完全相同，不過文字有正書、反書之別而已。這説明銅器銘文的製造，有時也用璽印戳打在陶範之上，然後澆鑄成銅器銘文。類似的例證，參見右里段翆銅量和陶量。銅泡銘文和銅璽銘文均屬"物勒工名"之類。

傳世小銅柱（《周金》6.132）銘文："旃室同，戾（户）北直。者（旅）司（祠）西，埈（陵）戠（侵）逡（陵）。"《玉篇》："旃，掩光也。""埈，同陵。"《廣雅·釋詁》一："陵，急也。"《禮記·聘義》："則不相侵陵。"銘文十二字可能爲韻文。"直"，之部；"陵"，蒸部。之、蒸對轉諧韻。關於銘文內容、銘文讀序，尚有待深入研究。根據"者"的特殊寫法，可以判定小銅柱應屬齊系文字[13]。

春秋晚期至戰國中期之間的齊銅器銘文，一般説來形體稍長，筆畫較細；而與春秋前期那種結構舒朗、形體方整的銘文多有區別。這時的文字已呈現出比較明顯的地方色彩，頗值得注意。例如：

孝　　　陳侯午敦　　　　　　陳侯因齊敦
台　　　陳侯午敦　　　　　　陳喜壺
宗　　　陳逆匿　　　　　　　陳喜壺
窑　　　公孫窑壺　　　　　　陳麗子戈

邿國的邿伯罍(《考古》1963.2.60)和莒國的籬侯簋(《三代》8.43.1)文字較多,是罕見的戰國齊系小國銅器銘文。邿伯罍雖是戰國初年器⑭,但其文字與春秋文字區别不大。籬侯簋的"籬"即"莒"⑮。銘文與陳侯午敦相近,但形體尤爲頎長,很可能又是受楚國銘文風氣的影響。現將籬侯簋與齊國銘文比較如下:

| 丙 | | | 子禾子釜 |
| 皇 | | | 陳侯因資敦 |
| 月 | | | 十年陳侯午敦 |
| 祭 | | | 陳侯因資敦 |
| 設 | | | 陳貼簋 |

公元前431年,莒國被楚國所滅。籬侯簋很可能就是莒國在亡國前夕所造器。至於籬大史申鼎(《三代》4.15.1)銘中"籬"不从"邑",説明其器略早於籬侯簋,但也不會早於春秋末年。

## 二、兵器銘文

齊系兵器銘文多爲鑄造,晉系兵器銘文多爲刻劃。因此,前者結體寬博,運筆粗獷;後者結體散漫,運筆細勁。

齊系兵器銘文的格式一般都很簡單,或僅記地名:

| 鄆 | 《録遺》571 戟 | 山東鄆城 |
| 薛 | 《三代》19.27.2 戈 | 山東滕縣 |
| 埅(鄆) | 《三代》19.27.1 戈 | 山東鄆城 |
| 郅(執) | 《集成》10829 戈 | 山東濰縣⑯ |
| 鬲 | 《文物》1993.4.94 戈 | 山東德州 |
| 建易(陽) | 《集成》10918 戈 | 山東棗莊 |
| 平陸 | 《集成》10925 戈 | 山東汶上 |
| 中都 | 《三代》19.29.2 戈 | 山東汶上 |

| | | |
|---|---|---|
| 阿武 | 《小校》10.16.1 戈 | 河北獻縣 |
| 平陰(陰) | 《小校》10.95.3 劍 | 山東平陰 |
| 陽狐 | 《錄遺》562 戈 | 山東陽谷 |
| 不(邳)陽 | 《小校》10.95.2 劍 | 江蘇邳縣 |

地名之後亦或有加"造戈"、"造戟"者。例如：

| | | |
|---|---|---|
| 高密戠(造)戈 | 《三代》19.35.1 戈 | 山東高密 |
| 羊角之新(新)艁(造)筬(散)戈 | 《三代》19.45.1 戈 | 山東鄄城 |
| 陵右錯(造)鐵(戟) | 《三代》20.15.1 戟 | 山東臨縣 |

至於地名附加里名，則是齊系兵器銘文特有的格式：

| | | |
|---|---|---|
| 平塦(陽)高馬里鈛(戈) | 《三代》19.44.1 戈 | 山東鄒縣 |
| 成塦(陽)辛城里鈛(戈) | 《三代》19.44.2 戈 | 山東莒縣 |

地名之後又往往綴加"左"、"右"：

| | | |
|---|---|---|
| 陽右 | 《三代》20.2.2 戈 | 山東沂水 |
| 鄄左 | 《集成》10982 戈 | 山東鄄城 |
| 城陽左 | 《周金》6.46 戈 | 山東莒縣 |
| 安采(平)右[17] | 《三代》20.35.3 矛 | 山東臨淄 |
| 皇(黃)㠯(邑)左 | 《三代》20.7.2 戈 | 河南內黃 |
| 亡(無)鹽(鹽)右 | 《三代》19.31.4 戈 | 山東東平 |
| 柴内(汭)右 | 《文物》1994.3.52 戈 | 山東新泰 |
| 昌城右 | 《小校》10.26.1 戈 | 山東淄博 |
| 南宮左 | 《小校》10.26.3 戈 | 河北南宮 |
| 平阿左 | 《小校》10.25.1 戈 | 安徽懷遠 |
| 平塦(阿)左鈛(戈) | 《小校》10.31.1 戈 | 安徽懷遠 |
| 平塦(阿)右鈛(戈) | 《小校》10.30.3 戈 | 安徽懷遠 |
| 淡(膠)陽右截(戟) | 《文物》1994.4.94 戈 | 山東高密 |
| 平垈(陸)左截(戟) | 《三代》20.9.2 戟 | 山東汶上 |

顯而易見,以上"左"、"右"應是"左戈"、"右戈"或"左戟"、"右戟"的省簡形式。至於"車戈"、"車戟":

| | |
|---|---|
| 陳豫車戈 | 《集成》11037 |
| 啓我車戈 | 《小校》10.35.2 戈 |
| 國楚造車㦱（戟） | 《考古》2000.10.56 戟 |
| 齊城右造車㦱（戟） | 《文物》1995.7.77 戟 |

戰國時期車戰漸被淘汰,因此所謂"車戈"、"車戟"可能爲貴族乘車儀仗所用。"造"疑讀"簉",參《左傳·昭公十年》"使助薳氏之簉"注:"簉,副倅也。"《文選·西京賦》"屬車之簉"注:"簉,副也。"齊兵用"造",燕兵用"萃",實乃雙聲幽脂通轉⑬。

齊系兵器銘文基本屬於"物勒主名"形式,器主有齊國陳氏、貴族和各小國君主、貴族:

| | |
|---|---|
| 陳侯因𰯲鋯（造） | 《三代》20.13.1 戟 |
| 陳麗子窚（造）鈛（戈） | 《三代》19.39.2 戈 |
| 陳卯鋯（造）鈛（戈） | 《三代》19.33.3 戈 |
| 陳子山造㦱（戟） | 《三代》19.33.3 戟 |
| 陳子翼造戈 | 《三代》20.10.1 戟 |
| 陳余造鈛（戈） | 《小校》10.34.4 戈 |
| 陳鼎造鈛（戈） | 《考文》1991.2.109 戈 |
| 羊子之艁（造）戈 | 《三代》19.40.2 戈 |
| 子備□戈 | 《三代》19.35.3 戈 |
| 杲之艁（造） | 《集成》11006 戈 |
| 犧蘜造戟 | 《文物》1994.4.52 戟 |
| 叔孫牧（誅）戈 | 《三代》19.37.1 戈 |
| 陳發乘鈛（戈） | 《文物》2001.10.48 戈 |
| 闢（間）丘爲鴶造 | 《三代》19.38.3 戈 |
| 闢（間）丘子造㦱 | 《考古》1994.9.860 戟 |

| | |
|---|---|
| 滕侯耆之舙（造） | 《三代》19.39.3 戈 |
| 滕侯昃之鐠（造）戜（戟） | 《三代》20.13.3 戜 |
| 辜（淳）于公之㿿（高）豫舙（造） | 《三代》20.14.1 戜 |
| 辜（淳）于公之御戈 | 《文報》1990.3.13 戈 |
| 辜（淳）于左舙（造） | 《文報》1990.3.13 戈 |
| 辜（淳）于右舙（造） | 《文報》1990.6.6 戈 |

以上叔孫誅戈、閭丘器屬魯國，滕侯器屬滕國，淳于器屬淳於國。今暫且附於此。

齊系兵器銘文中，"物勒工名"的形式相當罕見：

| | |
|---|---|
| 齊城造車鍼（戜），冶䏍。 | 《三代》20.19.1 戜 |
| 郜（桓）左造戜（戟），冶䏍所守（鑄）。 | 《文物》1995.7.77 戜 |
| 齊城左冶所漢造 | 《文物》2000.10.75 戜 |
| □厚郜（造）鍼冶 | 《三代》20.8.1 戜 |

以上"冶"亦見齊刀幣，可以與三晉兵器中的"冶"對比研究，十分重要。

齊系兵器銘文往往自銘"戜"或"鍼"：

| | |
|---|---|
| 子淵職之戜 | 《三代》20.9.1 戜 |
| 君子友綮（與）造戜 | 《三代》20.15.1 戜 |
| 陵右鋯（造）鍼 | 《三代》20.15.1 戜 |
| □厚郜（造）鍼冶 | 《三代》20.8.2 戜 |
| 犢共卑乍（作）戜 | 《錄遺》574 |

"戜"和"鍼"舊多釋"戈"，其實當是"戟"⑩。這類形體亦見於楚系銘文。

齊系兵器又自銘"徒戈"、"徒戜"：

| | |
|---|---|
| 陳子翼徒戈 | 《三代》19.41.1 戈 |
| 陳子山徒戈 | 《三代》20.12.2 戜 |
| 陳爾徒戈 | 《文物》1994.4.94 戈 |
| 仕斤徒戈 | 《三代》20.17.1 戜 |

| | |
|---|---|
| 武城徒戈 | 《文物》1984.12.9 戈 |
| 平阿左造徒戟 | 《文物》1979.4.25 戟 |
| 左徒戈 | 《考古》1985.5.477 戈 |

"徒"與"車"相對而言,"徒戈"、"徒戟"和"車戈"(《巖窟》下 52)、"車戟"(《三代》20.19.1)分別是徒兵和車兵所持的武器。

齊系兵器(包括車馬器)銘文還自銘"𣪠某":

| | |
|---|---|
| 陳璽𣪠 | 《三代》18.36.1 車鍵 |
| 陳□𣪠戈 | 《三代》19.30.2 戈 |
| 陳璽𣪠戔(戈) | 《三代》19.34.1 戈 |
| 陳璽𣪠窖(造)鐱(劍)⑳ | 《錄遺》588 劍 |
| 陳□𣪠□ | 《三代》19.34.2 戈 |
| 平□□𣪠戔(戈) | 《三代》19.39.1 戈 |
| 盥(器)湜侯𣪠戈 | 《三代》19.40.1 戈 |
| 羊角之親(新)䚡(造)𣪠戈 | 《三代》19.45.1 戈 |
| 陳御寇𣪠戔(戈) | 《貞松》11.27.3 戈 |

"𣪠"與西周散盤之"𣪘"同形,或釋"𣪠",不確;應是"散"(散)之異文,從"攴"從"竹"會意,"月"聲㉑。檢《方言》三:"散,殺也。東齊曰散。"其實"散"、"殺"亦一聲之轉㉒,"散"是齊方言。

齊系兵器銘文尚有"屈"字。例如:

| | |
|---|---|
| 郳(倪)右屈(瞿) | 《考古》1983.2.188 戟 |
| 郲(乘)右屈(瞿) | 《考古》1984.4.351 戟 |

以上"屈"字,據《說文繫傳》"屈"應釋"居",相當燕系兵器銘文之"鋸",即《書·顧命》之"瞿"㉓,可能是齊方言。參見本章第三節"燕系文字"。

齊系兵器銘文自銘"徒某"、"散某"、"戈"作"戔"、"造"作"䚡"、"窖"等,都很有地方特色。尤其當一個地名分見若干國家之域,用文字特點來判定國別就顯得更爲有效。例如:

平墜(陽)高馬里鈛(戈)　　　　　　　《三代》19.44.1 戈

平坴(陸)左戜(戟)　　　　　　　　《三代》20.9.2 戟

　　戰國時代,平陽分別見於魯(鄒縣)、韓(臨汾)、趙(臨漳)、衛(滑縣)、秦(岐山)等國,平陸見於齊(汶上)、魏(平陸)等國。然而根據兩件兵器中,"平"作"乑"形、"戈"作"鈛"形、"戟"作"戜"形等,綜合分析,則可以確定:"平陽"指山東鄒縣,屬魯國;"平陸"指山東汶上,屬齊國。兩地均在使用齊系文字的範圍之内。

## 三、石器文字

　　1983年,山東臨淄發現一件罕見的石磬,在鼓博陰刻二字:

樂寘　　　　　　　　　　　　　《管子學刊》1988.3.96

第二字所從"真"旁形體特異,參見上文所引耳杯銘文。"寘"疑讀"填",《詩·小雅·小宛》"哀我填寡"箋:"填,盡也。"蓋謂樂盡以磬止之。

## 四、貨幣文字

　　齊國是刀形貨幣的發祥地和主要流行地區。刀幣面文主要有下列幾種:

齊夻(大)疕(刀)　　　　　　　　《古錢》890

齊之夻(大)疕(刀)　　　　　　　《古錢》869

齊之疕(刀)　　　　　　　　　　《古錢》883

節(即)匌(墨)夻(大)疕(刀)　　　　《古錢》1012

節(即)匌(墨)之夻(大)疕(刀)　　　《古錢》981

安陽之夻(大)疕(刀)　　　　　　　《古錢》1034

齊返邦張(長)夻(大)疕(刀)　　　　《古錢》838

　　"夻疕",是齊刀銘的專用術語,舊讀"法貨",非是。"夻"應釋"大"㉔,"疕"應釋"刀"㉕。"即墨"(山東即墨)和"安陽"(山東莒縣)均爲齊國地名。

古錢學家多釋"齊返邦張（長）夻（大）疕（刀）"刀銘中的"返"爲"建"或"造"，從而與姜齊建國牽合，並認定爲齊桓公稱霸時所鑄貨幣㉖。其實從銘刻風格和形體分析，無論如何也不能將這類刀幣的時代提早到春秋中期之前。刀銘"張"亦見於戰國屬羌鐘、中山王鼎、長安庫戈、長安布幣、行氣玉銘、古璽等，是典型的戰國文字。"張"所從"立"作"仝"，亦見田齊古璽"陳寞立事歲安邑亳釜"（《璽彙》0289），呈明顯的時代色彩。因此，這類刀銘不但不是春秋齊桓公以前的文字，也不是春秋姜齊文字，而只能是戰國田齊文字。"返邦"，即《莊子·讓王》之"反國"。"張"讀"長"，指國君。"返邦張"意謂復國之君，即齊襄王。據《史記》記載，公元前284年，燕昭王派大將樂毅占領齊都臨淄。齊襄王在莒五年，後來依靠田單的軍隊得以復國。六字刀正是這一重大歷史事件的"紀念幣"㉗。

以上齊刀面文又多有背文。兩字者有"辟邦"、"安邦"、"夻（大）昌"、"大行"等（《發展》76—82），單字者有"日"、"中"、"吉"、"生"、"易"等（《發展》152—155），其義待考。

燕國占領齊國的五年期間，齊淪陷區也曾鑄過燕式明刀㉘。其刀背呈弧形，比燕明刀狹小，"明"字方折作"ᓂ"形。背文爲"齊疕"（《古錢》1064）、"齊疕共金"（《帛幣》1941.7）等。凡此均與燕明刀判然有別。值得注意的是，這類齊明刀背文又多有"簹"字：

| 簹邦 | 《古錢》1059 |
| 簹冶齊刀 | 《錢幣》1985.3 封 2 |
| 簹冶㕣刀 | 《錢幣》1985.3.6 |
| 簹冶得 | 《錢幣》1985.3.6 |

"簹"舊釋"簟"，殊誤。此字原篆作"𦫵"形，裘錫圭隸"簹"，釋"莒"㉙。"莒"，地名，在今山東莒縣。"㕣"，原篆作"㕣"，李學勤讀"内"，引《周禮》注"職内，主入也，若今之泉所入謂之少内"爲證㉚。除"簹冶得"外，尚有"簹冶豐"（《錢幣》1985.3. 封 2)、"簹冶□"（《古錢》1193）、"簹冶屯"（《古錢》1194）等。莒地刀幣種類如此繁多，且稱"莒邦"，説明該地不是一般的地名。這類

莒冶刀可能都是齊襄王駐蹕於莒五年之内的鑄幣,其時間與六字刀相近㉛。另有"平易(陽)冶宋"刀(《起源》圖版 36.4)㉜,其中地名"平陽"在今山東新泰。

　　戰國晚期,齊國受秦國影響開始鑄行圜錢。齊錢方孔有郭,銘文有"賹化(刀)"、"賹二化(刀)"、"賹四化(刀)"、"賹六化(刀)"等(《古錢》370)。關於"賹"的確切含義,舊皆不得其解。檢《廣韻》:"賹,記人、物也。"齊圜錢中所謂"賹化(刀)"即"記載一枚法定刀幣","賹四化(刀)"即"記載四枚法定刀幣","賹六化(刀)"即"記載六枚法定刀幣"。凡此"記物"無疑都是指圜錢與刀幣的兑换關係。换言之,以上三種圜錢分别表示一枚、四枚、六枚刀幣而已㉝。齊圜錢往往與齊刀幣同時出土㉞,説明二者間有子母相權的兑换關係。

## 五、璽印文字

　　齊官璽風格特異,比較容易辨别。通常齊官璽印面多呈方形,邊長 2.3—2.5 釐米左右,多爲白文。齊官璽文字不如燕、晋整飭。有的齊官璽不但字形粗獷,而且形制也很特殊:或印面上方突起作"◠"狀,如"徙(誓)盟"㉟諸璽(《璽彙》0198、0200、0201、0202);或印面上、下方均突起作"◠"狀,如"齊立邦鈢"(《題銘》上 53)。朱文"左桁"諸璽(《璽彙》0298—0300)也屬這類文字。陶璽印面都很大,且呈長方形,文字較多,見於《璽彙》的有:

　　　　陳窦立事歲安邑亳釜　　　　　　0289

　　　　陳槫三立事歲右稟釜　　　　　　0290

　　　　陳尋(得)三奠陽　　　　　　　　0291

　　齊官璽常自銘"鈢"或"信鈢"(《璽彙》0233—0238、0240—0249),或自銘"璽"。"璽",原篆作"🅢"形,從"金","卲"聲,讀若"照"㊱(參見上文"銅器銘文"。如"鄄□圫(市)璽"(《璽彙》0355)、"子亝子璽"(《歷博》1978.1.86)、"不其(其)圫(市)璽"(《尊古》1.3)等。陶文和銅器銘文中也有之,如"夻(大)圫(市)□璽"(《季木》72.12)、"右里殴(軌)璽"(《三代》18.24.2)等。

《璽彙》齊官璽所載職官名比較複雜，除常見的職官"司馬"（0023—0043、0047、0062、0063），"𠬪（軌）"㊲（0034—0036、0038、0040、0041、0043、0195、0285、5539），"稟（廩）"（0227、0290、0313、0319、1597、5526），"攻（工）帀（師）"（0147—0150、0159）之外，還有比較罕見的職官，例如："戠（職）内"㊳（0154）、"匋（陶）正"（《文物》1959.7.52）（《左傳·襄公二十五年》"昔虞閼父爲周陶正"）、"坶（市）帀（師）"㊴（0152）、"者（褚）帀（師）"㊵（0153）（《左傳·昭公二年》"請以印褚師"注："褚師，市官。"）、"桼（漆）帀（師）"㊶（0157）、"竘"㊷（0037）（《説文》"竘"訓"匠"）、"桁"㊸（0298—0300）等。以上官璽"馬"作"𢒉"，"廩"作"𩫹"或"𩫖"，"工師"作"𢒈𣂨"等，都可以作爲判定齊官璽的可靠標尺。

地名往往是鑒定國別的有力證據。檢《璽彙》所載下列地名應屬齊系範圍：

| | | |
|---|---|---|
| 平昜（陽） | 0062 | 山東鄒縣 |
| 哭（繹）郱（蕃） | 0098 | 山東鄒縣 |
| 喝（唐） | 0147 | 山東魚臺 |
| 東武城 | 0150 | 山東武城 |
| 鄣（博） | 0152 | 山東泰安 |
| 瘖（山）昜（陽） | 0155 | 山東金鄉 |
| 清陵 | 0156 | 山東長清（即清） |
| 豕（泥）母 | 0175 | 山東魚臺㊹ |
| 昜（陽）都 | 0198 | 山東沂水 |
| 郫（掖） | 0265 | 山東掖縣 |
| 匋（陶）都 | 0272 | 山東肥城 |
| 蓋丘 | 0277 | 山東沂水（蓋縣） |
| 平𨛬（阿） | 0313 | 安徽懷遠 |
| 武弜（强） | 0336 | 河北武强 |
| 建昜（陽） | 0338 | 山東棗莊 |

| | | |
|---|---|---|
| 句丘 | 0340 | 山東菏澤 |
| 邢 | 5555 | 山東定陶 |
| 安昜（陽） | 《歷博》79.1.87 | 山東曹縣 |
| 會（魯）基（其） | 《歷博》79.1.87 | 山東臨沂 |

上引地名或見於別系官璽。例如："唐"亦見燕璽，作"暆"；"平阿"亦見楚璽，作"坪阿"。魏國有"山陽"，楚國有"鄀"。凡此可借文字風格予以區別。

## 六、陶器文字

戰國陶文以齊系地區出土數量最多，內容也比較豐富。有關齊系陶文出土和研究的概況，可參看李學勤《山東陶文的發現和著錄》㊺。

齊系陶文一般都是由璽印按製而成，銘刻多爲陰文，且具有邊框，與璽印文字每可互證㊻。陶文除少量圓形、三角形等不規則印面之外，都呈長方形和正方形。

陶文是製陶者印刻在陶器上的文字，因此，"物勒工名"成爲陶文的最基本格式。辭例最簡單者僅書姓名，如"王疟"（《季木》22.5）、"陳悍"（《季木》70.1）等，稍複雜者則冠以籍貫，如"䵼（城）圖（陽）窠"（《季木》32.1）、"塙闎不敢"（《季木》38.3）等。比較有規律的辭例可分三類。

1. 某里（或某人）某：

| | |
|---|---|
| 西酷里陸何 | 《季木》37.3 |
| 荻（畫）圖（陽）南里人螽 | 《季木》55.7 |

2. 某里（或里人）陶者某：

| | |
|---|---|
| 荻（畫）圖（陽）南里匋（陶）者□ | 《季木》56.10 |
| 高閭（魚）桝（檟）里人潮 | 《季木》38.5 |

3. 某鄙某里某

| | |
|---|---|
| 繇鄙大匋（陶）里犬 | 《季木》42.12 |

左南郭鄙辛罢里賆　　　　　　　　　　　《季木》60.1

"匋(陶)者"即陶工,見《莊子・馬蹄》:"陶者曰,我善爲埴。"齊璽"齊匋(陶)正顊"(《題銘》上 52)的"匋正"即管理陶者的官吏,見《左傳・襄公二十五年》:"昔虞閼父爲周陶正。""鄙"是大於"里"的行政區域單位,見《周禮・地官・遂人》:"五家爲鄰,五鄰爲里,四里爲鄼,五鄼爲鄙。"

很多陶文都是量器上的文字,因此若干陶文也綴以量器的計量單位,如"豆"、"區"、"釜"等:

閭陳資參立事歲左里殷(軌)亳豆　　　　　《季木》80.12
昌檔陳囷南左里殷(軌)亳區　　　　　　　《季木》80.9
陳窀立事歲安邑亳釜　　　　　　　　　　《季木》111.1

這類陶文往往記監造者、監造時間,比一般陶文複雜。

陶文涉及的地名很多,其中確屬齊魯地區者有:

| 平陵 | 《陶彙》3.21 | 山東歷城 |
| 蒦(畫)圖(陽) | 《陶彙》3.123 | 山東臨淄⑰ |
| 塙(高)閭(魚) | 《陶彙》3.418 | 山東范縣 |
| 孟常(嘗) | 《陶彙》3.423 | 山東滕縣⑱ |
| 䣕(城)圖(陽) | 《陶彙》3.512 | 山東鄄城 |
| 不萁(其) | 《陶彙》3.649 | 山東即墨 |
| 於陵 | 《陶彙》3.652 | 山東鄒平⑲ |
| 敊(柤)丘 | 《陶彙》3.676 | 山東臨淄 |
| 節(即)墨 | 《陶彙》3.691 | 山東即墨 |

齊系陶文的地名多未能得到解決,其中一部分是工匠的籍貫,而大多數地名,則應該結合出土地點予以探討。

齊魯陶文常用的字異體甚多,如"陶"作"囫"、"匋"、"䗬"、"䗬"、"匋"等形,"者"作"㕭"、"㕭"、"㕭"等形,"陳"作"墜"、"鍊"、"墜"、"鍊"等形,這反映當時處於底層的手工業者所使用的文字有較大的游移性。

## 七、齊系文字的特點及齊器編年

　　齊國以外的齊系文字，如上文涉及的邾、莒等國銅器文字，魯、郳、滕、薛等國兵器、璽印、陶器文字，都比較零散。且與齊國文字也無明顯區別，故可歸爲一類討論其文字特點。

　　上文提到，自春秋晚期以來，以齊國爲中心的各國文字逐漸呈現一種頗具東方色彩的風格。下面僅就陶文與其他品類的文字相互比較，以供讀者參考：

| | | | | |
|---|---|---|---|---|
| 立 | | 《匋文》10.70 | | 《璽彙》0289 |
| 馬 | | 《匋文》10.68 | | 《璽彙》5540 |
| 丘 | | 《匋文》8.61 | | 《璽彙》0277 |
| 平 | | 《匋文》5.32 | | 《璽彙》0313 |
| 市 | | 《文物》1980.2.68 | | 《璽彙》0355 |
| 市 | | 《匋文》6.42 | | 《璽彙》0150 |
| 者 | | 《匋文》附6 | | 陳純釜 |
| 昌 | | 《匋文》附31 | | 《小校》10.26.1 |
| 杏 | | 《匋文》5.34 | | 《古錢》838 |
| 區 | | 《匋文》12.81 | | 子禾子釜 |
| 安 | | 《匋文》7.53 | | 《璽彙》0289 |
| 歲 | | 《匋文》2.10 | | 《璽彙》0289 |
| 殷 | | 《匋文》3.22 | | 《璽彙》5539 |
| 這 | | 《匋文》2.11 | | 《璽彙》3087 |
| 國 | | 《匋文》6.43 | | 國子鼎 |
| 城 | | 《季木》39.4 | | 《文物》1983.12.9 戈 |
| 墨 | | 《匋文》13.88 | | 《古錢》1033"匋" |
| 稟 | | 《度量》92 | | 《璽彙》0319 |

第三章　戰國文字分域概述　109

| 節 | 𥬖 | 《匋文》5.30 | 𥬖 | 陳純釜 |
| 釜 | 𨥏 | 《匋文》3.19 | 𨥏 | 《璽彙》0290 |
| 鎣 | 鎣 | 《匋文》12.82 | 鎣 | 《璽彙》0355 |
| 都 | 𨛪 | 《匋文》6.47 | 𨛪 | 《璽彙》0198 |
| 郊 | 𨛭 | 《匋文》附 11 | 𨛭 | 《璽彙》0265 |
| 陳 | 陳 | 《匋文》14.94 | 陳 | 《璽彙》0290 |

當然，齊系文字並非一成不變。一個文字往往有很多寫法，這反映了當時異體字的繁多和書寫者的任意性。例如：

| 齊 | 𪓰 | 陳曼簠 | 𪓰 | 陳侯午敦 |
| 者 | 𣥺 | 陳侯因資敦 | 𣥺 | 陳純釜 |
| 寅 | 寅 | 陳純釜 | 寅 | 陳侯因資敦 |
| 再 | 再 | 陳璋壺 | 再 | 《陶彙》3.12 |
| 世 | 世 | 陳侯午敦 | 世 | 陳侯午敦 |
| 爲 | 爲 | 陳侯因資敦 | 爲 | 陳喜壺 |
| 歲 | 歲 | 子禾子釜 | 歲 | 陳純釜 |
| 祭 | 祭 | 陳侯午敦 | 祭 | 陳侯因資敦 |
| 匋 | 匋 | 《匋文》5.36 | 匋 | 《璽彙》0272 |
| 德 | 德 | 陳曼簠 | 德 | 陳侯午敦 |
| 造 | 造 | 《三代》19.40.2 戈 | 造 | 《三代》20.13.1 戟 |
| 獻 | 獻 | 陳曼簠 | 獻 | 陳侯午敦 |
| 城 | 城 | 《小校》10.26.1 戈 | 城 | 《文物》1983.12.9 戈 |
| 陳 | 陳 | 陳曼簠 | 陳 | 陳侯午敦 |

齊系文字的裝飾筆畫頗爲醒目，或在文字豎畫上附加贅筆。例如：

| | | |
|---|---|---|
| 爲 | 坒 | 陳喜壺 |
| 族 | 莢 | 陳喜壺 |
| 何 | 偌 | 國差罎 |
| 客 | 𤇾 | 陳喜壺 |
| 路 | 𨒌 | 《璽彙》0148 |
| 徦 | 𨒺 | 《璽彙》0328 |
| 匋 | 匓 | 《匋文》5.36 |
| 逈 | 𨖷 | 叔夷鎛 |
| 徙 | 𨓎 | 《璽彙》0202 |

春秋中葉以後，齊國銘文流行一種"立事歲"的紀年格式，或綴以特殊的月名和紀年日干支。例如：

| | |
|---|---|
| 國差立事歲弋[50][月][51]丁亥 | 國差罎 |
| 公孫寁(竈)立事歲飯者月 | 公孫寁壺 |
| 陳喜再立事歲䡄月 | 陳喜壺 |
| 陳尋(得)再立事歲孟冬戊寅 | 陳璋壺 |
| 陳猶立事歲斮月戊寅 | 陳純釜 |
| 陳□立事歲稷月丙午 | 子禾子釜 |
| 是立事歲 | 《三代》19.49.2 戈 |
| 陳尋(得)立事歲 | 《導論》圖 11 瓦量 |
| 王孫陳棱立事歲 | 《季木》80.8 |
| 陳賨參立事歲 | 《季木》80.11 |
| 陳窦立事歲 | 《璽彙》0289 |
| 陳榑三立事歲 | 《璽彙》0290 |

"立事"，見《法言·重黎》："或問周官，曰立事。"亦作"位事"，見《管子·問》"群臣有位事，官大夫者幾何人"。又作"莅事"，見《左傳·襄公廿八年》："嘗于大公之廟，慶舍莅事。"均有主持事務之意。"立事"者可以是王，見趙

國王立事劍;也可以是執政大臣,如國差、公孫竈等;還可以是"都邑大夫或關尹之類"的地方官②。至於"立事歲"前的"再"、"三(參)"、"四"應是立事的任職屆數。"立事歲"後的"飯者月"、"䈞月"、"歈月"、"稷月"等應是齊國專用的月名。由於資料限制,尚不能確切地指明這些齊月名與周月名的關係。

"子某子",是齊銘中特有的稱謂:

| 子禾子 | 子禾子釜 |
| 子喝子 | 《文物》1982.3.40 |
| 子栗子 | 《璽彙》0233 |
| 子秂子 | 《歷博》1979.1.86 |
| 子裤子 | 《季木》40.3 |

掌握上面幾節和這一節中齊系文字的特點及其特殊的詞語,對於鑒定齊器頗爲重要。

齊系文字資料有幾件有明確紀年的銅器銘文,由此遞聯還可以解決若干銘刻的大致年代。齊器編年如次:

齊平公(前 480—前 456):陳逆臣(前 475)、陳逆簋。

齊宣公(前 455—前 404):陳曼臣。

齊桓公(前 374—前 356):十年陳侯午敦(前 365)、陳侯午簋(前 361)、十四年陳侯午敦(前 361)。

齊威王(前 356—前 319):陳侯因資敦、陳侯因資戈、陳侯因資鑿。

齊宣王(前 319—前 301):陳璋壺(前 314)、子禾子釜、陳純釜、左關鉏、陳得陶文等。

齊襄王(前 283—前 264):返邦刀、齊明刀等。

**注釋:**

① "𨺅",或省"土"作"陳",見《三代》19.33.2、19.33.3、20.10.2、20.12.2。
② 郭沫若《兩周金文辭大系考釋》216 頁。
③ 馬承源《陳喜壺》,《文物》1961 年 2 期。于省吾《陳喜壺銘文考釋》,《文物》1961 年 10 期。陳邦懷《對陳喜壺一文的補充》,《文物》1961 年 10 期。黃盛璋《關於陳喜壺的幾

個問題》,《文物》1961年10期。石志廉《陳喜壺補證》,《文物》1961年10期。
④ 安志敏《陳喜壺商榷》,《文物》1962年6期。張頷《陳喜壺辨》,《文物》1964年9期。
⑤ 何琳儀《節可忌豆小記》,《考古》1991年10期。
⑥ 徐中舒《陳侯四器考釋》,《史語所集刊》3本4分,1933年。
⑦ 陳夢家《六國紀年》95頁,學習生活出版社,1955年。楊寬《陳駍壺考釋》,《(上海)中央日報文物週刊》45期(1947年7月)。
⑧ 吳大澂《愙齋集古錄》24.6。
⑨ 丘光明《試論戰國容量制度》,《文物》1981年10期。
⑩ 李家浩説。
⑪ 高明《説翌及其相關問題》,《考古》1996年3期。
⑫ 李家浩《貴將軍虎符與辟大夫虎節》,《中國歷史博物館館刊》1993年2期。
⑬ 黃盛璋《戰國祈室銅位銘文破譯與相關問題新探》,《第二屆國際中國古文字學研討會論文集續編》,1995年。
⑭ 王獻唐《邛伯罍考》,《考古》1963年2期。
⑮ 王國維《王子嬰次盧跋》,《觀堂集林》卷一八,上海古籍出版社,1981年。
⑯ 何琳儀《戰國兵器銘文選釋》,《考古與文物》1999年5期。
⑰ 何琳儀《古兵地名雜識》,《考古與文物》1996年6期。
⑱ 何琳儀《幽脂通轉舉例》,《古漢語研究》1輯,1996年。
⑲ 黃茂琳《新鄭出土戰國兵器中的一些問題》,《考古》1973年6期。裘錫圭《談談隨縣曾侯乙墓的文字資料》,《文物》1979年7期。
⑳ "筲箙鈐"應爲"箮箙鈐"之誤。
㉑ 高鴻縉説,引《金文詁林》2627頁。
㉒ 于省吾《雙劍誃吉金文選》卷下之三。
㉓ 于省吾《雙劍誃尚書新證》卷四。
㉔ 何琳儀《戰國兵器銘文選釋》,《考古與文物》1999年5期。
㉕ 吳振武《戰國貨幣銘文中的刀》,《古文字研究》10輯,1983年。裘錫圭説,引王毓銓《中國古代貨幣的起源和發展》附錄一,中國社會科學出版社,1990年。
㉖ 鄭家相《中國古代貨幣推究》,《帛幣》4號34頁。
㉗ 何琳儀《返邦刀幣考》,《中國錢幣》1986年3期。
㉘ 鄭家相《中國古代貨幣發展史》165頁,三聯書店,1958年。
㉙ 裘錫圭《戰國貨幣考》,《北京大學學報》1978年2期。
㉚ 李學勤《論博山刀》,《中國錢幣》1986年3期。
㉛ 何琳儀《返邦刀幣考》,《中國錢幣》1986年3期。
㉜ 裘錫圭、李家浩《戰國平陽刀幣考》,《中國錢幣》1998年2期。
㉝ 何琳儀《釋貽》,《河北金融・錢幣專輯》(2),1996年。
㉞ 朱活《談山東濟南出土的一批古代貨幣》,《文物》1965年1期。
㉟ 曾憲通《論齊國遙盟之璽及其相關問題》,《容庚先生百年誕辰紀念文集》,1998年。
㊱ 高明《説翌及其相關問題》,《考古》1996年3期。
㊲ 孫敬明《齊陶新探》,《古文字研究》14輯,1986年。

㊳ 吴振武《〈古璽彙編〉釋文訂補及分類修訂》,《古文字學論集(初編)》,1983 年。
㊴ 裘錫圭《戰國文字中的"市"》,《考古學報》1980 年 3 期。
㊵ 朱德熙《戰國匋文和璽印文字中的"者"字》,《古文字研究》1 輯,1979 年。
㊶ 裘錫圭《戰國貨幣考》,《北京大學學報》1978 年 2 期。
㊷ 何琳儀《戰國官璽雜識》,《印林》16 卷 2 期,1995 年。
㊸《莊子・在宥》"桁楊者相推也"疏:"桁楊者,械也。夾脚及頸皆名桁楊。"釋文:"桁,脚長械也。"玄應《一切經音義》三引《通俗文》"大械曰桁"。然則"桁"乃刑具。璽文"左桁正木"、"右桁正木"可能是烙印刑具的璽印,以防開啓。治罪曰正。"正木"即"桁楊"之屬。同類璽文還有"左桁禀(廩)木"。《廣雅・釋言》:"廩,治也。"
㊹ 何琳儀《戰國文字形體析疑》,《于省吾教授百年誕辰紀念文集》,1996 年。
㊺ 李學勤《山東陶文的發現和著録》,《齊魯學刊》1982 年 5 期。
㊻ 黄質《陶璽文字合證》。
㊼ 孫敬明《齊陶新探》,《古文字研究》14 輯,1986 年。
㊽ 李學勤《戰國題銘概述》,《文物》1959 年 7 期。
㊾ 劉釗《古文字構形研究》,吉林大學博士論文,1991 年。
㊿ 何琳儀《古陶雜識》,《考古與文物》1992 年 4 期。
(51) 王國維《觀堂集林》卷一八,上海古籍出版社,1981 年。
(52) 李學勤《戰國題銘概述》,《文物》1959 年 7 期。

## 第三節　燕系文字

在戰國七雄之中,燕國是比較弱小的國家。然而其疆域則相當遼闊,包括今河北北部和遼寧大部,西北部和北部各兼有山西和内蒙古一角,東部又嵌入朝鮮國一角。初建都於薊(北京),昭王始建都於武陽(河北易縣)。燕國長期偏安於北方,不像中原諸國那樣戰事頻仍。國家局勢相對穩定,使燕系文字呈現出富有北方地方色彩的風格。

### 一、銅器文字

燕國銅器銘文不多,禮器銘文尤爲罕見。傳世郾侯載簋(《大系》266)的器主"軙",據學者考證即燕成侯"載"[1]。該銘"剥蝕已半,不可屬讀"。其文字基本屬於春秋體系,但已出現若干戰國文字形體。例如:"馬"作""形,"牄"作""形。顯而易見,郾侯載簋是戰國前期王屬明確的燕國標準器。另有郾侯載豆(《西清》29.42),亦多殘泐。

摹本武坪君鐘(《捃古》23.12.4)銘文："八年,大夫賀,十三月,武坪君子□冶哭(器)。"其中"十三月"的記載,說明戰國時期仍然有閏月,參見魏國元年閏戈,殊堪注目。新出郭大夫甄(《考文》1994.4)銘文："鄣(郭)大夫其家珍也。"其中"郭"爲地名,或讀"孤",在今河北唐縣②。或讀"虢",見《左傳·昭公七年》"齊侯次於虢"注："虢,在燕竟(境)。"③

20世紀80年代,在河北容城發現西宮壺,或稱右屖肎壺(《文物》1982.3.91)。其中"西宮"是燕王宮室之名。"屖肎"亦見於50年代出土的燕國楚高罍④,疑讀"遲(犀)尹",是燕國特有的職官⑤。1971年,燕下都出土銅象尊銘"右廥(府)肎(尹)"(《河北》133),也是罕見的燕國職官資料。

載有記容單位的燕國銅器銘文值得重視。例如:

廿二,重金絡(絡)裹(纕)⑥,受一言五蒦。　　《文物》1982.11 圖版貳壺

百卅八,重金□,受一言六蒦。　　　　　　　《陶齋》5.1 壺

十年,大夫乘。八月丙辰,貝(?)侯悅亓(其)韧(契)也。王后右西(曹)十言七蒦。　　　　　　　　　　《西清》19.3 壺

永用休涅,受六亭(言)四蒦。　　　　　　　《文物》1984.6.25 壺

纕(襄)安君亓(其)鈚(瓶),弍(貳)亭(言)。

　　　　　　　　　　　　　　　　　　　　《三代》18.15.1 瓶

王后左和室,于□和室,九蒦反(半)。　　　《三代》2.54.1 鼎

王大(太)后右和室,一言。　　　　　　　　《考文》1994.3.100 鼎

□(魚?)昜(陽)大哭(器),受九蒦。王后左和室,九□。

　　　　　　　　　　　　　　　　　　　　《考古》1984.8.761 鼎

以上諸器銘文中的"言"、"亭"均應讀"觳"⑦,同"斛",相當於一斗二升,參《周禮·考工記·陶人》注。"蒦"則應是小於"言"的容量單位,似應讀"斞"⑧,即"庾",三晉銅量作"斜"(《三代》18.27.2)。《周禮·考工記·弓人》"絲三邸,漆三斞"鄭注："邸斞,輕重未聞。"至於"和室"或讀"洎室",似乎亦可讀"杏(相)室",尚待研究。

燕國符節形制多樣,諸如雁節、鷹節、馬節:

傳虞(遽)端(瑞),戌夤(寅)舟(造),□身(信),不□□。
《三代》18.31.6 雁節

傳虞(遽)端(瑞),戌夤(寅)舟(造),有身(信),不句酉(留)。
《三代》18.32.1 鷹節

騎遫(傳)比屎(矢)。　　　　《三代》18.31.3 馬節

"傳虞(遽)",掌管傳驛的職官,見《左傳·哀公十二年》"群臣將傳遽以告寡君"⑨。"端",燕璽作"耑",文獻作"瑞"(詳下文)。"句酉",讀"句留"⑩。"屎",讀"矢",見《爾雅·釋詁》:"矢,陳也。"釋文"矢"作"屎"。所謂"比矢"意謂傳驛之馬其速如箭。

若干燕國雜器,姑且附於銅器之後:

河北易縣出土不知名小器,均載有"睘"字,應讀"縣"⑪。故"縣"上之文字無疑是地名:

辛(新)柘(處)⑫　　《集成》10416　　河北唐縣
牙(桑)坵(丘)　　　《集成》10422　　河北徐水
方城　　　　　　　《集成》10423　　河北固安
坪(平)阣(陰)　　　《集成》10425　　山西陽高
杏氏　　　　　　　《集成》10436　　遼寧金縣

《集成》著録同類小器近 18 種,或文字可識而不知其地望,或文字不可識,或文字不清晰,凡此皆有待深入研究。

1953 年,在河北興隆燕國冶鐵遺址出土钁、鋤、鐮、斧、鑿等農具鐵範,銘有"左酉(曹)"(《河北》98、100)、"遲(胥)肙(尹)"(《集成》11826),是罕見的戰國鐵器銘文。"酉"讀"曹",官曹。"遲(胥)肙(尹)",見上文。

1977 年,在河北燕下都遺址出土 20 餘件金飾器⑬,刻有記重文字:

三兩十五朱(銖)半朱(銖)二分
四兩廿三朱(銖)半朱(銖)八分朱(銖)一

1964 年,在河北燕下都發現三件骨蓋弓帽,兩件有文字:"珠廣用□□□"、

"□北宫"(《考古》1965.1.568)。骨器文字是戰國文字希罕的品類。

## 二、兵器文字

燕國兵器銘文頗爲豐富,是研究燕系文字的重要資料。從數量而言,燕國兵器銘文堪稱列國之冠。

載有燕侯名、燕王名的兵器銘文,素爲歷史、考古學界所重視。這類戈、戟、矛、劍等銘文,見於舊著録者甚多。建國以來也屢有發現[14]。燕侯名、燕王名計有郾侯載(《考古》1962.1.19)、郾侯胺(《三代》19.50.1)、郾王嘗(《三代》19.50.2)、郾侯職(《三代》20.17.6)、郾王職(《三代》20.15.2)、郾王戎人(《三代》20.37.2)、郾王喜(《三代》20.18.1)等。據《史記·燕世家》記載:燕易王十年稱王,以前皆稱侯。兵器銘文中燕易王以後的"職"既稱"王",又稱"侯"。待考的"戎人"也如此。其原因尚有待研究,但説明燕君稱"王"、稱"侯"並非如文獻記載那樣絶對。燕君兵器銘文中的常用動詞有"乍"(作)和"㝵"(詳下文),也十分值得注意。郾侯載、郾侯胺兵器銘文一律用"乍",郾王職兵器銘文則一律用"㝵"。因此"這一規律可作爲判斷燕兵年代早晚的標尺"[15]。我們認爲,兵器銘文中的六位燕君有四位可與文獻對應。"載",原篆作"𢦏",从"才"得聲,例可讀"載",亦見郾侯載簋。《燕世家》索隱引《紀年》"成公名載"。"嘗",从"言","皿"聲。即《燕世家》易王之子"噲"。从"言"與从"口"義近,从"皿"與从"會"音近[16]。"職"即燕昭王職,"喜"即燕王喜,均見《燕世家》。關於"喜"的文字構形,呈現典型的燕系文字風格。參見燕文字"壴"、"豎"、"鈻"等[17]。至於"胺"和"戎"文獻失載,或以爲前者爲燕易王,後者爲燕惠王[18],尚待研究。下面將郾君兵器銘文中的人名、稱謂、動詞列爲一表:

| 人名 | 稱謂 | 動詞 |
| --- | --- | --- |
| 載 | 侯 | 乍 |
| 胺 | 侯 | 乍 |
| 嘗 | 王 | 乍、㝵 |
| 職 | 侯、王 | 乍、㝵 |

| 戎人 | 王 | 乍 |
| 喜 | 王 | 㦵 |

以上郾侯載、郾王職、郾王喜，學術界已有定論。郾侯脮均稱"侯"不稱"王"，置於郾侯載之後，似乎不成問題。郾王䰗僅稱"王"，但並不排除今後會有"侯"的出現。至於郾王戎人動詞用"乍"，但也不排除今後會有"㦵"的出現。凡此純屬筆者推測之辭，有待今後考古資料印證。

燕君兵器銘文往往載有職官、兵車、兵器及相關的特殊詞彙，茲介紹如下：

1. 職官名

  郾王職乍(作)御司馬　　　　　　　《考古》1973.4.244 戈
  郾王戎人乍(作)䍞達(率)鈦(鍛)　　《三代》20.37.1 矛
  郾王䰗㦵(造)行義(儀)䍞司馬鈽　　《文物》1982.8.46 戈
  郾王䰗㦵(造)行議(儀)鏠　　　　　《三代》19.52.3 戈
  郾王喜㦵(造)某(舞)旅鈦(鍛)　　　《三代》20.44.2 劍
  郾王職㦵(造)武某(舞)旅鍼(劍)　　《錄遺》595 劍

"御司馬"，讀"輿司馬"。《周禮‧夏官‧輿司馬》疏"輿司馬當上士八人"，顯然是掌管兵車的武官。䍞，疑讀"鐸"。《說文》："鐸，大鈴也。軍法五人爲伍，五伍爲兩，兩司馬執鐸。"其中"兩司馬執鐸"又見於《周禮‧夏官‧大司馬》，都可與燕兵"鐸司馬"互相印證。至於燕兵"䍞率"可讀"鐸帥"，亦與《司馬法》"百人之帥執鐸"有關。"㦵"，舊釋"乍"，讀"作"，非是。近年已有學者隸定爲"㦵"[19]，可信。按"㦵"應讀"造"，參齊系文字"造"作"艁"，從"舟"爲疊加聲符。"行義"、"行議"均應讀"行儀"，是燕王的侍衛，可能是"一種儀仗隊伍的名稱"[20]。"某"乃"無"之省簡，讀"舞"。"武某"，讀"武舞"[21]。

2. 兵車名

  郾王職乍(作)王萃　　　　　　　　《三代》19.43.1 戈
  郾王職乍(作)黃卒(萃)鈦(鍛)　　　《三代》20.38.2 矛

郾王職乍(作)巾萃鋸　　　　　　　　《三代》20.17.6 戟

郾王職乍(作)霙萃鋸　　　　　　　　《三代》20.15.2 戟

郾王職乍(作)宙萃鋸㉒　　　　　　　《集成》11226 戟

"王萃",是王車之名。《周禮·春官·車僕》"掌戎路之萃"注:"萃,猶副也。"孫詒讓《正義》"戎僕掌王倅車之政"注:"倅,副也。萃、倅字通。""黄萃",應讀"廣萃"。《車僕》"廣車之萃"注:"橫陣之車也。"孫詒讓《正義》:"萃即謂諸車之部隊。""巾萃",見《周禮·春官·巾車》注:"巾,猶衣也。"㉓ "霙",原篆作"䨲",從"雨"(參《説文》古文"霸"),從"及"(《説文》古文)。《集韻》:"霤,或作霙。"又"霤,一曰白霤,北狄國"。《釋名·釋車》"胡奴車"與"霙萃"有關。"宙萃",疑讀"輕萃",相當於文獻之"輕車"。《周禮·春官·車僕》"輕車之萃"注:"輕車,所用馳敵致師之車也。"上揭燕兵銘文多可與《周禮》相互印證,這無疑是研究戰國車制的絕好資料。

3. 兵器名

上引燕君兵器銘文往往自名"鐱"、"鈦"、"鈽"、"鋸"、"鏺"等。"鐱",應讀"劍"。"鈦",應讀"鍛"㉔。《漢書·陳勝項籍傳贊》"不敵於鈎戟長鍛也"注:"鍛,鈹也。"矛與鈹形制甚近,故燕兵銘文以"鈦"為矛,又以"鈦"為劍。另外,郾王喜矛"郾王喜忎(造)檢□"(《集成》11523),其中闕文左從"金",疑"鈦"之殘泐。"檢鈦",似可讀"劍鍛"。"劍鍛"連文,也説明"劍"、"鈹"與"矛"形制相近。"鈽",《玉篇》訓"飾"。楚戟銘文或自名"弗戟"(《文物》1962.11.65),可讀"鈽戟",似指"畫戟"。燕兵自名"鈽",又名"鏺鈽"(《三代》19.50.1),或讀"鈹",其義待考。"鋸"、"鏺",即文獻之"瞿"、"戣"㉕。《書·顧命》:"一人冕執戣,立于東垂;一人冕執瞿,立于西垂。"注:"鏺、瞿,皆戟屬。"還有兩種兵器之名值得注意:

郾王詈乍(作)巨攸鉚　　　　　　　《三代》20.38.3 矛

郾王喜忎(造)仝(全)䝨(長)利　　　《集成》11529 矛

"鉚",通"鎦",《玉篇》以為古"劉"字,《説文》訓"殺"(參《三代》20.4.1 右卯戟、《小校》10.65.1 卯句兵)。"仝",同"全",疑讀"䡄"或"輴"。《穆天子傳》"是曰壺輴"注:"輴,音'遄',速也。與'遄'同。"所謂"仝䣚(長)利",大概是矛的別稱,意謂矛頭長而鋒利。

4. 兵器名前綴

  郾王職乍(作)攺鋸       《三代》20.16.1 戟

  郾王職乍(作)巨攺鋸      《三代》20.17.1 戟

  郾王詈乍(作)巨攺鉚      《三代》20.38.3 矛

  郾王職乍(作)巨攺釱      《三代》20.37.4 矛

  郾王喜惡(造)某(舞)旅釱(鍛)   《三代》20.44.2 劍

  郾王職惡(造)武某(舞)旅鐱(劍)  《錄遺》595 劍

  "巨"訓"大"爲典籍恒詁。"攺",讀"捶",訓"擊"(詳第五章第五節)。"旅",原篆作"㡾",或釋"者",非是。"旅釱"指"軍旅之鈹"。

  以燕侯、燕王名義督造的兵器銘文,或先用璽印鈐出,然後鑄款而成。因此銘文外具方框,文字棱角突出,益顯方整遒勁。

  《三代》著録戈銘(19.54.1—2)正反皆有刻款文字:"郾侯楺(載)乍(作)戎戒㉖,蚔生不(丕)㉗自洹來,大□□祇乃熙。"雖有燕君之名,但屬貴族蚔生不(丕)造器。銘文內容新穎,器主蚔生不(丕)何以"自洹來",疑與"會盟或參加他國聯合征伐有關"㉘。

  燕國兵器銘文之中,還有若干不著燕君名號者。例如:

  九年,將軍張,二月,制宮我亓(其)虞(獻)。

             《文物》1982.8.44 戈

  十三年正月,豫(?)仝(全)乘馬大夫子姯賁(職)之

              《河北》144 戈

  二年,右杲(貫)膚(府)□御戩、宿(右)卪。

            《考古》1975.4.234 戈

  左軍之攺(捶)僕(撲)大夫殷之卒公摯(思)里脽之□□,工枚里瘉之攺(捶)戈。      《劍吉》下 20

這類銘文多爲刻款，字體散漫，與三晉兵器銘文略近。銘文多載官名，顯然是王室以外的兵器。第四件戈銘所載官名"左軍"(亦見《考古》1973.6.374)，又有"右軍"(《錄遺》585)，還有"中軍"(《集成》11286)。以上左中右三軍，參見《資治通鑒・周紀四》赧王三十一年，燕樂毅以"左軍、前軍、右軍、後軍、中軍"五路大軍入侵齊國。地下文獻與地上文獻契合無間。

燕國車馬器有左宮車耆(《三代》18.35.3)、下宮車耆(《三代》18.35.2)，可與右宮矛(《三代》20.23.1)、西宮壺(《文物》1982.3.91)互證。"左宮"、"右宮"在陶文中習見，亦見於璽文。"宮"均作"[宮]"形，是檢驗燕器的可靠標尺。

在以下兩件燕王詈戈銘文中，可以看出燕兵器銘文由三級監造所組成：

郾王詈愍(造)行議(儀)鍨，右攻君青，亓(其)攻(工)豐(堅)。

《三代》19.52.3 戈

郾王詈愍(造)行議(儀)鍨，右攻(工)君(尹)□，攻(工)衆。

《小校》10.53.2—54.1 戈

"王"是名義監造者，"工尹"是主辦者，"工"是製造者。燕兵器銘文多省簡三級形式爲二級形式或一級形式。例如：

八年，右禡攻(工)君(尹)五大夫青，亓(其)攻(工)涅。

《三代》20.57.5 弩機

左攻(工)君(尹) 《三代》20.57.6 弩牙

右攻(工)君(尹) 《三代》20.58.1 弩牙

廿年，尚上張乘亓(其)我彊，攻(工)書。 《三代》20.58.3 距末

廿四年，鞏昌我，左攻(工)□。 《三代》20.60.2 梃

以上銘文與三晉銘文比較，"工尹"相當於"工師"，"工"相當於"冶"。

載有地名的燕國兵器銘文並不算少，應予充分重視。例如：

莫(鄭)　　　　　　《古研》7.137.4 戈　　河北任丘

守(首)昜(陽)　　　《三代》19.30.1 戟　　河北盧龍

| | | |
|---|---|---|
| 不(無)降(窮) | 《三代》20.40.2 矛 | 河北張北 |
| 貔(絫)裏(縣)㉙ | 《三代》20.33.3 矛 | 河北昌黎 |
| 灥(泉)尚(上)裏(縣) | 《三代》19.32.1 矛 | 河北懷來 |
| 右洀(舟)州裏(縣)㉚ | 《集成》11503 戈 | 山西陽原 |
| 洀(舟)圳(州)都䛠(長) | 《集成》11304 戈 | 山西陽原 |

## 三、貨幣文字

燕國與齊國都是流通刀幣的主要國家。燕刀面文多有"𠂢"、"𠂤"、"𠂡"、"𠂢"、"𠃊"等形（《古錢》1067—1144），因此有"明刀"之稱。"明"，或釋"匽"㉛，或釋"易"㉜，或釋"眼"㉝。"明"之字形，從"日"，從"月"，本無疑義，故以上諸家之説均有未妥。檢燕方足布"右明辛(司)弜(繈)"（《貨系》2343），舊釋"右明新貨"並不可信㉞。今按，"辛"，原篆作"𠦂"，爲"辝"之省文，可讀"司"。"弜"，爲"強"之初文，可讀"繈"。"繈"本義爲貫錢之索，引申爲錢幣之泛稱，也作"鏹"。《管子·國畜》"藏繈千萬"、"藏繈百萬"。因此，燕方足布"右明"可能是鑄錢或藏錢的機構，這爲探索燕明刀"明"字的藴義提供了一條重要的綫索。至於"明"的確切含義尚有待深入研究。燕刀背文以首字作"左"、"右"、"中"㉟、"外"者居多。例如：

| | |
|---|---|
| 左上 | 《古錢》1096 |
| 右下 | 《古錢》1120 |
| 中上 | 《奇觚》19.47 |
| 外虘(爐) | 《古錢》1125 |

以上表示方位之字，大概都是鑄造爐次的標識。燕刀之背或呈圓弧形，或稱磬折形。後者時代較晚，形制粗糙輕薄。

燕國故地曾經出土過八種罕見的方足小布銘文，其中七種載有燕國地名。筆者已有專文考證㊱，兹摘録如下：

| | | |
|---|---|---|
| 安昜(陽) | 《貨系》2290 | 河北陽原 |

| | | |
|---|---|---|
| 纕(襄)坪(平) | 《貨系》2316 | 遼寧遼陽 |
| 坪(平)陰(陰) | 《貨系》2327 | 山西陽高 |
| 怳(廣)昌 | 《貨系》2334 | 河北淶源 |
| 旗(寒)刀(號) | 《貨系》2340 | 河北固安 |
| 宜(安)平 | 《錢幣》1992.2 | 河北涿鹿 |
| 胜(重)坪(平) | 《錢幣》1992.2 | 河北吳橋 |

燕國、趙國布幣銘文均有"安陽"，但"安"的寫法迥然不同：燕國作"囧"形，趙國作"㝉"形，很容易區別。"怳"，原篆作"芮"，舊釋"益"或"恭"，均似是而非。今試釋"怳"，讀"廣"。"旗刀"，舊釋"封化"或"市化"，均誤。今試釋首字爲"旗"。至於所謂"化"字，古文字學界皆改釋"刀"。"旗刀"，應讀"寒號"，見《水經‧聖水注》。以上燕國布幣銘文中的七個地名，除"襄平"之外均在燕國與趙國的邊陲，這頗值得注意。至於燕國四字方足布"右明罜(司)弜(錫)"，辭例比較特殊(詳見上文)。

戰國晚期，齊國、燕國均流通圜錢。燕國圜錢均爲方孔，銘文有"一刀"(《古錢》181)，"明刀"、"明"(《古錢》249)等。圜錢中的"刀"，當然不是指刀幣，而應該是指圜錢與刀幣的比值。另外，燕國圜錢用"刀"，齊國刀幣用"厎"(刀)，説明了不同地域的文字差別。

## 四、璽印文字

在燕國文字中，璽印文字所占的比例最大，内容豐富，風格特異。它與兵器銘文均爲研究燕系文字的最主要資料。根據燕官璽的形制可分爲四類：

1. 長條形朱文璽。印面呈長條形，印臺上有細長柄，文字爲朱文。見於《璽彙》者如下：

| | |
|---|---|
| 左軍企(掾)㉚鍴(瑞) | 0126 |
| 單佑都市王勹鍴(瑞) | 0361 |
| 東易(陽)海㉛澤王勹(符)鍴(瑞) | 0362 |

| | |
|---|---|
| 洸（朝）汕（鮮）㊴山金貞（證）鍴（瑞） | 0363 |
| 昜（陽）文身（信）㊵ | 0364 |
| 外司聖（聲）鍴（瑞）㊶ | 0365 |
| 右朱（厨）貞鍴（瑞） | 0367 |
| 中軍壴（鼓）車㊷ | 0368 |
| 族（聚）昜（陽）㊸都亼（掾） | 0369 |
| 司寇徒厶（私） | 3838 |
| 中軍亼（掾） | 5547 |
| 中昜（陽）㊹都□王勹（符） | 5562 |

以上燕璽自名"鍴"、"勹"、"厶"等，頗値得注意。"鍴"原篆作"鉨"或"𨰻"。《方言》九"鑽謂之鍴"，戴震《疏證》："案《廣雅》鍴謂之鑽本此。《説文》云，鑽所以穿也。"燕璽名"鍴"，或與之有關。典籍亦作"瑞"。《説文》"卩，瑞信也"。《周禮·春官·典瑞》注："瑞，節信也。""勹"，原篆作"𠣔"，乃"伏"之初文，璽名"勹"，即典籍之"符"。《説文》："符，信也。"（詳見第五章第二節）"厶"，原篆作"𠮛"，讀"私"，乃私璽之省稱。總之，燕璽自名"鍴"、"勹"、"厶"等，可補文獻之闕。

2. 方形白文小璽。印面呈正方形，邊長 2.1—2.4 釐米，鼻紐（或稱壇紐）。印臺與坡形紐座之間有明顯的過渡臺階，爲其他國家璽紐所無㊺。銘文有邊框圍繞，布局嚴整精美，與郾王兵器銘文風格相似。這類燕國官璽一般都有"某都某"的固定格式，"都"之前爲地名，"都"之後爲官名。官名見於《璽彙》有："司徒"（0010—0018）、"右司徒"（0021）、"左司馬"（0050—0055、5541）、"右司馬"（0058—0061、5543）、"司工"（0085、0086、5545）、"𤉤垍"（0186—0189、5551、5552）、"左"（0190、0191、0215）、"封人"（0192）等。"司徒""司馬""司工"典籍習見。"𤉤垍"或釋"𤉤呈"，讀"遽馹"㊻，掌管傳車。按，"𤉤"之釋讀可從，"垍"之釋讀尚待研究。"左"同"佐"，乃地方長官的副佐。"封人"典守封疆之吏㊼，見《左傳·隱公元年》。"都"之後地名多與燕國地望吻合，如果再加上其他地名，燕國官璽中可考的地名數目則相當可觀

(出處號碼見《璽彙》)：

| | | |
|---|---|---|
| 鄎(易) | 0010 | 河北易縣 |
| 陑(剛)陘(陰) | 0011 | 河北懷安(在古剛城附近) |
| 文安 | 0012 | 河北文安 |
| 坪(平)陘(陰) | 0013 | 山西陽高 |
| 悗(廣)陘(陰) | 0014 | 北京良鄉(在古廣陽附近) |
| 夏屋 | 0015 | 河北唐縣⑱ |
| 方城 | 0016 | 河北固安 |
| 洵城 | 0017 | 河北三河 |
| 遹(道) | 0021 | 河北涞水⑲ |
| 櫃(劇)昜(陽) | 0051 | 山西應縣 |
| 垯(饒) | 0050 | 河北饒陽 |
| 庚(唐) | 0059 | 河北唐縣 |
| 甫(浮)昜(陽) | 0060 | 河北滄州 |
| 徒口 | 0118 | 河北交河(徒駭河口) |
| 武尚(陽) | 0121 | 河北易縣 |
| 妏(容) | 0190 | 河北容城 |
| 洆(朝)汕(鮮) | 0363 | 北朝鮮 |
| 族(聚)昜(陽) | 0369 | 河北北部(右北平郡) |
| 武城 | 《歷博》1979.1.89 | 內蒙清水河 |

　　與"某都某"璽印風格類似的燕官璽還有"左軒(韓)僑(皋)夏壯"(0308)、"眗(壽)悗(光)邦"(0329)等，其中地名"韓皋"、"壽光"也一度屬於燕國。燕璽"都"，原篆左從"旅"，右從"邑"。"旅"讀若"都"，唯見於燕文字，值得注意。

　　3. 方形朱文大璽。印面甚大，鐫刻蒼勁古茂，很有氣勢。見於《璽彙》的有：

| | |
|---|---|
| 甫(浮)昜(陽)妻市(師)鉨 | 0158 |
| 鄎(易)妻市(師)鉨 | 0159 |

| | |
|---|---|
| 柙(範)渾都米粟鉨 | 0287 |
| 𩫞(饒)都市鉨 | 0292 |
| 暊(唐)都萃車馬 | 0293 |
| 單佑都市鉨 | 0297 |
| 坪(平)□都鉨 | 5556 |

"婁"原篆作"🐛",上從"婁"之初文,下爲裝飾部件。"婁帀",疑讀"鏤師",大概是掌管雕鏤之事的職官。《周禮·考工記》有"雕人"。著名的"暊都萃車馬"璽,邊長6.7釐米,形制碩大堪稱戰國古璽之冠,應是烙馬之印[51]。該璽舊傳出土於山東濰縣[52],遂被誤認爲齊璽。其實根據璽文風格應定爲燕璽,傳世燕王兵器有不少出土於山東,僅據出土地點定器物國別,並不可靠。"米粟",據《周禮·地官·舍人》:"掌米粟之出入,辨其物,歲終則會計其政。"可以推測該璽爲掌管穀物的官吏舍人之璽印。"暊都"舊讀"日庚都"。按,"庚都"見方形小璽。"暊",應讀"唐",在今河北唐縣。"唐"從"口"從"庚","暊"從"日"從"庚",應是一字之異體。

燕國私璽與三晉私璽都是戰國古璽中的大宗文字資料。辨別燕私璽除了根據其形制、風格以外,還可以與其他品類文字相互比較(詳下文)。

## 五、陶器文字

燕國陶器文字一般是用璽印鈐成,因此與燕璽印文字頗爲相似。燕陶文根據其形制也可以分爲三類:

1. 長條形。內容多爲"匋攻某"。"匋攻"讀"陶工",是製造陶器的工匠。"匋攻"下均爲工匠名(參《季木》27—29),"匋攻"分左、右,如"右匋攻丑"(《季木》29.3)。"匋"作"𠙵"、"𠙴"、"𠙴"等形,其實是借"缶"爲"匋"。"匋",《説文》:"《史篇》讀與缶同。"

2. 正方形。內容爲"左宮某"或"右宮某"(參《季木》29.7—30.5),可與瓦當文字互證。陶文與銅器中的"宮",似均指王宮。

3. 聯鈐長條形。印面若干長條形組成,內容往往是"某年某月,左(或

右)陶尹、俟某、叚某、左(或右)陶工某"。例如:

十七年八月,右匋(陶)肎(尹),俟(里)疽(看),叚(軌)貲。
《季木》61.7

十七年十月,左匋(陶)肎(尹),左匋(陶)俟(里)甾,叚(軌)室。
《考古》1962.1.18

廿一年八月,右匋(陶)肎(尹),俟(里)疾,叚(軌)貲,右匋(陶)攻(工)湯。
《題銘》54

廿二年正月,左匋(陶)肎(尹)左匋(陶)俟(里)湯,叚(軌)國,左匋(陶)攻(工)敢。
《題銘》54

由此可見,陶尹所屬有俟、叚、工三級。其中"俟"讀"里"㊵,"叚"讀"軌"㊶。後者亦見齊系文字,《國語·齊語》:"五家爲軌,軌爲長,十軌爲里,里有司。"

燕國陶文中的地名,可考求者如下:

| 右北坪(平) | 《陶彙》3.752 | 河北東北部㊴ |
| 左北坪(平) | 《陶彙》4.136 | 河北滿城 |
| 余(徐)菾(無) | 《陶彙》4.18 | 河北遵化㊹ |
| 菾(無)审(終) | 《陶彙》4.20 | 河北薊縣㊺ |
| 易(陽)安 | 《陶彙》4.29 | 河北唐縣㊻ |
| 垯(饒)都 | 《陶彙》4.151 | 河北饒陽 |
| 狗澤都 | 《考古》1989.4.377 | 參《國語·齊語》"吠狗" |

1911年,在河北易縣出土的"右宮駒"瓦當,是罕見的戰國瓦當文字㊼。

## 六、燕系文字特點及燕器編年

本章已介紹了燕國銅器、兵器、貨幣、璽印、陶器等文字資料,從中可見燕文字的某些特點。璽印文字中包含大量的燕文字資料,下面就按《璽文》的順序,將璽印文字與其他品類的文字相互比較,以供讀者參考。

第三章 戰國文字分域概述 127

| 萃 | 𣎵 | 1.5 | 𣎵 | 《文物》1982.8 圖版捌 1 戈 |
| 柤 | 柤 | 2.6 | 柤 | 《三代》2.54.4 鼎 |
| 右 | 㕝 | 2.7 | 㕝 | 《河北》142 |
| 晉 | 晉 | 2.8 | 晉 | 《文物》1982.8 圖版捌 9 戈 |
| 脽 | 脽 | 4.6 | 脽 | 《劍吉》下 20 戈 |
| 肴 | 肴 | 4.8 | 肴 | 《文物》1982.3.91 壺 |
| 坪 | 坪 | 5.4 | 坪 | 《古錢》346 |
| 喜 | 喜 | 5.4 | 喜 | 《文物》1982.8 |
| 豆 | 豆 | 5.4 | 豆 | 鄶侯載簠 |
| 虘 | 虘 | 5.5 | 虘 | 《古錢》215 |
| 瑩 | 瑩 | 6.6 | 瑩 | 《三代》20.60.2 鋌 |
| 賓 | 賓 | 6.9 | 賓 | 《匋文》6.44 |
| 嬰 | 嬰 | 6.10 | 嬰 | 《匋文》附 33 |
| 虜 | 虜 | 6.10 | 虜 | 《文物》1982.8.44 圖 3 戈 |
| 都 | 都 | 6.12 | 都 | 《文物》1982.8 圖版捌 2 戈 |
| 鄴 | 鄴 | 6.14 | 鄴 | 《三代》19.42.2 戈 |
| 宮 | 宮 | 6.19 | 宮 | 《三代》20.33.1 矛 |
| 明 | 明 | 7.6 | 明 | 《古幣》111 |
| 安 | 安 | 7.9 | 安 | 《古幣》75 |
| 佑 | 佑 | 8.3 | 佑 | 《考古》1975.4.234 戈 |
| 馬 | 馬 | 10.1 | 馬 | 《文物》1982.8 圖 20 戈 |
| 忱 | 忱 | 10.9 | 忱 | 《古錢》230 |
| 義 | 義 | 12.8 | 義 | 《文物》1982.8 圖 20 戈 |
| 張 | 張 | 12.10 | 張 | 《三代》20.58.3 距末 |
| 纏 | 纏 | 13.2 | 纏 | 《東亞》4.15 |

| 城 | 壬 | 13.10 | 壬 | 《三代》18.39.1 小器 |
| 陰 | 𨹟 | 14.4 | 𨹟 | 《古錢》247 |
| 貢 | 𧴪 | 附11 | 𧴪 | 《河北》144 戈 |
| 游 | 㳻 | 附27 | 㳻 | 《文物》1982.8 圖版捌 2 戈 |
| 惡 | 悪 | 附42 | 悪 | 《文物》1982.8.44 圖 4 戈 |
| 剸 | 㩻 | 附48 | 㩻 | 《文物》1982.8.44 圖 3 戈 |
| 官 | 𥧌 | 附54 | 𥧌 | 《考古》1965.11.568 骨器 |
| 戒 | 諟 | 附62 | 諟 | 《三代》19.54.1 戈 |
| 乘 | 𠅏 | 附71 | 𠅏 | 《三代》20.58.3 距末 |
| 旅 | 㫍 | 附73 | 㫍 | 《三代》20.45.2 劍 |
| 受 | 叀 | 附75㊴ | 叀 | 《文物》1984.6.25 壺 |
| 巾 | 巾 | 附79 | 巾 | 《三代》19.50.1 戈 |
| 中 | 㕸 | 附80 | 㕸 | 《古錢》1129 |
| 勺 | 勺 | 附111 | 勺 | 《匋文》附 38 |
| 書 | 𦘠 | 《璽彙》3951 | 𦘠 | 《三代》20.58.3 距末 |

以上文字，無論偏旁結構，乃至筆勢走向都呈現出特異的燕系風格。如果再用文字繫聯的方法，還可以找到若干典型燕系文字。例如：

| 四 | 𠃢 | 《三代》20.60.2 梴 | 𠃢 | 《東亞》5.43 |
| 年 | 秊 | 《三代》20.58.3 距末 | 秊 | 《文物》1982.8.44 圖 3 戈 |
| 休 | 㭒 | 䣙侯載簠 | 㭒 | 《文物》1984.6.25 壺 |
| 御 | 䢦 | 《河北》142 戈 | 䢦 | 《考古》1973.4.244 戈 |
| 我 | 𢦔 | 《三代》20.60.2 梴 | 𢦔 | 《三代》20.58.3 距末 |

從總體看，燕系文字比較穩定，前後期文字變化不大。

燕系文字資料的斷代有一定的困難，原因是沒有一件王屬明確而有絕對年代的標準器，有相對年代的又多是兵器銘文。就目前所知，可以編年的燕器如次：

　　燕成侯(前454—439)：郾侯載簠、豆、戈。

　　燕王噲(前320—311)：郾王罾戈、矛。

　　燕昭王(前311—278)：郾王職戈、矛、劍，襄安君鈚⑯。

　　燕王喜(前254—222)：郾王喜戈、矛、劍、鈹。

**注釋：**

① 吳榮光《筠清館金文》卷五。
② 馮勝君《戰國燕系古文字資料綜述》，碩士論文，1997年。
③ 李家浩《傳虞鷹節銘文考釋》，《海上論叢》2輯，1998年。
④ 楊子範《山東泰安發現的戰國銅器》，《文物》1956年6期。又《河北》149。
⑤ "遲尹"疑讀"胥尹"。"犀"與"胥"雙聲可通。《史記·匈奴傳》"黃金胥紕一"，集解引徐廣曰"或作犀毗"，索隱："此作胥者，犀聲相近。"《漢書·匈奴傳》"黃金胥紕"，是其證。"胥尹"相當"胥師"。《周禮·地官·序官》"胥師二十肆則一人，皆二史"注："自胥師以及司稽皆司市所辟除也。胥及肆長，市中給繇役者。胥師領群胥。"由此可見，"胥師"是隸屬於"司市"掌管市中群胥的小官，其身份為"庶人在官者"(《周禮正義》卷一七)。
⑥ "襄"，舊釋"壺"，非是。檢"襄"或作""(《璽彙》0077)，從"羑"，其下或加橫筆作""(《文參》1956.3.85)，故"繇襄"應讀"絡纕"。
⑦ 朱德熙《戰國記容銅器刻辭考釋四篇》，《語言學論叢》2輯，1958年。
⑧ "蒦"與"斛"雙聲可通("蒦"從"隻"諧聲)。《呂氏春秋·本味》"肥而不䐃"，《集韻》引作"肥而不餥"，《酉陽雜俎》引作"肥而不腴"，是其佐證。
⑨ 朱德熙、裘錫圭《戰國文字研究》，《考古學報》1972年1期。
⑩ 馮勝君《戰國燕系古文字資料綜述》，碩士論文，1997年。
⑪ 李家浩《先秦文字中的縣》，《文史》28輯，1988年。
⑫ 馮勝君《戰國燕系古文字資料綜述》，碩士論文，1997年。
⑬ 石永士《戰國的衡制》，《中國考古學會第二次年會論文》，1982年。
⑭ 中國歷史博物館考古組《燕下都城址調查報告》，《考古》1962年1期。河北省文物管理處《燕下都23號遺址出土一批銅戈》，《文物》1982年8期。
⑮ 馮勝君《戰國燕系古文字資料綜述》，碩士論文，1997年。
⑯ 陳夢家《六國紀年》90頁已指出"罾"即"噲"。按，"罾"乃"讙"之異文，語根均為"吅"。"吅"與"元"聲近。《爾雅·釋草》"蘆，菼蘭"，《說文》"菼蘭，莞也"，是其佐證。而"會"與"完"為月、元陰陽對轉。《詩·衛風·淇奧》"會弁如星"，《呂氏春秋·上農》注引作"冠弁如星"，是其佐證。然則"噲"、"罾"一聲之轉。
⑰ 何琳儀《戰國文字聲系》3頁，中華書局，1998年。
⑱ 李學勤、鄭紹宗《論河北近年出土的戰國有銘青銅器》，《古文字研究》7輯，1982年。

⑲ 湯餘惠《戰國銘文選》64頁,吉林大學出版社,1993年。
⑳ 李學勤、鄭紹宗《論河北近年出土的戰國有銘青銅器》,《古文字研究》7輯,1982年。
㉑ 董珊《釋燕系文字中的𣪊字》,《于省吾教授百年誕辰紀念文集》,1996年。
㉒ 援、胡之交無刺,與燕戟常見形制不合,故或疑偽器。誌此備參。
㉓ 李學勤、鄭紹宗《論河北近年出土的戰國有銘青銅器》,《古文字研究》7輯,1982年。
㉔ "鈦"與"鍛"音近。《禮記·曲禮》下"不敢與世子同名"注:"世,或爲大。"《左傳·昭公二十五年》"樂大心",《公羊傳》作"樂世心"。《儀禮·既夕禮》"革靾載罏"注:"古文靾爲殺。"此大、世、殺聲系相通之旁證。
㉕ "鋸"、"瞿"聲韻相通。《管子·小匡》"惡金以鑄斤斧鉏夷鋸欘"注:"鋸欘,钁類也。"可資旁證。"鈠",即"戈",參于省吾《雙劍誃尚書新證》卷四。
㉖ "戒",原篆作"𢦦",與齊侯鎛"𢦦"顯係一字。"戎戒",見《宋書·禮志》"戎戒掩時"。
㉗ "蚔生不(丕)",人名。"蚔",古姓氏,見《孟子·公孫丑》"蚔蛙"。"不",同"丕",典籍習見人名用字。"某生某",燕璽習見,應讀"某姓某"。
㉘ 黃盛璋《試論燕國兵器及其相關問題》,長島古文字學研討會論文,1986年。
㉙ "䰟",從"鬼"聲,疑"䰠"之異文。參《老子》二十章:"儽儽兮若無所歸。"遂州龍興碑"儽"作"魁"。《集韻》:"䰠,鼬鼠別名。""䰠",可讀"索"。《淮南子·要略》"禹身執虆垂",《北堂書鈔》九二引"虆"作"索",可資旁證。
㉚ 何琳儀《古兵地名雜識》,《考古與文物》1996年1期。
㉛ 陳夢家《西周銅器斷代》,《考古學報》10冊,1955年。
㉜ 鄭家相《中國古代貨幣發展史》83頁,三聯書店,1958年。
㉝ 黃錫全《燕刀明字新解》,《安徽錢幣》1996年1期。
㉞ 王一新《右明新貨小布之再現》,《中國錢幣》1984年3期。
㉟ 裘錫圭《戰國貨幣考》,《北京大學學報》1978年2期。
㊱ 何琳儀《燕國布幣考》,《中國錢幣》1992年2期。
㊲ 或隸定"危",讀"尉"。
㊳ 李家浩《從曾姬無卹壺銘文談楚滅曾的年代》,《文史》33輯,1991年。
㊴ 何琳儀《古璽雜識再續》,《中國文字》新17期,1993年。
㊵ 何琳儀《戰國官璽雜識》,《印林》16卷2期,1995年。
㊶ 吳振武《釋雙劍誃舊藏燕外司聖鍴璽》,《于省吾教授百年誕辰紀念文集》,1996年。
㊷ 何琳儀《古璽雜識》,《遼海文物學刊》1986年2期。
㊸ 何琳儀《古璽雜識再續》,《中國文字》新17期,1993年。
㊹ 吳振武《〈古璽彙編〉釋文訂補及分類修訂》,《古文字學論集(初編)》,1983年。
㊺ 葉其峰《戰國官璽的國別及有關問題》,《故宮博物院院刊》1981年3期。
㊻ 朱德熙、裘錫圭《戰國文字研究》,《考古學報》1972年1期。
㊼ 丁佛言《說文古籀補補》附錄19。
㊽ 黃盛璋《所謂夏虛都三璽與夏都問題》,《河南文博通訊》1980年3期。
㊾ 何琳儀《戰國官璽雜識》,《印林》16卷2期,1995年。
㊿ 柯昌濟《金文分域編》卷九。羅福頤《近百年對古璽印研究之發展》31頁,西泠印社,1982年。

(51) 柯昌濟《金文分域編》卷九:“《山東通志》: 光緒十八年出土濰縣……周季木云,易州出土。”應以周説爲是。
(52) 何琳儀《古陶雜識》,《考古與文物》1992 年 4 期。
(53) 孫敬明《齊陶新探》,《古文字研究》14 輯,1986 年。
(54) 何琳儀《古陶雜識》,《考古與文物》1992 年 4 期。
(55) 董珊《釋燕系文字中的无字》,《于省吾教授百年誕辰紀念文集》,1996 年。
(56) 董珊《釋燕系文字中的无字》,《于省吾教授百年誕辰紀念文集》,1996 年。
(57) 徐秉琨《説陽安布》,《中國錢幣》1985 年 1 期。
(58) 陳直《秦漢瓦當概述》,《摹廬叢著七種》337 頁,齊魯書社,1981 年。
(59) 朱德熙《古文字考釋四篇》,《古文字研究》8 輯,1983 年。
(60) 襄安君,見《戰國策・趙策》四、《戰國縱横家書》四,可能是燕昭王職之弟。

## 第四節　晋系文字

晋系文字内涵相當廣泛,不但韓、趙、魏三國屬於這一系,而且中山國、東周、西周、鄭、衛等小國文字也都屬於這一系。本章之所以把這些國家都統繫於“三晋”之下,一則因爲這些國家文字的結構和風格都比較接近,二則是因爲某些品類文字,諸如傳世古璽、石器等文字,也不便於確切地歸屬於某國。因此,在這一節裏我們對國别清楚的銅器、兵器、貨幣等文字盡可能地予以分國分類介紹,而對某些國别不清楚的古璽、石器等文字只能泛泛地討論。

### 一、韓國文字

在戰國七雄之中,韓國疆域最爲狹小,僅有河南中部偏西,兼有山西東南部。初建都於平陽(山西臨汾),後以宜陽(河南宜陽)、陽翟(河南禹縣)、鄭(河南新鄭)爲都。

1. 銅器文字

有代表性的韓國銅器銘文,首推 1928 年洛陽金村東周墓所出土的驫羌鐘(《三代》1.32—34)。鐘銘:“惟廿又再祀。”又云:“賞于韓宗,令于晋公,即于天子。”由此可見,鐘銘年代下限必在晋滅之前(公元前 376 年),乃韓侯陪臣所作器。關於鐘銘的絶對年代,諸家多據銘文“征秦迮齊,入張(長)城,先會于平陰”而推求。主要有三説:

其一，劉節、吳其昌、徐中舒等根據《左傳·襄公十八年》三晉攻取齊國平陰，定鐘銘爲周靈王廿二年(公元前 550 年)①。然而魯襄公十八年相當於周靈王十七年而不是廿二年，時間不合。

其二，郭沫若根據《史記》中《六國年表》、《田敬仲完世家》記載三晉伐齊，定鐘銘爲周安王廿二年(公元前 380 年)②。然而伐齊所至爲桑丘，不是平陰，地望不合。

其三，溫庭敬、唐蘭、陳夢家等根據《古本竹書紀年》和《六國年表》相互比勘，知晉烈公十二年與周威烈王廿二年相當，是年韓、趙、魏有"伐齊入長城"之役③。時間、地點、事件均吻合無間。

因此，三説之中當以第三説爲優。

哀成叔鼎(《文物》1981.7.66)器主是哀成叔。哀成叔是鄭國最後一位君主康公的後裔④。同墓所出還有豆銘和釖銘。公元前 375 年鄭被韓所滅，因此哀成叔諸銘應屬晉系，與韓器最爲相近。

屬羌鐘字體"規旋矩折"，頗類中山器銘文。哀成叔鼎字體也比較修頎整飭。二器文字多有附加筆畫，如"", "", "", "", "", ""、"", "", ""等；或多有附加偏旁，如"迮"作"", "昭"作"", "嘉"作"", "奠"作""等；若干典型戰國文字形體，如"", "", "", ""、"", "", ""等相繼出現；都具有濃厚的戰國文字色彩。

盛季壺(《三代》12.8.2)、鄭右廩壺(《三代》12.8.3)，"鄭"均作"", 不從"邑"，也不從"章"，應是韓國早期器。

春成侯鍾(《三代》18.19.3)、春成侯盉(《上博》8.152)，"春成"見新鄭出土戈銘，故亦爲韓國量器銘文。

韓國記量銘文不多，銘文字數也較少。其中載"厨"字的銘文，當與食官有關⑤：

    上樂床(厨)，唇(容)厽(三)分。    《三代》2.53.7 鼎
    上莧床(厨)，唇(容)四分。    《文物》1957.8.61 鼎

| | |
|---|---|
| 右朕(厨),三半。 | 《三代》2.53.8 鼎 |
| 霝朕(厨),一斗半(半)□。 | 《三代》2.54.1 鼎 |

其中"厨"作"㕑"、"㕑"等形,是韓銘的特點。"上樂"亦見新鄭出土陶文,"霝"作"霝"亦見新鄭出土戈銘。

韓國糧倉在銅器銘文中也有所反映:

| | |
|---|---|
| 奠(鄭)東蒼(倉),半(半)齎。 | 《綴遺》28.10 鼎 |
| 宜陽右倉 | 《文物》1987.11.94 筐 |

二十九年侖氏銀皿(《書道》1.59),據地名"侖(綸)氏"可定爲韓器。

2. 兵器文字

韓國早期兵器銘文比較簡略,尚未脫離"物勒主名"階段。例如:

| | |
|---|---|
| □公之造戈 | 《文物》1972.4.40 戈 |
| 宜無之棗(造)戟 | 《考報》1959.1.114 戟 |
| 寅之戟 | 《考報》1959.1.114 戟 |
| 吳它 | 《考報》1959.1.114 戟 |

韓國中、晚期兵器銘文,據黃盛璋研究,可分四式:

A. 鄭武(左、右、生)庫

| | |
|---|---|
| 奠(鄭)武庫 | 《三代》19.32.2 戈 |
| 鄭左庫 | 《文物》1960.3.27 圖 28 戈 |
| 鄭坒(襄)庫 | 《文物》1972.10.39 戈 |

B. 鄭武庫冶某

| | |
|---|---|
| 奠(鄭)武庫冶□ | 《小校》10.38.1 戈 |

C. 某年,鄭令某,武(左、右、生)庫工師某,冶(冶尹)某。

| | |
|---|---|
| 六年,奠(鄭)命(令)韓熙,右庫工帀(師)司馬鵰,冶□。 | |
| | 《三代》19.52.1 戈 |

D. 某年,鄭令某,司寇某,武(左、右、生)庫工師某,冶(冶尹)某。

五年,奠(鄭)命(令)韓□,司寇長朱,左庫工帀(師)陽□,冶肴(尹)弝(强)斂(造)。　　　　　　　《三代》20.40.5 矛

五年,奠(鄭)侖(令)韓夌,司寇長朱,右庫工帀(師)春高,冶肴(尹)耑斂(造)。　　　　　　　《文物》1972.10 圖版伍 2 戈

以上第一式最簡,時代較早;第四式最繁,時代較晚。最繁式銘文的款式,基本由監造者(令和司寇、令)、主辦者(工師)、製造者(冶、冶尹)三級組成。"生庫"即《左傳·襄公三十年》鄭國之"襄庫"。

1971年,在河南新鄭"鄭韓故城"白廟范村發現200餘件兵器,其中很多銘文都屬於第四式(《文物》1972.10.35)。尤其重要的是,王三年鄭令韓熙戈之"韓熙",見《戰國策·韓策》。據此新鄭所出兵器多爲韓桓王和韓王安之器⑥。

韓兵銘文除常見的"鄭令"之外,還有地方之"令"。例如:

| | | |
|---|---|---|
| 喜(釐) | 《三代》20.2.72 戈 | 河南鄭州⑦ |
| 親(新)城 | 《錄遺》581 | 河南伊川 |
| 昜(陽) | 《小校》10.53.1 | 河南伊川 |
| 侖(綸)氏 | 《三晉》圖1.2 | 河南登封 |
| 安陽 | 《陶續》2.52 | 河南正陽 |
| 宅陽 | 《小校》10.74.6 | 河南榮陽 |
| 彘 | 《小校》10.59.5 | 山西霍縣 |
| 雍氏 | 《文物》1972.10.36 | 河南禹縣 |
| 陽城 | 《文物》1972.10.36 | 河南登封 |
| 長子 | 《文物》1972.10.36 | 山西長子 |
| 安城 | 《文物》1972.10.36 | 河南汝南 |
| 焦 | 《文物》1972.10.36 | 河南中牟 |
| 宜陽 | 《文物》2000.10.78 | 河南宜陽 |
| 汝(女)陽 | 《考古》1990.7.40 | 河南商水 |

| | | |
|---|---|---|
| 盧氏 | 《四川》242.3 | 河南盧氏 |
| 襄城 | 《武陵》32 | 河南襄城 |
| 成橐(皋) | 摹本 | 河南滎陽 |

韓國兵器銘文"造"作"𢼸"(告聲)、"𢼼"(曹聲)等形,"戟"作"𢧢"、"𢦏"等形,矛自銘"戟束(刺)"等⑧,都是韓兵的明顯特點。

3. 貨幣文字

韓國貨幣多爲地名。按照形制分類,韓幣計有三種:

甲、方足方跨布(又稱方足布)

| | | |
|---|---|---|
| 郞(長)水 | 《貨系》1519 | 河南盧氏 |
| 同(銅)是(鞮) | 《貨系》1582 | 山西沁縣 |
| 攘(襄)垣 | 《貨系》1611 | 山西襄垣 |
| 陽城 | 《貨系》1688 | 河南漯河 |
| 尹(伊)陽 | 《貨系》1696 | 河南嵩縣 |
| 涅 | 《貨系》1887 | 山西武鄉 |
| 露(潞) | 《貨系》1932 | 山西潞縣 |
| 烏疋(蘇) | 《貨系》1950 | 山西和順 |
| 郲 | 《貨系》1994 | 河南鄭州 |
| 土爻(崤) | 《貨系》2014 | 河南澠池 |
| 鄡(怡) | 《貨系》2213 | 河南新鄭 |
| 宅陽 | 《貨系》2023 | 河南鄭州 |
| 壬(宅)陽 | 《貨系》2056 | 河南鄭州 |
| 唐(楊)是(氏) | 《貨系》2256 | 山西洪洞 |
| 鄒(注) | 《貨系》2264 | 河南臨汝 |
| 蠱(注) | 《貨系》2270 | 河南臨汝 |
| 合(鄶) | 《貨系》2277 | 河南新鄭 |
| 邠(汾) | 《貨系》2279 | 山西臨汾 |
| 洀(舟) | 《貨系》2284 | 河南新鄭 |

| | | |
|---|---|---|
| 宜陽 | 《古錢》164 | 河南宜陽 |
| 鄃(綸)氏 | 《古錢》252 | 河南登封 |
| 郜 | 《古錢》254 | 山西祁縣 |
| 弞(尚)子 | 《古錢》299 | 山西長子 |
| 庀(比)陽 | 《晋幣》108 | 河南泌陽 |

乙、銳角布

銳角布銘文多有"涅"字,這是韓幣的重要標誌。"百涅"前有字者均爲地名:

| | | |
|---|---|---|
| 百涅(盈) | 《貨系》1226 | |
| 盧氏百涅(盈) | 《貨系》1216 | 河南盧氏 |
| 舟百涅(盈) | 《貨系》1220 | 河南新鄭 |
| 容 | 《貨系》1232 | 河南魯山 |
| 垂 | 《貨系》1240 | 山西晋城 |
| 亳百涅(盈) | 照片 | 河南登封 |

"涅",原篆作"涅"、"涅"等形,舊釋"涅",非是。"涅"原篆作"涅"、"涅"等形,與"涅"有別。《集韻》:"涅,通流也。"其音義與"盈"、"贏"同⑨。故"百涅"應是貨幣流通的吉語。另外,《舊唐書·食貨志》:"非正額租庸便入百寶大盈庫,以供人主宴私賞賜之用。"唐代"大盈"可能承襲戰國"百涅(盈)"這一詞彙。

丙、金餅

二冢(重)四分(《文物》1980.10 圖版肆 7)

金餅又有"⊥"形,與《說文》"上"字之古文吻合。

4. 璽印文字

三晋地區璽印文字多爲陽文,結構整飭,筆畫細勁,頗有特色。然而三晋地區國家很多,各國璽印文字的特點,以現在的認識水平,還很難予以區別。因此,只能從官璽中的地名來判定國別。

可以確認爲韓國的官璽甚少。例如：

| 高志（氏） | 《璽彙》0070 | 河南禹縣 |
| 武遂 | 《璽彙》0103 | 山西臨汾⑩ |
| 挧（制） | 《璽彙》2227 | 河南滎陽⑪ |
| 陽城 | 《璽彙》4047 | 河南登封 |
| 每（汝）陽 | 《璽彙》0332 | 河南商水⑫ |
| 郐（綸）氏 | 《書道》1 圖版 116 | 河南登封 |

後兩方璽印印面碩大，文字風格與一般三晉官璽不同。由地名臨近楚國來分析，可能是受楚璽的影響。

5. 陶器文字

三晉地區陶文雖然不及齊、燕地區豐富，但是近幾十年在韓國舊地出土的幾批陶文頗有意義。較重要者有三批：

1964 年，河南鄭韓故城發現"膾宮"、"吏"、"厶（私）官"、"左脉（厨）"、"嗇夫"（《文叢》3.61）等刻劃陶文，多可與韓國銘文相互印證。

1977 年，河南登封陽城遺址發現"陽城倉器"、"倉"、"左倉"、"厨器"、"廩"、"半"等鈐印或刻劃陶文（《古研》7.207—231）是典型的三晉文字，已有學者專門討論⑬。韓陶用"器"，齊陶用"豆"、"區"、"釜"，各有特色。

20 世紀 80 年代在鄭州、滎陽一帶新出若干載有地名的陶文，如"格氏左司工"、"格氏"、"昃亭"、"亳"、"挧"等（《中原》1981.1.14）。其中對"亳"字的識讀，在考古學界曾引起很大的反響⑭。零星陶文的發現也不少，字形豐富，但多爲人名（《中原》1986.1.77），亟待系統整理。

河南溫縣北平皋村古城采集陶文，戳印"陞（邢）公"、"郍公"、"公"等（《文物》1982.7.7）。"陞"即邢丘，與出土地點吻合。"郍"讀"舟"，古地名，見《國語·鄭語》"十邑皆有寄地"注，在今河南新鄭附近⑮。

韓國陶文中的地名，除"格氏"不可考以外，見於《陶彙》者如下：

| 陽城 | 6.21 | 河南登封 |
| 郍（舟） | 6.30 | 河南新鄭附近 |

| | | |
|---|---|---|
| 陞(邢) | 6.31 | 河南溫縣 |
| 京 | 6.51 | 河南滎陽 |
| 容城 | 6.83 | 河南魯山 |
| 滎陽 | 6.108 | 河南滎陽 |
| 亳 | 6.120 | 河南偃師 |
| 鄶(鄫) | 6.120 | 河南新鄭 |
| 羌(景)亳 | 6.122 | 河南偃師[16] |
| 挪(制) | 6.147 | 河南滎陽 |

## 二、趙國文字

趙國疆域以河北南部和山西中部爲中心，北部奄有山西、河北、內蒙古交界的廣大地區，西部函陝西東北部，東部和南部各兼有山東和河南一角。初建都於晉陽（山西太原），後以中牟（河南鶴壁）、邯鄲（河北邯鄲）爲都。

### 1. 銅器文字

趙國禮器銘文至爲罕見，比較重要的趙孟斨壺和智君子鑒均爲春秋末年晉國文字。二器與戰國時期趙國文字有關，姑且列在趙國文字之首。

趙孟斨壺（《總集》5759），出土於河南輝縣，早已流出國外。壺銘"禺邗王于黃池"係指魯哀公十四年（公元前 482 年）晉定公與吳王夫差爭霸於黃池之會[17]，器主趙孟斨是隨同晉定公的上卿趙鞅（趙孟）的屬官（"斨"讀"介"）。銘文結體修長，文字工麗。其中"󰀀"、"󰀁"等字的寫法，呈現典型戰國文字風格。

智君子鑒（《錄遺》519）亦傳出於河南輝縣。器主智君之子很可能是智氏末代智襄子瑤[18]。鑒銘字體"豐中銳末"，與吉日劍屬同類，所謂"蝌蚪文"也。

"物勒工名"式的趙國禮器銘文則有昌國鼎（《美術》圖版十四），銘云："三年昌國豚（稽）[19]工巿（師）裘（狄）狄，冶更所爲。"燕國樂毅之子樂閒襲封昌國君，後奔趙國，"監造者可能爲昌國君樂閒"[20]。襄公鼎（《三代》3.11.5）

銘云:"𢼸(襄)公上𡉚、昜(陽)曲小具。"其中"陽曲"爲趙國地名,故該鼎應是趙器。

土勻錍(《文物》1981.8.88)是罕見的一件趙國量器銘文,銘云:"土勻(軍)亩(?)(廩),四斗錍。""土軍",在今山西石樓,戰國屬趙。"錍",爲"甀"之異體[21]。

1979年,在内蒙古準格爾旗西溝畔匈奴墓出土七件銀節約(《文物》1980.7.2),銘文均有"𣅀工(或少府)。某兩某朱(銖)"。根據出土地點和文字風格分析,銀節約應是趙國王室之物。"𣅀",又見上文所引昌國鼎,應隸定"㬷",疑讀"稽"。《廣雅·釋言》:"稽,考也。"所謂"稽工",可參《周禮·天官·内宰》"稽其功事"。

2. 兵器文字

趙國兵器銘文甚多,是研究晉系趙國文字的重要資料。

民國年間,在山西歸化(雲中古地)出土吉日劍(《録遺》601)。銘文字體頗長,與趙孟庎壺銘類似。不過這種富有裝飾性鑄款的劍銘頗爲罕見,絶大多數的趙國劍銘則爲刻款。

"王立事",是趙國兵器銘文中最引人注目的紀年法。例如:

> 王立事,南行昜(唐)徐(令)眀(瞿)卯,左庫工帀(師)司馬合,冶㝵(得)敎(調)齋(劑)。　　　　　　　　　　《録遺》599 劍

> 王立事,□徐(令)肖(趙)□,上庫工帀(師)樂枭,冶朏敎(調)齋(劑)。　　　　　　　　　　　　　　　《河北》101 劍

> 王何立事,𠧪₌冶朕所教馬重(童)爲。宜安。　　《山西》118 戈

"王何"應是趙惠文王何,其他"王"不詳。齊銘"立事"者爲陳氏執政者,趙銘"立事"者則爲趙王。"敎(調)齋(劑)",是趙兵的習見用語。"敎",舊釋"執"[22],或釋"撻"[23]。所謂"執劑"或"撻齊",均不見典籍,實有未妥。"敎"西周金文作"𣪘"。趙兵"敎齋",讀"調齊(劑)"[24],見《荀子·富國》、《淮南子·本經訓》等。趙兵"調劑"是指攪合金屬使其合於比例而言。

趙國兵器銘文款式繁簡不一。簡式者較少,或僅載地名:

  晋陽        《集成》10920 戈
  武陽        《集成》10908 戈
  鬲(鄗)       《集成》11424 矛

或僅載地名、庫名:

  甘(邯)丹(鄲)上    《三晋》圖五戈
  甘(邯)丹(鄲)上庫   《癡盦》59 戈
  武陽左      《考古》1988.7.617 戈
  武陽右庫     《集成》11053 戈
  甕(欒)左庫     《集成》10959 戈

以上或可省"庫",而僅存方位字。稍繁者或載時間、地名、人名,或僅載人名等:

  廿七年,晋上容(谷)大夫。  《考古》1986.8.759 戈
  趙膚之卸(御)戈。    《文物》1995.2.66 戈

繁式者甚多,其格式也較固定,即"某年守相(相邦、相、令)某,邦上(左、右)庫工師某,冶(冶尹)敓齋"。或有省略。例如:

  元年,相邦建邠(信)君,邦右庫工帀(師)吳疣,冶瘠敓(調)齋(劑)。
           《海岱》1989.1.324 鈹
  八年,相邦建邠(信)君,邦左庫工帀(師)鄭阡(序),冶胥(尹)明敓(調)齋(劑)。  《三代》20.46.2 鈹
  四年,相邦春平侯,邦左庫工帀(師)長身,冶胥(尹)□敓(調)齋(劑)。    《考文》1989.3.21 鈹
  十年,相邦陽安君,邦右庫工帀(師)吏笶胡,冶韓疴敓(調)齋(劑)。
           《考古》1982.6.6 鈹
  七年,武城相邦畋,□□工帀(師),嗇夫□□,冶妾敓(調)齋(劑)。
           《古越》27 鈹

第三章 戰國文字分域概述 141

十五年,守相杢(廉)波(頗),邦右庫工帀(師)韓亥,冶巡敦(調)齋(劑)。

《三代》20.47.2 鈹

十三年,右□守相申毋官,邦右□□□韓伏,冶醇敦(調)齋(劑)。

《三代》20.48.1 鈹

四年,邙(代)相樂突,右庫工帀(師)長慶,冶吏息□□。

《考文》1989.3.21 鈹

六年,邙(代)相史微,左庫工帀(師)孫涅,冶吏息敦(調)齋(劑)。

《文博》1987.2.53 鈹

十六年,寧(靈)壽伶(令)帀慶,上庫工帀(師)卓迭,冶固敦(調)齋(劑)。

《文季》1992.4.70 鈹

十七年,坙(邢)伶(令)蒙,上庫工帀(師)宋戻,冶厘敦(調)齋(劑)。

《文物》1982.9.26 鈹

廿年,丞閔(藺)相女(如),邦左□虎智,冶陽肖。

《文物》1998.5.92 鈹

繁式劍銘的背面往往刻有"攻胥",即"工尹",與燕器同。例如:上引十五年守相杢波劍背銘"大攻胥公孫桴",十三年守相申毋官劍背銘"攻胥韓端"等。《左傳·文公十年》"王使爲工尹"注:"掌百工之官也。"《管子·問》:"工尹伐材用。"

繁式劍銘中,或有在"工師"之前加"邦左(右)伐器"者。例如:

七年,相邦春平侯,邦左伐器,工帀(師)長蓳,冶句敦(調)齋(劑)。

《考古》1991.15 鈹

十五年,相邦春平侯,邦左伐器,工帀(師)長蓳,冶句敦(調)齋(劑)。

《録遺》600 鈹

十五年,相邦春平侯,邦右伐器,工帀(師)□□,冶疢敦(調)齋(劑)。

《貞松》12.23.1 鈹

十八年,相邦平國君,邦右伐器,段(鍛)㉖工帀(師)吳疧,冶疒敦(調)齋(劑)。

《考古》1991.1.5 鈹

所謂"伐器"即"攻伐之器",見《楚辭‧天問》"爭遣伐器",引申爲兵庫之銘(詳第五章第三節)。

"相邦"和"守相"是趙兵銘文中習見的職官名稱。劍銘"相邦建信君"、"相邦春平侯"均見《戰國策‧趙策四》。"守相杢波",則可能是戰國赫赫有名的趙國大將廉頗⑧。"杢",疑"杜"之異體。"杜"、"廉"均屬舌頭音,故可假借。饒有興味的是,上文所引廿年藺相如鈹中"閔相女",恰可與"杢波"成爲一對"將相和"。"相邦"相當於晉國的上卿,"守相"則略次於"相",都是國家高級執政者。至於上文所引"邿相",是代地之"相"。代在今河北蔚縣,是戰國時代趙國的重要都會,儼然與小國地位等同,故可置"相"。"令",是地方最高長官。趙兵銘"令"者較多,"令"上地名亦多可考索。趙兵銘文除載有首都"晉陽"、"邯鄲"之外,地方監造的兵器銘文可以確知者如下:

| 南行昜(唐) | 《錄遺》599 鈹 | 河北行唐 |
| 武陽 | 《集成》10908 戈 | 河北易縣 |
| 鑫(欒) | 《集成》10959 戈 | 河北欒城 |
| 傿(鄡) | 《集成》11424 矛 | 河北柏鄉 |
| 陽安 | 《考古》1983.6.6 鈹 | 河北唐縣 |
| 上容(谷) | 《考古》1986.8.759 戈 | 河北西北部 |
| 武城 | 《古越》27 戈 | 山東武城 |
| 邿(代) | 《考文》1989.3.21 鈹 | 山西東北部 |
| 寧(靈)壽 | 《文季》1992.4.70 鈹 | 河北靈壽 |
| 埅(邢) | 《文物》1982.9.26 戈 | 河北邢臺 |
| 武平 | 《小校》10.103.1 鈹 | 河北文安 |
| 郭 | 《錄遺》582 戈 | 山西神池 |
| 上黨 | 《小校》14.4 矛 | 山西東南部 |
| 閺(藺) | 《武陵》28 戈 | 山西離石 |
| 大陸(陰) | 《武陵》31 戈 | 山西霍縣 |

縱觀趙國兵器銘文,基本也是三級監造款式。即由監造者(相邦、守相、

令)、主辦者(工師)、製造者(冶、冶尹)所組成。應該說明的是,所謂製造者並非直接製器者。關於"冶"的身份,檢三晉兵器銘文有"冶"則無"冶肵",有"冶肵"則無"冶",知"冶"是"冶肵"之省稱。我們認爲,"冶"不可能是直接參加體力勞動的工匠。這是因爲:

其一,打製兵器並非一道工序,直接製造者也決非一人。然而三晉兵器銘文中的"冶"或"冶肵",一般都是一人。

其二,在等級森嚴的戰國,製造兵器工匠的身份相當低賤,他們的名字決不會留在貴族武士們所使用的武器上。所謂"物勒工名"的"工"應是工頭,具有一定的社會身份。

其三,趙兵銘文"冶"或"冶肵"之後常有"敓齋" 二字,當讀"調齊(劑)",指冶金時攪兑銅與錫的成分比例,即所謂"調劑"工藝。《周禮·考工記》:"攻金之工,築氏執下齊,冶氏執上齊。"三晉兵器的"冶"應是"築氏"、"冶氏"之類有技術的工頭。"冶"又稱"冶肵","肵"即"尹"。《廣雅·釋詁四》"尹,官也。""冶"或"冶肵"乃官名是不言而喻的,不過其職位略低於"工官之長"的"工師"而已。

《三代》20.57.4 著錄的矢括銘文"十年陽曲筴馬重(童)",根據其地名"陽曲"(山西定襄)和文字風格,可定爲趙器。傳世和出土許多"右叚"、"左叚"銅鏃(《三代》20.53.2—20.57.1),其中"叚"下多有合文符號。"叚",亦見上文所引王何立事戈,及十年嗇夫坴相如鈹(《考古》1985.5.476)。另外,十年叚工戈(《三代》20.20.1)之"叚"拓本不清晰,摹本誤寫似"导"並不可信。按,"叚"从"工","目"聲,故《龍龕手鑑》:"叚,音服。""目"與"服"均屬唇音。《書·旅獒》"無替厥服"傳"無廢厥職"。《山海經·西山經》"是司帝之百服"注:"服,器服也。"趙器"叚工",讀"服工",大概是製造器物的機構。

趙兵銘文多爲刻款,筆畫纖細,通體略具欹斜之勢。其國別極易辨識,銘文布局亦頗具特色。文字右下方每用符號"=",或表示重文,如"禾"、"釜"、"昜"、"雔"等;或純爲裝飾,如"枑"、"封"等。

3. 貨幣文字

趙國貨幣主要根據幣文中的地名予以判定。趙國既流通布幣,也流通刀幣和圜錢。趙幣計有七類。

甲、方肩方足方跨布（又稱方足布）

| 閔（藺） | 《貨系》1457 | 山西離石 |
| --- | --- | --- |
| 埊（樂）成（城） | 《貨系》1487 | 河北趙縣㉑ |
| 邟（長）子 | 《貨系》1493 | 山西長子 |
| 邟（繚） | 《貨系》1523 | 河北南宮 |
| 䛥（長）安 | 《貨系》1535 | 《趙世家》地望闕 |
| 中都 | 《貨系》1549 | 山西平遙 |
| 中邑 | 《貨系》1580 | 河北滄州 |
| 北屈 | 《貨系》1593 | 山西吉縣 |
| 北亓（箕） | 《貨系》1605 | 山西蒲縣 |
| 开（沃）陽 | 《貨系》1608 | 內蒙涼城 |
| 壤（襄）陉（陰） | 《貨系》1658 | 《地理志》定襄郡 |
| 屯留 | 《貨系》1666 | 山西屯留 |
| 陽邑 | 《貨系》1679 | 山西離石 |
| 平陽 | 《貨系》1730 | 河北臨漳 |
| 平陉（陰） | 《貨系》1799 | 山西陽高 |
| 平備（原） | 《貨系》1807 | 山東平原 |
| 平邑 | 《貨系》1810 | 河南南樂 |
| 鄳（黽） | 《貨系》1814 | 山西霍縣 |
| 祁 | 《貨系》1840 | 山西霍縣 |
| 祁（狋）邸（氏）[合文] | 《貨系》1850 | 山西渾源 |
| 鄔 | 《貨系》1934 | 山西介休 |
| 土勻（軍） | 《貨系》2006 | 山西石樓 |
| 安陽 | 《貨系》2064 | 山西陽原 |
| 郊（安）陽 | 《貨系》2089 | 山西陽原 |
| 忄（代） | 《貨系》2203 | 河北蔚縣 |

| | | |
|---|---|---|
| 北笲(北箕)[合文] | 《貨系》2220 | 山西蒲縣 |
| 貝也(地)[即貝] | 《貨系》2223 | 山東臨清 |
| 䝿(貝) | 《貨系》2250 | 山東臨清 |
| 疋(沮)昜(陽) | 《貨系》2263 | 河北懷來 |
| 沙乇(澤) | 《貨系》2282 | 河北大名㉘ |
| 大侌(陰) | 《古錢》12 | 山西霍縣 |
| 平歺(利) | 《古錢》84 | 河北邢臺 |
| 鄗 | 《古錢》210 | 河北柏鄉 |
| 榆即(次) | 《古錢》248 | 山西榆次㉙ |
| 䣥 | 《古錢》248 | 山西祁縣 |
| 武邑 | 《古錢》278 | 河北武邑 |
| 干(扜)關 | 《古錢》333 | 山西太原 |
| 虞(鮮)虍(虞) | 《古錢》1219 | 河北正定 |
| 平于(舒) | 《晉貨》42.84 | 山西廣寧㉚ |
| 邙(代)玉(谷) | 《舊雨樓泉景》 | 山西代縣㉛ |

### 乙、尖肩尖足布(又稱尖足布)

| | | |
|---|---|---|
| 閖(藺) | 《貨系》713 | 山西離石 |
| 茲氏 | 《貨系》732 | 山西汾陽 |
| 茲[茲氏之省] | 《貨系》812 | 山西汾陽 |
| 大侌(陰)[即陰] | 《貨系》815 | 山西霍縣 |
| 邪(葭) | 《貨系》876 | 陝西榆林 |
| 甘(邯)丹(鄲) | 《貨系》894 | 河北邯鄲 |
| 晉昜(陽) | 《貨系》903 | 山西太原 |
| 榆即(次) | 《貨系》948 | 山西榆次 |
| 昜(陽)匕(曲) | 《貨系》980 | 山西定襄 |
| 昜(陽)邑 | 《貨系》982 | 山西太谷 |
| 膚(慮)虎(虒) | 《貨系》984 | 山西五臺㉜ |

| | | |
|---|---|---|
| 繁止(時) | 《貨系》1000 | 山西渾源 |
| 武平 | 《貨系》1001 | 河北文安 |
| 武安 | 《貨系》1002 | 河北武安 |
| 北茲[即茲氏或茲] | 《貨系》1027 | 山西汾陽 |
| 中陽 | 《貨系》1034 | 山西中陽 |
| 西都 | 《貨系》1042 | 山西(《地理志》西河郡) |
| 壽(雕)陰(陰) | 《貨系》1054 | 山西富縣 |
| 離石 | 《貨系》1060 | 山西離石 |
| 于(盂) | 《貨系》1065 | 山西陽曲 |
| 親(新)成(城) | 《貨系》1073 | 山西朔縣 |
| 大亓(箕)[即箕] | 《貨系》1083 | 山西太谷 |
| 雚(霍)人 | 《貨系》1084 | 山西繁峙 |
| 襄成(城)[即襄國] | 《貨系》1094 | 河北(《地理志》襄國) |
| 襄洹(垣) | 《貨系》1111 | 山西襄垣 |
| 平窑(陶) | 《貨系》1112 | 山西文水 |
| 平州(周) | 《貨系》1149 | 山西孝義 |
| 邪(坪) | 《貨系》1184 | 山西神池 |
| 邪(坪)昜(陽)[即坪] | 《貨系》1194 | 山西神池 |
| 昜(陽)也(地) | 《貨系》1202 | 河南濮陽 |
| 百(伯)陽 | 《貨系》1207 | 河南安陽 |
| 尹城 | 《貨系》1208 | 山西(《路史・國名記》) |
| 日(涅) | 《貨系》1209 | 山西武鄉 |
| 鄡(鑁)邟(釱) | 《貨系》1211 | 山西平定 |
| 余(涂)水 | 《貨系》1213 | 山西榆次 |
| 安平 | 《古錢》391 | 河北安平 |
| 郎(唐) | 《古錢》409 | 河北唐縣 |
| 寧(賈) | 《古錢》401 | 山西襄汾 |
| 成 | 《新探》69 | 河北(《地理志》涿郡) |

| | | |
|---|---|---|
| 博 | 《陝金》1990.8.4 | 河北深縣 |

丙、圓肩圓足圓跨布（又稱圓足布）

| | | |
|---|---|---|
| 閖（藺） | 《貨系》2346 | 山西離石 |
| 離石 | 《貨系》2428 | 山西離石 |

丁、圓肩圓足圓跨三孔布（又稱三孔布）

| | | |
|---|---|---|
| 宋子 | 《貨系》2456 | 河北趙縣 |
| 家（華）陽 | 《貨系》2457 | 河北唐縣 |
| 安陽 | 《貨系》2458 | 河北陽原 |
| 亡（無）鄒（終） | 《貨系》2460 | 河北蔚縣㉝ |
| 安陰（險） | 《貨系》2461 | 河北安國 |
| 南行䚇（唐）[合文] | 《貨系》2462 | 河北行唐㉞ |
| 陽湔（原） | 《貨系》2464 | 河北陽原㉟ |
| 上匕（曲）陽 | 《貨系》2465 | 河北曲陽㊱ |
| 下匕（曲）陽 | 《貨系》2466 | 河北晉縣 |
| 邔（沮）陽 | 《貨系》2468 | 河北懷來㊲ |
| 上尃（博） | 《貨系》2469 | 河北深縣㊳ |
| 下尃（博） | 《貨系》2471 | 河北深縣 |
| 柘（狸） | 《貨系》2472 | 河北任丘 |
| 妬（石）邑 | 《貨系》2475 | 河北獲鹿㊴ |
| 北九門 | 《貨系》2477 | 河北藁城㊵ |
| 上芥（艾） | 《貨系》2478 | 山西平定㊶ |
| 平臺 | 《貨系》2479 | 河北平鄉㊷ |
| 邔（且）與（居） | 《貨系》2480 | 河北懷來㊸ |
| 轅 | 《貨系》2481 | 山東禹城 |
| 余亡（無） | 《貨系》2482 | 山西屯留 |
| 卩（即）膚（裴） | 《貨系》2483 | 河北肥鄉 |

| | | |
|---|---|---|
| 五陸(陘) | 《貨系》2484 | 河北井陘[44] |
| 鄘(戲) | 《貨系》2485 | 河南內黃 |
| 封氏(斯) | 《貨系》2486 | 河北趙縣[45] |
| 親(新)處 | 《貨系》2487 | 河北定縣[46] |
| 鄭(權) | 《貨系》2488 | 河北正定 |
| 阿 | 《貨系》2489 | 河北保定 |
| 卅(關) | 《錢幣》1226 | 河北欒城[47] |
| 毛(毛) | 《錢幣》1993.2.48 | 河北涉縣 |
| 王(望)夸(都) | 《首博》8輯,1993年 | 河北望都 |
| 大(夫)酉(柳) | 《貨論》144.42 | 河北冀縣[48] |

三孔布舊以爲秦國貨幣[49]。"秦國說的主要根據是這種貨幣以銖、兩爲重量這一點。其實,在戰國時代,采用銖兩制的並不只是秦一國"[50]。近年又有學者以爲三孔布爲中山國貨幣[51],其實三孔布銘文中許多地名並不屬於中山國範圍。早在20世紀50年代末期,已有學者敏銳地指出三孔布應是"最晚的趙幣"[52]。筆者曾考證30枚三孔布的地名,結合文獻確認其在趙國被滅前27年均屬趙國[53],用以支持三孔布是"最晚的趙幣"的觀點。

戊、小直刀

| | | |
|---|---|---|
| 甘(邯)丹(鄲) | 《貨系》3803 | 河北邯鄲 |
| 成 | 《貨系》3872 | 河北(《地理志》涿郡) |
| 白(柏)人 | 《貨系》3878 | 河北隆堯 |
| 言(圁)易(陽) | 《貨系》3994 | 陝西神木 |
| 閒(藺) | 《貨系》4003 | 山西離石 |
| 西[即西鄉] | 《中國錢幣大辭典》601 | 河北涿縣 |

己、圜錢

| | | |
|---|---|---|
| 襄陰(陰) | 《貨系》4047 | 《地理志》定襄郡 |
| 閒(藺) | 《貨系》4065 | 山西離石 |

| | | |
|---|---|---|
| 離石 | 《貨系》4074 | 山西離石 |
| 坓（廣）坪（平） | 《貨系》4075 | 河北曲州 |

4. 璽印文字

《璽彙》著録趙國官璽較多，可根據官名前的地名予以判斷。例如：

| | | |
|---|---|---|
| 富昌 | 《璽彙》0006 | 内蒙鄂爾多斯 |
| 陰堉（館） | 《璽彙》0068 | 山西代縣㊾ |
| 樂陰（陰）[與樂陽有關] | 《璽彙》0073 | 河北獲鹿 |
| 晫（雲）冢（中） | 《璽彙》0074 | 内蒙呼和浩特 |
| 壤（襄）陰（陰） | 《璽彙》0077 | 《地理志》定襄郡 |
| 石城 | 《璽彙》0078 | 河北林縣 |
| 汪匋（陶） | 《璽彙》0091 | 山西山陰 |
| 平匋（陶） | 《璽彙》0092 | 山西文水 |
| 南宫 | 《璽彙》0093 | 河北南宫 |
| 邩（代） | 《璽彙》0096 | 河北蔚縣 |
| 參（叄）柘（臺） | 《璽彙》0305 | 河北容城㊿ |
| 坣（當）城 | 《璽彙》3442 | 河北蔚縣㉑ |
| 羊鍚（腸） | 《璽彙》5548 | 山西晉城㉒ |
| 上坣（黨） | 《璽徵》附 3 上 | 山西上黨 |
| 武陽 | 《珍秦》戰 9 | 河北易縣 |

《璽彙》0094 著録一方"凶（匈）奴相邦"白文大璽，與三晉普通的朱文小璽不同。其中"相邦"下方綴加"="號爲飾，與趙兵銘文相同。該印應是趙王頒賜給匈奴的一方官璽，爲研究匈奴民族的歷史提供了珍貴的考古實證㉓。

5. 陶器文字

趙國陶文比較罕見。河北武安午汲古城曾發現若干陶文。例如："邯亭"、"郵睡"、"不孫"、"郭疾已"、"牧涂"、"史倍"、"史臤"等（《河北》36）。除"邯亭"比較重要外，其他多是工匠之姓名（陶文大多爲私璽印成）。另有"邢臺"陶文(《考報》1958.4),也頗爲重要。《陶彙》4.170—4.176 著錄河北邢臺所出陶文均爲人名。例如:"崏癸"、"史奴"、"史盰"等。

## 三、魏國文字

魏國與秦、趙、楚、齊等國疆域犬牙交錯,十分零散。其在陝西延伸洛水、延河之間,往南穿渭水有華陰、洛南;其在山西跨有西南部和東南部;其在河南有以開封爲中心的大河南北地區;另外還各有河北南部、山東西部一角之地。魏初建都於安邑(山西夏縣),惠王時遷都大梁(河南開封)。

### 1. 銅器文字

清同治年間,山西榮河出土邵鐘(《三代》1.54.2—1.57.2)。王國維云:"魏氏出於畢公,此器云畢公之孫,邵伯之子,其爲呂錡後人所作,彰彰明矣。"⁵⁹或以爲邵伯即魏獻子,據"隹王正月初吉丁亥",定此器爲公元前 475 年⁶⁰。該年恰是周元王元年,通常認爲是戰國始年。用字體檢驗,邵鐘與時代相近的侯馬盟書十分類似。例如:

旃　〔字形〕　邵鐘　　韓　〔字形〕　《侯馬》351

虞　〔字形〕　邵鐘　　獻　〔字形〕　《侯馬》353

其中"爫"旁與"虍"旁是典型的戰國文字形體。因此,定邵鐘爲春戰之際魏國早期器不會大錯。

洛陽金村東周墓所出嗣子壺(《三代》12.28.3—29.1),郭沫若以爲韓國器⁶¹,唐蘭以爲魏國器⁶²。器主"令瓜君嗣子",以地望考之,"令瓜"即令狐,在今山西猗氏西南,戰國屬魏境,故唐説可從。壺銘"〔字形〕"、"〔字形〕"等字可與傳鈔古文印證,"至于"合書作"〔字形〕",都很有特點。

魏國銅器銘文多爲記量銘文,品類繁多,且多有紀年和地名,是戰國文字分域和斷代的絕好資料。這些魏器多屬戰國中、晚期,惠王器有⁶³:

梁十九年鼎　　　　　　　《文物》1981.10.66

大梁司寇鼎　　　　　　　《三代》3.43.2

| | |
|---|---|
| 大梁司寇鼎 | 《度量》附錄 4 |
| 廿七年寧釦 | 《三代》18.15.4 |
| 卅年虒令釜 | 《錄遺》522 |
| 卅五年虒令盃 | 《中日》302 |
| 卅五年虒令鼎 | 《文物》1981.10.66 |

安釐王器有：

| | |
|---|---|
| 長信侯鼎 | 《恒軒》22 |
| 梁上官鼎 | 《三代》2.55.2 |

襄王器有：

| | |
|---|---|
| 信安君鼎 | 《考文》1981.2 |
| 平陰鼎 | 《集成》2577 |

另外尚有十三年梁陰令鼎(《周金》2.47.2)、二年甾鼎(《三代》3.24.8)、十年弗官鼎(《文物》1981.10.66)、垂下官鍾(《三代》18.19.2)、嗇下官鍾(《綴遺》28.14)、安邑下官鍾(《文物》1975.6.72)、朝歌下官鍾(《中日》630)、內黃鼎(《集成》2208)、橋朝鼎(《集成》2693)、九年丞匡令鼎(《考文》1994.4.5)等記量銘文。

魏國記量銘文與三晉兵器銘文款式類似，也有所謂"三級監造"，即由監造者(君、私官、令)、主辦者(視事)、製造者(冶)所組成。例如：

　　卅年，虒龄(令)癱，眂(視)事□，冶巡釦(鑄)，膚(容)四分。
　　　　　　　　　　　　　　　　　　　卅年虒令釜

　　卅五年，虒命(令)周廾，眂(視)事作盃銚，冶明釦(鑄)，膚(容)半(半)齋。　騆奭。
　　　　　　　　　　　　　　　　　　　卅五年虒令盃

"視事"是魏器特有的職官名稱。見《左傳·襄公廿五年》"崔子稱疾不視事"，有莅官治事之意。魏器中的"視事"大概是主管造器之吏，其地位隸屬於"令"，而高於"冶"。

魏量器銘文有分兩次刻成者，即第一次刻鑄器時間、監造者、容量，第二次刻用器處(轉交單位)的職官名稱。例如：

宜諿(信)冢子,庸(容)厺(三)分。梁上官,庸(容)厺(三)分。
　　　　　　　　　　　　　　　　　　　　　　　梁上官鼎

梁廿又七年,大梁司寇肖(趙)亡(無)智訋(鑄),爲量庸(容)半(半)
齋。下官。　　　　　　　　　　　　　　　　　　大梁司寇鼎

其中"上官"、"下官"均爲用器之處。還有分三次刻成者。如：

諿(信)安君厶(私)官,庸(容)半(半)。眂(視)事飲,冶癗。十二
年,禹(稱)二益(鎰)六釿(斤)。下官,庸(容)半(半)。　信安君鼎

"十二年"以下爲第二次續刻,"下官"以下爲第三次續刻,係轉交於用器處的記錄。除"上官"、"下官"、"私官"外,魏器尚有"中官"(《考報》1956.2.20)、"中私官"(《三代》2.53.2),皆掌飲食之食官㊶。

傳世二件銅鈴,根據銘文所載地名可以判斷爲魏器：

零(潞)十命(鈴)　　　　《集成》11900　　　山西黎城
皮氏大鈴(鈴)　　　　　《集成》11901　　　山西河津

以上銅器銘文中涉及的地名,諸如：窆、虔、平陸(陰)、叚(瑕)、垂、安邑、朝訶(歌)、內黃、丞(承)匡、零(潞)、皮氏等,均屬魏國範圍。

補充介紹一組衛國量器銘文。《恆軒》21載平安君鼎,其文爲：

卅二年,平安君邦䛠(司)客㊷,庸(容)四分齋,五益(鎰)六釿(斤)
半(半)釿(斤)四分釿(斤)之冢(重)。　　　　　　　　[蓋銘]
卅三年,單父上官𤉲(嗣)𤉲所受平安君者也。上官。　[器銘]

1978年,河南泌陽出土了一組平安君鼎(《文物》1980年9期)。蓋和腹均有銘文,也分兩次刻寫,與傳世品內容基本相同。"單父"屬衛地,"嗣"爲衛君之姓氏(《風俗通義》佚文："嗣氏,衛國嗣君之後。")。因疑平安君鼎是衛嗣君之物。或以"𤉲"爲"嗣子"合文,亦可通。平安君鼎銘款式與魏器絕

似,這是因爲戰國後期衛國名存實亡,其典章制度深受三晉影響的緣故㉞。同墓所出針刻文字"平安侯卅七年",則是罕見的晉系漆器文字。

方足布"負疋"(《貨系》1886),讀"負夏",在今河南濮陽㉟。古璽"柔坵"(《璽彙》0324),讀"漆丘",即"漆富丘"之省,在今河南長垣㊱。二地均屬衛境。

以上衛國之器,學術界尚有爭論。另外,齊國兵器銘文和璽印文字、魏國兵器銘文和璽印文字之中,也有若干屬於衛國之器。凡此有待研究者繼續深入探討,才能使真正的衛國文字從魏國文字中獨立出來。

2. 兵器銘文

魏國早期兵器銘文非常罕見,均爲"物勒主名"格式:

　　虎䚟丘君嬰之元用　　　　　　　《山彪》圖版陸叁
　　子孔擇氒(厥)吉金鑄其元用　　　《考通》1957.11.75

戰國中期以後,三晉兵器銘文格式漸趨複雜,魏國也不例外。簡式銘文時代較早,繁式銘文時代較晚。

簡式銘文或僅載地名。例如:

　　郔(梁)　　　　　　　　　　　　《集成》10823 戈
　　酸棗　　　　　　　　　　　　　《集成》10922 戈㊲
　　黄成(城)　　　　　　　　　　　《集成》10901 戈

簡式銘文或僅載時間,例如:

　　元年,閏再十二月,丙□□。　　　《文物》1987.11.88 矛

簡式銘文或僅載地名和庫名。例如:

　　郔(梁)□庫　　　　　　　　　　《三代》20.59.3 戈鐓
　　吴(虞)庫　　　　　　　　　　　《集成》10919 戈
　　每(牧)左庫　　　　　　　　　　《集成》10988 戈

簡式銘文或僅載地名和庫名,或附加時間。例如:

　　十二年,䢱右庫,卅五。　　　　　《錄遺》590 劍

十八年，雍左庫□。　　　　　　　　《集成》11264 戈

十三年，鄴下庫。　　　　　　　　　《江漢》1989.3.69 戈

繁式銘文與韓、趙兩國款式相同，多爲三級監造，即由監造者（邦司寇、令）、主辦者（工師）、製造者（冶）所組成。例如：

七年，邦司寇富勳，上庫工帀（師）戎閑，冶胅。

《三代》20.40.6 矛

十二年，邦司寇野萠，上庫工帀（師）戎閑，冶胅。

《三代》20.41.1 矛

七年，大梁（梁）司寇綏，右庫工帀（師）纋，冶痰。

《東南》1991.2.259 戈

九年，弋（郃）丘命（令）雝，工帀（師）□，冶㝵。

《三代》20.22.1 戟

卅二年，業（鄴）䇱（令）裘（狄），右庫工帀（師）臣，冶山。

《三代》20.23.1 戟

繁式銘文也有省簡者。例如：

卅三年，大梁（梁）左庫工帀（師）丑，冶凡。《考古》1977.5.357 戈

朝訶（歌）右庫工帀（師）戕。　　　　《三代》19.46.1 戈

合陽上庫，冶臣。　　　　　　　　　《中原》1988.3.10 戈

魏國兵器除由都城大梁（作梁、邨、鄴等）職官監造之外，由地方監造者也很多。例如：

黃成（城）　　　　　《集成》10901 戈　　河南內黃

酸棗　　　　　　　　《集成》10922 戈　　河南延津

吳（虞）　　　　　　《集成》10919 戈　　山西平陸

每（牧）　　　　　　《集成》10988 戈　　河南汲縣

雍　　　　　　　　　《集成》11264 戈　　河南修武

啓（開）封　　　　　《集成》11306 戈　　河南開封

第三章　戰國文字分域概述　155

| | | |
|---|---|---|
| 陰晉 | 《小校》10.43.1 戈 | 陝西華陰 |
| 廱（雍） | 《小校》10.47.4 戈 | 河南修武 |
| 高都 | 《小校》10.52.2 戈 | 山西晉城 |
| 蘁 | 《録遺》590 劍 | 河南獲嘉 |
| 业（鄴） | 《三代》20.23.1 戟 | 河北磁縣 |
| 鄴 | 《江漢》1989.3.69 戈 | 河北磁縣 |
| 陽春 | 《江漢》1982.2.56 劍 | 河南南部 |
| 涑鄠（縣） | 《集成》11213 戈 | 山西夏縣 |
| 邙（芒） | 《集成》11291 戈 | 河南永城 |
| 懷 | 《集成》11301 戈 | 河南武陟 |
| 朝訶（歌） | 《三代》19.46.1 戈 | 河南淇縣 |
| 州 | 《三代》19.47.1 戈 | 河南沁陽 |
| 各（高）奴 | 《三代》20.25.2 戈 | 陝西延安 |
| 戈（甾）丘 | 《三代》20.22.1 戈 | 河南民權 |
| 筳（扶）余（予） | 《三代》20.25.1 戈 | 河南泌陽⑳ |
| 龏（共） | 《三晉》圖 8.2 戈 | 河南輝縣 |
| 莆（蒲）子 | 《三晉》圖 8.3 戈 | 山西隰縣 |
| 鄔（梧） | 《三晉》圖 11 戈 | 河南許昌 |
| 城痠（潁） | 《三晉》圖 13.3 戈 | 河南臨潁 |
| 泌陽 | 《文物》1993.8.7 戈 | 河南泌陽 |
| 蒲反（阪） | 《考古》1989.1.85 戈 | 山西永濟 |
| 佫（皋）茖（落） | 《考古》1991.5.413 戈 | 山西垣曲㉑ |
| 雍丘 | 《考報》1986.3.351 戈 | 河南杞縣 |
| 芒昜（碭） | 《東南》1991.2.259 戈 | 河南永城 |
| 合陽 | 《中原》1988.3.10 矛 | 陝西合陽 |

3. 貨幣文字

魏國流行布幣，戰國晚期也流行圜錢。在地名後往往綴"釿"、"孚"等記

重單位,是魏幣的主要特點。魏幣按形制可分爲四類:

甲、方肩方足方跨布(又稱方足布)

| | | |
|---|---|---|
| 莆(蒲)子 | 《貨系》1540 | 山西隰縣 |
| 攘(襄)垣 | 《貨系》1611 | 山西襄垣 |
| 夻奴(如) | 《貨系》1715 | 河南安陽 |
| 奇(猗)氏 | 《貨系》1723 | 山西臨猗 |
| 甲父 | 《貨系》1813 | 山東金鄉 |
| 祁(和) | 《貨系》1868 | 《國語・晉語八》 |
| 高都 | 《貨系》1906 | 河南洛陽 |
| 盧(魯)陽 | 《貨系》1958 | 河南魯山 |
| 郣(泫)氏 | 《貨系》1980 | 山西高平[72] |
| 王匀(垣) | 《貨系》2003 | 山西桓曲[73] |
| 郊(郚) | 《貨系》2019 | 陝西澄城 |
| 鄈(梁) | 《貨系》2151 | 河南開封 |
| 皮氏 | 《貨系》2187 | 山西河津 |
| 郎(向) | 《貨系》2280 | 河南尉氏 |
| 毌(貫)它(地)[即貫] | 《古錢》65 | 山東曹縣 |
| 灸(瑕) | 《古錢》136 | 河南靈寶 |
| 酉[酸]棗 | 《古錢》150 | 河南延津 |
| 郌(雖) | 《古錢》151 | 河南長垣 |
| 郕 | 《古錢》193 | 山東范縣 |
| 壽(雕)金(陰) | 《古錢》300 | 陝西富縣 |
| 鄍(耿) | 《古錢》329 | 山西河津 |
| 陽它(地) | 《晉貨》73 | 河南濮陽 |
| 宁(下)陽 | 《錢幣》1990.3.61 | 山西平陸 |
| 昊(高)易(陽) | 《安錢》1997.4 | 河南杞縣[74] |

乙、方肩方足圓跨布和圓肩方足圓跨布

可統稱橘形布。又因爲布幣銘文多有"釿"字,故又稱釿布。

| 安邑二釿 | 《貨系》1245 | 山西夏縣 |
| 禾(和)二釿 | 《貨系》1311 | 《國語·晉語八》 |
| 梁(梁)夸釿五十尚(當)孚(鋝) | 《貨系》1334 | 河南開封 |
| 垔(垂)二釿 | 《貨系》1372 | 山東曹縣 |
| 言(圁)昜(陽)一釿 | 《貨系》1378 | 陝西神木 |
| 庚(陝)一釿 | 《貨系》1390 | 河南三門峽⑮ |
| 牭(牧)一釿 | 《貨系》1409 | 河南汲縣 |
| 陰晉 一釿 | 《貨系》1417 | 陝西華陰 |
| 甫(蒲)反(阪)一釿 | 《貨系》1425 | 山西永濟 |
| 高安一釿 | 《貨系》1431 | 山西《地理志》河東郡 |
| 高(鄗)半釿 | 《貨系》1432 | 山西聞喜 |
| 盧氏半釿 | 《貨系》1455 | 河南盧氏 |
| 共半釿 | 《貨系》1438 | 河南輝縣 |
| 鄿(泫)氏半釿 | 《貨系》1442 | 山西高平 |
| 山陽 | 《貨系》1450 | 河南焦作 |
| 陯(陰)安 | 《貨系》1452 | 河南南樂 |
| 桓釿 | 《古錢》196 | 山西垣曲 |
| 槅(郆)釿 | 《古錢》1221 | 河南開封 |

丙、圜錢

| 共屯(純)赤金 | 《貨系》4044 | 河南輝縣 |
| 垣 | 《貨系》4027 | 山西垣曲 |
| 桼(漆)垣一釿 | 《貨系》4055 | 陝西銅川 |

4. 璽印文字

《璽彙》著録魏國官璽,據地名可確知者如次:

| | | |
|---|---|---|
| 陽(蕩)陰(陰) | 《璽彙》0009 | 河南湯陰[76] |
| 文柘(臺) | 《璽彙》0079 | 山東東明[77] |
| 陰成 | 《璽彙》0104 | 河南盧氏[78] |
| 左邑 | 《璽彙》0110 | 山西聞喜 |
| 壚(鹽)城 | 《璽彙》0115 | 山西運城 |
| 昌邑(邑) | 《璽彙》0301 | 山東金鄉 |
| 修武 | 《璽彙》0302 | 河南獲嘉 |
| 鄑(曹) | 《璽彙》0304 | 山東曹縣 |
| 侖(緰) | 《璽彙》0341 | 河南虞城 |
| 句犢(瀆) | 《璽彙》0353 | 河南商丘[79] |
| 郵(屈)邻(申) | 《璽彙》2238 | 河南南陽 |
| 上各(洛) | 《璽彙》3228 | 陝西商洛 |
| 下匡[在匡附近] | 《璽彙》4061 | 河南扶溝 |
| 平夲(陸) | 《歷博》1979.1.88 | 山西平陸 |

5. 陶器文字

河南輝縣固圍村出土一件陶罐,銘文"陶白"二字[80],是罕見的魏國陶文。

## 四、中山國文字

由"白狄別種"創建的中山國,在公元前406年被魏國所滅。大約在公元前380年,中山國趁魏國與列強混戰之機再度復國。復國前建都於顧(河北定縣),復國後遷都於靈壽(河北正定)。

1977年,在河北平山中山王墓出土大量有銘器物。這是建國以來戰國文字資料的重大發現之一。據張守中《中山王𱇏器文字編》凡例所統計,有銘器物118件(銅器90件、玉器26件、木器2件),收錄2458字,不重複單字就有505字,合文13例,存疑19字。這一統計數字也許與實際情況稍有出入,然而已足以說明中山王墓器物群在戰國文字研究方面的重大價值。

## 1. 銅器文字

所謂"平山三器"(《中山》101—118)包括大鼎(469 字)、方壺(450 字)、圓壺(204 字)。三器文字之富,不但在戰國銅器銘文中難尋其匹,即便置於所有古文字資料之中亦堪稱皇皇巨製。大鼎和方壺銘中的"中山王䎜",史籍闕載。鼎銘"十四年"雖不宜確指,但據鼎銘載燕君噲"亡其邦",知其上限應爲公元前 314 年,是年齊破燕。又據鼎銘"越人修教備信,五年復吳,克並之至於今",知其下限應爲公元前 306 年,是年楚滅越㊿。因此中山王器的製作年代應在公元前 314—前 306 年之間,屬戰國中期偏晚。器主是復國後的中山國國王。關於中山國的歷史,過去所知甚少。根據方壺銘"惟朕皇祖文武、桓祖成考"和"中山王䎜",圓壺銘"胾嗣孜(子)盜",可以排列出文王、武王、桓王、成王、䎜、盜(中山侯鉞作"㥎")等中山王六世的順序。

同墓出土的兆域圖(《中山》119)是中山王陵園建築平面圖,圖内説明文字由中山王詔書和宫室建築的名稱、大小、位置兩個部分組成。這是先秦考古資料中唯一的一件建築設計圖。

中山王墓四器不但以文字材料豐富見稱,而且以十分明確的詞例爲考釋戰國文字提供了關鍵性的佐證。如魏大梁司寇鼎銘"釛"舊釋"鈩",據方壺銘"擇郾吉金釛爲彝壺"知應釋爲"鑄";魏布幣"全"舊釋"金",據圓壺銘"方數全里"知應釋"百"。如果僅據偏旁分析考釋文字,其難度是不言而喻的。近幾年來,戰國文字考釋方面的若干突破,往往借力於中山王諸器。

除上述四件文字較多的重器外,該墓還出土大批"物勒工名"式的銅器。既有實用器,如鼎、鬲、壺、簠、盉、豆、盆、勺等常見的禮器和鋪首、泡飾、衡帽、案、燈、箕、錘、帳橛、帳架、帳杆扣等罕見用器;也有觀賞器,如虎、犀、牛、神獸等動物弄器。這類銘文據所載職官分析,似是兩級監造。例如:

十三茉(葉),左使車嗇夫孫固,工曲。冢(重)四百七十四刀之冢(重)左繗(聯)者。　　　　　　　　　　《中山》122

十三茉(葉),右使車嗇夫䣄(齊)痊、工㭉。　　　《中山》125

"兩級監造"即"使車嗇夫"和"工"。也可以省略。例如:

　　　　左使車工塤　　　　　　　　　　　　　　　《中山》122

　　　　十朱(枼)，右使車工斨。左繀(聯)者。　　　《中山》124

　　　　左使車　　　　　　　　　　　　　　　　《中山》121

　　　　左工塤　　　　　　　　　　　　　　　　《中山》121

　　　　十三朱(枼)，左使車歆(造)。　　　　　　《中山》126

除"使車嗇夫"之外，還有下列"嗇夫"：

　　　　十三朱(枼)，厶(私)庫嗇夫煮(庶)正，工孟鮮。《中山》121

　　　　八朱(枼)，冶勻(尹)嗇夫孫惢，工嘼(福)。　《中山》124

　　　　十三朱(枼)，夯(箕)器嗇夫亭門所剸(勒)旃(看)器。剸(勒)者。
　　　　　　　　　　　　　　　　　　　　　　　　《中山》123

　　　　十三朱(枼)，牀(藏)廌(鏖)嗇夫郄(徐)戠(職)剸(勒)旃(看)器。
　　　　　　　　　　　　　　　　　　　　　　　　《中山》124

　　主辦者"嗇夫"亦見魏安邑下官鍾、趙十一年鼎、三晉兵器等。製造者"工"，三晉稱"冶"，東周稱"冶"或稱"工"。至於"聯者"疑爲續刻，亦見長陵盉，其義待考。這類銘文有時載有"石"、"刀"等記重單位。例如：

　　　　十三朱(枼)，左使車嗇夫孫固、工塤。冢(重)一石三百刀之
　　　　冢(重)。　　　　　　　　　　　　　　　《中山》122

1979年，陝西鳳翔秦墓出土一件銅鼎，銘云：

　　　　十四朱(枼)，右使車嗇夫鄰(齊)痤、工簡。冢(重)二百六十二刀之
　　　　冢(重)。正塤揩。　　　　　　　　　　　《文物》1980.9.12

　　其款式與上揭銘文全同，無疑也是中山國器。其出於秦墓，應是中山國滅亡後輾轉入秦的緣故。

　　順便談談杕氏壺(《三代》12.27.2)的國別。該壺舊以爲燕器[38]。中山王器出土後，有的學者指出杕氏壺的形制與中山王墓所出提鏈壺相近[39]，這是十分有益的啓示。燕國禮器銘文屬戰國者只有郾侯載簠，以其與杕氏壺比較，殊不相類。反之，以其與中山王諸器相較，不但銘刻風格

酷似，而且若干形體結構亦如出一轍。下面先列枊氏壺，後列中山諸器，以資比照：

| 氏 | 𠂉 | 𠂉 | 11 |
| 以 | 㠯 | 㠯 | 11 |
| 及 | 𠬻 | 𠬻 | 12 |
| 在 | 𡉈 | 𡉈 | 23 |
| 金 | 金 | 金 | 37 |
| 福 | 福 | 福 | 68 |
| 盧 | 盧 | 盧 | 74 |
| 鮮 | 鮮 | 鮮 | 74 |

從銘文內容來看："枊氏"即"狄氏"，乃白狄姓氏。"鮮于"即"鮮虞"，戰國始稱"中山"。凡此說明枊氏壺銘文很可能是中山國復國以前的銘文，比中山國王墓所出諸器時代要早；但畢竟一脈相承，屬三晉文字體系，而與燕文字迥別。

2. 兵器文字

中山王墓所出兵器銘文有中山侯鉞(《中山》99)，銘云："天子建邦，中山侯忿乍(作)茲軍鈲，以敬(警)氒(厥)衆。"器主"忿"，不見字書，疑爲"恣"之省簡。中山王圓壺器主"䚽"與"忿"(恣)很可能是一人⑥。鉞銘"忿"稱侯不稱王，其製造時代似略早於壺銘。至於"鈲"無疑是斧鉞之名⑥。按，"鈲"可能取義於"鈷"，《集韻》："鈷，斷也。"⑦

3. 貨幣文字

1979年，在河北靈壽故城址發現大批"成白"直刀，應是中山國的貨幣⑧。"成白"，古地名，可讀"成陌"，即"五成陌"(《後漢書·光武帝紀》建武元年)之省。其地望恰在中山國範圍之內。

近年，有些學者認爲三孔布也是中山國貨幣。固然，三孔幣銘文中很多地名曾經屬於中山國；不過也有若干地名不可能屬於中山國，諸如：余吾、毛、戲、即裴、轅、泪陽、且居、陽原等。公元前296年,中山國被趙國所滅。原屬中山國的地名,理應歸趙國所有。因此,在沒有確鑿考古實證的情況下,仍以定三孔布是"最晚的趙幣"爲宜。

4. 石器文字

建國以前,在中山王墓葬區曾經發現一件守丘石刻(《中山》100)。銘云:"監罟(固)又(有)臣公乘导(得)守垊(丘),亓(其)臼(舊)𤖧(將)𧵅(賈)敢謁後叔(淑)賢者。""監罟"疑讀"監固",即《周禮》之"掌固",是掌管修造城池的職官⑳。"守丘",見《文子·上德》"狐死守丘",本指守護墳塋。《楚辭·九章·哀郢》引"守丘"作"首丘",失之彌遠。至於人名"𧵅",疑即中山王圓壺之"司馬賈"。該銘文辭奇特,應是守護陵園官吏所立的石碑文字。

中山王墓還出土若干玉器銘文,多爲玉名。例如:"珑"、"珑環"、"琥"、"珩"、"仝"、"集玉"等(《中山》135—140)。至於玉飾銘"吉少(小)玉麻(靡)不卑"(《中山》140),應屬箴言類。

5. 陶器文字

河北靈壽曾發現八件陶量,其中有"敬事"、"□中"等(《文物》1987.4.65),是罕見的中山國陶文,印戳陶文與趙國陶文風格近似。平山三汲鄉出土十幾種陶文,如"左匡"、"右得"、"宋朝"、"會臣"、"陽義"等(《文春》1989.1—2.56—59),多爲人名。

6. 木器文字

中山王墓所出木器文字只有兩件,其中"寶重郭(椁)石"(《中山》141),可能與棺椁有關。

7. 漆器文字

中山王墓所出漆盒,針刻文字"廿一年,左庫"(《文物》1979.1.25),是罕見的漆器文字資料。

迄今爲止,中山國文字資料已包括銅器、兵器、貨幣、石器、陶器、木器、漆器等品類。與韓、趙、魏三國比較,有過之而無不及。

## 五、兩周文字

戰國初期，周天子雖然表面上仍爲天下宗主，但是周王朝早已淪爲蕞爾小國，僅有今河南洛陽、孟津、偃師、鞏、汝陽等地，被韓國所包圍。國都成周（今河南洛陽東北）。周考王（公元前440—前426年）分封其弟揭於河南（今河南洛陽），是謂西周桓公。周顯王二年（公元前367年），韓趙兩國協助桓公孫公子根於鞏（今河南鞏縣）獨立，是謂東周惠公。從此周王國又被分割爲西周和東周兩個小國。

### 1. 銅器文字

1928年，在洛陽金村古墓出土一批銅器和銀器銘文。除少數韓、魏、秦銘之外，多爲東周遺物。其中左官壺（《三代》12.12.2）"廿九年十二月，爲東周左㠯（官）佔壺"的紀年可能是周顯王廿九年。金村方壺銘有兩種格式：

四斗，訇（司）客，四夻（鉼）十冢（鍾）山𧫡。右内佔。

《古墓》186

五夻（鉼）十三冢（鍾），四斗，訇（司）客，𡨄。左内佔八。

《古墓》186

這種格式先記壺的容量，次記"司客"，再記壺的重量（或先重量後容量），最後簽署人名。至於"左（右）内佔"及其後所綴數字係另刻，可能是轉入使用處的職官名及番號。

㳽公左㠯（官）。□□爯（稱）四夻（鉼）廿九冢（鍾）。左佔卅二。

《三代》12.15.2

公左厶（私）㠯（官）重爯（稱）三夻（鉼）七冢（鍾）。《古墓》187

這種格式先記使用處職官名，次記壺的重量。

1960年，在陝西臨潼出土一件重要的東周銘文——公朱鼎。銘曰：

十一年十一月乙巳朔，左㠯（官）冶工帀（師）杕命冶喜鬻（鑄）鼎，容一斛。公朱（廚）左㠯（官）。

《文物》1965.7.53

該器"官"作"𦘒"、"鑄"作"鑍"形,與金村器正同,而與晉系其他國家的"官"和"釿"有明顯的區別,頗值得注意。有的學者根據日人新城新藏《戰國秦漢長曆圖》推算該器紀年爲周安王十一年,比周顯王器早50多年⑨。與公朱鼎字體、形制相同的還有公朱右官鼎(《劫掠》A109),也是安王器。近年,張光裕又公布一件私藏公朱鼎,其銘文除有"公朱(廚)右𦘒(官)"以外,還有"中鄉北向"四字⑨。其中"鄉"作"⿱"形,與郭店簡吻合,尚待研究。

金村墓中幾件銀器刻銘均有"⿱"形(《聚英》18),應釋"兩",係東周國文字。銀製小匣銘文"兩"(《聚英》16)當然也釋"兩",係秦國文字。同墓所出驫羌鐘係韓國文字。因此,有關金村墓有秦墓説⑫、韓墓説⑬、東周墓説⑭。以地望考之,東周墓説更爲合理。

2. 兵器文字

1928年,在河南汲縣出土一件周王戈(《山彪》圖版貳肆)。這是戰國時代唯一流傳下來的載有王名的周王器,殊堪注目。銘云"周王叚之元用戈",或以爲器主"叚"即周敬王丐(公元前519—前476年)之子。"叚"與"丐"音義相通,乃一名一字的關係⑮。或以爲"叚"从"石"得聲,與"赤"聲系相通,"叚"即周元王赤(公元前476—前469年)⑯。

河南洛陽出土"宜鑄造用"戈(《集成》11052),其中"鑄"與西周春秋"鑄"的形體吻合,而與晉系文字"鑄"作"釿"迥然不同,這體現了東西周文字的保守性。另外,"東周左庫"矛(《集成》11504)無疑也是東周國的兵器銘文。

3. 貨幣文字

戰國兩周貨幣文字的載體,只有兩種:

甲、方肩方足方跨布(方足布)

| | | |
|---|---|---|
| 東周 | 《貨系》2281 | 河南鞏縣 |
| 仁(尸)氏 | 《貨系》1952 | 河南偃師 |
| 鄐(留) | 《貨系》1678 | 河南偃師 |
| 北尋 | 《新典》49 | 河南偃師 |

乙、圜錢

| 東周 | 《貨系》4077 | 河南鞏縣 |
| 西周 | 《貨系》4080 | 河南洛陽 |

另有"安㚲(臧)"(《貨幣》4079),不一定是地名,其義待考。

4. 石器文字

《雙劍誃古器物圖錄》著錄銘有架列、編次、樂律的編磬,據云出土於金村墓。銘云"古(姑)先(洗)齊屖左十"(20)、"古(姑)先(洗)右六"(21)、"介(夾)鐘右八"(22)等。《説文》:"屖,唐屖石也。从厂,犀省聲。"

據傳金村墓出土的玉璜刻銘,早年流失到國外。最近才公布其銘文"上弁(變)下踵(動),相倉(合)禾(和)同",屬箴言性質㊴。

## 六、其他

1. 銅器文字

䣙孝子鼎(《三代》3.36.4),從文字風格分析可定爲戰國器。其中"四"作"⊕"形,"孝"作"𡥈"形,"寅"作"𡱂"形,"兩"作"𢆉",均爲典型戰國文字。根據"兩"字的寫法,可定鼎銘爲晋系。

長陵盉(《文物》1972.6.24)銘載"少𪉷(府)"職官,是典型的晋系文字寫法。以此類推,少府銀器(《貞松》1114)銘載"少𪉷(府)兇(矢)二益(鎰)",中府杖首(《劍古》下 1)銘載"中𪉷(府)",也應屬晋系銘文。廩里鼎(《三代》2.54.2)、中私官鼎(《三代》2.53.8)、私官鼎(《文物》1966.1),也屬晋系銘文。

山西渾源出土魚顛匕(《三代》18.30.1),文字錯金,辭句奇警,銘云:"曰徣(誕)又(有)蚘(混)尸(夷),述(殺)玉魚顛。曰欽𢦏(哉)!出斿(游)水蟲,下民無智(知),參(摻)蠱(蚩)蚘(尤)命,帛(薄)命(令)入𫓧(羹),藑(漀)入藑(漀)出,母(毋)處其所。"根據出土地點,匕銘可能是趙國文字。又銘文中的"混夷",似乎也有助於推測匕銘的國別。近來有學者指出,魚顛匕與馬王堆帛書《十六經》黄帝以蚩尤爲肉醢的記載有關㊵,這對理解匕銘頗有啓示。晋系文字中的"蚩尤",與齊系文字中的"黄帝"(陳侯因𪦠敦)和楚系文字中的"炎帝"(長沙楚帛書),無疑都是研究中國古代神話極其珍貴的考古資料。

山西界休出土的公㑇權(《三代》18.33.1),其中"卒"是典型的晋系文字寫法。司馬成公權(《錄遺》540),與公㑇權同樣是罕見的晋系量器銘文。或以爲司馬成公權爲趙器[59],待考。侯興權(《度量》157),與司馬成公權字體類似,亦爲晋系量器銘文。

2. 貨幣文字

春秋中晚期,周晋普遍流行大型空首布。周平王東遷以後,三晋地區開始流行幾種空首布:

甲、平肩弧足空首布

見於《貨系》者有:"武"(615)、"邵文"(628)、"官考"(632)、"東周"(636)、"安周"(641)、"安臧(臧)"(645)等。這類空首布除"東周"可視爲國名或地名之外,其他銘文内容待考。其國別可能爲三家分晋以前的周幣。

乙、斜肩弧足空首布

| 众(三)川釿 | 《貨系》567 | 河南洛陽 |
| 盧氏 | 《貨系》578 | 河南盧氏 |
| 首昜(陽) | 《貨系》587 | 河南偃師 |
| 武安 | 《貨系》588 | 河北武安 |
| 武采(遂) | 《貨系》596 | 山西桓曲 |
| 武 | 《貨系》598 | 河南南陽或山西華陰 |

這類小型空首布,一般認爲是春戰之際的周幣。近有學者指出可能是早期韓幣[60],這是值得重視的新觀點。

丙、尖肩弧足空首布

| 甘(邯)丹(鄲) | 《貨系》707 | 河北邯鄲 |
| 百邑 | 《貨系》711 | 山西霍縣 |
| 呂 | 《古錢》659 | 山西霍縣 |
| 申 | 《晋貨》32 | 河南陝縣 |
| 剌(列)人 | 《錢幣》1993.2.49 | 河北邯鄲 |

1995年，在山西稷山新出尖足空首布103種[⑩]。另外，最近又公布若干種尖足空首布[⑫]。這類空首布短時間內大量發現，有的來源不明，因此有待進一步研究。學術界一般認爲這類空首布應屬春秋戰國之際趙氏所造貨幣。

以上三類空首布，其斷代和國別學術界尚未取得一致意見，所以將其附入晉系文字"其他"類。

3. 石器文字

1965年在山西侯馬出土盟書5 000餘件，已整理出可讀者656件。這是建國以來晚周文字資料的重大考古發現之一。《侯馬盟書》字表收錄381字，異體1 274字。如此豐富而集中的石器文字的發現，在歷史上還是首次。這無疑爲研究三晉文字提供了極其珍貴的資料。

在六國文字之中，晉系兵器、貨幣文字比起其他各系文字尤顯混亂。推其伊始，應肇自侯馬盟書。張頷歸納盟書文字有"邊旁隨意增損"、"部位游移，繁簡雜側"、"義不相干，濫爲音假"、"隨意美化，信筆塗點"四個特點[⑬]。有關這方面的問題，將在第四章舉例說明。

侯馬盟書"文字異形"現象相當嚴重，某些關鍵性的人名也不例外，這給盟書的斷代增添了難度。例如：盟書的主盟者的首要政敵"趙某"，或據其異體作"𣎳"釋"北"，以爲趙朔[⑭]；或據其異體作"𣎴"釋"并"讀"屏"，以爲趙括（屏季）[⑮]；或據其異體作"𣎵"釋"尼"，即趙稷[⑯]；或據其異體作"𣎶"釋"化"，即趙浣[⑰]；或據這一形體釋"弧"，也即趙浣[⑱]。至於晉先公之廟稱"丕顯𤣥公大冢"，其"公"前之字異體亦甚多，如"𤣥"、"𤣦"、"𤣧"、"𤣨"等。"𤣥"或釋"晉"，或釋"出"[⑲]。諸家斷代衆說紛紜，其中以晉定公說和晉幽公說最有代表性。持前說者認爲主盟者的政敵是"趙尼"，即趙稷，"晉公"泛指晉國先公，"嘉"爲嘉美之辭。持後說者認爲主盟者的政敵是"趙化"或"趙弧"，即趙浣（趙獻侯），"出公"是晉公之廟，"嘉"即趙嘉（趙桓子）。根據前說侯馬盟書應是春秋戰國之際文字（約公元前496年後），根據後說侯馬盟書應是戰國早期文字（約公元前424年）。兩者之間有70多年的誤差。

1979年,在河南溫縣東周盟誓遺址中發現大宗盟書,約計 4 500 多片[11],其數量超過侯馬盟書一倍以上。20 世紀 40 年代初,在河南沁陽附近發現少量墨書盟書[12],實際上也是在溫縣遺址中發現而流散的。沁陽盟書現藏中國社會科學院考古研究所,只有 11 片。

溫縣盟書有詳細的年月日記載:"十五年十二月乙未朔,辛酉。"其中"辛酉"簡報推算爲公元前 497 年 1 月 16 日,即晉定公十五年十二月二十七日。簡報又推測主盟者是韓氏宗室韓簡子。凡此尚待深入研究。溫縣盟書和侯馬盟書的内容、體例、文字多有相似之處,甚至某些人名也一致。因此二者的年代應該相近。最近,有關盟書的年代又有新的爭論[13],今暫將溫縣盟書附於侯馬盟書之後。

雖然溫縣盟書與侯馬盟書内容和字形非常相近,但是畢竟是兩個地區的盟書。因此其慣用語和某些字形也不盡相同。例如:溫縣盟書中習見的"敢不惎(蒸)惎(蒸)爲中心事其主","敢不倒(專)倒(專)爲中心以事其主"[14],就不見於侯馬盟書;溫縣盟書"悥(諦)亟覞(視)女(汝)"之"悥",侯馬盟書作"明";溫縣盟書之"塚",侯馬盟書作"冡";溫縣盟書之"麻",侯馬盟書作"麻"。凡此均由不同地區書寫習慣所造成的差異,頗值得注意。

行氣玉銘(《三代》20.49.1)是 20 世紀 30 年代以前發現的玉器文字,全銘 44 字(含重文 8 字)。以往學者多認爲是我國最早有關氣功的銘文[15],近來或以爲與房中術"還精返腦"有關,似乎前説更爲穩妥。其年代或以爲晚周文字[16],或以爲戰國初年文字[17],或以爲戰國後期文字[18]。玉銘與屬羌鐘、中山王諸器文字風格頗近。這類"規旋矩折"的工麗銘文呈現典型的三晉色彩。玉銘文字與晉系文字多可互證,例如:

| 上 | 上 | 上 | 《中山》5 |
| 下 | 下 | 下 | 《中山》5 |
| 死 | 死 | 死 | 《中山》23 |
| 地 | 地 | 地 | 《中山》24 |
| 丌 | 丌 | 丌 | 《中山》34 |

| | | | |
|---|---|---|---|
| 逆 | 𨒰 | 𨒰 | 《中山》44 |
| 適 | 𨓆 | 𨓆 | 《中山》66 |
| 張 | 𢎩 | 𢎩 | 驫羌鐘 |
| 明 | 𥁕 | 𥁕 | 驫羌鐘 |
| 則 | 𠛬 | 𠛬 | 驫羌鐘 |

行氣玉銘爲戰國晉系文字，殆無疑義。但其國別則很難確定。

4. 璽印文字

晉系官璽往往可以根據璽文的地名判定其國別，如上文韓、趙、魏文字中所引。然而很多三晉古璽尤其是私名璽，則很難判定其國別。只能根據其形制、紐制、職官、字體等特點判定其屬於晉系文字而已。

晉系官璽多爲朱文，印面爲中型或小型，紐制以鼻紐居多，紐座陡峭，印體敦厚，文字筆畫細勁，布局精巧。其鐫刻之工麗與齊璽之粗獷、燕璽之峻整、楚璽之散逸判然有別。《璽彙》所載三晉官璽職官名稱除常見"司馬"（0044—0046、0049），"司工"（0084、0087—0091），"司寇"（0066—0079），"大夫"（0103、0104），"余子"（0108、0111）之外，還有若干可與三晉銘刻相互印證的職官。例如："嗇夫"（0108—0112）亦見魏安邑下官鍾、趙十一年鼎、韓兵器、中山雜器等；"視事"（0351）亦見魏量器；"相邦"（0094）亦見趙兵器。另外，"宗正"（0092）、"發弩"（0113—0116）、"强弩"（0096）、"右騎酒（將）"（0048）、"鄉（縣）吏"（0302）、"鄉（縣）"（0302、0303）、"坓（府）"（0009、0352、3228、3442）、"守"（0341、2238、3236）等，也是三晉官璽中富有特色的職官、行政區域名稱。另外，"匕（曲）堤"（《歷博》1979.1.89），見《管子·霸形》"毋曲堤"，是戰國水利工程的重要文字資料，頗值得注意。某些璽文具有明顯的三晉特色，例如："匋"（0067、0073、0077）、"𢕾"（0113—0116）、"𣇊"（0108—0111）、"𨸏"（0067、0073、0077）、"𨹟"（0352、0324）、"𨳒"（0009、0303）、"𡈼"（0091、0092）、"𠌶"（0078、0079）、"𢉩"（0046、0353）等字，以及"𡧍"、"𨥂"等若干合書。

## 七、晉系文字特點及晉器編年

以上所介紹的韓、趙、魏、中山、兩周等國的文字材料，雖各有其特點，但這些差別只是局部的。如果不分畛域地從總體來看，三晉地區文字材料的共性則遠遠超出其差異，共有如下特點：

其一，禮器銘文（包括某些玉器銘文）。結構修長，筆畫細勁。趙孟疥壺、韓屬羌鐘、魏大梁司寇鼎、中山王鼎、行氣玉銘都屬於這一路工麗的銘文，呈現出典型的中原風貌。

其二，量器銘文。款式相近，一般先記時間，次記監造者，再記容量或重量。若干監造者的身份也相同，如"嗇夫"見魏安邑下官鍾、趙十一年鼎、中山王圓壺等器。記量術語和單位，諸如"庘"、"半"、"分"、"冢"、"齋"、"斗"、"益"等，也往往見於許多國家的銘刻。

其三，兵器銘文。多爲三級監造，由監造者"令"、主辦者"工師"、製造者"冶"所組成。"工師"合書作"禾"，更是鑒別三晉銘刻的可靠標尺。

其四，盟書。出土於韓地的溫縣盟書和趙地的侯馬盟書，無論其內容和形式，抑或其風格和書體都異常相似。

其五，貨幣文字。三晉地區主要流行布幣。晉布幣與齊燕刀幣、楚金版、秦國圜錢構成戰國貨幣的四大體系。

其六，璽印文字。文字筆畫細勁，布局精巧，一望即知。

其七，獨特形體。這方面材料非常豐富，現擇其要者：

　　"百"作"全"，見中山王鼎、魏布幣、《璽彙》4695。

　　"貨"作"負"，見長陵盉、兆域圖、中府戈鐓、韓布幣、古璽等。

　　"鑄"作"銷"，見大梁司寇鼎、中山王方壺等。

　　"冶"作"炱"，見公朱鼎、中山鳥柱盆、三晉兵器、《璽彙》3208 等。

　　"寇"作"攸"，見大梁司寇鼎、上樂鼎、《璽彙》0066 等。

　　"信"作"䛧"，見信安君鼎、梁上官鼎、中山王方壺等。

　　"盗"作"𥂠"，見廿年寧鉥、中山王鼎等。

"戠"作"𢧵",見梁十九年鼎、平安君鼎等。⑭

"庚"作"𠂉",見大梁司寇鼎、上樂鼎、平安君鼎等。

"半"作"𠁼",見春成侯鍾、平安君鼎、金村銀器、趙布幣等。⑮

這些都説明三晉地區各國之間的文字,雖有某些差異,但總體風格則是一致的。因此,可以合稱爲晉系文字。

必須指出,三晉地區的量器、兵器、貨幣銘文材料比較豐富,已初步具備了分國研究的條件。而禮器銘文,除中山國有較重要的大批材料之外,其他國家的材料則相當貧乏。盟書只在韓、趙地區發現。璽印文字,尤其是私名璽,各國間的差別很不明顯。陶文除韓國有若干重要材料之外,其他國家相當稀罕。因此,全面地對晉系文字進行分國研究尚缺乏成熟的條件。這當然有待於各國新材料的發現,也有待於古文字研究者對現有材料的深入分析。晉系文字材料雖有若干紀年銘刻,但多無明確王號。因此,進行縱向斷代也有一定的困難。不過通過銘文中的其他綫索,諸如曆法、人名、地名、歷史事件等記載,仍可推求一部分銘文的絕對年代。下面綜合以往各家研究的成果,選擇一部分斷代比較明確的三晉器,列表如次:

晉定公卅年(公元前482年):趙孟庎壺。

晉幽公十四年(公元前424年):侯馬盟書。

韓景侯六年(公元前404年):驫羌鐘。

周安王十一年(公元前391年):公朱鼎。

魏惠王十九年(公元前351年):梁十九年鼎。

魏惠王廿七年(公元前343年):大梁司寇鼎。

魏惠王卅年(公元前340年):卅年虒令鼎。

周顯王廿九年(公元前340年):左官壺。

魏惠王卅三年(公元前337年):卅三年大梁戈。

魏惠王卅五年(公元前335年):卅五年虒令鼎。

中山王𠑇十四年(約公元前314—前306):中山王鼎。

魏襄王十二年(公元前307年):信安君鼎。

衛嗣君廿八年（公元前 297 年）：廿八年平安君鼎。

衛嗣君卅二年（公元前 293 年）：卅二年平安君鼎。

趙惠文王十五年（公元前 284 年）：十五年守相杢波鈹。

趙惠文王廿九年（公元前 270 年）：廿九年相邦趙□戈。

韓桓惠王三年（公元前 270 年）：王三年鄭令韓熙戈。

趙孝成王三年（公元前 263 年）：三年相邦建信君矛。

趙孝成王八年（公元前 258 年）：八年相邦建信君鈹。

韓桓惠王廿四年（公元前 249 年）：廿四年鄁陰令戈。

趙孝成王十七年（公元前 249 年）：十七年相邦春平侯鈹。

趙悼襄王元年（公元前 244 年）：元年相邦春平侯鈹。

韓王安元年（公元前 238 年）：元年鄭令郭汙矛。

韓王安八年（公元前 231 年）：八年鄭令郭痽瞷戈。

**注釋：**

① 劉節《厲氏編鐘考》，《北京圖書館館刊》5 卷 6 號，1931 年。吳其昌《厲氏鐘補考》，《北京圖書館館刊》5 卷 6 號，1931 年。徐中舒《厲氏編鐘圖釋》，中研院，1932 年。
② 郭沫若《厲氏鐘補遺》，《古代銘刻彙考續編》，1934 年。
③ 溫庭敬《厲羌鐘銘釋》，《史學專刊》1 卷 1 期，1935 年。唐蘭《厲羌鐘考釋》，《北平圖書館館刊》6 卷 1 期，1932 年。陳夢家《六國紀年》48—49 頁，學習生活出版社，1955 年。
④ 趙振華《哀成叔鼎的銘文與年代》，《文物》1981 年 7 期。
⑤ 郭沫若《金文叢考》217 頁。朱德熙、裘錫圭《戰國文字研究》，《考古學報》1972 年 2 期。
⑥ 黃盛璋《試論三晋兵器的國別和年代及其相關問題》，《考古學報》1974 年 1 期。
⑦ 吳振武《十六年喜令戈考》，《海角濡樽集》，《長春文史資料》1993 年 1 輯。
⑧ 郝本性《新鄭鄭韓古城發現一批戰國銅兵器》，《文物》1972 年 10 期。
⑨ 《管子·宙合》"詘信涅儒"，王念孫《讀書雜志》七："涅當爲逞，儒當爲便，皆字之誤也。逞與盈同，便與繎同，盈繎猶盈縮也。"
⑩ 汪慶正《中國歷代貨幣大系》(1)"總論"16 頁，上海人民出版社，1988 年。
⑪ 何琳儀《古璽雜識》，《遼海文物學刊》1986 年 2 期。
⑫ 裘錫圭《戰國文字中的"市"》，《考古學報》1980 年 3 期。
⑬ 李先登《河南登封陽城遺址出土陶文簡釋》，《古文字研究》7 輯，1982 年。又《滎陽邢丘出土陶文考釋》，《古文字研究》19 輯，1992 年。
⑭ 鄒衡《夏商周考古論文集》，文物出版社，1980 年。
⑮ 何琳儀《韓國方足布四考》，《陝西金融·錢幣專輯》(18)，1992 年。

⑯ 湯餘惠《略論戰國文字形體研究中的幾個問題》,《古文字研究》15 輯,1986 年。
⑰ W. P. Yetts. The Cull Chinese Brones P. 45.
⑱ 唐蘭《智君子鑑考》,《輔仁學志》七卷 1—2 期,1938 年。
⑲ 何琳儀《戰國文字形體析疑》,《于省吾教授百年誕辰紀念文集》,1996 年。
⑳ 黄盛璋《新出戰國金銀器銘文研究》,《古文字研究》12 輯,1985 年。
㉑ 徐無聞《釋錍字》,《文物》1981 年 11 期。
㉒ 于省吾《商周金文録遺》自序,1957 年。
㉓ 黄盛璋《撻齊及其和兵器鑄造關係新考》,《古文字研究》15 輯,1986 年。
㉔ 施謝捷《釋盩》,《南京師大學報》1994 年 4 期。何琳儀《幽脂通轉舉例》,《古漢語研究》1 輯,1996 年。
㉕ 黄盛璋《關於加拿大多倫多市安大略博物館所藏三晋兵器及其相關問題》,《考古》1991 年 1 期。
㉖ 黄盛璋《試論三晋兵器的國別和年代及其相關問題》,《考古學報》1974 年 1 期。
㉗ 黄錫全《中國歷代貨幣大系先秦貨幣釋文校訂》,《第二屆國際中國古文字學研討會論文集》,1993 年。
㉘ 黄錫全《趙國方足布七考》,《華夏考古》1995 年 2 期。
㉙ 裘錫圭《戰國貨幣考》,《北京大學學報》1978 年 2 期。
㉚ 黄錫全《趙國方足布七考》,《華夏考古》1995 年 2 期。
㉛ 黄錫全《先秦貨幣研究》106—108 頁,中華書局,2001 年。
㉜ 裘錫圭《戰國貨幣考》,《北京大學學報》1978 年 2 期。
㉝ 朱華《略談無終三孔布》,《中國錢幣》1987 年 3 期。
㉞ 裘錫圭《戰國貨幣考》,《北京大學學報》1978 年 2 期。
㉟ 李家浩《戰國於疋布考》,《中國錢幣》1986 年 4 期。
㊱ 李學勤説,見李零《戰國鳥書箴銘帶鈎考釋》,《古文字研究》8 輯,1983 年。
㊲ 李家浩《戰國於疋布考》,《中國錢幣》1986 年 4 期。
㊳㊴㊵㊶㊷ 裘錫圭《戰國貨幣考》,《北京大學學報》1978 年 2 期。
㊸ 李家浩《戰國於疋布考》,《中國錢幣》1986 年 4 期。
㊹ 裘錫圭《戰國貨幣考》,《北京大學學報》1978 年 2 期。
㊺ 汪慶正《中國歷代貨幣大系》1112 頁,上海人民出版社,1988 年。
㊻㊼ 李家浩《戰國於疋布考》,《中國錢幣》1986 年 4 期。
㊽ 黄錫全《三孔布奥秘試探》,《安徽錢幣》2000 年 2 期。
㊾ 彭信威《中國貨幣史》37 頁,上海人民出版社,1988 年。
㊿ 裘錫圭《戰國貨幣考》,《北京大學學報》1978 年 2 期。
㊶ 汪慶正《三孔布爲戰國中山國貨幣考》,《中國錢幣論文集》2 輯,1992 年。
㊷ 李學勤《戰國題銘概述》,《文物》1959 年 7 期。
㊸ 何琳儀《三孔布幣考》,《中國錢幣》1993 年 4 期。
㊹ 徐在國《戰國官璽考釋三則》,《考古與文物》1993 年 3 期。
㊺ 吴振武《〈古璽彙編〉釋文訂補及分類修訂》,《古文字學論集(初編)》,1983 年。
㊻㊼ 曹錦炎《古璽通論》164 頁,上海書畫出版社,1995 年。

(58) 黄盛璋《匈奴相邦印之國别年代及相關問題》,《文物》1983 年 8 期。
(59) 王國維《郘鐘跋》,《觀堂集林》卷一八,上海古籍出版社,1985 年。
(60) 白川静《金文通釋》35 輯 139 頁。
(61) 郭沫若《兩周金文辭大系考釋》216 頁。
(62) 唐蘭《智君子鑒考》,《輔仁學志》七卷 1—2 期,1938 年。
(63) 李學勤《論梁十九年鼎及有關青銅器》,《古文字論集》(一)2 頁。
(64) 朱德熙、裘錫圭《戰國銅器銘文中的食官》,《文物》1973 年 12 期。
(65) 朱德熙、裘錫圭《戰國時代的"料"和秦漢時代的"半"》,《文史》8 輯。
(66) 李學勤《秦國文物的新認識》,《文物》1980 年 9 期。何琳儀《平安君鼎國别補證》,《考古與文物》1986 年 5 期。
(67) 何琳儀《負疋布幣考》,《中國文字》新 20 期,1995 年。
(68) 何琳儀《古璽雜識續》,《古文字研究》19 輯,1992 年。
(69) 張亞初釋,中國古文字學研討會(1992 年南京)大會發言。
(70) 何琳儀《古兵地名雜識》,《考古與文物》1996 年 6 期。
(71) 蔡運章、楊海欽《十一年皋落戈及其相關問題》,《考古》1991 年 5 期。
(72) 何琳儀《橋形布幣考》,《吉林大學學報》1992 年 2 期。
(73) 黄錫全《先秦貨幣通論》164 頁,紫禁城出版社,2001 年。
(74) 黄錫全《昊陽方足布考》,《安徽錢幣》1997 年 4 期。
(75) 張頷《魏幣庡布考釋》,《古文字學論集(初編)》,1983 年。
(76) 吴振武《〈古璽彙編〉釋文訂補及分類修訂》,《古文字學論集(初編)》,1983 年。
(77) 葉其峰《戰國官璽的國别及有關問題》,《故宫博物院院刊》1981 年 3 期。
(78) 李學勤《戰國題銘概述》,《文物》1959 年 7 期。
(79) 曹錦炎《釋犢》,《史學集刊》1983 年 3 期。
(80) 李學勤《東周與秦代文明》57 頁,文物出版社,1991 年。
(81) 楊寬《戰國史》330 頁,上海人民出版社,1980 年。
(82) 吴振武《釋平山戰國中山王墓器物銘文中的鈲和私庫》,《史學集刊》1982 年 3 期。
(83) 郭沫若《兩周金文辭大系考釋》216 頁。
(84) 李學勤《平山墓葬群與中山國的文化》,《文物》1979 年 1 期。
(85) 何琳儀《戰國文字形體析疑》,《于省吾教授百年誕辰紀念文集》,1996 年。
(86) 吴振武《釋平山戰國中山王墓器物銘文中的鈲和私庫》,《史學集刊》1982 年 3 期。
(87) 何琳儀《戰國文字聲系》481—482 頁,中華書局,1998 年。
(88) 陳應祺《戰國中山國成帛刀幣考》,《中國錢幣》1984 年 3 期。
(89) 河北省博物館、文物管理處《河北省出土文物選集》202 頁釋文,文物出版社,1980 年。
(90) 黄盛璋《公朱鼎及相關諸器綜考》,《中原文物》1981 年 4 期。
(91) 張光裕《萍廬藏公朱右官鼎跋》,《中國文字》新 23 期,1997 年。
(92) 梅原末治《洛陽金村古墓聚英》。
(93) William Charles White, *Tombs of Old Lo-yang*, Kelly and Walsh Ltd, Shanghai, 1934.
(94) 唐蘭《洛陽金村古墓爲東周墓非韓墓考》,上海《大公報》1946 年 10 月 23 日;又《關於洛陽金村古墓答楊寬先生》,上海《大公報》1946年12月11日。
⑤ 高明《中原地區東周時代青銅禮器研究》(上),《考古與文物》1981年2期。
⑥ 何琳儀《戰國文字聲系》547頁,中華書局,1998年。
⑰ 裘錫圭《戰國文字釋讀二則》,《于省吾教授百年誕辰紀念文集》,1996年。李學勤《釋戰國玉璜篕銘》,《于省吾教授百年誕辰紀念文集》,1996年。
⑱ 李零《考古發現與神話傳說》,《李零自選集》78—79頁,廣西師範大學出版社,1998年。
⑲ 黃盛璋《司馬成公權的國別年代與衡制問題》,《中國歷史博物館館刊》1980年2期。
⑩ 黃錫全《先秦貨幣通論》92—102頁,紫禁城出版社,2001年。
⑪ 朱華《山西稷山縣出土空首布》,《中國錢幣》1997年2期。
⑫ 黃錫全《侯馬新絳新發現空首布的價值及有關問題略叙》,《舟山錢幣》1995年4期;又《山西稷山新出空首布初探》,《第三屆國際中國古文字學研究會論文集》,1997年;又《尖足空首布新品六種述考》,《内蒙古金融研究》1988年增刊1期。
⑬ 張頷《侯馬盟書叢釋續》,《古文字研究》1輯,1979年。
⑭ 郭沫若《出土文物二三事》39頁,人民出版社,1973年。陳夢家《東周明誓與出土載書》,《考古》1966年5期。
⑮ 張頷《侯馬盟書叢釋續》,《古文字研究》1輯,1979年。
⑯ 陶正剛、王克林《侯馬東周盟誓遺址》,《文物》1972年4期。唐蘭《侯馬出土晋國趙嘉之盟書新釋》,《文物》1972年8期。張頷《侯馬盟書叢釋續》,《古文字研究》1輯,1979年。
⑰ 郭沫若《侯馬盟書試探》,《文物》1966年2期。高明《侯馬載書盟主考》,《古文字研究》1輯,1979年。
⑱ 李學勤、裘錫圭、郝本性等釋,引《古文字研究》1輯114頁。
⑲ 李家浩釋,引《古文字研究》1輯109頁。
⑩ 河南省文物研究所《河南温縣東周盟誓遺址一號坎發掘簡報》,《文物》1983年3期。
⑪ 陳夢家《東周盟誓與出土載書》,《考古》1966年5期。張頷《侯馬盟書叢釋續》,《古文字研究》1輯,1979年。
⑫ 馮時《侯馬盟書與温縣盟書》,《考古與文物》1987年2期。趙世綱、羅桃香《論温縣盟書與侯馬盟書的年代及其相互關係》,《汾河灣——丁村文化與晋文化考古學術研討會論文集》,1996年。
⑬ "慇慇",讀"蒸蒸"。《漢書·酷吏傳序》"吏治蒸蒸,至不於奸"。注:"蒸蒸,純壹之貌也。""倜倜",讀"專專"。《楚辭·九辯》"計專專之不可化兮",朱熹《集傳》:"言我但能專一於君而不可化。"朱起鳳《辭通》7.68:"專專,猶區區也。"
⑭ 李零《中國方術考》320—324頁,人民中國出版社,1993年。
⑮ 吳闓生説,引于省吾《雙劍誃吉金文選》附錄8,中華書局,1998年。
⑯ 郭沫若《古代文字之辯證的發展》,《考古學報》1972年3期。
⑰ 陳邦懷《戰國〈行氣玉銘〉考釋》,《古文字研究》7輯,1982年。
⑱ 高景成釋,見《金文編》0677。
⑲ 朱德熙、裘錫圭《戰國時代的"料"和秦漢時代的"半"》,《文史》8輯。

## 第五節  楚系文字

與晉系文字一樣，楚系文字的內涵也相當廣泛。自春秋中葉以來，以楚國爲中心的文化圈，除包括吳、越、徐、蔡、宋這些較大的國家之外，還包括漢、淮二水之間星羅棋布的小國。這一地區的銅器銘文普遍使用一種通體頎長、頗有裝飾性的字體。郭沫若早就指出："南文尚華藻，字多秀麗。"①這是很有概括性的結論。這種流風一直影響戰國時期楚文化圈中的許多國家。在這一節着重介紹楚國文字，附帶介紹越國文字和戰國初年的吳、蔡、宋等國文字。曾國雖是蕞爾小國，但隨縣曾侯乙墓一次出土文字資料的數目就相當可觀，因此也特立標題予以介紹。

### 一、楚國文字

"吞五湖三江"的楚國奄有中國南方的廣袤疆土，是戰國時代最大的國家。楚國初以郢（湖北江陵）爲都，戰國中期以後，迫於秦國的軍事壓力，曾先後都陳（河南淮陽）、巨陽（安徽太和）、壽春（安徽壽縣）。

1. 銅器文字

《歷代》卷二著錄兩件傳爲湖北安陸出土的楚王酓章鐘，趙明誠云："楚惟惠王在位五十七年，又其名爲章，然則此鐘爲惠王作無疑也。"② 1977 年，在湖北隨縣曾侯乙墓中又發現一件與北宋鐘銘完全相同的鎛銘。鐘、鎛二銘，千年合璧，成爲研究楚國銘文的重要標準器，其絕對年代爲楚惠王五十六年（公元前 433 年）。

在楚器中如酓章鎛能定其絕對年代者並不多。下面以該器爲定點，並結合同墓所出資料，討論若干相關禮器銘文。

《三代》著錄的邵王之諻鼎（3.11.1）和簋（7.17.2），其銘文"諻"字，應據《方言》"南楚瀑、洭之間母謂之媓"讀"媓"③。"邵王"即昭王，其母惠王時猶存，故鼎、簋應是惠王器。

坪夜君鼎（《三代》3.11.2）的器主，亦見於戰國早期隨縣竹簡和中期包山竹簡。不過鼎銘文字風格與曾侯乙樂律鐘銘十分相似，因此鼎銘"坪夜君"更可能是楚惠王時的楚邑封君。

盛君縈臣（《文物》1985.1.23）銘文風格與曾侯乙墓銅器相近，應是戰國早期器。

四川新都戰國墓所出卲之飤鼎（《文物》1981.6.7）的器主"卲"，是駐守蜀地的楚昭氏支裔④，或推測墓葬年代爲公元前400年左右⑤。鼎銘字體頎長，筆畫詰曲，與隨縣曾侯乙墓年所出樂律鐘銘風格最爲相似，因此也應屬惠王時器。

1980年，安徽舒城九里墩出土一件圓形鼓座（《考古學報》1982.2），由於字迹浮淺，又多銹蝕，百字以上⑥的全銘只能辨認一半左右，嚴重影響理解文意。相信經過科學處理，這件重要的銘文才會呈現出廬山真面目。銘文大意是，童鹿公來到東土淮水，獲得一匹飛龍馬，製造晉鼓以資紀念⑦。關於銘文的時代和國別，一般都認爲是春秋晚期舒國器⑧。其實同墓所出一件戟銘很能説明問題，銘文"蔡侯□之用戟"最後一字稍有殘泐，可能是"朔"⑨，也可能是"産"，兩位蔡侯在位期均屬戰國早期。戰國早期，舒國早已成爲楚國的領地，因此鼓座應是戰國早期楚器。

容庚所藏欒書缶（《録遺》510），以往均認爲是春秋晉器。近年有學者根據器形學定該器爲戰國早期楚器⑩，從文字風格和字形特點分析⑪，這一判斷無疑是正確的。銘文中的"欒書"可能是器主的先輩，也可能缶銘與《左傳》的"欒書"只是同名而已，不能據此以定缶銘的時代。

傳世留鐘（《三代》1.2.2）銘"留爲弔（叔）虡禾（和）鐘"。據文字風格可定爲戰國前期楚系銘文。

湖北當陽出土的秦王鐘（《文物》1980.10圖版叁）和河南信陽出土的荊曆鐘（《文參》1958.1.4），是兩件著名的樂器銘文。銘文均記歷史事件，文例也相若：

　　　　秦王卑（俾）命，竟（境）坪（平）。王之定，救秦戎。　　　　秦王鐘
　　　　隹（惟）䣙（荊）篤（曆）屈桼（夕）⑫，晉人救戎於楚竟（境）。　　荊曆鐘

兩鐘所記史實待考。從文字來看，前者似比後者年代略早。最近有學者指出，"秦王卑"即秦哀公（公元前 536—前 501）⑬，則秦王鐘應屬春秋晚期器。今暫列爲戰國前期。

安徽壽縣所出曾姬無卹壺（《三代》12.25.1）銘云："隹（惟）王廿又六年，聖趑之夫人曾姬無卹虘（吾）宅⑭兹漾陵，蒿間之無匹，甬（用）乍（作）宗彝尊壺。後世甬（用）之，職才（在）王室。"劉節讀"聖趑"爲"聲桓"，"聖趑夫人"即"聲王夫人"⑮。然則壺銘乃宣王二十六年（公元前 344）爲其祖母聲王夫人所作，屬戰國中期偏早。

鄂君啓舟節、車節（《考古》1963.8 圖版捌），是戰國中期楚國銘文中的標準器。節銘"大司馬卲（昭）鄢（陽）敗晋帀（師）於襄陵之歲"，可與《史記·楚世家》"懷王六年，楚使柱國昭陽將兵而攻魏，破之於襄陵"相互印證。因此，節銘絕對年代應是公元前 323 年。試將節銘與戰國前期楚銘比較，可以看出節銘已擺脱前期那種結構頎長、筆畫詰曲的作風，而呈現出結構方整、筆畫省簡、略近楚簡的風格。下面列舉若干例證以資比較：

| | | | |
|---|---|---|---|
| 卲 | | 卲王之諻鼎 | |
| 於 | | 荆曆鐘 | |
| 敗 | | 新造戈 | |
| 爲 | | 曾侯乙樂律鐘 | |
| 返 | | 會章鎛 | |
| 易 | | 會章鎛 | |
| 晋 | | 會章鎛 | |
| 則 | | 曾侯乙樂律鐘 | |

鄂君啓節包括舟節和車節，由"鄂"出發，分水路和陸路，到達終點"郢"，從而勾畫出楚國廣袤的疆土（湖北、湖南、陝西、河南、江西、安徽），在古地理方面有十分重要的學術價值。有關這方面的研究，早期論文均以"鄂"爲湖北武昌（參第一章）。自日本學者船越昭生定"鄂"爲河南南陽之"西鄂"之

後⑯,地理考證才有了新的突破⑰。嗣後,一些關鍵字相繼被釋出⑱,水路和陸路交通圖才逐漸清晰起來。

傳世龍節又稱王命節(《三代》18.36.4)和新出虎節(《西漢南越王墓》87),是一對有趣的"龍虎斗"。其字體和文例與鄂君啓節類似,同屬戰國中期器:

  王命,命迤(傳)賃(任),一檐(檐)飤(食)之。⑲    龍節

  王命,命迤(傳)賃(任),車駐(牡)。⑳      虎節

正陽鼎(《考古》1963.9圖版叁6),據文字風格可定爲戰國中期器。"正陽"可能是湖南境内某一地名。

宙陽鼎(《湖南考古輯刊》4.27),文字比較草率,應屬戰國中期偏晚器。"宙(中)陽",地名,又見包山簡,地望待考。銘文十餘字,但不十分清晰,已有學者專文討論㉑。

楚幽王墓所出大府鎬(《文物》1980.8.28)銘云:"秦客王子齊之歲,大膚(府)爲王飤(食)晉鎬。集胆(廚)。"這類紀年法亦見鄂君啓節"大司馬昭陽敗晉師於襄陵之歲",望山竹簡"芻聞(問)王於葳(郊)郢之歲",鎬銘方整纖細,與鄂君啓節文字總體風格略近,估計其年代在戰國中晚期之際。

戰國晚期,尤其當考烈王遷都壽春以後,楚國銘文發生了顯著的變化。20世紀30年代,在安徽壽縣朱家集李三孤堆楚幽王墓中發現著名的楚王酓前和楚王酓忎銅器群。

"酓前",多數學者認爲是考烈王熊元。"前"原篆作"??",舊釋紛歧,均不能成立。近來一些學者釋"前"㉒,驗之楚簡文字"??"(《郭店》尊2)。吻合無間。"前"與"元"音近可通,故"酓前"即"熊元"。酓前器銘文格式比較簡單。例如:

  楚王酓前作鑄鈍鼎,以共(供)歲(歲)裳(嘗)。 《三代》3.25.1鼎

  楚王酓前作鑄金匜,以共(供)歲(歲)裳(嘗)。 《三代》10.8.3匜

"酓忎"諸家均以爲是幽王熊悍。酓忎器銘文格式比較複雜。例如:

楚王酓忎戰隻(獲)兵銅,正月吉日,窒(實)鑄喬鼎,以共(供)歲嘗(嘗)。

尸(肆)帀(師)史秦,差(佐)苛脰爲之。集胆(厨)。

《三代》3.25.1 鼎

其中"尸"原篆作"㠯",舊釋"冶",待商。戰國晚期養陵公戈"冶"作"冶",與"尸"判然有別。今試改釋"尸"(原篆所從"口"旁爲裝飾部件),讀"肆"。"肆師",見《周禮·春官·序官》,是掌管祭祀之官㉓,亦可省作"肆"。類似"物勒官名"式的銘文尚有:

尸(肆)帀(師)盤埜,差(佐)秦忑爲之。　　　《三代》4.17.2 鼎

尸(肆)帀(師)鄴夆,差(佐)陳共爲之。　　　《楚展》圖 1 鼎

尸(肆)鄴夆,陳共爲之。　　　　　　　　　《三代》18.28.2 勺

尸(肆)史秦,苛脰爲之。　　　　　　　　　《三代》18.27.2 勺

尸(肆)盤埜,秦忑爲之。　　　　　　　　　《三代》18.28.1 勺

酓前器和酓忎銘中的"集厨",可能是掌管飲食的"食官"。與"集厨"同類者有"集既(餼)"(《古研》10.205)㉔、"集醻"(《三代》3.12.7)、"集糈(煮)"(《三代》3.12.4)㉕、"集腏"(《三代》3.26.1)㉖等。

幽王墓中"鑄客"器也頗引人注目,例如:

鑄客爲集胆(厨)爲之。　　　　　　　　　　《三代》3.13.2 鼎

鑄客爲大(太)句(后)胆(厨)官爲之。　　　《三代》3.19.5 鼎

鑄客爲王句(后)七賡(府)爲之。　　　　　《三代》3.19.6 鼎

鑄客爲集腏,伸腏、𦥑脥腏爲之。　　　　　《三代》3.26.1 鼎

鑄客爲御䤶爲之。　　　　　　　　　　　　《三代》17.26.2 匜

鑄器客爲集糈七賡(府)　　　　　　　　　　《集成》914 甗

"鑄客"可能是別國來楚的鑄造專家。第一個"爲"讀介詞,第二個"爲"讀動詞。兩個"爲"之間是各種食官。

以往研究者對楚器中的食官考釋取得了一些滿意的結果㉗,但仍有許多

疑難問題值得進一步深入討論。

1973 年,江蘇無錫出土郊陵君王子申銅器群(《文物》1980.8.28—30)。器主"王子申"疑即春申君黃歇㉘。封地"郊陵",可讀"儀陵"。《讀史方輿紀要》江南揚州江都縣"宜陵鎮一作儀陵"。豆盤刻銘涉及楚衡制,頗爲重要,有待深入研究㉙。

以上酓前、酓忎、郊陵銅器群是公認的戰國晚期楚器。這一時期的銘文除酓前大鼎尚有雄渾流暢的特點之外,其他銘文多靡弱纖細,有的還相當草率。根據文字特點可知下列各器也應是戰國晚期的楚器:

甲、物勒主名

  大右人鑒　　　　　《三代》8.25.1

  君夫人鼎　　　　　《集成》2016

  客禮愙鼎　　　　　《三代》2.35.1

  造府鼎　　　　　　《三代》3.12.1

  大府匜　　　　　　《三代》10.1.2

  大府鐓　　　　　　《集成》4624

  大府銅牛　　　　　《文物》1959.4

  鍪鼎　　　　　　　《三代》3.12.5

乙、地名

  東陵　　　　　　　《録遺》70 鼎　　　　　河南固始

  巨瓦　　　　　　　《文參》1957.7.8 鼎　　安徽北部

  壽春　　　　　　　《文物》1964.9.35 鼎　 安徽壽縣

  陲(陵)昜(陽)　　　《類編》436 壺　　　　安徽石埭

丙、記重

  石㝥刀鼎　　　　　《楚展》68

1978 年,安徽舒城秦家橋出土一組有銘銅器群(《文物研究》6.140—141),屬戰國晚期,多爲"物勒工名"的形式。諸如:"余訓"、"李倚"、"蔡張鑄、苛意"、"南州萄里甬駒、萄陵甬駒"等。

　　戰國晚期楚器銘文,不但字體風格與早期迥異,而且結構筆畫也日趨簡易。若干簡體字應運而生。如"楚"作"󰀀","鹽"作"󰀀","鼎"作"貞","無"作"󰀀","壽"作"󰀀","兼"作"󰀀"等。

　　總之,楚國銅器銘文大致可分爲前後兩期。前期結體頎長匀稱,書寫華麗流暢;後期結體平扁欹斜,書寫萎靡粗率。鄂君啓節是前後兩期的過渡形體。

　　楚國銅量多爲圓筒形,壁外有環形柄。有銘楚國銅量已發現三件:

　　　　王　　　　　　　　　　　　　　　　　　　　　《度量》94
　　　　郢大廣(府)之□笒(筲)　　　　　　　　　　　　《文物》1978.5.96
　　　　郾(燕)[30]客臧嘉聞(問)王於葴(郊)郢之歲(歲),亯(享)月己酉之日,羅莫囂臧市,連囂屈上,以命攻(工)尹穆丙,攻(工)差(佐)競之,集尹陳夏,少(小)集尹龔賜,少(小)攻(工)差(佐)孝癸,鑄廿金龍(筲)以賸。告(造)爵。　　　　　　　　　　　　　　　　《江漢》1987.2封底
　　　　滕公邵(昭)者果踞(蹠)秦之歲,夏柰之月,辛未之日,攻(工)差(佐)競之,上以爲大市鑄,武顔。　　　　　　　　　《古研》22.129

　　上揭四件銅量出自安徽鳳臺、湖南長沙等地,第三件銘文涉及楚國曆法、地理、職官、量名等方面,有很高的史料價值。第二件銘文自稱"笒",第三件銘文自稱"龍",第四件銘文自稱"顔",凡此頗值得注意。檢《方言》五:"笒筲(盛枇箸簍也),陳、楚、宋、衛之間謂之筲,或謂之簍;自關而西謂之桶㮯。"注:"今俗亦通呼小籠爲桶㮯。"丁惟汾曰:"《説文》簍,竹器也。讀若纂。顔師古《急就篇注》:簍,盛匕箸籠也。"[31]《太平御覽》卷七六〇引《方言》注"桶音籠"[32]。第二件銘文"笒"即"筲"[33],第三件銘文"龍"即"筲",第四件銘文"顔"[34]即"簍"[35],凡此皆與《方言》所記吻合。

　　安徽壽縣所出銅環權銘"臤(賢)子之倌(官)鈈(環)"[36],湖南長沙所出銅環權銘"鈞益(鎰)"(《度量》157),湖南沅陵所出銅環權銘"分細益(鎰)"(《考古》1994.8.683),相當於後代的標準砝碼。壽縣所出銅衡銘"王□相子戚"

第三章　戰國文字分域概述　183

(《文物》1979.4.74)，則是罕見的有銘衡器。

另外，上文介紹的郟陵君豆盤底也有記重文字。因銹蝕頗多，難於卒讀。其中"至朱"亦見楚銅貝，頗爲重要。

2. 兵器銘文

楚國兵器銘文多爲鑄造，銘文内容基本是"物勒主名"格式。僅從這一角度而言，楚國兵器銘文與齊國兵器銘文相近，而與三晋兵器銘文殊異。

戰國前期，楚國兵器銘文可分爲兩類。

其一，楚系文字獨有的所謂"鳥書"。其筆畫迴環，或點綴裝飾性圖案。這類銘文均屬戰國前期。例如：

  楚王會璋嚴䚋(恭)寅，乍(作)□戈，台(以)卲(昭)旟(揚)文武之戉(茂)用(庸)。　　　　　　　《劍吉》上 45 戈

  楚王孫鮈㉚之用。　　　　　　　《文物》1963.3.46 戟

  𦫳(艾)君鳳寶有。　　　　　　　《考古》1973.3.156 戈

  番中(仲)乍(作)白(伯)皇之𠈹(造)戈。　　　　　　　《江漢》1982.1 圖版肆戈

  䣓(許)之敓(造)戈。　　　　　　　《江漢》1982.1 圖版肆戈

  斳(新)弨(造)自敓(名)弗㦰(戟)。　　　　　　　《文物》1962.11.65 戟

  邔(鄎)　　　　　　　《集成》10912 戈

  蒙　　　　　　　《考古》1983.9.849 戈

  𪣻(齊)塚(象)郜(造)。　　　　　　　《集成》10989 戈

  敖乍(作)□王戈　　　　　　　《湖考》1.90.8 戈

其二，楚系文字一般兵器銘文，亦多屬戰國早期。例如：

  周旟之戈　　　　　　　《考古》1980.5 圖版叁

  郲之寶戈　　　　　　　《考古》1980.5 圖版叁

  肵(析)君墨脊之郜(造)䤴(戟)。　　　　　　　《古研》13.327 戟

  掚(析)君作之　　　　　　　《古研》13.38 戟

屬於戰國中期的楚兵器銘文也不多見。例如：

陳生　　　　　　　　　　　　　　　　《江漢》1983.3.27 戈
陳眭之歲,佶(造)廥(府)之戟(戟)　　　　《錄遺》578 戟
南君邘(子)旘之中戈　　　　　　　　　《九墓》227 戈
楚屈叔沱屈□之孫,楚王之元右王鐘　　《三代》19.55.1—2 戈
郱(奉)之新(新)郜(造)戈　　　　　　　《錄遺》566 戈
武王之童戠(?)　　　　　　　　　　　《湖考》1 圖版 14.5 戈
䶮(龍)公戈　　　　　　　　　　　　　《集成》10977 戈
長郘(沙)㊳　　　　　　　　　　　　　《湖考》1 圖版 13.7 戈

戰國晚期楚兵器至爲罕見,多采取以事紀年的方式。例如:

臚(虜)贏(熊)㊴之歲(歲),羕(養)陵公伺□所郜(造)。冶己女。
　　　　　　　　　　　　　　　　　　《江漢》1983.2 圖版捌戈
□壽之歲(歲),襄城公競脽所郜(造)。　《考古》1995.1.76 戈
郟(梁)慁之歲(歲),相公子繒之告(造)。《集成》11285 戈

此類戈銘均爲刻款,字迹潦草,呈現晚期風格。銘文出現的"冶"字,三晉文字習見,楚系文字則相當罕見。

巴蜀式兵器除載有巴蜀文字之外,或載有楚系銘文:

佪(思)命曰,獻與楚君監王孫袁。　　　《湖考》1.93 圖 3.1 戈
郊(次)竝果敚(造)戈。㊵　　　　　　　《文物》1963.9.12 戈
大武闢兵。㊶　　　　　　　　　　　　《文物》1962.1.65 鍼

鄦郢鐸(《集成》419)銘云:"郊(鄦)郢率(帥)鐸。"《戰國策·齊策三》:"鄦郢者,楚之柱國也。"注:"柱國,都也。"㊷

總之,楚國兵器銘文不多。前期均爲"物勒主名"形式,後期開始出現"主名"後綴以"工名"的形式。從字體來看,早期精美繁縟,晚期粗率簡易,這與楚器文字的總體風格也是一致的。從現有材料看,楚國兵器銘文多屬戰國前期,三晉兵器銘文多屬戰國後期,因此兩地兵器銘文的風格大相徑庭。

### 3. 石器文字

《貞松堂吉金圖》下 61 著録一件玉佩，正面銘文"王弅"，背面銘文"王"，側面銘文"洺前"。或讀"洺前"爲"酓前"，即楚考烈王熊元[43]，可備一説。

### 4. 貨幣文字

楚國有銘貨幣分爲三大類：

甲、布幣

楚國布幣與三晉平肩方足布形制相同，但通體狹長，首有一孔。楚布幣分大小兩種：

其一，大型者束腰，尾呈燕尾狀，故又稱"燕尾足布"。面文"杬（橅）比（幣）坣（當）圻（釿）"（《貨系》4176）。其中"杬"舊釋"橈"，不妥。楚文字"堯"作"夻"，"无"作"无"，有細微差別。"杬（橅）"，應讀"橅"。《爾雅·釋詁》："橅，大也。"[44]"比"，應讀"幣"[45]。"杬比坣圻"讀"橅幣當釿"，指一枚大型布幣相當一釿。如此釋不誤，燕尾足布銘文可與新莽布幣銘文"大布黃（衡）千"對讀。燕尾足布背文"十𢆉"，舊讀"十貨"，不確。疑讀"七慎（顛）"，其義待考。"慎"亦見齊系文字。

其二，小型者面文"四比（幣）"（《貨系》4185），背文"坣（當）圻（釿）"。這類布幣或一正一倒四足相連，故也稱"連布"。

乙、銅貝

楚國貝幣，狀如海貝。因幣文中有"哭"形（《貨系》4135），故舊稱"鬼臉錢"或"蟻鼻錢"。舊釋皆不可信，唯釋"巽"讀"鍰"[46]，可以信從。此字也可讀"選"。《史記·平準書》："故白金三品。其一曰重八兩，圜之，其文龍，名曰白選。"索隱《尚書大傳》云，夏侯氏不殺不刑，死罪罰二千饌。馬融云，饌，六兩。《漢書》作撰，音通"。另外，幣文還有"全朱"（《貨系》4154），疑讀"小銖"。傳世和出土的銅貝已不算少，今一併列舉如下：

| | |
|---|---|
| 巽 | 《貨系》4135 |
| 全朱 | 《貨系》4154 |
| 君 | 《貨系》4163 |

| | |
|---|---|
| 圻 | 《貨系》4168 |
| 行 | 《貨系》4170 |
| 全㊼ | 《貨系》4171 |
| 四 | 《藥雨》 |
| 者曲 | 《貨論》369 |
| 甲少(小)㊽ | 《安錢》1999.2—3.10.9 |
| 陽 | 《文物》2001.9.96 |

以上銅貝銘文其義多不甚明瞭,尚有待進一步研究。

丙、金版

金版爲扁平黄金方塊。常見的幣文"郢□"(《貨系》4198)舊釋"郢爰",林巳奈夫始釋"郢爯"㊾。安志敏引西漢初年泥版"郢爯"或作"郢□"、金村器"爯"或作"□"爲證,改讀"郢爰"爲"郢稱"㊿,十分精確。據云還有銀質"郢爯"(《貨通》354)。除"郢稱"金版之外,還有下列金版:

"陳爯"(《貨系》4261)。"陳"作"□"形,與酓忎盤之"□"、楚璽之"□"(《璽彙》0281)等形,均屬典型楚文字。"陳爯"應是楚遷都於"陳"(河南淮陽)時所造金幣。

"尃鍓"(《貨系》4265)。"尃",讀"鄟"在河南上蔡。"鍓","爯"之繁文。

"𥂝金"(《貨系》4270)。"𥂝"舊釋"盧",已有學者改釋爲"𥂝",讀"鹽"(51)。"鹽",在江蘇鹽城西北。

"少貞"(《貨系》4272)(52)。"少",讀"瑣",在安徽霍丘。"貞",讀"釘"。《説文》:"釘,煉鉼黄金。"段注:"《周禮·職金》旅於上帝,則共其金版,饗諸侯亦如之。注曰,鉼金謂之版。"許慎所謂"煉鉼"相當於"謂煉冶金爲版金"(孫詒讓《周禮正義》卷六九)。金版自銘"釘",顯然是指經過冶煉的金版。西周銅器銘文作伯簋"赤金十反"(《文物》1998.9.56),其中"反"讀"版",可證鄭玄所謂"鉼金謂之版"是有根據的。

"鄗爯"(《貨系》4275)。首字原篆作"□"形,其右旁與《隸釋》引三體石經古文"鬲"作"□"形相近(53)。"鄗"亦見楚簡,均應讀"酈"(54),《龍龕手鑑》"鄗同酈",是其確證。其地在河南南陽。

"中"(《貨系》4276)。金版爲闕文,其義待考。

"福壽"(《貨系》4277)。舊稱"鉛瓦"㉟,是仿製金版的鉛版。"福壽",又見楚璽(《璽彙》3581),參《顏氏家訓・歸心》"盜跖、莊蹻之福壽"。鉛版和楚璽中的"福壽"顯然都是吉語,故鉛版似是冥幣。

"羕夌"(《文物》1986.10.88),讀"養陵",地名,亦見養陵公戈、《包山》75等,在河南沈丘。

"生夌"(王貴忱所拓),讀"廣陵",地名,在江蘇揚州。

丁、銅錢牌

傳世和最新出土的銅錢牌已有三種：

| | |
|---|---|
| 見金一朱(銖) | 《錢幣》1990.3 封裏 |
| 見金二朱(銖) | 《錢幣》1990.3.35 |
| 見金四朱(銖) | 《錢幣》1990.3 封裏 |

"見"舊釋"良",殊誤,今改釋"見"。"見金",見《新唐書・姚璹傳》"功費浩廣,見金不足",所謂"見金"即"現金",這在經濟學史方面的意義是不言而喻的。

5. 璽印文字

楚官璽多爲白文,印面大小不等。刀法酣肆,結體散逸者,最有地方特色,見《璽彙》0127、0168、0337、5538、5549 等。楚璽資料相當豐富,而地名和官名都是鑒定楚璽的重要依據。

| | | |
|---|---|---|
| 邔(弋)昜(陽) | 《璽彙》0002 | 河南潢川㊱ |
| 上贑(贛) | 《璽彙》0008 | 江西贛州㊲ |
| 下邳(蔡) | 《璽彙》0097 | 安徽鳳臺㊳ |
| 上塲(唐) | 《璽彙》0099 | 湖北隨縣㊴ |
| 江夌(陵) | 《璽彙》0101 | 湖北江陵㊵ |
| 坪(平)夜(輿) | 《璽彙》0102 | 河南汝南㊶ |
| 邔(六) | 《璽彙》0130 | 安徽六安 |

| | | |
|---|---|---|
| 湘夌(陵) | 《璽彙》0164 | 湖南長沙 |
| 安昌 | 《璽彙》0178 | 河南確山 |
| 樂成 | 《璽彙》0179 | 河南鄧縣 |
| 郢 | 《璽彙》0183 | 河南南陽 |
| 邦(封)夌(陵) | 《璽彙》0209 | 廣西信都 |
| 藿(權) | 《璽彙》0230 | 湖北荊門[62] |
| 虢(鄡)昜(陽) | 《璽彙》0269 | 江西鄱陽[63] |
| 龍城 | 《璽彙》0278 | 安徽蕭縣 |
| 陳 | 《璽彙》0281 | 河南淮陽 |
| 蒿(高)夌(陵)[即高陸] | 《璽彙》0283 | 湖北鍾祥 |
| 東郊(國) | 《璽彙》0310 | 安徽淮北 |
| 坪(平)阿 | 《璽彙》0317 | 安徽懷遠 |
| 郢 | 《璽彙》0335 | 湖北江陵 |
| 五渚 | 《璽彙》0343 | 湖南洞庭湖[64] |
| 安(鄢)地[即鄢] | 《璽彙》5603 | 河南漯河 |

值得注意的是,《璽彙》中楚地名前綴或用"上"(0008、0097、0100),或用"下"(0097);後綴或用"陵"(0101、0164、0209、0283);行政區域單位多用"里"(0178—0181、0274、5601),邊邑多用"關"(0172、0174、0176)。

楚璽中所載職官、機構名目繁多。名"府"者有"大廩"(0128—0130)、"造廩"(0131)[65]、"高廩"(0132)、"勞(肆)廩"(0337)、"司馬之廩"(5538)等;名"官"者有"伍官"(0135)、"正官"(0136)、"計官"(0137)、"剤(宰)官"(0141)、"新官"(0142)、"新邦官"(0143)、"郢官"(5603)等;名"令"者有"命"(5559)、"賄"(0351)等;名"職"者有"職歲"(0205)、"職室"(0213)、"職飤(食)"(0217)、"職襄(纕)"(0309)、"職旅"(《續衡》1.14)等;名"尹"者有"連尹"(0145)、"士尹"(0146)[66]等;名"計"者有"軍計"(0210)、"□計"(5604)等;名"客"者有"群粟客"(0160)、"鑄巽(選)客"(0161)、"郢粟客"(5549)等;名"囂"者有"莫囂"(0164)、"連囂"(0318)、"不(莫)囂"(《文物》2001.1.93)等;

名"室"者有"佢(作)室"(0003)、"職室"(0213)、"尃(暴)室"(0228)⁶⁷、"藏室"(《珍秦》戰5)等。至於"大夫"(0097、0099、0100、0101、0102)更是司空見慣。另外，還有一些較特殊的職官名，諸如"行(衡)彔(麓)"(0214)⁶⁸、"亞牆(將)璽"(《璽研》8)⁶⁹等，兹不一一臚列。這些職官和機構多可與典籍相互印證，比起《七國考》所載"楚職官"的内容還要豐富，是研究楚國官職的重要考古資料。

楚璽中比較特殊的楚系文字是判斷國别的重要依據。如"鉩"所從"金"旁多作"金"、"畣"、"畬"、"畲"、"畬"、"金"等形，是檢驗楚璽的可靠標尺。另外，"府"作"貪"、"室"作"坕"、"陵"作"埊"、"官"作"仓"、"職"作"戠"等，都很有地域特點。

6. 陶器文字

江蘇連雲港博物館所藏傳云山東出土陶文"鑄(祝)帀(其)京(亭)鉩"，與《璽彙》0279"童(僮)帀(其)京(亭)鉩"可以互證(楚簡文字"瑟"亦作"帀"形，可能屬一字兩用的現象)。以上陶文和璽文，據地名和文字風格均可定爲楚器。"亭"的發現，爲研究楚國的亭里制度提供了重要的考古實證。

1983年，河南商水出土陶文"夫疋(胥)司工"(《考古》1983.9.848)，是戰國晚期楚器。"夫胥"李學勤讀"扶蘇"，地名。今河南商水有扶蘇故城。

1972年，在安徽亳州北關戰國鑄銅遺址發現有相同文字的古璽和陶文："富"、"千金"(《考古》2001.8.93)。印章和印範共出，相當罕見，值得重視。

包山楚墓出土一枚罕見的楚國封泥(《包墓》下册圖版四六15)，只有一字，不識。

7. 簡牘文字

建國以來，在楚國舊地湖北(江陵、隨縣、荆門)、湖南(長沙、臨澧、常德、慈利)、河南(信陽、新蔡)三省發現二十幾批竹簡。正式發表的僅僅是極少一部分。下面按出土時間的順序簡單介紹這些竹簡。

(1) 五里牌竹簡

1951年，在湖南長沙五里牌406號古墓中，出土38支竹簡⁷⁰，經綴合爲

18支,殘破嚴重。內容屬於遣策。例如"鼎八"、"才(在)医(胠)械"、"金戈八"、"矛四"、"□杯十會(盒)"等。

(2) 仰天湖竹簡

1953年,在湖南長沙仰天湖25號墓中,出土43支竹簡⑪,內容屬於遣策。例如:《仰天》"疏布之帽組二堣(偶)"(4)、"一越鎬劍"(10)、"皆藏於一匣之中"(12)、"一純綏席一蜀席"(13)等。

(3) 楊家灣竹簡

1954年,在湖南長沙楊家灣6號墓中,出土72支竹簡⑫,文字模糊不清,只能識出"卒"、"奻"等。

(4) 信陽竹簡

1957年,在河南信陽長臺關1號墓中,出土兩組竹簡⑬。

第一組119支,內容屬於竹書,即嚴格意義上的"典籍",與傳世的先秦典籍非常相似。例如《信陽》"周公弋(慨)然作色曰,昜(役)夫賤人格上,則刑戮至"(1.01),"曰,昜(役)夫賤人剛(強)恀(識)而撲於刑者,有上賢"(1.02)⑭,"□□教箸(書),厽(叁)歲(歲)教言,三歲(歲)教詔(詔)。與□"(1.03),"[相]化如螨(合),相保如介。毋佗(它)"(1.04),"君子之道,必若五浴之溥"(1.05),"聞之於先王之法也"(1.07)等。

第二組29支,內容屬於遣策。例如,《信陽》:"……器,二芋□,二圓缶,二青方(鈁),二方監(鑒),四□□,二圓監(鑒)屯(純)青黃之畫,一盤,一□,一□,一雷(疊)。其木器二。"(2.01)

(5) 望山竹簡

1965年,在湖北江陵紀南城1號墓和2號墓中,出土兩批竹簡⑮。

一號墓竹簡207支,簡文1 093字,其中單字216字,重複字877字。內容屬於卜筮(或云祭祀文稿)。祭禱的對象有先王、先君、山川、神祇等。例如《望山》:"柬(簡)大(太)王"(12.8)、"聖(聲)王"(1.110)、"卲(悼)王"(1.107)、"東宅公"(1.109)、"后土"(1.55)、"司命"(1.54)、"大水"(1.131)等。祭品有"戠(特)牛"(1.110)、"白犬"(1.28)、"備(佩)玉一環"(1.54)等。祭禱術語有"恒(常)貞吉"(1.81)、"无佗(它)"(1.18)等,可與典籍相互印證。

二號墓竹簡 69 支,簡文 925 字,其中單字 251 字,重複字 674 字。內容屬於遣策。例如,《望山》:"三革帶,一革帶,一大冠,一生絲之縷,一緅縷。青幀廿,席十又二,皆紡褶。九亡(盲)童(僮),亓(其)四亡(盲)童(僮)皆緹衣,亓(其)三亡(盲)童(僮)皆丹緅之衣,亓(其)二亡(盲)童(僮)皆紫衣。□赤□□頭索(素)襪之毛夬。二瑟卷,一非(緋)衣,亓(其)一……"(2.49)

(6) 藤店竹簡

1973 年,在湖北江陵藤店 1 號墓中,出土 24 支竹簡⑦。殘斷嚴重,大約可識 40 多字。

(7) 天星觀竹簡

1978 年,在湖北江陵天星觀 1 號墓中,出土 70 多支竹簡,大約 4 500 多字⑦。資料尚未全部公布,內容屬於遣策、卜筮。前者所載"集尹"、"集胆(廚)尹"、"宰尹"等楚官名,後者所載"司命"、"司禍"、"地主"、"雲君"、"大水"、"東城夫人"等,都是研究楚文化的珍貴資料。另外,天星觀簡有"秦客公孫鞅聞(問)王於葴(郊)郢之歲(歲)"的記載。其中"公孫鞅"就是赫赫有名的商鞅,所以該簡的年代當在公元前 340 年以後。

(8) 九店竹簡

1981 年至 1989 年,在湖北江陵九店 56 號墓、411 號墓、621 號墓中,共出土 344 支竹簡⑧。竹簡資料已有《江陵九店楚墓》、《九店楚簡》兩種著錄,考證的文章也不少。竹簡內容可分三類:

一是與稱量農作物有關,包括衡制和量制的換算(2、3—8、10、12)。例如:"方七糜一,舊五榽又六來,舊四檐(擔)。方中□一,舊十檐(擔)又三檐(擔)。三赤二篸,方顏一,舊二十檐(擔)。方□……"(3)

二是與數術有關,相當於雲夢秦簡中的《日書》。大致有十類⑦:

① 建除(13—26),上欄書日辰,按"建"、"贛"(陷)、"破"、"坪"(平)、"寧"、"工"、"坐"、"盍"(蓋)、"城"(成)、"復"、"蒝"(宛)⑧、"微"十二名排列干支。下欄述宜忌。這種楚國的建除,可與睡虎地秦簡《日書》甲種《除》篇對應。

② 叢辰(25—36)，簡文按"秀"、"結"、"陽"、"交"、"□"、"陰"、"達"、"外陽"、"外害"、"外陰"、"絕"、"光"十二位排列干支，述各日宜忌。

③ 四時吉凶(37—42)，簡 37—40 上欄記四時干日的吉凶，分"不吉"、"吉"、"成"三類；下欄是摘記十二支日的宜忌，只有"五子"、"五卯"、"五亥"三種。簡 41—42 記"成日"、"吉日"、"不吉日"的宜忌。

④ 禱武夷君祝辭(43—44)，性質為"禳除惡夢"的祝禱之辭，類似之辭亦見於睡虎地秦簡《日書》甲種《夢》、乙種《夢》。"武夷"是"司兵死者"之神。

⑤ 相宅(45—59)，包括"垣"、"宇"、"宮"、"辰"、"祭室"、"堂"、"廩"等項，與睡虎地秦簡類似。

⑥ 朝夕啓閉(60—86)，例如："卯，朝閉夕啓。凡[五卯]，朝逃得，夕不得。以人，必有大亡。以有疾，未小瘳，申大瘳，死生在丑。南有得。"(63+72+64)

⑦ 歲(94—108)，指"天一"、"太陰"、"太歲"等神煞的游行。例如："歲：十月、屈柰、亨月、□西；爨月、遠柰、夏柰、□北、獻馬、荊屎、[八月、□東；冬](94)柰、夏屎、[九月、□南]。"(104)

⑧ 行(87—97、111、125—127)，例如："[冬]柰、屈柰、遠柰，不可以北徙□。"(91)

⑨ 裁衣(109—110、112、113)，例如："□申、己未、壬戌以折(制)，必以内(入)□。"(95)

⑩ 死生陰陽(114—118)，例如："死生陰陽：夬生于丑，即生于寅，衰生于卯；夬生于辰，即旺于巳，衰旺于午。"(114)

三是與典籍有關，621 號墓竹簡文字多有殘泐，隻言片語難以卒讀。例如："自出福是從内悲……"(4)，"季子女□"(34)等。

(9) 隨縣竹簡

詳下文"曾國文字"。

(10) 臨澧竹簡

1980 年，在湖南臨澧 1 號墓中，出土竹簡數十支，內容為遣策㉛。

(11) 夕陽坡竹簡

1983 年,在湖南常德德山夕陽坡 2 號墓中,出土 2 支竹簡㊷,可以連綴成文:"越涌(甬)君嬴將其衆以歸楚之歲,荆尸之月,己丑之日。王處於郊郢之游宫。士尹□王之上與(舉),念哲王之畏(威)。佔(箴)迅(訊)尹吕逯以王命,賜舒方御歲憎(課)。"内容大意是,楚王賞賜墓主士尹□可以享受舒方一年租税的特權㊸。竹簡的性質相當於後世的"丹書鐵券"。

(12) 秦家嘴竹簡

1986 年至 1987 年,在湖北江陵秦家嘴三座楚墓中出土一批竹簡,計 41 支。1 號墓 7 支,内容爲卜筮;13 號墓 18 支,内容也是卜筮;99 號墓 16 支,内容爲卜筮和少量的遣策㊾。

(13) 包山竹簡

1987 年,在湖北荆門包山 2 號墓中,出土 278 支竹簡,總字數 12 472 字㊿。

包山簡有"大司馬昭陽敗晋師於襄陵之歲",與鄂君啓節銘文全同,因此包山竹簡的上限不會早於公元前 323 年,或以爲即公元前 322 年。其下限據包山簡"大司馬悼憎將楚邦之師徒以救郙之歲",可定爲公元前 316 年㊱。

竹簡内容分爲司法文書、卜筮、遣策三類。

甲、司法文書,共 196 支(1—196),占竹簡總數 2/3 以上,内容十分豐富。其中寫明篇名的有下列 4 種:

①《集箸》13 支(1—13)。"集"有雜合之義,"箸"讀"書",故"集箸"即"雜書"。例如:"復□上連囂之還集瘳族衍一夫,處於復域之少桃邑,在陳豫之典。"(10—11)

②《集箸言》5 支(14—18)。"言"有言詞之義。例如:"五師宵倌之司敗告胃(謂),邵行之大夫吟執其倌人,新佔迅尹不爲其證,不懋。"(15 反)

③《受期》61 支(19—79)。"期"原篆作"䇷",从"其"與从"几"乃聲符互换(均屬牙音)。《周禮·秋官·朝士》:"凡士之治有期日。"孫詒讓《正義》:"一則民以事來訟,士官爲約期日以治之;二則獄在有司而斷決不當者,許於期内申訴。"簡文所謂"受期"大概相當於後世之"傳票"。例如:"八月戊寅之

日，邸陽君周里公登纓受期，辛巳之日不以所死於其州者之居處名族至（致）命，徵門（問）又（有）敗。且塙識之。"（32）其中"徵"有驗證之義。《書·洪範》："念用庶徵。"注"徵，驗也。"所謂"徵問"應是司法審訊術語，參《左傳·僖公四年》："爾貢苞茅不入，王祭不供，無以縮酒，寡人是徵。昭王南征而不復，寡人是問。"其中"徵"與"問"對文見義，與包山簡"徵門（問）"正相吻合。

④《疋獄》23支（80—196）。"疋獄"讀"須獄"，有等待審理之義。例如："荊尿之月己丑之日，膚人之州人陳德訟聖夫人之人宗軫、宗未，胃（謂）殺其兄，臣。正義強識之，秀期爲李（理）。"⑫（84）《禮記·月令》"令理瞻傷"注："理，治獄官也。"簡文所謂"李（理）"的職官級別不高，並不一定是審理人，與後世之"法官"也不是同一概念。

沒有篇名的則有下列3種：

⑤"貸金糴種"類17支（103—119）。例如："大司馬邵陽敗晉師於襄陵之歲，享月，子司馬以王命，命巽陵公□、宜陽司馬强貣（貸）越異之黃金，以貣（貸）鄗間以糴種。（103）王婁逯識，生夏、生箾爲李（理）。（103反）期至屈柰之月賽金。（104）""陽陵連囂達、大迅尹足爲陽陵貣（貸）越異之黃金四益（鎰）以翟（糴）種。過期不賽金。"（112）正因爲"貣（貸）金翟（糴）種"有"過期不賽金"者，而引起訴訟，所以由"李"（理）處理案件自是情理中事。

⑥重大案例（多屬人命案）42支（120—161）。例如："宋客盛公畀聘楚之歲，屈柰之月，戊寅之日，疋陽公命敢域之客葦、□尹癸察之。東吾公余卑、吾司馬陽牛皆言曰，疋陽之酷倌黃徐、黃□皆以甘匸之䉓月，死於小人之吾，邵戊之夫邑。既發引，廷疋陽之酷倌之客。往倚爲李（理）。"（125、125反）

⑦"所投"類35支（162—196）。例如："告所投於衰尹，享月戊寅，夏命蔡卷。辛巳，郙邑人秀禺、樂前、楚方前。九月癸亥，某訓。乙丑，陽陵人遠從志。十月乙亥，陽翟人廖賢、盧勁、壬青、閻穰，噩君之人舒䍻。戊寅，正陽邵夬、蔡步、集廚鳴夜、舒率鯢、汝人苦慼。辛巳，迅命弁倦、郊尹毛之人、郊□尹□之人。"（193、194）"投"，原篆從"戈"，"豆"聲。可能相當於後世的"投訴"。

以上文書類，是首次發現有關楚國司法方面的珍貴資料，可補文獻之闕。除此之外，有關土地所有制、户籍制度等，也在文書類有若干反映。更重要的是，這批司法文書還涉及很多地名和職官名。其中楚國地名屬中心地帶在湖北境内者有"鄂"、"隨"、"鄧"、"陰"、"鄖"、"安陸"等，東至山東、安徽、浙江境内者有"邾"、"郯"、"下蔡"、"越"等，北至河南境内者有"陳"、"鄢"、"吕"、"新都"、"宜陽"、"魯陽"、"安陵"等，南至湖南境内者有"長沙"、"益陽"等，這爲研究戰國時期楚國疆域提供了可靠的考古資料。包山簡記載若干"郢"，除過去已出現的"郢"、"郊郢"之外，又新發現有"藍郢"、"並郢"、"朋郢"等。"郢"爲楚國都城，而其他四郢可能是楚王的扈蹕之地。

乙、卜筮祭禱，共 54 支（197—250）。

卜筮類簡完整者，包括前辭、命辭、占辭、禱辭、驗辭五部分。也有省簡某一部分者，例如："東周之客許緹歸胙於郊郢之歲，爨月己酉之日，弄羌以少寶爲左尹邵它貞，既有病，病心疾，少愾，不入飤。爨月期中尚毋有祟。"(221)

祭禱類簡，一般包括前辭和禱辭兩部分。例如："大司馬邵觬以將楚邦之師徒以救鄫之歲，荆层之月，己卯之日，五生以丞德以爲左尹它貞，既腹心疾，以上愾，不甘飤，尚速瘥，毋有祟。占之，恒貞吉。疾弁，病袲。以其故敓之。舉禱荆王，自酓（熊）鹿（麗）以就武王，五牛、五豕。思攻解於水上與溺人。五生占之曰，吉。"(245、246)祭禱的種類有"一禱"、"舉禱"、"賽禱"。祭禱的對象包括神祇、山川、星辰，諸如"二天子"、"司禍"、"地主"、"后土"、"司命"、"大水"、"宫"、"社"、"人禹"、"不辜"、"高丘"、"下丘"、"坐山"等。值得注意的是，祭禱對象中包括楚之先祖："老僮"、"祝融"、"鬻熊"爲一系統⑧，"熊麗"、"武王"以下又爲另一系統。其中"熊麗"相當於甲骨卜辭祭典中的"上甲微"⑧，承上啓下，地位十分重要。

丙、遣策，共 28 支（251—278）。

隨葬品十分豐富，包括食物、祭器、車馬器、服飾及生活用品等。例如："飤室所以食笲，冢脯二笲、脩二笲、燈（蒸）猪一笲、庶（煮）猪一笲、蜜酏二笲、白酏二笲、囂（熬）鷄一笲、庶（煮）鷄一笲、囂（熬）魚二笲、栗二笲、梟二笲、革芘二笲、□二笲、枳二笲、集二笲、薑二笲、蕨一笲、□利二笲、檮（桃）脯

一筭、鵴鷛一筭、庋(煮)鷄一筭、一筭鵬(鵑)。"(257、258)

(14) 慈利竹簡

1987年,在湖南慈利石板村36號墓中,出土殘簡4 371片,尚在整理之中。多數文字比較模糊,甚爲可惜。內容爲典籍,其中一類與《國語·吳語》、《逸周書·大武》等傳世文獻可以印證,另一類可能是《管子》、《寧越子》等佚文⑩。

(15) 鷄公山竹簡

1991年,在湖北江陵鷄公山18號墓中,出土竹簡數量不詳,內容爲遣策⑪。

(16) 江陵磚瓦廠竹簡

1992年,在湖北江陵磚瓦廠370號墓中,出土6支竹簡,內容屬司法文書,與包山簡"司法文書"性質相同⑫。

(17) 老河口竹簡

1992年,在湖北老河口戰國墓中發現一批竹簡,內容爲遣策⑬。

(18) 黃州竹簡

1993年,在湖北黃岡曹家岡5號墓中,出土7支竹簡,計40字,內容爲遣策⑭。

(19) 范家坡竹簡

1993年,在湖北江陵范家坡27號墓中,出土1支竹簡,內容不詳⑮。

(20) 郭店竹簡

1993年,在湖北荆門郭店1號墓中,出土730支竹簡,計12 072字⑯。該墓年代估計爲戰國中期偏晚。竹簡內容爲儒家和道家的著作16種。其中道家3種(《老子》、《太一生水》、《語叢》四),其他均屬儒家。竹簡文字十分清楚,照片和釋文均見《郭店楚墓竹簡》⑰。

《老子》包括甲、乙、丙3組,共2 046字,約相當於今本內容的2/5。章序與今本有較大的差別,文字也有不少出入,且不分《德經》、《道經》,與漢帛書本也不同,是迄今所見年代最早的《老子》傳鈔本。

《太一生水》論述"太一"與天地、四時、陰陽等的關係,以表述其宇宙生成理論,是一篇十分重要的道家著作。

《緇衣》內容與今本《禮記・緇衣》大體相同,但二者的分章和次序差別較大,文字也多有出入。如果將郭店竹簡、上海竹簡和今本相互比較,可見簡本往往優於今本。

《魯穆公問子思》記叙了魯穆公與子思之間的一段對話,未見經傳,乃先秦時代佚文。

《窮達以時》討論人之"窮達"與"時"、"世"、"遇"的關係。大部分內容見於《荀子・宥坐》、《孔子家語・在厄》、《韓詩外傳》卷七以及《説苑・雜言》等古書。

《五行》也見於馬王堆帛書《五行》,但章序與文字均有異。內容爲有關子思、孟子的仁、義、禮、智、聖五行學説。

《唐虞之道》讚揚堯舜的禪讓,舜的修身知命及其仁、義、孝等品德。

《忠信之道》列舉忠信的各種表現,最後歸納爲:"忠,仁之實也。信,義之期也。"

《成之聞之》、《尊德義》、《性自命出》、《六德》抄寫在形制相同的竹簡上,字體也相近。其內容體現了儒家的尊天觀念、心性思想傾向等。

《語叢》四組類似格言,與《説苑・談叢》、《淮南子・説林》體例甚近。內容除第四組屬道家之外,其他三組屬儒家及雜家。若干內容可與傳世文獻相互印證。例如:《語叢》三:"志於術,虔於德,厭於急,遊於埶。"(50—51)即《論語・述而》:"志於道,據於德,依於仁,游於藝"。《語叢》三:"亡(毋)意,亡(毋)古(固),亡(毋)勿(物),不勿(物),亡(毋)義(我),亡(毋)必,皆至安(焉)。"可參讀《論語・子罕》:"子絶四,毋意,毋必,毋固,毋我。"(64—65)

郭店楚簡多可與傳世典籍對應,因此許多舊所不識或誤釋的文字得以涣然冰釋。例如:"罷"舊釋"能"或"嬴",皆誤。據郭店竹簡引《詩》"其儀罷兮",今本《詩・曹風・鳲鳩》作"其儀一兮",知"罷"應讀"一"。"旋"舊釋莫衷一是,以郭店竹簡《老子》乙 6 "旋之若纓",今本《老子》作"失之若驚",知"旋"應讀"失"。"芺"舊或釋"莽",或釋"笑"⑱。據今本《老子》乙 9 "大笑之",知"芖"讀"笑"可信。另外,郭店簡的許多奇字往往與傳鈔古文吻合,例如:"昆"作"🔲"形⑫,"殺"作"🔲"形⑬,"閔"作"🔲"形⑭等。這些都提高了我們釋讀戰國文字的能力。

(21) 新蔡竹簡

1994 年,在河南新蔡葛陵一號墓中,出土 1 300 餘支竹簡,內容多爲卜筮,另有 10 支遣策。墓葬年代爲公元前 340 年左右(楚宣王)⑮。

(22) 上海竹簡

1995 年,上海博物館從香港文物市場收購 1 200 多支竹簡,總計 35 000 字左右。這批竹簡內容均屬典籍,其種類和數量遠遠超過已公開發表的戰國竹簡。竹簡涉及先秦儒家、道家、兵家、雜家等典籍 80 餘種,諸如《易經》、《詩論》、《緇衣》、《魯邦大旱》、《子羔》、《孔子閒居》、《彭祖》、《樂禮》、《曾子》、《武王踐阼》、《賦》、《子路》、《恒先》、《曹沫之陳》、《夫子答史籀問》、《四帝二王》、《曾子立孝》、《顏淵》、《樂書》等⑯。

上海竹簡《易經》,是迄今爲止發現最早的一種版本。其中有過去未曾見到的黑色、紅色符號,當有其特定的意義。

孔子《詩論》是上海竹簡重要的一部分,其中"孔子"之"孔"作"🔲"(1)形,與《古文四聲韻》"孔"作"🔲"形吻合⑱。或讀"卜子"合文⑲,或讀"子卜"合文⑳,均有不妥。其實,在戰國文字中加"卜"形屢見不鮮,並無深意㉑。"孔子"之釋讀直接影響《詩論》的作者,當然至關重要。今本《詩經》所謂"風"、"雅"、"頌",《詩論》則作"邦"、"夏"、"訟"。而且先後順序與今本明顯不同,即《訟》、《大夏》、《小夏》、《邦風》。引詩多達 60 餘篇,文字與今本互有異同。例如《清审(廟)》(5)、《剌(烈)文》(6)、《昊天又(有)成命》(6)、《十月》(8)、《雨亡(無)政》(8)、《即(節)南山》(8)、《少(小)文(旻)》(8)、《少(小)旻(宛)》(8)、《少(小)弁》(8)、《考(巧)言》(8)、《伐木》(8)、《天保》(9)、《諄(祈)父》(9)、《黃鳴[鳥]》(9)、《靖(菁)靖(菁)者莪》(9)、《棠(裳)棠(裳)者芋(華)》(9)、《關疋(雎)》(10)、《梂(樛)木》(10)、《灘(漢)生(廣)》(10)、《鵲棟(巢)》(10)、《甘棠》(10)、《綠衣》(10)、《鷗(燕)鷗(燕)》(10)、《萬(葛)尋(覃)》

(16)、《夫(扶)萬(蘇)》(16)、《東方未明》(17)、《牆(將)中(仲)》(17)、《湯(揚)之水》(17)、《菜(采)萬(葛)》(17)、《木苽(瓜)》(18)、《折(杕)杜》(18)、《交(佼)人》(20)、《賊(將)大車》(21)、《審(湛)箓(露)》(21)、《備(宛)丘》(21)、《於(猗)差(嗟)》(21)、《尸(鳲)鳩》(21)、《文王》(22)、《鹿鳴》(23)、《象(桑)虘(扈)》(23)、《腸(陽)腸(陽)》(25)、《又(有)兔》(25)、《大田》(25)、《少(小)明》(25)、《白(柏)舟》(26)、《浴(谷)風》(26)、《翏(蓼)莪》(26)、《隰又(有)萇(萇)楚》(26)、《可(何)斯》(27)、《七(蟋)率(蟀)》(27)、《中(螽)氏(斯)》(27)、《北(邶)風》(27)、《子立(衿)》(27)、《墙又(有)薺(茨)》(28)、《青蠅(蠅)》(28)、《惓(卷)而(耳)》(29)、《涉秦(溱)》(29)、《梆(苯)而(苡)》(29)、《角幡(丱)》(29)、《河水》(29)等。至於所引詩句也很豐富，茲不一一舉例。

　　上海竹簡《緇衣》，與郭店竹簡《緇衣》、今本《禮記·緇衣》文字多有差異。上海竹簡《性情論》，與郭店竹簡《性自命出》文字亦多可對應。這些爲正確理解文意提供了豐富的對比資料。同時也可以利用這一新資料，解決過去尚未解決的疑難字。例如，上海竹簡"古(故)不可以埶(褻)刑而輕爵"，其中"爵"原篆作"▨"形，與今本《禮記·緇衣》吻合。由此類推，連迂鼎"▨"、徐沈尹鉦"▨"、長沙銅量之"▨"，也均應釋"爵"。

　　(23) 香港竹簡

　　近年，香港中文大學文物館收購10支竹簡⑩，内容屬於典籍，其中1支爲《緇衣》，1支爲《周易》，已有學者對其進行研究⑩。

　　除竹簡文字之外，還有若干竹製品上也有文字：

　　① 上舉包山楚墓還出土一件木牘(《包墓》圖版二一一)，正反面皆有文字。其内容可與包山竹簡"遣策"參讀。

　　② 上舉包山楚墓除出土大量竹簡文字之外，還在竹笥以及竹笥簽牌上寫有文字，大致在《包墓》中可分三類：

　　食品——圖版四六"李"(2)、"府(莩)芘(薺)"(6)、"菰"(11)、"栗"(12)、"雀脯"(15)等。

服飾——圖版四七"雨紿衣"(5)、"亳君紡衣"(8)等。

宮室——圖版四七"室"(10)、"竃"(11)、"門"(12)、"戾(户)"(13)、"行"(14)等。

③ 1982年,在湖北江陵馬山1號墓中,出土1支竹簽,僅8字:"□以一緅衣見於君。"内容屬簽牌記事⑪。

④ 1986年,在湖北江陵雨臺山21號墓中,出土4件竹律管,其上墨書38字,與樂律有關。例如:"法新鐘之宫爲濁穆,坪皇角爲法文王商。""姑洗之宫爲濁文王羽爲濁","之宫爲濁獸鐘羽","□爲濁穆鐘"⑫。其文字與曾侯乙墓所出樂律編鐘無疑應屬同類。"法"原篆作"令",與《説文》古文吻合。

以上28批竹簡(包括其他竹製品文字和下文涉及的隨縣簡),以隨縣所出竹簡時代最早,由同出土的畲章鎛可定爲戰國早期;楊家灣所出時代最晚,由同出的熏爐、銅鏡、鎮墓獸及"鼎、盒、壺"的組合形式,可定爲戰國末期。其他竹簡均可定爲戰國中晚期(天星觀、包山所出有絶對年代)。仰天湖、信陽、望山、隨縣、九店、包山、郭店等竹簡文字材料已全部發表,其他只發表部分材料,大部分材料尚在整理之中。從數量而言,楚簡無疑是戰國文字之冠,楚簡材料的全部公布,必將大大促進戰國文字的研究。

8. 木器文字

木器文字在楚國舊地有零星發現,例如,長沙墓所出木俑襟書"智鈙"、"鹽(苦)亡"(《長沙發掘報告》59),可能是人名。望山2號墓所出槨板烙印文字"既正(征)於王"⑫,疑與徵税有關。而"邵(邵)等"則是人名(《文物》1966.5.36)。長沙墓所出槨板烙印文字"沅易(陽)廥(府)"(《湖考》1.95.4),則是湖南地名。最近,湖北荆門左塚3號楚墓出土1件漆木棋局,朱漆書寫183字。同出2枚素面木棋子,四棱各墨書1字或2字⑬,材料正在整理之中。

9. 漆器文字

《長沙出土楚漆器圖録》圖版二五的漆耳杯,有古璽戳印"陳仟",應是人名。

10. 縑帛文字

1942年,在湖南長沙東南郊子彈庫出土一批國之瓌寶——楚帛書。帛書被盜掘以後不久,即流入美國,幾經易手,現藏賽克勒美術館。帛書計有五類⑭,其間關係尚不十分清楚。其中"第一帛書"最負盛名,下面重點介紹。

帛書原物整體略呈方形,中間有正、反方向顛倒的兩大段文字,一段13行分3章,通常稱《甲篇》。另一段8行也分3章,通常稱《乙篇》。兩篇各有長方形分章符號。帛書外層除綵繪四木、十二月神圖像之外,還有12段文字。每段結尾都有朱色長方形符號,其後另有月名和小標題,通常稱《丙篇》。3篇文字基本完整,計942字(《甲篇》409字、《乙篇》255字、《丙篇》278字),外加合文12字、重文7字,總計961字⑮。

《甲篇》第一章叙述月行應按固有軌道,不得其當就會造成四季失常,日月星辰運行混亂,從而導致凶咎,諸如草木無常,災星動盪,山陵崩潰,洪水泛濫,電霜雨土,整個宇宙秩序失去平衡。第二章叙述歲之"德匿(慝)",天有賞罰。民人知歲,天則降福;民人不知歲,天則降禍。第三章叙述民人應對衆神虔誠恭敬,按時祭祀,否則上帝將降以凶咎。本章主要説明"歲"的重要性,因此也可稱《歲篇》。

《乙篇》第一章叙述混沌初開的遠古,伏犧娶女媧爲妻,生子四人,即四時之神。四神調理山川四海,使四時有序。第二章叙述千百年後,日月誕生,但天地不寧,炎帝命祝融率四神奠定"三天"、"四極",恢復宇宙秩序,帝俊恢復日月之行。第三章叙述共攻在旬、時形成過程中的作用。《乙篇》無疑是一篇光怪陸離的"創世紀"傳說,其中"雹(伏)戲(犧)"、"女皇(媧)"、"炎帝"、"祝融"、"共攻(工)"等,均可與典籍相互印證,爲研究楚民族乃至於中國古代神話的形成提供了珍貴的考古資料。本章意在說明"四時"重要性,因此也可稱《時篇》。

《丙篇》叙述十二月神各主之月的宜忌。十二月分別作"取"、"女"、"秉"、"余"、"畝"、"虘"、"倉"、"臧"、"玄"、"易"、"姑"、"荼",即《爾雅·釋天》"陬"、"如"、"寎"、"余"、"皋"、"且"、"相"、"壯"、"玄"、"陽"、"辜"、"涂"。每月各有宜忌之事。例如,女月(二月):"曰女,可以出師、築邑,不可以嫁女娶臣妾,不亦得不成。女毕武。"姑月(十一月):"曰姑,利侵伐,可以攻城,可以聚衆,會諸侯,型百事,戮不義。姑分長。"這類宜忌與《大戴禮·夏小正》、

《禮記·月令》、《吕氏春秋》十二紀等十分相似。

所謂"第二帛書"可能是"第一帛書"上的印痕，文字模糊不清。據林巳奈夫摹本可以辨識者，唯"司君"、"絲"數字而已⑯。

賽克勒美術館還藏有另一件子彈庫帛書殘片，正在整理之中。已揭開的殘片，大約占總量的2/3，可分4類⑰。

第一，有兩個同心圓組成的圖畫，圓圈内側各書楚國十二月名。兩套月名彼此相差五位。楚月名與楚簡、長沙銅量等楚系文字資料相同。如："冬柰"、"屈柰"、"遠柰"、"刑屄"、"夏屄"、"享月"、"夏柰"、"八月"、"九月"、"十月"、"燹月"、"獻馬"等。圖下面的文字爲"居木如何"、"居水如何"、"居土如何"，這顯然是最早的"五行"。五行分别爲各種配色配物。如"亓(其)備(服)某色"、"乘某色車"、"亓(其)味某"、"樹某某某"、"亓(其)蟲某"、"亓(其)兵某"等。其中"□桓(樹)桑桃李"之"李"，原篆作"李"⑱。這爲釋讀包山簡習見的"某某爲李"，讀"某某爲理"⑲提供了可靠的證據。

第二，文字分别書寫於四方，格式爲："掩某方，從干支某某以至干支某某。"另有文字提到："逆之曰生氣，從之曰死氣。"似可與行氣玉銘"順則生，逆則死"相互印證。

第三，鈎形符號(作直角形)標干支類。

第四，其他。情况不明。

《文物》1992年11期公布若干帛書殘片⑳，這是唯一保存在國内的帛書，據悉已由個人收藏轉入湖南省博物館收藏。其中最大一片殘留10字："……左坪(平)輛(炳)，相星光……不雨二□……"這似乎説明，早在戰國時期，楚人已能細微地觀察長週期變星——平星㉑。另外，殘片"東伐"、"伐同(桐)百(柏)"、"大兵走"等，似乎也與第一帛書有關。

以上楚帛書均出自長沙，可能屬於一批資料。

1957年，在湖南長沙左家塘出土朱色印記和墨書紋錦，唯識"女五氏"三字(《文物》1975.2.52)。

1973年，在湖南長沙馬王堆漢墓出土大批漢代帛書。值得注意的是，3

號墓出土的一件"篆書陰陽五行"帛書,內容與雲夢秦簡《日書》類同。這件帛書雖然是秦始皇二十五年(公元前 222 年)之遺物,但是書寫者是"還沒有熟練掌握秦人字體的楚人"[⑫],因此,這件秦帛書也是研究戰國楚系文字的重要參考資料。最近這件帛書的"釋文摘要"以及部分照片已經正式發表[⑬],許多文字確實與楚系文字一脈相承。例如:

| 安 | 㕜 | 自 | 白 |
| 羅 | 鬣 | 再 | 參 |
| 戰 | 獸 | 屎 | 你 |
| 宰 | 鈞 | 哭 | 犮 |
| 失 | 逡 | | |

11. 皮革文字

1987 年,在湖北荊門 2 號墓出土一件罕見的馬甲文字,馬甲左側背面有"猷公"、"嬴"(《文物》1988.5) 三字,可能是馬主的名字。

## 二、曾國文字

1978 年,在湖北隨縣擂鼓墩發現曾侯大墓。這個曾國就是文獻中的隨國[⑭]。戰國姬姓之曾國地處鄂豫交界,首都即楚王酓章鎛銘中的"西陽",在今河南光山縣境。大墓所出下列曾國文字資料,據酓章鎛紀年,均可係屬戰國早期。

1. 銅器文字

曾侯乙墓出土大量有銘青銅禮器,銘文內容相同:

   曾侯乙乍(作)寺(持)用冬(終)。     《文物》1979.7.9 匜

樂器銘文是曾侯乙墓大宗文字資料。有銘編鐘共 64 件,除楚王酓章鎛以外,內容均與古代樂律有關。今僅舉 13 號鐘為例(《音樂》圖 2.3):

   曾侯乙乍(作)寺(持)      正面隧部
   客(徵)曾         正面右鼓

獸鐘之薛（殺）歸，穆鐘之薛（殺）商，割（姑）冼之薛（殺）宮，濁新鐘之峇（徵）。　　　　　　　　　　　　　　反面鉦部

獸鐘之薛（殺）峇（徵），濁坪（平）皇之薛（殺）商，濁文王之薛（殺）宮。
　　　　　　　　　　　　　　　　　　　　　　　反面左鼓

2. 兵器文字

曾侯乙墓所出有銘兵器甚多，器主除"曾侯乙"以外，還有"曾侯郕"和"曾侯遇"。三者關係待考。銘文格式多爲"曾侯某之行（用、寢、走）戈（戟、殳）"。例如：

　　曾侯乙之寢戈　　　　　　　　　　　《集成》11167 戈
　　曾侯乙之走戈　　　　　　　　　　　《集成》11168 戈
　　曾侯乙之用戈　　　　　　　　　　　《集成》11169 戈
　　曾侯郕之用戈　　　　　　　　　　　《集成》11174 戈
　　曾侯郕之行戙（戟）　　　　　　　　《集成》11176 戟
　　曾侯遇之行戙（戟）　　　　　　　　《集成》11180 戟

最近《鳥蟲書通論》圖 134 又公布一件曾侯戻戈：

　　曾侯戻之用戈

3. 石器文字

曾侯乙墓出土編磬共 32 件，均有文字，或墨書，僅舉一例（《文物》1979.7.5）：

　　十六
　　濁割（姑）冼之宮
　　坪皇之鼓
　　文王之冬（終）
　　新鐘之大羽曾
　　濁獸鐘之下角
　　濁穆鐘之商

濁割(姑)冼之官

4. 簡牘文字

竹簡是曾侯乙墓所出文字資料最多的一種。這批竹簡計 240 多支，6 600 多字。竹簡内容基本都是葬儀中車馬兵甲的遣策，包括車馬的組成、馭車者的組成、車輛的裝備、甲胄、兵器等[15]。這批重要的文字資料現已全部正式發表，從裘錫圭一文中徵引官名、馬名、車名、車馬具名的繁多，已可窺其一斑[16]。

戰國時期曾國已淪爲楚國的附庸，其文化深受楚國的影響。隨縣大墓這批文字資料很能説明這個問題。首先，隨縣竹簡的若干官名多與楚官名相同。如"連嚻"、"新官"，亦見楚銅量、楚官璽，"攻尹"亦見鄂君啓節、楚銅量，"裁尹"亦見鄂君啓節，"新造"亦見奉之新造戈。其次，很多曾國文字實際就是典型的楚國文字。如"坪"作"🗌"形，"間"作"🗌"形，"新"作"🗌"形，"事"作"🗌"形，"四"作"🗌"形，"申"作"🗌"形，"戠"作"🗌"形，"童"作"🗌"形等。

5. 漆器文字

曾侯乙墓中兩件衣箱蓋漆書是戰國罕見的漆器文字資料。一件漆書二十八星宿名稱(《文物》1979.7 圖版伍)，可與文獻相互印證。漆書不但提供若干新字形，如"🗌"(巽)、"🗌"(伏)、"🗌"(虛)、"🗌"(危)"等，而且提供若干通假資料，如以"巽"爲"牽"、以"伏"爲"婺"、以"矛"爲"昴"、以"佳"爲"觹"、以"酉"爲"柳"等。至於"危"從"几"得聲[17]，"輇"省作"車"，更是前所未見。另一件漆書 20 字，似亦與天象、音樂有關[18]。

## 三、越國文字

公元前 473 年，越王句踐滅吳。嗣後越國向北發展，與晉、齊、楚對峙，形成戰國初年"四分天下"的局面。當時越國疆域北起山東琅琊，與齊魯爲鄰，西與楚爲鄰，奄有江蘇、浙北、皖南、贛東等地，成爲戰國時期疆域僅次於楚國的大國。越初建都於會稽(浙江紹興)，滅吳之後遷都琅琊(山東膠南)，越王翳遷吳(江蘇蘇州)。大約於公元前 306 年，越國被楚國所滅。

越國出土文字資料以兵器爲大宗，還有若干樂器銘文，今一併介紹如下：

1965年，在湖北江陵紀南城出土越王欱淺劍（《文物》1973.6圖版壹），乃稀世國寶。器主"欱淺"即赫赫有名的越王句踐。

傳世越王者旨於賜鐘銘，僅存摹本（《鳥書》圖 3）。另有同名矛、劍、戈、數件（《鳥書》圖 2、4、5、6、7）。經諸家多年考證的結論，可知器主是句踐之子鼫與⑫。"者旨"即"諸稽"，急讀爲"鼫"，乃越國古姓。"於賜"，急讀爲"與"，乃其名。

《鐘鼎》5 著録所謂"董武鐘"，應更名爲戎桓鐘，銘云：

戎桓搏（布）武，敷内（入）吴疆。关（元）世（葉），石末。

銘文記載"敷入吴疆"，疑指《史記·越世家》"（句踐）元年，吴王闔廬允常死，乃興師伐越……吴師敗於檇李，射傷吴王闔廬"。而銘文"石末"，讀"石買"，見《越絶書·外傳記地傳》："句踐與吴戰於浙江之上，石買爲將。"因此，戎桓鐘應是句踐元年（公元前 496 年）的越國標準器⑬。

上海博物館所藏越王太子矛（《集成》11544），其器主"泡壽"應讀"不壽"，乃句踐之子⑭。

傳世越王州句矛、劍 5 件（《鳥書》圖 11—15），新出劍 1 件（《文物》1973.9 圖版貳）。器主"州句"即越王朱句⑮。

臺灣王振華所藏州句劍，與一般州句劍辭例不同（《文物》1995.8.95—96 圖5），其銘文云：

越王州句之用僉（劍），唯余土匡（圍）邗。

"匡"或讀"卷"⑯，其實"匡"讀"圍"也可通。銘文大概是爲紀念越王州句攻佔邗地而作。

傳世和出土越王不光劍（《鳥通》36—48）甚多，其器主"不光"即越王不揚，或稱越王翳。《竹書紀年》："於粤（越）子朱句卒，子翳立。"《史記·越世家》："王翁卒，子王翳立。"《越絶書》則作"翁子不揚"，《吴越春秋》亦作"翁卒,子不揚"。"翳"與"不揚"或"不光",是一名一字的關係[134]。

傳世者汈鐘(《總集》7068—7081)頗多殘泐,郭沫若據多種著録拓本,重新摹寫全銘(《考報》1958.1.6)。郭摹雖偶有疏漏,但畢竟使該銘可以通讀。嗣後,李棪齋亦有摹本(《集成》1冊135頁),糾正郭摹若干錯誤,甚便讀者。器主"者汈",舊多釋"者沪"。郭據該銘"刺"字作""形,隸定""爲"汈",並謂"者汈"即"者咎",獨具慧眼[135]。但他將本銘"者汈"與者旨於賜器的"者旨"混爲一談,則是錯誤的。諸咎是越王翳的兒子,後弒父篡位。鐘銘有明確的紀年"惟越十有九年",内容記述越王申誡諸咎應安分守己,不可抗王命,所謂"勿有不義,訅之於不適。唯王命! 元没乃聰"。因此,鐘銘的"王"應是越王翳。鐘銘的絶對年代爲公元前392年[136]。

傳世越王丌北古劍(《鳥書》圖9),器主"丌北古"或以爲"盲姑"音轉[137]。可備一説。但有學者持不同意見[138],凡此待考。

以上越國王室銘文,可以繫屬於下列越王:

| 器　銘 | 王　名 | 公元前 |
|---|---|---|
| 欿淺劍 | 句踐(《史記》) | 496—464 |
| 者旨於賜器 | 鼫與(《史記》) | 464—458 |
| 越王太子矛 | 不壽(《史記》) | 458—448 |
| 州句器 | 朱句(《竹書紀年》) | 448—411 |
| 嗣旨不光劍 | 不揚(《越絶書》) | 411—376 |
| 者汈鐘 | 不揚(《越絶書》) | 392 |

像這樣記有王名,前後承接凡五世100多年,又與典籍所載吻合的銅器編年,在其他戰國文字資料中是絶無僅有的。

值得注意的是,安徽淮南所出者旨於賜戈,正面銘文爲越王名"者旨於賜",反面銘文爲"癸亥徐侯至子"(《鳥書》圖7),似乎透露出越國與徐國後裔的關係。

除上述越王兵器外,傳世和新出若干"越王"劍也有不著王名者(《鳥通》40—60),其銘文多在劍首、劍格,時代較晚。

其次鉤鑃(《三代》18.1.2)和姑馮鉤鑃(《三代》18.2.2)是青銅器中罕見的樂器銘文，風格亦近。前者器主待考。後者器主"姑馮昏同"即"馮同"(《越絕書》)之音轉⑬，或作"逢同"(《越世家》)、"扶同"(《越絕書》)⑭、"舌庸"(《國語·吳語》)⑮，乃句踐之臣。因此二器自是越國早期銘文。

上文涉及的句踐、者旨於賜、州句諸器，均屬所謂"鳥蟲書"，其文字頗不易釋讀。至於能原鎛(《集成》156)、之利殘片(《鳥通》66)等，文字奇譎難識，宛若天書，至今尚無令人滿意的釋讀。

湖南南岳衡山舊有岣嶁碑，原物早已不知去向，現唯存摹刻本(《鳥通》64)。岣嶁碑或稱"禹碑"，昔人以爲大禹時代之物，顯然十分荒謬；或以爲僞造，也未深考。近年曹錦炎撰文旁徵博引有關資料，考察碑文流傳始末，證明其來源有自，且定爲越國文獻⑯，意義十分重大。然而其碑文字詭異，且摹刻或誤，所以其釋讀與能原鎛、之利殘片一樣困難。諸如此類的"鳥蟲書"，尚待學者進一步深入研究。

就目前所知，越國銘文可分爲兩大類：

其一，以者汈鐘、其次句鑃、姑馮句鑃爲代表。其結構頎長，筆畫秀整，屬典型戰國南方文字，與一般戰國文字沒有太大的差別。以者汈鐘爲例，與傳鈔古文相合者甚多：

| 王 | | | 《說文》古文 |
| 丂 | | | 《說文》古文 |
| 祇 | | | 《說文》古文 |
| 念 | | | 三體石經 |
| 稱 | | | 三體石經 |
| 逸 | | | 三體石經 |
| 宅 | | | 《汗簡》 |
| 捍 | | | 《汗簡》 |

這說明早在戰國時代，所謂"南蠻"文字已可與中原文字溝通。

其二，以欰淺劍、者旨於賜鐘、州句劍爲代表，結構繁縟，筆畫迴環，即所謂"鳥蟲書"，爲春秋中期以來南方所特有的書體。

## 四、吳國文字

夫差是吳國最後一代君主。傳世的攻吳王大差鑒（《三代》18.24），器主"大差"即"夫差"。攻敔王夫差戈（《考古》1963.4 圖版叁）、劍（《文物》1976.11 圖版肆）作"夫差"，可見"夫"、"大"是通用的。20 世紀 80 年代初，在湖北江陵又發現一件吳王夫差矛（《江漢》1984.1 扉頁），矛自銘爲"鍬"，殊堪注目。"鍬"，同"釪"，是一種兩刃器。亦作"鋘"。《吳越春秋》載夫差夢"兩鋘殖吾宮牆"，其"鋘"即"鍬"。

臧孫鐘（《考古》1965.3.109—112），文字較多，有可能是吳被滅之前所製器⑬，類似字體的銘文，尚有吳王孫無土鼎（《文物》1981.1 圖版陸），據器形和文字也可定爲春秋戰國之際。銘文中"胆"，楚器中習見。紹興出土配兒鈎鑃（《考古》1983.4.372）銘文有"吳"字，應是春秋戰國之際吳器。

## 五、蔡國文字

20 世紀 50 年代在安徽壽縣發現蔡侯墓，出土大量有銘文銅器。由於諸家對"蔡侯齱"的釋讀紛歧，所以一直把蔡侯器定爲春秋戰國之際。70 年代，裘錫圭根據新出資料申國之"申"作"齱"⑭，確定蔡侯齱即蔡昭侯申。因此蔡侯這組銅器群只能定爲春秋晚期。

1980 年，在安徽舒城九里墩發現一件鼓座（見上文"楚國文字"），另外還伴出一件蔡侯戈。其中蔡侯名稍有殘泐，或以爲"朔"字⑮。果如其說，這件蔡侯戈應是春秋戰國之際蔡成侯之器。《史記·蔡世家》："而立昭侯子朔，是爲成侯。"

晚於蔡成侯的蔡器有蔡侯產戈、劍（《鳥書》22—25），均鳥書。蔡聲侯名產，與越王鼫與同時。因此二器主兵器曾同出於一墓⑯。《史記·蔡世家》："（成侯）十九年，成侯卒，子聲侯產立。聲侯十五年卒，子元侯立。"蔡侯產器辭例一般都是"蔡侯產之用某"，唯蔡侯產作畏教劍（《考古》1963.4 圖版叁）

比較特殊㊵。近年安徽六安又發現一件蔡侯産戈(《文研》11.3.25)。

## 六、宋國文字

宋景公是一位高壽的國君，在位 60 多年(公元前 516—前 450)，正值春秋和戰國之際。景公器有 3 件：

  宋公㒼之饙簫　　　　　　　　　　　　　《大系》381 鼎
  有殷天乙唐孫宋公㒼作其妹句敔夫人季子媵匜
  　　　　　　　　　　　　　　　　　　《文物》1981.1.3 匜
  宋公㒼之造戈　　　　　　　　　　　　　《鳥書》圖 26 戈

《左傳·昭公二十年》注："欒，景公也。"古本《竹書紀年》作"㒼"，與以上三器吻合。匜銘"有殷天乙唐(湯)孫"，是宋爲商後裔的古文字佳證。據匜銘"句敔夫人"知吳國尚未滅亡，故該匜應是景公中年以前所造，時值春秋戰國之際。

安徽壽縣出土的宋公得戈(《鳥書》圖 27)，是宋昭公(公元前 450—前 404)遺物。

據傳安徽壽縣出土的肬胐戈(《集成》11007)銘文"肬胐右"，其文字風格近楚，銘文格式近齊，這可能是宋國受楚、齊兩國的影響所致。"肬胐"合文，且借用共同偏旁"邑"，似可讀"亢父"㊶。亢父，地名，在山東金鄉。如果這一分析不誤，肬胐戈也是罕見的宋國銘文兵器。

《三代》20.58.2 著録一件楚系距末銘文："愕乍(作)距末，用差(佐)商國。"銘文内容和文字風格都證明其爲宋國銘文。最近湖南常德楚墓中又出土兩件距末(材料即將發表)，可以連屬成文："愕乍(作)距末，用差(佐)商國。光(廣)張上[下]，四无(荒)是彌(彌)。"距末出土於楚墓，估計是宋器流入楚國爲墓主所得而入葬。上舉宋公欒匜出土於河南固始楚墓，宋公欒、宋公得二戈出土於安徽壽縣楚墓，可以類比㊷。

曾國是楚國的附屬國，吳、越地處長江下游，蔡國地處淮河流域。從地理角度而言，這些國家與楚國屬於共同文化圈，比較容易理解。宋國雖然地處中原，但是夾在齊國、魏國與楚國之間，其文字風格也屬楚系，這顯然是接受楚文化影響的原因。總之，曾、越、吳、蔡、宋等國的銘文，都是研究戰國早期楚文字的參考資料。

## 七、楚系文字特點及楚器編年

這一節介紹楚系文字，是以楚國文字爲主，以其他國家爲輔。這與上一節平行介紹晉系各國文字有所不同。楚國是戰國時代最大的國家，由於歷史和地域的原因，自春秋以來就形成一種具有獨特風格的文化。戰國早期的楚系銘文，基本沿襲春秋中晚期楚系銘文的風格，字體頎長，筆畫詰曲，顯得十分華貴典雅。其中花體字"鳥書"就是在此基礎上進一步修飾的產物。這一時期雖出現了隨縣竹簡式的手寫體文字，但對銅器銘文影響不大。戰國中、晚期以後，竹簡、帛書式的手寫體文字則占主導地位，並且直接影響銅器文字的風格。主要表現爲這一時期的銘文普遍有扁平欹斜、簡易草率的傾向。從總體來看，楚文字雖然只是戰國文字的一個分支，但是它濃厚的地域特點，在研究戰國文字時應特加重視。下面就從兩個方面舉例說明。

  1. 特殊偏旁

"水"作"㔾"，見曾侯乙樂律鐘、屈叔沱戈等。

"阜"作"𨸏"，見信陽簡、望山簡等。

"石"作"𠂤"，見信陽簡、石㚔刀鼎等。

"巾"作"𢄐"，見信陽簡、隨縣簡等。

"系"作"𢆶"，見信陽簡、隨縣簡等。

"金"作"金"，見畲志盤、《璽彙》0103等。

"竹"作"艸"，見信陽簡、長沙帛書等。

"巳"作"㔾"，見長沙帛書、鄂君啓節等。

"次"作"㳄"，見鄂君啓節、畲前鼎等。

"心"作"㣺"，見畲志鼎、《璽彙》5700等。

2. 特殊形體

"陳"作"🗆",見酓志鼎、陳旺戟、《璽彙》0281、望山簡等。

"歲"作"🗆",見鄂君啓節、陳旺戟、《璽彙》0205、望山簡、天星觀簡、長沙帛書等。

"事"作"🗆",見酓前鼎、隨縣簡、長沙帛書等。

"間"作"🗆",見曾姬無卹壺、隨縣簡等。

"成"作"🗆",見《璽彙》0179、長沙帛書等。

"申"作"🗆",見郘陵君鑒、《璽彙》1258、隨縣簡、長沙帛書等。

"童"作"🗆",見曾侯乙樂律鐘、信陽簡、長沙帛書等。

"陵"作"🗆",見鄂君啓節、望山簡、長沙帛書等。

"新"作"🗆",見新郙戈、曾侯乙磬、望山簡等。

"坪"作"🗆",見曾侯乙磬、秦王鐘、《璽彙》0317、長沙帛書等。

"蔡"作"🗆",見鄂君啓節、《璽彙》0097等。

"敔"作"🗆",見《璽彙》0205、望山簡等。

"集"作"🗆",見酓前鼎、長沙銅量、隨縣簡等。

"關"作"🗆",見鄂君啓節、《璽彙》0295。

"吁"作"🗆",《璽彙》0269、望山簡等。

"嘗"作"🗆",見酓志鼎、郘陵君鑒、望山簡、包山簡、長沙帛書等。

"無"作"🗆",郘陵君鑒、長沙帛書等。

"易"作"🗆",見鄂君啓節、包山簡、長沙帛書等。

"賡"作"🗆",見鄂君啓節、大賡鎬、《璽彙》0130等。

"豪"作"🗆",見望山簡、包山簡、長沙帛書等。

"命"作"🗆",見鄂君啓節、新郙戈、隨縣簡等。

"光"作"🗆",見吳王光鑒、望山簡等。

"鑄"作"🗆",見鄂君啓節、酓志鼎等。

"癸"作"🗆",見長沙銅量、天星觀簡、包山簡等。

"酉"作"𠃋",見鄂君啓節、長沙銅量等。

判定楚文字主要依據文字本身所體現的特點,同時也要兼顧文字資料的內容,諸如特殊的紀年法、地名、官名、器名等。這些楚文化的特點已散見上文,兹不復述。

有絕對年代的楚系器銘,大概只有四種:楚王酓章鐘和鎛、者汈鐘、曾姬無卹壺、鄂君啓車節和舟節。有相對年代的楚系器銘則較多。現將王屬比較明確的楚、曾、越、吳、蔡、宋器列表如次:

宋景公(公元前 516—前 450):宋公䜌器。

吳王夫差(公元前 495—前 473):夫差器。

越王句踐(公元前 496—前 464):欱淺劍、姑馮鉤鑃。

楚惠王(公元前 488—前 432):酓章器、酓章鐘和鎛(公元前 433)、卲王之諻鼎、曾侯乙器。

蔡聲侯(公元前 471—前 456):蔡侯產器。

越王鼫與(公元前 464—前 458):者旨於賜器。

越王盲姑(公元前 458—前 448):丌北古劍。

宋昭公(公元前 450—前 403):宋公得戈。

越王朱句(公元前 448—前 411):州句器。

越王翳(公元前 392):者汈鐘。

楚肅王(公元前 380—前 369):天星觀簡、望山簡。

楚宣王(公元前 344):曾姬無卹壺。

楚懷王(公元前 328—前 298):包山簡、鄂君啓節(公元前 323)。

楚考烈王(公元前 262—前 237):酓前器、郳陵君器。

楚幽王(公元前 237—前 228):酓忎器。

**注釋:**

① 郭沫若《兩周金文辭大系考釋》序。
② 趙明誠《金石錄》卷一一。
③ 張政烺《卲王之諻鼎及簋銘考證》,《史語所集刊》8 分 3 册。
④ 徐中舒、唐嘉弘《古代楚蜀的關係》,《文物》1981 年 6 期。

⑤ 李學勤《論新都出土的蜀國青銅器》,《文物》1982 年 1 期。
⑥ 曹錦炎《舒城九里墩鼓座銘文補釋》,《中國文字》新 17 期,1993 年。
⑦ 何琳儀《九里墩鼓座銘文新釋》,《出土文獻研究》3 輯,1998 年。
⑧ 安徽省文物工作隊《安徽舒城九里墩春秋墓》,《考古學報》1982 年 2 期。殷滌非《舒城九里墩墓的青銅鼓座》,《古文字學論集(初編)》,1983 年。陳秉新《舒城鼓座銘文初探》,《江漢考古》1984 年 2 期。
⑨ 李治益《蔡侯戟銘文補證》,《文物》2000 年 8 期。
⑩ 甌燕《欒書缶質疑》,《文物》1990 年 12 期。王冠英《欒書缶應稱名爲欒盈缶》,《文物》1990 年 12 期。
⑪ 何琳儀《楚書瑣言》,《書法研究》1998 年 4 期。
⑫ 朱德熙《聒篙屈棃解》,《方言》1979 年 4 期。
⑬ 黃錫全、劉森淼《救秦戎鐘銘文新解》,《江漢考古》1992 年 1 期。
⑭ 黃德寬《曾姬無卹壺銘文新釋》,《古文字研究》23 輯,2002 年。
⑮ 劉節《壽縣所出楚器考釋》,《古史存》113 頁,人民出版社,1958 年。
⑯ 船越昭生《關於鄂君啓節》,《東方學報》43 册,1972 年。
⑰ 陳偉《鄂君啓節之鄂地探討》,《江漢考古》1986 年 2 期。
⑱ 裘錫圭《戰國文字中的"市"》,《考古學報》1980 年 3 期。朱德熙、李家浩《鄂君啓節考釋》,《紀念陳寅恪先生誕辰百年學術論文集》,1989 年。李零《古文字雜識》,《于省吾教授百年誕辰紀念文集》,1996 年。
⑲ 高田忠周《古籀篇》85.5,臺北大通書局,1982 年。張振林《檜徒與一檜飢之新證》,《文物》1963 年 3 期。于省吾《鄂君啓節考釋》,《考古》1963 年 8 期。
⑳ 何琳儀《南越王墓虎節跋》,《汕頭大學學報》1991 年 3 期。
㉑ 李學勤《釋桃源三元村鼎銘》,《江漢考古》1988 年 2 期。
㉒ 李零《論東周時期的楚國典型銅器群》,長島古文字學研討會論文,1986 年。陳秉新《壽縣楚器銘文考釋拾零》,《楚文化研究論集》1 集,1987 年。
㉓ 何琳儀《楚官肆師》,《江漢考古》1991 年 1 期。
㉔ 郝本性《壽縣楚器集脰諸銘考釋》,《古文字研究》10 輯,1983 年。
㉕ 陳秉新《壽縣楚器銘文考釋拾零》,《楚文化研究論集》1 集,1987 年。
㉖ 黃錫全《肴腏考辨》,《江漢考古》1991 年 1 期。
㉗ 朱德熙《壽縣出土楚器銘文研究》,《歷史研究》1954 年 1 期。朱德熙、裘錫圭《戰國文字研究》,《考古學報》1972 年 1 期。郝本性《壽縣楚器集脰諸銘考釋》,《古文字研究》10 輯,1983 年。
㉘ 何琳儀《鄝陵君三器考辨》,《江漢考古》1984 年 1 期。
㉙ 李零、劉雨《楚鄝陵君三器》,《文物》1980 年 8 期。
㉚ 李零《楚燕客銅量銘文補正》,《江漢考古》1988 年 4 期。
㉛ 丁惟汾《方言音釋》92 頁,齊魯書社,1985 年。
㉜ 何琳儀《長沙銅量銘文補釋》,《江漢考古》1988 年 4 期。
㉝ 裘錫圭《關於郢大府銅量》,《文物》1978 年 12 期。
㉞ 唐友波《大市量淺議》,《古文字研究》22 輯,2000 年。

㉟ “顔”之基本聲符“厂”(《史記・趙世家》“屠岸賈”,《漢書・古今人表》作“屠顔賈”),與“獻”、“贊”聲系相通。《山海經・中山經》“蒼山之首曰敖岸之山”注:“岸或作獻。”《文選・文賦》“務嘈囋而妖冶”注:“《埤蒼》曰,嘈啐,聲貌。啐與囋及巘同。”是其佐證。
㊱ 商承祚《長沙古物聞見記》卷上,中華書局,1996 年。
㊲ 楚王孫鮒,疑即楚公孫朝,見《左傳・哀公十七年》。
㊳ 何琳儀《古兵地名雜識》,《考古與文物》1996 年 6 期。
㊴ 黄錫全《湖北出土商周文字輯證》40 頁,武漢大學出版社,1992 年。
㊵ 孫稚雛《次竝果戈銘釋》,《古文字研究》7 輯,1982 年。
㊶ 黄錫全《大武闢兵淺析》,《江漢考古》1983 年 3 期。
㊷ 董珊《東周題銘校議》,碩士論文,1997 年。袁國華亦有此説。
㊸ 黄錫全《溍前玉圭跋》,《文物研究》8 輯,1993 年。
㊹ 何琳儀《楚幣六考》,《安徽錢幣》2001 年 2 期。
㊺ 馬昂《貨幣文字考》,引《古錢大辭典》下 23 頁。李家浩《戰國貨幣文字中的“尚”和比》,《中國語文》1980 年 5 期。
㊻ 駢宇騫《試釋楚國貨幣文字“巽”》,《語言文字研究專輯》(下),1986 年。
㊼ 黄錫全《楚銅貝貝文釋義新探》,《江西錢幣研究》1999 年 1 期。
㊽ 何琳儀《楚幣六考》,《安徽錢幣》2001 年 2 期。
㊾ 林巳奈夫《戰國時代の重量單位》,《史林》51 卷 2 號,1968 年。
㊿ 安志敏《金版與金餅》,《考古學報》1973 年 2 期。
(51) 黄錫全《中國歷代貨幣大系先秦貨幣釋文校訂》,《第二届國際中國古文字學研討會論文集》,1993 年。
(52) 李學勤《東周與秦代文明》319 頁,文物出版社,1984 年。
(53) 河南省博物館、扶溝縣文化館《河南扶溝古城村出土的楚金銀幣》,《文物》1980 年 10 期。
(54) 黄盛璋《新出戰國金銀器銘文研究》,《古文字研究》12 輯,1985 年。
(55) 柯昌濟《金文分域編》3。1988 年,筆者曾致函柯昌濟先生,承其賜答曰:“所示壽縣朱家集所出鉛瓦一目,當時僅據報刊資料,記未明細,現已無從詳考,惟古物中鉛製之品確爲罕見。”
(56) 李家浩《戰國邙布考》,《古文字研究》3 輯,1980 年。
(57) 李家浩《楚國官璽考釋》,《江漢考古》1984 年 2 期。
(58) 葉其峰《戰國官璽的國别及有關問題》,《故宫博物院院刊》1981 年 3 期。
(59)(60) 李學勤《楚國夫人璽與戰國時的江陵》,《江漢論壇》1982 年 7 期。
(61) 曹錦炎《古璽通論》106 頁,上海書畫出版社,1995 年。
(62) 鄭超《楚國官璽考述》,《文物研究》1986 年 2 期。
(63) 曹錦炎《古璽通論》108 頁,上海書畫出版社,1995 年
(64) 李家浩《楚國官璽考釋》,《江漢考古》1984 年 2 期。
(65) 湯餘惠《略論戰國文字形體研究中的幾個問題》,《古文字研究》15 輯,1986 年。
(66) 何琳儀《古璽雜識續》,《古文字研究》20 輯,2000 年。
(67) 何琳儀《戰國官璽雜識》,《印林》16 卷 2 期,1995 年。

⑱ 吳振武《戰國璽印中虞和衡鹿》,《江漢考古》1991 年 3 期。
⑲ 湯餘惠《楚器銘文八考》,《古文字論集》(一),1983 年。
⑳ 湖南省文物管理委員會《長沙發掘報告》56、57 頁,科學出版社,1957 年。
㉑ 史樹青《長沙仰天湖出土楚簡研究》,群聯出版社,1955 年。
㉒ 湖南省文物管理委員會《長沙楊家灣 M006 墓清理簡報》,《文物參考資料》1954 年 12 期。
㉓ 河南省文物研究所《信陽楚墓》,文物出版社,1986 年。
㉔ 何琳儀《信陽竹書與墨子佚文》,《安徽大學學報》2000 年 1 期。
㉕ 湖北省文物考古研究所、北京大學中文系《望山楚簡》5、9 頁,中華書局,1995 年。
㉖ 荊州地區博物館《湖北江陵藤店 1 號墓發掘簡報》,《文物》1973 年 9 期。
㉗ 湖北省荊州地區博物館《江陵天星觀 1 號楚墓》,《考古學報》1982 年 1 期。
㉘ 湖北省文物考古研究所《江陵九店東周墓》,科學出版社,1995 年。
㉙ 李零《讀九店楚簡》,《考古學報》1999 年 2 期。
㉚ 何琳儀、徐在國《釋㝱》,中國文字學研討會(天津),2001 年。
㉛ 滕壬生《楚系簡帛文字編》序言 4 頁,湖北教育出版社,1995 年。
㉜ 湖南省常德地區文物工作隊《常德縣德山戰國墓清理簡報》,《考古》1985 年 12 期。楊啓乾《常德市德山夕陽坡 2 號墓竹簡初探》,《楚史與楚文化》,1987 年。劉彬徽《早期文明與楚文化研究》216 頁,嶽麓書社,2001 年。
㉝ 何琳儀《舒方新證》,《古籍研究》2000 年 1 期。
㉞ 湖北省荊沙鐵路考古隊《江陵秦家嘴楚墓發掘簡報》,《江漢考古》1988 年 2 期。
㉟ 湖北省荊沙鐵路考古隊《包山楚墓》,文物出版社,1991 年。
㊱ 王紅星《包山簡牘所反映的楚國律法問題》、劉彬徽《從包山楚簡記時材料論及楚國紀年與楚曆》,均見《包山楚墓》附錄。劉彬徽《包山大冢——又一座楚文化地下寶庫》,見《早期文明與楚文化研究》72 頁,嶽麓書社,2001 年。湖北省荊沙鐵路考古隊《包山楚簡》,文物出版社,1991 年。
㊲ 何琳儀《包山竹簡選釋》,《江漢考古》1993 年 4 期。
㊳ 李學勤《論包山竹簡中一楚先祖名》,《文物》1988 年 8 期。
㊴ 何琳儀《楚王熊麗考》,《中國史研究》2000 年 4 期。
㊵ 張春龍《慈利楚簡概述》,新出簡帛國際學術研討會論文,北京大學,2000 年。
㊶ 張緒球《宜黃公路仙江段考古發掘工作取得重大收獲》,《江漢考古》1992 年 3 期。
㊷ 滕壬生、黃錫全《江陵磚瓦廠 M370 楚墓竹簡》,《簡帛研究》,2001 年。
㊸ 陳振裕《湖北楚簡概述》,《簡帛研究》1 輯,1993 年。
㊹ 黃岡市博物館《湖北黃岡兩座中型楚墓》,《考古學報》2000 年 2 期。
㊺ 滕壬生《楚系簡帛文字編》序言 9 頁,湖北教育出版社,1995 年。
㊻ 張光裕等《郭店楚墓竹簡研究文字編》,藝文印書館,1999 年。
㊼ 荊門市博物館《郭店楚墓竹簡》,文物出版社,1998 年。
㊽ 曾憲通《長沙楚帛書文字編》44 頁,中華書局,1993 年。
㊾ 黃德寬、徐在國《郭店楚簡文字續考》,《江漢考古》1999 年 2 期。李家浩《楚墓竹簡中的昆字及从昆之字》,《中國文字》新 25 期,1999 年。

⑩ 陳偉《郭店楚簡別釋》,《江漢考古》1998 年 4 期。何琳儀《說蔡》,《東南文化》1999 年 5 期。
⑪ 李家浩說,引李學勤《試解郭店簡讀文之字》,《孔子儒學研究文叢》(一),2001 年。
⑫ 宋國定、賈連敏《平夜君墓與新蔡楚簡》,新出簡帛國際學術研討會論文,北京大學,2000 年。
⑬ 張立行《戰國竹簡露真容》,《文匯報》1999 年 1 月 5 日 1、3 版。
⑭ 周鳳五說,引朱淵清《孔字的寫法》,國際簡帛網,http：//www. bamboosilk. org,2001 年 12 月 18 日首發。
⑮ 裘錫圭說,新出簡帛國際學術研討會發言,北京大學,2000 年。
⑯ 黃錫全《孔子乎？卜子乎？子上乎？》,國際簡帛網,http：//www. bamboosilk. org,2001 年 2 月 26 日首發。2000 年北京大學國際簡帛會議論文集,待刊。
⑰ 何琳儀《滬簡詩論選釋》,國際簡帛網,http：//www. bamboosilk. org,2002 年 1 月 17 日首發。
⑱ 陳松長《香港中文大學文物館藏簡牘》,香港中文大學,2001 年。
⑲ 饒宗頤《在開拓中的訓詁學——從楚簡易經談到新編經典釋文的建議》,《訓詁學學術研究會論文集》,1997 年。曾憲通《周易睽卦辭及六三爻辭新詮》,《中國語言學報》9 期,1999 年。
⑳ 滕壬生《楚系簡帛文字編》序言 7 頁,湖北教育出版社,1995 年。
㉑ 湖北省博物館《湖北江陵雨臺山 21 號戰國楚墓》,《文物》1988 年 5 期。
㉒ 裘錫圭《戰國文字釋讀二則》,《于省吾教授百年誕辰紀念文集》,1996 年。
㉓ 黃鳳春《湖北荊門左塚楚墓的發掘及主要收穫》,四省楚文化研究會第七次年會論文,合肥,2001 年。
㉔ 李零《楚帛書的再認識》,《中國文化》1994 年 10 期。
㉕ 李零《楚帛書目驗記》,《文物天地》1990 年 6 期。
㉖ 林巳奈夫《長沙出土戰國帛書考》,《東方學報》36 卷,1964 年。李學勤《長沙子彈庫第二帛書探要》,《江漢考古》1990 年 1 期。
㉗ 李零《楚帛書的再認識》,《中國文化》1994 年 10 期；又《讀幾種出土發現的選擇類古書》,《簡帛研究》3 輯,1998 年。
㉘ 李零《包山楚簡研究·文書類》,引《李零自選集》136 頁,廣西師範大學出版社,1998 年。
㉙ 何琳儀《包山楚簡選釋》,《江漢考古》1993 年 4 期。
㉚ 商志䪨《記商承祚教授藏長沙子彈庫楚國殘帛書》,《文物》1992 年 11 期。
㉛ 伊世同、何琳儀《平星考——楚帛書殘片與長週期變星》,《文物》1994 年 6 期。
㉜ 李學勤《東周與秦代文明》356 頁,文物出版社,1984 年。
㉝ 馬王堆漢墓帛書整理小組《馬王堆帛書式法釋文摘要》,《文物》2000 年 7 期。
㉞ 李學勤《曾國之謎》,《光明日報》1978 年 10 月 4 日。
㉟ 隨縣擂鼓墩 1 號墓考古發掘隊《湖北隨縣曾侯乙墓發掘簡報》,《文物》1979 年 7 期。
㊱ 裘錫圭《談談隨縣曾侯乙墓的文字資料》,《文物》1979 年 7 期。
㊲ 何琳儀《秦文字辨析舉例》,《人文雜志》1987 年 4 期。

⑱ 饒宗頤《曾侯乙墓匫器漆書文字初釋》,《古文字研究》10 輯,1983 年。劉國勝《曾侯乙墓 E61 號漆箱書文字研究——附瑟考》,《第三屆國際中國古文字學研討會論文集》,1997 年。
⑲ 馬承源《越王劍永康元年群神禽獸鏡》,《文物》1962 年 12 期。陳夢家《蔡器三記》,《考古》1963 年 7 期。林澐《越王者旨於賜考》,《考古》1963 年 8 期。曹錦炎《越王姓氏新考》,《中華文史論叢》1983 年 3 期。
⑳ 何琳儀《吳越徐舒金文選釋》,《中國文字》新 19 期,1994 年。
㉑ 曹錦炎《鳥蟲書通考》75 頁,上海書畫出版社,1999 年。
㉒ 容庚《鳥書考》,《中山大學學報》1964 年 1 期。
㉓ 李家浩《越王州句複合劍銘文及其所反映的歷史》,《北京大學學報》1998 年 2 期。
㉔ 曹錦炎《鳥蟲書通考》88 頁,上海書畫出版社,1999 年。
㉕ 郭沫若《者汈鐘銘考釋》,《考古學報》1958 年 1 期。
㉖ 何琳儀《者汈鐘銘校注》,《古文字研究》17 輯,1989 年。
㉗ 馬承源《越王劍永康元年群神禽獸鏡》,《文物》1962 年 12 期。
㉘ 曹錦炎《鳥蟲書通考》86—88 頁,上海書畫出版社,1999 年。
㉙ 王國維說,引吳闓聲《吉金文錄》卷四。
⑭⓪ 郭沫若《兩周金文辭大系》157 頁。
⑭① 楊樹達《積微居金文說》144 頁,科學出版社,1959 年。
⑭② 曹錦炎《岣嶁碑研究》,《文物研究》5 輯,1989 年。
⑭③ 白川靜《金文通釋》卷六。
⑭④ 裘錫圭《史墻盤銘解釋》,《文物》1978 年 3 期。
⑭⑤ 李治益《蔡侯戟銘文補證》,《文物》2000 年 8 期。
⑭⑥ 安徽省文化局文物工作隊《安徽淮南市蔡家崗趙家孤堆戰國墓》,《考古》1963 年 4 期。
⑭⑦ 黃德寬《蔡侯產劍銘文補釋及其他》,《文物研究》2 輯,1986 年。
⑭⑧ "丙"聲系與"白"、"父"聲系可以相通。《淮南子·原道》"昔者馮夷大丙之御也"注:"丙或作白。"《後漢書·周磐傳》"昔方回支父嗇神養和"注:"《莊子》作支伯。"是其旁證。
⑭⑨ 李學勤《東周與秦代文明》120 頁,文物出版社,1984 年。

## 第六節　秦系文字

　　戰國時代秦國的疆域,本來以陝西省腹地渭河流域爲中心,東鄰韓、魏,南鄰楚、蜀,並不算大。商鞅變法以後,秦積極向東方發展,逐漸征服六國,完成統一大業。秦國初建都於雍(鳳翔),戰國屢遷,曾先後以涇陽、櫟陽(富平)、咸陽爲都。

　　戰國秦器中,類似春秋時代秦公簋、秦公鐘式的禮器、樂器銘文,似乎已經絕迹。代之而興起的是，以量器和兵器銘文爲主的新形式。衆所周知，秦公簋是一件標準的春秋禮器。然而轉入戰國秦人手中，則作爲量器使用，並補刻記量銘文"西，元器一斗七升黎（賸），殷"①（器銘），"西，一斗七升大半升，蓋"（蓋銘）以資說明。秦國自變法以來，推行一整套獎勵耕戰的富國強兵之策。秦器以量器和兵器銘文占絕對優勢，似乎就是這種風氣的反映。量器和兵器銘文多記時間、地點、人物，一般雜器也是如此。如羊頭寺工車書銘："廿一年，寺工獻，工上造但。"（《文物》1966.1.9）內容決定形式。秦器的督造者爲了更有效地實行賞罰制度，自然要採取這種所謂"物勒工名，以考其誠"的形式。著名的商鞅三器（升、戟、鐓）或記官名，或記人名，已開啓了這種風氣的先河。戰國中晚期，三晉銘文的固定格式很可能就是受了秦國的直接影響。

## 一、銅器銘文

秦國量器銘文十分發達，最著名的商鞅方升是秦孝公十八年的標準器。銘曰：

　　十八年，齊率卿大夫衆來聘，冬十二月乙酉，大良造鞅爰積十六尊（寸）五分尊（寸）壹爲升。重泉。　　《文物》1972.6.21

秦始皇二十六年（公元前221），在全國推行"一法度衡石丈尺"措施，頒發了大批度量衡標準器，皆有銘文：

　　廿六年，皇帝盡併兼天下諸侯，黔首大安，立號爲皇帝。乃詔丞相狀、綰：灋度量則不壹②，歉疑者，皆明壹之。
　　　　　　　　　　　　　　《度量》98

諸如此類的"始皇詔"，傳世和出土品不勝枚舉。這是戰國文字的尾聲，秦漢文字的序曲。

以上二器，是戰國時期秦國計量銘文中最早者和最晚者，在二者之間還有許多銘文。例如：

三年,漆工熙,丞詘造,工隸臣牟。禾石。
《文物》1964.9.43 高奴權

十五年,高陵君丞趕,工帀(師)游,工□。一斗五升大半。
《考古》1993.3 高陵君鼎

卅四年,工帀(師)文,工安,正十七斤十四兩,四斗。
《陝博》1 圖版Ⅲ.Ⅰ 工師文罍

卅六年,工帀(師)嬪,工疑,一斗半正,十三斤八兩十四朱(銖)。厶(私)官。
《文物》1975.6.75 三十六年私官鼎

邵公私官,四斗少(小)半斗。私工工感。廿三斤十兩。十五。
《三代》14.11.3 邵公私官盉

二年,寺工帀(師)初,丞拑,廩人莽。三斗。北寑(寢)。茜府。
《考文》1983.6.5 二年寺工壺

雍工敀。三斗。北寑(寢)。茜府。
《考文》1983.6.4 雍工敀壺

工敀□鼎。六斗。 《文物》1975.6.69 工敀鼎
高奴。一斗,名(?)一。 《文物》1985.5.45 高奴簋
雍庫鑰。重一斤一兩,名百一。《夢郼》44 雍庫鑰
咸陽。一斗三升。 《文物》1978.12 咸陽鼎
樛大。四斤。大官四升。 《考文》1989.6 大官盉

卅六年,邦工帀(師),工室□。四斗大半斗。
《文物》1986.4.22 邦工師壺

原氏。三斗少(小)半,今三斗二升少(小)半升□十六斤。
《文物》1964.7.13 原氏壺

三年,詔事,容一斗二升。朱□□官,十一斤十四兩。卌四。
《文物》1982.9.27 三年詔事鼎

廿五年,咬。一斗八升。 《文物》1966.1.9 咬瓿
長陵。一斗一升。 《文物》1972.6.24 長陵盉
十三斗一升。 《文物》1975.6.72 十三斗鍾

半斗。四。　　　　　　　《文物》1976.5.75 半斗鼎

西,元器。一斗七升小瑩(媵)。殷。

　　　　　　　　　　　　《三代》9.34.2 秦公簋

戯。三分。　　　　　　　《文物》1965.5.3 戯量

右北私庫。半斗。一。　　《文博》1987.2.26 北私庫量

以上記量銘文,容量單位有"斗"、"升"等,重量單位有"斤"、"兩"、"朱"等,長度單位有"尊"(寸),都很有地方特點。在秦公簋春秋秦器上續刻戰國秦文字,在商鞅方升、高奴權、北私府橢量等戰國秦器上續刻始皇二十六年詔令,在私官鼎、長陵盉、安邑下官鍾等戰國六國器上續刻戰國秦文字,凡此,"舊瓶裝新酒"式的記量銘文體現了秦人的務實作風。

洛陽金村古墓發現兩件漆樽銀足,刻有銘文:

卅七年,工右舍□,重八兩十一朱(銖)□。右。

　　　　　　　　　　　　《書道》1.58

卌年,中舍四枚,重□□□□。中府,右佴。

　　　　　　　　　　　　《書道》1.58

銘文"卅七年"、"卌年"是秦昭王的年號③,"中府"等則是六國文字。

內蒙古準格爾旗匈奴古墓所出二件金飾牌刻銘(《文物》1980.7.2)是罕見的金器文字:

故□豕虎□。一斤二兩廿朱(銖)少(小)半。

一斤五兩四朱(銖)少(小)半。

其中"兩"作"
"形,與同墓所出趙國銀節約銘"
"形有明顯區別,自應是秦文字。

除以上記量銘文之外,秦國還有若干載有地名的銘文:

修武府　　　　　　　　　《文物》1975.6.74 修武府耳杯

平　　　　　　　　　　　《文物》1975.6.74 平鼎

筍廿　　　　　　　　　　《文物》1985.5.44 筍鼎

雕陰　　　　　　　　　　　《秦集》圖版 52 雕陰鼎

秦國車軎銘文,已發現二件:

廿一年,寺工獻,工上造旦。　《文物》1966.1.9 寺工車軎
太后。公。　　　　　　　　《考古》1974.1.22 太后車軎

1991 年,河南洛陽東郊戰國墓出土兩件銅鏡,上有銘文"千金"、"宜□主"(《文物》1997.9.68)。有學者認爲是戰國銅鏡④,也有學者認爲是秦漢之際銅鏡⑤。如依後説,這也是秦國最早的有銘銅鏡。

## 二、兵器銘文

戰國時期早期的秦國兵器銘文只發現一件:

吉爲乍(作)元用劍。　　　《文叢》3.84 劍⑥

傳世的出土的秦國兵器銘文,多屬戰國中晚期遺物。秦孝公時的兵器銘文有上文已經提到的商鞅戟、鐓:

十三(?)年,大良造鞅之造戟。《三代》20.21.1、2 戟
十六年,大良造庶長鞅之造。雍,竈。
　　　　　　　　　　　　《三代》20.60.1 戈鐓
十九年,大良造庶長鞅之造殳。嫠,鄭。
　　　　　　　　　　《考文》1996.5 圖 4、5 殳鐓
□□造庶長鞅之造殳。雍,驕□。
　　　　　　　　　　　《劍古》上 49 殳鐓

"大良造",即《漢書·百官公卿表》"大上造"。"良",善也。"上",高也,引申亦有"良"義⑦。另外,"良"、"上"音亦近。

大概秦惠文王以後,秦國兵器銘文的格式逐漸固定下來。秦戈和銘文大致可以分爲兩類:

1. 中央監造。監造者有"相邦"、"丞相"等。例如:

四年,相邦樛斿之造,櫟陽工上造間。吾。

《三代》2.26.2—27.1 戈

王四年,相邦張義(儀),庶長□操之造者□界戟,□工帀(師)賤,工卯。鍚。

《南越》圖版 22 戈

十三年,相邦張義(儀)之造,咸陽工帀(師)田,工大人耆,工櫝。

《集成》11394 戈

十四年,相邦冉造,樂(櫟)工帀(師)帀□,工禺。

《劍古》上.48 戈

十六年,丞相觸,咸帀(師)葉,工武。

《貞松》續下 22 戈

廿年,相邦冉兀(其)造,西工師盾□□,隸□。

《湖南》圖版 14.13 戈

廿一年,相邦冉造,雍工帀(師)葉。雍,懷德。

《三代》20.23.2—24.1 戈

三年,相邦呂[不韋,上]郡假守□,高工□丞申,工地。

《文物》1987.8.63 矛

三年,相邦呂不韋造,寺工聾,丞義,工寫。寺工。

《文物》1982.3.13 戟

四年,相邦呂不[韋造],寺工聾,丞[義,工]可。

《考古》1959.9.457 戈

四年,相邦呂不韋造,寺工聾,丞我,工可,戟。文。寺工。

《秦銅》圖版 64 戟

四年,相邦呂不韋造,高工侖,丞申,工地。

《文物》1987.8.63 矛

五年,相邦呂不韋造,詔事圖,丞戠,工寅。詔事。屬邦。

《三代》20.29.1 戈

五年,相邦呂不韋造,少府工室阸,丞冉,工九。武庫。少府。

《秦銅》圖版 69 戈

五年,相邦呂不韋造,寺工讋,丞義,工成,午。寺工。
《考文》1983.4.戟

七年,相邦呂不韋造,寺工周,丞義,工竟。壬。寺工。
《秦銅》圖版70戟

八年,相邦呂不韋造,詔事圖,丞蕺,工奭。詔事。屬邦。
《文物》1979.12.17戈

九年,相邦呂不韋造,蜀守金,東工守文居,戈三。成都。蜀東工。
《考古》1991.1.16戟

十七年,丞相啓狀造,郃陽嘉,丞兼,庫腄,工邪。
《文物》1986.3.43戈

上揭戈銘"相邦"典籍作"相國",其位尊於"丞相"。人名除"樛斿"待考外,"義"、"冉"、"觸"、"呂不韋"、"啓狀"分別是張儀、魏冉、壽觸、呂不韋、隗狀。他們都是秦國中央機構的最高官員。鑄造地點"櫟陽"、"雍"、"咸陽"都曾爲秦都。"西"即西縣,也見秦公簋,與"郃陽"都是秦境重地。

2. 地方監造。監造者爲郡縣最高長官"守",製造地以上郡最多。例如:

二年,上郡守冰造,高工丞沐□,工隸臣徒。
《文物》1982.11戈

三年,上郡守冰造桼(漆)工師□,丞□,工城旦□。
《錄遺》583戈

王五年,上郡□疾造,高奴工羿 《人文》1960.3戈

王六年,上郡守疾之造,□□□□□。
《秦銅》圖版28戈

七年,上郡守閒造,桼(漆)垣工師嬰,工鬼薪帶。高奴。平周。
《文物》1987.8.61戈

王十年,上郡守疾之造,□豐。《貞松》中66戈

十二年,上郡守壽造,漆垣工師乘,工更長犄。洛都。廣衍。
《文物》1977.5戈

十三年,上郡守壽造,桼(漆)垣工師乘,工更長椅。

《武陵》34 戈

□年,上郡守□造,桼(漆)垣工師乘,工更長椅。定陽。

《文博》1988.6.39 戈

十五年,上郡守壽之造,桼(漆)垣工師乘,丞鶂,冶工隸臣椅。

《考古》1990.6 戈

十八年,桼(漆)工帀(師)□,丞臣造,工□□□。

《文物》1959.9 戈

廿四年,上郡守壽臧造,高奴工師竈,丞申,工隸臣渠。上洛徒。

《文研》12.261 戈

廿五年,上郡守厝造,高奴工師竈,丞申,工鬼薪詘。上郡武庫。洛都。

《集成》11406 戈

廿七年,上郡守趙造,桼(漆)工師□,臣抾,工隸臣積。□陽。

《集成》11374 戈

卅八年,上郡守慶造,桼(漆)工瞀,丞秦,工隸臣于。

《文物》1998.10 戈

卅年,上郡守起造,桼(漆)工師□,臣絡,工隸臣□。□平周。

《考古》1992.8 戈

卅年,上郡守起□,高工師□,丞秦,□隸臣庚。

《文参》1957.8 戈

以上 17 件上郡戈,可能還有遺漏,但足以說明上郡應是秦國最大的製造兵器基地。除上郡之外,尚有由其他地方監造的兵器。例如:

六年,漢中守□造,左工師齊,丞□,工牲。公。成。

《集成》11367 戈

廿二年,臨汾守曋,庫系,工猷造。

《考古》1978.1.65 戈

廿六年,蜀守武造,東工師宦,丞未,工□。

《文物》1974.5.74 戈

卅四年,蜀守□造,西工帀(師)□,丞□,工□。成十,邛,陝。

《秦集》圖版 29 戈

廿六年,□相守敄佮(造),西工宰閻,工□。

《文物》1980.9.94 戈

廣衍,上武。□陽。　　　《文物》1977.5 圖版叁 3 矛

廣衍。中陽。　　　　　《文物》1987.8.63 戈

值得注意的是,戈銘"上郡"、"臨汾"、"蜀"、"漢中"分別在秦腹地的北、東、南三方,是秦統一前所建上郡、河東郡、蜀郡、漢中郡的雛形。如果加上秦公簋的"西"(西縣),恰好構成秦國疆域的四至。

以上記量銘文和兵器銘文中的"寺工",在秦始皇年代的兵器銘文中出現尤多。例如:

二年,寺工聻,丞角。寺工。　《秦銅》圖版 58 戈

□年,寺工聻,□工喜。寺工。　《集成》11197 戈

十五年,寺工敏,工黑。寺工。丙□。左戊六。

《秦銅》圖版 75 鈹

十六年,寺工敏造,工黑。寺工。子。戊三。

《秦銅》圖版 78 鈹

十七年,寺工敏造,工寫。寺工。子。五九。

《秦銅》圖版 79 鈹

十八年,寺工敏,工寫。寺工。五三。

《秦銅》圖版 85 鈹

十九年,寺工邦,工目。六。左。寺工。卅八。

《秦銅》圖版 86 鈹

關於寺工已有學者詳加考釋[8],綜合諸家的成果可知寺原是設置於宮内的職官。《漢書·外戚傳》注:"寺者,掖庭之官舍。"後來引申爲官府。黃盛璋以爲《漢書·百官公卿表》之屬官"寺互"乃"寺工"之訛變[9]。根據以上兵

器銘文,可知寺工的屬官有丞、工。

中央監造者"相邦"、"丞相",地方監造者"守",都是秦器的名義監造者。具體主辦者有"士上造"、"工師"、"工大人"、"工宰"等(秦始皇年間則有"寺工"、"丞"、"庫"、"詔事"、"少府"等)。實際製造者有"工"、"工隸臣"、"工城旦"、"工鬼薪"、"工更"等。因此,秦國兵器銘文與三晋兵器銘文一樣,亦屬三級監造形式。如果再具體細分,惠王至昭王時期多屬"相邦"、"工師"、"工"三級,始皇時期則多爲"相邦"、"寺工"、"丞"、"工"四級⑩。

三晋兵器銘文中工師均合書作"釆",秦國兵器銘文則分書作"工 帀"。而且昭王之世及以前,"工師"的"師"作"帀",昭王以後才出現"師"⑪。另外,三晋兵器銘文"造"字異體甚多,秦兵器銘文只作"造"。其中作"之造"者應早於作"造"者。

虎符,是秦器特有的品類,迄今已發現三件。銘文基本相同。杜虎符銘云:

> 兵甲之符,右在君,左在杜。凡興士被甲,用兵五十人以上,必會君符,乃敢行之。燔燧之事,雖毋會符,行殹。

《文物》1979.9. 圖版 8

"右在君"的"君"應指惠文君,公元前 324 年惠文君始稱王。因此杜虎符鑄造年代應在稱王以前,即公元前 337—前 325 年間⑫。新郪虎符(《秦金》83)銘"右在王"的"王"待考,但必晚於杜虎符。陽陵虎符(《秦金》82)銘"右在皇帝",顯然作於秦統一之後。虎符銘文純屬小篆,是秦國標準文字。

## 三、石器銘文

秦國石刻文字源遠流長,石鼓文、詛楚文、嶧山碑都是石刻文字中的皇皇巨製。唐代初年發現的石鼓文,倍受歷代學者文人的重視。然而一直到北宋,釋讀的能力還相當低。大文人蘇東坡曾感嘆:"强尋偏旁推點畫,時得一二遺八九。我車既攻馬亦同,其魚維鱮貫之柳。"自注:"其詞云'我車既攻,我馬既同'。又云'其魚維何,維鱮維鯉。何以貫之,維楊與柳'。惟此六句可讀,餘多不可通。"⑬南宋時期的釋讀已經有了明顯的進步⑭。以後歷代研究石鼓文的著作很多,郭沫若的《石鼓文研究》是其中最著名的一種。

關於石鼓的年代,迄今主要有三説:西周説、春秋説和戰國説。清代以前多主周宣王説,其理由是石鼓文有幾個字與《説文》籀文相合,如"樹"作"𣘗","囿"作"𡆥","員"作"鼎","癸"作"𦥑","辭"作"𤔲"等,籀文又傳爲宣王太史籀所書,因此,把石鼓年代定爲周宣王似乎是順理成章的。我們認爲籀文是整齊化的西周中晚期之字,它不但是石鼓文的遠祖,也是戰國文字的遠祖。石鼓文有若干字與籀文形體吻合並不奇怪。至於周文王説、周成王説,甚至後周説更不着邊際,現在已無人相信。自南宋鄭樵首先提出石鼓:"皆是秦篆,以也爲殹,見于秦斤;以丞爲氶,見于秦權。"⑮之後,經馬衡、羅振玉、馬叙倫、郭沫若等學者反復研究⑯,定石鼓爲秦刻石已無疑問。然而"秦"是相當長的歷史時期,郭沫若襄公八年説可以早到周平王元年,羅振玉、馬叙倫文公説屬春秋前期,馬衡穆公説則屬春秋中期偏早。根據石鼓文的文字結構和書寫風格,我們傾向鄭樵和唐蘭的戰國説⑰。

秦武公的秦公鐘、鎛和秦景公的秦公鐘、簋,是公認的春秋早期秦國銘文。如果把四器與石鼓文比較,可以看出:雖然同是非常整飭的秦篆,但前者流暢,後者呆板。唐蘭以秦公鐘與石鼓文比較:

| 邁 | 邁 | 溝 | 溝 | 《汧沔》 |
| 禹 | 禹 | 禽 | 禽 | 《𣫠敕》 |
| 竈 | 竈 | 竈 | 竈 | 《吴人》 |
| 顯 | 顯 | 碩 | 碩 | 《𣫠敕》 |
| 多 | 多 | 趞 | 趞 | 《𣫠敕》 |

很明顯石鼓的筆畫,諸如"九"、"内"、"𠂤"、"卩"等形,均顯出時代較晚的特徵。這僅是從筆畫風格分析,還可以從字形結構分析:

"或",本作"𢨋"形(或父癸方鼎),从"○"("城"之初文)。西周早期則演變爲"或"形(何尊)。新出秦鐘作"或"形,傳世秦公鐘作"或"形("國"之偏旁）。由此可見，春秋以前"或"均從"○"。戰國古璽始出現從"ㅂ"的"或"（《璽文》6.8）。而石鼓《雷雨》却作"𢧄"形，很難設想春秋中期以前就出現從"ㅂ"這一訛變形體。

"朝"盂鼎作"𩖈"形，克盨作"𩖉"形，朝歌右庫戈作"𩖊"形，古璽作"𩖋"形，漢印作"朝"形。其訛變關係有迹可尋：

刂→𠃜→日

檢石鼓《吳人》"朝"作"𩖌"形，其右旁訛變應在"𠃜"形之後，與小篆作"𩖍"形甚近。這說明其字形不古。

儘管石鼓文的絕對年代還有待進一步研究，但石鼓文字體晚於秦公簋則是肯定的。我們認爲當銘刻內容不能說明其年代時，用字形發展的規律限定銘刻相對年代是切實可行的。通過以上分析可知，石鼓文的年代不會早於春秋晚期。因此，可以把石鼓文列入戰國文字之內研究。

近年，學者對石鼓文的年代又多有討論，或以爲應在春秋戰國之際[18]，或以爲秦"景公時的可能性極大"[19]。我們認爲在沒有確鑿的證據之時，春秋戰國之際說可能更爲穩妥。有學者認爲戰國時已無賦詩風尚，用以證明石鼓詩類似《詩經》，從而得出石鼓詩不可能作於晚周[20]。其實戰國時代也有賦詩的風尚，戰國中山王器多次引用《詩經》即其例。

詛楚文是北宋時陝西鳳翔發現的秦刻石銘文。原石三件均已亡佚，現存三種刻本，即巫咸、大沈厥湫、亞駝[21]，後一種可能是僞刻[22]。三石除神名不同外，內容基本相同。關於詛楚文的年代，歷來說法也頗有分歧。我們傾向歐陽修最初的推斷[23]：楚王熊相即楚頃襄王橫，"相"、"橫"叠韻，例可通假。何況自楚成王以下"十八世"也恰好是楚頃襄王。以此類推，銘文"秦嗣王"應是秦昭襄王[24]。至於銘文云楚"率諸侯之兵以臨加我"，史書或有缺載，但決不能得出熊相是楚懷王熊槐的結論[25]。有關詛楚文的真僞，古今學者也有持懷疑者[26]，近來有學者用大量證據證明其不僞[27]，應是可信的。

石鼓文 400 餘字,詛楚文 300 餘字。二者均保存了若干形體較早的秦篆,是研究統一以前文字的重要材料。

　　最近,一件由個人收藏的秦駰玉版(據悉已入藏上海博物館)已正式公布㉘。玉版共兩件,皆用墨玉製成,文字或有殘泐,甲版比乙版尤甚。如果以甲版補乙版,可得 299 字。器主駰乃秦惠文王駰。《呂氏春秋‧首時》注、《後漢書‧西羌傳》、《史記‧秦本紀》索隱均以秦惠文王名"駰","駰"與"駰"字形相近,故典籍"駰"當爲"駰"之形訛㉙。銘文大意爲:

　　孟冬十月,駰久病不愈,於是祭祀"天地"、"四極"、"三光"、"山川"、"神示(祇)"、"五祀"、"先祖",但無濟於事。又謹用"芥(介)圭"、"吉璧"、"吉叉(琡)"㉚爲貢品,祭告華山之神,求神釋罪。次年八月,果然病體康復。爲報答華山之神,用"牛羲(犧)"、"羊"、"豢"、"路車"、"馬"、"璧"等祭奠。然後將祭品掩埋於華山,以祓除殃咎,後世子孫以此爲法。

　　甲版正面多爲方折之筆,文字疏朗開闊;乙版多爲圓轉之筆,文字厚重緊湊。後者與古隸形體尤近,這對研究秦篆的發展和演變提供了難得的資料。

## 四、貨幣文字

　　布帛始終是秦國主要的實物貨幣,戰國中期以後才開始流通金屬貨幣圜錢。據《史記‧秦始皇本紀》載秦惠文王"立二年,初行錢",因此公元前 336 年應是秦鑄錢幣的絕對年代,秦圜錢銘文計有:

| | |
|---|---|
| 重一兩十二珠(銖) | 《古錢》上 283 |
| 重一兩十三珠(銖) | 《古錢》上 283 |
| 重一兩十四珠(銖) | 《古錢》上 283 |
| 半睘(圜) | 《古錢》上 227 |
| 兩甾(錙) | 《古錢》上 253 |
| 半兩 | 《貨系》4282 |

　　銘文以"銖"、"錙"、"兩"爲貨幣單位,不記鑄造地,反映了秦王室很早

第三章　戰國文字分域概述　231

就壟斷了貨幣的鑄造權。圜錢銘文還有"文信"(《古錢》上 217 頁)，是文信侯呂不韋私鑄；"長安"(《古錢》上 251 頁)，是始皇弟長安君私鑄，都比較特殊。

圜錢是秦國主要的貨幣品類，戰國晚期鑄行的"半兩"錢成爲秦統一後的通行貨幣[31]。至於秦地所出方足布"寧"、"寶"(《藥雨》)，應是贋品。秦幣銘文沒有地名[32]，這是與東方六國不同之處。

## 五、璽印文字

秦國璽印與六國璽印相比，呈現截然不同的風格。王人聰撰文總結秦國官印爲十一項特點[33]，今撮其要摘錄七項如下：

① 秦官印稱"印"不稱"璽"，與衛宏《漢舊儀》"秦以來，天子獨以印稱璽，又獨以玉，群臣莫敢用"相符。雲夢秦簡則"璽"、"印"並稱，這應是統一前的情況。

② 已有官署公章(如"私府"、"中官徒府")和吏員專用印(如"御府丞"、"邦司馬印")的分別。

③ 秦官印除少量打印陶器戳記爲陶質之外，其他多是銅印。

④ 秦官印鈕式可分二式：A 式，印背作四面傾斜，故稱壇鈕。上限可早至戰國，下限不會晚於秦。B 式，印身不起臺，印背爲平面，鈕脚與之相接，故又稱瓦鈕。上限不會早於秦，下限可至西漢。

⑤ 方形印印面一般爲 2.2—2.4 釐米之間，較小者爲 1.8—2.2 釐米之間，長方形印面爲 1.2×2.3 至 1.3×2.4 釐米之間，較小者爲 1.1×1.8 至 1.1×1.9 釐米之間。

⑥ 印面印文之間多有"田"字格，或"日"字格(或稱"半通印")。

⑦ 秦官印多爲鑿款，陰文有邊框，字體整齊而不呆板，頗類秦權、詔版。

關於秦印的範圍，既包括統一以前的秦國，也包括統一以後的秦王朝。不過要區別二者"不但無必要，而且幾乎是不可能的"[34]。近年新發現了大量秦印資料。王輝結合傳世資料做了全面系統的整理，今據其《秦印通論》分類簡單介紹如下：

1. 官印

1.1 皇帝璽。如"皇帝信璽"(《封泥》2.6)。

1.2 丞相印。如"丞相□印"(《考文》1997.1.44 圖1)、"左丞相印"(《考文》1997.1.44 圖2)、"右丞相印"(《考文》1997.1.44 圖3)等。

1.3 宗廟禮儀官印。如"泰(太)醫丞印"(《考文》1997.1.44 圖9)、"祝印"(《考文》1997.1.44 圖10)、"祠祀"(《考文》1998.2.51 圖17)等。

1.4 宮廷事務官印。如"宗正"(《考文》1997.1.44 圖7)、"少府"(《考文》1997.1.44 圖8)、"永巷丞印"(《考文》1997.1.44 圖14)、"西方謁者"(《考文》1997.1.45 圖55)、"宦者丞印"(《考文》1997.1.45 圖59)、"佐弋丞印"(《考文》1997.1.45 圖48)、"南宮尚浴"(《官徵》0009)、"居室丞印"(《封集》2662)、"御羞丞印"(《考文》1997.1.46 圖64)、"弄狗厨印"(《官徵》0011)、"樂府丞印"(《考文》1997.1.45 圖55)等。

1.5 宮廷宿衛侍從官印。如"郎中丞印"(《考文》1997.1.44 圖6)、"衛尉之印"(《考文》1998.2.51 圖1)、"衛士丞印"(《書法報》1997.4.9.4版)、"公車司馬丞"(《考文》1997.1.44 圖16)、"寺從"(《考文》1997.1.46 圖72)等。

1.6 民族事務官印。如"屬印"(《十鐘》2.55)、"屬邦(國)工室"(《考文》1997.1.46 圖70)、"郡左邸印"(《考文》1997.1.45 圖34)、"泰(大)行"(《考文》1997.1.45 圖33)等。

1.7 穀貨之官印。如"銍將粟印"(《官徵》0017)、"泰(大)倉"(《考文》1997.1.45 圖39)、"倉吏"(《璽彙》5561)、"采司空印"(《考文》1997.1.45 圖60)、"西鹽"(《考文》1997.1.48 圖145)等。

1.8 工官印。如"左司空臣"(《封集》2660)、"右司空印"(《官徵》0018)、"琅邪司丞"(《封集》363)、"咸陽工室丞"(《考文》1998.2.52 圖38)、"工師之印"(《璽彙》0151)、"寺工丞印"(《考文》1997.1.45 圖52)、"王戎兵器"(《璽彙》5707)、"詔事之印"(《考文》1997.1.46 圖68)、"泰(大)匠丞印"(《考文》1997.1.45 圖61)、"鐵兵工丞"(《考文》1998.2.51 圖31)等。

1.9 武官印。如"邦(國)尉之印"(《秦集》圖版143)、"中尉之印"(《書法報》1997.4.9.4版)、"邦司馬印"(《官徵》0057)、"發弩"(《官徵》0078)、"四川輕車"(《秦集》圖版143)、"軍假司馬"(《封泥》5.3)、"都船丞印"(《考文》1997.1.46圖66)等。

1.10 司法刑獄官印。如"安民正印"(《官徵》0016)。

1.11 府庫官印。如"御府丞印"(《秦集》圖版143)、"私府丞印"(《考文》1997.1.46圖75)、"北司庫印"(《官徵》0033)、"信宮車府"(《封泥》11.5)、"中府丞印"(《考文》1997.1.46圖82)、"泰(大)内丞印"(《考文》1998.2.51圖5)、"内府"(《璽彙》3358)、"武庫丞印"(《考文》1997.1.46圖65)、"特庫丞印"(《考文》1997.1.47圖109)、"中厩馬府"(《考文》1997.1.44圖26)等。

1.12 厩苑官印。如"章厩將馬"(《官徵》0023)、"宮厩丞印"(《考文》1997.1.44圖23)、"中厩將馬"(《考文》1997.1.44圖27)、"左厩丞印"(《考文》1997.1.44圖28)、"右厩丞印"(《考文》1997.1.44圖33)、"小厩丞印"(《考文》1997.1.44圖31)、"泰(大)厩丞印"(《考文》1997.1.44圖18)、"騎馬丞印"(《考文》1998.2.51圖3)、"上林郎池"(《官徵》0003)、"章臺"(《考文》1997.1.46圖91)、"杜南苑丞"(《考文》1997.1.47圖96)、"左雲夢丞"(《考文》1997.1.47圖99)、"麇圈"(《考文》1997.1.47圖98)、"具園"(《考文》1998.2.51圖24)等。

1.13 田官之印。如"泰(太)上寢左田"(《官徵》0015)、"左(佐)田之印"(《考文》1997.1.47圖102)、"小厩南田"(《官徵》0030)等。

1.14 交通運輸。如"長夷涇橋"(《官徵》0031)、"宜陽津印"(《官徵》0032)、"日馬丞"(《十鐘》2.6)、"傳舍之印"(《官徵》0060)、"郵印"(《官徵》0090)、"都水丞印"(《考文》1997.1.44圖11)等。

1.15 地方官吏之印。如"内史之印"(《考文》1997.1.46圖67)、"潦(遼)東守印"(《續封》2.15)、"九江守印"(《續封》2.15)、"太原守印"(《封集》517)、"濟北太守"(《續封》2.15)、"即墨太守"(《續封》2.17)、"四川太守"(《考文》1998.2.52圖41)、"叄(三)川尉印"(《封集》707)、"咸陽城印"(《考文》1997.1.44圖112)、"寧秦丞印"(《考文》1998.2.52圖45)、"藍田丞印"(《考文》1997.1.47圖120)、"杜丞之印"(《考文》1997.1.47圖123)、"下邦丞

印"(《考文》1997.1.47圖121)、"苬(芷)陽丞印"(《考文》1997.1.47圖122)、"鄭丞"(《考文》1997.1.48圖136)、"戲丞之印"(《考文》1996.4.57圖2)、"高陵丞印"(《考文》1997.1.47圖124)、"翟道丞印"(《考文》1997.1.48圖125)、"蘋(頻)陽丞印"(《考文》1997.1.48圖126)、"臨晉丞印"(《考文》1997.1.48圖127)、"利陽右尉"(《秦集》圖版152)、"衙丞之印"(《封集》853)、"重泉丞印"(《封集》854)、"襄德丞印"(《考文》1997.1.48圖129)、"雲陽丞印"(《考文》1997.1.48圖131)、"聱丞之印"(《考文》1997.1.48圖132)、"美陽丞印"(《考文》1997.1.48圖133)、"雍丞之印"(《考文》1997.1.48圖134)、"栒邑尉印"(《官徵》0034)、"杜陽左尉"(《官徵》0035)、"瀘(廢)丘左尉"(《官徵》0036)、"商丞之印"(《考文》1997.1.48圖148)、"新安丞印"(《封集》857)、"安邑丞印"(《考文》1997.1.48圖137)、"蒲反丞印"(《考文》1997.1.48圖138)、"高陽丞印"(《封集》865)、"屯留"(《封集》1670)、"葉丞之印"(《秦集》圖版154)、"鄧丞之印"(《考文》1998.2.52圖50)、"蔡陽丞印"(《考文》1998.2.52圖51)、"曲陽左尉"(《官徵》0037)、"樂陰右尉"(《官徵》0040)、"丕鄗尉印"(《官徵》0041)、"原都左尉"(《官徵》0038)、"洛都丞印"(《考文》1997.1.48圖147)、"襄城丞印"(《考文》1997.1.48圖139)、"新城丞印"(《封集》855)、"潁陽丞印"(《封集》859)、"女陰丞印"(《考文》1997.1.48圖140)、"長平丞印"(《考文》1997.1.48圖141)、"南頓丞印"(《考文》1998.2.52圖56)、"臨菑丞印"(《封集》882)、"下密丞印"(《封集》910)、"高密丞印"(《封集》911)、"夜丞之印"(《封集》892)、"東牟丞印"(《封集》894)、"腄丞之印"(《封集》893)、"黃丞之印"(《封集》861)、"堂邑丞印"(《考文》1998.2.52圖48)、"游陽丞印"(《考文》1998.2.52圖47)、"蘭陵丞印"(《封集》896)、"建陵丞印"(《考文》1997.1.48圖143)、"承丞之印"(《考文》1998.2.52圖50)、"相丞之印"(《秦集》圖版156)、"成都丞印"(《考文》1998.2.52圖52)、"芒丞之印"(《封集》864)、"南鄭丞印"(《考文》1997.1.48圖144)、"西成丞印"(《秦集》圖版156)、"吳丞之印"(《秦集》圖版156)、"冀丞之印"(《秦集》圖版156)、"蘭干丞印"(《考文》1997.1.48圖146)、"代馬丞印"(《考文》1997.1.47圖116)、"邯鄲之丞"(《秦集》圖版157)、"西共丞印"(《考文》1997.1.48圖149)、"魯丞之

印"(《封集》913)、"駰丞之印"(《考文》1997.1.44 圖 15)、"任城丞印"(《考文》1998.2.52 圖 49)、"薛丞之印"(《秦集》圖版 157)、"般陽丞印"(《秦集》圖版 157)、"梁鄒丞印"(《封集》873)、"濟陰丞印"(《考文》1998.2.52 圖 53)、"定陶丞印"(《封集》863)、"都昌丞印"(《封集》891)、"盧丞之印"(《秦集》圖版 158)、"櫟陽鄉印"(《秦集》圖版 158)、"安平鄉印"(《秦集》圖版 158)、"高陵鄉印"(《秦集》圖版 158)、"宜野鄉印"(《秦集》圖版 158)、"顫里典"(《璽彙》3232)、"菅里"(《十鐘》2.58)等。

  1.16 市亭之印。如"咸陽亭印"(《考文》1997.1.47 圖 113)、"召亭之印"(《官徵》0394)、"都亭"(《官徵》0395)、"亭印"(《官徵》0080)、"市印"(《官徵》0091)、"都市"(《官徵》0489)、"軍市"(《璽彙》5708)、"鐵市丞印"(《考文》1998.2.51 圖 6)等。

  1.17 封爵印。如"昌武君印"(《官徵》0001)、"長安君"(《海印》28)、"鄭大夫"(《十鐘》2.54)、"南郡侯印"(《十鐘》2.47)等。

  1.18 其他。如"左礜桃丞"(《考文》1997.1.47 圖 100)、"右礜桃丞"(《考文》1997.1.47 圖版 101)、"走士丞印"(《考文》1997.1.47 圖 107)、"宣曲喪吏"(《官徵》65)等。

  2. 吉語印

  秦國吉語璽印多屬吉語、箴言性質。如"中精外誠"(《故宮》477)、"日敬(儆)毋治(怠)"(《璽彙》4884—4888)、"思言敬事"(《故宮》479)、"壹心慎事"(《十鐘》3.2)、"忠仁思士"(《十鐘》3.1)、"慎原奉(恭)敬"(《珍秦》展 183)、"中(忠)仁"(《秦集》圖版 185)、"中(忠)壹"(《十鐘》3.6)、"忠信"(《珍秦》展 190)、"修身"(《湖璽》106)、"云子思士"(《十鐘》3.2)、"志從"(《璽彙》4340)、"高志"(《考文》1985.6.38 圖 4)、"安衆"(《十鐘》3.7)、"宜民和衆"(《十鐘》3.2)、"富貴"(《秦集》圖版 186)、"萬歲"(《秦集》圖版 186)、"萬金"(《珍秦》展 187)等。

  3. 姓名私印

  秦國姓名私印,多爲長方形,或圓形,如《秦集》圖版 133—183。

  秦璽文與戰國秦文字一脉相承,而與六國文字迥異。例如:

| | | | | | | |
|---|---|---|---|---|---|---|
| 丞 | 🔣 | 石鼓《汧沔》 | 🔣 | 《十鐘》2.6 | 🔣 | 嗣子壺 |
| 敬 | 🔣 | 石鼓《吴人》 | 🔣 | 《十鐘》3.1 | 🔣 | 《璽文》9.3 |
| 宜 | 🔣 | 秦子戈 | 🔣 | 《十鐘》3.2 | 🔣 | 《璽文》7.10 |
| 張 | 🔣 | 詛楚文 | 🔣 | 《十鐘》3.9 | 🔣 | 《璽文》9.7 |
| 乘 | 🔣 | 石鼓《吴人》 | 🔣 | 《十鐘》3.13 | 🔣 | 《璽文》7.5 |

## 六、陶器文字

秦國陶文多發現於咸陽遺址和始皇陵,其年代爲戰國中期至始皇年間。據學者研究,秦陶文分爲三類(不另注明者均引自《秦陶》):

1. 陶俑、陶馬文字

陶文爲陶工名,或在人名前著"宫",如"宫系"(253)、"宫積"(300)等;或在人名前加地名,如"咸陽野"(335)、"咸敬"(323)、"咸陽高、櫟陽重、臨晋□、安邑□"(368)等;或僅記人名,如"鉨"、"談留"(386)等。

2. 墓志瓦文

陶文多爲死者的姓名、籍貫和身份,如"東武居貲上造慶忌"(479)、"蘭(蘭)陵居貲便里不更牙"(491)等。這類陶文是我國最早的墓誌文。

3. 磚瓦、陶器文字

甲、中央監造。陶文多爲官名,如"左后(司)空"(494)、"右司空"(616)、"大匠"(783)、"都船"(1011),均見於文獻;"寺水"(852)、"宫水"(895)、"北司"(983)等則不見於文獻。

乙、地方監造。陶文均爲地名、人名,如"美陽工蒼"(1201)、"宜陽肆"(1230)、"下邽"(1255)、"蒲反"(1261)等。地名多在秦境。

丙、亭市監造。可分兩種:

其一,咸陽亭、市監造,如"咸陽市牛"(1277)、"咸陽亭久"(1282)、"亭久"(《市亭》圖9.1)等。其中"久"應讀"記",《説文》引《詩》曰,貽我佩玖,讀若芑",是其證。《雲夢秦簡·工律》"其不可刻久者,以丹若桼書之",其"刻久"即"刻記"。這類陶文"亭"下還多綴"里",作"咸亭某里某器",如"咸亭酈里絫器"(1331)、"咸亭涇里償器"(1401)等。"咸亭"即"咸陽亭"。這類陶文或省"里",如"咸亭當柳昌器"(1421)、"咸亭陽安駢器"(《市亭》圖 4.3)等;或省"亭"、"器",如"咸郦里致"(1379)、"咸郔里奢"(1411)等;或省"亭"、"里"、"器",如"咸郦小有"(1336)、"咸新安盼"(1393)等。

其二,地方亭、市監造,如"杜亭"(2779)、"雋亭"(1305)、"櫟市"(1318)、"陝市"(《市亭》圖 3.4)等。

丁、其他。厩苑陶文,如"宮厩"(1465)、"中厩"(1462)、"小厩"(1463)、"左厩容八斗"(1461)等;飤官陶文,如"麗山飤官"(1466)、"厨"(1481)等;記量陶文,如"隱成呂氏缶容十斗"(1484)、"北圓呂氏缶容十斗"(1488)等。

近年,在陝西境内的清澗李家崖、岐山周原、鳳翔南指揮村、臨潼秦東陵、臨潼劉莊、臨潼城東側、臨潼韓峪鄉、臨潼劉寨村、咸陽塔兒坡、丹鳳商邑古城、黃龍、鄜縣等地,發現許多秦國陶文,王輝《秦文字集證·新出陶文考釋》有詳密考證。

建國以前在陝西户縣發現的瓦書,近來正式發表(《古研》14.178),已有學者撰文研究⑧。該器反正面均有刻銘,自銘"瓦書",是陶文中獨特的品類。刻文 121 字,也是陶文中最長的一篇。瓦書作於秦惠文王四年"冬十一月辛酉",是一件時間明確的標準器。銘文内容記載右庶長歜(即兵器銘文之"丞相觸")封邑的經過,爲研究秦國土地制度提供了珍貴的考古實物資料。秦瓦書筆畫方折險勁,秦陶文筆畫圓轉渾厚,風格懸殊。瓦書文字或與標準秦篆有别,如"查"、"柰"、"障"、"臺"等。"瓦"作"冃","到于"合書作"刳",在先秦文字中亦相當罕見。

秦瓦當文字雖然遠不如漢代瓦當文字資料豐富,不過目前已發現 10 餘種。明確屬於戰國中晚期的有"日月山川利"、"華市"、"橐泉宫當"(《考文》2000.3.67),傳世品有"左宫"、"右宫"等(《陶録》2)。

## 七、簡牘文字

1975 年,在湖北雲夢睡虎地秦墓出土 1 155 支竹簡⑳。這批歷史上第一

次發現的秦簡,內容豐富,多達 10 種:

甲、《編年記》竹簡 53 支,記載秦昭王元年(公元前 306 年)至秦始皇三十年(公元前 217 年)間的大事。多與《史記》記事相合,有學者已撰文詳細考證[⑦]。秦簡記事時間或與《史記》相差一年,或記事比《史記》詳細,凡此無疑有重要的史料價值。眾所周知,《竹書紀年》或可糾正《史記》之誤,但《紀年》止於魏襄王二十年(公元前 298 年),《編年記》恰可上接《紀年》,對研究戰國晚期的歷史具有重大意義。

乙、《語書》竹簡 14 支,內容記載秦始皇二十年(公元前 227 年)四月,南郡守騰頒發本郡所轄各縣、道的地方政府文告。

丙、《秦律十八種》、《效律》、《秦律雜抄》三種,均屬秦律。

①《秦律十八種》竹簡 201 支,律文名稱爲"田律"、"廄苑律"、"倉律"、"金布律"、"關市"、"工律"、"工人程"、"均工"、"徭律"、"司空"、"軍爵律"、"置吏律"、"效"、"傳食律"、"行書"、"內史雜"、"尉雜"、"屬邦"等。

②《效律》竹簡 60 支,律文規定核驗物資賬目、統一度量衡等制度。

③《秦律雜抄》42 支,律文名稱爲"除吏律"、"游士律"、"除弟子律"、"中勞律"、"藏律"、"公車司馬獵律"、"牛羊課"、"傅律"、"敦表律"、"捕盜律"、"戍律"等 11 種。

以上三種,對探討早已失傳的秦律具有重要的史料價值。

丁、《法律答問》竹簡 210 支,以問答形式,對 187 條刑法條文、術語予以解釋。有學者認爲,這些律文"很可能是商鞅製定的原文。因此,這篇簡有特殊的重要性"[⑧]。

戊、《封診式》竹簡 98 支,共 25 節。內容是對官吏審理案件的要求,包括調查、檢驗等程序,還有若干具體案例、現場偵察等記載。

己、《爲吏之道》竹簡 51 支,內容似乎爲學吏的課本。部分文字與《禮記》、《大戴禮記》、《說苑》等吻合。

庚、《日書》兩種,甲種 166 支,乙種 257 支。內容有關吉凶宜忌,屬數術類。其中秦、楚月名對照表十分重要,而有關十二生肖的記載,使這一習俗的時間由東漢提前到戰國末年。至於有關鬼怪的描述,對推究此類著作的源頭也提供了珍貴的資料。關於《日書》已有學者專門研究㊴。

秦簡十種寫作時間不一，其上限不會超出秦昭王五十一年（公元前 256 年），其下限爲秦始皇三十年（公元前 217 年）。這無疑是研究秦國末期文字的最完備材料。秦簡字體屬於典型的古隸，一般説來比六國文字容易認識，但其中也保存若干比較特殊的字形，例如："𣙙"（椒）、"𣙵"（根）、"属"（屬）、"𨳔"（辟）、"𠂂"（蚩）等。另外，以"闕"爲"關"，以"䜌"爲"卵"，以"殹"爲"殿"，以"踹"爲"害"等，也是很有趣的音轉現象。

1986 年，在甘肅天水放馬灘 1 號墓中，出土秦簡 460 支，内容包括三種㊵：

甲、《墓主記》竹簡 7 支。簡首紀年"八年"，或以爲秦王政八年㊶，或以爲秦昭襄王三十八年㊷。簡文記載墓主丹因刺傷人被棄市掩埋，三年後復活，又四年後有聞能食的故事。這與張華《博物志》、干寶《搜神記》、蒲松齡《聊齋志異》等志怪小説頗爲類似㊸。

乙、《日書》甲種 89 支，包括"月建章"（12 支）、"建除書"（9 支）、"亡盜章"（20 支）、"人月吉凶章"（30 支）、"擇行日"（4 支）、"男女日"（4 支）、"生子章"（3 支）、"禁忌章"（7 支）等。與睡虎地簡《日書》比較，放馬灘簡《日書》顯得更爲簡略。"秦人重政治輕鬼神，而楚人重鬼神輕政治，鬼神觀是非常嚴重的，這就是兩部日書的最大特點。爲此可以説，《放》簡是純秦《日書》，《睡》簡是純楚《日書》"㊹。

丙、《日書》乙種 379 支，完整資料尚未發表，何雙全有釋文摘錄，參《文物》1989 年 2 期圖版陸簡 223—240。其中"月建"、"建除"、"生子"、"人月吉凶"、"男女日"、"盜者"、"禹須臾行"7 章與甲種同。另外還有"門忌"、"日忌"、"月忌"、"五種忌"、"入官忌"、"天官書"、"五行書"、"律書"、"巫醫"、"占卦"、"牝牡月"等 11 章。

1979 年，四川青川郝家坪秦墓出土一件木牘（《文物》1982.1.11），内容爲秦武王二年頒布的田律，從中可以考察秦國的田畝制度，有極其珍貴的史料價值。近年，研究者引用阜陽漢簡"卅步爲則"，以解釋青川木牘"田廣一步,亥八則爲畛"⑮,解決了牘文一條重要史料的釋讀。青川木牘是迄今爲止所知最早的古隸,對研究隸書的形成提供了可信的考古資料。牘文"畎"字的發現,爲解決"畎"字的形成問題找到了一把鑰匙(詳第五章第六節)。

雲夢睡虎地秦墓除出土了大批竹簡文字之外,還出土了 2 件木牘文字(《雲夢》圖版 167、168)。其內容爲前綫士兵寫給家中的信件。牘文不但記載了秦王政二十三年(公元前 222 年)攻滅楚國的戰爭,而且記載士兵須自備衣物,有較高的史料價值。這兩件木牘又是我國最早的家書實物,彌足珍貴。木牘文字欹斜草率,亦屬古隸。

## 八、木器文字

雲夢睡虎地秦墓 M7 墓門楣陰刻 9 字:"五十一年,曲陽士五(伍)邦。"(《雲夢》圖版 6)其中"五十一年"應是該墓的入葬年。銘文粗壯有力,是罕見的木器文字。

天水放馬灘秦墓除出土大量簡牘文字之外,還出土 7 件珍貴的木質地圖,並附有地名文字。地圖計有 67 個地名,其中除"邸"相當於"氐道"可知之外,其他地名均不可考。

## 九、漆器文字

20 世紀 30 年代,在長沙出土的廿九年漆樽(《長沙》1. 圖版 9),是著名的漆器文字:

廿九年,大(太)后詹事丞向⑯,右工帀(師)象,工大人臺。

漆樽以往一直認爲是楚器,裘錫圭根據銘文字體,並對比相邦義戈銘"咸陽工帀(師)田,工大人眷"的辭例,始定爲秦器⑰。"工師"作"工帀",昭王以後器絕迹。因此,漆銘"廿九年"應是秦昭王廿九年(公元前 278 年)。這時楚國兩湖地區爲秦國吞併,漆樽出土於長沙不足爲奇。江西、湖南、廣東等省都曾出土秦器,也是這個道理。

上舉青川郝家坪秦墓,除出土一件珍貴的田律木牘之外,還出土幾件漆器銘文(《文物》1982.1.9),多不可識。唯"成亭"似乎是"成都亭"的簡稱,比較重要。

上舉雲夢睡虎地秦墓,除出土大批竹簡之外,還出土許多漆器文字(《雲夢》104—138),或針刻,或鉻印。前者比較整齊,後者相當草率,文字 1 至 4 個不等。其中"咸市"、"許市"、"咸亭"、"安亭"、"鄭亭"、"咸里"、"路里"、"顧里"等,應是製造者地;"李"、"張"、"小男子"、"大女子斐"等,應是製造人。

上文第五節"楚系文字"所舉安徽舒城秦家橋楚墓中,除出土一批楚國晚期有銘銅器群之外,還出土一件漆耳杯,底部針刻"卷抵(底)"二字,根據"抵"從"手"旁作"抵",可知針刻文字應屬秦系。戰國末期,秦國勢力已深入到江淮流域,這與針刻文字風格類似秦王朝文字是一致的。至於秦器為何出於楚墓之中,原因待考。

## 十、秦系文字特點及秦器編年

由於地理和歷史的原因,秦文字比東方各國文字更多地繼承了西周晚期銘文的遺風。秦公鐘、鎛、簋都是典型的春秋秦器。戰國以降,六國文字發生了急劇的變化,而秦文字則比較穩定。試看商鞅方升、相邦義戈、石鼓文、詛楚文、瓦書等,雖有繁複整飭和簡易草率的區別,但基本還是承襲秦公簋式字體的餘緒。秦系文字發展演變到新郪虎符,已是臻於成熟的標準小篆。秦始皇廿六年(前 221 年)統一六國,對當時各國使用的文字進行了重大的改革,這就是所謂"書同文字"。其具體措施分兩部分:

1. 除六國古文,"罷其不與秦文合者"。
2. 規範傳統秦文字,"或頗省改",使其成為標準文字——小篆。

現存的權量、詔版、石刻文字,都是這一變革的產物。

與六國古文相比,戰國秦系文字的形體始終變化不大,它與西周、春秋文字有着直接的承襲關係,而與六國文字相距懸殊。例如:

| 賢 | 𦥯 | 賢簋 | 𦥯 | 石鼓《鑾車》 | 𢦏 | 《中山》54 |
| 麗 | 𪔗 | 猷簋 | 𪔗 | 石鼓《吳人》 | 𪔗 | 曾侯乙樂律鐘 |

者 [字] 子璋鐘　[字] 詛楚文　　[字] 陳純釜

兩 [字] 衛盉　　[字] 秦圜錢　　　[字] 鄭孝子鼎

當然，所謂秦系文字的穩定乃是與六國文字相對而言的。秦系文字中也有一些文字異形的現象。例如：

師 [字]《湖考》1.圖版14.13 戈　　　市 [字]《三代》20.23.2 戈
丞 [字] 高奴權　　　　　　　　　　丞 [字]《三代》20.29.1 戈
道 [字] 石鼓《作原》　　　　　　　道 [字] 詛楚文
草 [字] 石鼓《作原》　　　　　　　草 [字] 青川木牘
申 [字] 石鼓《吾水》　　　　　　　申 [字]《雲夢》52.11
泠 [字]《文物》1978.2.50 璽　　　 泠 [字]《文物》1978.2.50 璽
宜 [字]《秦陶》1230　　　　　　　 宜 [字]《秦陶》1232
致 [字]《秦陶》1380　　　　　　　 致 [字] 瓦書
壹 [字]《秦陶》1603　　　　　　　 壹 [字] 瓦書
造 [字]《秦陶》1610　　　　　　　 造 [字]《秦陶》479

這些異文形成的因素很複雜，諸如時代的早晚、偏旁的繁省、筆畫的隸變等。所以秦始皇統一中國之後，也勢必要對諸如此類的秦國異文做一番整理規範工作。不過，秦文字的"異形"比起六國文字的"異形"畢竟要少得多。

秦文字自身的不統一，在草率的秦篆中表現尤為突出。商鞅方升銘是比較規整的秦篆，而商鞅鐓銘則是相當潦草的秦篆。秦統一之後，詔版中也有規整和潦草兩種類型。這說明趨於簡易省便已成為書寫者的共同心理，於是在潦草秦篆的基礎上秦隸便應運而生了。

戰國中晚期以後，諸如石鼓文、詛楚文、虎符之類的標準秦篆並不多。大多數的銅器銘文行筆方折簡易，與青川木牘、雲夢秦簡風格接近，這應是秦隸的萌芽。小篆與規整秦篆的關係只是一種因襲或繼承。秦隸則不然，它是在草率秦篆基礎上進一步變革的產物。秦隸最大的特點是，把秦篆的

圓轉筆畫分解爲方折筆畫,並進一步綫條化。這無疑是對規範秦篆結構的一次大破壞。下面試舉秦篆與秦隸的形體以資比較:

| 西 | 囱 | 秦公簋補刻 | 西 | 青川木牘 |
|---|---|---|---|---|
| 鮮 | 鱻 | 石鼓《汧沔》 | 鮮 | |
| 而 | 而 | 石鼓《而師》 | 而 | |
| 年 | 秊 | 商鞅量 | 年 | 雲夢秦簡 |
| 者 | 耆 | 《度量》98方升 | 者 | |
| 甲 | 甲 | 新郪虎符 | 甲 | |
| 雖 | 雖 | 新郪虎符 | 雖 | |
| 盜 | 盜 | 石鼓《汧沔》 | 盜 | |
| 徒 | 徒 | 石鼓《鑾欶》 | 徒 | |
| 長 | 長 | 詛楚文 | 長 | |

秦隸從總體上改變了秦篆的筆畫,意味着商周古文字的死亡,秦漢中古文字的誕生。在漢字發展史上,這一變革顯然具有極其重大的歷史意義。至於秦隸在結構方面的省簡,比起筆畫方面的隸化反而顯得並不十分重要。如果把雲夢秦簡中的"圓"、"宵"、"備"、"候"、"老"、"報"、"投"、"發"、"輕"、"丁"等字,拿給對古文字素無研究的人去釋讀,也不會有什麼困難。這說明秦隸比秦篆結構簡單,便於書寫,因此具有旺盛的生命力。

秦始皇統一天下之後,改良後的秦篆——小篆成爲政府的正規字體,在莊重場合使用。秦隸則成爲輔助性的非正規字體。泰山石刻、詔版屬前者,雲夢秦簡《編年記》屬後者。然而,秦隸比小篆便於掌握,更能適應一般書寫者的需要。因此,由秦隸發展而來的漢隸逐漸取代了小篆的官方統治地位,成爲上下通用的字體,而小篆則降爲一種罕用的美術字體而已。郭沫若指出:"這是社會發展的力量比帝王强,民間所流行的書法逼得上層的統治者不能不屈尊就教。是草篆的衝擊力把正規的篆書衝下了舞臺,而形成爲隸書的時代。"㊽這正反映了篆、隸交替時期的歷史本來面貌。漢武帝以前的漢隸還保存若干古文字的影子,漢武帝以後的漢隸則全然擺脫了古文字的束縛。與此同時草書的產生,後此魏晉行、楷的出現,無一不受秦隸的影響。因此,可以說漢隸、草書、楷書都是秦隸的直系子孫。秦始皇在文化上的功績,並不在於用小篆取代六國文字,而在於他承認了秦隸的合法地位。

秦始皇統一以前,並無所謂"篆"、"隸"書體之名。《說文·叙》:"秦始皇帝初兼天下,丞相李斯乃奏同之,罷其不與秦文合者,斯作《倉頡篇》。中車府令趙高作《爰歷篇》,太史令胡毋敬作《博學篇》。皆取史籀大篆或頗省改,所謂小篆者也。是時秦燒滅經書,滌除舊典,大發隸卒,興役戍,官獄職務繁,初有隸書,以趣約易。"這清楚地表明"篆"、"隸"書體之名,皆產生於秦統一文字之後。"隸書",作爲書體之名,最早見於《漢書·藝文志》:"是時(秦始皇)始造隸書矣,起於官獄多事,苟趨省易,施之於徒隸也。"上面所引《說文·叙》也主此說。衛恆《四體書勢》則進一步認爲隸書是秦始皇時獄吏程邈所造。其實這些說法和傳聞大有可疑之處。

青川木牘和雲夢秦簡的發現,雄辯地證明:早在戰國晚期已出現了隸書,東漢人以爲秦始皇時"始造隸書"並不足爲訓。我們認爲,一種新字體的誕生,往往需要相當長的孕育時間。雲夢秦簡已是相當標準的秦隸,姑且不論。秦武王二年的青川木牘也是相當成熟的古隸,其上距隸書草創之時自應隔一段較長的時間。因此認爲隸書濫觴於戰國中期,並不算過分。至於程邈作隸,若用文字發展史的眼光解釋爲對當時已經流行的秦隸進行一番整理,可能更客觀一些。

隸書雖然產生於戰國,但是產生之時並沒有名稱,大概秦統一之後才有與"篆書"對應的"隸書"之名。班固、許慎等學者以爲隸書得名於"徒隸",不過是東漢人對隸書來源的一種推測罷了,我們認爲隸書的"隸"與"徒隸"無關。雲夢秦簡雖然包括與"徒隸"有關的法律篇章,但是也包括與"徒隸"無關的《編年記》、《日書》等篇章。我們認爲"隸"應與其本義"附著"(《說文》)有關。典籍或訓"屬"、"著"、"附屬"等,義本相因。因此"隸書"的"隸"應取義於對小篆而言的附屬字體。新莽之時稱秦隸爲"佐書","佐"有輔助之義。"佐助"和"附屬"詞義相涵。《說文·叙》:"及亡新居攝,使大司空甄豐等校文書之部,自以爲製作,頗改定古文,時有六書。一曰古文……二曰奇字……三曰篆書,即小篆……四曰佐書,即秦隸書……五曰繆篆……六曰鳥蟲書。"

值得注意的是,這裏所謂的"六書",兩兩相對:"古文"、"奇字"是六國文字,"繆篆"、"鳥蟲書"是美術字,"秦隸"乃"小篆"的附屬佐助字體,也是不言而喻的。衛恒《四體書勢》云:"篆字難成,即令隸人佐書曰隸字。"其中"隸人"未必是,但"佐書"則確與"隸字"有關。"隸書"的別稱"佐書"恰好透露出"隸"的蘊義。近人或把"隸"解釋爲"奴隸",或解釋爲"獄吏"、"刑吏",都未能跳出班、許的圈子,而與隸書產生的時代背景、用途及考古實物相齟齬。換言之,釋"隸"爲身份,不如釋"隸"爲書體更合乎隸書命名的本義。隸書的起源和命名,是中國文字學中的重大課題,有待進一步深入研究㊾。

總之,秦篆和秦隸是商周古文字向秦漢文字過渡時的攣生兄弟,他們的前輩是戰國秦系文字。以往以隸書承接小篆是錯誤的。青川木牘、雲夢秦簡的發現,證實了秦隸的形成並不晚於小篆,甚至早於小篆。戰國中晚期至秦是篆隸並用的時代,秦篆和秦隸在漢字發展史上都有劃時代的意義。傳統的秦篆發展成爲統一後的小篆,戰國中晚期形成的秦隸則發展成爲漢代的隸書。秦始皇統一天下後,既規定小篆作爲標準字體使用於莊重的場合,也承認秦隸作爲輔佐字體通行於不同的階層。隸書是簡易的手寫體,它的命名取義於隸書的"附屬",與"獄吏"、"徒隸"無關。

有紀年的秦國文字資料並不算少,但其所屬之王不能盡知。下面列舉若干有絕對年代的秦國文字資料:

孝公(公元前361—公元前337年):十三年大良造鞅戟、十六年大良造鞅鐓、十八年大良造鞅方升等。

惠文王(公元前337—公元前310年):四年瓦書、四年相邦樛斿戈、十三年相邦義戈、秦駰玉版等。

武王(公元前310—公元前306年):二年木牘。

昭襄王(公元前306—公元前250年):十四年相邦冉戈、十六年相邦觸戈、廿年相邦冉戈、廿一年相邦冉戈、廿九年漆樽、卅七年漆樽銀足、卌年漆樽銀足、五十一年椁室木楣等。

始皇帝（公元前 246—公元前 209 年）：三年相邦呂不韋戈、四年相邦呂不韋戈、五年相邦呂不韋戈、八年相邦呂不韋戈、十七年丞相啓狀戈。

**注釋：**

① 朱德熙《戰國記容銅器刻辭考釋四篇》,《語言學論叢》2 輯,1958 年。
② 孫常叙《則、法度量則、則誓三事試解》,《古文字研究》7 輯,1982 年。
③ 黄盛璋《新出戰國金銀器銘文研究》,《古文字研究》12 輯,1985 年。
④ 蔡運章《洛陽發現戰國時期有銘銅鏡略説》,《文物》1997 年 9 期。
⑤ 鄧秋玲《洛陽戰國銅鏡銘文質疑》,《湖南省博物館文集》4 輯,1998 年。
⑥ 陳平《試論戰國型秦兵的年代及有關問題》,《中國考古學研究論集》,1987 年。
⑦ 王輝《秦銅器銘文編年集釋》32 頁,三秦出版社,1990 年。
⑧ 秦兵《寺工小考一文資料補證》,《人文雜志》1983 年 1 期。陳平《寺工小考補議》,《人文雜志》1983 年 2 期。
⑨ 黄盛璋《寺工新考》,《考古》1983 年 9 期。
⑩ 袁仲一《秦中央督造的兵器刻辭綜述》,《考古與文物》1984 年 5 期。
⑪ 李學勤《戰國時代的秦國銅器》,《文物》1957 年 8 期；又《湖南戰國兵器銘文選釋》,《古文字研究》8 輯,1983 年。
⑫ 馬非百《關於秦國杜虎符的鑄造年代》,《文物》1982 年 11 期。
⑬ 蘇軾《蘇文忠公詩集》卷四。
⑭ 薛尚功《歷代鐘鼎彝器款識法帖》卷一七。
⑮ 鄭樵《石鼓音序》,引陳思《寶刻叢編》。
⑯ 馬衡《石鼓爲秦刻石考》,《國學季刊》1 卷 1 期,1923 年。羅振玉《石鼓文考釋》。馬叙倫《石鼓文疏記‧石鼓爲秦文公時物考》28—29 頁,商務印書館,1935 年。郭沫若《石鼓文研究‧再論石鼓文之年代》99—128 頁,科學出版社,1982 年。
⑰ 唐蘭《石鼓文刻于秦靈公三年考》,《申報‧文史週刊》2 期,1947 年；又《石鼓年代考》,《故宫博物院院刊》1958 年 1 期。
⑱ 馬幾道《秦石鼓》,華裔學志叢書第十九種,1988 年。陳昭容《秦公簋的時代問題兼論石鼓文的相對年代》,《史語所集刊》64 本 4 分,1993 年。裘錫圭《關於石鼓文的時代問題》,《傳統文化與現代化》1995 年 1 期。
⑲ 王輝《秦文字集證‧論石鼓文的時代》125—143 頁,藝文印書館,1999 年。
⑳ 李學勤《東周與秦代文明》186 頁,文物出版社,1984 年。
㉑ 容庚《古石刻零拾‧詛楚文考釋》1 頁。
㉒ 郭沫若《詛楚文考釋》4—5 頁,科學出版社,1982 年。
㉓ 歐陽修《集古録》,引郭沫若《詛楚文考釋》5 頁,科學出版社,1982 年。
㉔ 王柏《詛楚文考釋》,引郭沫若《詛楚文考釋》6 頁,科學出版社,1982 年。
㉕ 歐陽修《真迹跋尾》,引郭沫若《詛楚文考釋》6 頁,科學出版社,1982 年。
㉖ 吾丘衍《學古編》10 頁,《篆學瑣著》第一册。陳煒湛《詛楚文獻疑》,《古文字研究》14 輯,1986 年。
㉗ 陳昭容《從秦系文字演變的觀點論詛楚文的真僞及其相關問題》,《史語所集刊》62 本 4

分,1993年。
㉘ 李零《秦駰禱病玉版研究》,《國學研究》6卷,1999年。
㉙ 李學勤《秦玉牘索隱》,《故宮博物院院刊》2000年2期。
㉚ 李家浩《秦駰玉版銘文研究》,《北京大學中國古文獻研究中心集刊》2輯,2001年。
㉛ 四川省博物館、青川文化館《青川縣出土秦更修田律木牘》,《文物》1982年1期。
㉜ 蔡運章《秦國貨幣試探》,《中州錢幣論文集》,1986年。
㉝ 王人聰《秦官印考敘》,引王人聰、葉其峰《秦漢魏晋南北朝官印研究》9—10頁,香港中文大學文物館專刊之四,1990年。
㉞ 王輝《秦文字集證·秦印通論》145頁,藝文印書館,1999年。
㉟ 郭子直《戰國秦封宗邑瓦書銘文新釋》,《古文字研究》14輯,1986年。
㊱ 雲夢睡虎地秦墓編寫組《雲夢睡虎地秦墓》圖版50—166,文物出版社,1981年。
㊲ 黃盛璋《雲夢秦簡編年記初步研究》,《考古學報》1977年1期。鄭良樹《讀雲夢大事記札記》,《東方文化》1979年1、2期。
㊳ 李學勤《東周與秦代文明》346頁,文物出版社,1984年。
㊴ 饒宗頤、曾憲通《楚地出土文獻三種研究·雲夢睡虎地秦簡日書研究》,中華書局,1993年。
㊵ 甘肅省文物考古研究所、天水市北道區文化館《甘肅天水放馬灘戰國秦漢墓群的發掘》,《文物》1989年2期。
㊶ 何雙全《天水放馬灘秦簡綜述》,《文物》1989年2期。
㊷㊸ 李學勤《放馬灘簡中的志怪小說》,《文物》1990年4期。
㊹ 何雙全《天水放馬灘秦簡甲種日書考述》,《秦漢簡牘論文集》,甘肅人民出版社,1989年。
㊺ 胡平生《青川墓木牘"爲田律"所反映的田畝制度》,《文史》19輯,1983年。
㊻ 李學勤《海外訪古記》,《文博》1986年5期。
㊼ 裘錫圭《從馬王堆1號漢墓"遣冊"談關於古隸的一些問題》,《考古》1974年1期。
㊽ 郭沫若《古代文字之辯證的發展》,《考古學報》1972年1期。
㊾ 吴白陶《從出土秦簡帛書看秦漢早期隸書》,《文物》1978年2期。

# 第七節 小 結

本章對戰國時期齊、燕、晋、楚、秦五系文字資料做了一番梗概式的描述,以便初學者能比較系統地熟悉戰國文字原始資料。

戰國銅器文字品類繁多,除常見的禮器、樂器銘文之外,還有量器、符節、雜器等。禮器銘文或記言或記事,題材廣泛,形式活潑。禮器銘文往往"物勒工名",並載有記量單位,則是戰國特有的銘刻新形式。至於樂器銘文,或與歷史有關,或與音樂有關,楚系尤爲發達。

齊、楚兵器銘文多爲"物勒主名",晉、秦兵器銘文多爲"物勒工名"(一般爲三級監造),燕兵器銘文多屬燕王監造。

齊、燕均流行刀幣,但齊刀比燕刀種類較多。三晉流行布幣,幣文多爲地名。楚多流行金版,秦唯流行圜錢。

區別各系璽印文字,除依據形制、職官、地名、璽名等,更重要的是掌握各系璽印文字結構和風格等特點。

齊陶文最爲發達,燕次之,多爲"物勒工名"格式。晉陶文比較零散,多爲璽印戳成的地名或人名。秦陶文多有"亭"、"市"鈐記,楚陶文則相當罕見。

晉盟書和秦石刻都屬石器文字。盟書均爲盟誓之辭。

楚簡多爲遣策、典籍,秦簡多與法律有關。至於其他品類的文字,或零星發現,或僅限局部地區,殊少規律。

長期的封建割據局面,形成了具有濃厚色彩的戰國文字。齊之凝重、燕之峻整、晉之勁利、楚之華麗、秦之剛健,呈現出不同的文字風貌,而各系文字形體結構和聲音通假,變化尤烈。例如:"陳",齊作"陳",楚作"陳";"鑄",晉作"鑄",楚作"鑄";"登",燕作"登",楚作"登";"厨"晉作"厨",楚作"厨";"官",晉作"官",楚作"倉";"童",楚作"童",秦作"童";"府",晉作"府",楚作"府";"冶",齊作"冶",晉作"冶";"戟",齊作"戟",晉作"戟";"長",燕作"長",秦作"長"等。下面再舉若干例證,以見各系文字形體的變異:

| | 齊 | 燕 | 晉 | 楚 | 秦 |
|---|---|---|---|---|---|
| 裏 | 匋文附45 | 重金壺 | 璽文0077 | 信陽2.012 | 雲夢11.35 |
| 安 | 璽文7.9 | 璽文7.9 | 璽文7.9 | 璽文7.9 | 雲夢13.57 |
| 乘 | 匋文5.38 | 三代20.5 | 中山100 | 鄂君啓節 | 雲夢10.11 |

8.3 弩牙

| | | | | | |
|---|---|---|---|---|---|
| 平 | 三代 19.4 4.1 戈 | 璽彙 0085 | 平安君鼎 | 音樂 1981.1 圖 3.1 | 泰山石刻 |
| 市 | 璽文 6.7 | 璽文 6.7 | 璽文 6.7 | 會忐鼎 | 廿九年漆樽 |
| 昌 | 古錢 881 | 璽彙 0882 | 璽彙 0006 | 璽彙 0118 | 秦陶 1018 |
| 者 | 陳純釜 | 鄁侯戴簋 "栽" | 中山 100 | 璽彙 0343 "渚" | 度量 101 橢量 |
| 匋 | 匋文 5.36 | 匋文 5.36 | 璽彙 0091 | 隨縣 123 "裪" | 秦陶 1484 |
| 軋 | 匋文 14.93 | 璽彙 3646 | 璽彙 1825 | 璽彙 3517 | 小篆 |
| 孝 | 陳侯午敦 | 璽彙 2794 | 鄅孝子鼎 | 長沙銅量 | 嶧山碑 |

掌握各系文字的特點，對判定戰國文字的國別十分重要。例如：

《璽彙》0150"東武城攻币鈛"，或據文獻"東武城"爲趙邑，定爲晉璽，但該璽"攻 币"屬典型齊文字，東武城在趙、齊交界處。綜合考察，該璽應定爲齊璽。

楚高罍（《文參》1954.7.128）銘文"右屖冑"，或據出土地山東泰安定爲齊器，而相同銘文也見於河北容城所出銅壺（《文物》1982.3.91）。"冑"作"冑"形，是典型燕文字，故罍、壺均爲燕器。

公芻權（《三代》18.33.1）銘文"公芻夊石"，第三字當釋"夌"[①]，晉系文字中屢見不鮮，故銅權應屬三晉器。

《璽彙》0279"童其亭鈛"，首字作"童"形，多見於楚系文字。故此璽應屬楚物。

長沙所出廿九年漆樽，舊據出土地定爲楚器。樽銘"師"作"币"形，爲典型秦文字，與楚文字"币"判然有別。故漆樽應爲秦器。

《璽彙》"平阿左稟"（0313）、"平阿"（0317），學者多據《史記·田敬仲完世家》宣王七年"與魏王會平阿南"，定二璽爲齊物。按，第一方璽文作

"✡ ✡",據文字風格定爲齊璽不誤。第二方璽文作"✡ ✡",則應隸定"坪阿",但亦讀"平阿"(詳第五章第三節),據文字風格應定爲楚璽。平阿在今安徽懷遠,地屬楚境。齊璽、楚璽中均有"平阿",説明齊國勢力的確曾一度深入到楚國的腹地,這正反映了戰國領土"朝秦暮楚"的複雜狀態②。

總之,研究戰國文字必須首先熟悉各系文字資料,從中抽繹其特點;熟練地掌握這些特點,也有利於對各系文字資料國别的判斷。這無疑是研究戰國文字的最基礎工作。

注釋:
① 朱德熙、裘錫圭《戰國時代的"料"和秦漢時代的"半"》,《文史》8 輯,1980 年。
② 齊璽"平阿",也可能是《地理志》沛郡之"平阿",位於齊國和宋國交界處,亦曾一度屬齊。《吕氏春秋·離俗》"平阿之餘子"高誘注:"平阿,齊邑也。"

# 第四章　戰國文字形體演變

## 第一節　引　言

　　上一章分別介紹了戰國時代齊、燕、晋、楚、秦不同地域文字的概況。在介紹資料的同時，也指出某些文字的形體特點和書寫風格。誠然，由於地域的差異，某些文字，諸如上舉齊系文字"全"、"𩫏"、"尚"、"旂"，燕系文字"𨛭"、"䧹"、"多"、"旂"，晋系文字"坓"、"釗"、"夙"、"肯"，楚系文字"金"、"𨛭"、"𧶠"、"陞"等形體，的確比較特殊，然而這類字在各地文字資料中只占少數，多數的各地文字還是相同或相近的。秦系文字則直接承襲兩周文字，釋讀更爲容易。從整體來看，戰國時代各地文字都沿着相同或相近的變化規律而演變。這就是戰國文字至今多能被釋讀的主要原因。

　　如果說第三章"戰國文字分域"是"同中求異"的分析，那麼本章"戰國文字形體演變"則是"異中求同"的歸納。爲了全面深入地瞭解戰國文字，這種分析和歸納都是十分必要的。

　　探討戰國文字形體演變，不但要注意此地與彼地之間的橫向聯繫，而且也要注意前代與後代之間的縱向聯繫。戰國文字是上承殷周文字，下啓秦漢文字的過渡文字。因此，其自身演變的特點也勢必與殷周文字和秦漢文字有相同或相近之處。以這種歷史眼光分析，戰國文字是殷周文字形體演變的繼續。殷周文字形體變化的某些規律，諸如簡化、繁化、異化等，與戰國文字形體變化規律也大致相同。只不過由於地域的差别,這類變化表現得更爲激烈而已。

至於特殊符號、標點符號、裝飾符號,嚴格説來,並不屬於文字範疇,然而這類附麗於文字内外的符號,對文字起着這樣或那樣的作用,而且在戰國文字資料中出現的頻率也較高。因此本章專設"特殊符號"一節,作爲"戰國文字形體演變"的附庸順便介紹。

## 第二節 簡 化

衆所周知,漢字的部件多來源於對客觀事物的摹寫,所謂"畫成其物,隨體詰屈"。然而文字部件越是酷似客觀事物,就越不便書寫。趨簡求易,是人們書寫文字的共同心理。因此,文字從産生之時就沿着簡化的總趨勢不斷地發展演變。大汶口陶文"𤈦",或作"✲"形①,就屬最原始的簡化。殷周文字中已出現了較多的簡化字。戰國文字簡化現象,不但在各系文字中普遍存在,而且其簡化方式比殷周文字尤爲複雜。簡化方式往往由約定俗成的習慣所支配。對於當時的讀者可能是司空見慣,而對於今天不熟悉這種"習慣"的讀者確有匪夷所思之感。

### 一、單筆簡化

單筆簡化,係指對原來不該有缺筆的字減少一筆,諸如横筆、竪筆、斜筆、曲筆等。一般説來,這類"一筆之差"並不影響文字的總體結構,識讀也並不困難。辨别這類簡化應注意:並不是所有的"一筆之差"都屬簡化。"𨸏"是"𨸏"的簡化(均見《侯馬》349),不是"斗",而是"阩"。而"屮"就不是"屮"的簡化(均見《璽文》3.10),是"又",而不是"寸"。對於"屮"來説,"屮"是繁化。總之,對所謂"一筆之差"應做具體分析,不能一概而論。例如:

    往 ⊻ 《文物》1972.10 圖版伍劍   ⊻ 《文物》1972.10 圖 25 劍
    至 ⚚ 《中山》21        ⋎ 《璽彙》4903

| | | | | | |
|---|---|---|---|---|---|
| 群 | 羣 | 陳侯午錞 | 羣 | 《中山》63 | |
| 狂 | 狂 | 《璽文》10.3 | 狂 | 《璽文》10.3 | |
| 舊 | 舊 | 《汗簡》下 1.69 | 舊 | 《中山》73 | |
| 空 | 空 | 《璽文》合 3 | 空 | 《璽文》合 3 | |
| 羊 | 羊 | 《璽文》4.4 | 羊 | 《璽文》4.4"美" | |
| 宜 | 宜 | 《璽文》7.10 | 宜 | 《璽文》7.10 | |
| 命 | 命 | 《侯馬》311 | 命 | 《侯馬》311 | |
| 才 | 才 | 《中山》5 | 才 | 曾姬無卹壺 | |
| 咸 | 咸 | 《陶彙》5.2 | 咸 | 《陶彙》5.405 | |
| 此 | 此 | 《郭店》六 35 | 此 | 《郭店》老甲 11 | |
| 年 | 年 | 《郭店》窮 5 | 年 | 《郭店》緇 32 | |

由"年"之簡體(《郭店》緇 32)可以判斷,上海簡《詩論》8 從"心"從"年"之字的隸定是正確的[②]。

## 二、複筆簡化

顧名思義,複筆簡化是與單筆簡化相對而言的簡化。這類簡化形體與通常形體比較,要少兩筆或兩筆以上的筆畫。過多地省簡筆畫,自然會影響文字的表意功能。因此,複筆簡化形體一般比單筆簡化形體更難辨識。這無疑是戰國文字難於識讀的主要原因之一。例如:

| | | | | | |
|---|---|---|---|---|---|
| 裏 | 裏 | 《漢語》331 | 裏 | 《信陽》2・015 | |
| 鑄 | 鑄 | 鄂君啓節 | 鑄 | 會忐鼎 | |
| 室 | 室 | 《古幣》141 | 室 | 《古幣》141 | |
| 銖 | 銖 | 《璽文》13.1 | 銖 | 《璽文》13.1 | |
| 嘉 | 嘉 | 《侯馬》343 | 嘉 | 《侯馬》343 | |

| | | | | | | |
|---|---|---|---|---|---|---|
| 善 | 𦉢 | 《璽文》3.6 | | 𠶷 | 《璽文》附55 | |
| 馬 | 𩡜 | 鄂君啓節 | | 𩡚 | 鄅侯載簠 | |
| 爲 | 𤓸 | 石鼓《作原》 | | 𤓷 | 鑄客鼎 | |
| 壽 | 𠷎 | 《璽文》8.7 | | 𠷏 | 《璽文》8.7 | |
| 爾 | 𠂤 | 《璽文》3.17 | | 𠂢 | 《璽文》2.1 | |
| 登 | 𦎫 | 《包山》15 | | 𦎪 | 《包山》26 | |
| 競 | 𢍰 | 《包山》68 | | 𢍱 | 《包山》23 | |
| 補 | 𥙷 | 《郭店》太3 | | 𥙸 | 《郭店》太1 | |
| 蜀 | 𧌐 | 《上海》詩16 | | 𧌑 | 《郭店》老甲21 | |

"兵",《郭店》老甲6作"𠂤",《郭店》唐12作"𠂢", 後者是前者之省。如果後者沒有明確的辭例"兵革", 則很容易被誤認爲"丞"。

## 三、濃縮形體

所謂"濃縮形體", 係指簡化原來文字形體的某一象形部件, 使其成爲抽象符號。"濃縮"的結果, 必然會導致文字的部分形體或部分偏旁面目皆非。不過因爲還有未被"濃縮"的那一部分形體或偏旁相與制約, 所以這類簡化形體也不是不可知的。例如:

| | | | | | | |
|---|---|---|---|---|---|---|
| 歲 | 𢦏 | 陳璋壺 | | 𢦒 | 子禾子釜 | |
| 豐 | 豊 | 瓦書"鄭" | | 豐 | 《匋文》5.33 | |
| 壽 | 𠷎 | 《璽文》8.7 | | 𠷏 | 《璽文》8.7 | |
| 官 | 𠮛 | 《秦陶》914 | | 𠮜 | 《秦陶》906 | |
| 昌 | 𠻞 | 《璽文》7.2 | | 𠻟 | 《璽文》7.2 | |
| 孫 | 𡥈 | 《璽文》12.12 | | 𡥉 | 《璽文》12.13 | |
| 樂 | 𣐄 | 《侯馬》347 | | 𣐅 | 上樂鼎 | |

第四章　戰國文字形體演變　255

| 巒 | （圖） | 《中山》72 | （圖） | 《中山》72 |
| 瓜 | （圖） | 嗣子壺 | （圖） | 《璽文》附111 |
| 易 | （圖） | 《郭店》語二23 | （圖） | 《信陽》1.01 |
| 學 | （圖） | 《中山》 | （圖） | 《郭店》老乙3 |
| 與 | （圖） | 《郭店》尊2 | （圖） | 《郭店》老乙4 |

由《上海》詩28"蠅"作"（圖）"，可以判斷《郭店》窮5"（圖）"應釋"興"，舊釋"遷"不確③。"蠅"與"興"均屬蒸部，故可通假。

## 四、刪簡偏旁

一般說來，偏旁在文字中都具有某種表意功能，輕易不得省簡。然而在戰國文字中，不但筆畫可以刪簡，而且偏旁也可以刪簡。"刪簡偏旁"所刪簡者，或是形符，或是組成形符的偏旁，或是組成音符的偏旁。例如：

| 臧 | （圖） | 《璽文》3.13 | （圖） | 《璽文》3.13 |
| 冶 | （圖） | 《錄遺》581戈 | （圖） | 《考報》1974.1.33戈 |
| 竪 | （圖） | 《侯馬》349 | （圖） | 《璽文》3.12 |
| 誓 | （圖） | 《侯馬》349 | （圖） | 《侯馬》349 |
| 嘉 | （圖） | 《侯馬》343 | （圖） | 《侯馬》343 |
| 敢 | （圖） | 《侯馬》336 | （圖） | 《侯馬》336 |
| 盡 | （圖） | 《侯馬》347 | （圖） | 《侯馬》347 |
| 膚 | （圖） | 《侯馬》353 | （圖） | 《侯馬》353 |
| 夏 | （圖） | 《包山》200 | （圖） | 《郭店》緇35 |
| 勱 | （圖） | 《包山》164 | （圖） | 《郭店》成7 |
| 遊 | （圖） | 《郭店》性33 | （圖） | 《包山》277 |
| 惻 | （圖） | 《郭店》語二27 | （圖） | 《郭店》老甲31 |

## 五、刪簡形符

所謂"形符",特指會意字中某一偏旁,或者會意字中某一偏旁的部件。一般説來,簡省這類偏旁就會失去會意字或會意偏旁的表意功能。然而在特定的條件制約下,這類簡化字仍可識讀,諸如由三個以上偏旁構成的字,可省一個偏旁,由兩個偏旁構成的會意字,如果有辭例相制約,也可省一個偏旁。因此"士金"可讀"吉金","榆弖"可讀"榆即"等。類似的例證在戰國文字中較多。例如:

| 明 | | 《古幣》110 | | 《古幣》110 |
| 乘 | | 鄂君啓節 | | 《璽文》5.11 |
| 即 | | 《東亞》4.49 | | 《東亞》3.6 |
| 官 | | 《璽文》14.4 | | 《璽文》14.2④ |
| 安 | | 石鼓《田車》 | | 者汈鐘⑤ |
| 寧 | | 《中山》66 | | 《中山》46 |
| 吉 | | 吉日劍 | | 莒侯簠 |
| 違 | | 吕不韋戟 | | 《侯馬》307 |
| 鑄 | | 哀成叔鼎 | | 鄩孝子鼎 |
| 則 | | 《郭店》語三 4 | | 《郭店》忠 1 |
| 毁 | | 《郭店》語一 108 | | 《郭店》窮 14 |
| 安 | | 《郭店》緇 8 | | 《郭店》魯 4 |

楚簡"安"之簡體省"宀",如果無"女"旁下之折筆,則頗難辨識⑥。

## 六、刪簡音符

形聲字的音符一般不能省,"省聲存形"就不成其爲形聲字。然而在西周金文中的確已出現這類特殊現象。如"歔"省作"鬲","霸"省作"雨","皇"

省作"自","旗"省作"㫃"等⑦。當然這類省簡至爲罕見。因有明確辭例限約,尚不至於把這類字與形符混爲一談。戰國文字中也有類似的簡化字,而以貨幣文字中最爲習見,檢《貨幣》"閔"省"門"作"大"(4.46),"邪"省"牙"作"𠂆"(6.94),"屈"省"出"作"𡰪"(8.128),"䈞"省"各"作"夊"(11.154),"陰"省"金"作"彡"(14.190)。其他品類文字中也有類似現象。例如:

| | | | | | |
|---|---|---|---|---|---|
| 醜 | 𩵋 | 《侯馬》352 | | 畏 | 《侯馬》352 |
| 敬 | 𦫵 | 《璽文》9.4 | | 㚔 | 《璽彙》3363 |
| 睘 | 𤔔 | 《璽文》4.1 | | 㝱 | 《漢語》131 |
| 遽 | 𨖷 | 石鼓《作原》 | | 哥 | 《璽文》13.12 |
| 城 | 𰧻 | 詛楚文 | | 𢦏 | 《璽文》13.9 |
| 師 | 𠂤 | 《璽文》6.7 | | 㫃 | 《璽文》6.7 |
| 㥁 | 𢛳 | 《中山》49 | | 吾 | 《璽文》附 43 |
| 軫 | 軫 | 《老子》甲後 296 | | 車 | 廿八宿漆箱 |
| 葉 | 葉 | 《三代》20.23.2 戈 | | 某 | 《中山》24 |
| 賓 | 𡧍 | 《郭店》性 66 | | 㝏 | 《郭店》老甲 19 |

以上"醜",或作"𤠞",故知从"酋"得聲。"敬",从"苟"得聲。"睘",从"圓"之初文"○"得聲。"遽",从"象"得聲。"城",从"丁"得聲。"師",从"自"得聲。"㥁",从"玉"从"心"从"人"會意,"人"亦聲⑧。"軫",从"㐱"得聲。"葉",从"世"得聲。"賓",从"丏"得聲。

## 七、删簡同形

古文字中有許多所謂"即形見義"的"同文會意"字,如"林"、"絲"、"品"、"齊"等。這類"同文"叠體作爲獨體出現,其"同文"部分不能省簡;如果作爲複體出現,則往往可以省簡"同文"中的一個或兩個部件。這就是所謂"删簡同形",戰國文字中最爲習見。例如:

| | | | | | |
|---|---|---|---|---|---|
| 從 | | 《侯馬》329 | | | 《侯馬》329 |
| 嗣 | | 曾姬無卹壺 | | | 《中山》66 |
| 獸 | | 嗣子壺 | | | 《璽文》附88 |
| 躬 | | 《璽文》7.12 | | | 《璽文》7.12 |
| 癱 | | 《侯馬》354 | | | 《侯馬》354 |
| 鬚 | | 《侯馬》353 | | | 《侯馬》353 |
| 宜 | | 《璽文》7.10 | | | 《璽文》4.7 |
| 莆 | | 《老子》乙前118下 | | | 《侯馬》322 |
| 藥 | | 小篆 | | | 《璽文》1.5 |
| 苴 | | 小篆 | | | 《璽彙》3208 |
| 楚 | | 會前鼎 | | | 會前鼎 |
| 離 | | 《貨幣》14.206 | | | 《貨幣》14.206 |
| 陸 | | 《璽文》14.5 | | | 《三代》20.9.2 戈 |
| 幾 | | 詛楚文 | | | 五里牌簡 |
| 敗 | | 鄂君啟節 | | | 《雲夢》451 |
| 曹 | | 《陶文》5.31 | | | 《中山》55 |
| 需 | | 《璽文》11.5 | | | 《璽文》11.5 |
| 歐 | | 《漢語》348 | | | 《璽文》8.9 |
| 集 | | 《雲夢》42.193 | | | 《中山》61 |
| 齋 | | 《三代》3.12.2 鼎 | | | 《文物》1981.10.66 圖5 鼎 |
| 鄟 | | 《璽文》6.18 | | | 《璽文》6.18 |
| 器 | | 十八年平國君鈹 | | | 十七年春平侯鈹 |
| 輿 | | 詛楚文 | | | 《三代》20.3.2 戟 |

| | | | | | |
|---|---|---|---|---|---|
| 草 | 𦱪 | 石鼓《作原》 | 草 | 𦱧 | 青川牘 |
| 能 | 🐾 | 《望山》1.38 | | 🐾 | 《望山》1.37 |
| 教 | 𢼿 | 《信陽》1.03 | | 𢽳 | 《郭店》唐5 |
| 臨 | 𦣝 | 《包山》53 | | 𦣜 | 《包山》79 |
| 觀 | 雚 | 《包山》185 | | 雚 | 《郭店》緇37 |
| 絕 | 𢇍 | 《郭店》老乙4 | | 𢇍 | 《郭店》老甲1 |
| 賽 | 賽 | 《郭店》語四17 | | 賽 | 《郭店》老乙13 |

删簡同形,如果沒有具體辭例,有時也會造成文字混淆。《郭店》老乙13 "賽其兑"、"賽其事"之"賽",容易誤解爲從"宀"從"貢",是"貢"之繁文。

## 八、借用筆畫

借用筆畫,是晚周文字中非常有趣的簡化手段。文字的兩個部件由於部分筆畫位置靠近,往往可以共用這兩個部件的相同筆畫。在戰國文字中,借用筆畫的簡化方式被廣泛使用。例如:

| | | | | | |
|---|---|---|---|---|---|
| 司 | 司 | 《璽文》9.2 | | 司 | 《璽文》9.2 |
| 固 | 固 | 《璽文》6.8 | | 固 | 《璽文》6.8 |
| 臣 | 臣 | 曾前鼎 | | 臣 | 《璽文》附97 |
| 侗 | 侗 | 《璽文》8.1 | | 侗 | 《璽文》8.1 |
| 官 | 官 | 《璽文》14.4 | | 官 | 《璽文》14.4 |
| 門 | 門 | 《璽文》12.2 | | 門 | 《璽文》12.2 |
| 麻 | 麻 | 《侯馬》325 | | 麻 | 《侯馬》325 |
| 群 | 群 | 《侯馬》341 | | 群 | 《侯馬》341 |
| 陞 | 陞 | 《璽文》14.6 | | 陞 | 《璽文》14.6 |
| 戠 | 戠 | 《三代》20.21.2 戠 | | 戠 | 《璽文》12.7 |
| 歲 | 歲 | 敬事天王鐘 | | 歲 | 長沙帛書 |

| | | | | | |
|---|---|---|---|---|---|
| 衛 | 𧗟 | 《璽文》2.14 | 𧗟 | 《璽文》2.14 |
| 名 | | 《包山》249 反 | | 《包山》32 |
| 逃 | | 《包山》165 | | 《郭店》語二 18 |
| 忌 | | 《郭店》語一 26 | | 《郭店》太 7 |

這類簡化只要安排合理，尚不會影響文字的釋讀。若干借筆比較特殊，應特加注意。如《中山》"𦎫"（52）、"𦎫"（72），不僅屬借筆，而且是从"才"、从"早"的新造形聲字。

## 九、借用偏旁

借用偏旁，嚴格說應稱"借用相似偏旁"。一字之中兩個偏旁或部件如果比較類似，可以借用。

借用偏旁與上文刪簡同形頗爲相近，但應予以區別。刪簡同形，省簡者是完全相同的某個偏旁，其本質爲"刪簡"；借用偏旁，省簡者乃相似的某個偏旁，其本質爲"借用"。

合文借用偏旁比較容易辨認，詳下文。獨體借用偏旁則至爲罕見，辨認也相當困難。掌握借用偏旁的規律，往往會對難度較大的未識字有所突破。例如：

| | | | | | |
|---|---|---|---|---|---|
| 郤 | | 《文物》1986.3.43 戈 | | 《錄遺》599 劍 |
| 郤 | | 小篆 | | 《璽彙》2203 |
| 享 | | 嗣子壺 | | 平安君鼎⑨ |
| 路 | | 《老子》甲後 315 | | 《璽彙》0148 |
| 踦 | | 小篆 | | 《璽彙》1684 |
| 醜 | | 《侯馬》352 | | 《侯馬》352 |

## 十、合文借用筆畫

借用筆畫，是一個字之內的筆畫共用，合文借用筆畫，則是兩個字之間的筆畫共用。外在形式有異,內在實質相同。

某些固定詞彙是否合書,還是判定國別的依據。如"工師"合書是鑒定三晉銘文的可靠標尺。

合文借用筆畫,在戰國文字中出現頻率甚高。有時還在合文右下角加合文符號"="。例如:

| 七十 | [字形] | 《中山》79 | 上下 | [字形] | 長沙帛書 |
| 工師 | [字形] | 《三代》20.20.2戟 | 之歲 | [字形] | 《錄遺》578戟 |
| 之所 | [字形] | 《侯馬》355 | 之冢 | [字形] | 《中山》79 |
| 至于 | [字形] | 《侯馬》355 | 到于 | [字形] | 瓦書⑩ |
| 馬適 | [字形] | 《璽文》合4 | 馬師 | [字形] | 《璽彙》4089⑪ |
| 君子 | [字形] | 《璽彙》3219 | 公子 | [字形] | 《類編》553 |
| 公孫 | [字形] | 《璽文》合2 | 盧氏 | [字形] | 《貨錄》586 |

## 十一、合文借用偏旁

合文借用偏旁,是借用偏旁的外延。戰國文字借用偏旁多見於"合文",這是因爲"合文"多是固定詞彙,或地名、或複姓、或習語,因此借用筆畫也不會造成誤解。不過也有涉上下文作合書,而非固定詞彙者。如《中山》126"十四秣牀麋嗇夫"的"[字形]"是"秣牀"合書。合文借用偏旁是否加"="號不拘。例如:

| 孝孫 | [字形] | 節侯簠 | 膚虎 | [字形] | 《古幣》259⑫ |
| 邯鄲 | [字形] | 《侯馬》355 | 汭涇 | [字形] | 者汈鐘⑬ |

## 十二、合文删簡偏旁

合文删簡偏旁,與前面借用偏旁不同。二者雖同屬合文簡化,但合文借用偏旁所"借用"者,是兩個字共用的相同偏旁;而合文删簡偏旁所"删簡"

者，是某一個字的部分偏旁，或兩個字的部分偏旁。例如：

| 司馬 | 〔圖〕 | 《璽文》合 1 | 〔圖〕 | 《璽文》合 1 |
| 司寇 | 〔圖〕 | 《璽文》合 2 | 〔圖〕 | 《文物》1972.10 圖版肆戈 |
| 司工 | 〔圖〕 | 《璽文》合 2 | 〔圖〕 | 《璽彙》2227 |
| 敦于 | 〔圖〕 | 《璽文》合 3 | 〔圖〕 | 《璽文》合 3 |
| 馬是 | 〔圖〕 | 《璽文》合 3 | 〔圖〕 | 《璽文》合 3 |
| 相如 | 〔圖〕 | 《璽彙》1895 | 〔圖〕 | 《璽文》合 4 |
| 斁之 | 〔圖〕 | 《璽文》合 4 | 〔圖〕 | 《璽文》合 4 |
| 空侗 | 〔圖〕 | 《璽文》合 3 | 〔圖〕 | 《璽文》合 3 |
| 悤之 | 〔圖〕 | 《璽文》合 4 | 〔圖〕 | 《璽彙》4308 |
| 敬事 | 〔圖〕 | 《璽文》合 4 | 〔圖〕 | 《璽文》合 4 |

## 十三、合文借用形體

合文借用形體，是戰國文字極特殊的簡化方式。這類字以單字形式出現，却讀二字。一般説來，首先讀單字本音，然後讀該字偏旁的讀音。或順序正相反。這類合文雖屬借用偏旁，但所借用的偏旁在合文中又是一個獨立的字。因此稱"借用形體"以區別之，或稱"包孕合書"[14]。這類"借用形體"的簡化合文安排巧妙，均有合文符號"="，切不可誤讀爲一字。例如：

| 子孫 | 〔圖〕 | 《侯馬》355 | 子斿 | 〔圖〕 | 《導論》圖 5 |
| 大夫 | 〔圖〕 | 《侯馬》355 | 寡人 | 〔圖〕 | 《中山》79 |
| 婁女 | 〔圖〕 | 廿八星宿漆書 | 之歲 | 〔圖〕 | 《録遺》578 戟 |
| 玉琥 | 〔圖〕 | 《中山》80 | 玉珩 | 〔圖〕 | 《中山》80 |
| 敦于 | 〔圖〕 | 《璽文》合 3 | 庸用 | 〔圖〕 | 《中山》79 |

| | | | | | |
|---|---|---|---|---|---|
| 之市 | 𣥧 | 《包山》63 | 先之 | 𣥧 | 《郭店》尊16 |
| 之志 | 𢘓 | 《郭店》性45 | 土地 | 墬 | 《郭店》六4 |
| 青清 | 淸 | 《郭店》老乙15 | 竝立 | 竝 | 《郭店》太12 |
| 身窮 | 躳 | 《郭店》唐2 | 艸茅 | 茅 | 《郭店》唐16 |
| 聖人 | 𦔮 | 《郭店》尊6 | 教學 | 斅 | 《郭店》語一61 |
| 孔子 | 孔 | 《上海》詩1 | 昊天 | 昊 | 《上海》詩6 |

**注釋：**

① 山東省《齊魯考古叢刊》編輯部《山東史前文化論集》284頁、286頁，齊魯書社，1986年。
② 馬承源《上海博物館藏戰國楚竹書（一）》136頁，上海古籍出版社，2001年。
③ 荊門市博物館《郭店楚墓竹簡》145頁，文物出版社，1998年。
④ 朱德熙、裘錫圭《戰國銅器銘文中的食官》，《文物》1973年12期。
⑤ 郭沫若《者汈鐘銘考釋》，《考古學報》1958年1期。
⑥ 周鳳五《包山楚簡初考》，《王叔岷先生八十壽慶論文集》，1993年。
⑦ 孫詒讓《古籀拾遺》上。楊樹達《積微居金文說》77頁，科學出版社，1959年。
⑧ 何琳儀《中山王器考釋拾遺》，《史學集刊》1984年3期。
⑨ 何琳儀《平安君鼎國別補證》，《考古與文物》1986年5期。
⑩ 裘錫圭釋，見《古文字研究》14輯190頁，1986年。
⑪ 馬國權《古璽文字初探》，第三屆古文字學研討會論文（成都），1981年。
⑫ 裘錫圭《戰國貨幣考》，《北京大學學報》1978年2期。
⑬ 何琳儀《者汈鐘銘校注》，《古文字研究》19輯，1989年。
⑭ 陳初生《談談合書重文專名符號問題》，中山大學《研究生學刊》1981年2期。

## 第三節 繁　化

與簡化截然相反，戰國文字之中也存在大量的繁化現象。所謂"繁化"，一般是指對文字形體的增繁。"繁化"所增加的形體、偏旁、筆畫等，對原來的文字是多餘的。因此有時"可有可無"。

繁化，可分有義繁化和無義繁化兩大類。嚴格說來，二者都屬疊牀架屋。有意繁化，通過分析尚可窺見繁化者的用意：或突出形符，或突出音符等等。至於無義繁化，則很難捉摸繁化者的動機。即便可以解釋，或失之勉強，如"叴"有"犯上之義"云云；或失之籠統，如加"攴"有"行動之義"云云。因此，根據我們現有的認識，暫名這類繁文爲"無義繁化"。

## 一、增繁同形偏旁

增繁同形偏旁，包括重疊形體和重疊偏旁。前者"重疊"可能有某種意義，如"驫"有顛倒之義，至於後者"重疊"的深意則很難窺見。例如：

1. 重疊形體

| 各 | 各 | 長沙帛書 | 夆 | 《信陽》1.01 |
| 易 | 易 | 《中山》36 | 辨 | 《中山》36 |
| 堯 | 堯 | 《郭店》窮 3 | 楚 | 《璽文》13.12 |
| 元 | 元 | 《璽文》5.2 | 兟 | 《璽文》附 101 |
| 文 | 文 | 《璽文》9.1 | 爻 | 《璽文》9.1 |
| 月 | 刖 | 鄂君啓節 | 朋 | 《信陽》1.023 |
| 豕 | 豩 | 小篆 | 豩 | 《璽文》9.10 |
| 肙 | 肙 | 《郭店》性 59 | 朋 | 《上海》性 26① |

以上"月"，繁化从三"月"。《篇海》"陰"作"陽"，《字彙補》"陰"作"阴"，可證"朋"確爲"月"之繁文。"豕"，繁化从三"豕"。《字彙補》："豩，同豕。"與古璽吻合。

2. 重疊偏旁

| 寡 | 寡 | 《中山》63 | 鳳 | 林氏壺 |
| 泪 | 泪 | 《璽文》11.3 | 鬳 | 《璽文》11.3 |
| 骨 | 骨 | 《璽文》4.5 | 骨 | 《璽文》4.5 |
| 胐 | 胐 | 《匋文》附 27 | 胐 | 《璽文》4.8 |
| 流 | 流 | 《中山》51 | 流 | 石鼓《霝雨》|

| | | | | | |
|---|---|---|---|---|---|
| 盗 | 盗 | 《雲夢》20.193 | 盗 | 石鼓《汧沔》 |
| 秋 | 秋 | 《侯馬》318 | 秌 | 《璽彙》4002 |
| 旗 | 旗 | 《璽文》7.3 | 旗 | 《璽文》7.3 |
| 室 | 室 | 詛楚文 | 室 | 曶志鼎 |
| 彝 | 彝 | 《中山》75 | 彝 | 曶璋鐘 |
| 語 | 語 | 《璽文》3.2 | 語 | 《璽文》3.2 |
| 敀 | 敀 | 《文物》1976.11 圖 4.1 劍 | 敀 | 《文物》1976.11 圖 4.4 劍 |
| 詒 | 詒 | 《中山》62 | 詒 | 《璽文》3.5 |
| 貽 | 貽 | 《陶文》6.46 | 貽 | 《香錄》6.3 |
| 臂 | 臂 | 青川木牘 | 臂 | 《中山》74 |
| 從 | 從 | 《侯馬》329 | 從 | 《侯馬》329 |
| 奔 | 奔 | 石鼓《霝雨》 | 奔 | 石鼓《田車》 |
| 登 | 登 | 《侯馬》306 | 登 | 長沙帛書 |
| 蒐 | 蒐 | 《侯馬》342 | 蒐 | 《侯馬》342 |
| 息 | 息 | 《侯馬》325 | 息 | 《郭店》緇 23 |
| 芻 | 芻 | 《望山》1.5 | 芻 | 《包山》95 |
| 隋 | 隋 | 《包山》167 | 隋 | 《包山》22 |
| 賢 | 賢 | 《郭店》成 16 | 賢 | 《郭店》五 48 |
| 命 | 命 | 《郭店》語一 4 | 命 | 《郭店》語一 2 |

3. 重叠筆畫

| | | | | | |
|---|---|---|---|---|---|
| 福 | 福 | 《郭店》老甲 38 | 福 | 《郭店》成 18 |
| 索 | 索 | 《郭店》老甲 2 | 索 | 《郭店》緇 29 |
| 妻 | 妻 | 《郭店》語一 90 | 妻 | 《郭店》語二 44 |

## 二、增繁無義偏旁

增繁無義偏旁,係指在文字中增加形符,然而所增形符對文字的表意功能不起直接作用。即便有一定的作用,也因其間關係模糊,不宜確指。因此,這類偏旁很可能也是無義部件,只起裝飾作用。如《侯馬》343"嘉"字異體甚多,標準形體作"▨"形,从"壴""加"聲。或省"口"作"▨",屬簡化。至於作"▨"、"▨"、"▨"、"▨"等形,其所从之"爪"、"又"、"寸"、"心"等偏旁,則只能認爲是無義偏旁。

戰國文字之中還有許多類似的增繁形符。如侯馬盟書"麻夷非是",其中"夷"字,或繁化作"▨"、"▨"、"▨"(321)等。其間純屬假借?抑或所謂"土"、"彳"、"歹"另有含義?一時很難澄清,因此這裏不擬討論。

無義偏旁很多,下面只選幾種。例如:

加"土"

| 夷 | ▨ | 《侯馬》321 | ▨ | 《侯馬》321 |
| 臧 | ▨ | 《包山》60 | ▨ | 《郭店》老甲35 |
| 朋 | ▨ | 《郭店》語一87 | ▨ | 《天星》970 |
| 彌 | ▨ | 《郭店》六28 | ▨ | 《郭店》六30 |
| 難 | ▨ | 《郭店》緇5 | ▨ | 《郭店》老甲5 |

加"厂"

| 賢 | ▨ | 《璽文》6.9 | ▨ | 《璽文》96 |
| 緊 | ▨ | 《璽文》3.12 | ▨ | 《璽文》9.6 |
| 馬 | ▨ | 《璽文》10.1 | ▨ | 《璽文》10.2 |
| 裏 | ▨ | 《中山》63 | ▨ | 《中山》63 |

## 第四章 戰國文字形體演變

加"宀"

| | | | | | |
|---|---|---|---|---|---|
| 天 | 天 | 詛楚文 | 閑 | 行氣玉銘 |
| 孨 | 孨 | 《匋文》14.99 | 孨 | 《璽文》7.11 |
| 生 | 生 | 《侯馬》317 | 閆 | 者汈鐘 |
| 中 | 屯 | 《郭店》老甲 22 | 仺 | 《郭店》五 5 |
| 福 | 禜 | 《郭店》老甲 38 | 寨 | 《郭店》老甲 31 |
| 牆 | 牆 | 《郭店》老丙 9 | 牆 | 《郭店》語四 7 |
| 目 | 目 | 《郭店》五 47 | 㞢 | 《郭店》五 45 |
| 豪 | 豪 | 《郭店》緇 20 | 豪 | 《郭店》五 29 |
| 集 | 集 | 《郭店》緇 37 | 雧 | 《郭店》五 42 |
| 悁 | 悁 | 《上海》詩 18 | 寒 | 《上海》詩 3 |

加"户"

| | | | | | |
|---|---|---|---|---|---|
| 曳 | 甲 | 《老子》乙 242 上 | 曳 | 《璽文》附 64 |
| 維 | 維 | 《璽文》13.2 | 雒 | 《璽彙》5673 |
| 賢 | 賢 | 《璽文》6.9 | 賢 | 《中山》74 |
| 瀘 | 瀘 | 詛楚文 | 瀘 | 《中山》78 |

加"立"

| | | | | | |
|---|---|---|---|---|---|
| 長 | 長 | 《璽文》9.7 | 長 | 《璽文》9.9 |
| 旬 | 旬 | 莒平鐘 | 旬 | 陳侯因𩦐敦 |
| 喬 | 喬 | 《侯馬》334 | 喬 | 《侯馬》334 |
| 痦 | 痦 | 《龍龕手鑑》 | 痦 | 《陶文》7.56 |

加"口"

| | | | | | |
|---|---|---|---|---|---|
| 丙 | 丙 | 《侯馬》303 | 香 | 長沙帛書 |

| | | | | | |
|---|---|---|---|---|---|
| 念 | 㝱 | 者汈鐘 | 龠 | 《中山》55 | |
| 巫 | 巫 | 《侯馬》309 | 否 | 《侯馬》309 | |
| 秋 | 秌 | 《璽文》7.7 | 縣 | 《璽文》附92 | |
| 御 | 逾 | 《天星》162 | 逾 | 《天星》162 | |
| 等 | 等 | 《包山》132反 | 萚 | 《包山》9 | |
| 退 | 逡 | 《郭店》老乙11 | 邊 | 《郭店》老甲39 | |
| 聖 | 耶 | 《郭店》唐6 | 翌 | 《郭店》唐25 | |
| 雀 | 雀 | 《郭店》尊2 | 眷 | 《郭店》魯6 | |
| 邂 | 邂 | 《郭店》語三42 | 邂 | 《郭店》語三42 | |

加"曰"

| | | | | | |
|---|---|---|---|---|---|
| 留 | 畱 | 《古幣》152 | 畱 | 《璽文》附62 | |
| 弇 | 弇 | 《璽文》3.7 | 弇 | 《中山》46 | |
| 斂 | 斂 | 《璽文》3.15 | 斂 | 《中山》74 | |
| 友 | 友 | 《郭店》語四23 | 友 | 《郭店》語一80 | |

加"心"

| | | | | | |
|---|---|---|---|---|---|
| 鳴 | 鳴 | 《璽文》4.4 | 鳴 | 《璽文》附460 | |
| 穗 | 采 | 《侯馬》318 | 采 | 《侯馬》318 | |
| 均 | 歕 | 《璽文》13.6 | 歕 | 《璽文》13.6 | |
| 郞 | 郞 | 《璽文》6.14 | 郞 | 《璽文》6.14 | |

加"又"

| | | | | | |
|---|---|---|---|---|---|
| 地 | 坙 | 《侯馬》307 | 坙 | 《侯馬》307 | |
| 祖 | 師 | 欒書缶 | 神 | 《中山》48 | |

第四章 戰國文字形體演變 269

| 虎 | 㲋 | 《侯馬》333 | 㲋 | 《侯馬》333 |
| 衮 | 怸 | 小篆 | 念 | 《侯馬》324 |
| 僕 | 菐 | 《郭店》老甲 2 | 菐 | 《郭店》老甲 13 |
| 相 | 栢 | 《郭店》老甲 16 | 梠 | 《郭店》窮 6 |

加"爪"

| 璊 | 瑗 | 《隨縣》72 | 瑗 | 《隨縣》21 |
| 室 | 㝎 | 《望山》1.117 | 㝎 | 《望山》1.17 |
| 家 | 冢 | 《郭店》唐 26 | 冢 | 《郭店》緇 20 |
| 卒 | 灾 | 《郭店》唐 18 | 灾 | 《郭店》緇 7 |
| 加 | 㕛 | 《郭店》窮 9 | 㕛 | 《郭店》語三 5 |

加"攴"

| 辵 | 䢤 | 小篆 | 䢤 | 鷹羌鐘 |
| 棗 | 棗 | 《璽文》5.10 | 棗 | 《璽文》5.11 |
| 瘠 | 瘠 | 《璽文》7.19 | 瘠 | 《璽文》7.19 |
| 臧 | 臧 | 《璽文》3.13 | 臧 | 陳璋壺 |

加"从"

| 申 | 申 | 石鼓《吾水》 | 申 | 石鼓《田車》 |
| 古 | 古 | 《中山》18 | 古 | 《中山》55 |
| 湯 | 湯 | 石鼓《霝雨》 | 湯 | 長沙帛書 |
| 遟 | 遟 | 《玉篇》 | 遟 | 長沙帛書② |

加"卜"

| 夜 | 夾 | 《陶彙》3.1182 | 夾 | 《璽彙》2947 |

| | | | | | |
|---|---|---|---|---|---|
| 塚 | | 春成侯鍾 | | | 盗鼎 |
| 亙 | | 恒鼎 | | | 《包山》199 |
| 所 | | 《隨縣》1 | | | 《隨縣》4 |
| 駅 | | | | | 《隨縣》147 |
| 召 | | 小篆 | | | 《香港》6 |
| 猒 | | 叔夷鎛 | | | 《郭店》緇 46 |
| 悁 | | 《上海》詩 18 | | | 《上海》詩 3 |
| 孔 | | 陳璋壺 | | | 《上海》詩 1 |

上海簡"孔子"乃合文，因此沒有必要將"孔"字寫作"孔"旁加"卜"旁，而是巧妙地利用"子"旁加"卜"形以表示"孔"字（何況"孔"字亦有省做"子"形者，參伯公父臣、王孫鐘等）。又利用"子"旁表示"子"字。

"卜"形還可演化爲"匕"形，這不但在商周文字中有所反映，如："考"或從"卜"，或從"比"作"老"形（《金文編》1406），"鐘"或從"卜"（《集成》4455.3），或從"比"（《集成》4454.2）等，而且在戰國文字中也有類似例證：

| | | | | | |
|---|---|---|---|---|---|
| 疑 | | 《秦集》圖版 46 | | | 《郭店》語三 62 |
| 亙 | | 《包山》199 | | | 《包山》129 |
| 鹿 | | 樊君 | | | 《包山》246③ |
| 真 | | 《貨系》347 | | | 《陶徵》169 |

值得注意的是，《包山》201"亙"作"亙"，在"卜"的基礎上又加一橫筆爲飾。這充分證明"卜"、"匕"等類部件，在戰國文字中並無實際意義。

### 三、增繁標義偏旁

在文字原有形符基礎上再增加一個形符，即所謂"增繁標義偏旁"。可分象形標義、會意標義、形聲標義三種：

1. 象形標義

象形標義,是在象形字的基礎上增加一個形符,以突出該象形字的屬性、特點。象形標義所新造的繁化字意義不大,因爲象形字的形體已經能够勝任其表意功能。例如:

| 土 | 土 | 《匋文》13.87 | 土 | 《中山》32 |
| 氣 | 气 | 齊侯壺 | 氣 | 行氣玉銘 |
| 丘 | 丄 | 子禾子釜 | 丄 | 《璽文》8.4 |
| 本 | 朩 | 《古幣》67 | 本 | 行氣玉銘④ |
| 倉 | 仺 | 《璽文》5.8 | 倉 | 《古研》7.222 陶文 |
| 戈 | 戈 | 《三代》19.45.1 戈 | 戈 | 《三代》19.44.2 戈 |
| 禺 | 禺 | 《古幣》163 | 禺 | 禺戈 |
| 鼎 | 鼎 | 《中山》69 | 鼎 | 會前鼎 |
| 鼎 | 鼎 | 《中山》68 | 鼎 | 右官鼎 |
| 牙 | 与 | 《郭店》唐 6 | 牙 | 《郭店》緇 9 |

2. 會意標義

會意標義,是在會意字(或會意兼形聲字)的基礎上增加一個形符,以突出該會意字的意義,或某個偏旁的意義。

這類新造字有時的確能起到一定的注明字義,或區別它字的作用。如"臣"是"臣附"之"附"的專用字。"附"同"坿",與"土田附庸"有關,其形符"阜"顯然不如"臣"在"臣"字中所標之義明確。而从"人"从"又"的"付",尤難表示"臣附"之義。另外,"監"作"鑑",更爲合理,一直沿用至今。不過這類字大多是疊牀架屋,隨着時光的流逝,逐漸被淘汰。例如:

| 兄 | 兄 | 《璽文》8.8 | 兄 | 郝陵君豆 |
| 信 | 訫 | 《璽文》3.3 | 信 | 《中山》49 |
| 宋 | 宋 | 《侯馬》359⑤ | 宋 | 《中山》55 |

| | | | | | |
|---|---|---|---|---|---|
| 守 | | 《侯馬》306 | | | 《侯馬》306 |
| 禹 | | 《貨系》4201 | | | 《貨系》4262⑥ |
| 寅 | | 鄆孝子鼎 | | | 陳純釜 |
| 器 | | 《匋文》3.15 | | | 《三代》19.40.1 戈 |
| 秋 | | 《璽文》7.7 | | | 《璽文》7.7 |
| 秋 | | 長沙帛書 | | | 《璽文》附 60 |
| 之 | | 《郭店》老甲 2 | | | 《郭店》老丙 4 |

### 3. 形聲標義

形聲標義，是在形聲字的基礎上增加一個形符，以突出該形聲字形符的意義。

形聲標義新造字都有兩個形符，一個音符。形符義近，或相關，因此可以叠加。這與下文即將涉及的"形符互換"頗爲類似。如"阜"與"土"、"金"與"皿"之間，既可"叠加"，也可"互換"。例如：

| | | | | | |
|---|---|---|---|---|---|
| 阿 | | 《璽文》14.5 | | | 《小校》10.30.3 |
| 陽 | | 石鼓《霝雨》 | | | 《三代》19.44.2 戈 |
| 魯 | | 《侯馬》349 | | | 《侯馬》349 |
| 唯 | | 詛楚文 | | | 因資敦 |
| 從 | | 《侯馬》329 | | | 《侯馬》329 |
| 達 | | 《侯馬》345 | | | 《侯馬》345 |
| 春 | | 長沙帛書 | | | 蔡侯鐘 |
| 期 | | 《璽文》7.4 | | | 《類編》497 |
| 鑄 | | 大梁司寇鼎 | | | 梁十九年亡智鼎 |
| 鉼 | | 纕安君鉼 | | | 蔡侯鉼 |
| 喪 | | 《包山》113 | | | 《郭店》老丙 8 |

僕　[字形]　《包山》145　　　　[字形]　《郭店》老甲 18

## 四、增繁標音偏旁

　　增繁標音偏旁的現象，在殷周文字中已經出現。這類標音形聲字，有的成爲標準字體，後世仍在襲用。例如："鳳"，甲骨文本作"[字形]"形，或加音符"凡"作"[字形]"；"精"，甲骨文本作"[字形]"形，金文加音符"昔"作"[字形]"形。有的省簡音符，後世則被淘汰。例如"秋"，甲骨文本作"[字形]"形，籀文省簡音符"丘"作"[字形]"；"閒"，金文或作"[字形]"形，或省簡音符"柬"作"[字形]"形。在戰國文字中，增繁標音偏旁尤爲普遍，大致可分四類：

1. 象形標音

　　象形標音，是在象形字（包括指事字）的基礎上增加一個音符，所增音符與象形字音同或音近。例如：

| | | | | | |
|---|---|---|---|---|---|
| 丘 | [字形] | 子禾子釜 | [字形] | 《璽文》附 54 |
| 疑 | [字形] | 小篆 | [字形] | 秦詔版 |
| 止 | [字形] | 《郭店》五 10 | [字形] | 《郭店》尊 20 |
| 齒 | [字形] | 《仰天》25 | [字形] | 《仰天》25 |
| 畐 | [字形] | 《璽文》1.2 | [字形] | 《中山》81 |
| 冢 | [字形] | 《璽彙》4047 | [字形] | 《珍秦》展 23 |
| 瓜 | [字形] | 《璽文》附 111 | [字形] | 《璽文》附 64 |
| 卵 | [字形] | 《望山》2.46 | [字形] | 《雲夢》10.4 |
| 自 | [字形] | 《璽文》4.2 | [字形] | 《璽文》4.2 |
| 門 | [字形] | 《璽文》12.1 | [字形] | 《中山》56 |
| 參 | [字形] | 《信陽》1.03 | [字形] | 長沙帛書 |
| 鹿 | [字形] | 《包山》179 | [字形] | 《上海》詩 23 |

平 乗　平阿左戈　　　　　翁　《匋文》5.32

於 𰀀　《包山》229　　　　𦀂　《郭店》語一22

以上"丘"、"亓",之部。"疑"、"子",之部。"止"、"之",之部。"齒"、"止",之部。"畐"、"北",之部。"冢"、"中",東部。"瓜"、"户",魚部。"卵"、"䜌",元部。"自"、"畀",脂部。"門"、"文",文部。"參"、"三",侵部。"鹿"、"录",侯部。"平"、"八",唇音。"於",影紐魚部;"羕"之所從"永",匣紐陽部。影、匣均屬喉音,魚、陽陰陽對轉。

2. 會意標音

會意標音,是在會意字的基礎上增加一個音符。所增音符與會意字音同或音近。例如:

早　𚯦　《雲夢》102　　　棗　《中山》72

保　𠈃　因脅敦　　　　　缶　陳侯午敦

兄　𤕫　《璽文》8.8　　　生　王孫鐘

聖　𦔻　《璽文》12.3　　　耳　《璽文》12.3

胃　𦞅　吉日劍　　　　　立　《中山》67

闢　𨷻　《古幣》241　　　𨳟　大武鈹⑦

命　𠎴　《璽文》2.5　　　𠇷　《璽文》附107

集　𠎏　《中山》61　　　𠎨　會前鼎

守　𠂋　《侯馬》306　　　𠃊　《侯馬》306

鄰　○○　《貨幣》303　　 炎　《中山》48

粵　𩁘　汝陽戟　　　　　卓　《郭店》語三54

正　𤴓　《郭店》唐23　　 立　《郭店》唐3

以上"早"、"棗",幽部。"保"、"缶",幽部。"兄"、"生",陽部。"耴"(聽之初文)、"壬",耕部。"胃"、"立"(讀位),脂部。"闢"、"○"(讀璧),脂部。

"命"、"吅"(讀鄰),真部。"集"、"亼",緝部。"守",審紐幽部;"主",照紐侯部。照、審同屬舌上音,幽、侯旁轉。"吅",來紐真部;"文",明紐文部。明、來複輔音,真、文旁轉。"甹"、"平",耕部。"正"、"丁",耕部。

3. 形聲標音

形聲標音,是在形聲字的基礎上又增加一個音符。所增音符與形聲字原有的音符音同或音近。

象形標音和會意標音所增音符尚有注音作用,形聲標音另增音符殊爲重複。戰國形聲標音字甚多,這可能與當時某些書寫者崇尚繁縟的心理有關。例如:

| | | | | | |
|---|---|---|---|---|---|
| 墨 | 𡐁 | 《古幣》240 | 𡑒 | | 《古幣》239 |
| 吾 | | 詛楚文 | | | 石鼓《吾水》 |
| 臧 | | 《璽文》3.13 | | | 《璽文》5.6 |
| 定 | | 《侯馬》3.14 | | | 《璽文》附45 |
| 腹 | | 《侯馬》339 | | | 《侯馬》339 |
| 隊 | | 《侯馬》307 | | | 《璽文》14.6 |
| 邵 | | 《包山》249 | | | 《包山》267 |
| 喪 | | 《包山》92 | | | 《郭店》語一98 |
| 舀 | | 《香港》6 | | | 《郭店》性命44 |
| 備 | | 《郭店》語一94 | | | 《郭店》語三54 |

以上"墨",明紐之部,"勹",幫紐幽部,幫、明均屬唇音,之、幽旁轉。"吾"、"午",魚部。"臧"、"皿",陽部。"定"、"丁",耕部。"腹"、"勹",幽部。"豖"、"它",舌音。"召"、"早",幽部。"喪"、"亡",陽部。"舀"從"爪"聲(朱駿聲說),與"小"均屬宵部。"備"或從"凡"聲,與"備"均屬唇音。

另外,"隮"有三個音符,尤爲罕見。"隮"或作 𦥯(石鼓《田車》),本從"齊"聲,增"妻"聲("齊"、"妻"均屬脂部、齒音,又增"析"省聲)。

### 4. 雙重標音

雙重標音，指組成一個字的兩個偏旁都是音符。

形聲標音與雙重標音都有兩個音符，但前者兩部件中有形符，而後者兩部件中無形符，所以昔人又名"雙重標音"爲"皆聲"。"皆聲"中的兩個音符可能有一個音符兼有形符的功能，另一個音符則純粹起表音作用。這類字偏旁之間的關係含混，或字義待考，或字義抽象，遽定形符，暫有困難，故單列一類。例如：

| 訂 | 訂 | 盂平鐘 | | | 《中山》42 |
| 翠 | 翠 | 《音樂》1981.1.圖11 | | | 《璽徵》14 |
| 裳 | 裳 | 《璽文》9.9 | 堂 | | 《中山》56 |
| 肄 | 肄 | 《音樂》1981.1 圖14 | 异 | | 《郭店》緇11 |

以上"台"、"司"，之部。"兹"、"才"，之部。"羽"、"于"，魚部。"白"、"百"，魚部。"尚"、"長"，陽部。"尚"、"上"，陽部。"聿"，精紐真部，"先"，心紐文部，精、心均屬齒音，真、文旁轉。"己"、"丌"，之部。


**注釋：**

① 季旭昇《由上博詩論小宛談楚簡中幾個特殊的从昌的字》，中國文字學會第十三屆全國學術研討會，2002 年。
② 林巳奈夫釋，見 Noel Barnad, The Chu Silk Manuscript Translation and Commentary, The Australian National University, Canberra, 1973.
③ 何琳儀《包山竹簡選釋》，《江漢考古》1993 年 4 期；又《楚王熊麗考》，《中國史研究》2000 年 4 期。
④ 陳邦懷《戰國行氣玉銘考釋》，《古文字研究》7 輯 188 頁，1982 年。
⑤ 李裕民《侯馬盟書疑難字考》，《古文字研究》5 輯 292 頁，1981 年。
⑥ 林巳奈夫釋，引安志敏《金版與金餅》，《考古學報》1973 年 2 期。
⑦ 黃錫全《大武闢兵淺析》，《江漢考古》1983 年 3 期。


## 第四節 異 化

簡化和繁化，是對文字的筆畫和偏旁有所删簡和增繁；異化，則是對文字的筆畫和偏旁有所變異。異化的結果，筆畫和偏旁的簡、繁程度並不顯著，而筆畫的組合、方向和偏旁的種類、位置則有較大的變化。

總體來看，偏旁的異化規律性較強。筆畫的異化規律性較弱。這大概與偏旁能成爲一個整體部件相對穩定有關。

異化，與通常所說的"訛變"並非同一概念。固然，有的訛變的確屬於異化；但是，有的訛變則屬於簡化和繁化。因此，異化和訛變是根據不同的方法剖析文字形體結構的不同分類範疇。

另外，異化中涉及的訛變現象相當複雜。偶然性的、漫無規律的訛變暫不擬討論。本節只選擇規律較強的部分訛變例證，作爲異化的某種方式予以討論。大量帶有規律性的訛變種類，尚待進一步系統歸納。

## 一、方位互作

方位互作，系指文字的形體方向和偏旁位置的變異。

形體方向和偏旁位置不固定的現象，殷周文字中早已有之。戰國時代，由於政令不一，文字異形，其方向和位置的安排尤爲紛亂。下面七類例證，"左右互作"出現頻率最高，"四周互作"、"上下互作"次之，其他各類比較罕見。例如：

1. 正反互作

| 毛 | 千 | 《貨系》2058 | | 之 | 《貨系》2060 |
|---|---|---|---|---|---|
| 千 | 千 | 《璽文》3.1 | | 千 | 《璽文》3.1 |
| 長 | 矢 | 《璽文》9.9 | | 柔 | 《璽文》9.9 |
| 羌 | 筆 | 厲羌鐘 | | 羊 | 《璽文》4.4 |
| 司 | 司 | 《璽文》9.2 | | 后 | 《璽文》9.2 |
| 庶 | 戻 | 《包山》258 | | 戾 | 《璽彙》3198 |
| 甲 | 正 | 《包山》12 | | 田 | 《包山》46 |
| 方 | 方 | 《郭店》老甲 24 | | 大 | 《郭店》五 41 |

| | | | | | |
|---|---|---|---|---|---|
| 可 | 可 | 《郭店》老乙 2 | | | 《郭店》老甲 21 |
| 蓝 | | 《郭店》性 13 | | | 《郭店》緇 21 |

2. 正倒互作

| | | | | | |
|---|---|---|---|---|---|
| 千 | 千 | 《璽文》3.1 | | | 《璽彙》4482 |
| 子 | | 《璽彙》4733 | | | 《璽彙》4732 |
| 冬 | | 陳璋壺 | | | 《璽彙》2207 |
| 剽 | | 《璽文》附 61 | | | 《賓虹》11 |

3. 正側互作

| | | | | | |
|---|---|---|---|---|---|
| 昉 | | 《璽文》7.2 | | | 《璽文》7.2 |
| 果 | | 長沙帛書 | | | 《信陽》1.23 |
| 官 | | 平安君鼎 | | | 平安君鼎 |
| 五 | | 《貨系》714 | | | 《貨系》791 |
| 貞 | | 《包山》20 | | | 《郭店》緇 3 |
| 詘 | | 《郭店》老乙 14 | | | 《郭店》性 46 |

4. 左右互作

| | | | | | |
|---|---|---|---|---|---|
| 居 | | 《璽文》12.11 | | | 《璽文》附 96 |
| 休 | | 蔡侯鐘 | | | 鄧侯載簠 |
| 敬 | | 《璽文》9.3 | | | 《璽文》9.4 |
| 貽 | | 《匋文》2.11 | | | 《匋文》2.11 |
| 祝 | | 《包山》217 | | | 《包山》237 |
| 訓 | | 《包山》193 | | | 《包山》210 |
| 信 | | 《郭店》忠 5 | | | 《郭店》成 1 |
| 好 | | 《郭店》老甲 8 | | | 《郭店》語三 11 |
| 珪 | | 《郭店》緇 35 | | | 《上海》緇 18 |

5. 上下互作

| 堇 | 《中山》55 | | 《璽文》8.3 |
| 盗 | 《中山》46 | | 《侯馬》317 |
| 旦 | 《璽彙》2875 | | 《璽文》7.2 |
| 春 | 《璽文》1.6 | | 《璽文》1.6 |
| 守 | 《郭店》唐12① | | 《郭店》老甲13 |
| 甚 | 《郭店》唐24 | | 《郭店》老甲5 |
| 棗 | 《郭店》語四12 | | 《郭店》語四13 |
| 尻 | 《郭店》緇1 | | 《上海》緇6 |

6. 內外互作

| 昌 | 《璽文》7.1 | | 《璽文》7.2 |
| 或 | 《中山》38 | | 《璽文》6.9 |
| 愛 | 《中山》35 | | 《中山》35 |
| 祆 | 《璽文》8.6② | | 《璽文》8.6 |
| 栖 | 《包山》89 | | 《包山》68 |
| 深 | 《郭店》性23 | | 《郭店》老甲8 |

7. 四周互作

| 奴 | 《璽文》12.5 | | 《璽文》12.5 |
| 唯 | 詛楚文 | | 《匋文》2.8 |
| 攻 | 鄂君啓節 | | 《璽文》3.15 |
| 張 | 《璽文》12.10 | | 《璽文》12.10 |
| 責 | 《郭店》太9 | | 《包山》146 |
| 好 | 《郭店》8 | | 《郭店》老甲32 |

多　[多]　《郭店》語一 89　　　[羽]　《郭店》老甲 14

恥　[恥]　《郭店》語二 3　　　[意]　《郭店》語二 4

## 二、形符互作

　　合體字偏旁，尤其形聲字形符，往往可用與其義近的表意偏旁替換，這就是古文字中習見的"形符互換"現象。

　　形符互換之後，形體雖異，意義不變。這是因爲互換的形符之間義近相關，如"日"與"月"，"山"與"阜"，"土"與"壴"，"宀"與"穴"，"广"與"宀"，"口"與"心"，"又"與"攴"，"木"與"禾"等。至於由一字分化的形符，如"首"與"頁"，"口"與"甘"，"止"與"辵"等，可以互換，就更容易理解了。

　　形符互換現象，有的學者曾舉大量古文字例證詳細論述[③]。下面只選戰國文字中較常見的幾類形符互換，各舉若干例證補充説明。例如：

日──月

春　[春]　蔡侯鐘　　　　　　[春]　欒書缶

期　[期]　《匋文》附 49　　　[期]　《璽文》7.4

戎　[戎]　國差罈　　　　　　[武]　《信陽》1.01

歲　[歲]　相公子矰戈　　　　[歲]　《郭店》太 3

土──田

封　[封]　《璽彙》4091　　　[封]　《璽彙》0259

型　[型]　《信陽》1.01　　　[型]　荆歷鐘

土──壴

城　[城]　詛楚文　　　　　　[城]　《文物》1983.12.9 戈

奠　[奠]　《匋文》6.74　　　[奠]　哀成叔鼎

宀──穴

| 寓 | [篆] | 石鼓《吳人》 | [篆] | 《侯馬》326 |
| 竈 | [篆] | 邵鐘 | [篆] | 石鼓《吳人》 |
| 窋 | [篆] | 《九店》56.13 | [篆] | 《包山》72 |
| 窮 | [篆] | 《郭店》唐3 | [篆] | 《郭店》成14 |

宀──广

| 庫 | [篆] | 九年鄭令矛 | [篆] | 左庫戈 |
| 廣 | [篆] | 《璽彙》5343 | [篆] | 兆域圖 |
| 安 | [篆] | 《璽文》7.9 | [篆] | 《璽文》7.9 |
| 宼 | [篆] | 《璽文》3.15 | [篆] | 《璽文》3.15 |

首──頁

| 郶 | [篆] | 《輯證》圖版玖肆2 | [篆] | 《輯證》圖版玖伍8 |
| 頭 | [篆] | 《璽文》9.1 | [篆] | 蔡侯紳鼎 |
| 道 | [篆] | 《中山》61 | [篆] | 詛楚文 |
| 憂 | [篆] | 《郭店》語二7 | [篆] | 《郭店》老乙4 |

目──見

| 視 | [篆] | 《中山》47 | [篆] | 《侯馬》337 |
| 親 | [篆] | 《璽文》附78 | [篆] | 詛楚文 |

口──言

| 信 | [篆] | 《璽文》3.3 | [篆] | 《璽文》3.3 |
| 善 | [篆] | 《璽文》3.6 | [篆] | 《璽文》3.6 |
| 尚 | [篆] | 《古研》10.197④ | [篆] | 《中山》38 |

詩 [字] 《上海》緇1　　[字] 《上海》詩1

言──心

祈 [字] 《匋文》1.3　　[字] 《匋文》1.3
響 [字] 《侯馬》349　　[字] 《侯馬》349

又──攴

没 [字] 《侯馬》350　　[字] 《侯馬》350
敬 [字] 《璽文》9.3　　[字] 《璽文》9.3
敗 [字] 《包山》76　　[字] 《包山》46
時 [字] 《郭店》五7　　[字] 《郭店》六24
時 [字] 《郭店》性15　　[字] 《郭店》五6
静 [字] 《郭店》語二12　　[字] 《郭店》尊14
聚 [字] 《郭店》六4　　[字] 《郭店》性53
改 [字] 《上海》詩11　　[字] 《上海》詩10

攴──殳

殺 [字] 《侯馬》326　　[字] 《侯馬》326
啓 [字] 《郭店》老乙13　　[字] 鄂君啓節
政 [字] 《隨縣》12　　[字] 《郭店》語一67
敆 [字] 《郭店》語一52　　[字] 《郭店》語一50

攴──戈

寇 [字] 《侯馬》327　　[字] 《侯馬》327
救 [字] 荊厤鐘　　[字] 《中山》56

中──木

| 敽 | 敽 | 四年口雍令矛 | 敽 | 十八年冢子戈 |
| 葦 | 葦 | 小篆 | 葦 | 《璽文》附99 |
| 蒂 | 蒂 | 《文選·答賓戲》 | 蒂 | 《璽彙》3118 |
| 离 | 离 | 小篆 | 离 | 《古幣》233 |

皀──食

| 既 | 既 | 《郭店》五10 | 既 | 《包山》202反 |
| 飤 | 飤 | 《郭店》成13 | 飤 | 《郭店》語一110 |

木──禾

| 秦 | 秦 | 《璽文》7.8 | 秦 | 《璽彙》7.8 |
| 休 | 休 | 《匋文》6.41 | 休 | 《璽文》6.4 |
| 桼 | 桼 | 《古幣》181 | 桼 | 《璽彙》0324⑤ |
| 㮚 | 㮚 | 《包山》253 | 㮚 | 《信陽》2.02 |

系──束

| 純 | 純 | 陳純釜 | 純 | 《中山》56 |
| 約 | 約 | 《雲夢》39.139 | 約 | 詛楚文 |

刀──刃

| 詔 | 詔 | 《侯馬》316 | 詔 | 《侯馬》316 |
| 則 | 則 | 《侯馬》319 | 則 | 《侯馬》319 |
| 初 | 初 | 徐郊尹鼎 | 初 | 《郭店》窮9 |
| 剔 | 剔 | 《郭店》太12 | 剔 | 《郭店》語四2 |
| 罰 | 罰 | 《郭店》緇29 | 罰 | 《郭店》成38 |

## 三、形近互作

形體相近的偏旁往往容易寫混，這是古今通例。如"日"和"曰"、"目"和"且"、"土"和"士"、"邑"和"阜"等，在後代字書裏經常混淆。

形近互作，與形符互作有本質的區別。前者是以訛傳訛的錯別字，後者是人爲改造的異體字。

由"形近互作"產生的錯別字，在戰國人心目中可能不覺其"錯"，但在秦文字統一之時多被淘汰；只有少數相對合理的錯別字，諸如"曼"、"呈"等，一直將錯就錯，相沿至今。

形近互作雖屬訛誤現象，但有一定的規律性。例如：

人——弓

| 伐 | 𢨉 | 《侯馬》306 | 𢦔 | 《侯馬》306 |
| 信 | 𠉭 | 《璽文》3.3 | 𢌿 | 《璽文》3.3 |
| 弩 | 𢎵 | 《璽文》12.11 | 𢎨 | 《璽文》12.11 |
| 弧 | 𢫦 | 《侯馬》304⑥ | 𢪏 | 《侯馬》304 |
| 彊 | 𤕜 | 《郭店》語三 48 | 𤖣 | 《陶彙》3.1356 |

人——彳

| 像 | 𠈌 | 長沙楚帛書 | 𢓡 | 《中山》61⑦ |
| 伐 | 伐 | 《三晉》圖 2.2 | 𢓞 | 《錄遺》600 |
| 徒 | 𠈚 | 《溫縣》6 | 𢓱 | 《溫縣》9 |
| 倀 | 𠈄 | 《郭店》性 7 | 𢓨 | 《郭店》尊 14 |
| 攸 | 𠈓 | 《郭店》性 56 | 𢓀 | 《郭店》老乙 16 |

目——田

| 看 | 𥄎 | 《中山》70 | 𥃦 | 《中山》70 |

| | | | | | |
|---|---|---|---|---|---|
| 相 | 𣛮 | 《璽文》4.1 | | 𣝔 | 《璽文》附 18 |
| 澤 | 𤂖 | 《璽文》14.2 | | 𤂖 | 《璽文》14.2 |
| 濁 | 𣻏 | 《輯證》217.4 | | 𢤤 | 《輯證》215.2 |
| 貞 | 貞 | 《郭店》老乙 11 | | 貞 | 《郭店》老乙 16 |
| 福 | 𥛛 | 《郭店》尊 27 | | 𥛛 | 《郭店》語四 3 |

日──目

| | | | | | |
|---|---|---|---|---|---|
| 明 | 明 | 《侯馬》313 | | 明 | 《侯馬》313 |
| 夏 | 𩠐 | 《璽文》5.11 | | 𩠐 | 《璽文》5.11 |
| 莫 | 莫 | 《璽文》1.8 | | 莫 | 《璽文》1.8 |
| 湯 | 湯 | 《郭店》緇 5 | | 湯 | 《郭店》尊 16 |
| 聞 | 聞 | 《郭店》語四 24 | | 聞 | 《郭店》成 1 |
| 管 | 管 | 《郭店》老甲 24 | | 管 | 《郭店》成 24 |

目──自

| | | | | | |
|---|---|---|---|---|---|
| 睪 | 睪 | 燕王戎人矛 | | 睪 | 燕王詈戈 |
| 冒 | 冒 | 《郭店》窮 3 | | 冒 | 《郭店》唐 26 |

貝──目

| | | | | | |
|---|---|---|---|---|---|
| 賞 | 賞 | 驫羌鐘 | | 賞 | 《中山》69 |
| 買 | 買 | 《三代》20.12.1 戟 | | 買 | 《璽文》7.21 |
| 賈 | 賈 | 《中山》59 | | 賈 | 《中山》59 |
| 質 | 質 | 《侯馬》348 | | 質 | 《侯馬》348 |
| 貣 | 貣 | 《璽彙》0735 | | 貣 | 《珍秦》戰 77 |

日──田

| 秋 | 《璽文》7.7 | | 《璽文》7.7 |
|---|---|---|---|
| 昔 | 《中山》33 | | 《中山》33 |
| 朝 | 《璽文》7.4 | | 石鼓《吳人》 |
| 歆 | 《璽文》附28 | | 《璽文》12.8 |
| 莫 | 《隨縣》36 | | 《隨縣》214 |
| 步 | 《包山》105 | | 《包山》167 |
| 畜 | 《郭店》六15 | | 欒書缶 |
| 會 | 《郭店》老甲19 | | 《包山》182 |
| 奮 | 《郭店》性34 | | 《郭店》性24 |
| 庿 | 《上海》詩5 | | 《郭店》性20 |

口──曰

| 昌 | 《璽文》7.1 | | 《璽文》7.1 |
|---|---|---|---|
| 易 | 《三代》20.57.4 矢括 | | 《璽文》14.5 |
| 叩 | 《璽文》12.3 | | 《璽文》12.4 |
| 河 | 《璽彙》0124 | | 《郭店》窮3 |
| 辱 | 《郭店》老甲36 | | 《郭店》老乙5 |

止──屮

| 奔 | 石鼓《田車》 | | 石鼓《霝雨》 |
|---|---|---|---|
| 夏 | 《璽文》5.11 | | 《璽文》5.11 |
| 陞 | 《侯馬》349 | | 《侯馬》349 |
| 歲 | 長沙帛書 | | 《璽文》2.8 |

## 弋──戈

| 弋 | 《璽文》12.7 | | 長沙帛書 |
| 戒 | 《璽文》12.8 | | 《璽文》12.8 |
| 貳 | 《璽文》6.10 | | 《璽文》6.10 |

## 口──卩

| 宮 | 《璽彙》4759 | | 《璽彙》0266 |
| 邸 | 《璽文》6.20 | | 《璽文》6.20 |
| 巽 | 《璽彙》3023 | | 《璽彙》6.145 |
| 參 | 《三代》2.53.4 鼎 | | 《古幣》224 |

## 卩──邑

| 邵 | 鄂君啟節 | | 《中山》28 |
| 命 | 《璽彙》0261 | | 《璽彙》1333 |
| 範 | 《璽文》附 2 | | 《璽文》附 2 |
| 宛 | 《上海》緇 6 | | 《上海》緇 6 |

## 土──壬

| 呈 | 《璽文》2.6 | | 《璽文》2.6 |
| 成 | 《璽文》13.9 | | 《璽文》13.9 |
| 狂 | 《璽文》10.3 | | 《璽文》10.3 |
| 垩 | 《漢語》13.12 戈 | | 《三代》19.27.1 戈 |

## 土──立

| 堂 | 《中山》41 | | 《璽文》附 65 |
| 均 | 《璽文》13.6 | | 《璽文》13.6 |

| | | | | | |
|---|---|---|---|---|---|
| 坡 | 𡊅 | 《中山》41 | | 𡊅 | 《璽文》13.6 |
| 壯 | 𡉢 | 《中山》31 | | 𡉢 | 者𣱼鐘⑱ |

舟──月

| | | | | | |
|---|---|---|---|---|---|
| 受 | 𠬪 | 《包山》18 | | 𠬪 | 《上海》詩2 |
| 逾 | 逾 | 鄂君啟節 | | 逾 | 《郭店》老甲19 |
| 愉 | 愉 | 《郭店》老甲23 | | 愉 | 《郭店》窮13 |
| 前 | 前 | 《郭店》老甲3 | | 前 | 《郭店》尊2 |

## 四、音符互作

形聲字的音符往往可以用音同或音近的另一音符替換，而形符不變，這就是所謂"音符互換"現象。這類形聲字之間既可能是通假關係，也可能是異體關係。這類戰國文字形體特殊，後世多失傳，或不以其爲正體，然而其諧聲關係頗多變異，無疑是研究戰國文字通假的絕好資料。音符互換可分兩大類：

### 1. 同部音符互作

諧聲偏旁相同的兩個字，自然音同或音近，即所謂"同聲必同部"。例如：

| | | | | | |
|---|---|---|---|---|---|
| 螢 | 𤍽 | 小篆 | | 𤎫 | 魚顛匕 |
| 載 | 車 | 《中山》52 | | 載 | 鄂君啟節 |
| 教 | 𣁋 | 鄎侯載簠 | | 𣁋 | 《中山》75 |
| 廚 | 廚 | 《秦陶》1476 | | 廚 | 《秦陶》1481 |
| 鐘 | 鐘 | 莒平鐘 | | 鐘 | 屬羌鐘 |
| 襄 | 𧞻 | 《璽文》8.6 | | 𧞻 | 《璽文》8.6 |
| 牆 | 牆 | 《璽文》3.14 | | 牆 | 《璽文》3.13 |

第四章　戰國文字形體演變　289

| | | | | | |
|---|---|---|---|---|---|
| 魵 | | 《璽文》11.5 | | | 石鼓《汧沔》 |
| 佐 | | 《中山》41 | | | 《中山》58 |
| 致 | | 《秦陶》1610 | | | 《秦陶》1380 |
| 旗 | | 《秦陶》1405 | | | 《璽文》7.3 |
| 友 | | 《郭店》六 28 | | | 《郭店》六 30 |

2. 異部音符互作

諧聲偏旁不同的兩個字，有時是一個字，這在釋讀戰國文字時尤其值得注意。例如：

① 叠韻音符互換

| | | | | | |
|---|---|---|---|---|---|
| 隥 | | 《侯馬》349 | | | 《侯馬》349 |
| 菱 | | 《包山》153 | | | 《包山》154 |
| 鑄 | | 小篆 | | | 《中山》53 |
| 道 | | 《侯馬》331 | | | 《侯馬》331 |
| 造 | | 《文物》1972.10 圖 25 戈 | | | 《三晉》圖 1.3 戈 |
| 廟 | | 《郭店》唐 5 | | | 《郭店》性 50 |
| 匠 | | 會前匠 | | | 《說文》古文 |
| 與 | | 《中山》66 | | | 《三代》20.15.1 戟 |
| 橐 | | 小篆 | | | 《郭店》老甲 23 |
| 都 | | 《璽文》6.12 | | | 《璽文》6.12 |
| 疏 | | 小篆 | | | 長沙帛書 |
| 兄 | | 鄀陵君豆 | | | 鄀陵君鑒 |
| 劈 | | 《郭店》五 41 | | | 《郭店》老甲 35 |
| 襄 | | 《雲夢》11.35 | | | 《璽文》8.6 |
| 霜 | | 小篆 | | | 長沙帛書 |

| | | | | | |
|---|---|---|---|---|---|
| 猛 | 孟 | 《璽彙》4070 | 戠 | | 《郭店》老甲33 |
| 定 | 金 | 《侯馬》314 | 仌 | | 《侯馬》314 |
| 成 | 戍 | 詛楚文 | 戍 | | 《璽文》13.9 |
| 關 | 開 | 《璽文》12.2 | 閈 | | 鄂君啓節 |
| 仁 | 身 | 《郭店》唐15 | 秊 | | 《郭店》老丙3 |
| 信 | 訐 | 《璽文》3.3 | 訏 | | 《中山》67 |
| 聞 | 間 | 《璽文》12.2 | 䎽 | | 《中山》68 |

以上"登"、"升",蒸部。"陵"、"冰",蒸部。"壽"、"寸"(讀肘),幽部。"首"、"舀",幽部。"告"、"曹",幽部。"朝"、"苗",宵部。"古"、"夫",魚部。"牙"、"午",魚部。"毛"、"石",魚部。"者"、"旅",魚部。"疋"、"武",魚部。"兄"、"生",陽部。"強"、"彊",陽部。"襄"、"羊",陽部。"相"、"亡",陽部。"皿"、"丙",陽部。"正"、"丁",耕部。"丁"、"壬",耕部。"卯"、"串",元部。"千"、"年",真部。"人"、"身",真部。"門"、"昏",文部。

② 雙聲音符互換

| | | | | | |
|---|---|---|---|---|---|
| 戟 | 戟 | 《三代》20.21.2 戟 | 戎 | | 《三代》20.9.2 戟 |
| 簡 | 簡 | 石鼓《田車》 | 笴 | | 《中山》53 |
| 地 | 墬 | 長沙帛書 | 陛 | | 《侯馬》307 |
| 視 | 眎 | 《侯馬》337 | 覦 | | 《侯馬》337 |
| 閇 | 閣 | 《侯馬》338 | 閇 | | 《侯馬》338 |

以上"倝",見紐元部,"丯",疑紐月部,見疑同屬牙音,月、元對轉。"戟",从"倝"得聲,亦見紐。"閇",見紐元部,"外",疑紐月部,見、疑同屬牙音,月、元對轉。"它",透紐歌部,"豕",透紐脂部,歌、脂旁轉。"氏",端紐脂部,"酉"(讀西),喻紐四等幽部,喻紐四等古讀定紐,端、定同屬舌頭音,幽、脂旁轉。"八",幫紐脂部,"北",幫紐之部,之、脂旁轉。"丌",見紐之部,"几",見紐脂部,之、脂旁轉。

## 五、形音互作

形音互作，可分誤形爲音、易形爲音兩種。前者是借用形符稍加變化，使其成爲音符，其本質爲"訛變"。殷周文字中已有這類現象，如"🔲"本會意字，"🔲"則是形聲字；"🔲"本象形字，"🔲"則是形聲字。至於後者是以音符代替會意字的某些偏旁，使其成爲形聲字。其本質爲"置換"。例如：

| 異 | 🔲 | 《郭店》語二 52 | 🔲 | 《郭店》性 9 |
| 好 | 🔲 | 《郭店》老甲 8 | 🔲 | 《郭店》語二 21 |
| 電 | 🔲 | 《説文》古文 | 🔲 | 長沙帛書 |
| 保 | 🔲 | 因資敦 | 🔲 | 《中山》43 |
| 朝 | 🔲 | 因資敦 | 🔲 | 《秦陶》304 |
| 厚 | 🔲 | 《郭店》語一 82 | 🔲 | 《郭店》成 39 |
| 望 | 🔲 | 《三代》20.22.2 戟 | 🔲 | 《璽文》8.5 |
| 良 | 🔲 | 《中山》32 | 🔲 | 瓦書 |
| 經 | 🔲 | 《隨縣》64 | 🔲 | 陳曼簠 |
| 呈 | 🔲 | 《璽文》2.6 | 🔲 | 《璽文》2.6 |
| 城 | 🔲 | 《璽文》13.9 | 🔲 | 《璽文》13.9 |
| 鮮 | 🔲 | 《璽文》11.5 | 🔲 | 《璽文》11.5 |

以上"異"、"兀"，之部。"好"、"丑"，幽部。"電"、"勺"，幽部。"保"、"孚"，幽部。"朝"，定紐宵部，"舟"，照紐三等幽部，照紐三等上古讀端紐，端、定同屬舌頭音，幽、宵旁轉。"厚"、"主"，侯部。"望"、"王"，陽部。"良"、"亡"，陽部。"經"、"壬"，耕部。"呈"、"壬"，耕部。"成"、"壬"，耕部。"鮮"、"千"，真部。

## 六、置換形符

置換形符,是指由三個以上偏旁構成的字的某一偏旁,被另外相關的形符所替代。置換後的形體與原來形體有局部差異,經比較分析,尚可釋讀。例如:

| 鑄 | 𤭯 | 哀成叔鼎 | 𤭯 | 《璽彙》3760⑨ |
| 臧 | 𤳊 | 《璽文》3.13 | 𤳊 | 《璽文》3.13 |
| 盤 | 盤 | 會志盤 | 盤 | 蔡侯盤 |
| 桑 | 桑 | 瓦書 | 桑 | 《璽彙》3272 |
| 挢 | 挢 | 長沙帛書 | 挢 | 《璽彙》2227⑩ |
| 折 | 折 | 《郭店》六 2 | 折 | 《郭店》性 59 |

## 七、分割筆畫

分割筆畫,顧名思義是把本來應該連接的一筆予以分割。分割筆畫的結果使文字產生輕度的訛變。例如:

| 大 | 大 | 《璽文》10.6 | 大 | 《璽文》10.6 |
| 夫 | 夫 | 《璽文》10.7 | 夫 | 《璽文》10.7 |
| 屑 | 屑 | 上官鼎 | 屑 | 梁上官鼎 |
| 東 | 東 | 《匋文》6.41 | 東 | 《匋文》6.41 |
| 關 | 關 | 鄂君啓節 | 關 | 《璽文》12.2 |
| 中 | 中 | 《璽文》1.3 | 中 | 《璽文》1.3 |
| 奢 | 奢 | 《中山》64 | 奢 | 《中山》65 |
| 周 | 周 | 《璽文》2.7 | 周 | 《璽文》2.7 |
| 靳 | 靳 | 《中山》51 | 靳 | 《中山》51 |

第四章　戰國文字形體演變　293

| 共 | 艹 | 《璽文》3.8 | 艹 | 《璽文》3.8 |
| 士 | 士 | 《包山》151 | 土 | 《包山》80 |
| 余 | 余 | 《郭店》太14 | 佘 | 《郭店》成36 |

## 八、連接筆畫

連接筆畫，是把本來應該分開的筆畫連接起來。連接筆畫與分割筆畫恰恰相反，也産生輕度訛變。

如果文字筆畫的位置靠近，或有對應之處，就有可能連接爲一筆。這種現象在戰國文字之中比較普遍，稍不注意就會産生誤解。連接筆畫有時能起到便於書寫的作用。例如：

| 臣 | 𠂤 | 《中山》22 | 𠂤 | 《中山》22 |
| 言 | 䚻 | 《侯馬》308 | 䚻 | 《侯馬》308 |
| 各 | 各 | 石鼓《田車》 | 各 | 《璽文》2.7 |
| 鄰 | 鄰 | 《璽文》6.3 | 鄰 | 《璽文》6.3 |
| 梁 | 梁 | 《貨幣》5.78 | 梁 | 《貨幣》5.78 |
| 起 | 起 | 《璽文》附68 | 起 | 《璽文》附68 |
| 坪 | 坙 | 《古幣》115 | 坙 | 《古幣》115 |
| 朝 | 朝 | 《璽文》7.3 | 朝 | 石鼓《吴人》 |
| 衛 | 衛 | 《璽文》2.14 | 衛 | 《璽文》2.14 |
| 欲 | 欲 | 《郭店》老甲5 | 欲 | 《郭店》老甲2 |

## 九、貫穿筆畫

貫穿筆畫，係指文字筆畫相交另一筆畫時，無意識地穿透。這類冲破筆畫界限的穿透，多半是書寫者偶然誤寫或誤刻所造成的。不過像"平"作"夲"之類的貫穿，頻率較高，也許另有原因。

| | | | | | |
|---|---|---|---|---|---|
| 平 | 平 | 《璽文》5.4 | 枈 | 《璽文》5.4 |
| 冶 | 刕 | 《中山》82 | 刕 | 《中山》82 |
| 齊 | 坙 | 因資敦 | 坙 | 陳曼匜 |
| 吁 | 吁 | 《璽文》2.7 | 吁 | 《璽文》2.7 |
| 祝 | 祇 | 《侯馬》318 | 秋 | 《侯馬》318 |
| 涅 | 浬 | 《古幣》147 | 浬 | 《古幣》147 |
| 塦 | 篁 | 《中山》82 | 篁 | 《中山》82 |
| 朏 | 朋 | 《璽文》4.8 | 朋 | 《璽文》4.8 |
| 天 | 숬 | 《匋文》附 30 | 余 | 《匋文》附 31 |
| 心 | 屮 | 《侯馬》301 | 屮 | 《侯馬》301 |
| 智 | 智 | 《包山》247 反 | 智 | 《信陽》1.014 |
| 陵 | 陸 | 《包山》117 | 陸 | 《包山》75 |
| 兄 | 兄 | 《郭店》六 13 | 兄 | 《郭店》語一 70 |
| 亞 | 亞 | 《郭店》老乙 24 | 亞 | 《郭店》老甲 15 |

## 十、延伸筆畫

延伸筆畫，係指把文字的圓點、豎筆、斜筆以及弧筆等有意識地延長和擴展。例如：

• ── ─

| | | | | | |
|---|---|---|---|---|---|
| 土 | 土 | 《璽文》13・5 | 土 | 《璽文》13・5 |
| 王 | 王 | 《璽文》1.2 | 王 | 姑馮鉤鑃 |
| 内 | 内 | 《中山》14 | 内 | 鄂君啓節 |
| 守 | 守 | 《侯馬》306 | 守 | 《侯馬》306 |

• ── ═

| | | | | | |
|---|---|---|---|---|---|
| 朱 | 朱 | 《璽文》6.2 | 朱 | 《璽文》6.2 |

| | | | | | |
|---|---|---|---|---|---|
| 鬲 | 鬲 | 戴叔鬲 | 鬲 | 《古幣》163 | |
| 章 | 章 | 哀成叔鼎"鄭" | 章 | 《音樂》1981.1 圖 25 | |
| 返 | 返 | 《古幣》161 | 返 | 《古幣》161 | |

丨——八

| | | | | | |
|---|---|---|---|---|---|
| 爾 | 尒 | 《璽文》2.1 | 尒 | 《秦陶》1501 | |
| 深 | 深 | 《中山》55 | 深 | 石鼓《霝雨》 | |
| 達 | 達 | 《璽文》2.11 | 達 | 《璽文》2.11 | |
| 群 | 羣 | 《侯馬》341 | 羣 | 《侯馬》341 | |

八——个

| | | | | | |
|---|---|---|---|---|---|
| 大 | 大 | 《古幣》9 | 大 | 《古幣》9 | |
| 央 | 央 | 《雲夢》日乙 207 | 央 | 央口戈 | |
| 紾 | 紾 | 《匋文》附 44 | 紾 | 《璽彙》5478 | |
| 異 | 異 | 《郭店》語二 52 | 異 | 《郭店》語三 53 | |

## 十一、收縮筆畫

收縮筆畫，是延伸筆畫的反向運動，即對原有文字的橫筆、豎筆、曲筆予以收縮。第二節中"單筆簡化"與收縮筆畫表面相似，實質不同。前者全然省去一筆，後者省簡尚有殘存。例如：

十——卜

| | | | | | |
|---|---|---|---|---|---|
| 陵 | 陵 | 邶陵君豆 | 陵 | 鄂君啓節 | |
| 雍 | 雍 | 《侯馬》354 | 雍 | 《古幣》244 | |
| 城 | 城 | 《璽文》13.10 | 城 | 《古幣》137 | |
| 馬 | 馬 | 《古幣》127 | 馬 | 《古幣》128 | |

十——丁

| 屯 | 《古幣》38 | | 《古幣》38 |
| 中 | 《璽文》1.3 | | 《璽文》1.3 |
| 車 | 《中山》28 | | 《中山》29 |
| 坪 | 《古幣》115 | | 《古幣》115 |

个——八

| 年 | 蔡侯簠 | | 《璽文》7.7 |
| 朿 | 《古幣》90 | | 《古幣》90 |
| 南 | 《三孔》3 | | 《三孔》9 |
| 嗇 | 《陶彙》6.58 | | 《中山》64 |

一——·

| 武 | 《璽文》12.7 | | 《璽文》12.7 |
| 疾 | 《璽文》7.13 | | 《貨幣》7.116 |
| 兵 | 酓忎鼎 | | 《璽文》3.7 |
| 朕 | 《匋文》附54 | | 《璽文》附54 |

## 十二、平直筆畫

平直筆畫，是把文字本來彎曲的筆畫取直。例如：

∩——一

| 天 | 《古幣》9 | | 《古幣》9 |
| 尔 | 《璽文》2.1 | | 《璽文》2.1 |
| 高 | 《璽文》510 | | 《璽文》510 |
| 夏 | 《上海》緇18 | | 《上海》緇18 |

| | | | | | |
|---|---|---|---|---|---|
| 息 | 𦣹 | 《璽文》10.8 | | 𦣹 | 《璽文》10.8 |
| 余 | 余 | 《璽文》2.2 | | 余 | 《璽文》2.2 |
| 秋 | 秌 | 《璽文》7.7 | | 秌 | 《璽文》7.7 |
| 返 | 返 | 《古錢》853 | | 返 | 《古錢》845 |

## 十三、彎曲筆畫

彎曲筆畫,很顯然是平直筆畫的反向運動,即把文字中本來平直的筆畫予以彎曲。例如:

一──∧(或‧──∧)

| | | | | | |
|---|---|---|---|---|---|
| 周 | 周 | 《璽文》2.7 | | 周 | 《璽文》2.7 |
| 南 | 南 | 《匋文》6.42 | | 南 | 《匋文》6.42 |
| 民 | 民 | 《中山》18 | | 民 | 《中山》18 |
| 殹 | 殹 | 《包山》105 | | 殹 | 《包山》116 |

一──∨

| | | | | | |
|---|---|---|---|---|---|
| 内 | 内 | 《璽文》5.8 | | 内 | 《璽文》5.8 |
| 官 | 官 | 《璽文》14.4 | | 官 | 《隨縣》149 |
| 狐 | 狐 | 《璽文》10.3 | | 狐 | 《錄遺》562 |
| 攷 | 攷 | 《劍吉》下20 | | 攷 | 《璽文》5.8 |

一──⌐

| | | | | | |
|---|---|---|---|---|---|
| 吏 | 吏 | 《璽文》1.1 | | 吏 | 《璽文》1.1 |
| 正 | 正 | 《璽文》2.9 | | 正 | 《璽文》2.9 |
| 單 | 單 | 《璽文》2.8 | | 單 | 《璽文》2.8 |
| 今 | 今 | 《侯馬》301 | | 今 | 詛楚文 |

## 298 戰國文字通論(訂補)

丨——乚

| 安 | 師 | 陳純釜 | 匝 | 《璽文》7.9 |
| 母 | 㞢 | 《璽文》12.5 | 㞢 | 《璽文》12.5 |
| 瘳 | 瘂 | 《璽文》7.14 | 瘂 | 《璽文》7.14 |
| 侯 | 医 | 陳侯午敦 | 医 | 《三代》20.13.1 戟 |

二——𠆢

| 悊 | 訢 | 《璽文》2.4 | 㫃 | 《璽文》2.4 |
| 冬 | 丹 | 瓦書 | 冬 | 小篆 |
| 冶 | 㐄 | 《文物》1972.10.40 圖 28 | 㐄 | 《文物》1972.10.40 圖版伍 |
| 祖 | 𥘅 | 陳逆簠 | 禔 | 《中山》48 |

八——勿

| 尔 | 尒 | 《璽文》2.1 | 尒 | 《中山》17 |
| 余 | 余 | 《璽文》2.2 | 余 | 《中山》31 |
| 參 | 參 | 《璽文》7.4 | 參 | 《中山》57 |
| 虖 | 虖 | 《侯馬》346 | 虖 | 《中山》53 |

## 十四、解散形體

解散形體，是對文字形體和偏旁的破壞。筆畫和偏旁一旦支離破碎，不但很難辨識，而且容易造成誤解。這一節專述的各類異化，大概只有解散形體才算標準的所謂"訛變"。解散形體的方式很複雜，且很少有規律性。下面僅選若干例證，以見其訛變之一斑。

| 以 | 㠯 | 《侯馬》302 | 㠯 | 《侯馬》302 |
| 君 | 㕁 | 《侯馬》308 | 㕁 | 《侯馬》308 |
| 窆 | 窆 | 《中山》66 | 窆 | 《中山》66 |

| | | | | | |
|---|---|---|---|---|---|
| 絲 | [字] | 《璽文》314 | [字] | 《信陽》2.02 | |
| 於 | [字] | 《中山》39 | [字] | 長沙銅量 | |
| 備 | [字] | 《中山》61 | [字] | 《望山》1.54⑪ | |
| 丙 | [字] | 《璽文》附 4"邴" | [字] | 蔺侯簋 | |
| 神 | [字] | 詛楚文 | [字] | 行氣玉銘 | |
| 盈 | [字] | 《璽文》5.6 | [字] | 《璽文》附 82 | |
| 夏 | [字] | 長沙帛書 | [字] | 鄂君啓節 | |

**注釋：**

① 何琳儀《郭店竹簡選釋》，《文物研究》12 輯，1999 年。
② 何琳儀《長沙帛書通釋》，《江漢考古》1986 年 1 期。
③ 高明《中國古文字學通論》146—180 頁，文物出版社，1987 年。
④ 饒宗頤《曾侯乙墓匫器漆書文字初釋》，《古文字研究》10 輯 194 頁，1983 年。
⑤ 何琳儀《古璽雜識續》，《古文字研究》19 輯，1992 年。
⑥ 李學勤、裘錫圭、郝本性等釋，見《古文字研究》1 輯 114 頁，1979 年。
⑦ 何琳儀《中山王器考釋拾遺》，《史學集刊》1984 年 1 期。
⑧ 何琳儀《者汈鐘銘校注》，《古文字研究》17 輯，1999 年。
⑨ 公孫窭壺銘"[字]"，亦應釋"鑄"。
⑩ 何琳儀《古璽雜識》，《遼海文物學刊》1986 年 2 期。
⑪ 朱德熙《長沙帛書考釋》，《古文字研究》19 輯，1992 年。

## 第五節　同　化

同化，顯而易見是與異化相對而言。在上面章節中，我們列舉了大量簡化、繁化、異化的方式及例證，這是因爲"同"易於認識，"異"難以辨清。論述重點放在"異"，只是爲了要說明戰國文字比殷周文字更富於變化而已，但這並不等於說戰國文字以"異"爲主，恰恰相反，我們認爲：在戰國文字發展演變過程中，占主導地位的乃是同化趨勢。如果沒有這種認識作爲基本前提，那麼戰國文字形體大多可識，易於書寫，秦始皇能在短時間內統一六國文字等現象,就不好理解了。

　　戰國文字經歷長期簡化、繁化、異化的演變過程,儘管存在大量的"文字異形"現象,然而從總體來看,各系文字的基本偏旁、偏旁位置相當穩定,結構隸變、筆勢隸變都有不同程度的表現。戰國文字同化的總趨勢,是秦統一六國文字的基礎和條件。

## 一、基本偏旁

　　戰國文字形體結構雖然顯得紛紜複雜,但是其基本偏旁與殷周文字一脉相承,變化不大。例如:

　　"口",作"ㅂ"形,或作"ㅂ"形。以前者爲主。

　　"止",作"ᘛ"、"ᘛ"、"ᘛ"等形,偶作"ᘛ"形。

　　"言",作"ᘛ"、"ᘛ"、"ᘛ"等形,偶作"ᘛ"形,稍有變化。

　　"艸",作"ᘛ"、"ᘛ"等形,偶作"ᘛ"、"ᘛ"等形。

　　"攴",作"ᘛ"形,稍變化作"ᘛ"、"ᘛ"等形。

　　"目",作"目"、"ᘛ"等形,或作"ᘛ"、"ᘛ"、"ᘛ"、"ᘛ"等形,雖頗多變化,猶有踪迹可尋。

　　"肉",作"ᘛ"形。殷周形體"ᘛ"基本不用。

　　"刀",作"ᘛ"形,或作"ᘛ"形,值得注意。

　　"虍",作"ᘛ"形,或作"ᘛ"、"ᘛ"、"ᘛ"、"ᘛ"、"ᘛ"等形,均由"ᘛ"形演變。

　　"皿",作"ᘛ"形,或作"ᘛ"、"ᘛ"、"ᘛ"、"ᘛ"、"ᘛ"、"ᘛ"等形,均由"ᘛ"形演變。

　　"食",作"ᘛ"、"ᘛ"等形,偶作"ᘛ"、"ᘛ"等形。

　　"貝",作"貝"形,常省作"目"形,易與"目"字混淆,但始終没有成爲標準形體。

　　"爪",作"ᘛ"、"ᘛ"、"ᘛ"等形。

　　"宀",作"ᘛ"、"ᘛ"等形,雖或與"穴"旁相通互作,但畢竟不是主流。

"石",作"⿰"形,或作"⿰"、"⿰"等形,但不多見。

"馬",作"⿱"形,簡體"⿰"未能取而代之。

"犬",作"⿱"、"⿰"、"⿰"等形,漸與初文遠,而與小篆近。

"水",作"⿰"形,楚文字偶作"⿰"形,秦文字或作"⿰"形。

"虫",作"⿰"、"⿰"等形。

"金",作"⿰"形,楚文字或作"⿰"、"⿰"等形。

"阜",作"⿰"、"⿰"等形。

綜上例證,可見戰國文字的主要偏旁都很有規律,且與殷周文字形體相承。至於"示"、"艸"、"屮"、"木"、"辵"、"鳥"、"攴"、"羊"、"竹"、"米"、"䇂"、"彳"、"火"、"屮"、"魚"、"門"、"中"、"女"、"糸"、"土"、"車"等常見偏旁,更是一目瞭然,與殷周文字根本沒有區別。

## 二、偏旁位置

在上一節指出戰國文字偏旁"方位互作"有七種方式,但這些變體與正體相比畢竟只占少數。多數的戰國文字偏旁相當穩定,或趨於穩定。例如:

左部偏旁有"示"、"玉"、"走"、"言"、"食"、"木"、"貝"、"爿"、"人"、"石"、"水"、"糸"、"金"、"車"、"阜"等。

右部偏旁有"攴"、"刀"、"卩"、"斤"、"欠"等。

上部偏旁有"羽"、"虍"、"艹"、"竹"、"宀"、"穴"、"門"等。

下部偏旁有"止"、"皿"、"火"、"心"、"土"等。

偏旁的穩定有利於文字的規範,是文字趨於統一的重要標誌之一。

值得注意的是,大量的形聲字偏旁也基本穩定,即左部為形符,右部為音符。漢字形聲字"左形右聲"這一重要特點,基本是在戰國時期定型的。

## 三、結構隸變

戰國中晚期以後,各國文字都普遍呈現一股趨簡求易的風氣。齊燕陶文、秦晋兵器、量器、楚國中晚期銅器銘文多是這一路作品。戰國簡牘和縑帛，更是日常生活中通用的手寫體文字。因此，開啓簡易風氣之先的，自應是楚簡、楚帛書和秦簡、秦牘。古文字内部的激烈變易，必然會導致文字形體的"解體"。秦國簡牘文字對先秦古文字的破壞性最大，這是人所盡知的事實。其實戰國中晚期以後的六國文字也潛伏着這種因素。下面列舉一些六國文字，與秦國文字相比較，尋覓其結構隸變的共同趨勢。

"年"，西周金文作"✦"。三晋兵器"年"字異體較多，其中或作"✦"，與秦文字"✦"（公主家甗）形體頗近，應是隸書"年"（張遷碑）的濫觴。

"原"，西周金文作"✦"。三晋兵器銘文作"✦"（《三代》19.52.1），秦陶文作"原"（《秦陶》1281），與隸書"原"（孔龢碑）形體相承。

"章"，西周金文作"✦"。戰國文字雖仍有這類形體，但又出現了"✦"（哀成叔鼎）之類的異體。其下訛變作"子"形，與秦璽文"✦"（《考古》1974.1.52）同。阜陽漢簡作"章"，中間雖雙鈎城垣尚存古意，但下部從"子"形的趨勢已無法挽回。隸書作"享"（張遷碑），則已明確從"子"形。楷書"郭"之所從"子"，顯然也是隸變的結果。

"烏"，春秋銘文作"✦"、"✦"等形，戰國標準銅器銘文仍然承襲這一形體作"✦"（《中山》39），然而在楚文字中出現了"烏"的異體"✦"（信陽簡）、"✦"（長沙帛書）、"✦"（仰天湖簡）等。與其相應，秦文字也出現了類似的簡易寫法"✦"（《雲夢》1476）。隸書作"✦"（北海相景君銘），即來源於這類戰國異體。

"西"，金文作"✦"。戰國古璽作"✦"（《璽彙》2598"郚"旁），秦公簋補刻作"✦"，均透露出右上角脱筆畫的端倪，而與隸書"西"（華山廟碑）吻合無間。

"玉"，金文作"王"，被秦文字所承襲，六國文字"玉"字有各類贅筆，但均可與隸書相對應：

王　　詛楚文　　　　　王　　尚方鏡

| | | | |
|---|---|---|---|
| 亞 | 《仰天》8 | 王 | 夏承碑 |
| 亞 | 《望山》1.106 | 王 | 楊統碑 |
| 王 | 《中山》136 | 王 | 史晨碑 |

"是",西周金文作"𣥂",戰國銅器銘文作"𣥂",均由兩部分組成。楚帛書作"𣥂",不但省豎筆,而且將兩部分合爲一體。信陽簡作"是",與秦簡"是"正合。信陽簡或作"是",與隸書"是"(景北海碑)尤合。

"旁",西周金文作"𠂆"或"𠂆"①。戰國晋文字作"𠂆"(梁十九年鼎),秦文字作"𠂆"(《雲夢》16.120),隸書作"旁"(禮器碑)。如果僅憑西周金文和小篆"𠂆",很難找到其與隸書的關係。現在不難發現,隸書乃是戰國文字的隸變。

## 四、筆勢隸變

所謂"筆勢",係指文字筆畫的走向而言,與文字結構無關,純屬書法問題。

戰國簡牘、縑帛文字均爲毛筆書寫而成,其筆勢的走向自然與銘刻不同。然而戰國簡帛文字的若干筆勢却深刻地影響着漢隸的形成。

郭沫若很早就指出,戰國楚帛書文字"體式簡略,形體扁平,接近於後世隸書"②。試看帛書"元"、"𠂆"的横畫,"𠂆"、"𠂆"的豎畫,"𠂆"、"𠂆"的波挑,"𠂆"、"元"的"八分"之勢,與漢隸是何等相似。楚簡文字中類似的例證也不少,玆不贅舉。至於青川木牘"𠂆"、"𠂆"、"廣"、"尺"、"其"、"𠂆"、"𠂆"、"𠂆"等字,已可見其一斑。

**注釋:**

① 何琳儀、黄錫全《启卣启尊銘文考釋》,《古文字研究》9 輯,1984 年。
② 郭沫若《古代文字之辯證的發展》,《考古學報》1972 年 1 期。

## 第六節　特殊符號

### 一、重文符號

　　西周銅器銘文中已出現重文符號"="。文字右下方加"=",是表示該字或該句應重複。如令簋銘"作册夨令尊宜於王姜₌商令貝十朋",應讀"作册夨令尊宜於王姜,姜商令貝十朋"。又如衛盉銘"裘衛乃彘(矢)告於伯₌邑₌父₌榮₌伯₌定₌伯₌琼₌伯₌單₌伯₌乃令三有司",應讀"裘衛乃彘告於伯邑父、榮伯、定伯、琼伯、單伯。伯邑父、榮伯、定伯、琼伯、單伯乃令三有司"。但應注意"子₌孫₌"讀"子子孫孫",而不讀"子孫子孫"。

　　戰國文字重文符號與西周銅器銘文符號用法完全相同。例如：

　　長沙帛書"夢₌墨₌",應讀"夢夢墨墨"。

　　中山王鼎銘"吳人並雩₌(越)人修教備信",應讀"吳人並雩,雩人修教備信"。

　　中山鼎銘"其₌佳₌(誰)能₌之₌",應讀"其佳能之,其佳能之"。

　　雲夢秦簡"謁更其₌久₌靡不可知者",應讀"謁更其久,其久靡不可知者"。

### 二、合文符號

　　在第二節"簡化"之中,合文借用筆畫、合文借用偏旁、合文刪簡偏旁、合文借用形體等四種簡化方式,都涉及合文現象。合文可以不用合文符號,但習慣上多用合文符號。合文的本質是"借用"(合文刪簡偏旁除外),因此下面就按"借用"的方式不同,對合文符號予以分類。例如：

　　1. 位置借用

　　　　一十　　　　《仰天》3　　　五十　　　　《中山》79

　　　　八十　　　　《中山》79　　　一舿　　　　鄂君啓節

日月 [字] 長沙帛書　　　　　有日 [字] 《璽文》附74

宫月 [字] 長沙銅量①　　　　司工 [字] 《璽文》合2

上官 [字] 《璽文》合3　　　　公乘 [字] 《中山》100

2. 筆畫借用（參合文借用筆畫）

上下 [字]　　　　　　　　馬適 [字]

3. 偏旁借用（參合文借用偏旁）

邯鄲 [字]　　　　　　　　公孫 [字]

4. 形體借用（參合文借用形體）

大夫 [字]　　　　　　　　婁女 [字]

## 三、省形符號

省形符號"="，表示文字的筆畫或偏旁有所省略。

加"="號的省形，推究其本質與上文複筆簡化、删簡形符、删簡音符、删簡同形等方式所造成的簡化，是完全相同的。所不同的是，這類省形是用"="號填補了其省删的筆畫或偏旁。

判斷省形符號還要與其他符號予以區別，如侯馬盟書"[字]"字，舊或釋"質"，則"〃"爲省形符號；或釋"貲"，則"〃"爲"折"字偏旁。考慮盟書此字或體作"[字]"，釋"悊"更爲確切。盟書"盟貲之言"，讀"盟誓之言"亦文意通暢。

省形符號"="與下文即將涉及的裝飾符號"="有本質區別。前者屬簡化，後者屬繁化。例如：

馬 [字] 鄂君啓節　　　　　[字] 《璽文》10.1

爲 [字] 因斉敦　　　　　　[字] 左師壺

乘 [字] 鄂君啓節　　　　　[字] 《璽文》5.11

則 [字] 長沙帛書　　　　　[字] 《信陽》1.01

| | | | | | |
|---|---|---|---|---|---|
| 瘆 | 瘆 | 《漢語》300 | 㾞 | | 《漢語》300 |
| 晋 | 晋 | 鄂君啓節 | 㬜 | | 《璽文》7.1 |
| 宜 | 宜 | 《璽文》7.10 | 宜 | | 《璽文》7.10 |
| 繼 | 繼 | 小篆 | 繼 | | 拍鎛蓋 |
| 秋 | 秋 | 《璽文》7.7 | 秋 | | 《璽彙》3527 |
| 童 | 童 | 《信陽》2.208 | 童 | | 《天星》197 |
| 惻 | 惻 | 《郭店》老甲 1 | 惻 | | 《郭店》語二 27 |
| 蓺 | 蓺 | 《郭店》語三 51 | 蓺 | | 《郭店》語二 50 |

## 四、對稱符號

　　戰國文字中兩個或三個相同的偏旁之間,有時用對稱符號"＝"。這大概有勻稱美化的作用,因此可稱"對稱符號",或"連接符號"。所謂"對稱"與下面的"裝飾"並沒有本質區別。"𤴓"下"＝"既可理解爲"對稱",也可理解爲"裝飾"。因爲,"𤴓"又作"𤴓","＝"與"ㅂ"是可以互換的裝飾符號(參下文)。對稱符號以加在"艹"旁中間最爲常見,其他罕見。例如:

| | | | | | |
|---|---|---|---|---|---|
| 劍 | 劍 | 《錄遺》589 劍 | 鐱 | | 《錄遺》595 劍 |
| 麻 | 麻 | 《侯馬》325 | 麻 | | 溫縣盟書 |
| 瘳 | 瘳 | 長沙帛書 | 瘳 | | 《中山》71 |
| 門 | 門 | 《璽文》12.1 | 門 | | 《璽文》12.1 |
| 闢 | 闢 | 《古幣》241 | 闢 | | 《中山》76 |
| 拿 | 拿 | 《璽文》3.7 | 拿 | | 《中山》4 |
| 共 | 共 | 《璽文》3.8 | 共 | | 《璽文》3.8 |
| 與 | 與 | 《侯馬》338 | 與 | | 《溫縣》8 |
| 彝 | 彝 | 會章鐘 | 彝 | | 《中山》75 |

齊　[字形]　《璽文》7.6　　[字形]　《璽文》7.6

## 五、區別符號

"肉"和"月"形體近似，戰國文字往往把"肉"寫成四筆作"[字形]"形，把"月"寫成三筆作"[字形]"形，以示區別，然而仍然容易混淆，於是有意識地在"肉"的右上方加"／"號以示區別。例如：

| 胃 | [字形] | 長沙帛書 | [字形] | 吉日劍 |
| --- | --- | --- | --- | --- |
| 骨 | [字形] | 《璽文》4.5 | [字形] | 《璽文》7.6 |
| 脽 | [字形] | 《璽文》4.6 | [字形] | 《璽文》4.6 |
| 胡 | [字形] | 《璽文》4.6 | [字形] | 《璽文》4.6 |
| 宜 | [字形] | 《璽文》7.10 | [字形] | 《璽文》4.7 |
| 肴 | [字形] | 《璽文》4.7 | [字形] | 《璽文》4.7 |
| 胸 | [字形] | 《璽文》4.8 | [字形] | 《璽文》4.8 |
| 胎 | [字形] | 《璽文》附34② | [字形] | 《璽文》附34 |
| 龍 | [字形] | 《璽文》11.6 | [字形] | 《璽文》11.6 |
| 肥 | [字形] | 《璽文》附36 | [字形] | 《璽文》附36 |

與此相應，在"月"左下方加"／"。例如：

| 芰 | [字形] | 巨芰鼎 | [字形] | 《璽文》1.6 |
| --- | --- | --- | --- | --- |
| 月 | [字形] | 鄂君啓節 | [字形] | 《璽文》7.4 |
| 夜 | [字形] | 《璽文》7.5 | [字形] | 《璽文》7.5 |
| 明 | [字形] | 《璽文》7.5 | [字形] | 《璽文》7.5 |
| 聞 | [字形] | 《璽文》12.2 | [字形] | 《璽文》12.2 |
| 岄 | [字形] | 《集韻》 | [字形] | 《璽文》附50 |
| 刖 | [字形] | 《雲夢》52.9 | [字形] | 《璽文》附37 |

| 胀 | 月ク | 《集韻》 | ⿱习月 | 《璽文》附 34 |
| 肖 | ⿱小月 | 《璽文》4.6 | ⿱小月 | 《璽文》4.6 |

## 六、標點符號

　　標點符號何時產生，現在還不十分清楚。西周永盂銘"⿱占口"字左下方的"乚"，可能是標點符號的雛形。有的學者稱這種有一定標識作用的筆畫爲"鈎識符號"③。

　　隨縣竹簡的發現，説明標點符號在戰國早期已相當成熟。戰國中晚期，簡牘、縑帛文字中的標點符號使用得更加廣泛。然而標點符號在秦漢以後没有受到應有的重視，尤其印刷術發明以後，標點符號遂銷聲匿迹。這無疑是書面語言表達方式的歷史倒退。古書不加標點，不但給普通讀者造成很多困難，而且也給後人留下許多聚訟紛紜的"句讀"疑案，嚴重地影響古籍的普及和精確。從這種意義講，戰國文字資料中出現的標點符號，是書面語言表達方式的重大進步，頗值得珍視。

　　戰國簡牘、縑帛文字資料中，出現的標點符號有下列幾種。

　　1. "乚"，相當句號或逗號，即所謂"勾識"。《説文》"⺃，鈎識也。从反亅。"新出郭店簡《老子》乙 16 已有"⺃"字，證明許慎的解釋是有根據的④。例如：

　　　　奔得受之乚　　　　　　　　　　　　《包山》6
　　　　其民自樸乚　　　　　　　　　　　　《郭店》老甲 32
　　　　天之道也乚　　　　　　　　　　　　《郭店》老甲 39
　　　　是以聖王作爲法度以端民心乚去其淫僻乚除其惡俗乚法律未足乚民多
　　詐巧　　　　　　　　　　　　　　　　　《雲夢·日書》

　　新發現的兩詔秦橢量（《文博》1987.2.26）中也有這類"勾識"符號。

　　2. "－"，這類短橫相當於句號、逗號、頓號、冒號。例如：

　　　　飤室之飤_脩一歡_脯一歡_雀醢一缶_蜜一缶_莵蘆二缶_
　　　　　　　　　　　　　　　　　　　　　《包山》255

虘君其明亟之麻夷非是＿　　　　　　　《侯馬》1.30

以事其主＿不敢不盡从嘉之明　　　　《侯馬》1.32

城馬君之駟爲左驂＿䣙君之駟爲左騑＿䣙君之駟爲左騑＿櫝騏爲左驂　　　　　　　　　　　　　　《隨縣》153

一瓶食醬＿一瓶梅醬＿一箕＿一帚＿一櫝夏祒　《信陽》2.021

3. "＿"，這類長橫與短橫配合使用，分別表示句號、逗號。例如：

月㝅旦瀘之＿無以歸之＿＿　　　　　《包山》145

這類長橫單獨使用，往往有停頓的作用。或在句首，或在句末。例如：

＿株陽莫嚚壽君　　　　　　　　　　《包山》117

徵問有敗＿　　　　　　　　　　　　《包山》32

4. "/"，多用於句首。例如：

/左尹　　　　　　　　　　　　　　《包山》17 反

/宵裹識之　　　　　　　　　　　　《包山》119 反

5. "■"，相當句號。有時也用在段落之間，可起分段的作用。例如：

一雷■其木器二　　　　　　　　　　《信陽》2.01

路車九■大凡四十乘又三乘　　　　　《隨縣》121

6. "▭"，與"■"號用法相同，乃章節間符號。例如：

曰故黃能……是惟四時▭長曰青干……日月之行▭共工……有畫有夕▭　　　　　　　　　　　　　　長沙帛書

至於漢簡以"▭"號表示一段開始，而以"└"號表示一段結束。

7. "■"，章節間符號，書於文字偏右下角，相當於句號。例如：

絕智棄卞民利百倍■絕考棄利盜賊亡又　《郭店》老甲 1

夫子曰……萬邦乍孚■曰又國者……好氏貞植■

《郭店》緇 2

8. "●",特指專有名詞,類似引號。例如:

　　右命建所乘●大旆　　　　　　　　　　　《隨縣》1

　　中●獸命　　　　　　　　　　　　　　　《隨縣》18

9. "●",相當於句號,有分段的作用。例如:

　　入禾稼芻稿輒爲廥籍上內史●芻稿各萬石一積咸陽二萬一積其出入增積及效如禾　　　　　　　　《雲夢·秦律十八種》

　　父盜子不爲盜●今假父盜假子何論當爲盜　《雲夢·法律答問》

10. "✕",段落間符號。例如:

　　凡君子二夫擇是亓箸之✕魯陽公以楚師後城奠之歲

　　　　　　　　　　　　　　　　　　　　　《包山》4

11. "⺄",可能是"巳"字,表示一簡之結束,相當句號的作用。例如:

　　一純綏席一蜀席　　　　⺄　　　　　　《仰天》13

　　羽膚一堣　　　　　　　⺄　　　　　　《仰天》25

## 七、裝飾符號

1. 單筆裝飾符號,即在原有文字的基礎上增加一筆,諸如圓點、橫畫、豎畫、斜畫、曲畫等。這類筆畫對原有文字的表意功能毫無影響,純屬裝飾作用,因此也可以稱爲"贅筆"、"羨畫",或"乘隙加點"等等。例如:

加"·"

| 王 | 王 | 《璽文》1.2 | 王 | 《璽文》1.2 |
| 正 | 正 | 《璽文》2.9 | 正 | 《璽文》2.9 |
| 亡 | 亡 | 《璽文》12.9 | 亡 | 《璽文》12.9 |
| 信 | 訫 | 《璽彙》0249 | 訫 | 《璽彙》3125 |
| 康 | 康 | 《璽彙》2475 | 康 | 陳曼匜 |
| 曾 | 曾 | 石鼓《吳人》 | 曾 | 會章鐘 |

第四章 戰國文字形體演變　311

加"一"

| 才 | 𣎵 | 《中山》5 | 𣎵 | 《璽文》附 79 |
| 明 | 𪿞 | 《侯馬》342 | 𪿞 | 《侯馬》342 |
| 中 | 中 | 《璽文》1.3 | 中 | 《璽文》1.3 |
| 多 | 多 | 《璽文》12.9 | 多 | 《璽文》附 82 |
| 凡 | 凡 | 長沙帛書 | 凡 | 《璽文》附 28 |
| 哭 | 哭 | 《郭店》老甲 9 | 哭 | 《郭店》窮 12 |

加"丨"

| 安 | 安 | 《璽文》7.9 | 安 | 陳純釜 |
| 身 | 身 | 《璽文》8.5 | 身 | 《璽文》8.5 |
| 又 | 又 | 《璽文》3.9 | 又 | 《璽文》3.10 |
| 瓜 | 瓜 | 《璽文》10.3 | 瓜 | 《璽文》附 111 |
| 胃 | 胃 | 《包山》120 | 胃 | 《包山》129 |
| 既 | 既 | 《包山》134 | 既 | 《包山》221 |

加"／"

| 春 | 春 | 《璽文》1.6 | 春 | 長沙帛書 |
| 淖 | 淖 | 《匋文》11.74 | 淖 | 《匋文》11.74 |
| 及 | 及 | 詛楚文 | 及 | 《中山》12 |
| 攻 | 攻 | 《包山》106 | 攻 | 《包山》116 |
| 周 | 周 | 《包山》85 | 周 | 《包山》126 |
| 余 | 余 | 《郭店》太 14 | 余 | 《郭店》成 33 |

加"＼"

| 安 | 安 | 《璽文》7.9 | 安 | 《璽文》7.9 |
| 刀 | 刀 | 《信陽》2.027 | 刀 | 石圣刀鼎 |

| | | | | | |
|---|---|---|---|---|---|
| 尋 | 𡨄 | 《包山》120 | | 𡨄 | 《包山》158 |
| 嘉 | 𡥉 | 《包山》166 | | 𡥉 | 《包山》74 |
| 童 | 𦒃 | 《包山》180 | | 𦒃 | 《包山》牘1反 |
| 前 | 𣅈 | 《郭店》老甲3 | | 𣅈 | 《郭店》尊2 |

加"ᐧ"、"ᴇ"

| | | | | | |
|---|---|---|---|---|---|
| 又 | | 《璽文》3.10 | | | 《中山》2 |
| 夕 | | 石鼓《吴人》 | | | 《中山》5 |
| 尔 | | 《璽文》2.1 | | | 《中山》17 |
| 身 | | 《璽文》8.5 | | | 《中山》27 |
| 馬 | | 《中山》47 | | | 《中山》47 |

在固定的筆畫位置上贅加裝飾筆畫，非常值得注意。例如：

| | | | | | |
|---|---|---|---|---|---|
| 帝 | | 長沙帛書 | | | 《中山》45 |
| 滂 | | 仲考父壺 | | | 石鼓《霝雨》 |
| 坪 | | 《雨臺》21.2 | | | 《郭店》老丙4 |
| 紴 | | 《天星》909 | | | 《天星》909 |
| 南 | | 《三孔》12⑤ | | | 《三孔》1 |
| 備 | | 長沙帛書⑥ | | | 《中山》61 |
| 甫 | | 《古幣》102 | | | 《璽文》附78 |
| 脾 | | 長沙帛書 | | | 《璽文》附35⑦ |

2. 複筆裝飾符號，即在原有文字的基礎上增加複筆，諸如"‥"、"＝"、"∥"、"≍"、"八"、"八"等。例如：

加"‥"、"∴"

| | | | | | |
|---|---|---|---|---|---|
| 能 | | 《望山》1.37 | | | 《中山》50 |

第四章 戰國文字形體演變 313

| 典 | 興 | 《璽文》5.2 | 巽 | 因資敦 |
| 齊 | 帘 | 《璽文》7.6 | 帘 | 鷹羌鐘 |
| 友 | 㕛 | 《郭店》語一80 | 㕛 | 《郭店》語三6 |

加"="

| 四 | 四 | 長沙帛書 | 四 | 長沙帛書 |
| 賢 | 賢 | 石鼓《鑾車》 | 賢 | 《中山》100 |
| 冬 | 升 | 商鞅方升 | 升 | 瓦書 |
| 助 | 助 | 《侯馬》310 | 助 | 《侯馬》310 |

加"//"

| 巳 | 巳 | 《璽文》14.11 | 巳 | 《璽文》附81 |
| 虐 | 虐 | 《信陽》1.01 | 虐 | 《璽文》5.5 |
| 邢 | 邢 | 《璽文》6.13 | 邢 | 《璽文》附5 |
| 胃 | 胃 | 《郭店》語一65 | 胃 | 《郭店》六14 |

加"〉"

| 若 | 若 | 詛楚文 | 若 | 《中山》43 |
| 炙 | 炙 | 《璽文》10.5 | 炙 | 《璽文》10.5 |
| 冶 | 冶 | 《三代》20.25.2戈 | 冶 | 《三代》20.20.1戈 |
| 欿 | 欿 | 《包山》189 | 欿 | 《包山》146 |

加"八"、"--"

| 平 | 平 | 拍鐓蓋 | 平 | 陰平左庫劍 |
| 赤 | 赤 | 《璽文》10.5 | 赤 | 邾公華鐘 |
| 行 | 行 | 《匋文》2.14 | 行 | 《匋文》2.14 |
| 卞 | 卞 | 《郭店》老甲1 | 卞 | 《郭店》尊14 |

加 "〢"

| 光 | [字] | 攻敔王戈 | [字] | 《中山》21 |
| 適 | [字] | 《璽文》附 15 | [字] | 《璽文》附 15 |
| 褱 | [字] | 《璽文》8.5 | [字] | 《璽文》8.5 |
| 縈 | [字] | 《璽文》13.2 | [字] | 《璽文》13.2 |

裝飾符號"一"與"="、"八"與"〢"之間，往往可以互換。在第三節"增繁無義偏旁"所涉及的"凵"，原有一定裝飾性，所以也可與裝飾符號"="互換。例如：

———=

| 佃 | [字] | 《璽文》8.2 | [字] | 《璽文》8.2 |
| 䢅 | [字] | 《古幣》199 | [字] | 《古幣》199 |
| 孫 | [字] | 《璽文》12.12 | [字] | 《璽文》12.12 |
| 相 | [字] | 《璽文》4.1 | [字] | 《璽文》4.1 |
| 四 | [字] | 郘鐘 | [字] | 十九年大梁司寇鼎 |
| 吠 | [字] | 《璽文》10.4 | [字] | 《璽文》10.4 |
| 向 | [字] | 《文物》1972.10 圖 24 | [字] | 《璽文》7.9 |
| 弁 | [字] | 《侯馬》328⑧ | [字] | 《侯馬》328 |
| 賢 | [字] | 《中山》54 | [字] | 《璽文》6.9 |
| 上 | [字] | 《璽文》1.1 | [字] | 《璽文》1.1 |

八——〢

| 光 | [字] | 者汈鐘 | [字] | 《中山》21 |
| 未 | [字] | 《璽文》附 69 | [字] | 《璽文》附 69 |
| 郐 | [字] | 《璽文》6.15 | [字] | 《中山》57 |

第四章　戰國文字形體演變　315

則　𣊫　《郭店》性 2　　　𣊫　《郭店》六 25

＝——廿

弃　𠔋　《中山》27　　　𠔋　《璽文》附 62
左　𠂇　《貨系》2928　　𠂇　《包山》116
共　𠀐　《璽文》3.8　　　𠀐　《璽文》3.8
與　𦥑　《信陽》1.19　　𦥑　《信陽》1.24
助　𠚐　《侯馬》310　　𠚐　《侯馬》310
再　𠕂　陳璋壺　　　　　𠕂　《陶彙》3.12
倉　𠆥　《璽文》5.8　　　𠆥　《璽文》1.5
命　令　《包山》159　　　令　《包山》12
達　達　《郭店》五 43　　達　《郭店》窮 11
文　爻　《包山》203　　　爻　《上海》詩 6

值得注意的是，"＝"和"廿"有時在一字中共見。例如：

若　𦰩　《中山》43　　　石　𥑠　《璽文》附 63
命　令　《隨縣》63　　　蒼　𦵼　《璽文》1.5
戒　𢦒　《璽文》附 62　　達　達　《郭店》老甲 8
銳　𨦷　《隨縣》11

裝飾符號和合文符號有時也在一字中出現。如《璽彙》0788"相如"作"𦣞"形。參照"相"多作"𣎴"形，知"𦣞"左下爲裝飾符號，右下爲合文符號。

複筆裝飾符號與文字筆畫容易混淆。辨識時切忌以"羨畫"爲筆畫，否則對文字結構就會產生誤解。例如有的學者認爲"丙"作"𠆢"形，內從"火"，並以"丙於五行屬火"解釋其字形⑨。這顯然是把"丙"字的兩個裝飾點誤解爲文字中有意義的筆畫。《璽彙》2209"邴"作"𨚖"形，可資參證。另外，也切忌以文字筆畫爲"羨畫"。例如《中山》45"脺"作"𦙫"形⑩《中山》69"逵"作

"燃",是其内證)。如果以"八"、"公"不别,則必然誤釋"胤"。

## 八、裝飾圖案

裝飾圖案,是鳥蟲書的特有標誌。鳥蟲書中的文字筆畫與鳥形、蟲形圖案經常糾纏在一起,因此很不易辨識。例如越王句踐劍(《文物》1962.5 圖版1),如圖 1 所示。

第三字舊釋"鳩",其實右部所從乃楚系文字"欠",故此字應釋"欿",亦見長沙帛書。"欿淺"、"句踐"爲一聲之轉。又如越王者旨於賜矛(《鳥書》圖4),如圖 2 所示。

第五字左部所從鳥形是文字筆畫,而不是圖案,故應釋"於"。

傳世的一些長篇鳥蟲書,多不可卒讀。如之利殘片(《文物》1961.10.23),47 字,所識字不足一半。能原鏄(《集成》156)120 字,所識字更是少得可憐。由此可見,裝飾圖案對釋讀文字相當不利。

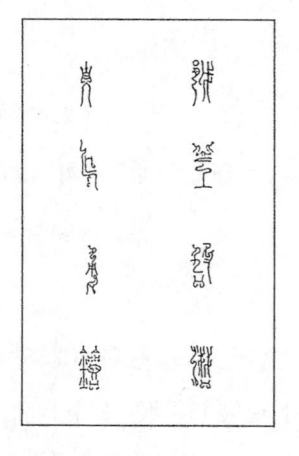

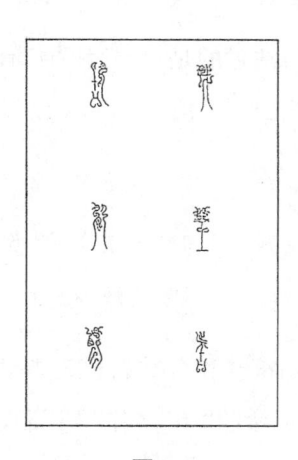

圖 1

圖 2

注釋:

① 何琳儀《長沙銅量銘文補釋》,《江漢考古》1988 年 4 期。
② 裘錫圭《戰國璽印文字考釋三篇》,《古文字研究》10 輯,1983 年。
③ 陳邦懷《永盂考略》,《文物》1972 年 11 期。
④ 何琳儀《郭店竹簡選釋》,《文物研究》12 輯,2000 年。

⑤ 裘錫圭《戰國貨幣考》,《北京大學學報》1978 年 2 期。
⑥ 朱德熙《長沙帛書考釋》,《古文字研究》19 輯,1992 年。
⑦ 林沄《釋古璽中从朿的兩個字》,《古文字研究》19 輯,1992 年。
⑧ 李家浩《釋弁》,《古文字研究》1 輯,1979 年。
⑨ 王獻唐《中國古代貨幣通考》499 頁,齊魯書社。
⑩ 何琳儀《中山王器考釋拾遺》,《史學集刊》1984 年 3 期。

## 第七節　小　　結

　　戰國文字形體演變十分複雜,但並非漫無規律。我們認爲:戰國文字基本按簡化、繁化、異化、同化等方式不斷地發展變化,最後趨於統一。

　　簡化的目的是爲了便於書寫,因此在文字發展史上有一定進步意義。一般説來,簡化要以不影響對文字的釋讀爲原則,戰國文字中多數簡化字也確實如此。例如,"奇"省一筆,"器"省兩筆,"森"省"卄","當"省一"東","樂"濃縮"𢆶"形爲兩點,"乳"共用一筆等等,對於釋讀者來説,還不算難識。然而有些簡化字則比較特殊,不經縝密分析比較就不能正確釋讀。例如,由古璽"悊"省作"𢆶"、"𢆶"形,才能判斷"𢆶"也是"悊"的簡化。如果在侯馬盟書中没有"𢆶"這一正體,誰也不會想到"𢆶"是其簡化。因爲這兩個字在相同的辭例中是一個人名的不同寫法。如果把温縣盟書的"𢆶"單獨拿出來辨認,恐怕無人能釋讀。然而置於"𢆶不敢敢焉"辭例中,再對照其他相同的辭例,知"𢆶"乃"敢"之省簡。因此,判斷是否簡化,除分析字形外,還要借助辭例。特殊簡化字不能脱離具體的語言環境,否則就會造成種種的誤解。從這種意義上講,簡化是造成戰國文字"異形"的原因之一。

　　嚴格説來,有義繁化和無義繁化都是"叠牀架屋"的結果,或突出其表意功能,或突出其表音功能。實際上很多繁化是毫無意義的。試去掉"祭"的形符"示","妥"的音符"文",絲毫不會影響對文字的釋讀。繁化是簡化的逆流,繁化字的産生嚴重地影響文字的精確性。戰國文字異體增多,很重要的原因就是繁化的結果。戰國繁化字深刻地影響着秦漢以後重益字（或稱古今字）的大量產生，例如"暴"與"曝"、"羕"與"漾"、"原"與"源"、"益"與"溢"、"然"與"燃"、"尞"與"燎"、"或"與"國"、"告"與"誥"、"叟"與"搜"、"叔"與"掓"、"奉"與"捧"、"朱"與"株"等，不勝枚舉。從這種意義上講，研究戰國繁化字還是很有必要的。

異化，是戰國"文字異形，語言異聲"的最重要原因。偏旁異化往往造成新的異體，音符異化往往造成新的形聲字，筆畫異化往往造成形體歧異，形體異化往往造成文字訛變。凡此種種，給釋讀戰國文字帶來諸多困難。

所謂"同化"包括兩個內涵：其一，爲文字偏旁結構和位置的相對穩定。這是秦以小篆統一六國文字的基礎。如果六國文字與秦文字沒有較多的共性，這種"同化"顯然是不可能的。其二，爲文字結構和筆勢的隸變。這使後來秦始皇承認古隸合法地位，並把隸書規定爲小篆輔助字體成爲可能。

特殊符號，雖然只是文字以外的輔助部件，但是對文字本身都有某種作用。有的特殊符號有利於文字釋讀，諸如重文符號、合文符號、標點符號；有的特殊符號則不利於文字釋讀，諸如裝飾符號、裝飾圖案等。爲了正確釋讀戰國文字，應該對特殊符號有全面的瞭解。

戰國文字形體演變異常複雜，上文討論的簡化、繁化、異化、同化、特殊符號等方式，並不一定全面。很多文字形體、筆畫中的細微演變，還可以進一步探討、歸納，這當然有待於戰國文字研究者的共同努力。

研究戰國文字形體演變，一方面是爲了歸納總結古文字自身的發展規律，另一方面則是爲了運用這些規律，正確地釋讀戰國文字。下一章"戰國文字釋讀方法"的若干例證，就是對本章"戰國文字演變規律"的檢驗和運用。

# 第五章　戰國文字釋讀方法

## 第一節　引　　言

戰國文字號稱難識，其筆畫多變，結構詭異，加以音讀每多通假，這就勢必為釋讀戰國文字造成諸多障礙。尤其看慣周秦系統文字的人，初見戰國文字確有"欲讀嗟如箝在口"之感。

第三章"戰國文字分域概述"已經列舉許多具有地方色彩的戰國文字形體，這似乎還可以從戰國時期政治、文化長期分割的特殊歷史背景中找到原因。然而值得注意的是，即便是同一地域，乃至同一墓葬，甚至同一器物中的文字也間有殊異。例如：

1. 同域異形

| 歲 | 𢦏 | 子禾子釜 | | 𢦏 | 陳純釜 |
| 者 | 𤽄 | 因資敦 | | 𤽄 | 子禾子釜 |
| 害 | 𡆷 | 重金壺 | | 𡆷 | 休涅壺 |
| 冶 | 𠂤 | 《三代》20.40.5 矛 | | 𠂤 | 《文物》1972.10.40 圖 28 戈 |
| 盜 | 𥁕 | 《侯馬》334 | | 𥁕 | 《中山》46 |
| 敗 | 𣪩 | 鄂君啓節 | | 𣪩 | 《包山》128 |
| 新 | 𣂑 | 《包山》16 | | 𣂑 | 《錄遺》566 戈 |

道 [字] 石鼓《作原》　　　　　[字] 詛楚文
丞 [字] 高奴權　　　　　　　[字] 《三代》20.29.1 戈

2. 同墓異形（包括同器主）

世 [字] 陳侯午敦　　　　　　[字] 十年陳侯午敦
節 [字] 《貨幣》5.55　　　　　[字] 《貨幣》5.55
虜 [字] 《文物》1982.8.44 圖 3 矛　[字] 《文物》1982.8.46 圖 6 戈
儀 [字] 《文物》1982.8.46 圖 20 戈　[字] 《三代》19.52.3 戈
夜 [字] 《中山》36 大鼎　　　　[字] 《中山》36 圓壺
寇 [字] 《侯馬》227　　　　　　[字] 《侯馬》327
鼎 [字] 會前鼎　　　　　　　　[字] 會前鼎
貞 [字] 《包山》254　　　　　　[字] 《包山》265
奔 [字] 石鼓《霝雨》　　　　　[字] 石鼓《田車》
永 [字] 石鼓《吾水》　　　　　[字] 石鼓《霝雨》

3. 同器異形

大 [字] 《古錢》988　　　　　　大 《古錢》988
攷 [字] 《劍吉》下 20 戈　　　　[字] 《劍吉》下 20 戈
邦 [字] 《璽彙》4091　　　　　[字] 《璽彙》4091
賈 [字] 《中山》59 圓壺　　　　[字] 《中山》59 圓壺
盜 [字] 《中山》66 圓壺　　　　[字] 《中山》66 圓壺
官 [字] 平安君鼎　　　　　　　[字] 平安君鼎
青 [字] 長沙帛書　　　　　　　[字] 長沙帛書"精"
四 [字] 長沙帛書　　　　　　　[字] 長沙帛書
易 [字] 鄂君啓舟節"鄢"　　　　[字] 鄂君啓舟節
遣 [字] 石鼓《吾水》　　　　　[字] 石鼓《吾水》

饒有趣味的是,在僅容二字的一方私名璽中,同一偏旁也不一定相同。例如:

《璽彙》2738

"盍"、"法"均從"去",前者作"今",後者作"今",有明顯的區別。

這些紛紜複雜的形體歧異現象,說明戰國文字的書寫有相當大的靈活性。正因爲各國之間没有較爲嚴格的統一書寫標準,所以書寫者爲求得文字結構的變化,往往可以信筆由之。這與後代書法家喜歡寫異體字,因此在他們的作品中經常出現一字多形的現象頗爲相似。

戰國文字的這些混亂現象,無疑爲釋讀增添了一定的難度。然而第三章"戰國文字分域概述"、第四章"戰國文字形體演變"已經爲我們揭示出戰國文字横、縱兩方面的某些特點和規律。如果能够熟練地掌握戰國文字的這些特點和規律,再以字典形式的"傳鈔古文"作爲參證材料,那麽號稱難識的戰國文字,也並不是不可辨識的。

概括地説,考察文字結構的方法實際上是邏輯推理的歸納,其具體過程是:

比較兩個或兩個以上的文字形體,觀察其相同或相似之處。

1. 把未知之字分解爲若干偏旁,與已知之字偏旁相互比較。
2. 綜合經過分析、比較的偏旁或形體,合成一個整體的文字。
3. 抽象、概括、命名。

這一系列的思維活動,也就是所謂考釋文字的過程。文字的形體是客觀存在,它的偏旁部件之間有着内在的必然聯繫。正確的考釋方法,應該就是這種邏輯思維的體現。它與文學藝術中的形象思維是不可同日而語的。

以上是考釋文字方法總的原則,但由於分析、比較的對象不同,就勢必會産生考釋文字方法的若干分支。唐蘭在《古文字學導論》一書中總結前人考釋古文字的經驗,歸納爲"辨明形體"、"對照法"、"偏旁分析"、"歷史考證"、"字義解釋"、"字義探索"等方法。一般説來,都是切實可行的,不過必須指出，唐氏撰寫此書之時，戰國文字的研究還處在萌芽階段，因此，該書很少涉及戰國文字材料。我們則試圖在《導論》的基礎上，進一步探索戰國文字的考釋方法。戰國文字是特殊的歷史背景下產生的一種古文字，這決定我們在考釋戰國文字時，一方面要注意文字的歷史發展，另一方面也要注意文字的地域關係，不但要掌握古文字的一般演變規律，而且要掌握戰國文字的特殊規律。本章不過是對"戰國文字與傳鈔古文"、"戰國文字分域概述"、"戰國文字形體演變"各章所獲知識的綜合運用而已。

戰國文字的釋讀方法可分爲八種：
1. 歷史比較　　2. 異域比較　　3. 同域比較　　4. 古文比較
5. 諧聲分析　　6. 音義相諧　　7. 辭例推勘　　8. 語法分析

前四種方法側重於字形考釋，後四種方法側重於字音、字義及其關係的探討。前四種方法基本上是唐蘭"比較法"和"偏旁分析"的演繹。我們之所以沒有把二者截然分開，主要是考慮"偏旁分析"實際上是"比較法"外延的擴大。所謂"偏旁分析"即將一未知的合體字拆成若干偏旁，然後再與已知的獨體比較。這當然與所謂"比較法"有内在聯繫。另外也考慮到，關於戰國文字的考釋方法，立足於縱橫的分類似乎比立足於獨體、合體的分類，更加符合戰國文字的特殊情況。至於後四種方法，一般說來，只有在確定字形之後才能考慮使用。

八種方法彼此之間均有密切聯繫，或互爲制約，或互爲補充。實際上每一個字被識出往往並非采用一種方法，而要借助於多種方法的綜合運用。因此，本章所舉之例證也有兼用兩種或多種方法者。爲方便起見，對這種例證，本文按照其使用的主要方法予以分類。

還要說明一點，下面八種釋讀方法各舉五個例證，凡 40 字，絕大多數是筆者近年來研究戰國文字的心得。因爲既要考慮縱向的方法分類，又要兼顧橫向的地域特點，因此每一種方法之中，齊、燕、晉、楚、秦五系文字各舉一例。這種豆腐塊式的整齊局面，顯然是有意爲之。體例已定，選例則難免有牽強之處，不妥之例，俟他日另選。

## 第二節 歷 史 比 較

　　比較法是研究古文字的起點,歷史比較法爲考釋古文字提供了廣闊的參照領域。衆所周知,古文字並不是孤立存在的不變形體,而是在不斷發展演變過程中呈現出的某一階段的形式。因此,大多數戰國文字不但有可能在殷周文字中找到其來源,而且也應該在秦漢篆隸中找到其歸宿。我們不但要善於比較戰國異體字之間的對應關係,而且也要善於尋繹戰國文字與殷周、秦漢文字之間的因襲關係。歷史比較法適用於一切古文字研究,使用該方法時應注意:

① 比較的對象應是明確無疑的可識字。
② 比較的中間環節應盡可能準確。
③ 比較的結果應置於具體辭例中驗證。

1. 釋冥[①]

《璽彙》0098 著録一方齊系官璽,銘文爲"△秭大夫璽"。其中"△"原篆作:

案,"△"之上方从"目",參見:

眠　　　《中山》47　　　　　　睘　　　《中山》63

"△"之下方从"矢",參見:

侯　　　《璽彙》1085　　　　疾　　　《璽彙》0466

然則此字應隸定爲"冥"或"眹"。

　　西周銅器銘文"無斁"是習見的成語,毛公鼎作"亡冥",樂書缶作"亡斁"。"斁"本應隸定爲"冥"和"殹"。"冥(眹)"、"斁"音近[②]。"冥",審紐,上古讀透紐[③];"斁"喻紐四等,上古讀定紐[④]。"冥"、"斁"爲端組雙聲,故"冥"可讀"斁"。典籍或作"射",亦一音之轉。樂書缶之"斁"雖稍有訛變,但明確从

"罟",也頗能説明問題。

璽文"罟邿"爲地名,讀"嶧鄒"或"繹鄯"。《左傳·文公十二年》"邾文公卜遷於繹"注:"繹,邾邑,魯國鄒縣北有繹山。"《集韻》:"鄯,縣名,在魯,或作鄒、番。"因此齊系官璽"罟邿大夫璽"可能是魯璽。

2. 釋勹⑤

《璽彙》下列長條形朱文璽均爲燕官璽:

　　　　大司徒長勹乘(證)　　　　　　　　　0022
　　　　單佑鄐(都)市王勹鍴(瑞)　　　　　　0361
　　　　東昜(陽)海澤王勹鍴(瑞)　　　　　　0362
　　　　中昜(陽)鄐(都)□王勹　　　　　　　5562

其中"勹"、"勹"、"勹"等形,《補補》9.3釋"凡"。案,燕璽"凡"作"凡"、"凡"、"凡"等形(見《璽文》6.12),象人側面踞形,與上揭"勹"等形有别。檢甲骨文"䒑"(鬱)鳧等字所從"勹"形,舊不識。于省吾引《説文》:"勹,裹也,象人曲形,有所包裹。"謂其字"象人側面俯伏之形",即伏字初文。周代金文"匍"、"匐"、"匊"、"匋"、"匍"等字均從"勹"⑥,燕璽"勹"亦"象人側面俯伏之形",自應釋"勹"。

"鳧"本"从鳥、勹,勹亦聲"⑦,與"符"通用。《爾雅·釋草》:"芍,鳧茈。"郝懿行《義疏》:"《後漢書》云,王莽末南北饑饉,人庶群入野澤掘鳧茈而食。注引《續漢書》作符訾。同聲假借字也。"然則燕官璽"勹"可讀"符"。

上揭璽文"勹乘"讀"符徵"。《史記·蘇秦傳》"焚秦符"正義:"符,徵兆也。"然則"勹乘"係指符驗之功用。《周禮》有所謂"掌節",屬《地官·司徒》,這方"勹乘"璽亦系"司徒",似可互證。"勹鍴"則應讀"符瑞"。與"單佑都市王勹鍴"相類的燕璽還有"單佑都市璽",兩相比勘知"符瑞"相當於"璽"。"符"、"瑞"《説文》均訓"信",與璽的功用亦吻合。

陶文中亦有"勹"。例如:

　　　　昜(陽)鄐(都)王勹　　　　　　　　　《季木》31.6
　　　　昜(陽)安鄐(都)王勹鍴(瑞)　　　　　《錢幣》85.1.9

匋(陶)功(工)▱　　　　　　《季木》29.1

至於《三代》20.13.2戈銘"▱陽",應釋"復陽",見《漢書·地理志》清河郡,戰國屬齊境。

3. 釋牀

《中山》犀、虎、牛(124)和帳橛(126)諸器銘文,均有"△▽嗇夫"職官名。其中"△"原篆作:

[字形]

案,"牀"从"爿"从"木",應隸定爲"牀"。"爿",甲骨文作"爿",象臥牀豎立之形。戰國文字或作"爿"、"爿"等形,亦有作"爿"形者。如:

臧　　[字形]　　《仰天》12　　　牀　[字形]　《信陽》2.011
槳　　[字形]　　《信陽》2.018　　牀　[字形]　《包山》260

其中包山簡"牀"字,與上揭"牀"字基本吻合。《說文》:"牀,安身之几坐也。"《中山》諸銘均應讀"藏"。"牀"、"藏"均从"爿"得聲,例可通假。上揭仰天湖簡亦讀"藏",即其明證。

"▽"原篆作:

[字形]

《中山》50隸定爲"庅",未識。其實此字應隸定爲"麀",其所从"厂"乃鹿身之省形。"麀"應讀"鏕"。《說文》:"鏕,显器也,从金鹿聲。一曰,金器。"段注:"一曰金器,則非炊物器也。"《淮南子·本經》:"木工不斲,金器不鏤。"所謂"金器"應指黄金鑄造之器。

總之,《中山》諸銘"牀麀"可讀"藏鏕",應是中山國掌管温器或黄金器的特殊職官。

4. 釋盉[⑧]

徐郊尹鼎銘"△良聖每",其中"△"原篆作:

[字形]

該字舊多隸定爲外"函"内"弓",其實該字並不從"弓",而從"人"。西周金文確有外"函"内"弓"之字(見《金文編》1190),舊釋"宏"。外"函"内"弓"與外"函"内"人"二字形體有別,辭例亦不同,不應混淆。前者釋"宏"不誤,後者則有可能是"昷"之初文。古文字"昷"有A、B二式,A式從"函",B式從"函"而省簡其提手。

甲、甲骨文:

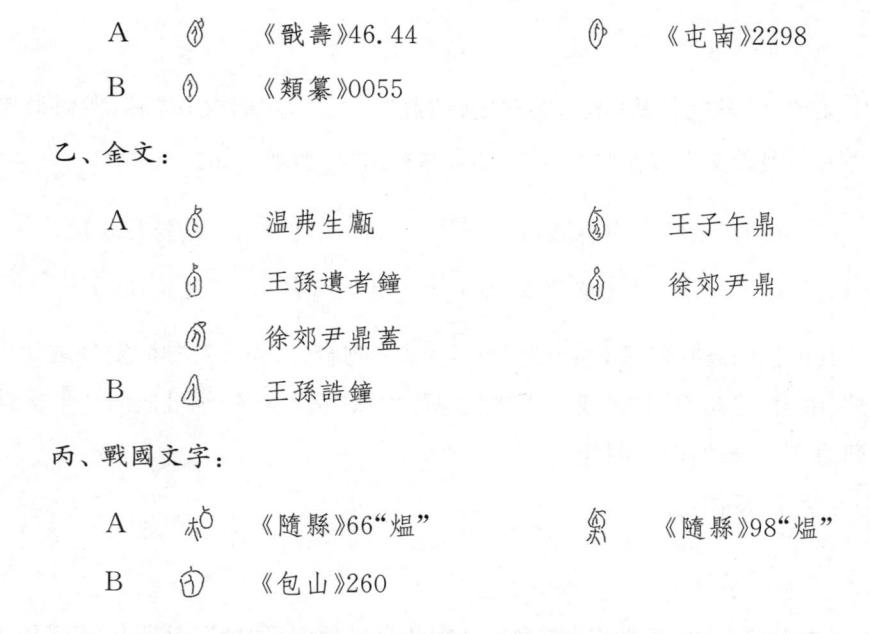

  A   《戩壽》46.44    《屯南》2298

  B   《類纂》0055

乙、金文:

  A   溫弗生瓶    王子午鼎

     王孫遺者鐘    徐郊尹鼎

     徐郊尹鼎蓋

  B   王孫誥鐘

丙、戰國文字:

  A   《隨縣》66"熅"    《隨縣》98"熅"

  B   《包山》260

甲骨文"昷",近年學者多傾向讀"溫",即今河南溫縣⑨。有的學者還結合"溫"與其他地名的同版關係,指出"溫"在沁陽田獵區内⑩。這説明卜辭中地名"溫"的釋讀十分可信。至於甲骨文有從"水"從"人"從"皿"的字,或釋"溫"⑪。二者是否爲異體關係,待考。

金文"昷",舊多讀"宏",文義也頗爲勉強。今與甲骨文字形比勘,顯然也應釋"昷"。溫弗生瓶"昷"讀"溫",與卜辭同地,古國名。《左傳·成公十一年》:"昔周克商,使諸侯撫封,蘇忿生以溫爲司寇,與檀伯達封於河。"溫弗生瓶是僅見的溫國之器,殊堪注目。王孫遺者鐘、王子午鼎、王孫誥鐘"昷龏"即"溫恭",見《書·舜典》"溫恭允塞",《詩·商頌·那》"溫恭朝夕"等。

徐郊尹鼎“昷良”即“温良”，見《論語・學而》“夫子温良恭儉讓以得之”疏：“敦柔潤澤謂之温，行不犯物謂之良。”

戰國文字“昷”及从“昷”字，舊不識。隨縣簡“熓韋”(66)“熓𣯉”(98)之“熓”，見《玉篇》：“熓，赤黄之間色也。”包山簡“央昷”(260)應讀“央韞”，似指盛央之匣。近年郭店簡又出現了从“心”从“昷”之字：

　《郭店》性 35　　《郭店》語二 7

　《郭店》語二 30　　《郭店》語二 30

編者釋“慍”，甚確。其中“通昷(慍)之終也”(性 35)，“昷(慍)生於憂”(語二 7)，“昷(慍)生於眚(性)，憂生於昷(慍)”(語二 30)。文義條暢，這也證明上文釋“昷”是正確的。

最後試分析“昷”字結構。上揭古文字中“昷”之初文均从“人”(王子午鼎从“欠”是一例外)，从“函”(或省其提手)。因此“昷”之初文可能是从“人”从“函”“函”亦聲的會意兼形聲字，疑即“韞”之初文。《後漢書・崔駰傳》“今子韞櫝六經”注：“韞，匣也。”匣本屬器皿，故小篆乃下增“皿”旁。《説文》：“昷，仁也。从皿，以食囚也。官溥説。”許慎誤以“函”爲“囚”，又曲解从“皿”之義，實不足爲訓。

“聖每”，應讀“聖誨”，《易林》：“顔淵子騫，尼父聖誨。”

鼎銘“温良聖誨”的“温良”和“聖誨”均與孔子有關，看來並非偶然。

5. 釋俾

詛楚文“唯是秦邦之羸衆敝賦，輡輸棧輿，禮△介老，將之以自救殹(也)”。其中“△”原篆作：

舊釋“傳”、“使”、“傻”等⑫，均非是。

按，“△”應隸定爲“俾”。甲骨文“卑”作：

　《前編》2.8.4“埤”

金文"卑"作：

[字形] 墙盤　　　　[字形] 余卑盤

其字从"田"从"攴"。詛楚文"△"旁亦从"田"从"攴"。不過二者共用"丿"形而已。六國文字"卑"稍有訛變，例如：

[字形]　　《中山》31　　　　[字形]　　《中山》83

[字形]　　《侯馬》312

不過，《侯馬》也確有从"田"从"攴"之"卑"，也有从"田"从"又"之"卑"：

[字形] [字形] [字形] [字形]

後者可與三體石經《無逸》"[字形]"互證，且與詛楚文形體最近。依此類推，《璽彙》3677"[字形]"亦應釋"卑"，古姓氏，見《風俗通》。

金文"卑"多讀"俾"，詛楚文"俾"則讀"卑"。"禮俾"乃"卑禮"之倒文，《史記·魏世家》"卑禮厚幣，以招賢者"亦作"卑體"，《漢書·兒寬傳》："卑體下士，務在於得人心。"詛楚文"禮卑介老"猶言"以禮待介老"。

**注釋：**

① 何琳儀《古璽雜識續》，《古文字研究》19輯，1992年。
② 戴家祥《罘字説》，引《金文詁林》1920頁。
③ 周祖謨《審母古音考》，《問學集》120—138頁，中華書局，1961年。
④ 曾運乾《喻母古讀考》，《東北大學季刊》1927年2期。
⑤ 何琳儀《古璽雜識續》，《古文字研究》19輯，1992年。
⑥⑦ 于省吾《甲骨文字釋林》374、376頁，中華書局，1979年。
⑧ 何琳儀《吳越徐舒金文選釋》，《中國文字》新19期，1994年。
⑨ 劉桓《殷契新釋》174—180頁，河北教育出版社，1989年。
⑩ 劉啓益《試説甲骨文中的昷字》，《中原文物》1990年3期。
⑪ 陳邦懷《殷虛書契考釋小箋》23頁，1925年。
⑫ 郭沫若《詛楚文考釋》18頁，科學出版社，1982年。

## 第三節　異域比較

歷史比較法是縱向的文字追尋，地域比較法則是橫向的文字對照。下面即將討論的異域比較、同域比較都屬後者。

戰國文字形體雖然變化較大,但並非漫無規律可尋。有關這方面的問題,在上一章已經有所論述。掌握戰國文字簡化、繁化、異化、同化等演變規律,往往能對未識的戰國文字有所突破。一般説來,用同時代的文字相互比較比用不同時代的文字相互比較更爲直接。因此,異域比較,即同一時期不同地域的文字比較,在釋讀戰國文字時顯得十分重要。

1. 釋返①

齊刀幣銘文"齊返邦張(長)夻(大)②朲(刀)③",其中"返"字古錢學家舊有釋"通"、"徙"、"赶"、"進"、"途"、"遲"等説④,均不着邊際。還有李佐賢釋"建"⑤、劉心源釋"造"⑥兩説,在貨幣著作中頗有影響。其實無論釋"建",抑或釋"造",以字形而言都有不可逾越的障礙。此字異體甚多,大致可分爲七式:

| A | 〔圖〕 | 《古錢》857 | 〔圖〕 | 《古錢》848 |
| B | 〔圖〕 | 《古錢》867 | | |
| C | 〔圖〕 | 《貨幣》附 291.51 | 〔圖〕 | 《貨幣》附 291.36 |
| D | 〔圖〕 | 《古錢》838 | 〔圖〕 | 《古錢》842 |
| E | 〔圖〕 | 《古錢》852 | 〔圖〕 | 《古錢》853 |
| F | 〔圖〕 | 《古錢》863 | 〔圖〕 | 《古錢》845 |
| G | 〔圖〕 | 《古錢》860 | 〔圖〕 | 《古錢》851 |

釋"建"的根據似乎是 F 式。然而晚周文字"建"字作"〔圖〕"(蔡侯鎛)、"〔圖〕"(中山侯鉞)等形,與 F 式相距懸殊。釋"造"的根據是 C、D 二式。二式所從的偏旁"屮"、"屮"等形,驟視之,的確與"牛"字相同,劉心源據此遂有"從邍省"之説,然而省"口"的"造",在古文字中尚未見其例,退一步説,C、D 二式勉强釋"造",其他五式也無法圓滿解釋。因此,將 A—G 諸式釋爲"建"或"造",均不可信。

今按,《貨系》1430 著録一枚"甫反半釿"橋形布,其中"反"作"〔圖〕",與 A

式所從偏旁吻合無間，這是 A 式釋"返"的佳證。A 式從"辵"從"反"，無疑應是"反"字正體。

B 式與甫反橋形布的"反"，也有對應關係：

　　　[字形] 《貨系》1427　　　　[字形] 《古錢》867

其"又"旁左下方小豎筆或右下方小橫筆均爲飾筆，可有可無。這類"又"和"寸"形相通的現象，參見下列貨幣文字（除上引《貨系》之外，均見《貨幣》）：

| 反 | [字形] | [字形] | [字形] | 34 |
|---|---|---|---|---|
| 專 | [字形] |  | [字形] | 35—36 |
| 寽 | [字形] | [字形] | [字形] [字形] | 53 |
| 鄩 | [字形] | [字形] | [字形] [字形] | 97—98 |

值得注意的是，B 式與上揭橋形布的第二個形體若合符契。這是 B 式應釋"反"的確證。

A 式"又"上加一圓點即成 C 式，圓點延伸爲一橫則成 D 式，遂使"又"與"牛"形難以辨認。這類古文字點畫演變的規律，在晚周文字中也屢見不鮮，兹不備述。至於《説文》古文"友"作"𠬺"，從二"又"；三體石經《僖公》"父"作"𠂇"，亦從"又"；均晚周文字"又"可作"牛"形的旁證。

E 式是 A 式的異構。衆所周知，"又"和"手"亦一字之分化，其形、音、義均有關涉。E 式所從"手"，由"又"分化。當然也不排除 E 式是 D 式的訛變，即 D 式"牛"形下橫筆向上彎曲作"𡴂"形。

F 式"又"作"十"形，乃是 D 式"牛"形的草率寫法。晚周貨幣和璽印文字中"又"或作"十"形。例如：

| 右 | [字形] | 《貨幣》19 | 鄩 | [字形] | 《貨幣》97 |
|---|---|---|---|---|---|
| 布 | [字形] | 《貨幣》117 | 攘 | [字形] | 《貨幣》132 |
| 戒 | [字形] | 《璽文》3.7 | 兵 | [字形] | 《璽文》3.7 |

興 〓 《璽文》3.8　　莫 〓 《璽文》14.11

"十"豎畫上加一飾筆,自然就是"丰"形,它與"半"形並無本質區別。如果把"返"與"庸"兩相比較,也不難看出 C 式與 F 式的演變關係:

返　〓　《貨幣》291　　　〓　《貨幣》292

庸　〓　哀成叔鼎"鄭"　　〓　《音樂》1981.1.圖 24

G 式似从"生"形,則可以从返邦刀的"邦"字異構中得到啓示:

返　〓　《貨幣》292　　　〓　《貨幣》292

邦　〓　《貨幣》88.51　　〓　《貨幣》88.37

固然,"又"形和"丰"形在殷周文字中並不相混,然而二者在貨幣文字中的演變途徑則可謂"殊途同歸"。

總之,A 式釋"返",有甫反橋形布"反"這一直接對比材料爲證,殆無疑義。B—C 諸式也可由 A 式出發得出合理的解釋。

"返邦"即"反國",見《莊子·讓王》:"楚昭王失國,屠羊説走而從昭王。昭王反國,將賞從者,及屠羊説。屠羊説曰,大王失國,説失屠羊;大王反國,説亦反屠羊。臣之爵禄已復矣,又何賞之有?"值得注意的是,"反國"與"失國"爲反義詞組,"反"與"復"爲同義詞,然則《莊子》所謂"反國"應讀"返國",指楚昭王收復失地,重返故國而言。"䓪"讀"長",指國君。"返邦"刀乃齊襄王復國的"紀念幣"。

2. 釋倈⑦

燕國陶文有一習見之字,在《陶彙》中分爲六式:

A 〓 4.16　　B 〓 4.12　　C 〓 4.2
D 〓 4.6　　 E 〓 4.3　　 F 〓 4.7

比較 A、B、C、D 四式,其右上方加點,或加短橫,或無點,可見點或短橫僅是裝飾筆畫。比較 A 與 C、D、E 各式,可見豎筆上短橫可有可無,也是裝飾筆畫。E 式右旁筆畫錯位,應屬訛變。F 式無"人"旁,該陶文"湯"無"水"

旁,似均有脱筆。然則該字右旁本來應作"禾",見於下列春秋金文、戰國文字、漢印等从"來"之字:

蓳　薕　芮伯壺　嗇　㮟　陽春戈　萊　𣏟　《漢徵》補1.5

這類收縮筆畫的現象,參見上文第四章第四節"異化"。其實丁佛言早已釋"禾"爲"來"⑧,頗有見地,惜不爲學者所重。今驗之陶文辭例,知丁説十分正確。至於"倈"偶爾作"來",亦與典籍吻合。《詩·大雅·常武》"徐方既來",《漢書·景武昭宣元成功臣表》引"來"作"倈",注:"倈,古來字。"

《陶彙》有關"倈"的資料甚多,今摘抄數條如下:

右陶尹舊疋器瑞,左陶來昜,叚國,左陶工敢。　　　　4.7

右陶尹舊疋器瑞,左陶倈湯,叚國,左陶工□。　　　　4.31

廿二年正月,左陶尹,左陶倈湯,叚國,左陶工敢。　　　4.1

廿一年八月,右陶尹,倈疾,叚貧,右陶工湯。　　　　4.2

十六年四月,右陶尹,倈敢,叚貧,右陶工徒。　　　　4.6

十八年十二月,右陶尹,倈敢,叚貧。　　　　　　　　4.3

從中不難看出,"倈"和"叚"是兩級職官,隸屬於"尹"。"叚"或讀"軌"⑨,可信。檢《國語·齊語》:"管子於是制國,五家爲軌,軌爲之長,十軌爲里,里有司。"《管子·小匡》:"五家爲軌,軌有長,十軌爲里,里有司。"在齊國陶文中"里"確實在"叚"(軌)之前:

華門陳棱叁左里叚亳豆。　　　　　　　　　　　　　　3.7

王孫陳棱再左里叚亳區。　　　　　　　　　　　　　　3.12

王孫□這左里叚亳釜。　　　　　　　　　　　　　　　3.12

閭陳賞叁立事左里叚亳區。　　　　　　　　　　　　　3.35

凡此與上引文獻"十軌爲里"的兩級行政單位吻合,但也有"里"在"叚"後者:

王卒左叚,城陽櫨里土。　　　　　　　　　　　　　　3.498

王卒左𣪚，城陽櫨里𨒂。　　　　　　　　　　　　3.500

　　　王卒左𣪚，昌里攴。　　　　　　　　　　　　　　3.506

　這類"王卒𣪚"可能是直接隸屬王室的"軌"，地位較高，並帶有軍事性質⑩，故在"里"之前。

　燕國典章制度深受齊國影響，齊國陶文有"里"、"軌"制度，燕國也應有之。上揭燕國陶文"𣪚"前的"俫"或"來"，疑即"里"。

　"來"、"里"雙聲叠韻，典籍每多通假。《書·湯誓》"予其大賚汝"，《史記·殷本紀》作"予其大里女"。《詩·周頌·思文》"貽我來牟"，《漢書·劉向傳》引"來"作"釐"。《左傳·昭公二十四年》"杞伯郁釐卒"，《釋文》"釐"作"𨛬"。《汗簡》引《古尚書》"貍"作"狹"等，均其佐證。

　燕國陶文"俫"即齊國陶文"里"，可能是方言所致。齊、燕陶文均有"里"、"軌"制度，這無疑是研究戰國鄉里制度的絕好資料。

　3. 釋器⑪

　趙國春平侯劍傳世品甚多，其中往往有一固定辭例：

　　邦左　伐　𠮷　《周金》6.80.3　　邦左　伐　𠮷　《錄遺》600

　　邦左　伐　𠮷　《三晋》圖2.2　　邦左　伐　𠮷　《三晋》圖2.4

　　邦左　伐　𠮷　《三晋》圖2.6　　邦左　伐　𠮷　《錄遺》602

　　邦左　□　𠮷　《三晋》圖3　　　邦右　伐　𠮷　《三晋》圖2.5

　以上劍銘第三字，《周金》釋"伐"，甚確。《三晋》釋"佼"，讀"校"，非是。至於第四字，舊不識。

　按，《三晋》圖2.5所載劍銘第四字，作者隸定"器"⑫，其他劍銘則僅存原篆。其實根據辭例排比，其他劍銘最後一字也應釋"器"，理由如次：

　戰國文字相同的偏旁往往可以省簡（詳第四章第二節）。由此類推，"品"也可省作"吅"。金文"噩"，小篆作"喪"；《說文》"嚚"或省作"𠾂"，古璽作"𠾂"（《璽文》附105），可資參證。更有直接的證明，戰國燕系文字"器"確有作"哭"形者：

🔲                              《季木》83.5

左匋(陶)㕕(尹)鐯(記)疋(疏)🔲耑(瑞)        《香錄》附 15

□昜(陽)大🔲                     《考古》1984.8.76 鼎

武坪(平)君子□冶🔲               《攈古》2.2 鐘

單字陶文"器",應指陶器。

陶文"鐯疋",應讀"久疋",或"記疏"。《說文》:"記,疏也。"陶文"左陶尹記疏器瑞",意謂"左陶尹識記陶器之陶璽"。

□陽鼎"大器",或專指某種寶器,如《左傳·文公十二年》"重之以大器",注:"大器,珪、璋也。"或泛指重要之器,如《荀子·王霸》:"國者,天下之大器也。"鼎銘"大器"應屬前者,指鼎。

武平鐘"冶器",與新出莒公孫潮子銘"造器"(《文物》1987.12.49)可以相互印證。

楚系文字鑄器客鼎也有从二"口"之"器",不過二"口"不是左右結構,而是上下結構:

鑄 🔲  客爲集𥻗七廥(府)         《集成》914

其中"鑄器",見《淮南子·俶真》"今夫冶工之鑄器"。

綜上,燕國陶文、□陽鼎、武平鐘和楚國鑄器客鼎諸"哭"形,趙國春平侯鈹諸"🔲"字釋"器",殆無疑義。

"器"作"哭"形,既是形的省簡,也有音的變易。二字均屬溪紐,雙聲分化爲二音。

鈹銘"伐器",見《楚辭·天問》"爭遣伐器,何以行之"注:"伐器,攻伐之器也。""伐"訓"擊刺"(《書·牧誓》傳),故"伐器"自應是"攻伐之器"。

關於"伐器",或據典籍、西周金文、戰國古璽等有"戎器",遂謂《天問》"伐乃戎字之形訛"[13]。今釋出趙國兵器銘文"伐器",與《天問》契合,益證王注確不可易,而古書不宜擅改。

如果對照其他春平侯鈹銘"邦左庫"、"邦右庫",可知春平侯鈹銘"邦左伐器"、"邦右伐器",應與之相當。其中"伐器"由"攻伐之器"引申爲藏兵之所,應是順理成章的推測。

有的學者以爲"伐"訓"舍"⑭,或以爲"伐"有"攻治"之義⑮。然而這兩種訓釋的"伐",在典籍中却不見有與"器"連文的辭例。與其説"伐"引申有"攻治"之義,還不如説"伐器"由"攻伐之器"引申爲"藏兵之所"。因爲畢竟"伐器"見於典籍,墨守經傳舊訓似乎比"自我作古"更爲穩妥。

4. 釋遯⑯

上海簡《孔子詩論》有一奇字"△",凡三見:

　　鵲椽(巢)之歸,則△(蕩)者……　　　　　　　　　(11)

　　鵲椽(巢)出以百兩(輛),不亦又(有)△(蕩)虖(乎)?　　(13)

　　可(何)斯雀(爵)之矣,△丌(其)所愛。　　　　　　(27)

"△",《考釋》闕釋,諸家多隸定爲從"辵"從"离",讀"离"。"△"原篆作:

　　遯　11　　　　　遯　13　　　　　遯　27

以上字形主體部分若釋爲"离",有兩點障礙。其一,"離"上從"屮"旁,而該字則上從"十"形。其二,儘管"离"或可省其下之"厹"形(《郭店》尊24⑰),然而"厹"形却未見有作環形或變體環形者。環形或變體環形,在古文字中多表示器皿底座部分,隸定爲"匕"形。例如:

　　飤　龍節　　　　　　　　《包山》202

　　厩　《包山》167　　　　　《隨縣》4

這一關鍵部分,決定了上海簡該字不可能是"离",而應與"匘"有關。"匘"金文習見,可分三式:

A　　孟鼎　　　　　　師兑簋

B　　叔卣　　　　　　紳卣

C　　伯晨鼎　　　　　邿鐘(《集成》230)

以上 A 式爲正體，B 式爲簡體，C 式爲變體。值得注意的是，晉系文字邵鐘"㫃"之上所從"十"形，與上海簡吻合，這可能是飾筆。

綜上所述，上海簡"△"可分析爲從"辵"從"㫃"，隸定爲"遆"。"遆"，亦見冶遆臣（《集成》4516.8）。

上海簡"遆"(11、13)，應讀"蕩"。《禮記·曲禮》下"天子㫃"，《春秋繁露·執贄》"天子用暢"；《史記·封禪書》"草木暢茂"，《漢書·郊祀志》引"暢"作"㫃"，是其佐證。《左傳·襄公二十九年》"美哉蕩乎"疏"寬大之意"。簡文大意謂："《鵲巢》詩咏百輛出嫁之車，不也是浩浩盪盪嗎？"這與《詩·召南·鵲巢》"之子于歸，百兩御之"，"之子于歸，百兩將之"描述的場面十分吻合。

上海簡"遆"(27)，應讀"傷"。《爾雅·釋詁》："傷，思也。"簡文大意謂："《何斯》（即《殷其雷》）情感淋漓盡致，思念所愛之人。"這與《詩·召南·殷其雷》"殷其雷，在南山之陽。何斯違斯，莫敢或遑。振振君子，歸哉歸哉。殷其雷，在南山之側。何斯違斯，莫敢遑息。振振君子，歸哉歸哉。殷其雷，在南山之下。何斯違斯，莫敢遑處。振振君子，歸哉歸哉"離別感情的描寫也十分吻合。

5. 釋橐⑱

石鼓文《汧沔》："可（何）以△之，隹（惟）楊及柳。"其中"△"原篆作：

該字自薛尚功以來多隸定爲"橐"⑲。

按，晚周文字自有"橐"字。例如：

徐太子伯辰鼎　　　　　《信陽》2.012

二字明確從"束"從"缶"，與小篆吻合，而與"△"有别。

"△"，細審先鋒本，確如郭沫若所摹，從"束"從"壬"。"壬"，甲骨文作"工"形。西周金文作"𡈼"形（師旋簋），增加一裝飾性圓點。晚周文字承襲西周金文作下列各形：

𡈼　吉日劍　　　　　　𡈼　《貨幣》14.212

𝍙 《璽彙》2291　　　　　𝍙 《陶文》14.98

其中裝飾性圓點延長即與秦簡"王"(《雲夢》1101)相同,而與小篆"壬"形也非常接近。"△",从"朿"从"壬",本應隸定爲"棗",舊隸定爲"棗",不確。"棗",字書失載,《説文》所收"棗"、"橐"、"囊"、"櫜"、"棗"五字均外形内聲。以此類推,"棗"亦"从朿壬聲"。

石鼓"可以棗之",應讀"何以任之"。《詩·大雅·生民》"是任是負"傳:"任,猶抱也。"《淮南子·道應訓》"於是爲商旅將任車"注:"任,載也。"

**注釋:**

① 何琳儀《返邦刀幣考》,《中國錢幣》1986 年 3 期。
② 裘錫圭《戰國文字中的"市"》,《考古學報》1980 年 3 期。
③ 吳振武《戰國貨幣中的刀》,《古文字研究》10 輯,1983 年。
④ 丁福保《古錢大辭典》下 51—52 頁,中華書局,1982 年。
⑤ 李佐賢《古泉匯》亨集卷一。
⑥ 劉心源《奇觚室吉金文述》卷一三。
⑦ 何琳儀《古陶雜識》,《考古與文物》1992 年 4 期。
⑧ 丁佛言《説文古籀補補》卷五。
⑨ 孫敬明《齊陶新探》,《古文字研究》14 輯,1986 年。
⑩ 李學勤《齊語與小匡》,《清華大學學報》1986 年 2 期。
⑪ 何琳儀《戰國兵器銘文選釋》,《考古與文物》1999 年 5 期。
⑫ 黃盛璋《試論三晉兵器的國別和年代及其相關問題》,《考古學報》1974 年 1 期。
⑬ 于省吾《澤螺居楚辭新證》272 頁,中華書局,1982 年。
⑭ 李家浩《戰國官印考釋》,中國古文字研究會第九屆學術研討會論文(南京),1992 年。
⑮ 吳振武《趙鈹銘文伐器解》,《訓詁論叢》3 輯,1997 年。
⑯ 何琳儀《滬簡詩論選釋》,國際簡帛網,http://www.bamboosilk.org,2002 年 1 月 17 日首發。
⑰ 黃德寬、徐在國《郭店楚簡文字續考》,《江漢考古》1999 年 2 期。
⑱ 何琳儀《秦文字辨析舉例》,《人文雜志》1987 年 4 期。
⑲ 薛尚功《歷代鐘鼎彝器款識》卷一七。

## 第四節　同　域　比　較

同域比較,是地域比較法的一種。它側重於同一地區或同一國家的文字比較分析。

一般説來,同域比較的對象應是具有地域特點的文字。具體的比較方法是,首先把未識的特殊形體與同一地區或同一國家的文字相互比較,找出其共同的特點;然後與通常的形體相互比較,縝密地觀察其點畫的演化踪迹,結構的因襲關係,找出其歧異的原因。當然,同域比較並不排斥一般的歷史比較、異域比較等。所不同的是,前者更强調地域特點而已。

1. 釋昌

《小校》10.26.1 著録一件齊系戈銘"△城右",其中"△"原篆作:

甘

該字舊不識,但見於齊刀銘"夻(大)△"(《古錢》881)之"△":

甘

衆所周知,古文字"凵"形,往往演變爲"廿"形,例如:

| 兄 | 𠷎 | 蔡姞簋 | 𠒁 | 《侯馬》304 |
| 董 | 𦦲 | 董伯鼎 | 𦦲 | 陳曼臣 |
| 黄 | 𩫖 | 《璽文》13.13 | 𩫖 | 《璽文》13.12 |
| 台 | 㠯 | 《侯馬》302 | 㠯 | 鄂君啓節 |

上引戈銘和刀銘"廿"所從之"廿",也系由"凵"形演變而成。晚周文字"昌"的異體作:

　　　　凵　蔡侯盤　　　　　　　凵　《璽彙》5390

或據此而釋齊刀銘"夻△"爲"大昌"①,甚確。同理,戈銘"△城"亦應釋"昌城"。

"昌城",戰國齊地名,在今山東淄博。《史記·趙世家》惠文王"二十五年,燕周將攻昌城、高唐,取之"。正義引《括地志》云:"故昌城,在淄州淄川縣東北四十里也。"戰國後期,"昌城"又名"昌國"。《史記·樂毅傳》:"封樂毅於昌國,號爲昌國君。"正義:"故昌城,在淄州淄川縣東北四十里也。"戰國趙器有昌國鼎(《美術》圖版 14)，"昌"作"昌"形，與"㫚"寫法迥異。這無疑是戰國文字的地域性特點所致。

陶文"△里"(《季木》77.2)，讀"昌里"，疑也與"昌城"有關。至於《陶文》附 31 所載諸"△"，亦齊系文字，文義待考。

2. 釋休

山西文水新出一件燕國銅壺，銘文"永用△涅"。

第三字或釋"析"②，或釋"札"③。按，郾侯載簋銘"△台(以)馬(百)醓"，其首字舊釋"休"，與壺銘"△"顯然是一字：

　　　㕚　　郾侯載簋　　　　㕚　　休涅壺

"休"，从"人"从"木"，但簋銘、壺銘"休"之偏旁位置互易，與一般形體有別，當是燕系文字特點。戰國文字偏旁往往左右無別(詳第四章第三節)。

"涅"，《玉篇》訓"澱"，《韻寶》以爲"古文澄字"。《禮記·禮運》"澄酒在下"注："《周禮》五齊(醴)……五曰沉齊(醴)……澄與沉蓋同物也。"疏："澄謂沉齊(醴)也。"按"齊"讀"醴"，參見中山王方壺銘"節於醴醓"。

壺銘"休涅"讀"休澄"，即"休美之沈齊(醴)"，這與壺爲酒器正相吻合。至於簋銘"休以百醓"，似謂"以百醴而獲休福"，這與上文"祇敬橋祀"文意貫通。

3. 釋禾④

《貨系》著錄一種橋形布，銘文可分三類：

　　△二釿　　　　1311
　　△一釿　　　　1314
　　△半釿　　　　1326

其中"△"原篆作：

　　㐱

該字舊釋頗有分歧，諸如釋"呆"(穎)、"棣"、"梁"、"乘"、"禾"(利)等⑤，《古幣文編》則載入附錄(280—281 頁)。諸說之中以釋"穎"、定爲韓幣影響最廣。其實根據《説文》偏旁分析，"穎"，从"水"从"頃"；"頃"，从"頁"从"匕"，然而幣文該字並非从"匕"，故舊釋"杲"讀"穎"，殊不可據。

其實舊説中隸定"△"爲"禾"⑥，十分正確，但釋爲"利"之省，則缺乏根據。

檢《璽彙》4430—4459 著録"千秋"晋系吉語璽甚多，其中有一種"秋"字比較特殊，原篆作：

     4430        4431

其所从"禾"旁與上揭橋形布"△"吻合，"禾"之上方所从撇筆作"⌐"或"⊏"形，應屬"彎曲筆畫現象"（詳見上文第四章第四節）。

方足布銘文還有从"邑"的"禾"，見《古幣文編》：

     267        265

該字應隸定"郣"，顯然是"禾"的地名專用字。凡此説明，"禾"頭彎曲之"禾"旁應是晋系文字的地域特點。

"禾"與"郣"均應讀"和"。《國語·晋語》八"范宣子與和大夫争田"注："和，晋和邑之大夫也。"其中"和"的確切地望不詳，疑讀"元"。《書·禹貢》"和夷底績"，《水經·洱水注》引鄭玄曰"和讀曰桓"。《左傳·僖公四年》"屈完"，《漢書·古今人表》作"屈桓"，可資旁證。和，匣紐歌部；桓，匣紐元部；元，疑紐元部。匣、疑爲喉牙通轉；歌、元爲陰陽對轉。

檢《左傳·文公四年》"晋侯伐秦，圍祁、新城"沈欽韓云："祁即元里也，在同州府東北。《魏世家》文侯十六年，伐秦，築臨晋、元里。"⑦在今陝西澄城南，戰國前期屬魏，其後屬秦，見《魏世家》惠王"十七年，與秦戰元里，秦取我少梁"。20 世紀 50 年代，在距元里古邑不遠的華陰戰國早期遺址中，發現"禾半釿"橋形布⑧，這爲"禾"橋形布的國別和年代提供了考古學方面的佐證。

4. 釋坪⑨

《文物》1992 年 11 期公佈一批楚帛書殘片，其中最大的一種墨書：

……左△軵(炳),相星光……不雨。二□……

"△",或釋"唇"⑩,或闕釋⑪。其實"△"應釋"坪",參見下列楚系文字中各類"坪"字:

A　▨ 包山203　▨ 包山184　▨ 包山192　▨ 包山214　▨ 包山206
B　▨ 隨縣120　　　　　　　　　　　▨ 包山240
C　▨ 包山200　　　　　　　　　　　　　　　▨ 帛書殘片

上表A行第一字是標準的"坪"字,古文字中習見。第二字是第一字的變體,即其中兩撇筆下移,與橫筆相交。第三字是第二字的繁體,即增一橫筆爲飾。第四字是第三字的繁體,即在豎筆上增"∨"形爲飾。第五字是第四字的繁體,即在中間弧筆之右方又增一短橫爲飾。B行第二字是A行第四字的變體,前者兩側豎筆上移與"∨"形相交成"羊"角形,遂成後者。C行第一字由B行第二字演變,即"羊"角脫筆而與長橫筆相交,遂似"冖"形。C行第二字(楚帛書殘片)是C行第一字的變體,前者與後者相較僅增一飾筆而已。前者(楚帛書殘片)又與A行第五字有對應關係,即兩者均有一飾筆。這類楚系文字"坪"的確認,在學術界已成爲定論,然而有的學者仍堅持其右旁"平"爲"甬"⑫,誠匪夷所思。至於B行第一字應是A行第一字的變體,收縮前者中間弧筆即成後者,與小篆"平"吻合。

楚帛書殘片"坪"應讀"平",星名。張衡《周天大象賦》:"按三條於平道,賓萬國於天門,置平星以決獄,列騎官而衛閽。"《晉書·天文志》:"平二星在庫樓北,平天下之法獄事,廷尉之象也。"平星有左右二星,楚帛書殘片"左平"與《步天歌》"角下天門左平星,雙雙橫於庫樓上"⑬正相吻合。

5. 釋雖⑭

青川木牘"△非除道之時"。首字原篆作:

　　▨

或釋"離"⑮,或釋"雖"⑯,得失互見。秦文字中"雖"字習見,例如:

　▨　秦公簋　　　▨　新郪虎符　　　▨　《雲夢》292

以上"雖"均从"虫"从"唯",與小篆形體吻合,而與牘文形體有別。牘文"△"與下列秦漢文字有關。

   𢄖　《雲夢》942　   𢆶　帛書《周易》

《雲夢》編者隸定此字爲"夒",甚確。由"夒"可以推知牘文"△"應隸定爲"雐"。

《字匯》以"雐"爲"離"之"訛字",由牘文知"雐"遠有所本。漢碑"雐"顯然是承襲戰國文字的形體。

牘文"雐"(離)當讀"雖"。"雖",心紐,脂部;"離",來紐,歌部。心、來可構成齒音複輔音[sl],脂、歌例可旁轉⑰。《荀子·解蔽》"是以與治雖走而是已不綴也"注:"雖或作離",是"離"可讀"雖"之佳證。牘文"雐(離)非除道之時"讀"雖非除道之時",文意條暢。


**注釋:**
① 裘錫圭《戰國文字中的"市"》,《考古學報》1980 年 3 期。
② 胡振祺《山西文水縣上賢村發現青銅器》,《文物》1984 年 6 期。
③ 李學勤《談文水出土的錯銀銅壺》,《文物》1984 年 1 期。
④ 何琳儀《古幣叢考》187—189 頁,文史哲出版社,1996 年。
⑤ 丁福保《古錢大辭典》下 11 頁,中華書局,1982 年。
⑥ 金邠《泉志校誤》,引丁福保《古錢大辭典》下 11 頁,中華書局,1982 年。
⑦ 沈欽韓《左傳地名補注》。
⑧ 黃河水庫考古隊陝西分隊《陝西華陰岳鎮戰國古城勘查記》,《考古》1959 年 11 期。
⑨ 伊世同、何琳儀《平星考——楚帛書殘片與長週期變星》,《文物》1994 年 6 期。
⑩ 饒宗頤《長沙子彈庫殘存帛文字小記》,《文物》1992 年 11 期。
⑪ 李學勤《試論長沙子彈庫帛書殘片》,《文物》1992 年 11 期。
⑫ 饒宗頤《關於埻字與平夜君問題》,《文物》1995 年 4 期。
⑬《四庫全書》本《靈臺密苑》卷一。
⑭ 何琳儀《秦文字辨析舉例》,《人文雜志》1987 年 4 期。
⑮ 于豪亮《釋青川秦墓木牘》,《文物》1982 年 1 期。李學勤《青川郝家坪木牘研究》,《文物》1982 年 10 期。
⑯ 李昭和《青川出土木牘文字簡考》,《文物》1982 年 1 期。黃盛璋《青川新出秦田律木牘及其相關問題》,《文物》1982 年 9 期。
⑰ 章炳麟《文始》卷二。

## 第五節　古　文　比　較

一般説來，比較法所比較對象的範圍越廣越好。考釋古文字賴以比較的對象，不僅限於地下出土的材料，而且包括地上傳鈔材料。這就好像在考古器形學中既要重視發掘品，也不可忽視傳世品一樣。

第二章所介紹的"傳鈔古文"，儘管有與殷周文字相合者，然而絶大多數是戰國文字的傳鈔材料。因此傳鈔古文無疑是戰國文字"古文比較"法的參照對象。

傳鈔古文的訓釋體例主要有三種：

1. 形訓。用楷書或隸書"甲"隸定古文"乙"，最爲習見，不必解釋。

2. 音訓。用音同或音近的楷書或隸書"甲"隸定古文"乙"。如籀文以"譮"爲"話"，古文以"虓"爲"虐"，石經以"孝"爲"殷"，《汗簡》以"聞"爲"問"，《古文四聲韻》以"絘"爲"織"等。

3. 義訓。用義同或義近的楷書或隸書"甲"隸定古文"乙"。如《汗簡》以"道"爲"衍"（"永"之異文），以"裸"爲"贏"（"裎"之異文）；《古文四聲韻》以"田"爲"畮"，以"電"爲"雪"等。總之，對待傳鈔古文除了必須考釋其真僞，剔除其訛變因素之外，還要撇開音訓、義訓的糾葛，才能拿來使用。只有善於縝密地分析傳鈔古文形體，與未知的戰國文字相互比較，才能發揮其字典的作用。

1. 釋卯

陳卯戈銘"陳△（造）錢（戈）"（《三代》19.33.3）。第二字舊不識，或釋"關"[①]。該字可與三體石經《僖公》、《説文》古文之"卯"相互比較：

A　𢁭　　陳卯戈

B　𢁭　　三體石經《僖公》

C　𢁭　　《説文》古文

A與B密合無間，顯然是一字。C中間有脱筆，稍有訛變而已。

《戰國策・齊策三》記載"孟嘗君燕坐",與"三先生"言談。其中一人名"田瞀",即"陳卯"。衆所周知,"田"、"陳"古爲一姓。"瞀"从"矛"得聲,"矛"與"卯"音近可通。《左傳・僖公四年》"包茅不入",《吕覽・音初》注引作"苞茆"。《周禮・天官・醢人》"茆菹麋臡"注"鄭大夫讀如茅"(《通典・禮門》九亦作"茅")。《山海經・海外北經》:"柔利國……一云留利之國。"《春秋》成公元年"王師敗績於茅戎",《公羊傳》、《穀梁傳》並作"貿戎"。《荀子・非十二子》"瞀瞀然"注"不敢正視之貌"。朱駿聲《説文通訓定聲》"按猶《檀弓》之貿貿然"。凡此均"卯"可讀"瞀"之確證。姚本"瞀"或作"盤"亦一音之轉。

《三代》20.38.3 著録矛銘"郾王瞀乍(作)巨敌△",其中"△"原篆作:

該字應隸定"鉚",通"鉾"。《玉篇》:"鉾,古文矛。"

近年,包山簡又出現""(132),編者釋"卯",甚確。以之與陳卯戈"卯"比較,飾筆多寡不等而已。另外,新出徐國銅器羅兒匜銘"",亦可隸定"學卯",讀"厹猶",地名(見《漢書・地理志》臨淮郡),與徐國地望吻合。凡此證明,三體石經古文"卯"字淵源有自。

2. 釋敌

郾王職兵器銘文中,往往在兵器名稱上加一前綴。例如:

郾王職乍(作)㪯鋸　　　　　　　　《三代》20.16.1 戟

郾王職乍(作)巨㪯鋸　　　　　　　《三代》20.17.1 戟

郾王職乍(作)㪯鉚　　　　　　　　《三代》20.38.1 矛

郾王職乍(作)巨㪯鉚　　　　　　　《三代》20.37.4 矛

這一前綴亦見左軍戈:

左軍之㪯僕大夫殷之卒公孳里睢之□,工枕里瘋之㪯戈《劍吉》下・20

該字或隸定"敌"②,或隸定"殳"③,或隸定"攷"④。其中只有第一種隸定

是正確的,下面補充說明:

檢《説文》"苹"之古文作"𦯷"形,前人已指出左从"毛",以《説文》"宅"之古文作"庄"形按驗,確切無疑。該字右从"彡"乃"气"形之訛變,然則燕兵器銘文之"𡰥",應即《説文》之"𦯷",讀"苹"。

檢《説文》:"苹,草木華葉苹,象形。"後世往往以"垂"代"苹"。"苹"《説文》古文作"𦯷",應屬假借。"攼"从"毛"得聲,屬透紐,魚部。"垂",禪紐,歌部。禪紐上古讀定紐,透、定同屬端組。魚、歌例可旁轉⑤。《莊子·知北游》"大馬之捶鈎者",《釋文》"捶,郭讀丁果反",正與"攼"音同。《説文》:"埵,讀若垛。""𨘣,讀若住。"《廣韻》:"唾,湯卧切。""種,徒果切。"均屬此類通轉。

戈銘"攼"應據《説文》古文讀"捶"。《説文》:"捶,以杖擊也。"引申爲泛言"擊殺"。《廣雅·釋詁三》:"捶,擊也。"《後漢書·杜篤傳》"捶驅氏羌"。上引戟、矛自銘"攼鋸"、"攼鈘",意謂擊殺之器。至於左軍戈銘"左軍之攼僕大夫"應是官名,"攼僕"似讀"捶撲"。《後漢書·申屠剛傳》"捶撲牽曳於前",《後漢書·左雄傳》"加以捶撲"。或作"捶樸",《三國志·魏志·何夔傳》"加其捶樸"。燕國的"捶僕大夫"可能是隸屬"左軍"的下級軍官。至於該銘之"攼戈"應讀"捶戈",訓"擊戈"。

3. 釋共⑥

《侯馬》"△二▽五"(303.1),摹本釋文作"癸二▽五"(47頁)。"△"原篆作:

𣎵

按,"△"釋"癸",似是而非。"癸",西周金文作"癸"形,戰國文字作"𣎴"形,三體石經作"癸"形,小篆作"癸"形,均與盟書"△"有別。

檢《古文四聲韻》4.4"共"作"𦫵"形,與盟書"𣎵"形吻合。衆所周知,"共"本作"𦥑"形,戰國時期訛變甚巨,可參下列兩類形體:

𦥑 《璽彙》5132    𦫵 《璽彙》5137    𦫵 會志鼎

[符号] 《璽彙》5135　　[符号] 《説文》古文　　[符号] 《侯馬》303.1

《古文四聲韻》"[符号]"形,顯然屬第二類訛變。傳鈔古文或保存戰國文字訛變形體,《説文》古文"君"作"[符号]"形。《汗簡》"台"作"[符号]"形,均可參證。

　　"共",可讀"珙"。《詩·商頌·長發》"受小共大共"箋:"猶所執揢大球小球也。"即讀"共"爲"珙"。《玉篇》:"珙,大璧也。"

　　"▽",原篆作:

　　　　[符号]

　　《侯馬》編者闕釋。檢《説文》:"仝,完也。从入,从工。全,篆文仝从玉。純玉曰全。"

　　總之,"共二仝五"應讀"珙二全五",謂二璧五玉。下文又云:"卜以吉,筮□□。"意謂:"卜用二璧五玉盟告先公,筮的結果吉利。"

　　4. 釋裼⑦

　　楚帛書甲篇"聿恒△民"。第三字"△"原篆作:

　　　　[符号]

　　諸家均隸定爲"襄",讀"懷"。

　　按,"襄"从"衣"从"睘"。"睘"本應作"[符号]"形,與帛書"△"所从並非一字。其實"△"所从偏旁在戰國文字中習見。例如:

　　A [符号] 《璽彙》3302　B [符号] 《香録》附20　C [符号] 《仰天》13
　　D [符号] 《信陽》2.03　E [符号] 《信陽》2.014　F [符号] 《信陽》2.019
　　G [符号] 《望山》2.48

　　檢《汗簡》下2.1引《林罕集綴》、王庶子碑"屬"作:

　　　　[符号]

　　該字从"目"从"虫"。戰國文字"虫"既可作"[符号]",也可作"[符号]",然則上揭諸字均可冰釋:

A "蜀子"。"蜀"古姓氏。帝嚳支子封於蜀,其後以國爲氏。詳《路史》⑧。

B "臅"。見《禮記·內則》"小切狼臅膏"注:"狼臅膏,臆中膏也。"

C "一席"。"㓉",《玉篇》訓"動頭貌",簡文借爲"蜀"。"蜀席","蜀地之席"。

D "一彫鼓、二橐、四欘"。"欘"見《玉篇》,木名。簡文讀"钃"。《說文》:"钃,鉏也。"

E "一承鐲之盤"。"鐲"即"燭",簡文謂"承燭之盤"⑨。

F "茵席皆䙅"。《禮記·內則》"斂簟而襡之"注:"韜也。"簡文謂"茵席皆緻藏之"。

G "丹緅之䙅"。"䙅"同"襡"。《晉書·夏統傳》"服袿䙅",何超音義引《字林》云"䙅,連腰衣也"。《玉篇》:"襡,長襦也,連腰衣也。"桂馥《說文義證》謂"䙅"、"襡"實爲一字。

H "蜀戈"。簡文謂"蜀地之戈"。

帛書"△"與信陽簡"䙅"(F)其實乃一字,唯"衣"旁或有省簡之別而已。帛書"䙅"應讀"屬"。《釋名·釋衣服》:"襡,屬也。"《集韻》:"襡,《說文》短衣也。或作䙅。""襟綴帶謂之襡,或省作䙅。"均可資佐證。

"屬民",見《周禮·地官·黨正》"及四時之孟月吉日,則屬民而讀邦法以糾戒之"注:"彌親民者,於教亦彌數。"《國語·楚語》"顓頊受之,乃命南正重司天以屬神,火正黎司地以屬民",注:"屬,會也。"《國語》之"火正黎"與帛書之"群神五正"均能"屬民",若合符契。

附帶還可以解決古璽一個合文:

☗ 㐭(廩)龍(箙)　　　　　　　　　《璽彙》2226

☗ 蒼　　　　　　　　　　　　　　《璽彙》2245

"目"可作"田"形(詳見第四章第四節),曾侯乙墓石磬"濁"作"☗",是其確證。據此上揭兩方晉璽首字應隸定爲"邵鄔"合文,即"三蜀"。第一方璽是地名,第二方璽是姓氏。《公羊傳》隱公四年"衛州吁",《穀梁傳》作"衛祝吁"。《詩·鄘風·干旄》"素絲祝之",箋"祝當作屬",釋文"之蜀反"。此"蜀"可讀"州"之旁證。然則"三蜀"應讀"三州"。據《通志·氏族略·以地爲氏》《孝子傳》有三州昏",知"三州"這一複姓,本是地名。其地望待考。

5. 釋𡙕

石鼓《作原》"爲所斿𡙕"。

自錢大昕謂"斿𡙕即游優,與優游義同"以來⑩,幾成定論。

檢《説文》:"𩫖,籀文齋從𨸏省。""𩫦,籀文禱。""𩫣,籀文祟從𨸏省。"王國維云:"案,此三字齋、㔾、出皆聲,則疑從夏。意古當有禝字,而禝從示從夏,是又當有夏字。禝古文字中未之見,夏則項肆簋之𡙕、番生敦之𡙕,《考古圖》所載秦盅鯀鐘之𡙕。其所從之𡙕若𡙕與篆文夏字均爲近之。其字上首下止,實象人形。古之《史篇》與後之《説文》屢經傳寫,遂訛爲夏矣。禝字象人事神之形,疑即古禱字,後世復加㔾以爲聲。"⑪

按,王説"夏"之構形甚精。以古文字驗之,籀文"夏"應隸定"夏"。"夏"與"憂"實一字之分化。然則《作原》之"𡙕",以籀文體例也可隸定"夒"。籀文"𩫖"、"𩫦"、"𩫣"分別以"齋"、"禖"、"祟"爲音符,"夒"也不應例外。故"夒"應讀若"夆"。

檢《海篇大成》"佟"讀"囂"。"囂"通"敖",楚璽"莫囂",《左傳》作"莫敖";《詩·大雅·板》"聽我囂囂",傳"猶嗷嗷也";均其確證。然則《作原》"斿𡙕"應讀"游敖";《詩·齊風·載驅》"齊子游敖",或作"游遨";《漢書·孝文帝紀》"千里游遨",或作"游鷔";《吕氏春秋·察今》"王者乘之游鷔"。

注釋:

① 黃盛璋《試論齊國兵器及相關問題》,長島古文字學研討會論文,1986 年。
② 李學勤《戰國題銘概述》,《文物》1959 年 7 期。
③ 黃茂琳《新鄭出土戰國兵器中的一些問題》,《考古》1973 年 6 期。
④ 李孝定、周法高、張日昇《金文詁林附錄》1595 頁。
⑤ 章炳麟《文始》卷五。

⑥ 何琳儀《戰國文字與傳鈔古文》,《古文字研究》15 輯,1986 年。
⑦ 何琳儀《長沙帛書通釋》,《江漢考古》1986 年 2 期。
⑧ 《戰國策・燕策二》"齊王召蜀子使不伐宋",鮑本"齊將"。志此備參。
⑨ 李家浩《信陽楚簡澮字及从关之字》,《中國語言學報》1 期,1983 年。
⑩ 于省吾《雙劍誃吉金文選》附六。
⑪ 王國維《史籀篇疏證》1—2 頁。

## 第六節　諧聲分析

在第四章第三節、第四節已涉及一些比較特殊的戰國形聲字。儘管形聲字特殊,有一點是共同的:形聲字與其諧聲偏旁應是音同或音近之字。考索二者關係的方法在這一節姑且稱之爲"諧聲分析",具體分析時應注意:

1. 分清形符和音符。

2. 形聲字與其諧聲偏旁的聲韻未必完全吻合,但二者必須爲雙聲或叠韻。一般不採用韻部懸殊的雙聲推衍,也不採用非雙聲的旁轉或對轉。

3. 考慮叠加音符和雙重音符的可能。

4. 分析形聲字與其諧聲偏旁的關係,不一定要有典籍異文或其他材料爲證。

1. 釋墨①

齊國即墨刀銘"墨"字,《古幣》235—240 有下列幾式:

　　　Ａ 墨　　　Ｂ 墨　　　Ｃ 墨　　　Ｄ 墨　　　Ｅ 墨

此字舊或釋"墨夕"二字,或釋"墨卪"二字②,近年研究者多隸定爲"鄾"。

所謂"即墨夕"文意難通,何況上揭"ᗱ"、"ᓀ"形體與"夕"字亦有不合。以"卪"爲"邑"之省文,而隸定爲"鄾",這一釋法似乎合理,但詳審字形仍有不合。檢齊刀銘"邦"所從"卪"作"ᗱ"、"ᗰ"、"ᖴ"、"ᖴ"、"ᕽ"、"ᕽ"等形,與上揭"墨"下所從均有區別。何況即墨刀"即"所從之"卪"作"ᐱ"、"ᐱ"、"ᐻ"等形,與上揭"墨"下所從區別更大。以外證和内證驗之,可見釋"卪"也不够妥當。因此,確認字形當是首要之務。

按，本章第二節所釋燕官璽"勹"字作"ᗡ"形(《璽彙》0362)，與刀銘 A 式"ᗡ"吻合無間。B 式"ᗡ"、C 式"ʔ"亦象人匍匐之形。D 式"ᗦ"、E 式"ᗢ"，或填實空隙，或省簡一筆，E 式還説明此偏旁可有可無。然則 A—E 式所從形體實爲"勹"字，其字則應隸定爲"匐"。

"勹"在古文字偏旁中多是音符，如"匍"、"匐"、"匋"、"匑"、"包"、"匔"、"雹"等，均從"勹"聲。值得注意的是，"鳧"亦從"勹"得聲，而音符在字的下部。以此類推，"匐"所從之"勹"亦可能是聲符。

"墨"，明紐，之部入聲；"勹"即"伏"之初文，並紐，之部入聲。明、並均屬唇音。"匐"以"勹"爲音符，仍讀"墨"，聲韻均合。如果按舊説讀"勹"若"包"，"墨"、"包"則爲之幽旁轉，諧聲亦合(類似的叠加音符字詳第四章第三節)。

2. 釋䣝

《璽文》6.12"都"作：

编者又謂："《汗簡》都作 𡈼，與此形近。"

如果該字釋"都"不誤，那麼"㞢"應釋"者"。檢戰國文字"者"的形體的確很複雜，除常見作"㫑"形者外，還有許多異體(詳第三章第二節)。然而這些戰國文字"者"，均與上揭燕璽文"都"之下部所從相距懸殊。

其實《汗簡》中 1.33"𡈼"左旁所從乃"旅"字。《古文四聲韻》1.27"都"作"𡈼"，從"旅"，是其確證。《説文》"旅"古文作"㫑"，從"㐺"從"從"。三體石經"諸"古文作"㫑"，也是"旅"，然已有訛變，且增飾筆"彡"。然則燕璽所謂"都"應據《説文》古文隸定爲"䣝"。

同理，郾王職劍銘"鋌 鐱"(《録遺》595)，只能讀"䣝(旅)劍"，而不能讀"錯劍"。燕璽"㞢信"(《璽彙》3248)，只能讀"旅信"。旅，古姓，周大夫子旅之後(見《風俗通》)。

燕官璽和《汗簡》以"䣝"爲"都"，三體石經以"旅"爲"諸"；反之，《説文》

古文於"者"下云："㫃，古文旅字。"凡此均"者"、"旅"音近之證。

"者"，照紐，魚部；"旅"，來紐，魚部。照紐三等古讀端紐，端、來均舌音屬端系，故"者"、"旅"相通。

3. 釋冶

李學勤對三晉銘刻"冶"字的釋讀③，王人聰對"冶"字从"刀"的辨釋④，都被新出的材料所證實是十分正確的。但"冶"字从"刀"的原因尚未得到解決。

據黃盛璋研究"冶"分四式⑤：

A

B

C

D

按，"冶"从"火"，顯然是形符，無須詳述。"口"和"＝"，均爲戰國文字中習見的增飾部件，無義。這兩個部件既可以分別在某些文字中出現，也可以同時在一個文字中出現。例如：

命　　 厲羌鐘　　《中山》36　　　 蔡侯鎛　　　《隨縣》202

倉　　《古幣》162　　《璽彙》0967"蒼"　　《璽彙》1323

　　《璽彙》3996"蒼"

戒　　《璽彙》0163　　　　叔夷鎛　　　《璽彙》1238

冶　　《三代》10.25.2　　　　《三代》10.20.1

　　冶迵臣　　《錄遺》581

這些平行的演變軌迹，是"口"和"＝"均爲裝飾部件的確證。"＝"在文字下方者居多，但也有在上方者。例如：

賢　　《中山》100　　　敢　　《陶文》附 24

薛　　《三代》19.27.2 戈　　閔　　《貨幣》4.46.19

在組成"冶"的四個部件中,"口"和"="無義,只有"火"和"刀"是有實際意義的偏旁。一般說來,形聲字的形符可省,聲符則不可省。上揭四式"冶"的偏旁,"火"、"口"、"="均可省,惟獨"刀"不可省。然則"刀"應是"冶"的音符。

　　"冶",羊者切,喻紐四等,上古讀定紐⑥。"刀",都勞切,端紐。定、端均屬舌音端組,然則"冶"、"刀"雙聲。"刀",宵部;"冶",魚部。宵、魚每可旁轉,例不備舉。值得注意的是,從"刀"得聲的"叨",典籍亦作"饕"。《左傳·文公十八年》"謂之饕餮",《書·多方》正義引作"叨饕",《說文》"饕"或作"叨",均其佐證。"饕"從"號"得聲,而"號"(宵部)可讀"胡"(魚部)。《荀子·哀公》"君號然也"注:"號讀若胡,聲相近字遂誤耳。《家語》作君胡然也。"此從"刀"得聲之字可讀魚部字的佳證。

　　總之,A式"冶"從"火""刀"聲,"口"和"="均為裝飾部件,無義。其餘三式或有省簡,唯音符"刀"則不省。

　　4. 釋凭⑦

　　曾侯乙墓漆書二十八宿相當於"危"宿之字(《文物》1979.7圖版五)原篆作:

　　　　凭

　　該字從"氐"從"几",可隸定為"凭"。

　　《說文》:"氐,巴蜀名山岸脅之堆旁箸欲落墮者曰氐,氐崩聞數百里。象形。乀聲,揚雄賦,響若氐隤。"許慎對氐字本義的解釋未必盡確,但"欲墮者曰氐"自是"氐"的一種義訓。今本揚雄《解嘲》"氐"作"坻",也可資旁證。然則"危"從"氐"或取山崖欲墮危險之義。

　　至於"危"所從"几"乃是音符。"危",疑紐,脂部;"几",見紐,脂部。見、疑均屬牙音見組。"凭"(危)以"几"為音符聲韻吻合。

　　最近公佈的上海簡《緇衣》9引《詩·小雅·節南山》"民具爾詹(瞻)",其中"詹"原篆作:

　　　　詹

該字上从"旡",與漆書應是一字,頗值得注意。

5. 釋畮⑧

青川木牘"畮"(《文物》1982.1.11)原篆作:

畮

《説文》:"畮,六尺爲步,步百爲畮;从田每聲。畮,畮或从田、十、久。"西周金文"畮"(賢簋)與小篆"畮"吻合,牘文則與或體"畮"吻合。離析牘文"畮",其从"田"从"久"从"又"至爲明晰。"又"偏旁在牘文中也作"ㄐ"("史"偏旁)、"ㄑ"("封"偏旁)、"ㄎ"("時"偏旁)等形。這些字所从"又"的末筆均作彎曲狀,而"畮"所从"又"的末筆垂直。這是因爲後者夾在"田"和"久"之間,不便彎曲的緣故。

"久"是"畮"的音符,二者均屬之部,自來無異辭,其實"又"也是"畮"的音符。"又",亦屬之部。然則"又"、"畮"雙聲叠韻,故"畮"从"又"得聲,於音理尤爲契合。類似的"雙重音符"詳第四章第三節。《説文》以"又"的訛變形體"十"爲"畮"的形符,遂不得其解。

**注釋:**

① 何琳儀《漫談戰國文字與齊系貨幣銘文釋讀》,《古幣叢考》4—6 頁,文史哲出版社,1996 年。
② 丁福保《古錢大辭典》下 56—58 頁,中華書局,1982 年。
③ 李學勤《戰國題銘概述》,《文物》1959 年 7 期。
④ 王人聰《關於壽縣楚器銘文中佂字的解釋》,《考古》1972 年 6 期。
⑤ 黃盛璋《戰國冶字結構類型與分國研究》,《古文字學論集(初編)》,1983 年。
⑥ 何琳儀《秦文字辨析舉例》,《人文雜志》1987 年 4 期。
⑦ 曾運乾《喻母古讀考》,《東北大學季刊》1927 年 2 期。
⑧ 何琳儀《秦文字辨析舉例》,《人文雜志》1987 年 4 期。

## 第七節 音義相諧

戰國文字難於釋讀,除"文字異形"之外,"言語異聲"也是主要原因。這表現爲文字通假大有泛濫成灾的趨勢。戰國文字通假有如下特點：

1. 假借字使用的頻率遠遠高於殷周文字。如中山王方壺計450字，而其中假借字（包括異體）70餘字，約占全銘15％左右。

2. 假借字形體特殊，不但殷周文字中未見，典籍中亦無其例。如以"叟"爲"鄰"，以"瑝"爲"位"等。

3. 通假的方式非常靈活。文字"甲"既可與文字"乙"通假，又可與文字"丙"通假。如侯馬盟書"明亟視之"既以"禋"爲"亟"，又以"祀"爲"亟"等。文字"甲"在此處與文字"乙"通假，在彼處又與文字"丙"通假。如信陽簡"是胃"以"胃"爲"謂"，"天可胃"又以"胃"爲"畏"等。

4. 通假一般由約定俗成的習慣所支配，但戰國文字中的通假字往往帶有明顯的地域色彩。如齊系文字以"窖"爲"造"，以"聞"爲"門"；燕系文字以"郯"爲"都"，以"怎"爲"作"；晋系文字以"朱"爲"廚"，以"釙"爲"鑄"；楚系文字以"胃"爲"謂"，以"新"爲"新"；秦系文字以"殹"爲"也"，以"軌"爲"簋"等。

總之，戰國文字資料中通假現象相當普遍，假借字觸目皆是。這就必然涉及戰國文字釋讀中如何解決音、義之間關係的問題。

論定兩個字是否通假，首先要辨明二字是否音同或音近。當然所謂"同"或"近"必須以先秦古音爲依據。同聲系（諧聲偏旁相同）之間的通假一般都不成問題。因爲"同諧聲者必同部"①，所以無需典籍異文爲證（如有證據更理想），即可根據具體辭例和文意將假借字讀爲本字。如上舉讀"胃"爲"謂"，讀"怎"爲"作"等。異聲系（諧聲偏旁不同）之間的通假則比較複雜。分析聲韻要注意：聲紐的通轉必須以音韻界公認的結論爲依據。韻部的對轉一般要以雙聲爲紐帶，韻部的旁轉則必須以雙聲爲紐帶。

其次，要有一個清醒的認識：音理的吻合，只能説明異聲系文字之間通假具備了可能性，但並不等於具備了必然性。換言之，論定異聲系文字通假必須要有若干典籍或古文字的通假材料作爲佐證。僅僅以"音同"或"音近"作爲判斷通假的唯一證據，是相當危險的。在字音上大搞無證據的"一聲之轉"和字形上大搞純藝術的"形象思維"，都是釋讀古文字的大忌。另外還要注意，即便是有證據的"一聲之轉"，也忌諱間接推理：

∵ A＝B　　　B＝C

∴ A＝C

用數學眼光來看，這種推理是合理的。然而切記通假關係中所謂"A＝B"並非恒等式，而是有條件的近似而已。同理，"B＝C"也是如此。因此"A"並不一定就等於"C"。至於多重間接推理：

∵ A＝B　　　B＝C　　　C＝D

∴ A＝D

這種推演就更危險了。在論證通假關係時，應堅決杜絕使用。否則不但可讀"莊周"爲"楊朱"，而且會造成"狗似玃，玃似母猴，母猴似人"（《吕氏春秋·察今》）的笑話。

最後，確定了音讀，還必須驗之以辭例，否則所釋讀的文字仍不能落實。熟悉文獻中史地、典章、詞彙的程度往往決定研究者釋讀文字水平的高低。如果地下材料和地上材料的辭例和音讀完全吻合，其考釋的結論也往往是不可移易的，而且吻合的字數越多，其準確度越高。例如，侯馬盟書"麻夷非是"，即《公羊傳》"昧雉彼視"②。中山王鼎"㒸其汓於人施，寧汓於淵"，即《大戴禮記》"與其溺於人也，寧溺於淵"③。

總之，使用音義相諧法必須具備"音理、異文、辭例"三個條件。如果只具備音理和異文，或音理和辭例兩個條件，那麽其釋讀只能視爲假説，不能成爲定論。釋讀是爲了疏通文意，準確的文意也可以驗證所釋文字是否正確。從這種意義上講，音義相諧則是考釋文字的最後歸宿。

1. 釋豕④

《璽彙》0175 著録一方齊系官璽"△母訢關"，其中"△"原篆作：

該字舊不識。如果視爲反書，則易於辨識。"⟨⟩"反書作"⟨⟩"，無疑可與《璽彙》2599 另一方齊系私璽"淵獙"之末字所從偏旁"⟨⟩"相互比較。換言之，"⟨⟩"省其左撇筆即是"⟨⟩"。此類省簡參見《侯馬》307 "墜"作：

準是,上揭齊璽"冢"和"豩"所从"冢"均應釋"豕",不過一反一正而已。私璽之"豩"爲人名,可以不論。官璽反文之"豕"爲地名,較爲重要。

齊系官璽"豕母",疑讀"泥母"。"豕"、"泥"均屬脂部,故可相通。《詩·邶風·泉水》"飲餞于禰",《儀禮·士虞禮》注引"禰"作"泥"。《説文》"瀰"或作"祿"。"瀰"與"禰"實爲一字。《説文》:"瀰,秋田也。"《説文繫傳》:"禰,秋畋(田)也。"是其確證。"禰"之異文作"泥",亦作"祿",可證"泥"、"豕"音近。

"泥母",亦作"寧母",齊國地名。"泥"、"寧"均屬泥紐,故可相通。《春秋·僖公七年》"公會齊侯、宋公、陳氏子款、鄭世子華,盟於寧母"。注:"高平方與縣東有泥母亭。音如寧。"《後漢書·郡國志》"泥母"作"寧母"。在今山東魚臺北。

2. 釋馬

郘侯載簠銘"永台馬母"。或訓"馬"爲"武","母"爲"女性"⑤。或釋"馬母"爲"馬祖"⑥。

按,"馬母",即中山王圓壺銘"百母","馬"與"百"雙聲疊韻,音近可通。《詩·小雅·吉日》"既伯既禱",《説文》作"既禡既禂"。《周禮·春官·肆師》"祭表貉","貉"《爾雅·釋天》作"禡",鄭注"貉"讀"十百之百"。是其佐證。"母"與"每"爲一字分化,亦雙聲。總之,"馬"和"百"、"母"和"每"都是以唇音爲紐帶的一聲之轉。

中山王圓壺"百每"即典籍的"勉閔"⑦。"百"可讀"慔"。《詩·大雅·皇矣》"貊(貉)其德音",韓詩作"莫其德音",是其證。《説文》:"慔,勉也。"朱駿聲云:"百假借爲慔,《左傳·廿八年傳》'距躍三百,曲踴三百',注:猶勵也。"⑧"每"可讀"敏"。天亡簋、晉姜鼎"每揚"均讀"敏揚",是其確證。《禮記·中庸》"人道敏政"注:"敏,猶勉也。""敏"亦通"閔"。《釋名·釋言語》:"敏,閔也。"《書·君奭》"予惟用閔于天越民",傳:"閔,勉也。"

《詩·邶風·谷風》"黽勉同心",釋文"猶勉勉也"。衆所周知,"黽勉"這類雙聲聯緜詞本無定字,或作"密勿"、"蠠没"、"閔免"、"文莫"等,其實都是以脣音爲紐帶的音轉。甚至二字還可以互倒,如"俚勉"或作"俛俚"(《薛君章句》),"黽勉"或作"茂明"(《漢書·董仲舒傳》),"密勿"或作"俛密"(《韓非子·忠孝》)。因此"百每"應讀"慔敏"或"勉閔",即典籍之"閔勉"(《漢書·谷永傳》)的倒文。

中山王圓壺"百每竹(篤)周無疆",意謂"黽勉於信無有止境"。郾侯載簋"永台(以)馬母",意謂"永遠黽勉"。"百每"與"馬母"對應,"無疆"與"永"對應,辭例甚近,可以互證。

3. 釋𩦺⁹

中山王方壺銘"亡又△息"(《中山》78),其中"△"原篆作:

𩦺

諸家對其釋讀頗有分歧,兹不備舉。據《古文四聲韻》卷二"商"作:

𠷎　　　　　𠷎

可隸定"△"爲"𩦺",从"商"得聲。"商"與"尚"、"常"雙聲叠韻。《說苑·修文》:"商者,常也。"《廣雅·釋詁一》:"商,常也。"王念孫云:"常、商聲相近。故《淮南子·繆稱訓》老子學商容,見舌而知守柔矣。《說苑·敬慎篇》載其事,商容作常摐。《韓策》西有宜陽常阪之塞,《史記·蘇秦傳》常作商。"⑩至於金文和典籍中以"賁"(賸)爲"賞"之例更是不勝枚舉。然則从"商"得聲之"𩦺",自可讀"尚"或"常"。

檢《詩·小雅·菀柳》:"有菀者柳,不尚息焉。"其中"不"猶"無"⑪,而"尚"讀"常"⑫。壺銘"亡(無)又(有)𩦺(常)息",與《詩》"不(無)尚(常)息焉"辭例相近,適可互證。

4. 釋㢴⑬

長沙帛書《乙篇》:"曰故黄能(熊)雹(伏)戲(犧)……風雨是㢴。"其中"㢴",或釋"語助詞"⑭,或釋"居"⑮。

按,"㢴"可讀"遏",二者均屬影紐,典籍往往可以通假。例如,《書·舜典》"遏密八音",《春秋繁露》引"遏"作"閼"。《左傳·襄公二十五年》"虞閼父",《史記·陳杞世家》索隱則作"遏父"。《呂氏春秋·古樂》"民氣鬱閼而滯者",注"閼讀遏止之遏"。《一切經音義》一"遏,古文閼同"。"遏"或作"謁"。《春秋·襄公二十五年》"吳子遏",《公羊傳》、《穀梁傳》均作"謁"。凡此均"於"、"遏"、"謁"相通之證。

檢《山海經·大荒北經》"不食不寢不息,風雨是謁",郭注"言能請致風雨"。按,郭注非是。"風雨是謁"即帛書的"風雨是於"。"於"讀"嗚",即"欨"。《說文》:"欨,一曰口相就也。"亦作"喝"。《素問·生氣通天論》"吹則喘喝"注:"大呵出聲也。一作嗚。"總之,"於"、"嗚"、"欨"、"喝"、"謁"均一音之轉。"風雨是於"與"風雨是謁"辭例吻合無間。前者指伏犧,後者指燭龍,均有呼風喚雨之神力。

5. 釋盩

石鼓《作原》"盩導二日"。

按,"盩"與"抽"雙聲疊韻,音同。《呂氏春秋·節喪》"蹈白刃涉血盩肝",注:"盩,古抽字。""導"之原篆从"行",與"導"从"辵"相同,故爲"導"之異文。

"盩導"應讀"抽導",《晉書·戴邈傳》:"抽導幽滯,啓廣才思。"所謂"抽導"即"引導"。

注釋:

① 段玉裁《六書音均表》。
② 朱德熙、裘錫圭《戰國文字研究》,《考古學報》1972年1期。
③ 李學勤、李零《平山三器與中山國史的若干問題》,《考古學報》1979年2期。
④ 何琳儀《戰國文字形體析疑》,《于省吾教授百年誕辰紀念文集》224頁,1996年。
⑤ 郭沫若《兩周金文辭大系》227頁。
⑥ 白川靜《金文通釋》卷四。
⑦ 何琳儀《中山王器考釋拾遺》,《史學集刊》1984年3期。
⑧ 朱駿聲《說文通訓定聲》豫部。
⑨ 何琳儀《中山王器考釋拾遺》,《史學集刊》1984年3期。
⑩ 王念孫《廣雅疏證》。
⑪ 劉淇《助字辨略》226頁,中華書局,1983年。
⑫ 于省吾《雙劍誃詩經新證》卷二。

⑬ 何琳儀《長沙帛書通釋》,《江漢考古》1986 年 1 期。
⑭ 商承祚《戰國帛書述略》,《文物》1964 年 9 期。
⑮ 陳邦懷《戰國楚帛書文字考證》,《古文字研究》5 輯,1981 年。

## 第八節　辭　例　推　勘

　　堅持以形爲主,是釋讀古文字總的原則。然而也有少數古文字的釋讀,並不都是首先立足於形體的分析,而是首先被明確的辭例所限定下來的。如甲骨文"𠂔",字形是"子"字,然而在卜辭中非"巳"字而莫屬。又如秦公簋"麐"字形是"麐(麟)"字省文,然而在"高引又麐,竈囿四方"韻語中則讀"成慶"的"慶"。諸如此類,以辭例限制釋讀的方法,可稱爲"辭例推勘"。

　　非常明顯,"辭例推勘"是爲補救各類比較法缺陷的權宜之計。因爲古文字中有少數字即便與已知形體吻合,然而置於具體辭例則明顯不通。如果不使用"辭例推勘"就必然會泥於形體,不得其解。"辭例推勘"所釋讀的文字,有的可以根據已掌握的文字演變規律,對其形體做出合理分析,有的則不能。戰國文字中習見的"全"形,已被新出土中山王器證明應讀"百"。然而對其形體的分析,迄今尚未能得出令人滿意的結論。當然這種現象只是暫時的。隨着新材料的發現和認識上的飛躍,完全可以變"未知"爲"已知"。

　　應該注意,如果沒有明確無疑的辭例作爲限制條件,不要輕易使用"辭例推勘"法,否則很容易陷入"以形屈義"的泥淖之中。

　　近年發現許多内容屬於"典籍"的楚簡,或見於今本,如郭店簡《老子》、《緇衣》等,或部分文句可與今本參讀,如郭店簡引《詩》、《書》、《禮記》、《論語》、《莊子》、《呂氏春秋》、《淮南子》、《説苑》等,又如上海簡引《詩》、《書》、《禮記》等。凡此爲"辭例推勘"法提供了豐富而又準確的對比資料,如"笑"、"就"、"達"、"罷"、"瑟"、"爵"等字,都是憑借對讀地下文獻和地上文獻而定其釋讀,可謂一錘定音,泰山不移。從某種意義上講,這類"辭例推勘"與"傳鈔古文"同樣在考釋戰國文字中會起到意想不到的作用。

1. 釋祭

陳侯午敦銘"乍(作)皇妣孝大妃△器,鉌敦"。(《三代》8.42.1)其中"△"原篆作:

[篆字圖]

如果根據偏旁分析,該字只能隸定爲"祤"。然而根據陳侯因𦮃敦銘"用乍(作)孝武桓公祭器"的辭例,兩相比勘,知"△"即"祭",應釋"祭"。以"又"持"肉"於"示"前,會"祭"之意。敦銘"△"將"肉"置於"又"之下,遂使其形與"祤"字混淆。類似"上下無別"的現象,詳第四章第四節。如果没有陳侯二器明確無疑的辭例作爲參照,是不能輕易讀"△"爲"祭"的。下面一個例子就很能説明問題。

蔡侯盤銘"▽受母巳"(《壽縣》圖版38),其中"▽"原篆作:

[篆字圖]

該字容庚讀"祭"①,郭沫若讀"祐"②。按,釋"祭"脱離明確辭例的限制,且"日"與"夕"亦不同,故不可信。釋"祐"則於字形吻合(右下所從"日"形爲裝飾部件),而且"祐受"即"受祐"(卜辭習見),故可信從。

總之,"△"與"▽"應分別釋"祭"和"祐",字形似同而非,用辭例也可檢驗之。

2. 釋侯

《璽彙》0323著録一方燕系官璽,印文爲"信茞△",編者釋"信莖医"。

按,第二字應釋"城"。燕官璽"泃𡈁"(《璽彙》0017)讀"泃城",可資比照。"信城",地名,在今河北清河。

第三字與"医"字的確很相似,但其上冠地名,則很難讀通。按官璽通例,地名之後一般應是爵位、職官、機構的名稱。因此此字可釋"矦",即"公侯"之"侯"。檢戰國文字"侯"之或體可與燕官璽比較:

[医] 陳侯因𦮃戟　　[医] 蔡侯產戈　　[医] 《璽彙》0323

三字所從"厂"旁均作"匚"形,顯然是一字。(這類筆畫延伸的現象,詳第四章第四節。)

"信城",戰國屬趙。《漢書·地理志》清河郡有"信成",漢酈商曾封爲"信成君"。"信城侯"其人待考,以字形驗之,當爲燕國之侯,其原籍則可能是趙國。

3. 釋匕

《起源》圖版 22 著録三孔布銘"上△陽"、"下△陽"。其中"△"原篆作:

㠯

該字舊釋"邱","邱陽",即《漢書·地理志》南陽郡"比陽"③。或釋"邲",讀"和",即《水經》濁漳水注"和城"④。李學勤改釋"郵","郵陽"即"曲陽"⑤。按,"曲陽"見《史記·趙世家》,"上曲陽"見《漢書·灌嬰傳》,"下曲陽"見《戰國策·燕策》,戰國時代均屬趙境。以"上曲陽"、"下曲陽"辭例驗之,釋"△"爲"郵"甚爲允當。推而廣之,《三代》20.57.4 矢括"場"(合文)應讀"陽曲",見《漢書·地理志》太原郡"陽曲"。戰國帶鉤銘文之"宜匕則匕"(《嘯堂》69),讀"宜曲則曲"⑥,也很通暢。《璽彙》4864"可以正ㄱ",讀"可以正曲"⑦,以《左傳·襄公七年》"正直爲直,正曲爲直"(杜注"正人曲")驗之,也辭例吻合。然而,"匕"或"ㄱ"釋"曲"在字形方面則有待説明。

首先從形體分析。"匕"形除見於上述"郵"字偏旁外,還見於下列文字晚期形式的偏旁之中:

| 區 | 㠯 | 《甲編》584 | 區 | 《璽文》12.9 | 區 | 《侯馬》329 |
| 匽 | 匕 | 匽侯盂 | 匽 | 沈兒鐘 | 匽 | 鮑氏鐘 |
| 医 | 乇 | 《拾零》12.9 | 医 | 《璽文》12.10 | 医 | 《中山》31 |
| 医 | 達 | 《甲骨》12.20 | 医 | 《甲骨》12.20 | 医 | 石鼓《霝雨》"殹" |

由第三竪行的晚期形體追溯第一竪行的早期形體,不難看出"匕"本應作"乚"形。"區"、"匽"、"医"三字,《説文》均謂从"匚"。檢《説文》:"匚,衺徯有所俠藏也,从乚上有一覆之……讀與傒同。""乚,匿也,象迟曲隱蔽形……

讀若隱。""匸",胡禮切,匣紐,脂部。"乚",於謹切,影紐,文部。影、匣均屬喉音,脂、文陰陽對轉。"俠(挾)藏"與"匿"義亦相因。然則"匸"與"乚"實乃一字之分化。以古文字眼光考察,二者本來就是一個字。"乚"既然是早期文字,不妨再將類似的早期文字"匸"與之比較:

　　　乚　乚　《甲編》84"區"　　　𠃊　《京都》268　　　𠃊　曲父丁爵

　　　匸　匸　《甲骨》12.20　　　匸　《甲骨》12.20　　　匸　乃孫作且乙鼎

這種平行的繁簡關係表明,"乚"應是"𠃊"的簡體。"𠃊",于省吾據殷金文、《說文》古文和漢碑釋"曲"⑧,甚是。由早期文字"乚"是"曲"的初文,知晚期文字"匸"應是"曲"的變體。

另外,戰國文字中:

　　　甲　匜　《包山》12　　　　　　　匕　《包山》82

　　　國　匶　《隨縣》174　　　　　　匶　《包山》45

大概也是受這一演變規律影響所類化。

其次從音讀分析,"曲"和"區"音同。《公羊傳》桓公十二年"盟于殿蛇",《左傳》、《穀梁傳》並作"曲池"。《集韻》:"吳人謂育蠶竹器曰筁簿。""筁"即"苖"。《說文》"苖,蠶簿也。"是其證。"區",《說文》謂"从品在匸中"。其實"區"這個會意字的"匸"偏旁也是音符。"區",溪紐;"匸",匣紐。溪、匣分屬牙、喉,例可通轉。"曲"的讀音和諧聲分析,證明"匸"確應讀其本音"曲"。

最後從義訓上分析。《說文》"匸,衺徯有所俠藏也,从乚上有一覆之",徐灝《注箋》:"衺猶曲也。"《說文》"乚,匿也,象迟曲隱蔽形",段玉裁《注》:"迟、曲雙聲。"《說文》"區,踦曲藏匿也,从品在匸中。品,衆也",段玉裁《注》釋"踦曲"爲"委曲"。章炳麟《文始》"凡委曲者謂之曲,藏匿也"。《說文》"曲,象器曲受物之形"。梳理上引舊籍,可知"匸"、"乚"、"區"三字均與"曲"有關,且均有"藏匿"之意。

總之,"匸"與"曲"的形音義關係十分密切。其形體演變過程是:甲骨文作"乚"或"𠃊",金文作"𠃊",晚周文字則在"乚"上加一橫畫作"匸"或"匕",

小篆在此基礎上變換方向又加紋飾作"🖳"。嗣後漢代文字承襲小篆，而戰國文字"𦤙"形則被淘汰。

4. 釋羆⑨

鄂君啓節"歲羆返"。其中"羆"從"羽"從"能"，諸家分析形體結構多無疑義。然而在釋讀方面則莫衷一是，如讀"羆"⑩、"能"(贏)⑪、"能"⑫、"翼"(代)⑬、"能"(乃)⑭、"蠠"(乃)⑮等。

郭店簡《五行》："弔人君子，其義羆也。"編者引今本《詩·曹風·鳲鳩》："淑人君子，其儀一兮。"謂"羆"當讀作"一"⑯。又謂鄂君啓節之"歲羆返"，亦當讀作"歲一返"⑰。凡此"辭例推勘"，無疑是十分正確的。自鄂君啓節發表近四十多年以來，"羆"的讀音才得以徹底解決。至於"羆"何以讀"一"，推測如下：

"懿"小篆左從"壹"，然而西周金文"懿"左從"壺"(《金文編》1684)。戰國秦漢文字"壹"亦作"壺"形(瓦書、詛楚文)。《說文》"殪"之古文從"死"從"壺"。參見下列相關古文字：

| 壺 | 🖻 | 伯公父壺 | 🖻 | 芮公壺 | 🖻 | 瓦書 |
| 懿 | 🖻 | 班簋 | 🖻 | 禾簋 | | |
| 殪 | 🖻 | 《說文》古文 | | | | |

凡此可證，"壹"由"壺"分化。"壹"，影紐；"壺"，匣紐。影、匣均屬喉音。楚文字"羆"疑從"羽"聲。"羽"與"壺"恰好均屬匣紐魚部。故"羆"從"羽"聲，與"壹"有"壺"音，可以構成平行的音變關係。至於"壹"後來由魚部轉入至部，可從秦文字"壹"從"吉"聲(商鞅量、小篆)中得到證明("壹"、"吉"均屬脂部)。典籍往往假借"壹"爲"一"，楚文字"羆"亦爲"壹"(一)之假借字。另外，《說文》分析"羿"字"從羽开聲"；"弙"字"從弓开聲"。實則根據弙作北子簋"弙"，"羽"旁大概也是聲符。"羿"，疑紐脂部；"羽"，匣紐魚部；匣、疑唯深喉淺喉之別。而"羿"恰好也與脂部"壹"音近，而又與"羆"從"羽"得聲、讀若"壹"相合。

下面順便解釋楚簡中其他"罷"字：

天星觀、望山、包山等楚簡均有一習見詞彙"罷禱"，似亦應讀"一禱"。"一禱"猶"皆禱"。《書·金縢》："乃卜三龜，一習吉。"其中"一習"《史記·周本紀》引作"皆曰"，可資佐證。關於典籍中"一"或"壹"可訓"皆"，學者多有論及⑱，茲不備引。在楚簡中，"罷禱"多在"與(舉)禱"和"賽禱"之間。"與(舉)禱"爲始禱，"賽禱"爲終禱。其間的"罷禱"似是整個祭禱過程，即皆禱。

郭店簡《成之聞之》18"貴而罷(抑)纕(讓)，則民谷(欲)其貴之上也"，《注釋》引"裘按"謂"罷纕似應讀能讓"⑲。按，"壹"與"抑"可通。《詩·大雅·抑》之"抑"，《國語·楚語》作"懿"，是其佐證。《後漢書·班固傳》："不激詭，不抑抗。注抑，退也。"本簡"抑讓"猶"退讓"。

5. 釋沿

石鼓《霝雨》："徒馭湯湯，佳(維)舟以沿，或陰或陽。枝深以□，□于水一方。"其中"沿"之原篆與《汗簡》"道"之古文形體吻合：

　𣲖　　石鼓《霝雨》

　𣲖　　《汗簡》上 1.10

但"沿"字在石鼓文中却不能讀"道"。因爲此字與"湯"、"陽"、"方"押韻，屬陽部。錢大昕根據這一特定辭例謂："當讀户郎切，即古行字。"⑳頗有見地。然而釋"沿"爲"行"，在古文字中並無確證。

按，甲骨文"永"作"𣲖"形，其異體作"𣲖"形。卜辭"𣲖王"或作"𣲖曰"(《綜類》323)。然則"𣲖"亦"永"之異體。下面將殷商與秦代文字對比如下：

　𣲖　　永啟磬　　　　𣲖　　《甲骨》2.29

　𣲖　　石鼓《吾水》　𣲖　　石鼓《霝雨》

如果再參照殷商文字"永"與六國文字"𦎧"的關係：

　𣲖　　《甲骨》2.29　　𣲖　　《甲骨》11.10

　𦎧　　《璽文》13.5　　𦎧　　《璽文》13.5

石鼓該字釋爲"永"應無疑義。"⿰亻㇉"本是會意字,誤形爲音作"⿰亻㇉"則成爲形聲字(參第四章第四節),即"从人行聲"。"永"和"行"古韻均屬陽部。

"隹舟"當讀"維舟"。《爾雅·釋水》"天子造舟,諸侯維舟",注"維連四船"。"永"訓"引"(《詩·唐風·山有樞》"且以永日"傳)。"維舟以永",意謂"以維舟引導"。

總之,石鼓"隹舟以衍"由於受韻文的限制,"衍"只能是陽部字。又據卜辭推勘,應讀"永",訓"引"。《汗簡》以"道"釋"衍",是因爲"道(導)"與"永"的義訓"引"意義相近的緣故。

郭店簡《老子》甲 6"以衍差人宝者",今本四十六章作"以道佐人主"。這似乎説明,以"衍"釋"道"爲東土文字,讀"衍"爲"永"乃西土文字。


**注釋:**

① 容庚《金文編》0017。
② 郭沫若《由壽縣蔡器到蔡墓的年代》,《文史論集》301 頁,1961 年。
③ 鄭家相《中國古代貨幣發展史》140—141 頁,三聯書店,1958 年。
④ 裘錫圭《戰國貨幣考》,《北京大學學報》1978 年 2 期。
⑤ 李學勤説,引李零《戰國鳥蟲箴銘考釋》,《古文字研究》8 輯,1983 年。
⑥ 李零《戰國鳥蟲箴銘考釋》,《古文字研究》8 輯,1983 年。
⑦ 吳振武《〈古璽彙編〉釋文訂補及分類修訂》,《古文字學論集(初編)》,1983 年。
⑧ 于省吾《甲骨文字釋林》413 頁,中華書局,1979 年。
⑨ 何琳儀《郭店竹簡選釋》,《文物研究》12 輯,2000 年。
⑩ 殷滌非、羅長銘《壽縣出土的鄂君啓金節》,《文物參考資料》1958 年 4 期。
⑪ 于省吾《鄂君啓節釋文》,《考古》1963 年 8 期。
⑫ 郭沫若《關於鄂君啓節的研究》,《文物參考資料》1958 年 4 期。
⑬ 朱德熙、李家浩《鄂君啓節考釋(八篇)》,《紀念陳寅恪誕辰百年學術論文集》,1989 年。
⑭ 陳偉武《戰國楚簡考釋斟議》,《第三屆國際中國古文字學研討會論文集》,1997 年。
⑮ 何琳儀《戰國文字聲系》77 頁,中華書局,1998 年。
⑯⑰ 荆門市博物館《郭店楚墓竹簡》152、126 頁,文物出版社,1998 年。
⑱ 王引之《經傳釋詞》70 頁,嶽麓書社,1985 年。楊樹達《詞詮》489 頁,中華書局,1963 年。
⑲ 荆門市博物館《郭店楚墓竹簡》169 頁,文物出版社,1998 年。
⑳ 錢大昕釋,引羅振玉《石鼓文考釋》。

## 第九節　語法分析

楊樹達《詞詮·序例》:"凡讀書者有二事焉:一曰明訓詁,二曰通文法。訓詁治其實,文法求其虛。"戰國出土文獻與大多數先秦典籍爲同時代作品,因此釋讀出土文獻,即戰國文字材料,也應注意"求其虛"。所謂"虛"者,包括虛詞的使用、實詞的活用、特殊的句型等等。否則以"虛"爲"實",膠柱鼓瑟,一些很容易解決的釋讀問題也會失之交臂。

本節不打算系統地考察戰國出土文獻中的語法現象,只想通過五個典型例證說明重視語法分析,往往可以解決戰國文字中某些已識文字的訓釋問題。

1. 釋乍

　　　　陳逆臣銘"鑄茲寶笑(匜),台(以)亯(享)孝于大宗皇祖、皇妣、皇考、皇母,乍(作)求永命"。　　　　　　　　　　　　(《三代》10.25.2)

"乍",或以實詞解之釋"祚"①,不確。

按,"乍"乃虛詞,猶"則"②。《呂氏春秋·孟冬紀》:"行秋令,作霜雪不時,小兵時起,土地侵削。"《禮記·月令》"作"作"則"。細審匜銘文意:"鑄器以祭先祖,則希求長久之天命。"其轉折語氣頗爲明顯。天亡簋銘"丕顯王乍相,丕肆王乍庚"。郭沫若引卜辭:"我其巳(祀)賓,乍帝降若;我勿巳(祀)賓,乍帝降不若。"《書·多方》:"惟聖罔念作狂,惟狂克念作聖。"謂"均同例語"③,從而讀"乍"爲"則",十分正確。

2. 釋亓

　　　　九年將軍張戈銘:"九年,將軍張。二月,劍官我其(亓)虞(獻)。"
　　　　　　　　　　　　　　　　　　　　　　　　　(《文物》1982.8.44)

"亓",乃"其"之六國古文。戈銘文意雖然不十分清楚,但是動詞"虞"(獻)之前的"亓"(其)應是虛詞。"其"猶"所",《史記·孝武紀》:"少君者,故深澤侯，入其主方，匿其年及所生長。"《封禪書》"所"作"其"。《國語·楚語》下"不蠲其爲"注："其爲，所爲也。""所"、"其"有時對文。如《淮南子·主術訓》"所持甚小，其任甚大"④。均其佐證。戈銘"其獻"讀"所獻"，文意符恰。

3. 釋舊⑤

中山王方壺："倚（適）曹（遭）郾（燕）君子噲（噲），不顧大宜（義），不△（舊）者（諸）侯。"（《中山》112）其中"△"與《汗簡》"柩"可以類比：

舊　　　《中山》112　　柩　　　《汗簡》下1.69

二字形體基本吻合，均讀若"舊"。關於"△"的考釋，已有讀"救"、"告"、"友"、"忌"、"就"等說。其共同特點都是把"舊"作爲假借字處理，改讀他字。其實用先秦語法分析，"舊"應讀本字，不必"乞靈聲韻"即可得到合理解釋。

按，《公羊傳》莊公廿九年："修，舊也。"注："舊，故也。"《論語·泰伯》"故舊不遺"。"故舊"乃典籍恒詁。中山王方壺銘"舊"即此義之活用。"舊"本名詞，因其所處謂語位置，只能用如動詞。檢《韓詩外傳》"不臣天子，不友諸侯"。其中"友"與"舊"音義均近，辭例若出一轍。"不舊諸侯"意謂"不以諸侯爲故舊"。本銘"舊"係指齊和中山等諸侯。因燕君子噲不以齊和中山等國爲故舊，故中山王痛斥之。"舊"的這種用法，清代學者稱"實字活用"⑥，現代語法家稱"名詞意動用法"。

4. 釋婿⑦

甚六鐘銘"我台（以）夏（雅）台（以）南，中鳴△好"（《東南文化》1988.3、4）。其中"△"原篆作：

該字諸家均釋"媞"⑧，不確。檢鐘銘已有"是"字作：

以其與"△"左旁比較，顯然多一橫筆。這恰恰是"是"與"疋"的區別所在。"△"，从"女""疋"聲，疑爲"婿"之省文。

"胥"與"且"音近可通。《易·夬》"其行次且",馬王堆漢帛書作"其行郪胥",是其確證。依此類推,鐘銘"中鳴婿好"可讀"中鳴且好",與春秋金文中習見的"中翰盧楊"句式完全相同。這類句式在《詩經》中也屢見不鮮,諸如:

| | |
|---|---|
| 終風且暴 | 《終風》 |
| 終温且惠 | 《燕燕》 |
| 終窶且貧 | 《北門》 |
| 終和且平 | 《伐木》 |
| 終善且有 | 《甫田》 |
| 衆穉且狂 | 《載馳》 |

地下考古資料"中某盧某"和地上文獻資料"終某且某"相互印證,可知這類固定的句式多用通假字。其中"中"、"終"、"衆"等字均屬冬部,爲一音之轉;"盧"、"婿"、"且"等字均屬魚部,也爲一音之轉。王念孫曰:"終,猶既也。"⑨上言"既",下言"且",皆爲連詞。從句法角度分析,可以證明上文對"婿"的考釋是正確的,而將虛詞"婿"(且)釋爲實詞"媞"則是錯誤的。

5. 釋旆

石鼓《田車》:"其□又(有)旆。"

"其"下之字舊以爲"原"⑩,郭沫若據先鋒本補"趩",謂:"逋之古文也。意言遁逃之迅速。"⑪ "旆"舊釋"㒸"⑫。

"其某有某"句式見《詩·小雅·隰桑》"其葉有沃"、"其葉有幽"、"其葉有難"等。"其某有某"也可作"有某其某",《詩》中有 22 例,如"有蕡其實"、"有實其阿"等⑬。王引之云:"凡言有者,皆形容之詞。"⑭又云:"凡言有蕡其實、有鶯其羽、有略其耜、有捄其角,末一字皆實指其物。"⑮因此現代語法家或稱"有 A 其 N"句式。"A"(Adjective),形容詞;"N"(Noun),名詞。長沙楚帛書甲篇"有淵其汨"也屬這類句式⑯。用先秦韻文中這類特殊句式衡量石鼓,可知郭所謂"遁逃"之訓是錯誤的。因爲此字應是名詞,而絶不可能是動詞。

如果郭補"虍"這一偏旁不誤,此字可能讀"廬"即"廬舍",名詞。相對應的"旃"必是形容詞,應讀"申",重言即"申申"。本銘"旛"從"㕿",與"旃"構形同,在"左驂旛旛"辭例中也恰好是形容詞,可資旁證。《漢書·萬石君傳》:"雖燕居必冠,申申如也。"注:"申申,整敕之貌。"然則"其廬有申"意謂"屋舍儼然"。

以上釋讀受殘文的限制,只是一種推測,但有一點則是肯定的,即"旃"是形容詞,"其"下之字是名詞。

**注釋:**

① 郭沫若《兩周金文辭大系圖錄考釋》215 頁,上海書店出版社,1999 年。
② 裴學海《古書虛字集解》638 頁,中華書局,1980 年。
③ 郭沫若《兩周金文辭大系圖錄考釋》1—2 頁。
④ 裴學海《古書虛字集解》407 頁,中華書局,1980 年。
⑤ 何琳儀《中山王器考釋拾遺》,《史學集刊》1984 年 3 期。
⑥ 俞樾《古書疑義舉例》卷 3,中華書局,1963 年。
⑦ 何琳儀《吴越徐舒金文選釋》,《中國文字》新 19 期,1994 年。
⑧ 曹錦炎《北山銅器銘文新考》,《東南文化》1988 年 6 期。商志䭾、唐鈺明《江蘇丹徒背山頂春秋墓出土鐘鼎銘文釋證》,《文物》1989 年 4 期。
⑨ 王念孫說,引王引之《經義述聞》卷五"終風且暴"。
⑩ 引于省吾《雙劍誃吉金文選》附 5 頁,中華書局,1998 年。
⑪ 郭沫若《石鼓文研究》29 頁,科學出版社,1982 年。
⑫ 引于省吾《雙劍誃吉金文選》附 5 頁,中華書局,1998 年。
⑬ 石曉《有 A 其 N 句式淺析》,《松遼學刊》1988 年 2 期。
⑭ 王引之《經義述聞》卷六"會同有繹"。
⑮ 王引之《經義述聞》卷六"有實其猗"。
⑯ 何琳儀《長沙帛書通釋》,《江漢考古》1986 年 1 期。

## 第十節　小　　結

釋讀戰國文字是一個嚴謹的推理過程。既然是推理,就必須以嚴肅的態度遵循科學的方法。

文字自身的形體結構,是文字最可靠的外在表現形式,它不以釋讀者的主觀意志而轉移。因此,是否堅持"以形爲主"的基本原則,是檢驗考釋者水平的試金石。辨識戰國文字形體可以根據不同的情況,采取上述方法。我們認爲,研究戰國文字除了要重視通用於所有古文字的"歷史比較"之外,尤其要重視"地域比較"和"古文比較"。這是因爲以同時代的文字材料相互比較更爲準確的緣故;又因爲戰國文字具有"言語異聲"的特點,"諧聲分析"也顯得比較重要。

　　字形的確認是釋讀戰國文字的起點,也是最基礎的工作。離開對文字形體的縝密分析,而對文字音義的種種猜測,顯然都是無根之談。然而這並不等於説,字形的確認就可以通暢無阻地釋讀所有文例。事實上有很多公認的文字,學者們對其在具體文例中的解釋則聚訟紛紜。换言之,字形的外在形式與實際內涵之間尚未能取得完美的和諧。"音義相諧"就是遞聯這一缺環的鏈條。字形的確認不能脱離文意的制約,文意的探求又必須以字形的確認爲根基,二者相輔相成,不應有所偏頗。

　　上述八種釋讀方法,並不是孤立的。實際上釋讀者都在交叉地使用這些方法。擇其要旨,可歸納爲三個步驟:

　　一、分析未知文字整個形體的構成或偏旁部件的變化,找出其與已知文字對應點的關係,通過比較確認字形。分析和比較之時應切記:

　　1. 已知形體必須是明確無疑的已識之字,否則以未知證未知,將失之千里。

　　2. 防止"以形説義"的弊端,堅持"以形證形"的原則。

　　二、以地上或地下文獻中的辭例驗證所釋字形是否可靠。徵引辭例之時應切記:

　　1. 文獻時代的下限,一般不要晚於魏晉以後,否則以中古語言與上古語言進行比較,自欠精確。

　　2. 辭例相同,始可視爲定論,辭例相近,聊備一説而已。

　　三、確認字形之後,如感"文義未安",可試圖用聲音通假來協調字形和字義的矛盾,最後也要驗之以辭例。對待聲音通假有兩種走極端的錯誤認識:

　　1. 拘形説義,不涉音轉,自以爲嚴謹。其實這是視戰國文字"言語異聲"

的客觀存在而不顧,當然永遠不能窺見乾嘉學派的精義所在。

2. 不明古音,不重證據,亂用通假,不但欺人,實亦自欺。而毫無文獻證據的所謂"一音之轉",尤應少用,否則只能造成釋讀的混亂。

總而言之,釋讀文字是考察文字形、音、義統一關係的推理過程。一篇好的考釋文章,不但其字形精鑿不磨,而且其字音和字義也無懈可擊。文字"形音義"似乎是老生常談,然而在釋讀戰國文字時,真正能做到使三者水乳交融,渾然一體,也並非易事。"閉門造車,出而合轍"是釋讀文字中常見的現象,這説明只要方法對頭,任何釋讀者都可以沿着戰國文字的階梯"登堂入室"。如果方法不對頭,那麼就只能在戰國文字門外"窺見家室之好"了。

戰國文字形體詭異,變化多端,這要求釋讀者必須掌握堅實的古文字基本功。戰國文字與大多數先秦文獻是同時代的產物,這又要求釋讀者必須具備相當的古文獻基礎。新出的戰國文字資料,多屬科學發掘品,因此釋讀者也應具備一定的考古學知識。古文字學是邊緣學科,釋讀戰國文字者應在古文字學外多涉獵一些相關學科領域的知識,從而使自己的釋讀更趨精確扎實。

古人云:"毫髮無遺憾,波瀾獨老成。"願有志於戰國文字研究者共勉之。

# 餘　　論

　　戰國文字的系統研究，從嚴格意義上講，發軔於20世紀50年代末期。儘管"文革"以後，戰國文字研究有了長足的發展，然而在這一領域中，分國研究方興未艾，文字釋讀觸目荊榛，至於綜合性的論著更是屈指可數，而研究者人數之少也遠不能與甲骨、金文相提並論。因此"戰國文字學"實際上尚未形成。然而戰國文字在古文字發展史上却占有毋庸置辯的重要地位。研究戰國文字可以幫助我們解決文字學中許多重大的課題。

## 一、歸納古文字發展演變的途徑

　　只有對戰國文字進行系統研究，才能瞭解漢語古文字歷史演變的全部過程，以及戰國時代不同地域的文字特點。殷周古文字基本是按歷史縱向發展變化，因此文字形體結構繼承較多，變化較少。春秋中晚期以後，由於長期的封建割據，形成了相對獨立的若干政治、經濟、文化區域。因此文字也相應地呈現出地域性的差異。戰國時代文字的地域橫向發展變化日益顯著，形成了齊、燕、晉、楚、秦五大文字體系。除秦系文字較多地繼承了西周文字特點之外，其他四系文字都形成了具有濃厚地域色彩的所謂"六國文字"。結構歧異、筆畫多變，是六國文字最大的特點。戰國中晚期，尤其是古隸產生以後，趨異求同，筆畫隸化已成爲各系文字普遍的發展趨勢。秦始皇以傳統的周秦系統文字取代了歧異的六國文字，以秦篆和秦隸統一六國古文。應該説是文字發展史上一大進步。它順應了文字趨於同化的總體規律。總之，先秦古文字的演變順序是：

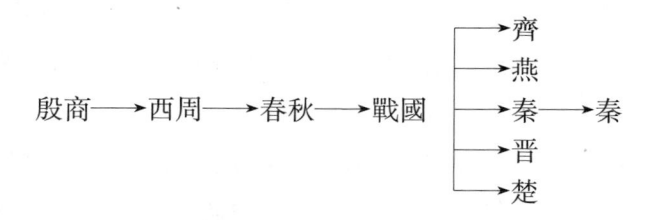

殷商──→西周──→春秋──→戰國 ├→齊
├→燕
├→秦──→秦
├→晉
└→楚

## 二、探討古文字的形音義關係

許多古文字研究者動輒引《說文》小篆或古籀說解殷周古文字，殊不知這恰恰忽視了其中間環節戰國文字。我們並不否認《說文》小篆和古籀與殷周古文字多有吻合，但以歷史眼光來考察，真正與小篆有直接承襲關係的應是戰國秦文字和六國文字。尤其《說文》古籀與戰國文字更有直接的平行關係。離開戰國文字的縝密研究，一些文字的形音義問題是無法徹底解決的。下面僅就形體、諧聲、義訓三方面各舉一例以說明：

1. 追溯字形

《說文》："宔，燈中火主也；从宀，象形；从丶，丶亦聲。"

以往在古文字中並未發現"主"字。自中山王器出土之後，一些學者才識出大鼎、方壺"宔"、和圓壺"宔"都是"主"字。其根據是三體石經"主"作"宔"形。由此而推斷侯馬盟書"宔"、楚簡"宔"等形也是"主"字。這些字與"宗"字頗為相似，而實則有別，以中山王器"宗"、侯馬盟書"宗"等"宗"字與之比照即可知。

上揭諸"主"字，其實就是《說文》"宔，宗廟宔祏"的"宔"字。"主"字初文應作"丁"形，其上加短橫或圓點乃裝飾筆畫，並非"丶"聲。西周銅器几父壺銘"丁"正是"主"字。而殷商金文戍嗣鼎銘"才闌宔"，讀"在闌宔"也很吻合。如果再下聯秦漢文字"主"作"主"(《雲夢》23.17)"主"(帛書《老子》甲 353)等形，其形體演變的關係就十分明晰：

丁 ──→ 丰 ──→ 主 ──→ 主

如果再參照甲骨文"示壬"、"示癸",《史記·殷本紀》作"主壬"、"主癸",可見"主"、"示"字實乃一字分化。以戰國文字衡量,司馬遷的讀法並不錯。戰國文字"宔"字的發現,使人們對"主"字的來源有了進一步的理解。

2. 探索聲符

趙國方足布、尖足布、直刀、圜錢銘文都有一重要地名"閦",舊釋"藺"(《古錢》下 39),甚確。但"閦"何以讀"藺"? 依據《説文》,二者均爲形聲字:

"閦",火貌。从"火","兩"省聲。讀若"粦"。

"兩",登也。从"門"、"二"。"二",古文"下"字。讀若"軍敶"之"敶"。

"藺",莞屬,从"艸","閵"聲。

"閵",令閵也,似鴝鵒而黃。从"隹"、"兩"省聲。"𨿽",籀文不省。

上引《説文》訓釋自相矛盾。"兩"从"下",而"兩"从"上"。然則所謂"登也",究竟从"下"取義? 抑若从"上"取義? 清代小學家各持己見,相與論辯(參《説文詁林》5337—5338 頁)。主張从"下"者,引《玉篇》"閦"作"閦"爲證;主張从"上"者,引《六書故》載唐本《説文》"兩"作"兩"爲證。

其實訓"登也"之字既不从"上",也不从"下",而應从"="。倪模《古今錢略》引(《貨幣》46)著録一品方足布,銘文作:

閦

該字上方所从"="右端平齊,左端第二筆稍短,即《玉篇》"燭熄火存謂之閦"之"閦"。《古文四聲韻》4.18 引《汗簡》"閵"作:

閵

其上方所从"="兩端平齊,與幣銘可以互證。"兩"乃"閅"之異體,即"門"字。《彙編》"上東門"(0169)或作"上東閅"(0170),《汗簡》引王存乂《切韻》"門"作"閅",均"閅"乃"門"之確證。"="是裝飾性對稱符號,中山王鼎銘"闢"作"𨳿"(《中山》76),帛書《老子》"門"作"閅"(甲本 30),可資參證。

《説文》以"登"釋"兩",頗值得懷疑。《説文繫傳》:"兩,聲也。"至於"閦",《説文校議議》引宋本則作"門省聲"。凡此説明許慎及後人對"兩"字已不十分清楚。戰國文字證明"丙"是"𨳍"的變體,且可做音符(秦簡"𨳍"讀"門")。以此類推,"閦"或"䦠"應是"从火門聲"的形聲字。《說文》"閦"字"讀若粦",其實"䦠"亦"讀若粦"。《漢書·司馬相如傳》"徒車之所閵轢",注:"閵,踐也。"所謂"閵轢"即"躪轢"。"藺"从"閵"聲,當然也"讀若粦"。"門"、"粦"聲紐爲明、來複輔音通轉,韻母爲文、真旁轉。二者相通猶"殹"、"鄰"相通。"閵"从"門"得聲,音理契合,根本無須用"从丙省聲"去解釋。至於"丙"又讀若"瞰",與"粦"同屬真部,實乃一音之轉。

加"="之後分化爲兩字兩音的戰國文字尚有:"𠃌"本讀"旬",又讀"勺";"𠤎"本讀"竹",又讀"竺";"𠆢"本讀"終",又讀"冬";"𠂉"本讀"尸",又讀"仁";"𠈌"本讀"大",又讀"太"等。

總之,"閦"與"閵"均从"門"得聲,"藺"从"閵"得聲,故幣文"閦"通"藺"。"藺",地名,在今山西永寧,戰國屬趙。許慎分析"閦"、"閵"等字爲"省聲",殊不可據。只有掌握戰國文字的特點,才能找到其真正的音符。

3. 推求義訓

"反𢇍爲繼",是以往小學家頗感棘手的疑難問題。《說文》對與之相關的"絶"、"斷"、"繼"三字作如下解釋:

① "絶",斷絲也。从"糸",从"刀",从"卩"。"𢇍",古文"絶",象不連體絶二"絲"。

② "斷",截也。从"斤"从"𢇍"。"𢇍",古文"絶"。"𠄑",古文"斷"。从"𠧢"。"𠧢"古文"叀"字。《周書》曰"𠄑𠄑猗無他技"。"𠄑",亦古文。

③ "繼",續也。从"糸"、"𢇍"。一曰"反𢇍爲繼"。

關於"𢇍"(絶),舊多從許慎說。然亦有另闢蹊徑者,孔廣居《說文疑疑》引昭孔云:"古文當作𢇍,右畫宜聯,蓋亦从刀也。"新出中山王方壺銘"以内𢇍邵公之業"(《中山》71),"𢇍"明確从"刀"。清代學者的真知灼見竟然與數百年後出土的古文字冥合,不能不令人由衷敬佩!總之,"絶"的古文本應作"𢇍",从"刀"斷兩"絲",會意。

"絕"、"斷"(今寫作"斷")是一字之分化,形音義均有關涉。"絕"與"斷"的古文"㡭"均從"刀",而"斷"又從古文"絕",凡此都透露出二者形體的聯繫。"絕",從紐,月部;"斷",定紐,元部。"定、從鄰紐,元、月對轉"(《同源字典》567 頁)又透露出二者聲韻的聯繫。《説文》:"絕,斷絲也。"《廣雅·釋詁》一:"絕,斷也。"《釋名·釋言語》:"絕,截也。"《説文》:"截,斷也。""斷,截也。"凡此可證,"絕"、"斷"音義均近。依《説文》體例"斷"下當云:"截也,從斤從㡭,㡭亦聲。"

疏通"㡭"的形音義,所謂"反㡭爲繼"之説就更難成立。檢拍尊銘"㡭"作"㡭"(《三代》11.33.2)。這一偏旁,《説文》未列字頭,見"繼"字之下,應是"繼"的初文。其形象四"糸"相連。"="是省文符號(詳第四章第六節),"一"是指事符號。晚周文字"㡭"和"㡭"判然有別,前者爲指事字,後者爲會意字,二者之間根本不存在所謂"反"、"正"的關係。

以上三例足以説明:如果離開對戰國文字的研究,某些古文字的形音義關係就無法瞭解。嚴格説來,撇開戰國文字這一重要環節,直接把《説文》與殷周文字相互比較,很可能就是一種跳躍式的研究。因此,其結論也就未必完備。

### 三、澄清小篆與隸書的關係

以往的文字學研究者多把小篆看作殷周文字的雲仍,隸書又是小篆的直系子孫。換言之,殷周用大篆,秦用小篆,秦漢用隸書,隸書略晚於小篆。考古新資料的發現,已使人們突破了這一陳舊觀點的藩籬。古隸的發現,尤其秦始皇統一以前古隸的發現,使人們清楚地認識到:隸書乃是小篆的同胞兄弟,其誕生並不晚於小篆。如果不研究古隸,當然不能真正把握住漢語古文字的整個發展過程。總之,對戰國文字素無研究,而侈談古文字學,則是難以想象的。

殷周文字、兩周文字、戰國文字,是古文字發展史中三個重要階段。然而以往研究者由於材料的限制,多側重於前兩段的研究,而忽視後一段的研究。因此,這三門學科的研究狀況也很不平衡。

　　首先,殷代甲骨文,經近百年中外學者的共同努力,已經成爲一門嶄新的國際性學科。試看《殷墟卜辭綜類》的目録:文字、文法、斷代、年代、曆法天象、方國地理、政治區域、先公舊臣、先王先妣、廟號、親屬、百官、農業、宗教、身份等,僅以篇章名目的繁多,即可見其研究盛況之一斑。以文字而言,甲骨文雖然尚有一半以上的未識字,但多是人名和地名。試圖在未識字之中大量地辨識新字是比較困難的。

　　其次,兩周金文,其研究盛況並不亞於甲骨文。金石學自北宋以來就是一門歷史悠久的獨立學科。經歷代學者的長期研討,結合歷史研究銘文的領域相當廣泛,結合考古研究銘文的斷代日益精密。銘文中已釋字的比例還要高於甲骨。可以説兩周銅器銘文未識字所剩不多,沒有解決的主要是文意訓釋的問題。

　　與殷周文字比較,戰國文字的研究狀況最爲薄弱。其正式從金石學附庸裏擺脱出來,只是近幾十年來的事。其歷史方面的研究還是孤立的,系統的分國研究則剛剛起步,斷代研究也尚未能建立起可靠的標尺,未識字俯拾即是。

　　因此,在戰國文字研究的領域中,仍然有許多未被開墾的荒原。不但考釋戰國文字大有可爲,而且戰國文字其他方面的研究,也亟待有更多的研究者共同努力。

　　20世紀,尤其是建國以來,隨着考古事業的蓬勃發展,大批的戰國文字資料相繼出土。這爲戰國文字的研究和戰國文字學的形成提供了前所未有的優越條件。我們相信,隨着新材料的陸續公佈,經古文字研究者的共同努力,一定會迎來戰國文字研究的"鼎盛時期"。

1983年9月初稿<br>
1985年1月再稿<br>
1987年10月補訂<br>
2002年2月增訂

# 引用書刊簡稱表

《鐵雲藏龜零拾》李旦丘 1939 年 ·················································· 《零拾》
《殷虛文字甲編》董作賓 1948 年 ·················································· 《甲編》
《京都大學人文科學研究所藏甲骨文字》貝塚茂樹 1959 年 ········· 《京都》
《甲骨文編》中國科學院考古研究所 1965 年 ······························· 《甲骨》
《殷墟卜辭綜類》島邦男 1977 年 ··················································· 《綜類》
《歷代鐘鼎彝器款識法帖》薛尚功 1144 年 ··································· 《歷代》
《嘯堂集古錄》王俅 1176 年 ························································· 《嘯堂》
《西清古鑑》1752 年 ······································································· 《西清》
《積古齋鐘鼎彝器款識》阮元 1804 年 ··········································· 《積古》
《恒軒所見所藏吉金錄》吳大澂 1885 年 ······································· 《恒軒》
《攮古錄金文》吳式芬 1895 年 ······················································ 《攮古》
《綴遺齋彝器款識考釋》方濬益 1899 年 ······································· 《綴遺》
《奇觚室吉金文述》劉心源 1902 年 ·············································· 《奇觚》
《陶齋吉金錄》端方 1908 年 ························································· 《陶齋》
《陶齋吉金續錄》端方 1909 年 ····················································· 《陶續》
《周金文存》鄒安 1916 年 ····························································· 《周金》
《夢郼草堂吉金圖》羅振玉 1917 年 ·············································· 《夢郼》
《貞松堂集古遺文》羅振玉 1930 年 ·············································· 《貞松》
《秦金文錄》容庚 1931 年 ····························································· 《秦金》
《雙劍誃吉金圖錄》于省吾 1934 年 ·············································· 《劍吉》

《洛陽古墓考》懷履光 1934 年 ········································································ 《古墓》
《兩周金文辭大系》郭沫若 1935 年 ····················································· 《大系》
《小校經閣金文拓片》劉體智 1935 年 ················································· 《小校》
《洛陽金村古墓聚英》梅原末治 1936 年 ············································ 《聚英》
《三代吉金文存》羅振玉 1937 年 ························································· 《三代》
《雙劍誃古器物圖錄》于省吾 1940 年 ················································· 《劍古》
《癡盦藏金》李泰棻 1940 年 ································································· 《盦癡》
《巖窟吉金圖錄》梁上椿 1943 年 ························································· 《巖窟》
《世界美術全集》平凡社 1954 年 ························································· 《美術》
《楚文物展覽圖錄》中國歷史博物館 1954 年 ····································· 《楚展》
《商周金文錄遺》于省吾 1957 年 ························································· 《錄遺》
《山彪鎮與琉璃閣》郭寶鈞 1959 年 ····················································· 《山彪》
《美帝國主義劫掠的我國殷周青銅器集錄》陳夢家 1963 年 ············· 《劫掠》
《鳥書考》容庚《中山大學學報》1964 年 1 期 ··································· 《鳥書》
《書道全集》平凡社 1965 年 ································································· 《書道》
《中日歐美澳紐所見所拓所摹金文彙編》巴納等 1978 年 ················· 《中日》
《河北省出土文物選集》河北省文物管理處 1980 年 ························· 《河北》
《山西省出土文物選集》山西省文物管理委員會 1980 年 ················· 《山西》
《中山王譽器文字編》張守中 1981 年 ················································· 《中山》
《試論三晉兵器的國別和年代及其相關問題》黃盛璋《考古學報》1974 年 ········· 《三晉》
《金文總集》嚴一萍 1983 年 ································································· 《總集》
《中國古代度量衡圖集》丘隆等 1984 年 ············································· 《度量》
《金文編》容庚等 1985 年 ····································································· 《金文》
《秦銅器銘文編年集釋》王輝 1990 年 ················································· 《秦銅》
《西漢南越王墓》廣州市文物管理委員會等 1991 年 ························· 《南越》
《湖北出土商周文字輯證》黃錫全 1992 年 ········································· 《輯證》
《鳥蟲書通論》曹錦炎 1999 年 ····························································· 《鳥通》
《殷周金文集成》中國社會科學院考古研究所 1984—1994 年 ········· 《集成》
《臺灣古越閣藏青銅兵器銘文精粹展》王振華 1995 年 ····················· 《古越》
《武陵新見古兵三十六器集錄》張光裕、吳振武《中國文化研究所學報》1997 年新 6 期 ························································································《武陵》
《四川考古報告集》四川省文物考古研究所 1998 年 ·····························《四川》
《古泉匯》李佐賢 1864 年 ··············································································《古泉》
《藥雨古化雜咏》方若 1925 年 ·······································································《藥雨》
《古錢大辭典》丁福保 1938 年 ······································································《古錢》
《東亞錢志》奧平昌洪 1938 年 ······································································《東亞》
《我國古代貨幣的起源和發展》王毓詮 1957 年 ···············································《起源》
《中國古代貨幣發展史》鄭家相 1958 年 ·························································《發展》
《先秦貨幣文編》商承祚等 1983 年 ·································································《貨幣》
《三孔幣彙編》王貴忱 1984 年 ······································································《三孔》
《古錢新探》朱活 1984 年 ············································································《新探》
《古幣文編》張頷 1986 年 ············································································《古幣》
《中國歷代貨幣大系》(一)汪慶正 1988 年 ······················································《貨系》
《古錢新典》朱活 1991 年 ············································································《新典》
《三晋貨幣》朱華 1994 年 ············································································《晋貨》
《先秦貨幣通論》黃錫全 2001 年 ···································································《貨論》
《十鐘山房印舉》陳介祺 1922 年 ···································································《十鐘》
《尊古齋古鉩集林》黃濬 1928 年 ···································································《尊古》
《古鉩文字徵》羅福頤 1930 年 ······································································《鉩徵》
《續衡齋藏印》黃濬 1944 年 ·········································································《續衡》
《賓虹草堂鉩印釋文》黃賓虹 1956 年 ···························································《賓虹》
《古鉩文編》羅福頤等 1981 年 ······································································《鉩文》
《古鉩彙編》羅福頤等 1981 年 ······································································《鉩彙》
《近百年來對古鉩印研究之發展》羅福頤 1982 年 ··········································《鉩研》
《上海博物館藏印選》上海博物館 1979 年 ·····················································《上印》
《秦漢南北朝官印徵存》羅福頤 1987 年 ·························································《官徵》
《吉林大學藏古鉩印選》吉林大學歷史系文物陳列室 1987 年 ·······················《吉大》
《珍秦齋古印展》蕭春源 1993 年 ···································································《珍秦》展
《珍秦齋藏印·戰國篇》蕭春源 2001 年 ·························································《珍秦》戰
《珍秦齋藏印·秦印篇》蕭春源 2001 年 ·························································《珍秦》秦

《封泥彙編》吳幼潛等 1931 年 …………………………………《封泥》
《古陶文舂錄》顧廷龍 1931 年 …………………………………《舂錄》
《季木藏陶》周進 1943 年 …………………………………………《季木》
《關中秦漢陶錄》陳直 1953 年 ……………………………………《陶錄》
《匋文編》金祥恒 1964 年 …………………………………………《匋文》
《秦漢的亭市陶文》俞偉超《先秦兩漢考古學論集》1985 年……《亭市》
《秦代陶文》袁仲一 1987 年 ………………………………………《秦陶》
《古陶文彙編》高明 1990 年 ………………………………………《陶彙》
《古陶文字徵》高明、葛英會 1991 年 ……………………………《陶徵》
《古封泥集成》孫慰祖 1994 年 ……………………………………《封集》
《侯馬盟書》山西省文物管理委員會 1976 年 ……………………《侯馬》
《河南溫縣東周盟誓遺址一號坎發掘簡報》河南文物研究所,《文物》1983 年
　　第三期 …………………………………………………………《溫縣》
《長沙仰天湖出土楚簡研究》史樹青 1955 年 ……………………《仰天》
《信陽楚墓》河南省文物研究所 1986 年 …………………………《信陽》
《曾侯乙墓》湖北省博物館 1989 年 ………………………………《隨縣》
《包山楚簡》湖北省荊沙鐵路考古隊 1991 年 ……………………《包山》
《江陵雨臺山楚墓》湖北省荊州地區博物館 1994 年 ……………《雨臺》
《望山楚簡》湖北省文物考古研究所、北京大學中文系 1995 年 …《望山》
《楚系簡帛文字編》滕壬生 1995 年 ………………………………《天星》
《包山楚簡》湖北省荊沙鐵路考古工作隊 1991 年 ………………《包山》
《包山楚墓》荊沙鐵路考古工作隊 1991 年 ………………………《包墓》
《江陵九店東周墓》湖北省文物考古研究所 1996 年 ……………《九墓》
《郭店楚墓竹簡》湖北省荊沙地區博物館 1998 年 ………………《郭店》
《九店楚簡》湖北省文物考古研究所、北京大學中文系,2000 年……《九店》
《香港中文大學文物館藏簡牘》陳松長 2001 年 …………………《香港》
《上海博物館藏戰國楚竹書》(一)2001 年 ………………………《上海》
《早期文明與楚文化研究》216 頁劉彬徽 2001 年 ………………《夕陽》
《雲夢睡虎地秦墓》睡虎地秦墓竹簡整理小組 1981 年 …………《雲夢》
《馬王堆漢墓帛書》(一)國家文物局古文獻研究室 1980 年 ……《老子》

《說文古籀補》吳大澂 1884 年 ················································ 《籀補》
《說文古籀補補》丁佛言 1924 年 ·············································· 《補補》
《古文字學導論》唐蘭 1963 年 ················································ 《導論》
《戰國題銘概述》李學勤《文物》1957.7.9 ······································ 《題銘》
《古文字類編》高明 1980 年 ···················································· 《類編》
《漢語古文字字形表》徐中舒等 1981 年 ········································ 《漢語》
《秦文字集證》王輝 1998 年 ···················································· 《秦集》
《秦出土文獻編年》王輝 2000 年 ················································ 《秦編》
《文物參考資料》······························································ 《文參》
《考古通訊》·································································· 《考通》
《考古學報》·································································· 《考報》
《中國歷史博物館館刊》························································ 《歷博》
《文物資料叢刊》······························································ 《文叢》
《中國錢幣》·································································· 《錢幣》
《音樂研究》·································································· 《音樂》
《古文字研究》································································ 《古研》
《中國文物報》································································ 《文報》
《首都博物館叢刊》····························································· 《首博》
《上海博物館》································································ 《上博》
《文物春秋》·································································· 《文春》
《文物季刊》·································································· 《文季》
《海岱考古》·································································· 《海岱》
《中原文物》·································································· 《中原》
《考古與文物》································································ 《考文》
《陝西博物館》································································ 《陝博》
《陝西金融》·································································· 《陝金》
《文物研究》·································································· 《文研》
《安徽錢幣》·································································· 《安錢》
《東南文化》·································································· 《東南》
《江漢考古》·································································· 《江漢》
《湖南考古輯刊》······························································ 《湖考》

# 後 記（一）

　　1983年，吉林大學古籍研究所受教育部委托，舉辦古文字進修班，由我承擔"戰國文字"課的講授。五月份接受任務，九月份正式開課。《戰國文字通論》初稿就是在這段短暫的時間裏形成的，其內容的粗疏也就不言而喻了。

　　1984年秋，我又爲本校歷史系考古專業本科生開設"戰國文字"選修課。因此有機會對舊稿有所增删（第三章和第五章尤甚）。其中第二章"戰國文字與傳鈔古文"，曾以論文的形式，在西安古文字學年會上散發。會議前後，本文得到部分專家和同好的熱情鼓勵和支持。因此產生把舊稿全部整理出來以便讀者的想法。

　　事有不巧，1985年3月，我赴浙江參加編纂《殷墟甲骨刻辭摹釋總集》的集體項目。客居杭州兩年有餘，遂無暇整理《通論》舊稿。

　　1987年6月，由杭州返回長春重理舊業。兩年多來，戰國文字研究日新月異，有關著述相繼刊行。展讀舊稿，頗有落伍之感。謄稿過程中，雖適當增補一些新材料和新觀點，但挂一漏萬在所難免（尤其海外論著多未能寓目）。所幸李學勤先生專著《東周與秦代文明》業已問世，以匡不逮，讀者自可參閲。

　　本書草稿承蒙李學勤先生審閲，釐正甚多，並於百忙中賜序。張苑峰先生欣然爲本書題簽。張傑民先生以古稀之年代爲精心繕寫本書的正文。雅意可感，並致謝忱。

1987年10月9日於長春

# 後 記（二）

　　自拙著《戰國文字通論》1987年交稿以來，屈指一算已經十又五年。
　　《通論》本是"教學童書"，談不上什麼學術水平。不意出版之後頗受讀者的青睞，早已售罄。雖不敢自詡"洛陽紙貴"，但據聞海峽兩岸多有複印本流傳。若干專家和同仁勸我再版《通論》以便讀者，這是撰寫《戰國文字通論》（訂補）的緣起之一。
　　1987年至2000年期間，有關戰國文字方面的考古資料層出不窮，僅楚簡一項的文字總數已超過以往戰國文字字數的總和。至於其他品類的戰國文字，也舉不勝舉。凡此爲戰國文字研究提供了豐富的資料。新資料的發現和公佈，必將刺激學科的發展。目前研究戰國文字的水平，與十幾年前比較已不可同日而語。充分佔有新資料和新成果，是初學戰國文字者的迫切需要。這是撰寫《戰國文字通論》（訂補）的緣起之二。
　　友人某曾對我說：近來對戰國文字產生興趣的青年越來越多，大多數都是單刀直入地研究戰國文字。我的看法是：如果對甲骨文、金文毫無所知，那麼他們戰國文字研究的水平肯定不會高。同理，近年楚簡熱突然升溫，很多古文字圈外其他學科領域的研究者也紛紛加入楚簡的討論。如果他們對楚簡以外各種品類的戰國文字資料茫然無知，那麼他們楚簡研究的水平也肯定要打折扣。充其量他們只會用"辭例推勘"法釋讀戰國文字而已，殊不知"知其然而不知其所以然"並非學問之極致。我的這本小書，似乎可以爲古文字圈外的讀者比較全面地瞭解21世紀以前的戰國文字研究，提供某些方便。這是撰寫《戰國文字通論》(訂補)的緣起之三。

《通論》的若干觀點早已落伍，"以今日之我攻昨日之我"是學術界的正常現象。儘管《通論》的基本框架大致不變，然而若干章節的內容已做了大刀闊斧的修訂。這是撰寫《戰國文字通論》(訂補)的緣起之四。

我經常對同仁和學生說：《通論》大家不屑一爲，小家不能爲；才與不才之間者，黽勉爲之，或可差強人意。儘管如此，我的寡聞淺見決定了《戰國文字通論》(訂補)的謬誤肯定不會少，在此由衷地期盼海內高明有以指正。

本書收集資料的時間下限基本爲 2000 年 12 月，其後若干重要資料如上海簡則破例收入，其他資料和論文也偶有酌情引用者，特此說明。

書末殿以四種文獻資料目錄索引，分別延請季旭昇、徐在國、袁國華三位先生編纂，古今中外有關戰國文字考釋方面的論著十之八九已囊括在內(由於種種原因，秦簡文獻資料目錄索引僅摘要選入)。一卷在手，不必另求，想來讀者和我定有同感。三位先生都是古文字專家，有勞屈尊襄助，俾拙著增輝，感佩曷似。

拙著承蒙李學勤先生再度賜序，撰寫過程中又多叨惠於學界專家和同仁，諸如裘錫圭、李零、陳劍、李先登、黃錫全、陳平、馮勝君、張守中、王輝、黃德寬、劉信芳、施謝捷、魏宜輝、朱淵清、曹錦炎、陳偉、滕壬生、劉彬徽、陳松長、曾憲通、陳偉武、林素清、鍾柏生、陳昭容、周鳳五、許學仁、林清源等先生，不能逐一臚列。本書第一章至第三章的電腦打字由內人張慧完成，第四章、第五章及書末四種文獻資料目錄索引的電腦打字由程燕、吳紅松同學完成。全書原篆掃描、排版由李明娥女士完成。另外，胡長春、張靜、程燕、房振山等同學或收集資料，或校對文稿，助我實多。在此一並致謝。

江蘇教育出版社戎文敏先生修正拙著許多錯誤，並爲出版事宜多有奔走，亦借此鳴謝。

2002 年 2 月於合肥

# 附録：論著目録

## 大陸論著目録

徐在國

**綜合論著**

王昶《金石萃編》1805年。

吳大澂《説文古籀補》1884年。

劉心源《古文審》1891年。

方濬益《綴遺齋彝器款識考釋》1899年。

方濬益《綴遺齋彝器款識考釋稿本》。

林義光《文源》1920年。

王國維《觀堂集林》1921年。

丁佛言《説文古籀補補》1924年。

鄭業斅《獨笑齋金石文考》第一集，1927年。

鄒壽祺《夢坡室獲古叢編》1927年。

羅振玉《待時軒傳古別録》1928年。

羅振玉《貞松堂集古遺文》1930年。

羅振玉《貞松堂集古遺文補遺》1931年。

羅振玉《古器物識小録》1931年墨緣堂本，上虞羅氏遼居雜著丙編本，

1934年。
　　羅振玉《雪堂所藏古器物圖說》，上虞羅氏遼居雜著乙編本，1933年。
　　強運開《說文古籀三補》1933年。
　　劉承幹《希古樓金石萃編》1933年。
　　羅振玉《貞松堂集古遺文續編》1934年。
　　羅振玉《俑廬日札》1934年，鉛印本。
　　孫海波《古文聲系》，來熏閣石印本，1934年。
　　徐文鏡《古籀彙編》，商務印書館，1934年。
　　徐乃昌《安徽通志金石古物考稿》1936年。
　　孫海波《魏三字石經集錄》1937年，石印本。
　　舒連景《說文古文疏證》，商務印書館，1937年。
　　于省吾《雙劍誃古文雜釋》1940年。
　　于省吾《雙劍誃古器物圖錄》1940年。
　　胡光煒《說文古文考》，中國社科院歷史所油印本。又《胡小石論文集三編》，上海古籍出版社，1995年。
　　上海書畫出版社《秦銘刻文字選》，上海書畫出版社，1976年。
　　馬衡《凡將齋金石叢稿》，中華書局，1977年。
　　唐蘭《中國文字學》，上海古籍出版社，1979年。
　　陳直《史記新證》，天津人民出版社，1979年。
　　高明《古文字類編》，中華書局，1980年。
　　唐蘭《古文字學導論》（增訂本），齊魯書社，1981年。
　　徐中舒主編《漢語古文字字形表》，四川人民出版社，1981年。
　　胡小石《胡小石論文集》，上海古籍出版社，1982年。
　　黃盛璋《歷史地理與考古論叢》，齊魯書社，1982年。
　　王獻唐《山東古國考》，齊魯書社，1983年。
　　商承祚《說文中之古文考》，上海古籍出版社，1983年。
　　中國社會科學院考古研究所《殷周金文集成》，中華書局，1984—1994年。
　　李學勤《東周與秦代文明》，文物出版社，1984年。又增訂本，1991年。

湯餘惠《戰國文字形體研究》,吉林大學博士論文,1984年。

丘隆等《中國古代度量衡圖集》,文物出版社,1984年。

王獻唐《那羅延室稽古文字》,齊魯書社,1985年。

饒宗頤、曾憲通《隨縣曾侯乙墓鐘磬銘辭研究》,香港中文大學出版社,1985年。

于豪亮《于豪亮學術文存》,中華書局,1985年。

李學勤《古文字學初階》,中華書局,1985年。

林沄《古文字研究簡論》,吉林大學出版社,1986年。

高明《中國古文字學通論》,文物出版社,1987年。

姜寶昌《文字學教程》,山東教育出版社,1987年。

陳煒湛、唐鈺明《古文字學綱要》,中山大學出版社,1988年。

裘錫圭《文字學概要》,商務印書館,1988年。

陳直《文史考古論叢》,天津古籍出版社,1988年。

陳世輝、湯餘惠《古文字學概要》,吉林大學出版社,1988年。

湖北省博物館《曾侯乙墓》,文物出版社,1989年。

何琳儀《戰國文字通論》,中華書局,1989年。

陳漢平《屠龍絕緒》,黑龍江教育出版社,1989年。

陳邦懷《一得集》,齊魯書社,1989年。

劉翔、陳抗、陳初生、董琨《商周古文字讀本》,語文出版社,1989年。

李學勤《李學勤集——追溯·考古·古文明》,黑龍江教育出版社,1989年。

黃錫全《汗簡注釋》,武漢大學出版社,1990年。

陳秉新、黃德寬《漢語文字學史》,安徽教育出版社,1990年。

河南省計量局主編《中國古代度量衡論文集》,中州古籍出版社,1990年。

陳介祺《秦前文字之語》,齊魯書社,1991年。

劉釗《古文字構形研究》,吉林大學博士論文,1991年。

裘錫圭《古文字論集》,中華書局,1992年。

裘錫圭《古代文史研究新探》,江蘇古籍出版社,1992年。

丘光明《中國歷代度量衡考》,科學出版社,1992年。

湯餘惠《戰國銘文選》,吉林大學出版社,1993年。

饒宗頤、曾憲通《楚地出土文獻三種研究》,中華書局,1993年。

趙平安《隸變研究》,河北大學出版社,1993年。

王輝《古文字通假釋例》,藝文印書館,1993年。

袁仲一、劉鈺《秦文字類編》,陝西人民教育出版社,1993年。

李零《中國方術考》,人民中國出版社,1994年。又修訂本,東方出版社,2000年。

徐少華《周代南土歷史地理與文化》,武漢大學出版社,1994年。

李學勤《走出疑古時代》,遼寧大學出版社,1994年。又增訂本,1997年。

裘錫圭《裘錫圭自選集》,河南教育出版社,1994年。

張頷《張頷學術論文集》,中華書局,1995年。

朱德熙《朱德熙古文字論集》,中華書局,1995年。

胡小石《胡小石論文集三編》,上海古籍出版社,1995年。

傅嘉儀、張都陵《金石文字類編》(上、下),上海書畫出版社,1995年。

姚孝遂主編《中國文字學史》,吉林教育出版社,1995年。

河北省文物研究所《燕下都》(上、下),文物出版社,1996年。

徐暢主編《中國書法全集》第四卷,《春秋戰國刻石簡帛書卷》,榮寶齋,1996年。

李學勤《古文獻叢論》,上海遠東出版社,1996年。

裘錫圭《文史叢稿》,上海遠東出版社,1996年。

李學勤《失落的文明》,上海文藝出版社,1997年。

李零《李零自選集》,廣西師範大學出版社,1998年。

孫常叙《孫常叙古文字論集》,東北師範大學出版社,1998年。

李學勤《四海尋珍》,清華大學出版社,1998年。

李學勤《綴古集》,上海古籍出版社,1998年。

林澐《林澐學術文集》,中國大百科全書出版社,1998年。

何琳儀《戰國古文字典》,中華書局,1998年。

祝敏申《〈説文解字〉與中國古文字學》,復旦大學出版社,1998年。

王輝《秦文字集證》,藝文印書館,1999年。

夏渌《評康殷文字學》,武漢大學出版社,1999年。

陳偉武《簡帛兵學文獻探論》,中山大學出版社,1999年。

古文字詁林編輯委員會《古文字詁林》(一),上海教育出版社,1999年。

李學勤《當代學者自選文庫·李學勤卷》,安徽教育出版社,1999年。

李縉雲編《李學勤學術文化隨筆》,中國青年出版社,1999年。

裘錫圭《裘錫圭學術文化隨筆》,中國青年出版社,1999年。

曹錦炎主編《黃賓虹文集》,上海書畫出版社,1999年。

趙平安《〈説文〉小篆研究》,廣西教育出版社,1999年。

袁仲一、劉鈺《秦文字通假集釋》,陝西人民教育出版社,1999年。

黄錫全《古文字論叢》,藝文印書館,1999年。

崔永東《金文簡帛中的刑法思想》,清華大學出版社,2000年。

王輝《秦出土文獻編年》,新文豐出版公司,2000年。

## 綜合論文

### 1933年

唐蘭《古樂器小記》,《燕京學報》(十四期)。

### 1934年

容庚《鳥書考》,《燕京學報》(十六期)。

### 1935年

容庚《鳥書考補正》,《燕京學報》(十七期)。

### 1938年

容庚《鳥書三考》,《燕京學報》(二十三期)。

**1956 年**

李學勤《談近年新發現的幾種戰國文字資料》,《文物參考資料》1956 年 1 期。

李學勤《戰國器物標年》,《歷史學習》1956 年 2 期。

**1957 年**

陳直《考古論叢》,《西北大學學報》1957 年 1 期。

李學勤《戰國題銘概述(上、中、下)》,《文物參考資料》1957 年 7、8、9 期。

**1958 年**

張政烺《秦漢刑徒的考古資料》,《北京大學學報》(哲社)1958 年 3 期。

**1960 年**

陳世輝《讀〈戰國題銘概述〉》,《文物》1960 年 1 期。

李學勤《補論戰國題銘的一些問題》,《文物》1960 年 7 期。

**1963 年**

陳直《古器物文字叢考》,《考古》1963 年 2 期。又《文史考古論叢》。

**1964 年**

容庚《鳥書考》,《中山大學學報》(哲社)1964 年 1 期。

**1972 年**

朱德熙、裘錫圭《戰國文字研究(六種)》,《考古學報》1972 年 1 期。又《朱德熙古文字論集》。

郭沫若《古代文字之辯證的發展》,《考古學報》1972 年 1 期。《考古》1972 年 3 期。

王人聰《關於壽縣楚器銘文中侶字的解釋》,《考古》1972 年 6 期。

**1973 年**

北文《秦始皇"書同文字"的歷史作用》,《文物》1973 年 11 期。又《朱德熙古文字論集》。

**1974 年**

王丕忠《戰國秦"王氏"陶罐和魏"安邑"銅鍾》,《光明日報》1974 年 7 月 6 日。

**1978 年**

李學勤《曾國之謎》,《光明日報》1978 年 10 月 4 日。《中國歷史博物館館刊》(總二期)。又《當代學者自選文庫·李學勤卷》。又《新出青銅器研究》。

**1979 年**

裘錫圭《談談古文字資料對古漢語研究的重要性》,《中國語文》1979 年 6 期。又《古代文史研究新探》。

裘錫圭《談談隨縣曾侯乙墓的文字資料》,《文物》1979 年 7 期。又《古文字論集》。

李學勤《論美澳收藏的幾件商周文物》,《文物》1979 年 12 期。又《新出青銅器研究》。

**1980 年**

裘錫圭《戰國文字中的"市"》,《考古學報》1980 年 3 期。又《古文字論集》。

朱德熙、裘錫圭《戰國時代的"料"和秦漢時代的"半"》,《文史》8 輯,中華書局,1980 年。又《朱德熙古文字論集》。

李學勤《談祝融八姓》,《江漢論壇》1980 年 2 期。又《李學勤集》、《李學勤學術文化隨筆》。

李學勤《秦國文物的新認識》，《文物》1980 年 9 期。又《新出青銅器研究》。又《當代學者自選文庫·李學勤卷》。

裘錫圭《考古發現的秦漢文字資料對於校讀古籍的重要性》，《中國社會科學》1980 年 5 期。又《古代文史研究新探》。

俞偉超《關於楚文化的新探索》，《江漢考古》1980 年 1 期。

**1981 年**

陳初生《談談合書重文專名符號問題》，《中山大學研究生學刊》1981 年 2 期。

吳振武、曹錦炎《釋㦰》，《吉林大學社會科學學報》1981 年 2 期。

裘錫圭《談考古發掘所得文字資料筆記（一）》，《人文雜志》1981 年 6 期。

裘錫圭《戰國時代社會性質試探》，《中國古史論集》，吉林人民出版社，1981 年。又《古代文史研究新探》。

李家浩《戰國時代的"冢"字》，《語言學論叢》（七），商務印書館，1981 年。

陳邦懷《戰國楚文字小記》，《楚文化新探》，湖北人民出版社，1981 年。又《一得集》。

裘錫圭《嗇夫初探》，《雲夢秦簡研究》，中華書局，1981 年。又《古代文史研究新探》。

裘錫圭《談談地下材料在先秦秦漢古籍整理工作中的作用》，《古籍整理出版情況簡報》1981 年 6 期。又《古代文史研究新探》。

**1982 年**

吳振武《釋平山戰國中山王墓器物銘文中的"鈉"和"私庫"》，《史學集刊》1982 年 3 期。

吳振武《古文字中形聲字類別的研究》，《吉林大學社會科學學報》1982 年 1 期。

張桂光《古文字考釋四則》，《華南師院學報》1982 年 4 期。

李學勤《北京揀選青銅器的幾件珍品》，《文物》1982 年 9 期。又《新出青銅器研究》。

曾憲通《三體石經古文與說文古文合證》,《古文字研究》(七),中華書局,1982年。

李裕民《古文字考釋四種》,《古文字研究》(七),中華書局,1982年。

李學勤、鄭紹宗《論河北近年出土的戰國有銘青銅器》,《古文字研究》(七),中華書局,1982年。又《新出青銅器研究》。

李學勤《〈中日歐美澳紐所見所拓所摹金文彙編〉選釋》,《古文字研究論文集》,《四川大學學報叢刊》(第十輯),1982年。又《新出青銅器研究》。

周世榮《湖南楚墓出土古文字叢考》,《湖南考古輯刊》(一),1982年。

**1983 年**

朱捷元《秦國杜虎符小議》,《西北大學學報》1983年1期。

陳平《〈"寺工"小考〉補議》,《人文雜志》1983年2期。

曹錦炎《釋羍——兼釋續、瀆、竇、鄭》,《史學集刊》1983年3期。

曹錦炎《越王姓氏新考》,《中華文史論叢》1983年3期。

羅運環、舒之梅《楚同各諸侯國關係的古文字資料簡述》,《求索》1983年6期。

胡順利《關於秦國杜虎符的鑄造年代》,《文物》1983年8期。

黃盛璋《寺工新考》,《考古》1983年9期。

黃盛璋《戰國冶字結構類型與分國研究》,《古文字論集》(初編),香港中文大學,1983年。

戴應新《秦杜虎符的真偽及其有關問題》,《考古》1983年11期。

王克林《釋"厙"》,《古文字研究》(十),中華書局,1983年。

饒宗頤《曾侯乙墓匫器漆書文字初釋》,《古文字研究》(十),中華書局,1983年。

黃盛璋《試論戰國秦漢銘刻中從"酉"諸奇字及其相關問題》,《古文字研究》(十),中華書局,1983年。

湯餘惠《戰國文字考釋五則》,《古文字研究》(十),中華書局,1983年。

曾憲通《説緐》,《古文字研究》(十),中華書局,1983年。

蔡運章《釋肙》,《古文字研究》(十),中華書局,1983年。

湯餘惠《楚器銘文八考》,《古文字論集》(一),《考古與文物》編輯部,1983年。

朱德熙《古文字考釋四篇》,《古文字研究》(八),中華書局,1983年。

馬國權《鳥蟲書論稿》,《古文字研究》(十),中華書局,1983年。

李裕民《古字新考》,《古文字研究》(十),中華書局,1983年。

李學勤《考古發現與東周王都》,《歐華學報》1983年1期。又《新出青銅器研究》。

**1984年**

尤仁德《古文字研究札記四則》,《考古與文物》1984年1期。

黃盛璋《楚銘刻中"陵、陲"的考辨及其相關問題》,《安徽史學》1984年1期。

吳振武《戰國"冘"(廩)字考察》,《考古與文物》1984年4期。

秦永龍《釋"麗"》,《北京師範大學學報》1984年6期。

張漢元《古文字瑣記》,《考古與文物》1984年6期。

夏淥《三楚古文字新釋》,《楚史論叢》(初集),湖北人民出版社,1984年。

**1985年**

夏淥《銘文所見楚王名字考》,《江漢考古》1985年4期。

黃盛璋《關於魯南新出趙𠭯工劍與齊工師銅泡》,《考古》1985年5期。

朱德熙《戰國文字資料裏所見的厩》,《出土文獻研究》,文物出版社,1985年。又《朱德熙古文字論集》。

陳漢平《古文字釋叢》,《出土文獻研究》,文物出版社,1985年。

李學勤《關於楚滅越的年代》,《江漢論壇》1985年7期。又《當代學者自選文庫·李學勤卷》。又《李學勤集》。

馮良珍《説文勹及从勹之字探源》,《文物研究》(一),黃山書社,1985年。

洪家義《古文字雜記》,《文物研究》(一),黃山書社,1985年。

陳秉新《釋歲棠》,《文物研究》(一),黃山書社,1985年。

朱德熙《釋桁》,《古文字研究》(十二),中華書局,1985年。又《朱德熙古文字論集》。

**1986年**

陳漢平《古文字釋叢》,《考古與文物》1986年4期。

張桂光《古文字中的形體訛變》,《古文字研究》(十五),中華書局,1986年。

黃錫全《利用〈汗簡〉考釋古文字》,《古文字研究》(十五),中華書局,1986年。

湯餘惠《略論戰國文字形體研究中的幾個問題》,《古文字研究》(十五),中華書局,1986年。

何琳儀《戰國文字與傳鈔古文》,《古文字研究》(十五),中華書局,1986年。

李學勤《海外訪古記》(一),《文博》1986年5期。又《四海尋珍》。

**1987年**

莫枯《齊量新議》,《考古與文物》1987年1期。

劉信芳《釋"殺郢"》,《江漢考古》1987年1期。

張文立《秦"私府"量器》,《中國文物報》1987年3月20日。

何琳儀《秦文字辨析舉例》,《人文雜志》1987年4期。

李如森《戰國秦漢漆器銘文淺論》,《天津社會科學》1987年5期。

朱德熙《中山王器的祀字》,《文物》1987年11期。又《朱德熙古文字論集》。

李家浩《先秦文字中的"縣"》,《文史》28輯,中華書局,1987年。

郝本性《試論楚國器銘中所見的府和鑄造組織》,《楚文化研究論集》一集,荆楚書社,1987年。

羅運環、舒之梅《古文字資料所見楚同各諸侯國關係》,《湖北省考古學會論文集》1987年。

王輝《戰國"府"之考察》,《中國考古學研究論集》,三秦出版社,1987年。

孫華《巴蜀符號初編》,《巴蜀考古論文集》,文物出版社,1987年。

李學勤《海外訪古記》(三),《文博》1987年2期。又《四海尋珍》。

李學勤《海外訪古記》(四),《文博》1987年3期。又《四海尋珍》。

李學勤《海外訪古記》(七),《文博》1987年6期。又《四海尋珍》。

**1988年**

裘錫圭《"廩人"別解》,《人文雜志》1988年1期。

張標《古文字札記》,《考古與文物》1988年2期。

王輝《秦器銘文叢考》,《文博》1988年2期。

劉彬徽《楚國紀年法簡論》,《江漢考古》1988年2期。

王恩田《從考古材料看楚滅杞國》,《江漢考古》1988年2期。

陳雍《秦漢文字札叢》,《北方文物》1988年3期。

朱德熙《説"屯(純)、鎮、衡"》,《中國語文》1988年3期。又《朱德熙古文字論集》。

唐鈺明《古文字資料的語法研究述評》,《中山大學學報》1988年4期。

高開貴《略論戰國時期文字的繁化和簡化》,《江漢考古》1988年4期。

裘錫圭《古文字學簡史》,《中國大百科全書·語言文字》,1988年。又《文史叢稿》。

劉彬徽《楚系文字志》,《楚文化志》,湖北人民出版社,1988年。

李零《出土發現與古書年代的再認識》,《九州學刊》3卷1期,1988年。又《李零自選集》。

**1989年**

王輝《秦器銘文叢考(續)》,《考古與文物》1989年5期。

黄盛璋《新發現的"羕陵"金版及其相關的羕器、曾器銘文中諸問題的考索》,《出土文獻研究續集》,文物出版社,1989年。

李零《釋"利澤㸚"和戰國人名中的㝵與㝵字》,《出土文獻研究續集》,文物出版社,1989年。

黄錫全《古文字考釋數則》,《古文字研究》(十七),中華書局,1989年。

李零《古文字雜識(六篇)》,《古文字研究》(十七),中華書局,1989年。

張亞初《古文字分類考釋論稿》,《古文字研究》(十七),中華書局,1989年。

陳振裕《湖北出土戰國秦漢漆器文字初探》,《古文字研究》(十七),中華書局,1989年。

湯餘惠《關於全字的再探討》,《古文字研究》(十七),中華書局,1989年。

張亞初《談古文字中的變形造字法》,《慶祝蘇秉琦考古五十五年論文集》,文物出版社,1989年。

裘錫圭《説鈚、榐、椑榐》,《中國歷史博物館館刊》1989年13～14期。又《古代文史研究新探》。

## 1990年

曾憲通《四十年來古文字學的新發現與新學問》,《學術研究》1990年2期。

黄盛璋《秦二十九年漆奩》,《中國文物報》1990年2月1日。

黄錫全《楚系文字略論》,《華夏考古》1990年3期。

陳松長《楚系文字與楚國風俗》,《東南文化》1990年4期。

吴振武《釋剈䰜》,《文物研究》(六),黄山書社,1990年。

裘錫圭《古文字釋讀三則》,《徐中舒先生九十壽辰紀念文集》,巴蜀書社,1990年。又《古文字論集》。

黄德寬《古文字考釋方法綜論》,《文物研究》(六),黄山書社,1990年。

陳爾俊《言字構形和偏旁中言與義近字互用》,《文物研究》(六),黄山書社,1990年。

崔恒昇《安徽出土金文考釋拾零》,《文物研究》(六),黃山書社,1990年。

**1991年**

何琳儀《楚官肆師》,《江漢考古》1991年1期。

夏淥《論古文字的兼併與消亡》,《武漢大學學報》1991年2期。

徐少華《鄀國歷史地理探疑兼論包山、望山楚墓的年代和史實》,《華夏考古》1991年3期。

王輝《周秦器銘考釋》,《考古與文物》1991年6期。

裘錫圭《〈説文〉與出土古文字》,《説文解字研究》(第一輯),河南大學出版社,1991年。

劉釗《〈説文解字〉匡謬(四則)》,《説文解字研究》(第一輯),河南大學出版社,1991年。

何琳儀《説文聲韻鈎沉》,《説文解字研究》(第一輯),河南大學出版社,1991年。

黃錫全《古文字中所見楚官府官名輯證》,《文物研究》(七),黃山書社,1991年。又《古文字論叢》。

劉彬徽《楚國、楚系有銘銅器編年補論》,《文物研究》(七),黃山書社,1991年。

張光裕《説文古文中所見言字及从心从言偏旁互用例札逐》,《文物研究》(七),黃山書社,1991年。

羅運環《古文字資料所見楚國官制研究》,《楚文化研究論集》二集,湖北人民出版社,1991年。

黃錫全《"䇂郢"辨析》,《楚文化研究論集》二集,湖北人民出版社,1991年。又《古文字論叢》1991年。

羅運環《古文字資料所見楚國官制研究》,《楚文化研究論集》二集,湖北人民出版社,1991年。

**1992 年**

賈文《古文字考釋三則》,《承德師專學報》13 卷 2,1992 年 2 期。

李家浩《齊國文字中的"遂"》,《湖北大學學報》19 卷 3,1992 年 3 期。

李輝《秦"工師"考》,《文博》1992 年 3 期。

何琳儀《〈汗簡注釋〉跋》,《武漢大學學報》1992 年 7 期。

裘錫圭、李家浩《談曾侯乙墓鐘磬銘文中的幾個字》,《古文字論集》,中華書局,1992 年。

李零《楚國族源、世系的文字學證明》,《文物》1991 年 2 期。又《李零自選集》。

黃錫全《〈汗簡〉〈古文四聲韻〉中之石經、〈說文〉古文的研究》,《古文字研究》(十九),中華書局,1992 年。又《古文字論叢》。

李學勤《秦孝公、惠文王時期銘文》,《中國社會科學院研究生院學報》1992 年 5 期。又《綴古集》。

裘錫圭《吳大澂》,《中國古代語言學家評傳》,山東教育出版社,1992 年。又《文史叢稿》。

**1993 年**

段渝《巴蜀古文字的兩系及其起源》,《四川文物》1993 年 1 期。

趙誠《甲骨文至戰國金文"用"的演化》,《語言研究》1993 年 2 期。

王占奎《公容頌考辨》,《考古與文物》1993 年 3 期。

劉樂賢《釋〈說文〉古文慎字》,《考古與文物》1993 年 4 期。

何琳儀《釋四》,《文物春秋》1993 年 4 期。又《古幣叢考》。

徐在國《釋薊、此、郯、郟》,《山東古文字研究》,《山東社聯通訊》總 72 期,1993 年。

黃錫全《"洛前"玉圭跋》,《文物研究》(八),黃山書社,1993 年。

李家浩《論〈太一避兵圖〉》,《國學研究》(第一卷),北京大學出版社,1993 年。

王輝《"釃"字補釋兼論春秋公冠禮》,《第二屆中國古文字學研討會論文集》,香港中文大學,1993年。

### 1994年

王蘊智《説"郭、墉"》,《鄭州大學學報》1994年4期。

郭偉民《沅陵楚墓新出土銘文砝碼小識》,《考古》1994年8期。

李立芳《楚文字中所見楚史資料輯考》,《楚文化研究論集》四集,河南人民出版社,1994年。

張吟午《楚式家具概述》,《楚文化研究論集》四集,河南人民出版社,1994年。

李零《考古發現與神話傳説》,《學人》(第五輯),江蘇文藝出版社,1994年。又《李零自選集》。

### 1995年

趙平安《釋參及其相關諸字》,《語言研究》1995年1期。

葛英會《晏即匽質疑》,《北京文博》1995年1期。

馮廣宏《巴蜀文字與古漢字淵源之證》,《成都文物》1995年1期。

李天虹《説文古文新證》,《江漢考古》1995年2期。

李零《古文字雜識》,《國學研究》(第三卷),北京大學出版社,1995年。

鄭剛《戰國文字中的同源詞與同源字》,《中國文字》新20期,藝文印書館,1995年。

### 1996年

夏淥《一本有益的古文字工具書 評介〈汗簡注釋〉一書的學術價值》,《辭書研究》1996年1期。

陳楓《籀文時代新探》,《人文雜志》1996年3期。

武家璧《楚用亥正曆法的新證據》,《中國文物報》1996年4月21日。

陳煒湛《〈穆天子傳〉疑難字研究》,《中山大學學報》1996年3期。

鄭剛《古文字資料所見疊詞研究》,《中山大學學報》1996年3期。

曾憲通《楚文字釋叢(五則)》,《中山大學學報》1996年3期。

唐鈺明《異文在釋讀銅器銘文中的作用》,《中山大學學報》1996年3期。

高明《説壐及其相關問題》,《考古》1996年3期。

潘玉坤《説文籀文選解》,《常州教育學院學報》1996年4期。

裘錫圭《戰國文字釋讀二則》,《于省吾教授百年誕辰紀念文集》,吉林大學出版社,1996年。

何琳儀《戰國文字形體析疑》,《于省吾教授百年誕辰紀念文集》,吉林大學出版社,1996年。

陳偉武《戰國秦漢同形字論綱》,《于省吾教授百年誕辰紀念文集》,吉林大學出版社,1996年。

李零《古文字雜識(兩篇)》,《于省吾教授百年誕辰紀念文集》,吉林大學出版社,1996年。

黄德寬《古文字考釋二題》,《于省吾教授百年誕辰紀念文集》,吉林大學出版社,1996年。

張桂光《古文字考釋六則》,《于省吾教授百年誕辰紀念文集》,吉林大學出版社,1996年。

周寶宏《讀古文字雜記九則》,《于省吾教授百年誕辰紀念文集》,吉林大學出版社,1996年。

劉彬徽《楚金文和竹簡的新發現和研究》,《于省吾教授百年誕辰紀念文集》,吉林大學出版社,1996年。

董珊《釋燕系文字中的"无"字》,《于省吾教授百年誕辰紀念文集》,吉林大學出版社,1996年。

孔仲温《釋盍》,《于省吾教授百年誕辰紀念文集》,吉林大學出版社,1996年。

曾憲通《敦煌本〈古文尚書〉"三郊三逋"辨正——兼論遂述二字之關係》,《于省吾教授百年誕辰紀念文集》,吉林大學出版社,1996年。

何琳儀、馮勝君《東周時代的文字》,《中國書法全集》4卷,榮寶齋,1996年。

楊澤生《燕國文字中的"旡"》,《中國文字》新 21 期,藝文印書館,1996 年。

劉彬徽《楚文字資料的新發現與研究》,《湖南省博物館文集》三輯,1996 年。

吳振武《燕國銘刻中的"泉"字》,《華學》第二輯,中山大學出版社,1996 年。

**1997 年**

党士學《秦器秦文字研讀二題》,《秦文化論叢》(第五輯),西北大學出版社,1997 年。

陸錫興《評十年來的簡帛文字編》,《辭書研究》1997 年 1 期。

李裕民《戰國文字研究(一、二)》,《文物季刊》1997 年 2、3 期。

葉正渤《說"乂"》,《淮陰師專學報》1997 年 3 期。

李運富《從楚文字的構形系統看戰國文字在漢字發展上的地位》,《徐州師大學報》1997 年 3 期。

李運富《戰國文字"地域特點"質疑》,《中國社會科學》1997 年 5 期。

陳秉新、李立芳《〈說文〉與古文字互證分類例說》(上),《古籍研究》1997 年 4 期。又《文物研究》(十一),黃山書社,1998 年。

趙平安《夬的形義和它在楚簡中的用法——兼釋其他古文字資料中的夬字》,《第三屆國際中國古文字學研討會論文集》,香港中文大學,1997 年。

曾憲通《從"蚩"符之音讀再論古韻部東冬的分合》,《第三屆國際中國古文字學研討會論文集》,香港中文大學,1997 年。

李零《古文字雜釋(二則)》,《第三屆國際中國古文字學研討會論文集》,香港中文大學,1997 年。

黃德寬《說"也"》,《第三屆國際中國古文字學研討會論文集》,香港中文大學,1997 年。

林澐《古文字轉注例》,《第三屆國際中國古文字學研討會論文集》,香港中文大學,1997 年。

劉信芳《楚國器物釋銘(上篇、下篇)》,《中國文字》新 22 期,藝文印書館,1997 年。

**1998 年**

趙平安《〈說文〉古文考辨五篇》,《河北大學學報》1998 年 1 期。

王一軍《湖北鄂縣肖家河春秋麇國古墓銘文考》,《武漢教育學院學報》1998 年 4 期。

何琳儀、黃德寬《說蔡》,《徐中舒先生百年誕辰紀念文集》,巴蜀書社,1998 年。

唐鈺明《戰國文字資料釋讀三題》,《容庚先生百年誕辰紀念文集》,廣東人民出版社,1998 年。

劉信芳《從火之字彙釋》,《容庚先生百年誕辰紀念文集》,廣東人民出版社,1998 年。

黃文傑《氏民辨》,《容庚先生百年誕辰紀念文集》,廣東人民出版社,1998 年。

張桂光《古文字考釋十四則》,《胡厚宣先生紀念文集》,科學出版社,1998 年。

李守奎《古文字辨析三組》,《吉林大學古籍所建所十五週年紀念文集》,吉林大學出版社,1998 年。

廖名春《楚文字考釋三則》,《吉林大學古籍所建所十五週年紀念文集》,吉林大學出版社,1998 年。

陳秉新、李立芳《〈說文〉與古文字互證分類例說》(下),《古籍研究》1998 年 1 期。又《文物研究》(十一),黃山書社,1998 年。

崔恒昇《"壽春"地名考釋》,《文物研究》(十一),黃山書社,1998 年。

劉信芳《蒿宮、蒿間與蒿里》,《中國文字》新 24 期,藝文印書館,1998 年。

鄧秋玲《洛陽戰國銘文銅鏡質疑》,《湖南省博物館文集》四輯,1998 年。

李學勤《戰國文字札記》,《四海尋珍》,清華大學出版社,1998 年。

**1999 年**

劉釗《戰國中山王墓出土古文字資料考釋》,《中國古文字研究》(第一輯),吉林大學出版社,1999 年。

劉釗《談考古資料在〈説文〉研究中的重要性》,《中國古文字研究》(第一輯),吉林大學出版社,1999 年。

王輝《史籀篇時代重探》,《中國古文字研究》(第一輯),吉林大學出版社,1999 年。

祝敏申《王國維"戰國時秦用籀文六國用古文説"疏證》,《中國古文字研究》(第一輯),吉林大學出版社,1999 年。

張亞初《〈漢語古文字字形表〉訂補》,《中國古文字研究》(第一輯),吉林大學出版社,1999 年。

黃德寬《絲及相關字的再討論》,《中國古文字研究》(第一輯),吉林大學出版社,1999 年。

陳偉武《雙聲符字綜論》,《中國古文字研究》(第一輯),吉林大學出版社,1999 年。

白於藍《釋褱——兼談秀、釆一字分化》,《中國古文字研究》(第一輯),吉林大學出版社,1999 年。

陳劍《柞伯簋銘補釋》,《傳統文化與現代化》1999 年 1 期。

張英基《齊地文字簡論》,《淄博學院學報》1999 年 2 期。

葉文憲《從吳到句吳太伯仲雍奔吳的文字學考察》,《鐵道師院學報》1999 年 2 期。

何琳儀《舒方新證》,《安徽史學》1999 年 4 期。

周寶宏《古文字資料:上古漢語詞義研究的依據》,《瀋陽師院學報》1999 年 6 期。

董楚平《淺談"勾踐"與"句踐"的糾紛問題》,《中國語文》1999 年 6 期。

馮時《中國古文字研究五十年》,《考古》1999 年 9 期。

趙超《中國古代銘刻與文書研究五十年》,《考古》1999 年 9 期。

張世超《戰國秦漢時期用字現象舉隅》,《中國古文字研究》(第一輯),吉林大學出版社,1999年。

裘錫圭《古文字研究五十年》,《中國教育報》1999年9月28日。

裘錫圭《中國出土簡帛古籍在文獻學上的重要意義》,《北京大學古文獻研究所集刊(一)》,北京燕山出版社,1999年。

陳劍《釋西周金文的"贛"字》,《北京大學古文獻研究所集刊(一)》,北京燕山出版社,1999年。

**2000年**

陳雙新《釋"樂"》,《河北大學學報》2000年1期。

吳振武《古文字中的借筆字》,《古文字研究》(二十),中華書局,2000年。

黃錫全《〈汗簡〉〈古文四聲韻〉中之〈義雲章〉"古文"的研究》,《古文字研究》(二十),中華書局,2000年。

楊鳳仙《論"易"字在楚文字中的分化及其記錄語義的特點》,《延邊大學學報》2000年3期。

何琳儀《楚王熊麗考》,《中國史研究》2000年4期。

董蓮池《二十世紀中國學者的戰國文字研究》,《古漢語研究》2000年4期。

陳秉新《讀金文札記二則》,《東南文化》2000年5期。

李恩江《從"造"、"俗"、"前"、"匍"、"洀"等字的興廢看漢字發展的規律性》,《鄭州大學學報》2000年5期。

曹錦炎《釋兔》,《古文字研究》(二十),中華書局,2000年。

王輝《釋角、䚨》,《古文字研究》(二十二),中華書局,2000年。

崔恒昇《甲金地名考釋》,《古文字研究》(二十二),中華書局,2000年。

施謝捷《古文字零釋四則》,《古文字研究》(二十二),中華書局,2000年。

曾憲通《"曽"及相關諸字考辨》,《古文字研究》(二十二),中華書局,2000年。

趙平安《戰國文字的"旞"與甲骨文"夆"為一字説》,《古文字研究》(二十二),中華書局,2000年。

黄文傑《説朋》,《古文字研究》(二十二),中華書局,2000年。

羅運環《論楚文字的演變規律》,《古文字研究》(二十二),中華書局,2000年。

趙平安《續釋甲骨文中的"毛"、"舌"、"桰"》,《華學》第四輯,紫禁城出版社,2000年。

商承祚《戰國漆奩銘跋》,淮陰師專學報增刊《活頁文史叢刊》50。

## 銅器專著

阮元《積古齋鐘鼎彝器款識》,1804年。

徐同柏《從古堂款識學》,1886年。

孫詒讓《古籀拾遺》,1888年。

吴式芬《攗古錄金文》,1895年。

吴大澂《愙齋集古錄》,1896年。

劉心源《奇觚室吉金文述》,1902年。

孫詒讓《古籀餘論》,1903年。

鄒安《周金文存》,1916年。

鄧實《簠齋吉金錄》,1918年。

容庚《金文編》,貽安堂本,1925年。又增訂本,科學出版社,1959年。又容庚編,張振林、馬國權摹補,中華書局,1985年。

關百益《新鄭古器圖錄》,1929年。

于省吾《雙劍誃吉金文選》,1932年。

郭沫若《金文餘釋之餘》,東京文求堂,1932年。

郭沫若《金文叢考》,東京文求堂,1932年。又人民出版社,1954年。

劉節《楚器圖釋》,北京圖書館,1935年。

郭沫若《古代銘刻彙考》,東京文求堂,1933年。

郭沫若《古代銘刻彙考續編》,東京文求堂,1934年。

于省吾《雙劍誃吉金圖錄》,1934年來薰閣本。

羅振玉《三代吉金文存》,1937年。

郭沫若《兩周金文辭大系圖錄考釋》,科學出版社,1956年修訂版。又上海書店出版社,1999年。

于省吾《商周金文錄遺》,1957年。

展覽籌備委員會《陝西、江蘇、熱河、安徽、山西五省出土重要文物展覽圖錄》,文物出版社,1958年。

郭寶鈞《山彪鎮與琉璃閣》,科學出版社,1959年。

楊樹達《積微居金文説》(增訂本),科學出版社,1959年。又中華書局,1997年。

郭沫若《殷周青銅器銘文研究》,科學出版社,1961年。

馬叙倫《讀金器刻辭》,中華書局,1962年。

陳夢家編、松丸道雄改編《殷周青銅器分類目錄》(上、下),東京汲古書院,1977年。

張守中《中山王𗥍器文字編》,中華書局,1981年。

羅福頤《三代吉金文存釋文》,問學出版社,1983年。

徐中舒《殷周金文集錄》,四川辭書出版社,1986年。

陳初生《金文常用字典》,陝西人民出版社,1987年。

洪家義《〈金文選〉注譯》,江蘇教育出版社,1988年。

曹錦炎《商周金文選》,西泠印社,1990年。

馬承源主編《商周青銅器銘文選》(第四卷),文物出版社,1990年。

李學勤《新出青銅器研究》,文物出版社,1990年。

王輝《秦銅器銘文編年集釋》,三秦出版社,1990年。

王宏《金文選釋》,天津古籍書店,1990年。

黄錫全《湖北出土商周文字輯證》,武漢大學出版社,1992年。

董楚平《吴越徐舒金文集釋》,浙江古籍出版社,1992年。

張光裕、曹錦炎《東周鳥篆文字編》,香港翰墨軒,1994年。

唐蘭《唐蘭先生金文論集》,紫禁城出版社,1995年。

劉彬徽《楚系青銅器研究》,湖北教育出版社,1995年。

戴家祥《金文大字典(上、中、下)》，學林出版社，1995年。
李學勤、艾蘭《歐洲所藏中國青銅器遺珠》，文物出版社，1995年。
崔憲《曾侯乙編鐘鐘銘校釋及其律學研究》，人民音樂出版社，1997年。
淄博市博物館等《臨淄商王墓地》，齊魯書社，1997年。
四川省博物館《巴蜀青銅器》，成都出版社，澳門紫雲齋出版有限公司。
施謝捷《吳越文字彙編》，江蘇教育出版社，1998年。
陳直《讀金日札》，西北大學出版社，2000年。
劉昭瑞《宋代著錄商周青銅器銘文箋證》，中山大學出版社，2000年。

## 銅器論文

### 1928年

福開森《齊侯四器考釋》。

### 1931年

劉節《驫氏編鐘考》，《北平圖書館館刊》5卷6號，1931年。
吳其昌《驫羌鐘補考》，《北平圖書館館刊》5卷6號，1931年。

### 1932年

徐中舒《驫氏編鐘圖釋》，中研院，1932年。
唐蘭《驫羌鐘考釋》，《北平圖書館館刊》6卷1號，1932年。
劉節《跋驫羌鐘考釋》，《北平圖書館館刊》6卷1號，1932年。

### 1933年

徐中舒《陳侯四器考釋》，《史語所集刊》3本4分，1933年。
丁山《由陳侯因𫔮敦銘黃帝論五帝》，《史語所集刊》3本4分，1933年。
劉節《答懷主教書——論驫氏鐘出土處沿革》，《北平圖書館館刊》7卷1號，1933年。

**1934 年**

向達、劉節《壽州出土銅器》，《大公報·圖書副刊》29 期，1934 年。

徐中舒《壽州出土楚銅器補述》，《大公報·圖書副刊》31 期，1934 年。

唐蘭《壽縣所出銅器考略》，《北京大學國學季刊》4 卷 1 期，1934 年。

胡光煒《壽縣新出土楚王鼎考釋》，《國風》4 卷 3 期，1934 年。

胡光煒《壽縣新出土楚王鼎銘考釋（又一器）》，《國風》4 卷 6 期，1934 年。

胡光煒《安徽省立圖書館新得壽春出土楚王鉈鼎銘考釋》，《國風》5 卷 8、9 期合刊，1934 年。

胡光煒《齊楚古金表》，《國風》4 卷 11 期，1934 年。

**1935 年**

溫廷敬《鬳羌鐘銘釋》，《史學專刊》1 卷 1 期，1935 年。

劉節《壽縣所出楚器考釋》，《考古專集》第 2 種，北京圖書館。又《古史考存》，人民出版社，1958 年。

**1936 年**

譚戒甫《童武鐘肞考》，《武漢大學文哲季刊》5 卷 3 號，1936 年。

**1937 年**

張維華《齊長城考》，《禹貢》半月刊 7 卷 1、2、3 期合刊，1937 年。

唐蘭《趙孟庎壺跋》，《考古社刊》第六期，1937 年。

**1938 年**

唐蘭《智君子鑑考》，《輔仁學志》7 卷 1、2 期，1938 年。

**1939 年**

張政烺《邵王之諻鼎及簋銘考證》，《史語所集刊》8 本 3 分，1939 年。

**1941 年**

唐蘭《王命傳考》,《北京大學國學季刊》6 卷 4 期,1941 年。

丁山《陳騂壺銘跋》,《責善》半月刊第 2 卷 6 期,1941 年。

楊憲《陳騂壺銘考釋》,《中央日報・文物週刊》34 期,1941 年 5 月。

**1942 年**

陳夢家《陳騂壺考釋》,《責善》半月刊第 2 卷 23 期,1942 年。

**1946 年**

唐蘭《洛陽金村古墓爲東周墓非韓墓考》,《大公報・文史週刊》1946 年 10 月 23 日。

唐蘭《關於洛陽金村古墓答楊寬先生》,《大公報・文史週刊》1946 年 10 月 23 日。又《唐蘭先生金文論集》。

**1947 年**

童丕繩《跋陳逆二器銘》,《中央日報・文物週刊》45 期,1947 年 7 月。

朱德熙《鋅胆考(楚器研究之一)》,《北平新生報(語言與文學)》28 期,1947 年 4 月 28 日。又《朱德熙古文字論集》。

朱德熙《王句考(楚器研究之二)》,《北平新生報(語言與文學)》46 期,1947 年 9 月 1 日。又《朱德熙古文字論集》。

**1948 年**

朱德熙《剛市考(楚器研究之三)》,《北平新生報(語言與文學)》67 期,1948 年 12 月。又《朱德熙古文字論集》。

**1950 年**

李則綱《楚器無恙》,《光明日報》1950 年 6 月 7 日。

**1954 年**

朱德熙《壽縣出土楚器銘文研究》,《歷史研究》1954 年 1 期。又《朱德熙古文字論集》。

**1955 年**

殷滌非《關於壽縣楚墓》,《考古通訊》1955 年 2 期。

**1956 年**

史樹青《對五省出土文物展覽中幾件銅器的看法》,《文物參考資料》1956 年 8 期。

朱德熙《洛陽金村出土方壺之校量》,《北京大學學報》1956 年 4 期。又《朱德熙古文字論集》。

**1957 年**

石志廉《楚王負芻的鈛節》,《光明日報》1957 年 4 月 29 日。

**1958 年**

郭沫若《關於鄂君啓節的研究》,《文物參考資料》1958 年 4 期。

殷滌非、羅長銘《壽縣出土的鄂君啓金節》,《文物參考資料》1958 年 4 期。

楊德林《寶貴的金節》,《安徽日報》1958 年 10 月 27 日。

朱德熙《戰國記容銅器刻辭考釋四篇》,《語言學論叢》(第二輯),上海新知識出版社,1958 年。又《朱德熙古文字論集》。

劉節《壽縣所出楚器考釋》,《古史考存》,人民出版社,1958 年。

**1959 年**

殷滌非《安徽壽縣新發現的銅牛》,《文物》1959 年 4 期。

**1960 年**

流火《銅龍節》,《文物》1960 年 8、9 期合刊。

周尊生《邳縣劉林遺址出土西啉簋銘釋文》,《考古》1960 年 6 期。

**1961 年**

石志廉《對"銅龍節"一文的商榷》,《文物》1961 年 1 期。

唐蘭《記錯金書鳥篆青銅器殘片銘》,《文物》1961 年 10 期。

馬承源《陳喜壺》,《文物》1961 年 2 期。

于省吾《陳喜壺銘文考釋》,《文物》1961 年 10 期。

陳邦懷《對"陳喜壺"一文的補充》,《文物》1961 年 10 期。

黃盛璋《關於陳喜壺的幾個問題》,《文物》1961 年 10 期。

石志廉《"陳喜壺"補正》,《文物》1961 年 10 期。

**1962 年**

安志敏《"陳喜壺"商榷》,《文物》1962 年 6 期。

沈之瑜《大梁司寇鼎考釋》,《文匯報》1962 年 10 月 14 日。

**1963 年**

鈕仲勛《〈鄂君啓節銘文釋地〉一文對安徽歷史地理研究的意義》,《安徽日報》1963 年 1 月 8 日。

商承祚《鄂君啓節考》,《文物精華》第二輯,1963 年。

王獻唐《邾伯疊考》,《考古學報》1963 年 2 期。

張振林《"榗徒"與"一榗飤之"新銓》,《文物》1963 年 3 期。

郭沫若《跋江陵與壽縣出土銅器群》,《考古》1963 年 4 期。

張頷、張萬鍾《庚兒鼎解》,《考古》1963 年 5 期。

于省吾《鄂君啓節考釋》,《考古》1963 年 8 期。

童書業《楚王酓章鐘銘"西旟"解》,《中國古代地理考證論文集》,

1963 年。

**1964 年**

譚其驤《再論鄂君啓節地理答黃盛璋同志》,《中華文史論叢》第五輯,1964 年。

黃盛璋《關於鄂君啓節交通路綫的復原問題》,《中華文史論叢》第五輯,1964 年。又《地理歷史論集》,人民出版社,1982 年。

馬承源《記上海博物館新收集的青銅器》,《文物》1964 年 7 期。

張頷《陳喜壺辨》,《文物》1964 年 9 期。

馬國權《樂書缶考釋》,《藝林叢録》第四編,1964 年。

**1965 年**

殷滌非《鄂君啓節兩個地名簡説》,《中華文史論叢》第六輯,1965 年。

商承祚《談鄂君啓節銘文中幾個文字和幾個地名等問題》,《中華文史論叢》第六輯,1965 年。

**1966 年**

于省吾《金文雜記五則》,《文物》1966 年 2 期。

**1972 年**

馬承源《商鞅方升和戰國量制》,《文物》1972 年 6 期。

**1973 年**

朱德熙、裘錫圭《戰國銅器銘文中的食官》,《文物》1973 年 12 期。又《朱德熙古文字論集》。

**1975 年**

咸陽市博物館《陝西咸陽塔兒坡出土銅器》,《文物》1975 年 6 期。

**1978 年**

裘錫圭《關於郢太府銅器銘文中的"笴"字》,《文物》1978 年 11 期。又《古文字論集》。

**1979 年**

劉來成、李曉東《試談戰國時期中山國歷史上的幾個問題》,《文物》1979 年 1 期。

張克忠《中山王墓青銅器銘文簡釋——附論墓主人問題》,《故宮博物院院刊》1979 年 1 期。

朱德熙、裘錫圭《平山中山王墓銅器銘文初步研究》,《文物》1979 年 1 期。又《朱德熙古文字論集》。

李學勤《平山墓葬群與中山國的文化》,《文物》1979 年 1 期。又《李學勤集》、《當代學者自選文庫·李學勤卷》。又《新出青銅器研究》。

李學勤、李零《平山三器與中山國史的若干問題》,《考古學報》1979 年 2 期。又《新出青銅器研究》。

于豪亮《中山三器銘文考釋》,《考古學報》1979 年 2 期。

步連生《中山王墓出土遺物考釋三則》,《故宮博物院院刊》1979 年 2 期。

羅福頤《中山王墓鼎壺銘文小考》,《故宮博物院院刊》1979 年 2 期。

徐中舒、伍士謙《中山三器釋文及宮堂圖說明》,《中國史研究》1979 年 4 期。

黃盛璋《關於戰國中山國墓葬遺物若干問題辨正》,《文物》1979 年 5 期。

孫稚雛《中山王𗊀鼎壺年代史實及其意義》,《古文字研究》(一),中華書局,1979 年。

趙誠《〈中山壺〉、〈中山鼎〉銘文試釋》,《古文字研究》(一),中華書局,1979 年。

張政烺《中山王𗊀壺及鼎銘考釋》,《古文字研究》(一),中華書局,1979 年。

張政烺《中山國胤嗣𡧊盜壺釋文》,《古文字研究》(一),中華書局,

1979 年。

杜迺松《"五年復吳"釋》,《故宫博物院院刊》1979 年 2 期。

黄翔鵬《釋"楚商"》,《文藝研究》1979 年 2 期。

張震澤《喀左北洞村出土銅器銘文考釋》,《社科輯刊》1979 年 2 期。

陳連慶《屬羌鐘銘征秦迴齊新釋》,《吉林師大學報》1979 年 3 期。

朱德熙《詀篱屈欒解》,《方言》1979 年 4 期。又《語法叢稿》,上海教育出版社,1990 年。又《朱德熙古文字論集》。

黄翔鵬《先秦音樂文化的光輝創造——曾侯乙墓的古兵器》,《文物》1979 年 7 期。

于豪亮《爲什麽隨縣出土曾侯墓》,《古文字研究》(一),中華書局,1979 年。

黑光《西安市郊發現秦國杜虎符》,《文物》1979 年 9 期。

**1980 年**

傅熹年《戰國中山王礐墓出土的"兆域圖"及其陵園規制的研究》,《考古學報》1980 年 1 期。

楊鴻勛《戰國中山王陵及"兆域圖"研究》,《考古學報》1980 年 1 期。

段連勤《關於平山三器的作器年代及中山王礐的在位年代》,《西北大學學報》1980 年 3 期。

杜迺松《中山王墓出土銅器銘文今釋》,《文獻》1980 年 4 期。

黄盛璋《再論平山中山王墓若干問題》,《考古》1980 年 5 期。

黄盛璋《司馬成公權的國別年代與衡制問題》,《中國歷史博物館館刊》1980 年 2 期。

李瑾《關於競鐘年代的鑒定》,《江漢考古》1980 年 2 期。

曾昭岷、李瑾《曾國和曾國銅器綜考》,《江漢考古》1980 年 1 期。

周永珍《曾國和曾國銅器》,《考古》1980 年 5 期。

殷滌非《壽縣楚器中的"大䏍鎬"》,《文物》1980 年 8 期。

駐馬店地區文管會等《河南泌陽秦墓》,《文物》1980 年 9 期。

李學勤《從新出青銅器看長江下游文化的發展》,《文物》1980 年 8 期。又《新出青銅器研究》。

李零、劉雨《楚郲陵君三器》,《文物》1980 年 8 期。

張志新《吳縣何山楚墓出土文物及其意義》,《文博通訊》1980 年 12 期。

**1981 年**

裘錫圭、李家浩《曾侯乙墓鐘磬銘文釋文説明》,《音樂研究》1981 年 1 期。

黃翔鵬《曾侯乙鐘磬銘文樂學體系初探》,《音樂研究》1981 年 1 期。

湖北省博物館《隨縣曾侯乙墓鐘磬銘文釋文》,《音樂研究》1981 年 1 期。

羅昊《武功縣出土平安君鼎》,《考古與文物》1981 年 2 期。

夏淥《戰國中山二王名考》,《西南師範學院學報》1981 年 3 期。

黃盛璋《公朱鼎及相關諸器綜考》,《中原文物》1981 年 4 期。

李學勤《論新發現的魏信安君鼎》,《中原文物》1981 年 4 期。又《新出土青銅器研究》。

饒宗頤《説競埔、埔夜君與埔皇》,《文物》1981 年 5 期。

趙振華《哀成叔鼎的銘文與年代》,《文物》1981 年 7 期。

張政烺《哀成叔鼎釋文》,《古文字研究》(五),中華書局,1981 年。

丘光明《試論戰國容量制度》,《文物》1981 年 10 期。

徐無聞《釋"錍"字》,《文物》1981 年 11 期。

饒宗頤《中山王譽考略》,《古文字研究》(五),中華書局,1981 年。又《學術研究》1980 年 2 期。

**1982 年**

李學勤《青銅器與山西古代史的關係》,《山西文物》1982 年 1 期。

李學勤《論新都出土的蜀國青銅器》,《文物》1982 年 1 期。又《新出青銅器研究》。又《當代學者自選文庫·李學勤卷》。

裘錫圭《武功縣出土平安君鼎讀後記》,《考古與文物》1982 年 2 期。

黃盛璋《新出信安君鼎平安君鼎的國別年代與制度問題》,《考古與文物》1982年2期。

石志廉《錯金鄂君啓銅節》,《書法》1982年2期。

熊傳新、何光岳《鄂君啓節舟節中江湘地名新考》,《湖南師範學院學報》1982年3期。

劉和惠《鄂君啓節新探》,《考古與文物》1982年5期。

陳蔚松《鄂君啓舟節與屈原〈哀郢〉研究》,《華中師範學院學報》1982年(增刊)。

黃盛璋《鄂君啓節地理問題若干補正》,《歷史地理論集》,人民出版社,1982年。

黃盛璋《中山國銘刻在古文字、語言上若干研究》,《古文字研究》(七),中華書局,1982年。

商承祚《中山王譽鼎壺銘文芻議》,《古文字研究》(七),中華書局,1982年。又《上海博物館集刊》第二期。

劉翔、劉蜀永《鷹羌鐘銘——我國目前最早和唯一記載長城歷史的金文》,《考古與文物》1982年2期。

吳振武《湖北隨縣劉家崖青銅器銘文補釋》,《考古》1982年6期。

馬非白《關於秦杜虎符之鑄造年代》,《文物》1982年11期。

胡悅謙《試談安徽出土的楚國銅量》,《中國考古學會第二次年會論文集》,文物出版社,1982年。

孫劍銘《"鄂君啓節"續探》,《安徽省考古學會會刊》六輯,1982年。

**1983年**

李純一《曾侯乙墓編磬銘文初研》,《音樂藝術》1983年1期。

陳邦懷《中山國文字研究》,《天津社會科學》1983年1期。

彭靜中《金文新釋九則》,《四川大學學報》1983年1期。

田宜超《虛白齋金文考釋之二》,《四川圖書館學報》1983年2期。

沙孟海《配兒鉤鑼考釋》,《考古》1983年4期。

黃盛璋《戰國燕國銅器銘刻新考》,《内蒙古師大學報》1983 年 3 期。

喬淑芝《"欒書缶"與欒書》,《晋陽學刊》1983 年 4 期。

李光軍、宋蕊《咸陽博物館收藏兩件帶銘銅器》,《考古與文物》1983 年 6 期。

姚漢源《鄂君啓節釋文》,《古文字研究》(十),中華書局,1983 年。

劉宗漢《金文札記二則》,《古文字研究》(十),中華書局,1983 年。

周世榮《湖南出土戰國以前青銅器銘文考》,《古文字研究》(十),中華書局,1983 年。

郝本性《壽縣楚器集脰諸銘考釋》,《古文字研究》(十),中華書局,1983 年。

殷滌非《"者旨於賜"考略》,《古文字研究》(十),中華書局,1983 年。

黃盛璋《寺工新考》,《考古》1983 年 9 期。

朱捷元《秦國杜虎符小議》,《西北大學學報》1983 年 1 期。

胡順利《關於秦杜虎符的鑄造年代》,《文物》1983 年 8 期。

戴應新《秦杜虎符的真僞及其有關問題》,《考古》1983 年 11 期。

陳直《讀容庚氏〈鳥書考〉書後》,《古文字論集》(一),《考古與文物》編輯部,1983 年。

李零《戰國鳥書箴銘帶鈎考釋》,《古文字研究》(八),中華書局,1983 年。又《李零自選集》。

李學勤《論梁十九年鼎及有關青銅器》,《古文字論集》(一),《考古與文物》編輯部,1983 年。又《新出青銅器研究》。

曾憲通《吳王鐘銘考釋》,《古文字論集》(初編),香港中文大學,1983 年。

殷滌非《舒城九里墩墓的青銅鼓座》,《古文字論集》(初編),香港中文大學,1983 年。

李學勤《論山東新出土青銅器的意義》,《文物》1983 年 12 期。又《新出土青銅器研究》。

**1984 年**

何琳儀《楚鄁陵君三器考辨》,《江漢考古》1984 年 1 期。

李零《宋代出土的楚王酓章鐘》,《江漢考古》1984年1期。

陳秉新《舒城鼓座銘文初探》,《江漢考古》1984年2期。

馬世元《也談王子嬰次爐》,《江漢考古》1984年2期。

何琳儀《中山王器考釋拾遺》,《史學集刊》1984年3期。

胡順利《中山王嚳鼎銘"五年復吳"的史實考釋辨》,《中國史研究》1984年3期。

錢伯泉《關於曾侯乙墓楚鎛銘文考釋的商榷》,《江漢考古》1984年4期。

殷滌非《壽縣蔡侯銅器的再研究》,《考古與文物》1984年4期。

李學勤《談文水出土的錯銀銘銅壺》,《文物》1984年6期。又《新出青銅器研究》。

張漢元《古文字瑣記》,《考古與文物》1984年6期。

陳偉《"爐"與"盧"》,《文物》1984年7期。

丘光明《我國古代權衡器簡論》,《文物》1984年10期。

黃盛璋《盱眙新出銅器金器及其相關問題考辨》,《文物》1984年10期。

吳振武《談徐王爐銘文中的"閒"字》,《文物》1984年11期。

王文耀《曾侯乙鐘銘文管見》,《古文字研究》(九),中華書局,1984年。

劉彬徽《楚國有銘銅器編年概述》,《古文字研究》(九),中華書局,1984年。

## 1985年

殷志强《南窑莊銅壺》,《東南文化》1985年1期。

陳偉《鄂君啓節之鄂地探討》,《江漢考古》1985年2期。

彭榮洲《鄂君啓節簡論》,《公路交通編史研究》1985年3期。

何浩《邞陵君與春申君》,《江漢考古》1985年2期。

陳長安《中山王墓玗盔壺銘中的𥬇字小議》,《中原文物》1985年3期。

劉先枚《釋罷》,《江漢考古》1985年3期。

陳漢平《釋饕、籑、饌、饙、瀆》,《人文雜志》1985年3期。

蔡運章《哀成叔鼎銘考釋》,《中原文物》1985年4期。
曹錦炎《平陰鼎銘考釋》,《考古》1985年7期。
張政烺《庚壺釋文》,《出土文獻研究》,文物出版社,1985年。
劉雨《邵黛編鐘的重新研究》,《古文字研究》(十二),中華書局,1985年。
李學勤《湖南戰國兵器銘文選釋》,《古文字研究》(十二),中華書局,1985年。
王人聰《蔡侯龖考》,《古文字研究》(十二),中華書局,1985年。
黃盛璋《新出土戰國金銀器銘文研究三題》,《古文字研究》(十二),中華書局,1985年。
李家浩《盱眙銅壺芻議》,《古文字研究》(十二),中華書局,1985年。
李學勤《宋國青銅器》,《商丘師專學報》(社科版)1985年1期。又《綴古集》。
朱德熙《關於鱻羌鐘銘文的斷句問題》,《中國語言學報》2期,1985年。又《語法叢稿》。又《朱德熙古文字論集》。

**1986年**

馮時《曾侯乙編鐘的所謂"變宮"問題》,《考古》1986年2期。
吳郁芳《擂鼓墩二號墓簠銘盛君縈小考》,《文物》1986年2期。
劉彬徽《關於盛君縈考證的一點説明》,《文物》1986年6期。
劉禮堂《隋州出土豫南古國銅器考述》,《信陽師範學院學報》1986年2期。
李家浩《關於鄀陵君銅器銘文的幾點意見》,《江漢考古》1986年4期。
李零《楚國銅器銘文編年彙釋》,《古文字研究》(十三),中華書局,1986年。
吳振武《釋"受"並論盱眙南窰銅壺和重金方壺的國別》,《古文字研究》(十四),中華書局,1986年。
殷滌非《九里墩墓的青銅鼓座》,《古文字研究》(十四),中華書局,1986年。

李先登《曾國銅器的初步分析》,《中國歷史博物館館刊》1986年9期。

曹錦炎《東陲鼎蓋考釋——兼釋屑字》,《古文字研究》(十四),中華書局,1986年。

劉彬徽《湖北出土兩周金文國別年代考述》,《古文字研究》(十三),中華書局,1986年。

王世民《西周暨春秋戰國時代編鐘銘文的排列形式》,《中國考古學研究——夏鼐先生考古五十週年紀念論文集》(二集),科學出版社,1986年。

**1987年**

周曉陸《"郲陵君鑒"補》,《江漢考古》1987年1期。

周世榮《楚邢客銅量銘文試釋》,《江漢考古》1987年2期。

王輝《二年寺工壺、雍工敁壺銘文新釋》,《人文雜志》1987年3期。

朱德熙《中山王器的祀字》,《文物》1987年11期。

李仲操《中山王䗬行年考》,《中國考古學研究論集——紀念夏鼐先生考古五十週年》,三秦出版社,1987年。

陳秉新《壽縣楚器銘文考釋拾零》,《楚文化研究論集》一集,荊楚書社,1987年。

李國梁《"太子鼎"辨偽》,《楚文化研究論集》一集,荊楚書社,1987年。

李零《楚國銅器類說》,《江漢考古》1987年4期。

**1988年**

李學勤《釋桃源三元村鼎銘》,《江漢考古》1988年2期。又《綴古集》。

黃盛璋《再論鄂君啓節交通路綫復原與地理問題》,《楚史研究專輯》。又《安徽史學》1988年2期。

周曉陸《盱眙所出重金絡鎦、陳璋圓壺續考》,《考古》1988年3期。

何琳儀《長沙銅量銘文補釋》,《江漢考古》1988年4期。

李零《楚燕客銅量銘文補正》,《江漢考古》1988年4期。

陳直《秦兵甲之符考》,《文史考古論叢》,天津古籍出版社,1988年。

黃盛璋《魏享陵鼎銘考論》,《文物》1988 年 11 期。

王少清《舒城九里墩戰國墓金文初探》,《文物研究》(三),1988 年。

**1989 年**

于中航《濟南市博物館藏商周青銅器選粹》,《海岱考古》1989 年 1 期。

黃盛璋《新發現之戰國銅器與國別》,《文博》1989 年 2 期。

羅運環《論楚國金文"月"、"肉"、"舟"及"止"、"止"、"出"的演變規律》,《江漢考古》1989 年 2 期。

陳偉《鄂君啓節與楚國的免稅問題》,《江漢考古》1989 年 3 期。

張中一《〈鄂君啓節金節〉路綫新探》,《求索》1989 年 3 期。

李學勤《論擂鼓墩尊盤的性質》,《江漢考古》1989 年 4 期。

曾憲通《吳王鐘銘考釋——薛氏款識商鐘的新解》,《古文字研究》(十七),中華書局,1989 年。

何琳儀《者汈鐘銘校注》,《古文字研究》(十七),中華書局,1989 年。

李家浩《攻五王光韓劍與虡王光趄戈》,《古文字研究》(十七),中華書局,1989 年。

黃盛璋《三晉兵器的國別年代與相關問題》,《古文字研究》(十七),中華書局,1989 年。

曹錦炎《吳越青銅器銘文述編》,《古文字研究》(十七),中華書局,1989 年。

曹錦炎《浙江出土商周青銅器的初步認識》,《東南文化》1989 年 6 期。

陳雍《關於丞相啓和相國昌平君》,《文物》1989 年 11 期。

朱德熙、李家浩《鄂君啓節考釋(八篇)》,《紀念陳寅恪先生誕辰百年學術論文集》,北京大學出版社,1989 年。又《朱德熙古文字論集》。

李學勤、祝敏申《盱眙壺銘文與齊破燕年代》,《文物春秋》1989 年 1 期。

**1990 年**

黃盛璋《論出土魏國銅器之秦墓與墓主及遺物》,《人文雜志》1990 年

1 期。

曹錦炎《盱眙南窑銅壺新出銘文考釋》，《東南文化》1990 年 1、2 期（合）。

田海峰《關於曾侯乙編鐘的幾個問題》，《文博》1990 年 3 期。

何直剛《中山金器刻辭再推敲》，《文物春秋》1990 年 3 期。

王子超《河南出土商周金銘研究》，《河南大學學報》1990 年 4 期。

李先登《吳王夫差銅器集錄》，《東南文化》1990 年 4 期。

王長啓《西安市文物中心收藏的商周青銅器》，《考古與文物》1990 年 5 期。

甌燕《欒書缶質疑》，《文物》1990 年 12 期。

王冠英《欒書缶應稱名爲"欒盈缶"》，《文物》1990 年 12 期。

錢伯泉《安徽壽縣出土的楚王鎬銘文考辨》，《文物研究》（六），黃山書社，1990 年。

李家浩《從曾姬無卹壺銘文談楚滅曾的年代》，《文史》33 輯，中華書局，1990 年。

李學勤《楚王酓審盞及有關問題》，《中國文物報》1990 年 5 月 31 日。又《走出疑古時代》。

李學勤《〈中日歐美澳紐所見所拓所摹金文彙編〉選釋補正》，《新出青銅器研究》，文物出版社，1990 年。

**1991 年**

王人聰《戰國記容銅器刻銘"庸"字試釋》，《江漢考古》1991 年 1 期。

王勇《平山三器若干問題研究》，《寧夏大學學報》1991 年 1 期。

天虹《曾侯乙墓出土車書銷字補正》，《江漢考古》1991 年 1 期。

黄錫全《☒☒考辨》，《江漢考古》1991 年 1 期。

叢文俊《春秋戰國青銅器銘文書論析（上）》，《中國書法》1991 年 1 期。

叢文俊《春秋戰國青銅器銘文書論析（下）》，《中國書法》1991 年 2 期。

段渝《論新都蜀墓及所出"邵之飤鼎"》，《考古與文物》1991 年 3 期。

劉先枚《〈湖北金石志〉周楚重器銘文拾考》,《江漢考古》1991 年 3 期。

何鳳桐《易王鼎銘文考釋》,《貴州文史叢刊》1991 年 4 期。

徐俊《楚國青銅器銘中的"鳥篆文字"爲"鳳飾篆字"辨析》,《華中師大學報》1991 年 6 期。

王輝《周秦器銘考釋(五篇)》,《考古與文物》1991 年 6 期。

何琳儀《節可忌豆小記》,《考古》1991 年 8 期。

王人聰《江陵出土吳王夫差矛銘新釋》,《文物》1991 年 12 期。

陳秉新《壽縣蔡侯墓出土銅器銘文新釋》,《楚文化研究論集》二集,湖北人民出版社,1991 年。

廖序東《金文中的同義並列複合詞》,《中國語言學報》4 期,商務印書館,1991 年。

謝元震《鄂君啓節銘文補釋》,《中國歷史博物館刊》1991 年總 15～16 期。

張亞初《蔡國青銅器銘文研究》,《文物研究》(七),黃山書社,1991 年。

何琳儀《南越王墓虎節考》,《汕頭大學學報》7 卷 3 期,1991 年。

饒宗頤《南越文王墓虎節考釋》,陝西考古研究所《西安半坡博物館成立三十週年學術討論會論文》,1991 年。

**1992 年**

黃錫全、劉森淼《"救秦戎"鐘銘文新釋》,《江漢考古》1992 年 1 期。

吳聿明《禺邗王壺銘再釋》,《東南文化》1992 年 1 期。

劉秉忠《釋"幼冲"》,《江漢考古》1992 年 1 期。

何琳儀《薾萁解》,《農業考古》1992 年 1 期。

商承祚《中山王𧻓方壺圓鼎及好蚉壺三器銘文》,《文物春秋》1992 年 2 期。

何直剛《中山三銘與中山史考辨》,《文物春秋》1992 年 2 期。

劉來成《戰國時期中山王𧻓兆域圖銅版釋析》,《文物春秋》1992 年(增刊)。

張曉軍、尹俊敏《談與申有關的幾個問題》,《中原文物》1992年2期。

張文《巴蜀符號瑣談》,《四川文物》1992年2期。

王人聰《楚王酓審盞盂餘釋》,《江漢考古》1992年2期。

劉桓《金文五則》,《文博》1992年3期。

李輝《秦"工師"考》,《文博》1992年3期。

趙平安《哀成叔鼎"蛬奪"解》,《中山大學學報》1992年3期。

劉和惠《鄂君啓節新見》,《中國文物報》1992年12月6日。

黃錫全《曾侯乙編鐘音名綴詞及的釋讀問題》,《曾侯乙編鐘研究》,湖北人民出版社,1992年。又《古文字論叢》。

李零《論東周時期的楚國典型銅器群》,《古文字研究》(十九),中華書局,1992年。

## 1993年

李家浩《貴將軍虎節與辟大夫虎節——戰國符節銘文研究之一》,《中國歷史博物館館刊》1993年2期。

李世源《淮陰高莊墓刻紋銅器內容之我見》,《江蘇社會科學》1993年2期。

張懋鎔、肖琦《秦昭王十五年高陵君鼎考論》,《考古》1993年3期。

李輝、宋蕊《二年寺工壺、雍工敀壺銘文再釋》,《考古與文物》1993年4期。

董楚平《越國金文綜述》,《杭州師範學院學報》1993年5期。

張亞初《燕國青銅器銘文研究》,《中國考古學論叢》,科學出版社,1993年。

吳振武《鄂君啓節"舿"字解》,《第二屆國際中國古文字學研討會論文集》,香港中文大學,1993年。

張亞初《金文新釋》,《第二屆國際中國古文字學研討會論文集》,香港中文大學,1993年。

唐鈺明《銅器銘文釋讀二題》,《第二屆國際中國古文字學研討會論文集》,香港中文大學,1993年。

吳鎮烽《高陵君鼎考》,《第二屆國際中國古文字學研討會論文集》,香港中文大學,1993年。

黃盛璋《戰國祈室銅位銘文破譯與相關問題新探》,《第二屆國際中國古文字學研討會論文集》(續編),香港中文大學,1993年。

曹錦炎《舒城九里墩鼓座銘文補釋》,《中國文字》新17期,藝文印書館,1993年。

**1994年**

張崇寧《對"𢽳"字以及趙孟稱謂之認識》,《華夏考古》1994年1期。

張懋鎔、王勇《"王大后右和室"銅鼎考略》,《考古與文物》1994年3期。

崔憲《曾侯乙編鐘鐘銘校釋(上)》,《音樂研究》1994年4期。

王輝《"富春大夫"甑跋》,《考古與文物》1994年4期。

周曉陸《戰國楚壽春飤鼎跋》,《文物研究》(九),黃山書社,1994年。

董楚平《金文鳥篆書新考》,《故宮學術季刊》12卷1期,1994年。

陳秉新《安徽新出土楚器銘文考釋》,《楚文化研究論集》三集,湖北人民出版社,1994年。

郝本性《信陽楚墓出土屈簹編鐘新讀》,《楚文化研究論集》四集,河南人民出版社,1994年。

董楚平《"王子吀戈"、"配兒鈎鑃"、"臧孫鍾"人名彙考》,《國際百越文化研究》,中國社會科學出版社,1994年。

李先登《吳王夫差銅器集錄》,《國際百越文化研究》,中國社會科學出版社,1994年。

曹錦炎《越王鐘補釋》,《國際百越文化研究》,中國社會科學出版社,1994年。

何琳儀《吳越徐舒金文選釋》,《中國文字》新19期,藝文印書館,

1994 年。

**1995 年**

陳秉新《讀徐器銘文札記》,《東南文化》1995 年 1 期。

王輝《徐銅器銘文零釋》,《東南文化》1995 年 1 期。

劉釗《〈金文編〉附錄存疑字考釋(十篇)》,《人文雜志》1995 年 2 期。

謝堯亭《談趙孟疥壺與黃池之會》,《文物季刊》1995 年 2 期。

王關成《再談東郡虎符辨僞》,《考古與文物》1995 年 2 期。

張吟午《"走"器小考》,《江漢考古》1995 年 3 期。

湯餘惠《淳于大夫釜甗銘文管見》,《文物》1995 年 8 期。

周曉《蓍陽鼎跋》,《文物》1995 年 11 期。

劉和惠《鄂君啓節散論》,《長江文化論集》(第一輯),湖北教育出版社,1995 年。

黃錫全《"夫鋁"戈銘新考——兼論鑄器所用金屬原料之名稱》,《故宮學術季刊》13 卷 1,1995 年。

陳振裕《楚惠王爲曾侯乙作的鎛鐘》,《故宮文物月刊》146,1995 年。

**1996 年**

連劭名《曾姬壺銘文所見楚地觀念中的地下世界》,《南方文物》1996 年 1 期。

王人聰《徐器銘文雜考》,《南方文物》1996 年 1 期。

李零《楚景平王與古多字謚——重讀"秦王卑命"鐘銘文》,《傳統文化與現代化》1996 年 6 期。

曹錦炎《鳥蟲書研究(三篇)》,《于省吾教授百年誕辰紀念文集》,吉林大學出版社,1996 年。

吴振烽《工師文罍研究》,《于省吾教授百年誕辰紀念文集》,吉林大學出版社,1996 年。

杜迺松《金文"容"字和"玄鏐鋀鋁"考釋》,《于省吾教授百年誕辰紀念文集》，吉林大學出版社，1996年。

張志新《楚叔之孫盃》，《中國文物報》1996年11月3日。

陳應時《驗證饒解曾侯鐘銘文"荇"和"索"》，《華學》（二），中山大學出版社，1996年。

劉桓《金文札記三則》，《陝西歷史博物館館刊》（三），西北大學出版社，1996年。

王人聰《南越王墓出土虎節考釋》，《盡心集》，中國社會科學出版社，1996年。

張德光、楊紹舜《中陽縣弓家灣發現戰國青銅器銘文考釋》，《汾河灣——丁村文化與晉文化考古學術研討會論文集》，山西高校聯合出版社，1996年。

劉彬徽《楚文字資料的新發現與研究》，《湖南省博物館四十週年紀念論文集》，1996年。

劉宗漢《哀成叔鼎"君既安叀，蓥飤亦弗其"解》，《洛陽考古四十年》，科學出版社，1996年。又《容庚先生百年誕辰紀念文集》。

陳公柔《〈宋公䜌簠〉與宋國青銅器》，《洛陽考古四十年》，科學出版社，1996年。

王子超《説"楚京"——〈䣄羌鐘〉銘文釋義補釋》，《河南文物考古論集》，河南人民出版社，1996年。

**1997年**

吳鎮烽《工師文疊考》，《陝西歷史博物館館刊》（四），西北大學出版社，1997年。

馮廣宏、王家佑《邵之飤鼎疑辨》，《四川文物》1997年1期。

蔡運章《洛陽發現戰國時期有銘銅鏡略論》，《文物》1997年9期。

連劭名《東周金文所見道巫方術》，《學術集林》12卷1997年。

曹錦炎《"能原"鎛銘文初探》，《東方博物》1997年創刊號。

劉彬徽《新見楚系金文考述》，《第三屆國際中國古文字學研討會論文集》，香港中文大學，1997年。

劉釗《金文考釋零拾》，《第三屆國際中國古文字學研討會論文集》，香港中文大學，1997年。

**1998年**

趙誠《〈䣄篙鐘〉新解》，《江漢考古》1998年2期。

裘錫圭《〈吳越文字彙編〉序》，《文教資料》1998年3期。

胡性初《論中山三器銘文的修辭藝術》，《中山大學學報》1998年4期。

陳平《〈四年昌國庖鼎〉考》，《徐中舒先生百年誕辰紀念文集》，巴蜀書社，1998年。

何琳儀《九里墩鼓座銘文新釋》，《文物研究》（十一），黃山書社，1998年。

王恩田《莒公孫潮子鐘考釋與臧家莊墓年代》，《遠望集》，陝西人民美術出版社，1998年。

董蓮池《釋兩周銅器銘文中的"業"字》，《吉林大學古籍所建所十五週年紀念文集》，吉林大學出版社，1998年。

吳振武《陳曼瑚"逐"字新證》，《吉林大學古籍所建所十五週年紀念文集》，吉林大學出版社，1998年。

李玲玲《漣水三里墩戰國青銅器集粹》，《故宮文物月刊》183，1998年。

劉宗漢《哀成叔鼎"君既安尃，亦弗其蓥夐"解》，《容庚先生百年誕辰紀念文集》，廣東人民出版社，1998年。

趙平安《金文考釋五篇》，《容庚先生百年誕辰紀念文集》，廣東人民出版社，1998年。

劉釗《釋愠》，《容庚先生百年誕辰紀念文集》，廣東人民出版社，1998年。

張光裕《〈東周鳥篆文字編〉簡說》，《容庚先生百年誕辰紀念文集》，廣東人民出版社，1998年。

李家浩《南越王墓車馹虎節銘文考釋》，《容庚先生百年誕辰紀念文集》，廣東人民出版社，1998年。

李家浩《戰國䳒節銘文考釋》，《海上論叢》第二輯，1998年。

李家浩《傳賃龍節銘文考釋——戰國符節銘文研究之三》,《考古學報》1998 年 1 期。

**1999 年**

曹錦炎《再論"能原"鎛》,《故宮博物院院刊》1999 年 3 期。

李家浩《楚大府鎬銘文新釋》,《語言學論叢》(第二十二輯),商務印書館,1999 年。

黃錫全《欒書之孫書也缶為楚器說補證》,《古文字論叢》,藝文印書館,1999 年。

王寧《者旨於賜鐘銘釋讀》,《文物研究》(十二),黃山書社,1999 年。

馮勝君《戰國燕青銅禮器銘文彙釋》,《中國古文字研究》(第一輯),吉林大學出版社,1999 年。

何琳儀、黃德寬《說蔡》,《東南文化》1999 年 5 期。

**2000 年**

湯餘惠《呂鐘銘文補釋》,《古文字研究》(二十),中華書局,2000 年。

金國泰《〈金文編〉讀校瑣記》,《古文字研究》(二十二),中華書局,2000 年。

李立芳《安徽舒城秦家橋楚墓銅器銘文考》,《古文字研究》(二十二),中華書局,2000 年。

陳雙新《樂器銘文考釋(五篇)》,《古文字研究》(二十二),中華書局,2000 年。

唐友波《"大市"量淺議》,《古文字研究》(二十二),中華書局,2000 年。

李家浩《鄂君啓節銘文中的高丘》,《古文字研究》(二十二),中華書局,2000 年。

何琳儀《鄂君啓舟節釋地三則》,《古文字研究》(二十二),中華書局,2000 年。

何琳儀《莒縣出土東周銅器銘文彙釋》,《文史》50 輯,中華書局,

2000年。

劉昀華《中山奴鼎銘至於今的句讀》,《文物春秋》2000年4期。

## 兵器論文

**1947年**

楊寬《上郡守疾戈考釋》,《中央日報·文物週刊》33期,1947年。

**1950年**

郭沫若《吳王壽夢之戈》,《光明日報》1950年6月7日。

羅常培《關於"吳王壽夢之戈"音理上的一點補充》,《光明日報》1950年6月21日。

**1959年**

高至喜《楚公豪戈》,《文物》1959年12期。

作銘《最近長沙出土呂不韋戈的銘文》,《考古》1959年9期。

**1960年**

于省吾、姚孝遂《"楚公豪戈"辨偽》,《文物》1960年3期。

周萼生《"王五年上郡疾戟"考》,《人文雜志》1960年3期。

高志喜、蔡季襄《對"楚公豪戈辨偽"一文的商討》,《文物》1960年8、9期。

**1961年**

馮漢驥《關於"楚公豪戈"的真偽並略論四川巴蜀時期的兵器》,《文物》1961年11期。

**1962年**

商承祚《"新弨戈"釋文》,《文物》1962年11期。

商承祚《"楚公豪戈"真偽之我見》,《文物》1962 年 6 期。

孫常叙《䣙公劍銘文復原和"脽""鵰"字說》,《考古》1962 年 5 期。

張頷《萬榮出土錯金鳥書戈銘文考釋》,《文物》1962 年 4 期。

商承祚《王子欣戈考及其他》,《學術研究》1962 年 3 期。

馬承源《越王劍、永康元年群神獸鏡》,《文物》1962 年 12 期。

**1963 年**

沈之瑜《郘𣂈𣏟戈跋》,《文物》1963 年 9 期。

林澐《越王者旨於賜考》,《考古》1963 年 8 期。

俞偉超《"大武闢兵"銅戚與巴人的"大武"舞》,《考古》1963 年 3 期。

馬承源《關於"大武戚"的銘文及圖像》,《考古》1963 年 10 期。

王毓彤《荊門出土的一件銅戈》,《文物》1963 年 1 期。

張忠培《關於"蜀戈"的命名及其年代》,《吉林大學社會科學學報》1963 年 10 期。

商承祚《姑發晉反即吳王諸樊別議》,《中山大學學報》1963 年 3 期。

郭若愚《蔡侯劍》,《江海學刊》1963 年 2 期。

石志廉《"楚王孫漁"銅戈》,《文物》1963 年 3 期。

**1964 年**

俞偉超《"大武"舞戚續記》,《考古》1964 年 1 期。

商承祚《姑發晉反劍補說》,《中山大學學報》1964 年 1 期。

**1965 年**

馬承源《再論"大武舞戚"的圖象》,《考古》1965 年 8 期。

**1972 年**

郝本性《新鄭"鄭韓故域"發現一批戰國銅兵器》,《考古》1972 年 10 期。

**1973 年**

張震譯《燕王職戈考釋》,《考古》1973 年 4 期。

黄茂林《新鄭出土戰國兵器中的一些問題》,《考古》1973 年 6 期。

**1974 年**

黄盛璋《試論三晋兵器的國別和年代及其相關問題》,《考古學報》1974 年 1 期。

**1976 年**

于豪亮《四川涪陵的秦始皇二十六年銅戈》,《考古》1976 年 1 期。

童恩正、龔廷萬《從四川兩件銅戈上的銘文看秦滅巴蜀後統一文字的進步措施》,《文物》1976 年 7 期。

**1977 年**

吕榮芳《望山一號墓與越王劍的關係》,《廈門大學學報》1977 年 4 期。

**1978 年**

江西省博物館等《記江西遂川出土的幾件秦代銅兵器》,《考古》1978 年 1 期。

**1979 年**

李仲操《八年吕不韋戈考》,《文物》1979 年 12 期。

**1980 年**

《燕王職之戈》,《理論與實踐》1980 年 4 期。

彭適凡《遂川出土秦戈銘文考釋》,《江西歷史文物》1980 年 3 期。

**1981 年**

張頷《韓鐘鏳劍考釋》,《古文字研究》(五),中華書局,1981 年。

黃盛璋《旅大市所出啓封戈銘的國別、地理及其相關問題》,《考古》1981年4期。

無戈《"寺工"小考》,《人文雜志》1981年3期。

黃盛璋《江陵拍馬山鳥篆戈銘新釋》,《楚文化新探》,湖北人民出版社,1981年。

崔墨林《吳王夫差劍的考究》,《中原文物》1981年特刊。

王海萍《粦公劍與趙充國帶鈎》,《遼寧文物》1981年1期。

**1982年**

黃盛璋《當陽兩戈銘文考》,《江漢考古》1982年1期。

劉雨《益陽出土的欼戟銘商榷》,《考古》1982年2期。

孫稚雛《冰竝果戈銘釋》,《古文字研究》(七),1982年6月。

河北省文物管理處《燕下都第23號遺址出土一批銅戈》,《文物》1982年8期。

劉雨《關於安徽南陵吳王光劍銘釋文》,《文物》1982年8期。

**1983年**

黃錫全《"大武辟兵"淺析》,《江漢考古》1983年3期。

蔡運章《郙王僕劍乃偪陽國史初探》,《中原文物》1983年3期。

饒宗頤《從秦戈皋月談〈爾雅〉月名問題》,《文物》1983年1期。

張頷《關於三晉兵器若干問題》,《古文字論集》(一),《考古與文物》編輯部。

黃盛璋《跋集安新出陽安君劍》,《考古》1983年1期。

王翰章《燕王職劍考釋》,《考古與文物》1983年2期。

夏名采《戰國時期的銘文銅戈》,《文物資料叢刊》7輯,文物出版社,1983年。

殷滌非《"者旨於賜"考略》,《古文字研究》(十),中華書局,1983年。

王學理《秦俑兵器芻論》,《考古與文物》1983年4期。

石永士《郾王銅兵器研究》,《中國考古學會第四次會議論文集》,文物出版社,1983年。

劉瑛《巴蜀兵器及其紋飾符號》,《文物資料叢刊》7輯,文物出版社,1983年。

**1984年**

袁仲一《秦中央督造的兵器刻辭綜述》,《考古與文物》1984年5期。

石永士《燕王銅戈研究》,《河北學刊》1984年10期。

李學勤《曾侯戈小考》,《江漢考古》1984年4期。又《綴古集》。

傅天佑《兵器銘文中的"冶"非"工師"説》,《江漢考古》1984年1期。

田宜超《釋鈳》,《江漢考古》1984年3期。

張振林《關於兩件吳越寶劍的釋讀問題》,《中國語文研究》7期,1984年。

**1985年**

李家浩《楚王畲璋戈與楚滅越的年代》,《文史》24輯,中華書局,1985年。

何浩《〈楚屈叔沱戈〉考》,《安徽史學》1985年1期。

段士樸《淺析山西曲沃出土的晋國青銅劍》,《山西大學學報》1985年2期。

劉先枚《釋坴龶》,《江漢考古》1985年2期。

吳榮芳《越王劍與〈史記·越王勾踐世家〉——楚滅越年代辨正》,(香)《明報月刊》1985年3期。

黃盛璋《關於魯南新出趙导工劍與齊工師銅泡》,《考古》1985年5期。

陳平《"蜀日"、"蜀守"與"皋月"小議——涪陵廿六年秦戈兩關鍵銘文釋讀辨正》,《文博》1985年5期。

俞偉超、李家浩《論"兵闢太歲"戈》,《出土文獻研究》,文物出版社,

1985 年。

李學勤《湖南戰國兵器銘文選釋》,《古文字研究》(十二),中華書局,1985 年。

**1986 年**

陳平《秦子戈、矛考》,《考古與文物》1986 年 2 期。

王輝《關於秦子戈、矛的幾個問題》,《考古與文物》1986 年 6 期。

田鳳嶺、陳雍《新發現的"十七年丞相啓狀"戈》,《文物》1986 年 3 期。

張占民《"秦石邑戈"補考》,《考古與文物》1986 年 4 期。

殷滌非《吴工年戟跋》,《文物》1986 年 3 期。

滕黄《鄂王城戈銘應爲陳往》,《江漢考古》1986 年 1 期。又《古文字論叢》。

黄德寬《蔡侯産劍銘文補釋及其他》,《文物研究》(二),黄山書社,1986 年。

黄盛璋《"敔(撜)齋(齊)"及其和兵器鑄造關係新考》,《古文字研究》(十五),中華書局,1986 年。

張占民《秦兵器題銘考釋》,《古文字研究》(十四),中華書局,1986 年。

孫敬明等《山東濰坊新出銅戈銘文考釋及有關問題》,《江漢考古》1986 年 3 期。

傅天佑《對秦〈石邑戈〉銘文解釋的商榷》,《江漢考古》1986 年 3 期。

**1987 年**

周世榮《湖南商周秦漢兵器研究(之一)》,《湖南考古輯刊》(四),嶽麓書社,1987 年。

滕壬生《釋鈶》,《湖北省考古學會論文集(一)》,《江漢考古》增刊,1987 年。

周曉陸、張敏《〈攻敔王光劍〉跋》,《東南文化》1987 年 3 期。

黄盛璋《新發現之三晋兵器及其相關問題》,《文博》1987 年 2 期。

黄盛璋《新出五年桐丘戈及相關古城問題》,《考古》1987年12期。
黄盛璋《跋"車大夫長畫"戈兼談相關問題》,《文物》1987年1期。
湯餘惠《九年將軍張戈銘文補正》,《史學集刊》1987年4期。
高士英《朔縣趙家口出土戰國劍》,《山西文物》1987年1期。
于嘉芳《高子戈》,《管子學刊》1987年1期。
陳平《試論戰國型秦兵的年代及有關問題》,《中國考古學研究論集》,三秦出版社,1987年。
張占民《關於秦俑兵器時代問題》,《文博》1987年1期。
于中航《"元年閏"矛》,《文物》1987年11期。

**1988年**
何琳儀《皖出二兵跋》,《文物研究》(三),黄山書社,1988年。
張敏、周曉陸《南陵出土的攻敔光劍再考》,《文物研究》(三),黄山書社,1988年。
張持家《薛師戟》,《中國文物報》1988年8月5日。
王恩田《吳王夫差劍及其辨僞》,《吳文化研究論文集》,中山大學出版社,1988年。
傅天佑《越器〈無顓戈〉銘文考釋》,《江漢考古》1988年1期。
楊明珠《山西芮城出土青銅戈考》,《河東文物》1988年1期。
劉先枚《鄂王城戈可釋爲陳往嗎》,《江漢考古》1988年1期。
黄盛璋《新出秦兵器銘刻新探》,《文博》1988年6期。
胡正明《"丞相啓"即昌平君説商榷》,《文物》1988年3期。

**1989年**
王輝《跋朔縣揀選的四年邳相樂鈹》,《考古與文物》1989年3期。
石曉《吳王光劍銘補正》,《文物》1989年7期。
彭澤元《魏"十四年鄭兵庫"戈考釋》,《江漢考古》1989年3期。
孫敬明《先秦時期濰淄流域的兵器》,《中國文物報》1989年6月23日。

孫敬明《濰坊出土銅戈一考》,《中國文物報》1989 年 8 月 15 日。
李學勤《鳥紋三戈的再研究》,《遼海文物學刊》1989 年 1 期。
王恩田《跋楚國兵器王子反戈》,《江漢考古》1989 年 4 期。
張崇寧《談"吳叔戈"》,《文物季刊》1989 年 1 期。
張德光《陳□戈小考》,《考古與文物》1989 年 2 期。
張吟午《兩件罕見的青銅古兵器》,《文物天地》1989 年 4 期。
華義武、史潤梅《介紹一件先秦有銘銅矛》,《文物》1989 年 6 期。
施謝捷《郾王職劍跋》,《文博》1989 年 2 期。
李仲操《二十六年秦戈考》,《文博》1989 年 1 期。
盧昇弟《略談成都出土的幾件青銅器兵器》,《成都大學學報》1989 年 1 期。

**1990 年**

王貽梁《燕戈"七萃"及〈穆天子傳〉成書年代》,《考古與文物》1990 年 2 期。
陳平、楊震《内蒙伊盟新出土十五年上郡守壽戈銘考》,《考古》1990 年 6 期。
李家浩《攻敔王光劍銘文考釋》,《文物》1990 年 2 期。
曹錦炎《吳季子劍銘考釋》,《東南文化》1990 年 4 期。
陳秉新《安徽霍山縣出土吳王叙戟考》,《東南文化》1990 年 1～2 期。
張懋鎔、劉棟《卜淦口高戈考論》,《考古與文物》1990 年 7 期。
孫敬明、蘇兆慶《十年洱陽令戈考》,《文物》1990 年 7 期。
陳平《〈秦子戈、矛考〉補議》,《考古與文物》1990 年 1 期。
王輝《讀〈"秦子戈、矛考"補議〉書後》,《考古與文物》1990 年 1 期。
張敏傑《"十年相邦呂不韋"戟》,《文物天地》1990 年 1 期。
黃盛璋《秦俑坑出土兵器銘文與相關制度發覆》,《文博》1990 年 5 期。

**1991 年**

李學勤《"兵避太歲"戈新證》,《江漢考古》1991 年 2 期。

蔡運章、楊海欽《十一年皋落戈及其相關問題》,《考古》1991 年 5 期。

蔡培桂《羊子戈考》,《山東師範大學學報》1991 年 5 期。

韓自強《安徽阜陽地區出土的戰國時期銘文兵器》,《東南文化》1991 年 2 期。

**1992 年**

李零《湖北荆門"兵避太歲"戈》,《文物天地》1992 年 3 期。

王輝《關於"吳王肵發劍"釋文的幾個問題》,《文物》1992 年 10 期。

游學華《越王者旨於賜矛》,《中國文物報》1992 年 6 月 21 日。

郭一峰、張廣善《高平縣出土"寧壽令戟"考》,《文物季刊》1992 年 4 期。

張德光《邙皮戈考》,《文物季刊》1992 年 3 期。

鄒寶庫《釋遼陽出土的一件秦戈銘文》,《考古》1992 年 8 期。

黃家祥《四川青川縣出土九年呂不韋戈考》,《文物》1992 年 11 期。

杜宇等《考古發現與戰國齊兵器研究》,《管子學刊》1992 年 2 期。

武健《山東濟寧揀選出一批古代青銅兵器》,《文物》1992 年 11 期。

**1993 年**

吳振武《十六年喜令戈考》,《海角濡樽集》,《長春文史資料》1993 年 1 期。

姜書振《介紹山東乳山縣文物管理所藏四件銅戈》,《文物》1993 年 4 期。

黃錫全《湖北出土兩件銅戈跋》,《江漢考古》1993 年 4 期。

韓彥《遼寧出土戰國銅戈及相關問題》,《遼寧大學學報》1993 年 2 期。

李家浩《十一年皋落戈銘文釋文商榷》,《考古》1993 年 8 期。

何琳儀《勾吳王劍補釋——兼釋冢、主、开、丂》,《第二屆國際中國古文字學研討會論文集》,香港中文大學,1993 年。

吳興漢《楚蔡吳越有銘青銅兵器綜述》,《文物研究》(八),黃山書社,1993 年。

李學勤《古越閣所藏青銅兵器選粹》,《文物》1993 年 4 期。又《四海尋珍》。

李學勤《郘氏左弋小考》，《孫臏兵法暨馬陵之戰研究》，國防大學出版社，1993年。又《綴古集》。

**1994 年**

黃盛璋《古越閣所藏商周青銅器擷英》，《文物研究》（九），黃山書社，1994年。

傅天佑、鄭家茂《新發現的"大武"青銅鉞》，《中國文物報》1994年12月25日。

王恩田《郘氏戈的年代與國別》，《孫子學刊》1994年2期。

陶正剛《山西臨縣窰頭古城出土銅戈銘文考釋》，《文物》1994年4期。

錢玉趾《長沙銘文戈與常德銘文戈考》，《湖南考古輯刊》（六），嶽麓書社，1994年。

陳平《遼陽新出四十年上郡守起戈銘補釋》，《考古》1994年9期。

沈融《燕兵器銘文格式內容及其相關問題》，《考古與文物》1994年3期。

劉占成《"隴西郡戈"考》，《考古與文物》1994年4期。

李學勤《新出現的十二字越王州句複合劍》，《中國文物世界》112期，1994年。又《四海尋珍》。

施謝捷《釋"螯"》，《南京師範大學學報》1994年4期。

施謝捷《"十一年皋落戈"銘文補釋》，《文教資料》1994年4期。

施謝捷《釋齊城右造車戟中的"腖"字》，《文教資料》1994年6期。

**1995 年**

陶正剛《趙氏戈銘考釋》，《文物》1995年2期。

周曉陸、紀達敏《〈江蘇連雲港市出土襄城楚境尹戈〉讀後》，《考古》1995年1期。

曹錦炎《越王嗣旨不光劍銘文考》，《文物》1995年8期。

梁文駿《從戰國帶銘銅戈看蜀文字的存在》,《四川文物》1995年2期。

李學勤《符號最多的巴蜀矛》,《文物》1995年8期。又《四海尋珍》。

黃錫全《"夫鋁"戈銘新考——兼論鑄器所用金屬原料之名稱》,臺北《故宮學術季刊》13卷1期。又《古文字論叢》1995年。

李學勤《有珍奇符號的巴蜀銅戈》,《中國文物世界》124期,1995年。又《四海尋珍》。

李學勤《三柄珍奇的中國古劍》,香港 Orientations,1995年。又《四海尋珍》。

**1996年**

黃盛璋《古越閣藏商周青銅兵器》,《商周青銅兵器暨夫差劍特展論文集》1996年,臺北。

張亞初《談吳越兵器與多戈戟的起源》,《商周青銅兵器暨夫差劍特展論文集》1996年,臺北。

孫華《古越閣藏先秦兵器札記三則》,《商周青銅兵器暨夫差劍特展論文集》1996年,臺北。

高明《談古越閣藏吳王夫差劍》,《商周青銅兵器暨夫差劍特展論文集》1996年,臺北。

趙綱《晉公戈年代小議》,《華夏考古》1996年2期。

范毓周《關於"嬭之造戈"的幾個問題》,《華夏考古》1996年1期。

施勇雲《釋陶吳出土銅戈銘文》,《東南考古研究》(第一輯),廈門大學出版社,1996年。

何琳儀《古兵地名雜識》,《考古與文物》1996年6期。

于中航《郾王職兵器與昭王伐齊》,《故宮文物月刊》13卷10期,1996年。

王輝《十九年大良造鞅殳鐏考》,《考古與文物》1996年5期。

李家浩《再論"兵避太歲"戈》,《考古與文物》1996年4期。

英夫《吳王夫差劍集錄》,《中國文物報》1996年2月4日。

尤仁德《楚伺罞戈考釋》,《考古與文物》1996年4期。

董楚平《六件"蔡仲戈"銘文彙釋——兼談蔡國的鳥篆書問題》,《考古》1996年8期。

馮廣宏《巴蜀古文戈銘試讀》,《四川文物》1996年6期。

陳偉武《軍器及其題銘與簡帛兵學文獻》,《華學》第二輯,中山大學出版社,1996年。

施謝捷《釋"十九年邦司寇鈹"銘的"奚易"合文》,《文教資料》1996年2期。

李學勤《古越閣藏商周青銅兵器叢談》,《歷史文物》5卷4期,1996年。又《四海尋珍》。

**1997年**

吳振武《趙十六年守相信平君鈹考》,《第三屆國際中國古文字學研討會論文集》,香港中文大學,1997年。

曹錦炎《跋古越閣新藏之州句劍銘文》,《第三屆國際中國古文字學研討會論文集》,香港中文大學,1997年。

王輝《秦兵三戈考》,《陝西歷史博物館館刊》(四),西北大學出版社,1997年。

張光裕、吳振武《武陵新見古兵三十六器集錄》,《中國文化研究所學報》第六期,1997年。

**1998年**

馮勝君《戰國燕王戈研究》,《華學》第三輯,紫禁城出版社,1998年。

李家浩《越王州句複合劍銘文及其所反映的歷史(兼釋八字鳥篆鐘銘文)》,《北京大學學報》1998年2期。

郎保利《長平古戰場出土三十八年上郡戈及相關問題》,《文物》1998年10期。

黃盛璋《連雲港楚墓出土襄城競君戈銘文考釋及其歷史地理問題》,《考古》1998年3期。

方輝《"九年京命戈"考》,《中國文物報》1998年9月23日。

朱俊英、劉信芳《攻盧王姑發邘之子曹䱷劍銘文簡介》,《文物》1998年6期。

劉占成《秦青銅兵器研究》,《周秦文化研究》,陝西人民出版社,1998年。

吳振武《趙二十九年相邦趙豹戈補考》,《徐中舒先生百年誕辰紀念文集》,巴蜀書社,1998年。

李學勤《論越州句鑃劍銅格》,《容庚先生百年誕辰紀念文集》,廣東人民出版社,1998年。

吳振武《東周兵器銘文考釋五篇》,《容庚先生百年誕辰紀念文集》,廣東人民出版社,1998年。

曹錦炎《越王嗣旨不光劍銘文考》,《容庚先生百年誕辰紀念文集》,廣東人民出版社,1998年。

吳鎮烽《秦兵新發現》,《容庚先生百年誕辰紀念文集》,廣東人民出版社,1998年。

王人聰《釋鳥篆蔡公子頒戈》,《容庚先生百年誕辰紀念文集》,廣東人民出版社,1998年。

徐在國《"太守"戈跋》,《山東師範大學學報》1998年1期。

李學勤《十七年春平侯鈹》,《四海尋珍》,清華大學出版社,1998年。

**1999年**

何琳儀《戰國兵器銘文選釋》,《考古與文物》1999年5期。

樊瑞平、王巧蓮《正定縣文物保管所收藏的兩件戰國有銘銅戈》,《文物》1999年4期。

董珊《新見戰國兵器七種》,《中國古文字研究》(第一輯),吉林大學出版社,1999年。

李丁生《潛山縣出土"二十四年上郡守藏"戈考》,《文物研究》(十二),黃山書社,1999年。

李朝遠《㴲盇令戈小考》,《中國文字研究》(第一輯),廣西教育出版社,1999年。

**2000 年**

馮時《工𧈪大叔鏂銘文考釋》,《古文字研究》(二十二),中華書局,2000 年。

徐在國《兵器銘文考釋(七則)》,《古文字研究》(二十二),中華書局,2000 年。

吳振武《趙武襄君鈹考》,《文物》2000 年 1 期。

曹錦炎《新見越王兵器及其相關問題》,《文物》2000 年 1 期。

李朝遠《戰國郾王戈辨析二題》,《文物》2000 年 1 期。

黃光新《安慶王家山戰國墓出土越王丌北古劍等器物》,《文物》2000 年 8 期。

李治益《蔡侯戟銘文補證》,《文物》2000 年 8 期。

蔡運章《論新發現的一件宜陽銅戈》,《文物》2000 年 10 期。

孫敬明《齊城左戈及相關問題》,《文物》2000 年 10 期。

**錢幣專著**

李佐賢《古泉匯》1864 年。

李佐賢、鮑康《續古泉匯》1875 年。

李佐賢《續古泉匯補遺》1875 年。

鮑康《觀古閣泉說》。

王錫榮《泉貨彙考》,中華書局,1925 年。

方若《藥雨古化雜咏》1925 年。

高蔚如《談泉雜錄》,泉壽山房影印摹本,1926 年。

馬昂《貨幣文字考》,羅氏貽安堂影印本,1926 年。

方若《言錢別錄》《補錄》1928 年。

關百益《方城幣譜》1929 年。

關百益《義州盟刀譜》1929 年。

丁福保《古錢學綱要》,上海醫學書局,1938 年。

丁福保《古錢大辭典》,上海醫學書局,1938 年。

丁福保《古錢大辭典拾遺》,上海醫學書局,1939年。

丁福保《古錢大辭典上編補遺》,上海醫學書局,1938年。又中華書局,1982年。

丁福保《歷代古錢圖説》,上海醫學書局,1940年。又上海書店,1986年。

王毓銓《我國古代貨幣的起源和發展》,科學出版社,1957年。又中國社會科學出版社,1990年。

錢無咎《古錢考略》,湖南人民出版社,1957年。

鄭家相《中國古代貨幣發展史》,三聯出版社,1958年。

彭信威《中國貨幣史》,上海人民出版社,1968年。

王獻唐《中國古代貨幣通考》,齊魯書社,1979年。

千家駒、郭彦崗《中國古代貨幣發展簡史和表解》,人民出版社,1983年。

商承祚、王貴忱、譚棣華《先秦貨幣文編》,書目文獻出版社,1983年。

朱活《古錢新探》,齊魯書社,1984年。

蕭清《中國古代貨幣史》,人民出版社,1984年。

王貴忱《三孔布彙編》1984年自印本。

千家駒、郭彦崗《中國古代貨幣史綱要》,上海人民出版社,1986年。

張頷《古幣文編》,中華書局,1986年。

汪慶正主編《中國歷代貨幣大系(1)先秦貨幣》,上海人民出版社,1988年。

山東省錢幣學會《齊刀和齊國貨幣研究》,1989年。

孫仲匯、胡薇《古錢幣圖解》,上海書店,1989年。

山西省錢幣學會《中國山西歷代貨幣》,山西人民出版社,1989年。

《天津市博物館藏中國歷代貨幣》第一卷,天津楊柳青畫社,1990年。

黄德馨《楚爰金研究》,光明日報出版社,1991年。

朱活《古錢新典》,三秦出版社,1991年。

朱活《古錢新譚》,山東大學出版社,1992年。

蔡運章、李運興《洛陽錢幣》,中國社會科學出版社,1993年。
朱華《三晋貨幣》,山西人民出版社,1994年。
朱活主編《中國錢幣大辭典·先秦編》,中華書局,1995年。
高英民、張金乾《中國古代錢幣略説》,地質出版社,1996年。
馬飛海主編《中國錢幣論叢》(第一輯),上海書店,1996年。
石永士、石磊《燕下都東周貨幣聚珍》,文物出版社,1996年。
山東省錢幣學會《齊幣圖釋》,齊魯書社,1996年。
趙德馨《楚國的貨幣》,湖北教育出版社,1996年。
何琳儀《古幣叢考》,臺北文史哲出版社,1996年。
蔣若是《秦漢錢幣研究》,中華書局,1997年。
張弛《中國刀幣彙考》,河北人民出版社,1997年。
張弛《河北貨幣圖志》,河北人民出版社,1997年。
蔡運章等《洛陽錢幣發現與研究》,中華書局,1998年。

## 錢幣論文

### 1929年

顧沄《古圜金刀布文字考》,《藝觀》5期,1929年。

### 1936年

葉受祺《先秦貨幣考略》,《學風》6卷6期,1936年。

### 1940年

羅伯昭《晋化刀》,《泉幣》(1期),1940年。
鄭家相《明刀之研究》,《泉幣》(1期),1940年。
鄭家相《中國古代貨幣推究》,《泉幣》(4期),1940年。

### 1942年

鄭家相《上古貨幣推究》,《泉幣》(12期),1942年。

陳鐵卿《釿爲古錢字說》,《泉幣》(15 期),1942 年。

**1943 年**

張絅伯《說釿》,《泉幣》(16 期),1943 年。

陳鐵卿《釋齊刀之夻字》,《泉幣》(17 期),1943 年。

張季量《北箕小布》,《泉幣》(18 期),1943 年。

陳鐵卿《再說釿爲古錢字》,《泉幣》(18 期),1943 年。

張絅伯《再論釿並答陳君鐵卿——附王蔭嘉跋》,《泉幣》(18 期),1943 年。

羅伯昭《釋䇂》,《泉幣》(20 期),1943 年。

鄭家相《刀布泉錢名幣之由來及其變化》,《泉幣》(22 期),1943 年。

**1944 年**

俞棪《遼東銳鋒刀考釋》,《泉幣》(24、25 期),1944 年。

王建訓《梁當鋝金釋義》,《泉幣》(25 期),1944 年。

方子才《晋半小直刀》,《泉幣》(27 期),1944 年。

俞棪《共字幣考證》,《泉幣》(27 期),1944 年。

**1945 年**

俞棪《䇂化考》,《泉幣》(28 期),1945 年。

**1956 年**

吳榮曾《中國古代的錢幣》,《考古通訊》1956 年 4 期。

陳鐵卿《談"安陽布"的鑄地》,《文物參考資料》1956 年 2 期。

**1957 年**

白冠西《鄑爰考釋》,《考古通訊》1957 年 1 期。

**1959 年**

陳鐵卿《對山西芮城出土貨幣的幾點商榷》,《文物》1959 年 4 期。

鄭家相《燕刀面文"明"字的問題》,《文物》1959 年 7 期。

左丘《略論"四曲文錢"》,《考古》1959 年 12 期。

**1962 年**

曾庸《安陽布的鑄地》,《考古》1962 年 9 期。

**1965 年**

朱活《談山東濟南出土的一批古代貨幣——兼論春秋戰國時期有關齊國鑄幣的幾個問題》,《文物》1965 年 1 期。

汪慶正《十五年以來古代貨幣資料的發現和研究中的若干問題》,《文物》1965 年 1 期。

**1972 年**

朱活《從山東出土的齊幣看齊國的商業和交通》,《文物》1972 年 5 期。

**1973 年**

李家浩《試論戰國時期楚國的貨幣》,《考古》1973 年 3 期。

安志敏《金版與金餅——楚漢金幣及其有關問題》,《考古學報》1973 年 12 期。

**1974 年**

朱活《論秦始皇統一貨幣》,《文物》1974 年 8 期。

**1976 年**

朱華《近幾年來山西省出土的一些古代貨幣》,《文物》1976 年 10 期。

**1978 年**

裘錫圭《戰國貨幣考》(十二篇),《北京大學學報》1978 年 2 期。又《古文字論集》。

周谷城《略論我國古代貨幣中的爰和布》,《光明日報》1978 年 3 月 16 日《史學專刊》。

**1979 年**

韓自強《龜幣"郢爰"初探》,《安徽省考古學會成立會刊》1979 年。

殷滌非《"盧金"與龜幣》,《安徽省考古學會成立會刊》1979 年。

王樹信《爰釿兩考》,《社會科學戰綫》1979 年 3 期。

**1980 年**

李家浩《戰國𨟻布考》,《古文字研究》(三),中華書局,1980 年。

牛濟普《爰金考略》,《河南文博通訊》1980 年 3 期。

曹錦炎、吳振武《關於〈爰釿兩考〉一文的商榷》,《社會科學戰綫》1980 年 4 期。

秦佩珩《爰金考釋》,《河南文博通訊》1980 年 4 期。

李家浩《戰國貨幣文字中的"𡩋"和"比"》,《中國語文》1980 年 5 期。

朱活《談山東臨淄齊故城出土的尖首刀化——兼論有關尖首刀化的幾個問題》,《考古與文物》1980 年 3 期。

曾庸《若干戰國布錢地點之辨釋》,《考古》1980 年 1 期。

朱活《談山東海陽出土的齊國刀化——兼論齊刀的購買力》,《文物》1980 年 2 期。

**1981 年**

祝瑞開《釋"爰"、"孚"》,《人文雜志》1981 年 5 期。

尤仁德《楚銅貝幣"巽"字釋》,《考古與文物》1981 年 1 期。

**1983 年**

張頷《魏幣㐅布考釋》,《古文字論集》(初編),香港中文大學,1983 年。

胡振祺《三晉貨幣》,《中國錢幣》創刊號 1983 年。

朱活《古幣三論》,《中國錢幣》創刊號 1983 年。

袁愈高《"賹六化"方孔圜錢應爲戰國貨幣》,《中國錢幣》創刊號 1983 年。

吳振武《戰國貨幣銘文中的"刀"》,《古文字研究》(十),中華書局,1983 年。

朱活《釋⟋篇——兼談⟋刀背文乡字》,《古文字研究》(十),中華書局,1983 年。

殷滌非《盧金與龜幣》,《古文字研究》(八),中華書局,1983 年。

殷志強《從盱眙南窰莊窖藏文物談楚漢金幣的兩個問題》,《文博通訊》1983 年 2 期。

劉樸生《明字錢》,《中國錢幣》1983 年 2 期。

朱活《楚金雜譚》,《江漢考古》1983 年 3 期。

遼河油田人民銀行渤海辦事處《遼河下游出土刀幣初考》,《中國錢幣》1983 年 3 期。

郭若愚《戰國梁布文字析義及有關問題初論》,《中國錢幣》1983 年 3 期。

蔡運章《談解放以來空首布資料的新發現》,《中國錢幣》1983 年 3 期。

石永士、王素芳《試論"⟋"字刀化的幾個問題》,《考古與文物》1983 年 6 期。

湯餘惠《戰國貨幣新探》(五篇),《吉林省貨幣學會首屆會議論文》1983 年。《中國錢幣論文集》(第三輯),中國金融出版社,1998 年。

曹桂岑《試談楚國貨幣》,《楚文化研究論文集》,中州書畫社,1983 年。

李紹曾《試論楚幣——蟻鼻錢》,《楚文化研究論文集》,中州書畫社,1983 年。

蔡運章《楚國銀幣試探》,《楚文化研究論文集》,中州書畫社,1983 年。

**1984 年**

胡振祺《再談三晉貨幣》,《中國錢幣》1984 年 1 期。

曹錦炎《讀〈先秦貨幣文編〉札記》,《中國錢幣》1984 年 2 期。

劉敬揚《春秋代布考》,《中國錢幣》1984 年 3 期。

陳應祺《戰國中山國成帛刀幣考》,《中國錢幣》1984 年 3 期。

蔡運章《鄏爰考》,《中國錢幣》1984 年 3 期。

王一新《右明新貨小布之再現》,《中國錢幣》1984 年 3 期。

朱華《山西省朔縣出土"宋子"三孔布》,《中國錢幣》1984 年 4 期。

黄盛璋《關於圓餅金幣若干問題新考》,《考古與文物》1984 年 6 期。

**1985 年**

查瑞珍《近年來先秦時期幾種古錢的出土及其研究》,《江蘇省錢幣研究會論文選》1985 年。

徐秉琨《説"陽安"布》,《中國錢幣》1985 年 1 期。

朱華《山西運城出土戰國布幣淺析》,《中國錢幣》1985 年 2 期。

劉宗漢《釋戰國貨幣中的"全"》,《中國錢幣》1985 年 2 期。

阿祥《先秦錢幣名詞淺釋》,《中國錢幣》1985 年 2 期。

蔡運章、韓維《〈春秋代布考〉商榷》,《中國錢幣》1985 年 2 期。

汪慶正《日本銀行及上海博物館所藏博山刀考》,《中國錢幣》1985 年 3 期。

張頷《魏布㐭布考釋》,《中國錢幣》1985 年 4 期。

高英民《戰國中山國金貝的出土——兼述"成白"刀面文諸問題》,《中國錢幣》1985 年 4 期。

**1986 年**

汪本初《楚貝銘𦥑字考釋》,《安徽金融研究》1986 年增刊。

朱華《戈邑布背文試探》,《中國錢幣》1986 年 2 期。

李學勤《論博山刀》，《中國錢幣》1986 年 3 期。又《李學勤集》。

何琳儀《返邦刀幣考》，《中國錢幣》1986 年 3 期。又《古幣叢考》。

徐達元《盧氏陰文石範辨偽》，《中原文物》1986 年 4 期。

湯餘惠《戰國時代魏繁陽的鑄幣》，《史學集刊》1986 年 4 期。

李家浩《戰國於疋布考》，《中國錢幣》1986 年 4 期。

駢宇騫《試釋楚國貨幣文字"巽"》，《語言文字研究專輯》（下），上海古籍出版社，1986 年。

**1987 年**

孫敬明《刀幣蠡測》，《山東金融研究》"錢幣專刊"（一），1987 年。

李來青、林仙亭《烟臺地區出土古貨幣及有關問題》，《山東金融研究》"錢幣專刊"（一），1987 年。

曹錦炎《先秦貨幣銘文釋讀拾掇》，《浙江金融》1987 年增刊。

劉和惠《郢爰與戰國黃金通貨》，《楚文化研究論集》一集，荊楚書社，1987 年。

吳興漢《楚金幣研究》，《楚文化研究論集》一集，荊楚書社，1987 年。

石永士、王素芳《"尖首刀"化的初步研究》，《考古與文物》1987 年 1 期。

田福鏗、武時良《楚國"斾布當鈩"布幣淺釋》，《淮北煤炭師範學院學報》1987 年 1 期。

孫敬明等《濰坊新出齊幣與研究》，《中國錢幣》1987 年 3 期。

黃德馨《郢爰新解》，《光明日報》1987 年 3 月 4 日。

朱華《略論"無終"三孔布》，《中國錢幣》1987 年 3 期。

秦鳳崗《柔垣一鈣當鑄於漆縣》，《中國錢幣》1987 年 3 期。

張龍海等《談談齊國故城內鑄錢遺址出土的刀幣範》，《中國錢幣》1987 年 4 期。

**1988 年**

吳振武《談新近公佈的兩枚戰國齊莒刀》，《文物研究》（三），黃山書社，

1988 年。

　　劉保義《我國古代貨幣上的邑名》,《安徽金融研究》1988 年增刊。

　　朱活《論齊圜錢範——兼談六字刀》,《中國錢幣》1988 年 1 期。

　　裘錫圭、李家浩《戰國平陽刀幣考》,《中國錢幣》1988 年 2 期。

　　楊科《也説三孔布的國別和時代》,《中國錢幣》1988 年 1 期。

　　郭若愚《燕國早期安陽布》,《中州錢幣》。《金融理論與實踐》"錢幣專輯"(二),1988 年 8 期。

　　劉敬揚《戰國楚銅貝幣"釜"字試釋》,《福州大學學報》1988 年 2 期。

　　汪本初、張振才《楚國瑰寶——"施布當忻"考釋》,安徽《錢幣文論特輯》(第一輯),安徽人民出版社,1988 年。

　　張振標、劉奕雲《楚幣"旆錢當忻"考略》,安徽《錢幣文論特輯》(第一輯),安徽人民出版社,1988 年。

### 1989 年

　　朱活《中國古幣文字特徵初析》,《成都文物》1989 年 1 期。

　　張澤松《淺談"郢爰"出現的時代》,《中國錢幣》1989 年 2 期。

　　朱華《試談方足平陽布》,《中國錢幣》1989 年 2 期。

　　喻其君《中國古代地名錢幣淺析》,《地名知識》1989 年 3 期。

　　文初《齊刀幣管窺》,《文史知識》1989 年 6 期。

### 1990 年

　　何琳儀《貝地布幣考》,《陝西金融》1990 年增刊。

　　何琳儀《〈古幣文編〉校釋》,《文物研究》(六),黃山書社,1990 年。

　　王海航《非爲明刀應爲燕刀》,《文物春秋》1990 年 1 期。

　　孫華《先秦貨幣雜考》,《考古與文物》1990 年 2 期。

　　石永士、王素芳《燕國貨幣概述》,《文物春秋》1990 年 2 期。

　　李學勤《〈楚金爰考〉跋》,《中國錢幣》1990 年 2 期。

孫敬明《齊刀辨偽舉例》,《中國錢幣》1990年3期。

張壽來《"良金"銅錢牌初探》,《中國錢幣》1990年3期。

張麗娟《侯馬地區發現的貨幣》,《中國錢幣》1990年3期。

朱華、李有成《簡析山西省出土的圓足布》,《中國錢幣》1990年3期。

智龕《"蒙陽"布》,《中國錢幣》1990年3期。

劉森《關於三孔布的幾個問題》,《中國錢幣》1990年3期。

何琳儀《余亡布幣考——兼述三孔布地名》,《中國錢幣》1990年3期。

張弛《三孔布考辨》,《文物春秋》1990年4期。

秦士芝《對盱眙南窯莊出土金餅的認識》,《中國錢幣》1990年4期。

朱活《齊魯及齊魯幣制》,《考古與文物》1990年5期。

**1991年**

何琳儀《尖足布幣考》,《陝西金融》1991年"貨幣專輯"。

吳振武《說梁重鈔布》,《中國錢幣》1991年2期。

郭若愚《談談先秦錢幣的幾個問題》,《中國錢幣》1991年2期。

邱德修《我國最古老的紀念幣"齊返邦刀"》,《管子學刊》1991年3期。

何琳儀《廣平圜錢考》,《陝西金融》1991年4期。

何琳儀《王夸布幣考》,《古籍整理研究學刊》1991年5期。

何琳儀《志丹出土布幣背字》,《陝西金融》1991年6期。

**1992年**

何琳儀《魏國方足布四考》,《文物季刊》1992年2期。

何琳儀《百邑布幣考——兼述尖足空首布地名》,《史學集刊》1992年1期。

曹錦炎《關於先秦貨幣銘文的若干問題——讀〈中國歷代貨幣大系·先秦貨幣〉札記》,《中國錢幣》1992年2期。

何琳儀《燕國布幣考》,《中國錢幣》1992年2期。

何琳儀《趙國方足布三考》,《文物春秋》1992年2期。

何琳儀《橋形布幣考》,《吉林大學社會科學學報》1992年2期。

吳榮曾《戰國布幣地名考釋三則》,《中國錢幣》1992年2期。

劉志一《㕚字新考》,《江漢考古》1992年3期。

程紀中《燕布四珍》,《中國錢幣》1992年4期。

李家浩《戰國貨幣考(七篇)》,《中國錢幣學會成立十週年紀念文集》,中國金融出版社,1992年。

**1993年**

呂長禮、梅凌《試論楚貝幣面文含義》,安徽《錢幣文論特輯》第二輯,安徽人民出版社,1993年。

梁曉景《戰國夕邑布考》,《洛陽錢幣》,中國社科出版社,1993年。

于中航《談䈞邦刀》,《故宮文物月刊》11卷第5期,1993年。

吳振武《戰國貨幣銘文中的"曲"字》,《中國錢幣》1993年2期。

張弛《尖首刀若干問題初探》,《中國錢幣》1993年2期。

曲毅《鄂東南出土錢牌考》,《中國錢幣》1993年2期。

劉宗漢《"杬比堂忻"布新考》,《中國錢幣》1993年2期。

程紀中等《三孔布新品》,《中國錢幣》1993年2期。

王恩田《對三里墩出土齊小刀幣鑄行年代的討論》,《中國錢幣》1993年3期。

黃盛璋《新發現的"屯氏"三孔布與相關問題發覆》,《中國錢幣》1993年4期。

何琳儀《三孔布幣考》,《中國錢幣》1993年4期。又《中國錢幣論文集》第三輯,中國金融出版社,1998年。

陳曉華《東周列國鑄幣單位及比價研究》,《人文雜志》1993年5期。

黃錫全《〈中國歷代貨幣大系·先秦貨幣〉釋文校訂》,《第二屆國際中國古文字學研討會論文集》,香港中文大學,1993年。又《安徽錢幣》1995年1期。

**1994年**

高英民《略論戰國中山國貨幣制度——兼談燕國丿字刀面文丿字的釋讀》,《遼海文物學刊》1994年1期。

黃錫全《楚幣新探》，《中國錢幣》1994 年 2 期。

唐石父《蟻鼻錢命名的回顧及其前程》，《安徽錢幣》1994 年 2 期。

郭若愚《三孔布幣面文字再考釋及其鑄造年代之探究》，《中國錢幣》1994 年 2 期。

馬世之等《杕戔當忻布幣的國別與年代問題》，《江漢考古》1994 年 2 期。

張光明《談"齊之化"和"無文刀"》，《管子學刊》1994 年 3 期。

**1995 年**

何琳儀《負疋布幣考》，《中國文字》新 20 期，藝文印書館，1995 年。

黃錫全《趙國方足布七考》，《華夏考古》1995 年 2 期。

郎太富《平首布譯文的辨析》，《北京文博》1995 年 2 期。

黃錫全《"杬比堂忻"布應是楚幣》，《中國錢幣》1995 年 2 期。

陳應祺《中山國靈壽城址出土貨幣研究》，《中國錢幣》1995 年 2 期。

羅運環《楚錢三考》，《江漢考古》1995 年 3 期。

張照《平頂山市大河磚廠出土的方足布初探》，《中原文物》1995 年 3 期。

黃錫全《侯馬新絳新發現空首布的價值及有關問題略述》，《舟山錢幣》1995 年 4 期。又《內蒙古金融研究錢幣專刊》1996 年 2 期。

黃錫全《"干關"方足布考》，《第二屆中國訓詁學學術研討會論文集》，臺南師範學院中文系，1995 年。

**1996 年**

黃錫全《晉國尖足空首布三考》，《汾河灣——丁村文化與晉文化考古學術研討會論文集》，山西高校聯合出版社，1996 年。

焦智勤《聳肩尖足空首布考辨》，《華夏考古》1996 年 1 期。

何琳儀《銳角布幣考》，《中國錢幣》1996 年 2 期。

蔡全法、馬俊才《戰國時代韓國錢範及其鑄幣技術研究》，《中原文物》1996 年 2 期。

孫敬明、紀頤《齊幣形制之比較研究及影響》，《管子學刊》1996 年 2 期。

周衛英《再論"齊"明刀》,《中國錢幣》1996年2期。

冀小軍《戰國時期燕國貨幣上的"晏"字》,《中國人民大學學報》1996年3期。

永堂主《"應國"錢考說》,《安徽錢幣》1996年4期。

羅運環《楚金幣"稱"字新考》,《于省吾教授百年誕辰紀念文集》,吉林大學出版社,1996年。

黃錫全《先秦貨幣文字形體特徵舉例》,《于省吾教授百年誕辰紀念文集》,吉林大學出版社,1996年。

**1997 年**

黃錫全《"鹵刀"新考》,《內蒙古金融研究·錢幣專刊》1997年3～4期。

黃錫全《燕刀"明"字新解》,《北京建城3040年暨燕文明國際學術研討會會議專輯》,北京燕山出版社,1997年。又《安徽錢幣》1996年1期。

于嘉芳《齊刀幣始於戰國考》,《管子學刊》1997年1期。

羅運環、楊楓《蟻鼻錢發微》,《中國錢幣》1997年1期。

白春川《先秦貨幣二考》,《歷史研究》1997年2期。

黃錫全《銳角布幣國別漫議》,《中國錢幣》1997年2期。

張智海《東周貨幣綜述》,《張家口師專學報》1997年4期。

唐石父《燕刀特殊"明"字可重合例令人生疑》,《錢幣博覽》1997年4期。

黃錫全《"昊陽"方足布考》,《安徽錢幣》1997年4期。

肖曄《戰國貨幣文字》,《中國教育報》1997年8月30日。

黃錫全《山西稷山新出空首布文初探》,《第三屆國際中國古文字學研討會論文集》,香港中文大學,1997年。

唐石父、高桂雲《燕國明刀面文釋"明"之新證》,《首都博物館十五週年論文選》,1997年。

**1998 年**

黃錫全《齊"六字刀"銘文釋讀及相關問題》,《第二屆國際暨第四屆全國訓詁學學術研討會論文》,1998年。又《吉林大學古籍所建所十五週年紀念文集》，吉林大學出版社，1998年。

殷啓生《從中國古錢看中國古代文字》，《江西教育學院學報》1998年1期。

晏昌貴、徐承泰《杌比堂忻布時代及國別之再探》，《江漢考古》1998年1期。

劉天軍、劉心健《戰國魏貨幣通論》，《開封大學學報》1998年3期。

蔡運章、張書良《洛陽發現的空首布錢範及相關問題》，《中原文物》1998年3期。

何清谷《秦幣考略》，《陝西歷史博物館館刊》（五），西北大學出版社，1998年。

何琳儀《〈古幣叢考〉前言》，《中國錢幣》1998年2期。

于中航《論齊國錢範》，《中國錢幣》1998年2期。

王紀潔《六字齊刀"辨偽"》，《中國文物報》1998年12月3日。

王紀潔《尖首刀分期研究》，《北京文博》1998年3期。

黃錫全《尖首刀幣的發現與研究》，《廣州文物考古集》，文物出版社，1998年。

黃錫全《從尖首刀面文"邦"、"鼓"等談到尖首刀的國別、年代及有關問題》，《中國錢幣》1998年2期。

黃錫全《尖首刀銘文釋地》，《徐中舒先生百年誕辰紀念文集》，巴蜀書社，1998年。

黃錫全《先秦貨幣數考》，《容庚先生百年誕辰紀念文集》，廣東人民出版社，1998年。

黃錫全《古幣三辨》，《胡厚宣先生紀念文集》，科學出版社，1998年。

黃錫全《尖足空首布新品六種考述》，《內蒙古金融研究·錢幣增刊》1998年1期。

黃錫全《三晉兩周小方足布的國別及有關問題初論》，《中國錢幣論文集》第三輯，中國金融出版社，1998年。

張文芳、田光《內蒙涼城"安陽"、"邠"布同範鐵範及相關問題探論》，《中國錢幣論文集》第三輯,中國金融出版社,1998年。

朱華《山西稷山縣出土空首布》,《中國錢幣論文集》第三輯,中國金融出版社,1998年。

張光明、賀傳芬《齊明刀考古發現與研究》,《中國錢幣論文集》第三輯,中國金融出版社,1998年。

張弛《尖首刀若干問題初探》,《中國錢幣論文集》第三輯,中國金融出版社,1998年。

李學勤《重論博山刀》,《中國錢幣論文集》第三輯,中國金融出版社,1998年。

裘錫圭《談談"成白"刀》,《中國錢幣論文集》第三輯,中國金融出版社,1998年。

蔡運章《見金錢牌研究》,《中國錢幣論文集》第三輯,中國金融出版社,1998年。

何琳儀《三孔布幣考》,《中國錢幣論文集》第三輯,中國金融出版社,1998年。

李家浩《戰國䜴刀新考》,《中國錢幣論文集》第三輯,中國金融出版社,1998年。

吳良寶《從考古資料看先秦貨幣中的仿鑄現象》,《安徽錢幣》1998年2、3期。

吳良寶《試論幾種平首布幣的形制關係》,《江漢考古》1998年2期。

黃錫全《介紹一枚圜錢新品"襄二甾"》,《安徽錢幣》1998年3期。

**1999年**

黃錫全《尖足空首布新品六種述考》,《中國古文字研究》(第一輯),吉林大學出版社,1999年。

黃錫全《楚銅貝貝文釋義新探》,《錢幣研究》1999年1期。

黃錫全《楚銅錢牌"見金"應讀"視金"》,《中國錢幣》1999年2期。

吳良寶《讀幣札記三則》,《徐州師範大學學報》1999年3期。

吳良寶《〈中國錢幣大辭典·先秦編〉讀後記》,《內蒙古金融研究·錢幣增刊》1999年2期。

**2000年**

黃錫全《尖足空首布新品續考》,《內蒙古金融研究·錢幣增刊》2000年1期。

黃錫全《尖足空首布"下虒"考》,《中國錢幣》2000年2期。

唐友波《山西稷山新出空首布與"金涅"新探》,《中國錢幣》2000年2期。

黃錫全《三孔布奧秘試探》,《安徽錢幣》2000年2期。

黃錫全《圓足布新議》,《錢幣博覽》2000年3期。

馮勝君《戰國燕幣綜述》,《北京文博》2000年3期。

黃錫全《尖足空首布新品"禹主"考》,《故宮博物院院刊》2000年6期。

吳良寶《戰國布幣釋讀三則》,《古文字研究》(二十二),中華書局,2000年。

吳良寶《20世紀先秦貨幣研究述評》,《內蒙古金融研究·錢幣增刊》2000年1期。

黃錫全《試說楚國黃金貨幣稱量單位"半鎰"》,《古文字研究》(二十二),中華書局,2000年。又《江漢考古》2000年1期。

## 石器專著

楊慎《石鼓文音釋》,《叢書集成》。

任兆麟《石鼓文集釋》,《心齋十種》。

李中馥《石鼓文考》,常贊春重刻本,1915年。

張燕昌《石鼓文釋存》,劉世珩翻刻本,光緒二十八年刻本。

羅振玉《石鼓文考釋》,上虞羅氏,1916年刊本。

王昶《金石萃編》,1921年,掃葉山房本。中國書店,1985年影印本。

吳東發《石鼓讀》,慎初堂陳氏,1926年石印本。

馬衡《石鼓爲秦刻石考》,1931年石印本。

吴廣霈《石鼓文考證》，瑞安陳氏，1932 年刊本。

由雲龍《石鼓文彙考》，1933 年石印本，1952 年油印本。

容庚《古石刻零拾》1934 年。

馮承輝《石鼓文音訓考證》，1935 年石印小本。

周岸《校補石鼓文音訓》，光緒二十三年刻本，1935 年石印小本。

馬叙倫《石鼓文疏記》，商務印書館，1935 年石印本。

强運開《石鼓釋文》，商務印書館，1935 年石印本。

郭沫若《石鼓文研究》，商務印書館影印本，1935 年。人民出版社，1955 年重印本。

趙椿年《覃揅齋石鼓十種考釋》，1936 年武進趙氏北平本。

徐昂《石鼓文音釋》，南通翰墨林書局，1947 年。人民出版社，1955 年。

許莊述《石鼓考綴》，貴陽許學寯印行，1947 年。

商承祚《石刻篆文編》，科學出版社，1957 年。中華書局，1996 年。

郭沫若《出土文物二三事》，人民出版社，1972 年。

山西省文物工作委員會《侯馬盟書》，文物出版社，1976 年。

郭沫若《郭沫若全集·考古編九·石鼓文研究·詛楚文考釋》，科學出版社，1982 年。

羅君惕《秦刻十碣考釋》，齊魯書社，1983 年。

鄧散木《石鼓斠釋》，中華書局，1985 年。

尹博靈《石鼓文鑒賞》，江蘇教育出版社，1992 年。

賴炳偉《石鼓文綜論》，吉林大學碩士論文，1992 年 12 月。

李鐵華《石鼓新響》，三秦出版社，1994 年。

## 石器論文

### 1915 年

太炎《石鼓說》，《民權素》9 期，1915 年 8 月。

古華山農《石鼓文地名考》，《國學雜志》1、2、3 期，1915 年。

**1923 年**

馬衡《石鼓爲秦刻石考》,《國學季刊》1 卷 1 期,1923 年。又《凡將齋金石叢稿》。

**1933 年**

馬叙倫《石鼓文疏記引辭》,《北平圖書館館刊》7 卷 6 期,1933 年。

**1934 年**

古鐵《石鼓文及其社會背景》,《中原文化》1 卷 2 期,1934 年 2 月。
張政烺《獵碣考釋初稿》,《史學論叢》(第一册)1934 年 7 月。

**1935 年**

羅君惕《秦刻十碣時代考》,《考古學社刊》3 期,1935 年。
楊壽祺《石鼓文時代研究》,《考古學社刊》3 期,1935 年。
胡小石《考商氏所藏古夾鐘磬》,《金陵學報》第 5 卷 2 期,1935 年。又《胡小石論文集》,上海古籍出版社,1982 年。

**1936 年**

蘇秉琦《石鼓文"廊"之商榷》,《史學集刊》(第一期),1936 年。

**1940 年**

敬(郭沫若)《石鼓文研究》,《圖書館學季刊》新 2 卷 3 期,1940 年。

**1943 年**

醒(郭沫若)《石鼓文研究》,《學術雜志》1 卷 1 期,1943 年。

**1944 年**

蔣志範《石鼓發微》,《學海》12 期,1944 年 8 月。

馬公愚《石鼓新釋》,《大衆》10 期,1944 年 10 月。

**1945 年**

沈兼士《石鼓文研究三事質疑》,《輔仁學志》13 卷 1、2 期合刊,1945 年。

**1947 年**

唐蘭《石鼓文刻於秦靈公三年考》,《申報·文史》1 期,1947 年 12 月 6 日。《申報·文史》2 期,1947 年 12 月 13 日。

葉華《駁唐蘭〈石鼓文刻於秦靈公三年考〉》,《文物週刊》68 期,1947 年 12 月 31 日。

童書業《駁唐蘭〈石鼓文刻於秦靈公三年考〉》,《文物週刊》68 期,1947 年 12 月 31 日。

**1948 年**

唐蘭《關於石鼓文的時代答童書業先生》,《申報·文史》13 期,1948 年 3 月 6 日。

童書業《論石鼓文的時代再質唐蘭先生》,《文物週刊》77 期,1948 年 4 月。

鳳《因唐童二先生的辯論而記及石鼓文"殹"字的讀解》,《文物週刊》77 期,1948 年 4 月。

唐蘭《論石鼓文用"避"不用"朕"——再答童書業先生》,《申報·文史》21 期,1948 年 5 月 1 日。

唐蘭《關於石鼓文"避"字的問題——致文史編者的一封公開信》,《申報·文史》28 期,1948 年 6 月 19 日。

**1958 年**

唐蘭《明孫克宏藏石鼓舊拓本跋》,《故宮博物院院刊》1958 年 1 期。

唐蘭《石鼓文年代考》,《故宮博物院院刊》1958 年 1 期。

**1961 年**

段颺《論石鼓文及秦德公時遺物及其他——讀郭沫若同志石鼓文研究之後》,《學術月刊》1961 年 9 期。

**1965 年**

長甘《侯馬盟書叢考》,《文物》1965 年 5 期。

**1966 年**

郭沫若《侯馬盟書試探》,《文物》1966 年 2 期。

張頷《侯馬東周遺址發現晉國朱書文字》,《文物》1966 年 2 期。

陳夢家《東周盟誓與出土載書》,《考古》1966 年 5 期。

**1972 年**

陶正剛、王克林《侯馬東周盟誓遺址》,《文物》1972 年 4 期。

唐蘭《侯馬出土晉國趙嘉之盟載書新釋》,《文物》1972 年 8 期。

朱德熙、裘錫圭《關於侯馬盟書的幾點補釋》,《文物》1972 年 8 期。又《朱德熙古文字論集》。

**1973 年**

李裕民《我對侯馬盟書的幾點看法》,《考古》1973 年 3 期。

**1975 年**

山西文物工作委員會侯馬工作站《"侯馬盟書"注釋四種》,《文物》1975 年 5 期。

衛今、晉文《"侯馬盟書"和春秋後期晉國的階級鬥爭》,《文物》1975 年 5 期。

**1979 年**

高明《侯馬盟書盟主考》,《古文字研究》(一),中華書局,1979 年。

張頷《侯馬盟書叢考續》,《古文字研究》(一),中華書局,1979年。
戚桂宴《"麻夷非是"解》,《考古》1979年3期。
彭静中《古文字考釋二則》,《四川大學學報》1979年2期。

**1980年**
商承祚《〈石刻篆文編〉字說》(二十七則),《中山大學學報》1980年1期。
姜亮夫《秦詛楚文考釋——兼論亞駝、大沈久湫兩辭》,《蘭州大學學報》1980年4期。

**1981年**
黄盛璋《關於侯馬盟書的主要問題》,《中原文物》1981年2期。
李仲操《石鼓最初所在地及其刻石年代》,《考古與文物》1981年2期。
韓偉《北園地望及石鼓詩之年代小議》,《考古與文物》1981年4期。

**1982年**
陳邦懷《戰國〈行氣玉銘〉》考釋,《古文字研究》(七),中華書局,1982年。又《一得集》。
毛良《〈行氣玉佩銘〉及其釋文的討論》,《中華醫史雜志》1982年2期。
沈壽《"行氣玉佩銘"淺釋》,《武林》1982年4期。
戚桂宴《侯馬石簡史探》,《山西大學學報》1982年1期。
孫作雲《秦〈詛楚文〉釋要——兼論〈九歌〉的寫作年代》,《河南師範大學學報》1982年1期。
黄奇逸《石鼓文年代及相關問題》,《古文字論集》,《四川大學學報叢刊》(第10輯),1982年。

**1983年**
潘振允《石鼓與籀文》,《書法研究》二期,1983年6月。
黄盛璋《平山戰國中山石刻初步研究》,《古文字研究》(八),中華書局

1983年。

**1984年**

程質清《石鼓文試讀》,《書法》1984年3期。

韓長耕《先秦石鼓簡説》,《史學史研究》1984年3～4期。

吳振武《讀侯馬盟書文字札記》,《中國語文研究》6期,1984年。

**1985年**

陳世輝《〈詛楚文〉補釋》,《古文字研究》(十二),中華書局,1985年。

高景成《峋嶁碑文應是春秋戰國文字》,《河北師範學院學報》1985年3期。

**1986年**

李曉東《中山國守丘刻石及其價值》,《河北學刊》1986年1期。

潘嘯龍《從〈詛楚文〉看楚懷王前期的朝政改革》,《江漢論壇》1986年10期。

**1987年**

吳郁芳《〈詛楚文〉三神考》,《文博》1987年4期。

馮時《侯馬盟書與温縣盟書》,《考古與文物》1987年2期。

**1988年**

陳偉《〈詛楚文〉時代新證》,《江漢考古》1988年3期。

陳煒湛《〈詛楚文〉獻疑》,《古文字研究》(十四),中華書局,1988年。

張守中《侯馬盟書的發現和整理側記》,《文物天地》1988年4期。

**1989年**

肖永《峋嶁碑研究獲重要突破》,《中國文物報》1989年12月29日。

曹錦炎《峋嶁碑研究》,《文物研究》(五),黄山書社,1989年。

許國經《〈行氣玉銘〉銘文新探》,《湖北大學學報》1989 年 1 期。

唐鈺明《重論"麻夷非是"》,《廣州師範學院學報》1989 年 2 期。

郭政凱《侯馬盟書參盟人員的身份》,《陝西師範大學學報》1989 年 4 期。

**1990 年**

林傑、馬濤《中山國玉卜卜辭試釋》,《文物春秋》1990 年 3 期。

林志強《戰國玉石文字研究試評》,《中山大學研究生學刊》1990 年 4 期。

徐寶貴《石鼓文詩句"四介既簡"試解》,《中國文化研究所學報》第 21 卷,1990 年。

張勛燎《唐代關於石鼓文的研究及其評價》,《徐中舒先生九十壽辰紀念文集》,巴蜀書社,1990 年。

**1991 年**

徐寶貴《石鼓作原鼓"役役亶罟"試解》,《中國文字》新 15 期,藝文印書館,1991 年。

余向東《洪湖博物館藏劉心源考訂〈石鼓文〉刻石》,《中國文物報》1991 年 5 月 5 日。

崔樂泉《行氣玉銘——兩千多年前的"導引"論述》,《中國文物報》1991 年 9 月 8 日。

**1992 年**

趙平安《詛楚文辨疑》,《河北大學學報》1992 年 2 期。

趙平安《從"箸者石章"的解釋看詛楚文刻石的形制》,《學術研究》1992 年 1 期。

高智《侯馬盟書主要問題辨述》,《文物季刊》1992 年 1 期。

**1993 年**

李仲操《石鼓出土及其在唐宋的聚、散、遷》,《人文雜志》1993 年 2 期。

彭羲《石鼓文刻石探源》,《文博》1993 年 6 期。

宋鴻文《石鼓文新探》,《貴州文史》1993 年 4 期。

徐式文《岣嶁碑之文確是古蜀文字》,《四川文物》1993 年 5 期。

**1994 年**

謝堯亭《侯馬盟書試析》,《山西省考古學會論文集》(二),山西人民出版社,1994 年。

胡建人《石鼓和石鼓文考略——兼論郭沫若的襄公八年說》,《寶雞文理學院學報》1994 年 3 期。

李鐵華《秦文公石鼓文敘事史詩》,《尋根》1994 年 2 期。

李鐵華《千古石鼓文破釋記》,《史志文匯》1994 年 2 期。

**1995 年**

裘錫圭《關於石鼓文的時代問題》,《傳統文化與現代化》1995 年 1 期。

胡建人《石鼓文歷代拓本考》,《寶雞文理學院學報》1995 年 3 期。

李鐵華《石鼓文十議》,《傳統文化與現代化》1995 年 3 期。

朱家溍《石鼓摭聞》,《故宮博物院院刊》1995 年 4 期。

楊寬《秦詛楚文所表演的"詛"的巫術》,《文學遺產》1995 年 5 期。

**1996 年**

李學勤《釋戰國玉璜箴銘》,《于省吾教授百年誕辰紀念文集》,吉林大學出版社,1996 年。又《四海尋珍》。

趙世綱、羅桃香《論溫縣盟書與侯馬盟書的年代及其相互關係》,《汾河灣——丁村文化與晉文化考古學術研討會論文集》,山西高校聯合出版社,1996 年。

**1997 年**

徐寶貴《石鼓文年代考辨》,《國學研究》(第四卷),北京大學出版社,

1997年。

陳少華《石鼓文秦襄公一説》,《傳統文化與現代化》1997年4期。

余向東《湖北洪湖博物館藏劉心源考訂〈石鼓文〉刻石》,《考古與文物》1997年1期。

**1998年**

賴炳偉《石鼓文年代再研究》,《吉林大學古籍所建所十五週年紀念文集》,吉林大學出版社,1998年。

徐寶貴《〈石鼓文·車弓〉篇"弓兹以寺"考釋》,《華學》第三輯,紫禁城出版社,1998年。

李學勤《侯馬、温縣盟書曆朔的再考察》,《華學》第三輯,紫禁城出版社,1998年。

曾志雄《侯馬盟書中的人名問題》,《容庚先生百年誕辰紀念文集》,廣東人民出版社,1998年。

裘錫圭《詛楚文"亞駝"考》,《文物》1998年4期。

趙峰《"行氣玉銘"考釋》,《寧德師專學報》1998年2期。

**1999年**

徐寶貴《石鼓文的次序》,《中國古文字研究》(第一輯),吉林大學出版社,1999年。

徐寶貴《石鼓文與詩經語言的比較研究》,《人文論叢》1999年卷,武漢大學出版社。

羅焌《石鼓文集釋·説文補正》,《人文論叢》1999年卷,武漢大學出版社。

吕静《關於詛楚文的再探討》,《出土文獻研究》(五),科學出版社,1999年。

李零《秦駰禱病玉版的研究》,《國學研究》(第六卷),北京大學出版社,1999年。

李仲操《石鼓山和石鼓文》,《文博》1999年1期。

**2000 年**

涂白奎《石鼓文・汧沔篇釋讀三則》,《古文字研究》(二十二),中華書局,2000 年。

賴炳偉《〈石鼓文〉字數考》,《古文字研究》(二十二),中華書局,2000 年。

林欽娟《〈石鼓文〉秦系文字構形演化發展的樞紐》,《齊齊哈爾大學學報》2000 年 3 期。

徐寶貴《石鼓文漁獵研究》,《華學》第四輯,紫禁城出版社 2000 年。

謝堯亭《侯馬盟書的年代及相關問題》,《山西省考古學會論文集》(三),山西古籍出版社,2000 年。

李學勤《秦玉版索隱》,《故宮博物院院刊》2000 年 2 期。

連劭名《秦惠文王禱祠華山玉簡文研究》,《中國歷史博物館館刊》2000 年 1 期。

## 古璽專著

陳介祺《十鐘山房印舉》,同治十一年鈐印 50 冊本,光緒鈐印 191 冊本,商務影印 30 卷本。

陳邦福《古璽發微》,石印自刊本。

端方《匋齋藏印》。

吳隱《周秦古璽》,光緒二十一年鈐印本。

無名氏《古今印存》,鈐印本。

張修府《南皮張氏碧葭精舍印譜》。

孫文楷《稽庵古印箋》。

陳介祺《陳簠齋手拓古印集》,神州國光社印行。

吳隱《遁庵秦漢古銅印譜》,西泠印社鈐印本,1908 年。

陳寶琛《澂秋館藏印》十冊,鈐印本,1924 年。

侯汝承《意園古今官印匄》八卷,1925 年。

蔣溥等《金薤留珍》,民國十五年鈐印本,1926 年。

羅福頤《古璽文字徵》石印本,1930 年。

黃質《陶鈢文字合證》，神州國光社，1930年。

黃濬《尊古齋古鈢集林》1933年。

羅福頤《印譜考》四卷，墨緣堂，1933年。

孟昭鴻《印字類纂》，西泠印社，1933年。

王敦化《古銅印譜書目》，濟南聚文齋書店，1940年。

黃賓虹《賓虹草堂璽印釋文》1958年。

葉潞淵、錢君匋《中國鈢印源流》，香港上海書局，1963年。

羅福頤、王人聰《印章概述》，三聯書店，1963年。

羅福頤、王人聰著，安藤更生譯《中國の印章》，東京二玄社，1965年。

曹樹銘《秦璽考》，香港萬有圖書公司，1966年。

那志良《璽印通釋》，臺灣商務印書館，1970年。

上海博物館《上海博物館藏印選》，上海書畫出版社，1979年。

《古代璽印輯存》，香港集古齋出版。

羅福頤《古璽印概論》，文物出版社，1981年。

羅福頤主編《古璽彙編》，文物出版社，1981年。

羅福頤主編《古璽文編》，文物出版社，1981年。

羅福頤主編《故宮博物院藏古璽印選》，文物出版社，1982年。

牛濟普《中州古代篆刻選》，中州書畫社，1983年。

天津藝術博物館《周叔弢先生捐獻璽印選》，天津人民美術出版社，1984年。

吳振武《〈古璽文編〉校訂》，吉林大學博士論文，1984年，油印本。

王獻唐《五燈精舍印話》，齊魯書社，1985年。

吉林大學歷史系文物陳列室《吉林大學藏古璽印選》，文物出版社，1987年。

沙孟海《印學史》，西泠印社，1987年。

羅振玉《赫連泉館古印存》，上海書店，1988年。

方介堪《璽印文綜》，上海書店，1989年。

何昆玉《吉金齋古銅印譜》，上海書店，1989年。

吳大澂《十六金符齋印存》，上海書店，1989年。

《中國美術全集·書法篆刻編》第七分冊《璽印篆刻》，上海書畫出版社、上海人民美術出版社,1989年。

　　韓天衡、孫慰祖《古玉印精萃》,上海書店,1989年。

　　湖南省博物館《湖南省博物館藏古璽印集》,上海書店,1991年。

　　林樹臣《璽印集林》,上海書店,1991年。

　　張英等《吉林出土古代官印》,文物出版社,1992年。

　　蕭春淵《珍秦齋古印展》,澳門市政廳,1993年。

　　陳松長《璽印鑒賞》,灕江出版社,1993年。

　　康殷、任兆鳳《印典》,國際文化出版公司,1993—1994年。

　　葉其峰《古璽印與古璽印鑒定》,文物出版社,1997年。

　　天津藝術博物館《天津市藝術博物館藏古璽印選》,文物出版社,1997年。

　　金懷英編《秦漢印典》,上海書畫出版社,1997年。

　　曹錦炎《古璽通論》,上海書畫出版社,1997年。

　　賴非主編《山東新出土古璽印》,齊魯書社,1998年。

　　高文、高成剛《巴蜀銅印》,上海書店出版社,1998年。

　　傅嘉儀《歷代印陶封泥印風》,重慶出版社,1999年。

　　許雄志《秦代印風》,重慶出版社,1999年。

　　徐暢《先秦印風》,重慶出版社,1999年。

　　趙志鈞編《黃賓虹金石篆印叢編》,人民美術出版社,1999年。

　　曹錦炎主編《黃賓虹古璽印釋文選》,上海書畫出版社,1999年。

　　傅嘉儀《篆字印彙》,上海書店出版社,1999年。

## 古璽論文

### 1929年

黃賓虹《古鉨用於陶器之文字》,《藝觀》3期,1929年。

### 1931年

《秦鉨》,《藝林月刊》20期,1931年。

《東陽淮澤王□鉨》,《藝林月刊》17期,1931年5月。

**1934 年**

《燕□陽魯平鉨》,《藝林月刊》49 期,1934 年。

《左司聿啓印》,《藝林月刊》47 期,1934 年。

**1935 年**

《行泠之鉨》,《藝林月刊》67 期,1935 年 7 月。

**1936 年**

《林農古鉨》,《藝林月刊》81 期,1936 年 9 月。

**1937 年**

《淶水出土古鉨》,《藝林月刊》85 期,1937 年 1 月。

**1941 年**

予向《古印文字證》,《中和月刊》2 卷 5 期(1941 年),2 卷 7 期(1941 年)。

**1958 年**

黃河水庫考古工作隊《一九五七年河南陝縣發掘簡報》,《考古通訊》1958 年 11 期。

**1974 年**

王克林《山西榆次古墓發掘記》,《文物》1974 年 12 期。

**1978 年**

史樹青《從"夏虛都"三璽談夏朝的都城》,《光明日報》1978 年 2 月 10 日。

**1979 年**

葉其峰《試釋幾方工官璽印》,《故宮博物院院刊》1979 年 2 期。

牛濟普《古璽初探》,《河南文博通訊》1979 年 4 期。

石志廉《館藏戰國七璽考》,《中國歷史博物館館刊》1979 年 1 期。

朱德熙《戰國匋文和璽印文字中的"者"字》,《古文字研究》(一),中華書局,1979 年。又《朱德熙古文字論集》。

**1980 年**

黃盛璋《所謂"夏虛都"三璽與夏都問題》,《河南文博通訊》1980 年 3 期。

石志廉《戰國古璽考釋十種》,《中國歷史博物館館刊》1980 年 2 期。

尤仁德、田鳳嶺《新發現的一方戰國古璽》,《文物》1980 年 8 期。

賀保官等《洛陽博物館藏官印考》,《文物》1980 年 12 期。

張頷《"安國君"印跋》,《中國歷史博物館館刊》1980 年 2 期。

**1981 年**

羅福頤《近百年來對古璽文字之認識和發展》,《古文字研究》(五),中華書局,1981 年。

于豪亮《古璽考釋》,《古文字研究》(五),中華書局,1981 年。

馬國權《繆篆研究》,《古文字研究》(五),中華書局,1981 年。

葉其峰《戰國官璽的國別及有關問題》,《故宮博物院院刊》1981 年 3 期。

羅福頤《對古印章的認識》,《西泠印叢》,1981 年 3 期。

高石農《印章起源初探》,《南藝學報》1981 年 2 期。

陳榮杓、胡舜慶《肖形印簡談》,《南藝學報》1981 年 2 期。

孫貫文、趙超《由出土印章看兩處墓葬的墓主等問題》,《考古》1981 年 4 期。

**1982 年**

陳漢平《釋古璽文"堂"字》,《考古與文物》1982 年 2 期。

趙超《試談幾方秦代的田字格印及有關問題》,《考古與文物》1982 年 6 期。

沈仲常《新都戰國墓出土銅印圖象探源》，《江漢考古》1982年2期。

羅福頤《史印新證舉隅》，《故宮博物院院刊》1982年2期。

尤仁德《春秋戰國八璽考釋》，《考古與文物》1982年3期。

李學勤《楚國夫人璽與戰國時的江陵》，《江漢論壇》1982年7期。

**1983年**

王人聰《古璽考釋》，《古文字學論集（初編）》，香港中文大學，1983年。

吳振武《〈古璽彙編〉釋文訂補及分類修訂》，《古文字學論集（初編）》，香港中文大學，1983年。

葉其峰《戰國成語璽析義》，《故宮博物院院刊》1983年1期。

黃盛璋《"匈奴相邦"印之國別年代及相關問題》，《文物》1983年8期。

秦進才、武峰《秦印試談》，《歷史知識》1983年1期。

裘錫圭《戰國璽印文字考釋三則》，《古文字研究》（十），中華書局，1983年。又《古文字論集》。

商水縣文物管理委員會《河南商水縣戰國城址調查》，《考古》1983年9期。

傅錦山《遼寧錦山縣臺集屯徐家溝戰國墓》，《考古》1983年11期。

**1984年**

智龕《古璽簡介》，《書法》1984年4期。

湯餘惠《楚璽兩考》，《江漢考古》1984年2期。

李家浩《楚國官印考釋（四篇）》，《江漢考古》1984年2期。

劉心健、劉自強《蒼山縣柞城故址發現銅印等文物》，《文物》1984年8期。

湖南省博物館《長沙樹木嶺戰國阿彌嶺西漢墓》，《考古》1984年9期。

鄭紹宗《河北古代官印集釋》，《文物》1984年9期。

**1985年**

朱德熙《釋桁》，《古文字研究》（十二），中華書局，1985年。

石志廉《會平市鈢補釋》,《中國歷史博物館館刊》1985 年 7 期。
曹錦炎《戰國璽印文字考釋(三篇)》,《考古與文物》1985 年 4 期。

**1986 年**
何琳儀《古璽雜識》,《遼海文物學刊》1986 年 2 期。
張如元《戰國璽印文字考釋叢札》,《溫州師專學報》1986 年 3 期。
黃盛璋《戰國"江陵"璽與江陵之興起因沿考》,《江漢考古》1986 年 1 期。
王輝《古璽釋文二則》,《人文雜志》1986 年 2 期。
陳漢平《古文字釋叢》,《考古與文物》1986 年 2 期。
鄭超《楚國官璽考述》,《文物研究》(二),黃山書社,1986 年。
陳爾俊《戰國古璽文字考釋補正》,《文物研究》(二),黃山書社,1986 年。
吳同玲《六安發現一枚東周大莫囂官璽》,《中國文物報》1986 年 9 月 19 日。

**1987 年**
孟憲鈞《中國古璽印的著錄與研究概述》,《文物天地》1987 年 6 期。
李家浩《從戰國"忠信"印談古文字中的異讀現象》,《北京大學學報》1987 年 2 期。
劉豫川《巴蜀符號印章的初步研究》,《文物》1987 年 10 期。
王人聰《香港中文大學文物館藏官印略考》,《故宮博物院院刊》1987 年 3 期。
黃盛璋《匈奴官印綜論》,《社會科學戰綫》1987 年 3 期。
袁純富《也談宣城禁皇城出土的二方印章》,《江漢考古》1987 年 1 期。

**1988 年**
陳爾俊《戰國古璽文字字形增省例說》,《文物研究》(三),黃山書社,1988 年。
黃盛璋《我國印章的起源及其用途》,《中國文物報》1988 年 4 月 15 日。

韓自强《安徽阜陽博物館藏印選介》,《文物》1988 年 6 期。

胡仁宜《"大莫囂"古官璽》,《文物》1988 年 2 期。

徐寶貴《戰國古璽文字考釋五則》,《松遼學刊》1988 年 2 期。

林傑《趙太后璽新證——釋"肖夫句"》,《河北學刊》1988 年 3 期。

牛濟普《秦印瑣記》,《中原文物》1988 年 4 期。

吳同玲、胡援《新發現的"大莫囂"古璽考略》,《文物研究》(三),黃山書社,1988 年。

劉樂賢《古璽文字考釋(十則)》,古文字研究會十週年學術論文,1988 年。

徐寶貴《戰國璽印文字考釋》,古文字研究會十週年學術論文,1988 年。

齊鴻浩《黃龍徵集——戰國秦"私府"印》,《中國文物報》1988 年 8 月 19 日。

逸之《古璽印賞析》,《文物天地》1988 年 4 期。

**1989 年**

石志廉《戰國古鉨文字考釋十一種》,《中國歷史博物館館刊》13、14,1989 年 3 月。

裘錫圭《淺談璽印文字的研究》,《中國文物報》1989 年 1 月 20 日。

吳振武《古璽合文考(十八篇)》,《古文字研究》(十七),中華書局,1989 年。

王綿厚《遼寧省博物館藏歷代官印考錄》,《遼海文物學刊》1989 年 1 期。

施謝捷《"印"之別稱輯》,《西泠印叢》1989 年 4 期。

雨惟《"内府"璽跋》,《史學集刊》1989 年 1 期。

**1990 年**

裘錫圭《"諸侯之旅"等印考釋》,《文物研究》(六),黃山書社,1990 年。

劉釗《璽印文字釋叢(一)》,《考古與文物》1990 年 2 期。

尤仁德《館藏戰國六璽考釋》,《考古與文物》1990 年 3 期。

蕭高洪《秦印的特點及其形成的文化背景》,《江西文物》1990 年 3 期。

王輝《秦印探述》,《文博》1990 年 5 期。

孫慰祖《讀印札記三則》,《上海博物館集刊》第五期,上海古籍出版社,1990 年。

**1991 年**

陳松長《湖南省博物館新徵集璽印考述》,《湖南博物館文集》,嶽麓書社,1991 年。

徐寶貴《戰國璽印文字考釋》,《中國文字》新 15 期,藝文印書館,1991 年。

劉釗《楚璽考釋(六篇)》,《江漢考古》1991 年 1 期。

吳振武《戰國璽印中"虞"和"衡鹿"》,《江漢考古》1991 年 3 期。

葛英會《戰國齊"徙旺"璽與"爰土易居"》,《中國歷史博物館館刊》15～16 期。

葛英會《釋"戴丘涖盟"璽兼談其國別及製作年代》,《北京大學學報》1991 年 2 期。

吳振武《釋戰國"可以正民"成語璽》,《湖南博物館文集》,嶽麓書社,1991 年。

李家浩《戰國官印考釋(二篇)》,《文物研究》(七),黃山書社,1991 年。

湯餘惠《"於王既正"印文考——兼論望山二號楚墓的年代》,《文物研究》(七),黃山書社,1991 年。

曹錦炎《建國以來古璽研究之簡述》,《西泠藝報》62、63、64 期,1991 年 1 月、2 月、3 月。

**1992 年**

吳振武《戰國璽印中的"申屠"氏》,《文史》35 輯,中華書局,1992 年。

李學勤《中國璽印的起源》,《中國文物報》1992 年 7 月 26 日。又《綴古集》。

牛濟普《楚系官璽例舉》,《中原文物》1992 年 3 期。

林澐《釋古璽中從"朿"的兩個字》,《古文字研究》(十九),1992年。
何琳儀《古璽雜識續》,《古文字研究》(十九),中華書局,1992年。
裘錫圭《古璽印考釋四篇》,《文博研究論集》,上海古籍出版社,1992年。
裘錫圭《"司馬聞""聞司馬"考》,《古文字論集》,中華書局,1992年。
曹錦炎《黃賓虹的一首釋印佚詩》,《西泠藝報》81期,1992年9月。

**1993年**

何琳儀《古璽雜識再續》,《中國文字》新17期,藝文印書館,1993年。
邵磊《秦代印章初探》,《印學論談》,西泠印社,1993年。
曹錦炎《古璽文字中的"="符》,《印學論談》,西泠印社,1993年。
湯餘惠《古璽文字七釋》,《第二屆國際中國古文字學研討會論文集》,香港中文大學,1993年。
曹錦炎《戰國古璽文字考釋(三篇)》,《第二屆國際中國古文字學研討會論文集》,香港中文大學,1993年。
曹錦炎《釋三方春秋時代的古璽》,《西泠藝報》86期,1993年2月。
曹錦炎《記黃賓虹舊藏的一方古璽》,《西泠藝報》88期,1993年4月。
吳振武《古璽辨偽二例》,《文物》1993年11期。
董珊《古璽中的燕都薊及其初封問題》,《江漢考古》1993年4期。
湯餘惠《"卑將匠夠信璽"跋》,《考古與文物》1993年5期。
黃盛璋《關於安徽阜陽博物館藏印的若干問題》,《文物》1993年6期。

**1994年**

徐寶貴《戰國璽印文字考釋七篇》,《考古與文物》1994年3期。
羅運環《論楚璽及其他》,《江漢考古》1994年4期。
曹錦炎《釋楚國的幾方烙印》,《江漢考古》1994年2期。
劉釗《釋戰國"右騎將"璽》,《史學集刊》1994年3期。
王人聰《考古發現所見秦私印述略》,《南方文物》1994年4期。
王人聰《武平君璽考》,《江漢考古》1994年4期。

吳怡《蒲江船棺墓與新都木椁墓出土印章的研究》，《四川文物》1994年3期。

鄭緒滔《什邡船棺葬出土一枚"十方雄王"印章》，《四川文物》1994年5期。

馬國權《〈鴨雄綠齋古璽印選〉序》，《西泠藝報》107期，1994年11月。

吳振武《古璽和秦簡中的"穆"字》，《文史》38輯，中華書局，1994年。

**1995年**

何琳儀《戰國官璽雜識》，《印林》第16卷第2期，1995年。

施謝捷《近年出版諸印譜釋文訂補（上）》，《印林》第16卷第2期，1995年。

施謝捷《近年出版諸印譜釋文訂補（下）》，《印林》第16卷第4期，1995年。

施謝捷《古璽印考釋五篇》，《印林》第16卷第2期，1995年。

施謝捷《〈古璽彙編〉釋文校訂》（1994年修訂稿），《印林》第16卷第5期。

李毅峰《變化萬千的璽印文字》，《華人文化世界》1995年1期。

曹錦炎《上相邦璽考》，《中國文物報》1995年12月17日。

胡昌健《巴蜀印章探微》，《四川文物》1995年5期。

**1996年**

施謝捷《古璽印文字考釋五篇》，《南京師範大學學報》1996年4期。

施謝捷《古璽印考釋十篇》，《印林》第17卷第2期，1996年。

任隆《試論秦官印及其藝術特色》，《文博》1996年6期。

吳振武《戰國官璽釋解二篇》，《金景芳九五誕辰紀念文集》，吉林文史出版社，1996年。

吳振武《齊官"王眾"考》，《盡心集》，中國社會科學出版社，1996年。

邵磊《戰國古璽分域叢談（附戰國古璽辨偽例證）》，《南方文物》1996年

4期。

趙平安《湖南省博物館藏古璽印集釋文補正》,《江漢考古》1996年4期。

何琳儀、馮勝君《燕璽簡述》,《北京文博》1996年3期。

曾憲通《論齊國"遛盌之璽"及其相關問題》,《華學》第一輯,中山大學出版社,1996年。又《容庚先生百年誕辰紀念文集》,廣東人民出版社,1998年。

錢玉趾《什邡船棺葬出土方形王印考》,《文物》1996年10期。

馮廣宏、王家佑《什邡巴蜀印文考義》,《四川文物》1996年3期。

王人聰《記幾方珍貴的巴蜀符號印》,《故宮博物院院刊》1996年4期。

王人聰《秦鄉印考》,《中國文物報》1996年2月4日。

吳振武《釋雙劍誃舊藏燕"外司聖鍴"璽》,《于省吾教授百年誕辰紀念文集》,吉林大學出版社,1996年。

李家浩《戰國官印考釋兩篇》,《于省吾教授百年誕辰紀念文集》,吉林大學出版社,1996年。

王人聰《戰國璽印考釋七篇》,《于省吾教授百年誕辰紀念文集》,吉林大學出版社,1996年。

許明農《再論陶印爲璽印之祖》,《西泠藝報》130期,1996年。

許國平《故宮博物館藏秦朝官私印》,《中國篆刻》1996年2期。

**1997年**

韓建武、師小群《陝西歷史博物館藏印叢考》,《文博》1997年4期。

王人聰《戰國吉語箴言璽考釋》,《故宮博物院院刊》1997年4期。

施謝捷《釋戰國楚璽中的"登徒"複姓》,《文教資料》1997年第4期。

李東琬《箴言古璽與先秦倫理思想》,《北方文物》1997年2期。

孫慰祖《風華流溢的古玉印》,《上海博物館新館專輯(五)》,《中國文物世界》142。

高智《古璽文徵十則》,《第三屆國際中國古文字學研討會論文集》,香港中文大學,1997年。

劉釗《〈香港中文大學文物館藏印續集一〉讀後記》,《中國篆刻》1997年4期。

董珊《秦郝氏箴言款考釋》,《中國篆刻》1997年4期。

**1998年**

施謝捷《古璽印文字叢考(十篇)》,《南京師範大學學報》1998年1期。

劉釗《璽印文字釋叢(二)》,《考古與文物》1998年3期。

王恩田《莒公孫潮子鐘考釋與臧家莊墓年代——兼說齊魯官印"陽都邑"巨璽及其辨偽》,《遠望集——陝西省考古研究所華誕四十週年紀念文集》,陝西人民美術出版社,1998年。

趙超《"鑄師"考》,《遠望集——陝西省考古研究所華誕四十週年紀念文集》,陝西人民美術出版社,1998年。

王人聰《真山墓地出土"上相邦璽"辨析》,《故宮博物院院刊》1998年12期。

羅運環《論楚璽及其他》,《容庚先生百年誕辰紀念文集》,廣東人民出版社,1998年。

施謝捷《〈古璽彙編〉釋文校訂》,《容庚先生百年誕辰紀念文集》,廣東人民出版社,1998年。

吳振武《燕國璽印中的"身"字》,《胡厚宣先生紀念文集》,科學出版社,1998年。

徐在國《古璽文字八釋》,《吉林大學古籍所建所十五週年紀念文集》,吉林大學出版社,1998年。

徐在國《"信士"璽跋》,《古漢語研究》1998年4期。

吳振武《古璽姓氏考(複姓十五篇)》,《出土文獻研究》(三),中華書局,1998年。

吳振武《釋三方收藏在日本的中國古代璽印》,《中國文字》新24期,藝文印書館,1998年。

李家浩《燕國"洧谷山金鼎瑞"補釋》,《中國文字》新24期,藝文印書館,

1998 年。

劉釗《〈香港中文大學文物館藏印集〉釋文訂補》,《中國文字》新 24 期,藝文印書館,1998 年。

**1999 年**

吳振武《戰國璽印中所見的監官》,《中國古文字研究》(第一輯),吉林大學出版社,1999 年。

施謝捷《古璽雙名雜考》,《中國古文字研究》(第一輯),吉林大學出版社,1999 年。

劉樂賢《古璽漢印複姓合證三則》,《中國古文字研究》(第一輯),吉林大學出版社,1999 年。

董珊《新見戰國古璽印一一七方》,《中國古文字研究》(第一輯),吉林大學出版社,1999 年。

徐在國《戰國成語璽考釋四則》,《中國古文字研究》(第一輯),吉林大學出版社,1999 年。

吳良寶《璽陶文字零釋(三則)》,《中國古文字研究》(第一輯),吉林大學出版社,1999 年。

魏宜輝、申憲《古璽文字考釋(十則)》,《東南文化》1999 年 3 期。

施謝捷《古璽印文字考釋(十篇)》,《語言研究集刊》第六輯,江蘇教育出版社,1999 年。

白於藍《古璽文字考釋(四篇)》,《考古與文物》1999 年 3 期。

徐在國《戰國官璽考釋三則》,《考古與文物》1999 年 3 期。

孫新生《山東青州發現二方先秦古璽》,《考古與文物》1999 年 5 期。

徐暢《"古兵政璽"考》,《西泠藝報》168 期,1999 年 12 月。

徐敦德《關於一方古印的斷代及釋文》,《西泠藝報》166 期,1999 年。

劉江《戰國各國私印初分》,《西泠印社國際印學研討會論文集》,西泠印社,1999 年。

許雄志《關於秦印的一些問題》,《西泠印社國際印學研討會論文集》,西泠印社,1999年。

曹錦炎《關於真山出土的"上相邦璽"》,《故宫博物院院刊》1999年2期。

**2000年**

譚宏姣《戰國古璽文字考釋兩篇》,《考古與文物》2000年4期。

徐寶貴《戰國璽印文字考釋》,《古文字研究》(二十二),中華書局,2000年。

韓自强、韓朝《安徽阜陽出土的楚國官璽》,《古文字研究》(二十二),中華書局,2000年。

施謝捷《古璽複姓雜考(六則)》,《中國古璽印學國際研討會論文集》,香港中文大學文物館,2000年。

劉信芳《古璽試解十則》,《中國文字》新26期,藝文印書館,2000年。

黄盛璋《齊璽"左桁廪木""左(右)桁正木"與"桁"即秦文"衡"字對應,決疑解難——秦統一後六國被罷廢文字與對應的秦文字研究,爲試解戰國失傳、難認文字提出一條新途徑》,《古文字研究》(二十二),中華書局,2000年。

肖毅《"麋亡"印釋》,《中國文字》新26期,藝文印書館,2000年。

吴振武《陽文秦印輯録》,《中國古璽印學國際研討會論文集》,香港中文大學文物館,2000年。

葉其峰《戰國官署璽》,《中國古璽印學國際研討會論文集》,香港中文大學文物館,2000年。

王輝《秦印考釋五則》,《中國古璽印學國際研討會論文集》,香港中文大學文物館,2000年。

吴榮曾《對幾方秦漢印章的考述》,《中國古璽印學國際研討會論文集》,香港中文大學文物館,2000年。

陳松長《湖南省博物館藏出土璽印分期淺論》,《中國古璽印學國際研討會論文集》,香港中文大學文物館,2000年。

陳根遠《〈山東新出土古璽印〉獻疑》,《中國古璽印學國際研討會論文集》,香港中文大學文物館,2000年。

## 陶文專著

陳介祺《簠齋藏陶》(四函 20 冊),北京大學圖書館藏。

陳介祺《簠齋藏陶》(二冊),考古所藏。

陳介祺《陶文釋存》。

陳介祺《陶器造像化布雜器考釋》。

《望文生誼齋古陶文字》(四函 20 冊),北京大學圖書館藏。

端方《陶齋藏陶》十卷。

周霖《三代古陶文字》。

方德九《德九存陶》(四冊),歷史所藏。

方德九《雲水山人陶文萃》(十三冊),北京大學圖書館藏。

張培澍《古陶瑣萃》(四冊),考古所藏。

王孝禹《瘦雲樓古陶拓本》(一冊),考古所藏。

吳隱《遯庵古陶存》(四冊),考古所藏。

徐同柏《齊魯古陶文字》(1 冊),歷史所藏。

王獻唐《海嶽樓藏齊魯陶文》(一函九冊),考古所藏。

吳大澂《古陶文字釋》四卷。

吳大澂《三代秦漢古陶文字考》。

王襄《古陶今釋》2 卷,續編 2 卷。

《塤室藏三代秦漢六朝古陶》(二函十八冊),考古所藏。

陳直《關中秦漢陶錄》,天津古籍出版社。

吳大澂《簠齋古陶文字考釋》(又題《三代古陶文字》)五冊,北京圖書館藏。

劉鶚《鐵雲藏陶》。

劉鶚《古陶奇字》。

孫文楷《木盦古陶文字》1901 年。

黃賓虹《陶璽文字合證》,神州國光社影印本,1930 年。

王獻唐《鄒滕古陶文字》(三冊),考古所藏,1933 年。

顧廷龍《古匋文舂錄》,國立北平研究院石印本,1936 年。

王獻唐《臨淄封泥文字叙目》,北平開明書店,1936年。

吳大澂《吳愙齋尺牘》,商務印書館,1938年。

周進藏、孫濤、孫鼎編《季木藏陶》,1943年。

金祥恒《匋文編》,藝文印書館,1964年。

陝西省博物館《秦漢瓦當》,文物出版社,1964年。

袁仲一《秦代陶文》,三秦出版社,1987年。

陳直《摹廬叢著七種》,齊魯書社,1981年。

陳直《摹廬藏陶拓存》,齊魯書社,1983年。

劉士莪《西北大學藏瓦選集》,西北大學出版社,1987年。

錢君匋等《瓦當彙編》,上海人民美術出版社,1988年。

徐錫臺等《周秦漢瓦當》,文物出版社,1988年。

高明《古陶文彙編》,中華書局,1990年。

王鏞、李淼《中國古代磚文》,知識出版社,1990年。

高明、葛英會《古陶文字徵》,中華書局,1991年。

孫慰祖《古封泥集成》,上海書店出版社,1994年。

周寶宏《古陶文形體研究》,吉林大學博士論文,1994年。

殷蓀《中國磚銘文字徵》,上海書畫出版社,1996年。

周進集藏,周紹良整理,李零分類考釋《新編全本季木藏陶》,中華書局,1998年。

周曉陸、路東之《秦封泥集》,三秦出版社,2000年。

## 陶文論文

### 1911年

趙公壼《封泥辨》,《國粹學報》,1911年。

### 1929年

黃賓虹《古鉨用於陶器之文字》,《藝觀》3期,1929年。

**1935 年**

唐蘭《陳常匋釜考》,《國學季刊》5 卷 1 期,1935 年。

張政烺《平陵陳㝷立事歲陶考證》,《潛社史學論叢》3 期,1935 年。

**1936 年**

孫文青《吳子陶壘跋》,《河南博物館館刊》2 集,1936 年。

聞宥《古匋文舂錄叙》,《勵學》1 卷 6 期,1936 年。

**1937 年**

張政烺《讀古匋文舂錄》,《天津益世報·讀書週刊》,1937 年。

**1947 年**

朱德熙《讀古文字小記·釋勮》,北平《新生報》副刊《語言與文學》16 期,1947 年 2 月 3 日。又《朱德熙古文字論集》。

**1948 年**

王襄《古陶文絮語》,《燕京學報》35 期,1948 年。

**1957 年**

陳直《秦陶卷與秦陵文物》,《西北大學學報》1957 年 1 期。

**1963 年**

俞偉超《漢代的"亭""市"陶文》,《文物》1963 年 2 期。

**1964 年**

吳梓林《秦都咸陽遺址新發現的陶文》,《文物》1964 年 7 期。

**1978 年**

李先登《天津師院圖書館藏陶文選釋》,《天津師院學報》1978 年 2 期。

**1980 年**

袁仲一《秦代的市、亭陶文》,《考古與文物》1980 年 1 期。

袁仲一、程學華《秦代中央官署製陶業的陶文》,《考古與文物》1980 年 3 期。

**1981 年**

袁仲一《秦民營製陶作坊的陶文》,《考古與文物》1981 年 1 期。

孫德潤、毛富玉《秦都咸陽出土陶文釋讀小議》,《考古與文物》1981 年 1 期。

牛濟普《鄭州、滎陽兩地新出戰國陶文介紹》,《中原文物》1981 年 1 期。

**1982 年**

李學勤《山東陶文的發現和著錄》,《齊魯學刊》1982 年 5 期。又《綴古集》。

平生《邾國故城陶量文字補正》,《文物》1982 年 7 期。

李先登《河南登封陽城遺址出土陶文簡釋》,《古文字研究》(七),中華書局,1982 年。

商志䫴《說商亳及其他》,《古文字研究》(七),中華書局,1982 年。

**1983 年**

趙超《釋"齋"》,《考古》1983 年 1 期。

受年《鄒國陶量文字辨正》,《文物》1983 年 3 期。

丘隆、丘光明《介紹幾件韓國陶量》,《中原文物》1983 年 3 期。

牛濟普《"亳丘"印陶文考》,《中原文物》1983 年 3 期。

袁仲一《秦代徭役性的官營製陶作坊的陶文》,《陝西省考古學會第一屆年會論文集》,《考古與文物叢刊》第三號。

袁仲一《論秦的厩苑制度——從秦陵馬厩坑出土的刻辭談起》,《古文字論集》(一),1983年。

劉慶桂、李毓芳《秦都咸陽遺址陶文叢考》,《古文字論集》(一),1983年。

**1984 年**

牛濟普《"格氏"即"葛鄉城"考》,《中原文物》1984 年 1 期。

曹錦炎《釋戰國陶文中"敵"》,《考古》1984 年 1 期。

牛濟普《滎陽印陶考》,《中原文物》1984 年 2 期。

**1985 年**

張松林《鄭州商城內出土的東周陶文》,《考古與文物》1985 年 3 期。

**1986 年**

蔡全法《近年來新鄭"鄭韓故城"出土陶文簡釋》,《中原文物》1986 年 1 期。

程學華、郭興文《釋櫺》,《考古與文物》1986 年 3 期。

陳雍《秦漢文字札叢》,《史學集刊》1986 年 4 期。

鄭超《戰國秦漢陶文研究概述》,《古文字研究》(十四),中華書局,1986 年。

王學理《亭里陶文的解讀與秦都咸陽的行政區劃》,《古文字研究》(十四),中華書局,1986 年。

孫敬明《齊陶新探(附益都藏陶)》,《古文字研究》(十四),中華書局,1986 年。

郭子直《戰國秦封宗邑瓦書銘文新釋》,《古文字研究》(十四),中華書局,1986 年。

**1987 年**

牛濟普《五方印陶新釋》,《中原文物》1987 年 1 期。

陳全方、尚志儒《秦都雍城新出陶文研究》,《文博》1987 年 3 期。

呂智榮《陝西清澗李家崖古城址陶文考釋》,《文博》1987 年 4 期。

李恩佳《戰國時期中山國的陶量》,《文物》1987 年 4 期。

尚志儒《秦封宗邑瓦書的幾個問題》,《文博》1987 年 6 期。

袁仲一《讀秦惠文王四年瓦書》,《中國考古學研究論集》,三秦出版社,1987 年。

劉占成《秦兵馬俑陶文淺析》,《中國考古學研究論集》,三秦出版社,1987 年。

**1988 年**

黃盛璋《商水扶蘇城出土古陶文及其相關問題》,《中原文物》1988 年 1 期。

孫敬明等《臨淄齊故城內外新發現的陶文》,《文物》1988 年 2 期。

喬志敏、趙丙煥《新鄭館藏東周陶文簡釋》,《中原文物》1988 年 4 期。

王輝《說"麗山茜府"》,《考古與文物》1988 年 4 期。

孫敬明《濰淄流域的陶文》,《中國文物報》1988 年 10 月 7 日。

**1989 年**

李學勤《戰國秦四年瓦書考釋》,香港中文大學《聯合書院三十週年紀念論文集》,1989 年。又以《秦四年瓦書》收入《李學勤學術文化隨筆》。

牛濟普《新鄭館藏東周陶文試析》,《中原文物》1989 年 2 期。

張麗華《秦漢文字瓦當賞析》,《美術研究》1989 年 4 期。

牛濟普《河南陶文概述》,《中原文物》1989 年 4 期。

吳振武《戰國"信完"封泥考》,《中國文物報》1989 年 8 月 25 日。

李先登《滎陽、邢丘出土陶文考釋》,《中國歷史博物館館刊》1989 年 11 期。

胡新立《邾國故城的陶文》,《中國文物報》1989 年 12 月 15 日。

**1990 年**

尚志儒《秦瓦研究》,《文博》1990 年 5 期。

劉占成《秦東陵陶文補釋》,《考古與文物》1990 年 5 期。

毛炳鈞《陶文二題》,《文博》1990 年 5 期。

**1991 年**

鄭傑祥《釋亳》,《中原文物》1991 年 1 期。

吳振武《試說齊國陶文中的"鍾"和"溢"》,《考古與文物》1991 年 1 期。

黃盛璋《秦封宗邑瓦書及其相關問題考辨》,《考古與文物》1991 年 1 期。

天戈《臨潼出土"新安"陶文小議》,《中國文物報》1991 年 2 月 10 日。

林泊《秦東陵出土的部分陶文》,《考古》1991 年 5 期。

劉樂賢《秦漢文字釋叢》,《考古與文物》1991 年 6 期。

王暉《最早的封邑文物憑證》,《中國文物報》1991 年 9 月 1 日。

**1992 年**

王輝《黃龍發現秦陶文補正》,《秦俑研究動態》1992 年 1 期。

徐秉琨《遼寧發現戰國陶銘四種考略》,《遼海文物學刊》1992 年 2 期。

葛英會《古陶文釋叢》,《文物季刊》1992 年 3 期。

何琳儀《古陶雜識》,《考古與文物》1992 年 4 期。

李學勤《燕齊陶文叢論》,《上海博物館集刊》第六期,上海古籍出版社,1992 年。

**1993 年**

楊宏娥等《稀世珍寶秦封宗邑〈瓦書〉的研究》,《陝西檔案》1993 年 4 期。

**1994 年**

孫敬明《齊陶文比較研究》,《管子學刊》1994 年 3～4 期。

馬良民、言家信《山東鄒平縣苑城村出土陶文考釋》,《文物》1994 年

4 期。

李學勤《鄒城張莊磚文》,《中國文物報》1994 年 8 月 14 日。又《綴古集》。

鄭建芳《最早的墓志——戰國刻銘墓磚》,《中國文物報》1994 年 6 月 19 日。

劉釗《齊於陵市和節陶文考》,《管子學刊》1994 年 4 期。

**1995 年**

陳偉武《〈古陶文字徵〉訂補》,《中山大學學報》1995 年 1 期。

陳根遠、陳洪《新出齊"陳棱"釜陶文考》,《考古與文物》1995 年 3 期。

李學勤《陳固陶區》,《學習與探索》1995 年 5 期。又《綴古集》。

**1996 年**

施謝捷《河北出土古陶文字零釋》,《文物春秋》1996 年 2 期。

施謝捷《齊陶印文"於"字考》,《印林》第 17 卷第 4 期,1996 年。

高明《説"䢵"及其相關問題》,《考古》1996 年 3 期。

衛斯《魏國陶器"虞大罐"》,《中國文物報》1996 年 3 月 31 日。

王恩田《齊國陶文地名考》,《考古與文物》1996 年 4 期。

陳曉捷《臨潼新豐鎮劉寨村秦遺址出土陶文》,《考古與文物》1996 年 4 期。

楊澤生《〈古陶文字徵〉字頭、出處、文例、説明等方面存在的問題》,《江漢考古》1996 年 4 期。

傅嘉儀《戰國秦"封宗邑瓦書"及其書法》,《書法研究》1996 年 5 期。

湯餘惠《釋䍙》,《于省吾教授百年誕辰紀念文集》,吉林大學出版社,1996 年。

**1997 年**

鄭建芳《對鄒城張莊磚文的補充》,《中國文物報》1997 年 1 月 28 日。

王成生《漢且慮縣及其相關陶銘考》,《遼海文物學刊》1997年2期。

施謝捷《古陶文考釋三篇》,《古漢語研究》1997年3期。

田靜、史黨社《新發現秦封泥中的"上寢"及"南宮""北宮"問題》,《人文雜志》1997年6期。

任隆《秦文書封緘制度的結晶:西安北郊新出土秦封泥概述》,《西安檔案》1997年6期。

楊澤生《古陶文字零釋》,《中國文字》新22期,藝文印書館,1997年。

李學勤《秦封泥與秦印》,《西北大學學報》1997年1期。又《走出疑古時代》(增訂本)。又《李學勤學術文化隨筆》。

張懋鎔《試論西安北郊出土封泥的年代與意義》,《西北大學學報》1997年1期。

周曉陸、路東之《空前的收穫 重大的課題——古陶文明博物館藏秦封泥綜述》,《西北大學學報》1997年1期。

黃留珠《秦封泥窺管》,《西北大學學報》1997年1期。

路東之《秦封泥圖例》,《西北大學學報》1997年1期。

余華青《新發現的封泥資料與秦漢宦官制度研究》,《西北大學學報》1997年1期。

周偉洲《新發現的秦封泥與秦代郡縣制》,《西北大學學報》1997年1期。

周天游《秦樂府新議》,《西北大學學報》1997年1期。

周曉陸等《秦代封泥的重大發現——夢齋藏秦封泥的初步研究》,《考古與文物》1997年1期。

蘇文《陝西發現成批秦代封泥》,《秦文化論叢》第五輯,西北大學出版社,1997年。

馬良民、張守林《山東泗水尹家城出土封泥考略》,《考古》1997年3期。

史黨社《新發現秦封泥叢考》,《秦陵秦俑研究動態》1997年3期。

傅嘉儀、羅小紅《漢長安城新出土秦封泥——西安書法藝術博物館藏封泥初探》,《收藏》1997年6月。

倪志俊《空前的考古發現、豐富的瑰寶收藏——記西安北郊新出土封泥出土地點的發現及西安中國書法藝術博物館新入藏的大批封泥精品》,《書法報》1997 年 4 月 9 日。

**1998 年**

岳起《咸陽塔兒坡秦墓新出陶文》,《文博》1998 年 1 期。

王輝《也談西安北郊出土封泥的斷代》,《中國文物報》1998 年 1 月 7 日。

馮勝君《燕國陶文綜述》,《北京文博》1998 年 2 期。

施謝捷《陝西出土秦陶文字叢釋》,《考古與文物》1998 年 2 期。

周曉陸、路東之、龐睿《西安出土秦封泥補讀》,《考古與文物》1998 年 2 期。

黃吉軍、黃吉博《談"河市"、"河亭"和秦墓斷代》,《中原文物》1998 年 2 期。

劉瑞《秦信宮考——試論秦封泥出土地的性質》,《陝西歷史博物館館刊》(五),西北大學出版社,1998 年。

王輝《咸陽塔兒坡新出秦陶文補讀》,《陝西歷史博物館館刊》(五),西北大學出版社,1998 年。

李學勤《田齊陶文的"鍾"》,《四海尋珍》,清華大學出版社,1998 年。

**2000 年**

王望生《西安臨潼新豐南杜遺址陶文》,《考古與文物》,2000 年 1 期。

董珊《從〈新編全本季木藏陶〉談到古陶文的發現與研究》,《書品》2000 年 1 期。

白化文《從〈新編全本季木藏陶〉的出版談起》,《文物天地》2000 年 5 期。

**簡牘專著**

史樹青《長沙仰天湖出土楚簡研究》,群聯出版社,1955 年。

余鎬堂《鎬堂楚簡釋文》1957 年曬藍本。

中山大學古文字研究室《戰國楚簡彙編》1978 年油印本。

河南省文物研究所《信陽楚墓》,文物出版社,1986年。

鄭有田《中國簡牘學綜論》,華東師大出版社,1989年。

湖北荊沙鐵路考古隊《包山楚墓》(上、下),文物出版社,1991年。

湖北荊沙鐵路考古隊《包山楚簡》,文物出版社,1991年。

李學勤《周易經傳溯源》,長春出版社,1992年。

李學勤《簡帛佚籍與學術史》,臺北時報文化出版有限公司,1994年。

郭若愚《戰國楚簡文字編》,上海書畫出版社,1994年。

湖北省文物考古研究所、北京大學中文系《望山楚簡》,中華書局,1995年。

滕壬生《楚系簡帛文字編》,湖北教育出版社,1995年。

商承祚《戰國楚竹簡彙編》,齊魯書社,1995年。

陳偉《包山楚簡初探》,武漢大學出版社,1996年。

張守中《包山楚簡文字編》,文物出版社,1996年。

李運富《楚國簡帛文字構形系統研究》,嶽麓書社,1997年。

荊門市博物館《郭店楚墓竹簡》,文物出版社,1998年。

李正光等《楚漢簡帛書典》,湖南美術出版社,1998年。

崔仁義《荊門郭店楚簡〈老子〉研究》,科學出版社,1998年。

中國社會科學院簡帛研究中心《簡帛研究》第三輯,廣西教育出版社,1998年。

姜廣輝主編《郭店楚簡研究》(《中國哲學》第20輯),遼寧教育出版社,1999年。

劉信芳《郭店楚簡〈老子〉解詁》,藝文印書館,1999年。

侯才《郭店楚墓竹簡〈老子〉校讀》,大連出版社,1999年。

魏啓鵬《楚簡〈老子〉柬釋》,萬卷樓圖書有限公司,1999年。

駢宇騫、段書安《本世紀以來出土簡帛概述》,萬卷樓圖書有限公司,1999年。

陳鼓應主編《道家文化研究》第17輯("郭店楚簡"專號),三聯書店,1999年。

高定彝《老子道德經研究》,北京廣播學院出版社,1999年。

武漢大學中國文化研究院《郭店楚簡國際學術研討會論文集》，湖北人民出版社，2000年。

彭浩《郭店楚簡老子校讀》，湖北人民出版社，2000年。

丁四新《郭店楚墓竹簡思想研究》，東方出版社，2000年。

湖北省文物考古研究所、北京大學中文系《九店楚簡》，中華書局，2000年。

龐樸《竹帛〈五行〉篇校注及研究》，萬卷樓圖書公司，2000年。

劉信芳《簡帛〈五行〉解詁》，藝文印書館，2000年。

《中國哲學》編輯部、國際儒聯學術委員會合編《郭店簡與儒學研究》（《中國哲學》第21輯），遼寧教育出版社，2000年。

## 簡牘論文

### 1954年

羅福頤《談長沙發現的戰國竹簡》，《文物參考資料》1954年9期。

史樹青、楊宗英《讀1954年第9期"文參"筆記》，《文物參考資料》1954年12期。

饒宗頤《楚簡釋文》，《書道全集》卷一，日本平凡社，1954年。

饒宗頤《長沙出土戰國楚簡初釋》1954年油印本。

### 1956年

戴東亞《楚文物——二、長沙出土的戰國竹簡》，《新湖南報》1956年10月26日。

### 1957年

河南省文化局文物工作隊第一隊《我國考古史上的空前發現，信陽長臺關發掘一座戰國大墓》，《文物參考資料》1957年9期。

李學勤《信陽楚墓中發現最早的戰國竹書》，《光明日報》1957年11月27日。

陳直《楚簡解要》，《西北大學學報》1957年4期。

湖南省文管會《長沙仰天湖第 25 號木槨墓》,《考古學報》1957 年 2 期。
饒宗頤《戰國楚簡箋證》,《金匱論古綜合刊》1,1957 年。

**1958 年**
郭沫若《信陽墓的年代與國別》,《文物參考資料》1958 年 1 期。

**1962 年**
陳直《六十年來我國發現竹木簡概述》,《歷史教學》1962 年 9 期。

**1963 年**
史樹青《信陽長臺關出土竹書考》,《北京師範大學學報》1963 年 4 期。

**1973 年**
朱德熙、裘錫圭《信陽楚簡考釋（五篇）》,《考古學報》1973 年 1 期。又《朱德熙古文字論集》。

**1976 年**
中山大學中文系古文字研究室楚簡整理小組《一篇浸透着奴隸主思想的反面教材——談信陽長臺關出土的竹書》,《文物》1976 年 6 期。

**1977 年**
中山大學中文系古文字研究室楚簡整理小組《江陵昭固墓若干問題的探討》,《中山大學學報》1977 年 2 期。

**1978 年**
舒學《我國古代竹木簡的發現出土情況》,《文物》1978 年 1 期。
中山大學中文系古文字研究室楚簡整理小組《戰國楚簡概述》,《中山大學學報》1978 年 4 期。

**1979 年**

李家浩《釋"弁"》,《古文字研究》(一),中華書局,1979 年。

**1980 年**

曾憲通《楚月名初探——兼談昭固墓竹簡的年代問題》,《中山大學學報》1980 年 1 期。

馬國權《戰國楚竹簡文字略説》,《古文字研究》(三),中華書局,1980 年。

**1981 年**

李學勤《秦簡的古文字學考察》,《雲夢秦簡研究》,中華書局,1981 年。

初聞《漫談簡牘》,《文物天地》1981 年 4 期。

李學勤《新發現簡帛與秦漢文化史》,《淮陰師專學報增刊、活頁文史叢刊》121 號,1981 年。又《李學勤集》。

李學勤《新出簡帛與楚文化》,《楚文化新探》,湖北人民出版社,1981 年。

陳邦懷《戰國楚文字小記》,《楚文化新探》,湖北人民出版社,1981 年。

**1982 年**

林河《從楚簡考證侗族與楚、苗之間的關係》,《貴州民族研究》1982 年 1 期。

湖北荊州地區博物館《江陵天星觀一號楚墓》,《考古學報》1982 年 1 期。

陳煒湛《釋毛》,《中山大學學報》1982 年 2 期。

舒之梅、何浩《仰天湖楚簡"鄔陽公"的身份及相關問題——與林河同志商榷》,《江漢論壇》1982 年 10 期。

李昭和《青川出土木牘文字簡考》,《文物》1982 年 1 期。

于豪亮《釋青川秦墓木牘》,《文物》1982 年 1 期。

李學勤《青川郝家坪木牘研究》,《文物》1982 年 10 期。又《李學勤集》。又《李學勤學術文化隨筆》。

黄盛璋《青川新出秦田律木牘及相關問題》,《文物》1982 年 9 期。

楊寬《釋青川秦牘的田畝制度》,《文物》1982年7期。

**1983 年**

李家浩《信陽楚簡"澮"字及从"关"之字》,《中國語言學報》1期,商務印書館,1983年。

饒宗頤《秦簡日書中的"夕"(柰)字的含義》,《中國語言學報》1期,商務印書館,1983年。

胡平生《青川墓木牘"爲田律"所反映的田畝制度》,《文史》19輯,中華書局,1983年。

胡澱咸《四川青川秦墓爲田律木牘考釋——並略論我國古代田畝制度》,《安徽師範大學學報》1983年3期。

田宜超、劉釗《秦田律考釋》,《考古》1983年6期。

尹顯德《小篆産生以前和隸書墨迹——介紹青川木牘並談"初有隸書"問題》,《書法》1983年3期。

饒宗頤《殷代易卦及有關占卜諸問題》,《文史》20輯,1983年。

滕壬生《釋悳》,《古文字研究》(十),中華書局,1983年。

**1984 年**

彭浩《信陽長臺關楚簡補釋》,《江漢考古》1984年2期。

劉操南《楚簡陵陽釋文》,《杭州大學學報》增刊49～51,1984年。

**1985 年**

張金光《論青川木牘中的"爲田"制度》,《文史哲》1985年6期。

湯漳平《從江陵楚墓竹簡看〈楚辭·九歌〉》,《中國古典文學論叢》第二輯,人民文學出版社,1985年。

**1986 年**

丁光勛《青川郝家坪秦墓木牘研究之我見》,《歷史教學問題》1986年

2 期。

連劭名《望山楚簡中的"習卜"》,《江漢論壇》1986 年 11 期。

郭若愚《長沙仰天湖戰國竹簡文字的摹寫和考釋》,《上海博物館集刊》第三期,上海古籍出版社,1986 年。

夏淥《從楚簡"車輦"談太史公牛馬走》,《江漢論壇》1986 年 8 期。

林沄《釋笞》,《中國語文研究》8 期,1986 年。又《林沄學術文集》。

李學勤《簡帛研究新動向》,日本《木簡研究》第 8 號,1986 年。又《李學勤學術文化隨筆》。

胡平生、韓自強《青川秦墓木牘的一把鑰匙》,《文史》26 輯,中華書局,1986 年。

### 1987 年

黄盛璋《青川秦牘〈田律〉爭議問題總議》,《農業考古》1987 年 2 期。

### 1988 年

米如田《戰國楚簡的發現與研究》,《江漢考古》1988 年 3 期。

李學勤《論包山簡中一楚先祖名》,《文物》1988 年 8 期。又《李學勤集》。又名《包山簡一楚先祖名》,《李學勤學術文化隨筆》。

羅開玉《青川秦牘〈爲田律〉所規定的"爲田"制》,《考古》1988 年 8 期。

譚維四《江陵雨臺山 21 號楚墓律管淺論》,《文物》1988 年 5 期。

### 1989 年

王雲《關於青川木牘的年代》,《四川文物》1989 年 5 期。

黎子耀《包山竹簡楚先祖名與〈周易〉的關係》,《杭州大學學報》1989 年 2 期。

徐中舒、伍士謙《青川木牘簡論》,《先秦史論集》,中州古籍出版社,1989 年。

王明欽《湖北江陵天星觀楚簡的初步研究》,北京大學考古系碩士論文,

1989 年。

　　甘肅省文物考古研究所等《甘肅天水放馬灘戰國秦漢墓群的發掘》,《文物》1989 年 2 期。

　　何雙全《天水放馬灘秦簡綜述》,《文物》1989 年 2 期。

　　何雙全《天水放馬灘秦簡甲種〈日書〉考述》,《秦漢簡牘論文集》,甘肅人民出版社,1989 年。

　　秦簡整理小組《天水放馬灘秦簡甲種〈日書〉釋文》,《秦漢簡牘論文集》,甘肅人民出版社,1989 年。

　　朱德熙《望山楚簡裏的"簡"和"敲"》,《古文字研究》(十七),中華書局,1989 年。

　　李學勤《竹簡卜辭與商周甲骨》,《鄭州大學學報》1989 年 2 期。又《周易經傳溯源》。

**1990 年**

　　劉信芳《天水放馬灘秦簡綜述質疑》,《文物》1990 年 9 期。

　　鄧文寬《天水放馬灘秦簡〈月建〉應名〈建除〉》,《文物》1990 年 9 期。

　　李學勤《長臺關竹簡中的〈墨子〉佚文》,《徐中舒先生九十壽辰紀念文集》,巴蜀書社,1990 年。又名《長臺關簡〈墨子〉》,《李學勤學術文化隨筆》。

　　李根蟠《簡論青川秦牘〈爲田律〉》,《農史研究》1990 年 10 期。

　　李學勤《放馬灘簡中的志怪故事》,《文物》1990 年 4 期。又《當代學者自選文庫·李學勤卷》。

**1991 年**

　　彭浩《包山二號楚墓〈卜筮祭禱〉竹簡的初步研究》,《楚文化研究論集》二集,湖北人民出版社,1991 年。

　　羅運環《論包山簡中的楚國州制》,《江漢考古》1991 年 3 期。

　　李零《簡牘帛書研究》,《中國考古學年鑒》,文物出版社,1991 年。

**1992 年**

羅開玉《青川秦牘〈爲田律〉再研究》，《四川文物》1992 年 3 期。

吴郁芳《包山二號墓墓主昭佗家譜考》，《江漢論壇》1992 年 11 期。

王建蘇《包山楚簡研究述評》，《江漢論壇》1992 年 11 期。

李學勤《包山楚簡中的土地買賣》，《中國文物報》1992 年 3 月 22 日。又《綴古集》。

劉釗《談包山楚簡中有關"煮鹽於海"的重要史料》，《中國文物報》1992 年 11 月 8 日。

劉信芳《包山楚簡遣策考釋拾零》，《江漢考古》1992 年 3 期。

劉信芳《司中、司骨爲何神》，《中國文物報》1992 年 7 月 26 日。

劉信芳《二天子爲何方神祇》，《中國文物報》1992 年 6 月 21 日。

劉信芳《"漸木"之神》，《中國文物報》1992 年 10 月 18 日。

曾憲通《秦漢時制芻議》，《中山大學學報》1992 年 4 期。

曾憲通《説踐餕及其他》，《江漢考古》1992 年 2 期。

林沄《讀包山楚簡札記七則》，《江漢考古》1992 年 4 期。

**1993 年**

張金光《青川秦牘〈更修爲田律〉適用範圍管見》，《四川文物》1993 年 5 期。

何幼琦《論包山楚簡之曆》，《江漢論壇》1993 年 11 期。

曾憲通《包山卜筮簡考釋（七篇）》，《第二届國際中國古文字學研討會論文集》，香港中文大學，1993 年。

李家浩《包山楚簡中的旌旆及其他》，《第二届國際中國古文字研討會論文集續編》，香港中文大學，1993 年。

陳松長《〈包山楚簡〉遣策釋文訂補》，《第二届國際中國古文字研討會論文集續編》，香港中文大學，1993 年。

后德俊《"包山楚簡"中的"金"義小考》，《江漢論壇》1993 年 11 期。

陳仁《近年出土楚國簡牘概述》，《中國文學研究》1993 年 7 期。

陳振裕《湖北楚簡概述》,《簡帛研究》第一輯,法律出版社,1993年。

劉彬徽《包山楚簡二則》,《簡帛研究》第一輯,法律出版社,1993年。

裘錫圭《讀簡帛文字資料札記》,《簡帛研究》第一輯,法律出版社,1993年。

何琳儀《信陽竹簡選釋》,《文物研究》(八),黃山書社,1993年。

劉信芳《包山楚簡神名與〈九歌〉神祇》,《文學遺產》1993年5期。

夏渌《讀〈包山楚簡〉偶記——"受賄"、"國帑"、"茅門有敗"等字詞新義》,《江漢考古》1993年2期。

曹錦炎《包山楚簡中的受期》,《江漢考古》1993年2期。

陳偉《關於包山"受期"簡的讀解》,《江漢考古》1993年1期。

何琳儀《包山竹簡選釋》,《江漢考古》1993年4期。

李天虹《〈包山楚簡〉釋文補正》,《江漢考古》1993年2期。

湯餘惠《包山楚簡讀後記》,《考古與文物》1993年2期。

李學勤《論新出簡帛與學術研究》,《傳統文化與現代化》1993年1期。又《當代學者自選文庫·李學勤卷》。

李零《包山楚簡研究(占卜類)》,《中國典籍與文化論叢》第一輯,中華書局,1993年。又《中國方術考》。

**1994年**

張桂光《楚簡文字考釋二則》,《江漢考古》1994年3期。

李家浩《包山二六六號簡所記木器研究》,《國學研究》(第二卷),北京大學出版社,1994年。

陳偉《包山楚司法簡131—139號考析》,《江漢考古》1994年4期。

黃盛璋《包山簡中若干重要制度與爭議未決諸關鍵字解難、決疑》,《湖南考古輯刊》(六),嶽麓書社,1994年。

胡雅麗《包山楚簡所見爵稱述考》,《楚文化研究論集》四集,河南人民出版社,1994年。

許道勝《包山二號墓竹簡卦畫初探》,《楚文化研究論集》四集,河南人民出版社,1994年。

李零《包山楚簡研究(文書類)》,《王玉哲先生八十壽辰紀念文集》,南開大學出版社,1994年。又《李零自選集》。

**1995年**

劉信芳《包山楚簡中的幾支楚公族試析》,《江漢論壇》1995年1期。

李零《古文字雜識(五則)》,《國學研究》(第三卷),北京大學出版社,1995年。

李運富《楚國簡帛文字資料綜述》,《江漢考古》1995年4期。

賈繼東《包山楚墓簡文"見日"淺釋》,《江漢考古》1995年4期。

陳偉《包山竹簡所見楚國的縣、郡等封邑》,《長江文化論集》第一輯,湖北教育出版社,1995年。

舒之梅、劉信芳《包山楚簡人名研究六則》,《長江文化論集》第一輯,湖北教育出版社,1995年。

饒宗頤《關於重字與平夜君問題》,《文物》1995年4期。

陳偉《關於包山"疋獄"簡的幾個問題》,《江漢考古》1995年4期。

陳偉《包山楚簡所見邑、里、州的初步研究》,《武漢大學學報》1995年1期。

賈繼東《淺議包山楚簡對楚國法制研究的意義》,《中國文物報》1995年11月5日。

左鵬《荊門竹簡〈老子〉出土的意義》,《中國文物報》1995年6月25日。

何鋒、徐義德《荊門出土〈老子〉等五部竹簡典籍》,《中國文物報》1995年3月19日。

劉祖信《荊門楚墓的驚人發現》,《文物天地》1995年第6期。

劉祖信、崔仁義《荊門竹簡〈老子〉並非對話體》,《中國文物報》1995年8月20日。

徐少華《從包山楚簡論楚之始封立國——兼論有關周原卜辭的年代和史實》,《長江文化論集》第一輯,湖北教育出版社,1995年。

**1996 年**

葛英會《包山楚簡治獄文書研究》,《日中文化研究》1996 年 10 期。

黃盛璋《青川秦牘〈田律〉爭議問題平議》,《國際簡牘學會會刊》2,蘭臺出版社,1996 年。

李均明《簡牘符號考述》,《華學》第二輯,中山大學出版社,1996 年。

周世榮《淺談饒宗頤先生對湖南出土竹帛書的研究》,《華學》第二輯,中山大學出版社,1996 年。

劉信芳《楚簡文字考釋五則》,《于省吾教授百年誕辰紀念文集》,吉林大學出版社,1996 年。

高智《〈包山楚簡〉文字校釋十四則》,《于省吾教授百年誕辰紀念文集》,吉林大學出版社,1996 年 9 月。

徐在國《包山楚簡文字考釋四則》,《于省吾教授百年誕辰紀念文集》,吉林大學出版社,1996 年。

葛英會《包山楚簡釋詞三則》,《于省吾教授百年誕辰紀念文集》,吉林大學出版社,1996 年。

陳偉《包山簡所見幾種身份的考察》,《湖北大學學報》1996 年 1 期。

徐少華《包山楚簡釋地八則》,《中國歷史地理論叢》1996 年 4 期。

李家浩《信陽楚簡中的"柿枳"》,《簡帛研究》第二輯,法律出版社,1996 年。

劉信芳《包山楚簡司法術語考釋》,《簡帛研究》第二輯,法律出版社,1996 年。

白於藍《包山楚簡零拾》,《簡帛研究》第二輯,法律出版社,1996 年。

彭浩《戰國時期的遣策》,《簡帛研究》第二輯,法律出版社,1996 年。

祝中熹《青川秦牘田制考辨》,《簡帛研究》第二輯,法律出版社,1996 年。

陳偉《關於包山楚簡中的喪葬文書》,《考古與文物》1996 年 2 期。

賈繼東《〈包山楚簡〉中"受期"簡別解》,《東南文化》1996 年 1 期。

陳偉《試論包山楚簡所見的卜筮制度》,《江漢考古》1996 年 1 期。

吳郁芳《〈包山楚簡〉卜禱簡牘釋讀》,《考古與文物》1996 年 2 期。

李運富《楚國簡帛文字叢考(一)》,《古漢語研究》1996 年 3 期。

李運富《楚國簡帛文字研究概觀》,《江漢考古》1996 年 3 期。

陳偉武《簡帛兵學文獻軍術考述》,《華學》第二輯,中山大學出版社,1996 年。

劉樂賢《九店楚簡日書研究》,《華學》第二輯,中山大學出版社 1996 年。

劉信芳《包山楚簡近似之字辨析》,《考古與文物》1996 年 2 期。

葛英會《包山楚簡治獄文書研究》,《南方文物》1996 年 2 期。

葛英會《〈包山〉簡文釋詞兩則》,《南方文物》1996 年 3 期。

賈繼東《從出土竹簡看楚國司法職官的建置及演變》,《江漢論壇》1996 年 9 期。

賈繼東《簡論楚國訴訟制度的期日與期間》,《中國文物報》1996 年 7 月 28 日。

張鐵慧《〈曾侯乙墓竹簡釋文與考釋〉讀後記》,《江漢考古》1996 年 3 期。

徐少華《包山楚簡釋地五則》,《江漢考古》1996 年 4 期。

徐少華《包山楚簡釋地十則》,《文物》1996 年 12 期。

饒宗頤《緇衣零簡》,《學術集林》卷九,上海遠東出版社,1996 年。

**1997 年**

徐在國《楚簡文字拾零》,《江漢考古》1997 年 2 期。

張竹邦《包山楚簡曆法芻議》,《雲南史志》1997 年 2 期。

陳偉《望山楚簡所見的卜筮與禱祠——與包山楚簡相對照》,《江漢考古》1997 年 2 期。

劉信芳《〈包山楚簡〉職官與官府通考》,《故宮學術季刊》15 卷 1 期,1997 年。

徐少華《〈包山楚簡〉地名數則考釋》,《武漢大學學報》1997 年 4 期。

李守奎《江陵九店 56 號墓竹簡考釋四則》,《江漢考古》1997 年 4 期。

劉信芳《九店楚簡日書與秦簡日書比較研究》,《第三屆國際中國古文字學研討會論文集》,香港中文大學,1997 年。

陳松長《九店楚簡釋讀札記》，《第三屆國際中國古文字學研討會論文集》，香港中文大學，1997年。

李家浩《包山楚簡"簶"字及其相關之字》，《第三屆國際中國古文字學研討會論文集》，香港中文大學，1997年。

陳偉《新發表楚簡資料所見的紀時制度》，《第三屆國際中國古文字學研討會論文集》，香港中文大學，1997年。

劉樂賢《楚文字雜釋（七則）》，《第三屆國際中國古文字學研討會論文集》，香港中文大學，1997年。

陳偉武《戰國楚簡考釋斠議》，《第三屆國際中國古文字學研討會論文集》，香港中文大學，1997年。

胡平生《說包山楚簡的"謀"》，《第三屆國際中國古文字學研討會論文集》，香港中文大學，1997年。

劉國勝《曾侯乙墓E61號漆箱書文字研究——附"瑟"考》，《第三屆國際中國古文字學研討會論文集》，香港中文大學，1997年。

饒宗頤《說九店楚簡之武夷（君）與復山》，《文物》1997年6期。

王勝利《包山楚簡曆法芻議》，《江漢論壇》1997年2期。

郭德維《〈包山楚簡初探〉評介》，《江漢考古》1997年1期。

王仲翊《包山楚簡文字偏旁之不定形現象試析（提要）》，《黃侃學術研究》，武漢大學出版社，1997年。

張全民《"見日"試釋》，《社會科學探索》1997年3期。

白於藍《釋包山楚簡中的"巷"字》，《殷都學刊》1997年3期。

羅開玉《青川秦牘〈爲田律〉研究》，《簡牘學研究》第二輯，甘肅人民出版社，1997年。

李家浩《包山楚簡所記楚先祖名及相關的問題》，《文史》42輯，中華書局，1997年。

黃靈庚《楚簡札記六則》，《文史》43輯，中華書局，1997年。

崔仁義《試論荊門竹簡〈老子〉的年代》，《荊門大學學報》1997年2期。

崔仁義《荊門楚墓出土的竹簡〈老子〉初探》，《荊門社會科學》1997年

5 期。

湖北省荊門市博物館《荊門郭店一號楚墓》,《文物》1997 年第 7 期。

劉信芳《楚系文字"瑟"以及相關的幾個問題》,《鴻禧文物》,臺北鴻禧美術館,1997 年。

劉信芳《楚簡器物釋名》(上篇),《中國文字》新 22 期,藝文印書館,1997 年。

劉信芳《楚簡器物釋名》(下篇),《中國文字》新 22 期,藝文印書館,1997 年。

胡雅麗《包山楚簡服飾資料研究》,《文物考古文集》,武漢大學出版社,1997 年。

**1998 年**

陳偉武《睡虎地秦簡核詁》,《中國語文》1998 年 2 期。

趙平安《釋包山楚簡中的"衕"和"遻"》,《考古》1998 年 5 期。

古敬恒《〈望山楚簡〉札記》,《徐州師範大學學報》1998 年 2 期。

胡雅麗《包山楚簡述略》,《中華文化論壇》1998 年 2 期。

李家浩《包山楚簡中的"枳"》,《徐中舒先生百年誕辰紀念文集》,巴蜀書社,1998 年。

陳秉新《包山楚簡考釋商榷》,《南方文物》1998 年 3 期。

史傑鵬《關於包山楚簡中的四個地名》,《陝西歷史博物館館刊》(五),西北大學出版社,1998 年。

陳偉《包山楚簡中的宛郡》,《武漢大學學報》1998 年 6 期。

陳恩林、張全民《包山"受期"簡析疑》,《江漢考古》1998 年 2 期。

徐少華《包山楚簡釋地四則》,《武漢大學學報》1998 年 6 期。

劉信芳《中國最早的殺人案審案實錄》,《尋根》1998 年 3 期。

白於藍《〈包山楚簡文字編〉校讀瑣議》,《江漢考古》1998 年 2 期。

陳秉新、李立芳《包山楚簡新釋》,《江漢考古》1998 年 2 期。

裴大泉《釋包山楚簡中的"笸"字》,《簡帛研究》第三輯,廣西教育出版社,1998年12月。

白於藍《包山楚簡考釋(三篇)》,《吉林大學古籍所建所十五週年紀念文集》,吉林大學出版社,1998年。

徐在國《楚簡文字新釋》,《江漢考古》1998年2期。

徐在國《讀〈楚系簡帛文字編〉札記》,《安徽大學學報》1998年5期。

陳偉《九店楚日書校讀及其相關問題》,《人文論叢》1998年卷,武漢大學出版社,1998年。

施謝捷《簡帛文字校釋札記》,《簡帛研究》第三輯,廣西教育出版社,1998年。

陳偉《楚國第二批司法簡芻議》,《簡帛研究》第三輯,廣西教育出版社,1998年。

李家浩《信陽楚簡"樂人之器"研究》,《簡帛研究》第三輯,廣西教育出版社,1998年。

李守奎《楚文字考釋(三組)》,《簡帛研究》第三輯,廣西教育出版社,1998年。

劉信芳《望山楚簡校讀記》,《簡帛研究》第三輯,廣西教育出版社,1998年。

劉樂賢《九店楚簡日書補釋》,《簡帛研究》第三輯,廣西教育出版社,1998年。

李零《讀幾種出土發現的選擇類古書》,《簡帛研究》第三輯,廣西教育出版社,1998年。

何琳儀《仰天湖竹簡選釋》,《簡帛研究》第三輯,廣西教育出版社,1998年。

陳煒湛《包山楚簡研究(七篇)》,《容庚先生百年誕辰紀念文集》,廣東人民出版社,1998年。

舒之梅《包山簡遣冊車馬器考釋五則》,《容庚先生百年誕辰紀念文集》,廣東人民出版社,1998年。

李運富《楚國簡帛文字叢考》,《中國出土資料研究》2,1998年。

施謝捷《簡帛文字考釋札記》,《文教資料》1998年6期。

張顯成《簡帛文獻對辭書編纂的價值》,《辭書研究》1998年1期。

李運富《楚國簡帛文字叢考(三)》,《古漢語研究》1998年2期。

施謝捷《簡帛文字考釋札記(續)》,《文教資料》1998年6期。

劉彬徽《常德夕陽坡楚簡考釋》,紀念徐中舒先生百年誕辰暨中國古文字學國際學術研討會論文,1998年,成都。

廖名春《楚文字釋讀三篇》,《漢字與文化國際學術研討會論文集》,1998年。

廖名春《楚文字考釋三則》,《吉林大學古籍所建所十五週年紀念文集》,吉林大學出版社,1998年。

張立文《論郭店楚墓竹簡的篇題和天人有分思想》,《傳統文化與現代化》1998年6期。

陳偉《郭店楚簡別釋》,《江漢考古》1998年4期。

李學勤《荆門郭店楚簡中的〈子思子〉》,《文物天地》1998年2期。又《郭店楚簡研究》。

李學勤《荆門郭店楚簡所見關尹遺說》,《中國文物報》1998年4月8日。又《郭店楚簡研究》。

吳曉萍、卜憲群《二十世紀末簡牘的重大發現及其價值》,《光明日報》1998年10月23日。

魏啓鵬《"大成若詘"考辨——讀楚簡〈老子〉札記之一》,1998年12月羅浮山道家會議論文。

躍進《振奮人心的考古發現——略説郭店楚墓竹簡的學術史意義》,《文史知識》1998年8期。

廖名春《楚簡〈老子〉校釋之一》,《華學》第三輯,紫禁城出版社,1998年。

陳鼓應《初讀簡本〈老子〉》,《文物》1998年10期。

李家浩《關於郭店〈老子〉乙組一支殘簡的拼接》,《中國文物報》1998年10月28日。

高明《讀郭店〈老子〉》,《中國文物報》1998年10月28日。

彭浩《談郭店〈老子〉分章和章次》,《中國文物報》1998年10月28日。

饒宗頤《緇衣零簡》,《秦漢史論叢》七,中國社會科學出版社,1998年。

李學勤《説郭店簡"道"字》,《簡帛研究》第三輯,廣西教育出版社,1998年。

彭浩《郭店楚簡〈緇衣〉的分章及相關問題》,《簡帛研究》第三輯,廣西教育出版社,1998年。

廖名春《楚簡〈老子〉校釋(二)》,《簡帛研究》第三輯,廣西教育出版社,1998年。

黃錫全《楚簡續貂》,《簡帛研究》第三輯,廣西教育出版社,1998年。

黃德寬、徐在國《郭店楚簡文字考釋》,《吉林大學古籍所建所十五週年紀念文集》,吉林大學出版社,1998年。

李存山《先秦儒家的政治倫理教科書——讀楚簡〈忠信之道〉及其他》,《中國文化研究》1998年冬之卷(總22期)。

李學勤《先秦儒家著作的重大發現》,《人民政協報》1998年6月8日。又《郭店楚簡研究》。

李學勤《釋郭店簡祭公之顧命》,《文物》1998年第7期。又《郭店楚簡研究》。

郭沂《試談楚簡〈太一生水〉及其與簡本〈老子〉的關係》,《中國哲學史》1998年4期。

李學勤《郭店簡與〈禮記〉》,《中國哲學史》1998年4期。

陳來《郭店簡可稱"荆門禮記"》,《人民政協報》1998年8月3日。

李學勤《從簡帛佚籍〈五行〉談到〈大學〉》,《孔子研究》1998年3期。

郭沂《郭店楚簡〈天降大常〉〈成之聞之〉篇疏證》,《孔子研究》1998年3期。

廖名春《郭店楚簡儒家著作考》,《孔子研究》1998年3期。

姜廣輝《郭店楚簡與〈子思子〉》,《哲學研究》1998年7期。又《郭店楚簡研究》。

郭沂《從郭店楚簡〈老子〉看老子其人其書》,《哲學研究》1998年7期。

龐樸《孔孟之間——郭店楚簡的思想史地位》,《中國社會科學》1998年第5期。又《郭店楚簡研究》。

邢文《郭店楚簡研究述評》,《民族藝術》1998年3期。

許抗生《初談郭店竹簡〈老子〉》,《宗教哲學》4卷4期,1998年。又《郭店楚簡研究》。

龐樸《古墓新知——漫談郭店楚簡》,《讀書》1998年9期。又《郭店楚簡研究》。

龐樸《初讀郭店楚簡》,《歷史研究》1998年4期。

陳來《郭店楚簡之〈性自命出〉篇初探》,《孔子研究》1998年3期。

邢文、李縉雲《郭店〈老子〉國際研討會綜述》,《文物》1998年第9期。又《郭店楚簡研究》。

邢文《楚簡〈五行〉試論》,《文物》1998年10期。

湯餘惠《釋"旃"》,《吉林大學古籍所建所十五週年紀念文集》,吉林大學出版社,1998年。

**1999年**

李零《讀九店楚簡》,《考古學報》1999年2期。

陳偉《湖北荊門包山卜筮楚簡所見神祇系統與享祭制度》,《考古》1999年4期。

董蓮池《也說包山簡文中的"受期"》,《古籍整理研究學刊》1999年4期。

劉信芳《包山楚簡地名考釋十二則》,《第一屆簡帛學術討論會論文》,中國文化大學,1999年。

李家浩《楚簡中的袷衣》,《中國文字研究》第一輯,吉林大學出版社,1999年。

于成龍《包山二號楚墓卜筮簡中若干問題的探討》,《出土文獻研究》(五),科學出版社,1999年。

李零《讀〈楚系簡帛文字編〉》,《出土文獻研究》(五),科學出版社,1999年。

劉釗《釋楚簡中的"繆"》，《江漢考古》1999年1期。

蕭聖中《曾侯乙墓遣策中的𩣡車、乘𩣡和𩣡軒》，《江漢考古》1999年1期。

曹錦炎《望山楚簡文字新釋（四則）》，浙江省博物館《東方博物》4輯，浙江大學出版社，1999年。

徐在國《釋"貨"》，《古典文獻與文化論叢》（第二輯），杭州大學出版社，1999年。

劉信芳《包山楚簡解詁試筆十七則》，《中國文字》新25期，藝文印書館，1999年。

徐少華《包山楚簡釋地五則》，《考古》1999年11期。

白於藍《〈包山楚簡文字編〉校訂》，《中國文字》新25期，藝文印書館，1999年。

李運富《楚國簡帛文字叢考（四）》，《古漢語研究》1999年1期。

趙建偉《郭店竹簡〈忠信之道〉、〈性自命出〉校釋》，《中國哲學史》1999年4月。

廖名春《郭店楚簡〈成之聞之〉〈唐虞之道〉篇與〈尚書〉》，《中國史研究》1999年3期。

李學勤《論上海博物館所藏的一支〈緇衣〉簡》，《齊魯學刊》1999年2期。

王博《關於〈唐虞之道〉的幾個問題》，《中國哲學史》1999年2期。

高正《論屈原與郭店楚墓竹書的關係》，《光明日報》1999年7月2日。

一文《郭店楚簡的發現是否改變先秦學術思想史》，《人民日報》1999年5月8日。

韓東育《〈郭店楚墓竹簡·太一生水〉與〈老子〉的幾個問題》，《社會科學》1999年2期。

徐在國《釋"咎繇"》，《古籍整理研究學刊》1999年3期。

陳偉《郭店楚簡〈六德〉諸篇零釋》，《武漢大學學報》1999年5期。

陳偉《讀郭店竹書〈老子〉札記（四則）》，《江漢論壇》1999年10期。

陳偉《〈太一生水〉考釋》，臺灣《古文字與古文獻》試刊號，1999年10月。

劉信芳《郭店簡文字考釋二則》，臺灣《古文字與古文獻》試刊號，1999年10月。

劉信芳《荊門郭店楚簡〈老子〉文字考釋》，《中國古文字研究》第一輯，吉林大學出版社，1999年。

白於藍《〈郭店楚墓竹簡〉讀後記》，《中國古文字研究》第一輯，吉林大學出版社，1999年。

何琳儀《郭店竹簡選釋》，《文物研究》（十二），黃山書社，1999年。

曹錦炎《簡評〈郭店楚簡研究文字編〉》，《中國文物報》1999年6月30日。

黃錫全《楚簡續貂》，《古文字論叢》，藝文印書館，1999年。

黃德寬、徐在國《郭店楚簡文字續考》，《江漢考古》1999年2期。

張桂光《郭店楚墓竹簡老子釋注商榷》，《江漢考古》1999年2期。

白於藍《〈郭店楚墓竹簡〉釋文正誤一例》，《吉林大學社會科學學報》1999年2期。

李學勤《郭店簡與〈樂記〉》，《中國哲學的詮釋和發展——張岱年先生90壽慶紀念文集》，北京大學出版社，1999年。

羅新慧《郭店楚簡與〈曾子〉》，《管子學刊》1999年3期。

方旭東《郭店一號楚墓墓主身份考異》，《北京大學學報》1999年6期。

陳斯鵬《讀郭店楚墓竹簡札記（十則）》，《中山大學學報論叢》1999年6期。

王博《關於〈唐虞之道〉的幾個問題》，《中國哲學史》1999年2期。

李學勤《天人之分》，《中國傳統哲學新論》，九州圖書出版社，1999年。

李家浩《楚墓竹簡中的"昆"字及從"昆"之字》，《中國文字》新25期，藝文印書館，1999年。

劉國勝《郭店竹簡釋字八則》，《武漢大學學報》1999年5期。

龔建平《郭店簡與〈禮記〉二題》，《武漢大學學報》1999年5期。

李零《三一考》，《本世紀出土思想文獻與中國古典哲學論文集》，輔仁大學出版社，1999年。

廖名春《荆門郭店楚簡與先秦儒學》,《郭店楚簡研究》,遼寧教育出版社,1999年。

王中江《郭店竹簡〈老子〉略説》,《郭店楚簡研究》,遼寧教育出版社,1999年。

郭沂《楚簡〈老子〉與老子公案》,《郭店楚簡研究》,遼寧教育出版社,1999年。

廖名春《〈老子〉"無爲而無不爲"説新證》,《郭店楚簡研究》,遼寧教育出版社,1999年。

邢文《論郭店〈老子〉與今本〈老子〉不屬一系——楚簡〈太一生水〉及其意義》,《郭店楚簡研究》,遼寧教育出版社,1999年。

李學勤《郭店楚簡與儒家經籍》,《郭店楚簡研究》,遼寧教育出版社,1999年。

張立文《〈窮達以時〉的時與遇》,《郭店楚簡研究》,遼寧教育出版社,1999年。

龐樸《竹帛〈五行〉篇比較》,《郭店楚簡研究》,遼寧教育出版社,1999年。

邢文《〈孟子·萬章〉與楚簡〈五行〉》,《郭店楚簡研究》,遼寧教育出版社,1999年。

陳明《〈唐虞之道〉與早期儒家的社會理念》,《郭店楚簡研究》,遼寧教育出版社,1999年;又《原道》5輯,貴州人民出版社,1999年。

郭沂《郭店楚簡〈成之聞之〉篇疏證》,《郭店楚簡研究》,遼寧教育出版社,1999年。

彭林《〈郭店楚簡·性自命出〉補釋》,《郭店楚簡研究》,遼寧教育出版社,1999年。

錢遜《〈六德〉諸篇所見的儒學思想》,《郭店楚簡研究》,遼寧教育出版社,1999年。

龐樸《〈語叢〉臆説》,《郭店楚簡研究》,遼寧教育出版社,1999年。

張立文《〈郭店楚墓竹簡〉的篇題》,《郭店楚簡研究》,遼寧教育出版社,1999年。

李家浩《讀〈郭店楚墓竹簡〉瑣議》,《郭店楚簡研究》,遼寧教育出版社,1999年。

劉樂賢《讀郭店楚簡札記三則》,《郭店楚簡研究》,遼寧教育出版社,1999年。

龐樸《撫心曰辟》,《郭店楚簡研究》,遼寧教育出版社,1999年。

王葆玹《試論郭店楚簡各篇的撰作時代及其背景——兼論郭店及包山楚墓的時代問題》,《郭店楚簡研究》,遼寧教育出版社,1999年。

劉宗漢《有關荊門郭店一號楚墓的兩個問題——墓主人的身份與儒道兼習》,《郭店楚簡研究》,遼寧教育出版社,1999年。

姜廣輝《郭店一號墓墓主是誰》,《郭店楚簡研究》,遼寧教育出版社,1999年。

魏啓鵬《楚簡〈老子〉柬釋》,《道家文化研究》第17輯("郭店楚簡"專號),三聯書店,1999年。

龐樸《一種有機的宇宙生成圖式——介紹楚簡〈太一生水〉》,《道家文化研究》第17輯("郭店楚簡"專號),三聯書店,1999年。

許抗生《初讀〈太一生水〉》,《道家文化研究》第17輯("郭店楚簡"專號),三聯書店,1999年。

李零《讀郭店楚簡〈太一生水〉》,《道家文化研究》第17輯("郭店楚簡"專號),三聯書店,1999年。

陳鼓應《〈太一生水〉與〈性自命出〉發微》,《道家文化研究》第17輯("郭店楚簡"專號),三聯書店,1999年。又《東方文化》1999年5期。

李零《郭店楚簡校讀記》,《道家文化研究》第17輯("郭店楚簡"專號),三聯書店,1999年。

趙建偉《郭店楚墓竹簡〈太一生水〉疏證》,《道家文化研究》第17輯("郭店楚簡"專號),三聯書店,1999年。

趙建偉《郭店竹簡〈老子〉校釋》,《道家文化研究》第17輯("郭店楚簡"專號),三聯書店,1999年。

王博《美國達慕思大學郭店〈老子〉國際學術討論會紀要》,《道家文化研究》第 17 輯("郭店楚簡"專號),三聯書店,1999 年。

彭浩《郭店一號墓的年代與簡本〈老子〉的結構》,《道家文化研究》第 17 輯("郭店楚簡"專號),三聯書店,1999 年。

王博《張岱年先生談荆門郭店竹簡〈老子〉》,《道家文化研究》第 17 輯("郭店楚簡"專號),三聯書店,1999 年。

裘錫圭《郭店〈老子〉簡初探》,《道家文化研究》第 17 輯("郭店楚簡"專號),三聯書店,1999 年。

陳鼓應《從郭店簡本看〈老子〉尚仁及守中思想》,《道家文化研究》第 17 輯("郭店楚簡"專號),三聯書店,1999 年。

張立文《論簡本〈老子〉與儒家思想的互補互濟》,《道家文化研究》第 17 輯("郭店楚簡"專號),三聯書店,1999 年。

王博《關於郭店楚墓竹簡〈老子〉的結構與性質——兼論其與通行本〈老子〉的關係》,《道家文化研究》第 17 輯("郭店楚簡"專號),三聯書店,1999 年 8 月。

强昱《〈太一生水〉與古代的太一觀》,《道家文化研究》第 17 輯("郭店楚簡"專號),三聯書店,1999 年。

廖名春《楚簡老子校詁》(一)(上),《大陸雜志》98 卷 1 期,1999 年。

廖名春《楚簡老子校詁》(一)(下),《大陸雜志》98 卷 2 期,1999 年。

廖名春《楚簡老子校詁》(二)(上),《大陸雜志》98 卷 5 期,1999 年。

廖名春《楚簡老子校詁》(二)(下),《大陸雜志》98 卷 6 期,1999 年。

廖名春《楚簡老子校詁》(三)(上),《大陸雜志》99 卷 1 期,1999 年。

廖名春《楚簡老子校詁》(三)(中),《大陸雜志》99 卷 2 期,1999 年。

廖名春《楚簡老子校詁》(三)(下),《大陸雜志》99 卷 3 期,1999 年。

廖名春《楚簡老子校釋》(七),《人文論叢》1999 年卷,1999 年。

劉釗《讀郭店楚簡字詞雜記(一)》,中國語言學會第 10 屆學術會暨國際中國語文研討會論文,1999 年。

高晨陽《郭店楚簡〈老子〉的真相及其與今本〈老子〉的關係——與郭沂先生商討》,《中國哲學史》1999 年 3 期。

尹振環《論〈郭店楚墓竹簡老子〉——簡帛〈老子〉比較研究》,《文獻》1999 年 3 期。

劉昕嵐《郭店楚簡〈性自命出〉篇箋釋》(上),《北京大學研究生學志》1999 年 1 期。

張立文《略論郭店楚簡的"仁義"思想》,《孔子研究》1999 年 1 期。

徐洪興《疑古與信古——從郭店竹簡本〈老子〉出土回顧本世紀關於老子其人其書的爭論》,《復旦學報》1999 年 1 期。

向世陵《郭店竹簡"性""情"說》,《孔子研究》1999 年 1 期。

周桂鈿《〈郭店楚墓竹簡·緇衣〉研究札記》,《孔子研究》1999 年 1 期。

羅熾《郭店楚墓竹簡印象》,《湖北大學學報》1999 年 2 期。

郭齊勇《郭店儒家簡的意義與價值》,《湖北大學學報》1999 年 2 期。

陳偉《文本復原是一項長期艱巨的工作》,《湖北大學學報》1999 年 2 期。

劉澤亮《從郭店楚簡看先秦儒道關係的演變》,《湖北大學學報》1999 年 2 期。

丁四新《略論郭店簡本〈老子〉甲乙丙三組的歷時性差異》,《湖北大學學報》1999 年 2 期。

羅運環《郭店楚簡的年代、用途及意義》,《湖北大學學報》1999 年 2 期。

張吉良《從老聃〈老子〉到太史儋〈道德經〉》,《江西社會科學》1999 年 2 期。

尹振環《也談楚簡〈老子〉其書》,《哲學研究》1999 年 4 期。

李緇雲《郭店楚簡研究近況》,《古籍整理出版情況簡報》1999 年 4 期。

劉煥藻《郭店楚簡〈老子〉研究》,《理論月刊》1999 年 5 期。

董鐵柱《從〈唐虞之道〉談"禪讓"》,《學園》1999 年 1 期。

龐樸《"使由使知"解》,《文史知識》1999 年 9 期。

翁賀凱《兩漢〈禮記〉源流新考——從〈郭店簡與禮記〉談起》,《北京大學研究生學志》1999 年 3 期。

尹振環《楚簡〈老子〉"絕智棄辯"思想及其發展演變》,《中國文化研究》1999 年冬之卷。

尹振環《驚人之筆，驚人之誤，驚人之訛》，《復旦學報》1999年6期。

羅新慧《郭店楚簡與〈曾子〉》，《管子學刊》1999年3期。

解光宇《郭店竹簡〈老子〉研究綜述》，《學術界》1999年5期。

丁四新、劉琛《楚簡〈語叢〉前三篇思想論析》，《江漢論壇》1999年10期。

郭齊勇《郭店儒家簡與孟子心性論》，《武漢大學學報》1999年5期。

鄧建鵬《略論〈唐虞之道〉的思想及其學派性質》，《武漢大學學報》1999年5期。

丁四新《〈性自命出〉與公孫尼子的關係》，《武漢大學學報》1999年5期。

宋啓發《從〈論語〉到〈五行〉孔子與子思的幾點思想比較》，《安徽大學學報》1999年5期。

廖名春《楚簡老子校釋》（五），《中國傳統哲學新論——朱伯崑教授七十五壽辰紀念文集》，九州出版社，1999年。

李建民《太一新證——以郭店楚簡爲綫索》，《中國出土資料研究》3，1999年。

李學勤《太一生水的數術解釋》，《本世紀出土思想文獻與中國古典哲學論文集》（上册），輔仁大學出版社，1999年。

李家浩《讀睡虎地秦簡〈日書〉"占盜疾等"札記三則》，《北京大學古文獻研究所集刊（一）》，北京燕山出版社，1999年。

**2000年**

龐樸《郢燕書説——郭店楚簡中山三器心旁文字試説》，《郭店楚簡國際學術研討會論文集》，湖北人民出版社，2000年。

龐樸《天人三式——郭店楚簡所見天人關係試説》，《郭店楚簡國際學術研討會論文集》，湖北人民出版社，2000年。

劉釗《讀郭店楚簡字詞札記》，《郭店楚簡國際學術研討會論文集》，湖北人民出版社，2000年。

李天虹《郭店楚簡文字雜釋》，《郭店楚簡國際學術研討會論文集》，湖北人民出版社，2000年。

李學勤《郭店楚簡〈六德〉的文獻學意義》,《郭店楚簡國際學術研討會論文集》,湖北人民出版社,2000年。

涂宗流、劉祖信《郭店楚簡〈緇衣〉通釋》,《郭店楚簡國際學術研討會論文集》,湖北人民出版社,2000年。

劉樂賢《郭店楚簡〈六德〉初探》,《郭店楚簡國際學術研討會論文集》,湖北人民出版社,2000年。

徐少華《郭店楚簡〈六德〉篇思想淵流探析》,《郭店楚簡國際學術研討會論文集》,湖北人民出版社,2000年。

彭邦本《郭店〈唐虞之道〉初探》,《郭店楚簡國際學術研討會論文集》,湖北人民出版社,2000年。

彭浩《一種新的宇宙生成理論——讀〈太一生水〉》,《郭店楚簡國際學術研討會論文集》,湖北人民出版社,2000年。

陳來《儒家系譜之重建與史料困境之突破——郭店楚簡儒書與先秦儒學研究》,《郭店楚簡國際學術研討會論文集》,湖北人民出版社,2000年。

黄錫全《讀郭店楚簡〈老子〉札記三則》,《郭店楚簡國際學術研討會論文集》,湖北人民出版社,2000年。

連劭名《郭店楚簡〈老子〉中的"恒"》,《郭店楚簡國際學術研討會論文集》,湖北人民出版社,2000年。

劉澤亮《郭店〈老子〉所見儒道關係及其意義》,《郭店楚簡國際學術研討會論文集》,湖北人民出版社,2000年。

唐明邦《竹簡〈老子〉與通行本〈老子〉比較研究》,《郭店楚簡國際學術研討會論文集》,湖北人民出版社,2000年。

王博《釋"槁木三年,不必爲邦旗"——兼談〈成之聞之〉的作者》,《郭店楚簡國際學術研討會論文集》,湖北人民出版社,2000年。

東方朔《〈性自命出〉篇的心性觀念初探》,《郭店楚簡國際學術研討會論文集》,湖北人民出版社,2000年。

陳偉《〈語叢〉一、三中有關"禮"的幾條簡文》,《郭店楚簡國際學術研討會論文集》,湖北人民出版社,2000年。

廖名春《郭店楚簡引〈書〉、論〈書〉考》,《郭店楚簡國際學術研討會論文集》,湖北人民出版社,2000年。

劉國勝《郭店〈老子〉札記》,《郭店楚簡國際學術研討會論文集》,湖北人民出版社,2000年。

李若暉《郭店老子偶札》,《郭店楚簡國際學術研討會論文集》,湖北人民出版社,2000年。

李零《郭店楚簡研究中的兩個問題——美國達慕思學院郭店楚簡〈老子〉國際學術討論會感想》,《郭店楚簡國際學術研討會論文集》,湖北人民出版社,2000年。

陳松長《〈太一生水〉考論》,《郭店楚簡國際學術研討會論文集》,湖北人民出版社,2000年。

裘錫圭《糾正我在郭店〈老子〉簡釋讀中的一個錯誤——關於"絕偽棄詐"》,《郭店楚簡國際學術研討會論文集》,湖北人民出版社,2000年。

陳偉《關於郭店楚簡〈六德〉諸篇編連的調整》,《郭店楚簡國際學術研討會論文集》,湖北人民出版社,2000年。

劉信芳《郭店簡〈緇衣〉解詁》,《郭店楚簡國際學術研討會論文集》,湖北人民出版社,2000年。

邢文《楚簡〈緇衣〉與先秦禮學》,《郭店楚簡國際學術研討會論文集》,湖北人民出版社,2000年。

彭林《論郭店楚簡中的禮容》,《郭店楚簡國際學術研討會論文集》,湖北人民出版社,2000年。

張正明《郭店楚簡的幾點啓示》,《郭店楚簡國際學術研討會論文集》,湖北人民出版社,2000年。

劉昕嵐《郭店楚簡〈性自命出〉篇箋釋》,《郭店楚簡國際學術研討會論文集》,湖北人民出版社,2000年。

任繼愈《郭店竹簡與楚文化》,《郭店楚簡國際學術研討會論文集》,湖北人民出版社,2000年。

丁四新《郭店楚墓竹簡研究文獻目錄》,《郭店楚簡國際學術研討會論文集》，湖北人民出版社，2000年。

劉信芳《郭店竹簡文字考釋拾遺》，《江漢考古》2000年1期。

劉信芳《試論郭店簡〈老子〉"樸"的倫理學意義》，《理論月刊》2000年1、2期合刊。

劉信芳《談談假竹簡的識別要點》，《故宮文物月刊》18卷2期，2000年。

劉信芳《先憂後樂與郭店簡"任"字》，《中國文物報》2000年6月7日。

劉信芳《是瑟朋友，還是殺朋友——關於郭店簡"瑟"字》，《中國文物報》2000年7月19日。

劉信芳《郭店簡文字例解三則》，《"中研院"歷史語言所集刊》第七十一本第四分，2000年。

劉信芳《釋〈五行〉與〈繫辭〉之型》，《周易研究》2000年4期。

劉信芳《"仁覆四海，義襄天下"與儒家仁義觀》，《新出簡帛國際學術研討會論文》，北京大學，2000年。

劉信芳《郭店楚簡〈六德〉解詁一則》，《古文字研究》（二十二），中華書局，2000年。

羅運環《論郭店一號楚墓所出漆耳杯文及墓主和竹簡的年代》，《考古》2000年1期。

羅運環《郭店楚簡有關君臣論述的研究——兼論〈語叢四〉的問題》，《郭店楚簡國際學術研討會論文集》，湖北人民出版社，2000年。

廖名春《上海博物館藏楚簡"武王踐祚"篇管窺》，《中國出土資料研究》4，2000年。

李若暉《郭店楚簡"衍"字略考》，《中國哲學史》2000年1期。

白奚《"仁"字古文字考辨》，《中國哲學史》2000年1期。

吳辛丑《簡帛異文的類型及其價值》，《華南師範大學學報》2000年4期。

白於藍《郭店楚簡〈老子〉丞、賽、壺校釋》，《古籍整理研究學刊》2000年2期。

陸錫興《七十年代以來的秦漢簡帛文字研究》，《南昌大學學報》2000年3期。

劉彬徽《荊門包山楚簡論述》,《古文字研究》(二十),中華書局,2000年。

李守奎《出土簡策中的"軒"和"圓軒"考》,《古文字研究》(二十二),中華書局,2000年。

董蓮池《釋楚簡中的"辯"字》,《古文字研究》(二十二),中華書局,2000年。

劉樂賢《郭店楚簡雜考(五則)》,《古文字研究》(二十二),中華書局,2000年。

馮勝君《讀〈郭店楚墓竹簡〉札記(四則)》,《古文字研究》(二十二),中華書局,2000年。

裘錫圭《〈太一生水〉"名字"章解釋——兼論〈太一生水〉的分章問題》,《古文字研究》(二十二),中華書局,2000年。

陳偉《〈太一生水〉校讀並論與〈老子〉的關係》,《古文字研究》(二十二),中華書局,2000年。

魏宜輝、周言《讀〈郭店楚墓竹簡〉札記》,《古文字研究》(二十二),中華書局,2000年。

劉釗《讀郭店楚簡字詞札記(三)》,《古文字研究》(二十二),中華書局,2000年。

孔仲溫《郭店楚簡〈緇衣〉字詞補釋》,《古文字研究》(二十二),中華書局,2000年。

陳偉武《舊釋"折"及从"折"之字平議——兼論"慎德"和"悊終"問題》,《古文字研究》(二十二),中華書局,2000年。

陳松長《郭店楚簡〈語叢〉小識(八則)》,《古文字研究》(二十二),中華書局,2000年。

李天虹《釋郭店楚簡〈成之聞之〉篇中的"肘"》,《古文字研究》(二十二),中華書局2000年7月。

白於藍《釋"夅"、"𩰬"》,《古文字研究》(二十二),中華書局,2000年。

李學勤《出土佚書的三點貢獻》,《出土文獻與中國文學研究》,北京廣播學院出版社,2000年。

李學勤《試説郭店簡〈成之聞之〉兩章》,《烟臺大學學報》2000年4期。

江林昌《中國先秦儒道文獻的重大發現與深遠意義——初讀〈郭店楚墓竹簡〉》,《烟臺大學學報》2000年4期。

廖名春《郭店楚簡與〈詩經〉》,《出土文獻與中國文學研究》,北京廣播學院出版社,2000年。

湯漳平《再論楚墓祭祀竹簡與〈楚辭·九歌〉》,《出土文獻與中國文學研究》,北京廣播學院出版社,2000年。

蘇傑《釋包山楚簡中的"對"字》,《古漢語研究》2000年3期。

董蓮池《〈老子〉"大器晚成"即"大器無成"説補證》,《古籍整理研究學刊》2000年5期。

涂宗流《〈唐虞之道〉中"弗利"淺説:郭店楚簡校釋札記》,《荆門職業技術學院學報》2000年5期。

周同科《郭店楚墓竹簡甲組〈老子〉隸讀》,《南京大學學報》2000年6期。

劉曉樂《〈郭店楚墓竹簡·緇衣〉初探》,《蘭州大學學報》2000年4期。

吕紹綱《〈郭店楚墓竹簡·緇衣〉辨疑兩題》,《史學集刊》2000年1期。

白於藍《郭店楚簡拾遺》,《華南師範大學學報》2000年3期。

李天虹《郭店楚簡與傳世文獻互徵七則》,《江漢考古》2000年3期。

龐樸《孔孟之間的驛站》,《新華文摘》2000年3期。

戚永《專家話楚簡》(上、下),《光明日報》2000年1月14日。

廖名春《郭店楚簡〈緇衣〉引〈書〉考》,《西北大學學報》2000年1期。

韓樹英《郭店楚墓竹簡〈老子〉校讀》,《人民日報》2000年3月9日。

江林昌《新學問大都由於新發現:裘錫圭先生談出土簡帛與先秦秦漢古籍整理及文學史》,《中國教育報》2000年10月10日。

廖名春《郭店楚簡〈緇衣〉篇引〈詩〉考》,《華學》第四輯,紫禁城出版社,2000年。

陳偉武《郭店楚簡識小録》,《華學》第四輯,紫禁城出版社,2000年。

陳斯鵬《郭店楚墓竹簡考釋補正》,《華學》第四輯,紫禁城出版社,

2000年。

李天虹《釋楚簡文字"䎽"》,《華學》第四輯,紫禁城出版社,2000年。

劉樂賢《〈窮達以時〉與〈呂氏春秋·慎人〉》,《華學》第四輯,紫禁城出版社,2000年。

丁四新《愛親與尊賢的統一——郭店簡書〈唐虞之道〉思想論析與考證》,《華學》第四輯,紫禁城出版社,2000年。

任繼愈《郭店竹簡與楚文化》,《中國哲學史》2000年1期。

魏啓鵬《〈太一生水〉札記》,《中國哲學史》2000年1期。

蔣瑞《説郭店簡本〈老子〉"大器曼成"》,《中國哲學史》2000年1期。

尹振環《重寫老子其人,重釋〈老子〉之書》,《中州學刊》2000年2期。

丁巍《郭店楚墓竹簡中外研究述略》,《中州學刊》2000年2期。

裘錫圭《以郭店〈老子〉爲例談談古文字》,《郭店簡與儒學研究》,遼寧教育出版社,2000年。

彭林《郭店楚簡與〈禮記〉的年代》,《郭店簡與儒學研究》,遼寧教育出版社,2000年。

陳來《郭店竹簡與儒家記説續探》,《郭店簡與儒學研究》,遼寧教育出版社,2000年。

姜廣輝《郭店楚簡與原典儒學——國内學術界關於郭店楚簡的研究(一)》,《書品》1999年1期。又《郭店簡與儒學研究》,遼寧教育出版社,2000年。

姜廣輝《郭店楚簡與早期道家——國内學術界關於郭店楚簡的研究(二)》,《書品》1999年2期。又《郭店簡與儒學研究》,遼寧教育出版社,2000年。

龐樸《"太一生水"説》,《東方文化》1999年5期。又《郭店簡與儒學研究》,遼寧教育出版社,2000年。

陳金生《郭店楚簡〈緇衣〉校讀札記》,《郭店簡與儒學研究》,遼寧教育出版社,2000年。

邢文《〈太一生水〉與〈淮南子〉、〈乾鑿度〉再認識》,《郭店簡與儒學研究》,遼寧教育出版社,2000年。

陳高志《讀〈郭店楚墓竹簡〉札記》,《郭店簡與儒學研究》,遼寧教育出版社,2000年。

王博《關於郭店楚墓竹簡分篇與連綴的幾點想法》,《郭店簡與儒學研究》,遼寧教育出版社,2000年。

## 帛書專著

蔡季襄《晚周繒書考證》,石印本,1944年。藝文印書館,1972年重印本。
蔣玄佁《長沙(楚民族及其藝術)》,上海今古出版社,1950年。
李零《長沙子彈庫楚帛書研究》,中華書局,1985年。
饒宗頤、曾憲通《楚帛書》,中華書局香港分局,1985年。
曾憲通《長沙楚帛書文字編》,中華書局,1993年。
饒宗頤、曾憲通《楚地出土文獻三種研究》,中華書局,1993年。
陳松長《帛書史話》,中國大百科全書出版社,2000年。

## 帛書論文

### 1963年
安志敏、陳公柔《長沙戰國繒書及其有關問題》,《文物》1963年9期。

### 1964年
商承祚《戰國楚帛書述略》,《文物》1964年9期。

### 1979年
姜亮夫《〈離騷〉首八句解》,《社會科學戰綫》1979年2期。

### 1980年
曾憲通《楚月名初探》,《中山大學學報》1980年1期。

**1981 年**

李學勤《新出簡帛與楚文化》,《楚文化新探》,湖北人民出版社,1981 年。
陳邦懷《戰國楚文字小記》,《楚文化新探》,湖北人民出版社,1981 年。
陳邦懷《戰國楚帛書文字考證》,《古文字研究》(五),中華書局,1981 年。

**1982 年**

李學勤《論楚帛書中的天象》,《湖南考古輯刊》(一),嶽麓書社,1982 年。

**1984 年**

陳夢家《戰國楚帛書考》,《考古學報》1984 年 2 期。
李學勤《楚帛書中的古史與宇宙觀》,《楚史論叢》(初集),湖北人民出版社,1984 年。

**1985 年**

曹錦炎《楚帛書〈月令〉篇考釋》,《江漢考古》1985 年 1 期。
高明《楚繒書研究》,《古文字研究》(十二),中華書局,1985 年。
吳九龍《簡牘帛書中的"夭"字》,《出土文獻研究》,文物出版社,1985 年。

**1986 年**

何琳儀《長沙帛書通釋》,《江漢考古》1986 年 1～2 期。

**1987 年**

李學勤《再論帛書十二神》,《湖南考古輯刊》(四),嶽麓書社,1987 年。
李學勤《長沙楚帛書通論》,《楚文化研究論集》一集,荊楚書社,1987 年。又《李學勤集》。又《當代學者自選文庫‧李學勤卷》。

**1988 年**

劉信芳《試論楚先祖祝融譜系》,《江漢考古》1988 年 1 期。

蔡成鼎《〈帛書·四時篇〉讀後》,《江漢考古》1988 年 1 期。
陳秉新《長沙楚帛書文字考釋之辨正》,《文物研究》(四),黄山書社,1988 年。
連劭名《商代的四方風名與八卦》,《文物》1988 年 11 期。

**1989 年**

何琳儀《長沙帛書通釋校補》,《江漢考古》1989 年 4 期。
朱德熙《長沙帛書考釋(四篇)》,《語言文字學論集——慶祝王力先生學術活動五十週年》,知識出版社,1989 年。又《朱德熙古文字論集》。

**1990 年**

李零《楚帛書目驗記》,《文物天地》1990 年 6 期。
徐山《長沙子彈庫戰國楚帛書行款問題質疑》,《考古與文物》1990 年 5 期。
連劭名《長沙楚帛書與卦氣説》,《考古》1990 年 9 期。
李學勤《長沙子彈庫第二帛書探要》,《江漢考古》1990 年 1 期。

**1991 年**

李零《楚帛書與"式圖"》,《江漢考古》1991 年 1 期。
連劭名《長沙楚帛書與中國古代的宇宙論》,《文物》1991 年 2 期。

**1992 年**

何琳儀《說無》,《江漢考古》1992 年 2 期。
曾憲通《秦漢時制芻議》,《中山大學學報》1992 年 4 期。
劉信芳《楚帛書與天問類徵》,《楚辭研究》,文津出版社,1992 年。
劉釗《說"咼"、"呈"二字來源並談楚帛書"萬""兒"二字的讀法》,《江漢考古》1992 年 1 期。
饒宗頤《長沙子彈庫殘帛書小記》,《文物》1992 年 1 期。
李學勤《試論長沙子彈庫楚帛書殘片》,《文物》1992 年 11 期。

商志馥《商承祚教授藏長沙子彈庫楚帛書殘片》,《文物天地》1992年6期。

商志馥《記商承祚教授藏長沙子彈庫楚帛書殘片》,《文物》1992年11期。

朱德熙《長沙帛書考釋(五篇)》,《古文字研究》(十九),中華書局,1992年。又《朱德熙古文字論集》。

李學勤《〈鶡冠子〉與兩種帛書》,《道家文化研究》(一),上海古籍出版社,1992年。

李零《"式"與中國古代的宇宙模式》,《中國文化》1992年4期。

**1994年**

伊世同、何琳儀《平星考——楚帛書殘片與長周期變星》,《文物》1994年6期。

李零《楚帛書的再認識》,《中國文化》1994年10期。又《李零自選集》。

劉信芳《〈楚帛書〉與〈天問〉類徵》,《楚文化研究論集》三集,湖北人民出版社,1994年。

劉信芳《中國最早的物候曆月名——楚帛書月名與神祇研究》,《中華文史論叢》(53輯),1994年。

劉彬徽《楚帛書出土五十週年紀論》,《楚文化研究論集》四集,河南人民出版社,1994年。

院文清《楚帛書與中國創世紀神話》,《楚文化研究論集》四集,河南人民出版社,1994年。

李學勤《楚帛書和道家思想》,《簡帛佚籍與學術史》,時報文化出版有限公司,1994年。

**1995年**

江林昌《子彈庫楚帛書〈四時篇〉宇宙觀及有關問題新探——兼論古代太陽循環觀念》,《長江文化論集》,湖北教育出版社,1995年。

**1996 年**

馮時《楚帛書研究三題》,《于省吾教授百年誕辰紀念文集》,吉林大學出版社,1996 年。

吳振武《楚帛書"夯步"解》,《簡帛研究》第二輯,法律出版社,1996 年。

鄭剛《楚帛書中的星歲紀年和歲星占》,《簡帛研究》第二輯,法律出版社,1996 年。

劉信芳《楚帛書論綱》,《華學》第二輯,中山大學出版社,1996 年。

劉信芳《楚帛書解詁》,《中國文字》新 21 期,藝文印書館,1996 年。

吕威《楚地帛書、敦煌殘卷與佛教僞經中的伏羲女媧故事》,《文學遺產》1996 年 4 期。

**1997 年**

李學勤《出土簡帛佚籍與古代學術文化的演進》,《中國考古學與歷史學之綜合研究》,1997 年。

楊寬《楚帛書的四季神像及其創世神話》,《文學遺產》1997 年 4 期。

院文清《楚帛書中的神話傳說與楚先祖譜系略證》,《文物考古文集》,武漢大學出版社,1997 年。

**1998 年**

江林昌《子彈庫帛書"推步規天"與古代宇宙觀》,《簡帛研究》第三輯,廣西教育出版社,1998 年。

陳偉武《從簡帛文獻看古代生態意識》,《簡帛研究》第三輯,廣西教育出版社,1998 年。

鄭剛《論楚帛書乙篇的性質》,《容庚先生百年誕辰紀念文集》,廣東人民出版社,1998 年。

邢文《〈堯典〉星象、曆法與帛書〈四時〉》,《華學》第三輯,紫禁城出版社,1998 年。

王志平《楚帛書月名新探》,《華學》第三輯,紫禁城出版社,1998 年。

李零《讀幾種出土發現的選擇類占書》,《簡帛研究》第三輯,廣西教育出版社,1998年。

**1999 年**

曾憲通《楚帛書文字新訂》,《中國古文字研究》第一輯,吉林大學出版社,1999年。

王志平《楚帛書"姑月"試探》,《江漢考古》1999年3期。

吳銘生《長沙戰國帛書和人物御龍帛書發現始末》,《文物天地》1999年1期。

曾憲通《楚帛書神話系統試論》,第二屆中國古典文學國際研討會——紀念聞一多先生百年誕辰論文,(新竹)清華大學,1999年。

**2000 年**

李零《〈長沙子彈庫戰國楚帛書研究〉補正》,《古文字研究》(二十),中華書局,2000年。

## 港澳論著目録
### 袁國華

**簡牘**

饒宗頤《戰國楚簡箋證》香港1955年刊本。

連劭名《望山楚簡中的"習卜"》,《江漢論壇》1986年1期。

張光裕、袁國華《讀〈包山楚簡釋文〉札迻》,《中國文字》新17期,藝文印書館,1993年。

袁國華《包山楚簡文字考釋》,《第二屆國際中國古文字學研討會論文集》,香港中文大學,1993年。

袁國華《戰國楚簡文字零釋》,《中國文字》新18期,藝文印書館,

1994年。

袁國華《"包山楚簡"文字考釋三則》,《中華學苑》第44期,政治大學,1994年。

陳榮開《戰國楚簡文字通假現象初探》,《問學初集》,1994年。

張光裕、袁國華《〈包山楚簡文字編〉校訂》,《中國文字》新19期,藝文印書館,1994年。

袁國華《包山楚簡研究》,香港中文大學研究院語言及文學學部博士論文,1994年。

饒宗頤《關於重字與平夜君問題》,《文物》1995年4期。

袁國華《包山楚簡遣策所見"房昏"、"亥鑐"等器物形制考》,《第六屆中國文字學全國學術研討會論文集》,中國文字學會,1995年。

陳建梁《馬山墓所出"緅衣"研究》,《故宮學術季刊》12卷4期,1995年。

袁國華《〈包山楚簡〉文字諸家考釋異同一覽表》,《中國文字》新20期,藝文印書館,1995年。

饒宗頤《緇衣零簡》,《學術集林》卷9,上海遠東出版社,1996年。

饒宗頤《在開拓中的訓詁學》,中國訓詁學會年會論文,1997年。

饒宗頤《説九店楚簡之武㚔(君)與復山》,《文物》1997年6期。

袁國華《釋幾個从"皿"的戰國文字》,《中華學苑》50期,政治大學,1997年。

袁國華《由曾侯乙墓竹簡幾個从水的文字談起》,《中國文字》新23期,藝文印書館,1997年。

袁國華《郭店楚簡文字考釋十一則》,《中國文字》新24期,藝文印書館,1998年。

張光裕《包山楚簡文字編》,《中國文字》新24期,藝文印書館,1998年。

張光裕《〈郭店楚簡研究〉第一卷(文字編)緒説》,《中國出土資料研究》3,1999年。

袁國華《郭店竹簡"卲"(邵)、"其"、"卡"(下)考釋》,《第十屆中國文字學全國學術研討會論文集》,中國文字學會,1999年。

袁國華《〈郭店楚墓竹簡・唐虞之道〉"弓爲天子而不驕"句的"弓"字考釋》,《郭店楚簡國際學術研討會論文集》,湖北人民出版社,2000年。

袁國華《〈郭店楚墓竹簡・五行〉"遴"字考釋》,《中國文字》新26期,藝文印書館,2000年。

張連航《郭店楚簡古本〈老子〉所反映的語言現象》,第四屆國際古漢語語法研討會論文,溫哥華,2000年。

## 楚帛書

饒宗頤《帛書解題》1954年。

饒宗頤《長沙楚墓時占神物圖卷考釋》,《東方文化》1卷1期,1954年。

饒宗頤《長沙出土戰國繒書新釋》,《選堂叢書》之四,1958年。

李棪《楚國帛書中間兩段韻文試讀》1964年油印本。

饒宗頤《楚繒書十二月名核論》,《大陸雜志》30卷1期,1965年。

李棪《楚國帛書文字近二十年研究之總結》,據嚴一萍《楚繒書新考》轉引,發表年月未詳。

李棪《楚國帛書諸家隸定句讀異同表》1968年稿本。

李棪《評巴納〈楚帛書文字的韻與律〉》,《香港中文大學中國文化研究所學報》第4卷2期,1968年。

唐健垣《楚繒書文字拾遺》,《中國文字》8卷30册,1968年。

饒宗頤《楚繒書疏證》,《史語所集刊》1968年。

饒宗頤《楚繒書之摹本和圖象》,《故宫學術季刊》3卷2期,1968年。

饒宗頤《從繒書所見楚人對於曆法、占星及宗教觀念》1972年。

錢存訓《中國古代書史》,香港中文大學出版社,1975年。

莊申《楚帛書上的繪畫》,香港《百姓》第41期,1983年。

連劭名《商代的四方風名與八卦》,《文物》1988年1期。

連劭名《長沙楚帛書與卦氣説》,《考古》1990年9期。

連劭名《長沙楚帛書與中國古代的宇宙論》,《文物》1991年2期。

饒宗頤《長沙子彈庫殘帛文字小記》,《文物》1992年11期。

饒宗頤《楚帛書新證》,《楚地出土文獻三種研究》,中華書局,1993年。

饒宗頤《論楚帛書之二氣與魂魄二元觀念及漢初之宇宙生成論》,《楚地出土文獻三種研究》,中華書局,1993年。

饒宗頤《楚帛書之內涵及性質試說》,《楚地出土文獻三種研究》,中華書局,1993年。

饒宗頤《楚帛書十二月名與〈爾雅〉》,《楚地出土文獻三種研究》,中華書局,1993年。

饒宗頤《楚帛書象緯解》,《楚地出土文獻三種研究》,中華書局,1993年。

饒宗頤《帛書丙篇與日書合證》,《楚地出土文獻三種研究》,中華書局,1993年。

饒宗頤《楚帛書之書法藝術》,《楚地出土文獻三種研究》,中華書局,1993年。

**銅器**

張光裕《先秦泉幣文字辨疑》,臺灣大學文學院,1968年。

常宗豪《戰國青銅器銘文研究》,中山大學碩士論文,1969年。

王人聰《關於壽縣楚器銘文中伹字的解釋》,《考古》1972年6期。

王人聰《齊國刀幣名稱試釋》,《香港中文大學中國文化研究所學報》第13卷,1982年。

杜家祁《曾國青銅器研究》,香港中文大學碩士論文,1985年。

王人聰《戰國記容器銅器刻銘"賡"字試釋》,《江漢考古》1991年1期。

潘慧如《魏國青銅器銘文初探》,香港中文大學中國語言文學學部碩士論文,1993年。

王人聰《釋鳥篆蔡公子頒戈》,《香港中文大學中國文化研究所學報》新第4期,1995年。

王人聰《徐器銘文雜釋》,《南方文物》1996年1期。

張光裕、吳振武合著《武陵新見三十六古兵集錄》1997年。

張光裕《新見吳王夫差劍介紹及越王者旨戈、矛、劍淡說》,《吳越地區青銅器研究論文集》,香港青木出版社,1997年。

張連航《楚國青銅器銘文的形體與紀年特徵》,《第三屆國際中國古文字學研討會論文集》,香港中文大學,1997年。

王人聰《六年襄城令戈考釋》,《第三屆國際中國古文字學研討會論文集》,香港中文大學,1997年。

張光裕《萍廬藏公朱右官鼎跋》,《中國文字》新23期,藝文印書館,1998年。

袁國華《山彪鎮一號大墓出土鳥蟲書錯金戈銘新釋》,《古今論衡》,史語所,2000年。

## 玉石銘刻

張雙慶《秦金石銘刻文字研究》,香港中文大學碩士論文,1972年。

張光裕《玉刀珌銘補説》,《中國文字》12卷52册,1974年。

康寶文《秦始皇刻石題銘研究》,香港中文大學碩士論文,1988年。

曾志雄《侯馬盟書研究》,香港中文大學研究院中文學部博士論文,1993年。

## 古璽

王人聰、羅福頤《印章概述》,三聯書店,1963年。

王人聰《香港中文大學文物館藏印集》,香港中文大學文物館,1980年。

王人聰《長沙出土楚國"大厵"鉩考釋》,《書譜》第8卷第2期,1982年。

王人聰《新出歷代璽印集録》,香港中文大學文物館專刊之二,1982年。

王人聰《古璽考釋》,《古文字學論集(初編)》,香港中文大學,1983年。

王人聰《古璽考釋二則》,《中國語文研究》6期,1984年。

王人聰《新出歷代璽印集釋》,香港中文大學文物館,1987年。

王人聰、葉其峰《秦官印考述》,香港中文大學文物館專刊之四,1990年。

王人聰《香港中文大學文物館藏印續集》,香港中文大學文物館,1996年。

王人聰《戰國吉語、箴言璽考釋》,《故宮博物院院刊》1997 年 4 期。

丘寶怡《燕國璽印文字研究》,《問學二集》,1997 年。

王人聰《真山墓地出土"上相邦璽"辨析》,《故宮博物院院刊》1998 年 2 期。

王人聰、游學華《中國古璽印學國際研討會論文集》,香港中文大學,2000 年。

王人聰《古璽印與古文字論集》,香港中文大學,2000 年。

## 其他

莊文《春秋戰國楚器文字研究》,香港中文大學碩士論文,1975 年。

王人聰《蔡侯𦉈考》,《香港中文大學中國文化研究所學報》第 14 卷,1983 年。

江影紅《籀文時地重探》,《問學初集》,1994 年。

王人聰《釋元用與元弄》,《考古與文物》1996 年 3 期。

## 香港中文大學古文字學研討會第 1、2、3 屆會議論文

1.《古文字學論集(初編)》,香港中文大學,1983 年。

曾憲通《吳王鐘銘考釋》。

朱德熙《戰國文字中所見有關廄的資料》。

黃盛璋《戰國"冶"字結構類型與分國研究》。

殷滌非《舒城九里墩墓的青銅鼓座》。

張頷《魏幣庚布考釋》。

王人聰《古璽考釋》。

吳振武《〈古璽彙編〉釋文訂補及分類修訂》。

2.《第二屆國際中國古文字學研討會論文集》,香港中文大學,1993 年。

何琳儀《𠯑吳王劍補釋——兼釋冢、主、幵、丂》。

吳振武《鄂君啓節"舿"字解》。

王輝《"𦉈"字補釋兼論春秋公冠禮》。

黄錫全《〈中國歷代貨幣大系・先秦貨幣〉釋文校訂》。
曾志雄《侯馬盟書"敜"字的文字學内涵》。
湯餘惠《古璽文字七釋》。
曹錦炎《戰國古璽考釋（三篇）》。
曾憲通《包山卜筮簡考釋（七篇）》。
袁國華《包山楚簡文字考釋》。
陳建梁《釋"緅衣"》。

3.《第二屆國際中國古文字學研討會論文集續編》，香港中文大學，1993年。
林清源《戰國"冶"字異形的衍生與制約及其區域特徵》。
李家浩《包山楚簡中的旌旆及其他》。
陳松長《〈包山楚簡遣策釋文〉訂補》。

4.《第三屆國際中國古文字學研討會論文集》，香港中文大學，1997年。
曹錦炎《跋古越閣新藏之州句劍銘文》。
吴振武《趙十六年守相信平君鈹考》。
王人聰《六年襄城令戈考釋》。
林清源《〈殷周金文集成〉11383號戈銘文讀序檢討》。
劉信芳《九店楚簡日書與秦簡日書比較研究》。
陳松長《九店楚簡釋讀札記》。
李家浩《包山楚簡"簸"字及其相關之字》。
孔仲温《楚簡中有關祭禱的幾個固定字詞試釋》。
陳偉《新發表楚簡資料所見的紀時制度》。
劉樂賢《楚文字雜識（七則）》。
陳偉武《戰國楚簡考釋斠議》。
胡平生《説包山楚簡的"諜"》。
曾志雄《侯馬盟書的人名問題（二）——人名字形問題初探》。

劉國勝《曾侯乙墓 E61 號漆箱書文字研究——附"瑟"考》。

趙平安《夬的形義和它在楚簡中的用法——兼釋其他古文字資料中的夬字》。

曾憲通《從"蟲"符之音讀再論古韻部東冬的分合》。

李零《古文字雜識(二則)》。

高智《古璽文徵十則》。

黃錫全《山西稷山新出空首布布文初探》。

張連航《楚國青銅器銘文的形體與紀年特徵》。

## 香港中文大學博士論文

袁國華《包山楚簡研究》1995 年。

張連航《楚國青銅器銘文形體與詞彙之綜合研究》2000 年。

## 香港中文大學碩士論文

莊富良《春秋戰國楚器文字研究》1975 年。

陳雄根《金文詞類的研究》1975 年。

郭必之《先秦古文字複聲母研究》1997 年。

## 澳門地區論著

蕭春源《珍秦齋古印展》,澳門市政廳,1993 年。

蕭春源《珍秦齋藏印‧秦印篇》,臨時澳門市政局,2000 年。

## 臺灣論著目錄
### 季旭昇

陳槃庵《先秦兩漢帛書考‧附錄——長沙古墓絹質綵繪照片小記》,《史語所集刊》24 分,1953 年。

董作賓《論長沙出土之繒書》,《大陸雜志》10 卷 6 期。又《董作賓先生全集》乙編 4 冊,1955 年。

嚴一萍《楚繒書新考》(上)(中)(下),《中國文字》7 卷 26 冊,1967 年。

金祥恒《楚繒書"霝盧"解》,《中國文字》7 卷 28 冊,1968 年。又《金祥恒先生全集》第二冊,藝文印書館,1990 年。

張光裕《刀布幣文及其相關問題的探討》(一),《中國文字》9 卷 35 冊,1970 年。

張光裕《刀布幣文及其相關問題的探討》(二),《中國文字》9 卷 36 冊,1970 年。

張光裕《從幾個錢文字形的變化說到有關它們的問題》(一)(二),《中國文字》9 卷 37 冊,1970 年。

張光裕《先秦泉幣文字辨疑》,臺灣大學碩士論文,1970 年。

張光裕《從幾個錢文字形的變化說到有關它們的問題》(三)(四)(五),《中國文字》10 卷 40 冊,1971 年。

王恒餘《淺說蝌蚪文和鳥蟲書》,《中國文字》10 卷 42 冊,1971 年。

張光裕《玉刀珌銘補說》,《中國文字》12 卷 52 冊,1974 年。

林素清《先秦古璽文字研究》,臺灣大學碩士論文,1976 年。

邱德修《魏石經初撢》,學海出版社,1978 年。

許學仁《先秦楚文字研究》,臺灣師範大學碩士論文,1979 年。

朱歧祥《中山國古史彝銘考》,臺灣大學碩士論文,1983 年。

許學仁《楚文字考釋》,《中國文字》新 7 期,藝文印書館,1983 年。

陳韻珊《小篆與籀文關係的研究》,臺灣大學碩士論文,1983 年。

江淑惠《齊國彝銘彙考》,臺灣大學碩士論文,1984 年。

林素清《戰國文字研究》,臺灣大學博士論文,1984 年。

蔡哲茂《中山國史初探》,東京大學碩士論文,1984 年。

丁騂《帛書何時》,《中國文字》新 10 期,藝文印書館,1985 年。

林素清《論先秦文字中的"＝"符》,《史語所集刊》,1985 年。

林葉連《說文古籀補研究》,文化大學碩士論文,1985 年。

黃秀燕《從文字演進看周官古文》,臺灣大學碩士論文,1985 年。

蔡哲茂《論北地之衆不指中山之師》，《書目季刊》18卷4期，1985年。

林清源《兩周青銅句兵銘文匯考》，東海大學碩士論文，1986年。

許學仁《戰國文字分域與斷代研究》，臺灣師範大學博士論文，1986年。

蔡哲茂《平山三器銘文集釋》（上），《書目季刊》20卷3期，1986年。

林清源《談戰國文字的簡化現象》，《大陸雜志》，1986年。

張克濟《東周秦文化蠡探》，政治大學碩士論文，1987年。

曾傳林《楚國銅器之研究》，臺灣師範大學碩士論文，1987年。

蔡哲茂《平山三器銘文集釋》（下），《書目季刊》20卷4期，1987年。

蔡哲茂《平山三器銘文集釋再補正》，《書目季刊》21卷1期，1987年。

關國煊《羅福頤渾厚端嚴》，《印林》8卷2期，1987年。

巴納《繒書周邊十二生肖圖研究》（英文），《中國文字》新12期，藝文印書館，1988年。

朱歧祥《論中山彝器銘文字體的系統》，《聯合書院三十週年紀念論文集》，1988年。

林素清《説文古籀文重探——兼論王國維戰國時秦用籀文六國用古文説》，《史語所集刊》，1988年。

朱歧祥《兩周彝器題銘簡論》，《中國語文集刊》5期，1990年。

林素清《論戰國文字的增繁現象》，《中國文字》新13期，藝文印書館，1990年。

林素清《古璽叢考》，第一屆古文字研討會，1990年。又《古文字學論文集》。

陳韻珊《"臭"古文以爲"澤"字辨》，第一屆古文字研討會，1990年。又《古文字學論文集》。

游國慶《戰國古璽文字研究》，"中央"大學碩士論文，1990年。

林素清《古璽文編補正》，《金祥恒教授逝世週年紀念論文集》，1990年。

林素清《春秋戰國美術字體研究》，《史語所集刊》，1991年。

陳月秋《楚系文字研究》，東海大學碩士論文，1991年。

劉端翼《〈汗簡〉及〈汗簡箋正研究〉》，文化大學碩士論文，1991年。

邱德修《先秦梁當爰布與楚爰金考》,1991年。

邱德修《考工記殳與晉殳新探》,《漢學研究》9卷1期,1991年。

張光遠《一百期特輯一百珍集萃——國之重寶——銅器——戰國早期曾姬無卹壺》,《故宮文物月刊》9卷4期,1991年。

徐寶貴《戰國璽印文字考釋》,《中國文字》新15期,藝文印書館,1991年。

周鳳五《越王者旨於賜鐘銘初探》,第一屆古文字研討會,1990年。又《古文字學論文集》。

周鳳五《包山楚簡考釋》,第三屆古文字研討會,1992年。

林素清《讀包山楚簡札記》,第三屆古文字研討會,1992年。

張光裕、袁國華《包山楚簡文字編》,藝文印書館,1992年。

陳秋月《楚系文字研究》,東海大學碩士論文,1992年。

林素清《從"造"字看春秋戰國文字異形現象》,第三屆古文字研討會,1992年。

周南泉《戰國中山國王及家族墓出土玉石器》,《故宮文物月刊》10卷2期,1992年。

許學仁《包山楚簡中所見先公先王考》,《魯實先生學術討論會論文集》,臺灣師範大學,1992年。

陳昭容《從秦系文字演變的觀點論"詛楚文"的真偽及其相關問題》,《史語所集刊》,1993年。

潘琇瑩《宋國青銅器彝銘研究》,成功大學碩士論文,1993年。

袁國華《讀〈包山楚簡字表〉札記》,中國文學研究所在學研究生學術論文研討會,1993年。

袁國華《戰國楚簡文字考釋三則》,中國文學研究所學會學術研討會,1993年。

蕭艾《〈長沙戰國楚繒書新論〉自序》,《湖南文獻》21卷1期,1993年。

朱世力《安慶出土之越丌北古劍》,《故宮文物月刊》10卷11期,1993年。

許進雄《十八年相邦平國君銅劍——兼談戰國晚期趙國的相》,《中國文字》新17期,藝文印書館,1993年。

許學仁《戰國楚墓"卜筮"類竹簡所見"數字卦"》,《中國文字》新 17 期,藝文印書館,《董作賓先生百歲誕辰紀念特刊》,藝文印書館,1993 年。

何琳儀《古璽雜釋再續》,《中國文字》新 17 期,藝文印書館,1993 年。

張光裕、袁國華《讀〈包山楚簡釋文〉札迻》,《中國文字》新 17 期,藝文印書館,1993 年。

陳仁《近來出土楚國簡牘概述》,《中國文學研究》7,1993 年。

周鳳五《包山楚簡文字初考》,《王叔岷先生八十壽慶論文集》,1993 年。

于中航《戰國平阿銘器與齊魏平阿之會》,《故宮文物月刊》11 卷 7 期,1993 年。

袁國華《包山楚簡文字考釋》,《第二屆國際中國古文字學研討會論文集》,香港中文大學,1993 年。

林清源《戰國"冶"字異形的衍生與制約及其區域特徵》,《第二屆國際中國古文字學研討會論文集續編》,香港中文大學,1993 年。

王振華《商周青銅兵器》,1993 年。

陳昭容《秦公簋的時代問題:兼論石鼓文的相對年代》,《史語所集刊》,1993 年。

莊淑慧《曾侯乙墓出土竹簡考》,臺灣師範大學碩士論文,1994 年。

謝映蘋《曾侯乙墓鐘銘與竹簡文字研究》,中山大學碩士論文,1994 年。

袁國華《戰國楚簡文字零釋》,《中國文字》新 18 期,藝文印書館,1994 年。

袁國華《"包山楚簡"文字考釋三則》,《中華學苑》44,1994 年。

周鳳五《"罤命案文書"箋釋——包山楚簡司法文書研究之一》,《文史哲學報》41,1994 年。

周鳳五《侯馬盟書主盟人考》,第一屆《左傳》國際學術研討會,香港大學,1994 年。

劉秋蘭《秦代陶文研究》,臺灣師範大學碩士論文,1994 年。

孔仲溫《論郘陵君三器的幾個問題》,紀念容庚先生百年誕辰暨中國古文字學學術研討會,1994 年。

周鳳五《侯馬盟書年代問題重探》,《中國文字》新 19 期,藝文印書館,1994 年。

何琳儀《吳越徐舒金文選釋》,《中國文字》新 19 期,藝文印書館,1994 年。

游國慶《珍秦齋古印展釋文補說》,《中國文字》新 19 期,藝文印書館,1994 年。

張光裕、袁國華《包山楚簡文字編校訂》,《中國文字》新 19 期,藝文印書館,1994 年。

趙世綱《鄬子受鐘與鄂國史》,《故宮文物月刊》12 卷 6 期,1994 年。

吳雅芝《三晉銅器研究》,臺灣師範大學碩士論文,1995 年。

巫雪如《包山楚簡姓氏研究》,臺灣大學碩士論文,1995 年。

林素清《探討包山楚簡在文字學上的幾個問題》,《史語所集刊》,1995 年。

袁國華《包山楚簡研究》,香港中文大學博士論文,1995 年。

陳茂仁《楚帛書研究》,中正大學碩士論文,1995 年。

汪義麗《帛書五行篇思想研究》,中國文化大學博士論文,1995 年。

黃人二《戰國包山卜筮祝禱簡研究》,臺灣大學碩士論文,1995 年。

陳昭容《戰國至秦的符節——以實物資料爲主》,《史語所集刊》,1995 年。

孔仲溫《郙陵君三器銘文試釋》,《第六屆中國文字學全國學術研討會論文集》,1995 年。

袁國華《包山楚簡遣策所見"房昚"、"亥鑐"等器物形制考》,《第六屆中國文字學全國學術研討會論文集》,1995 年。

何琳儀《戰國官璽雜識》,《印林》16 卷 2 期,1995 年。

施謝捷《近年出版諸印譜釋文訂補(上)》,《印林》16 卷 2 期,1995 年。

施謝捷《古璽印考釋五篇》,《印林》16 卷 2 期,1995 年。

陳振裕《楚惠王爲曾侯乙作的鎛鐘》,《故宮文物月刊》13 卷 2 期,1995 年。

吳振武《戰國璽印中的"申屠"氏》,《印林》16 卷 3 期,1995 年;又《文史》

35 輯。

吳振武《釋戰國"可以正民"成語璽》,《印林》16 卷 4 期,1995 年。

施謝捷《近年出版諸印譜釋文訂補(下)》,《印林》16 卷 4 期,1995 年。

施謝捷《古璽彙編釋文校訂》,《印林》16 卷 5 期,1995 年。

何琳儀《負疋布幣考》,《中國文字》新 20 期,藝文印書館,1995 年。

鄭剛《戰國文字中的同源詞與同源字》,《中國文字》新 20 期,藝文印書館,1995 年。

袁國華《包山楚簡文字諸家考釋異同一覽表》,《中國文字》新 20 期,藝文印書館,1995 年。

李曰訓《鈎戟戈戟考辨——從章丘女郎山出土戰國青銅鈎戟談起》,《故宮文物月刊》13 卷 9 期,1995 年。

黃錫全《"干關"方足布考——干關、扜關、挺關、麋關異名同地》,《第二屆訓詁學學術研討會論文集》,1995 年。又《訓詁論叢》第二輯。

劉釗《談考古資料在說文研究中的重要性》,《第二屆訓詁學學術研討會論文集》,1995 年。又《訓詁論叢》第二輯。

王仲翊《包山楚簡文字研究》,中山大學碩士論文,1996 年。

何琳儀《古幣叢考》,文史哲出版社,1996 年。

林清源《〈殷周金文集成〉新收秦戈考釋》,《于省吾教授百年誕辰紀念文集》,吉林大學出版社,1996 年。

孔仲溫《釋盇》,《于省吾教授百年誕辰紀念文集》,吉林大學出版社,1996 年。

陳昭容《秦系文字研究》,東海大學博士論文,1996 年。

楊素姿《先秦楚方言韻系研究》,中山大學碩士論文,1996 年。

周鳳五《包山楚簡"集箸""集箸言"析論》,《中國文字》新 21 期,藝文印書館,1996 年。

劉信芳《楚帛書解詁》,《中國文字》新 21 期,藝文印書館,1996 年。

楊澤生《燕國文字中的"旡"字》,《中國文字》新 21 期,藝文印書館,1996 年。

顏世鉉《包山楚簡地名研究》，臺灣大學碩士論文，1996年。

于中航《郘王職兵器與昭王伐齊》，《故宮文物月刊》13卷10期，1996年。

季旭昇《楚王熊璋劍考》，《第七屆中國文字學全國學術研討會論文集》，1996年。

許學仁《古文四聲韻古文合證例釋稿》(一)，《第七屆中國文字學全國學術研討會論文集》，1996年。

孔仲溫《望山卜筮祭禱簡文字初探》，《第七屆中國文字學學術研討會論文集》，1996年。

彭宗平《楚王熊璋劍科學鑒定》，《第七屆中國文字學全國學術研討會論文集》，1996年。

陳昭容《秦書八體原委——附論新莽"六書"》，《中國文字》新21期，藝文印書館，1996年。

游國慶《楚帛書及楚域之文字書法與古璽淺探》，《印林》17卷2期，1996年。

施謝捷《古璽印考釋十篇》，《印林》17卷2期，1996年。

林進忠《戰國楚璽藝術賞析》，《印林》17卷2期，1996年。

施謝捷《齊陶印文"於"字考》，《印林》17卷4期，1996年。

文炳淳《包山楚簡所見楚官制研究》，臺灣大學碩士論文，1997年。

林宏明《戰國中山國文字研究》，政治大學碩士論文，1997年。

林素清《從包山楚簡紀年材料論楚曆》，《中國考古學與歷史學之整合研究》，史語所，1997年。

林清源《楚國文字構形研究》，東海大學博士論文，1997年。

林清源《楚國金文書體風格的演變歷程》，《南洋大學語言文化學報》2卷2期，1997年。

張光裕、袁國華《曾侯乙墓竹簡文字編》，藝文印書館，1997年。

陳國瑞《吳越文字研究》，中山大學碩士論文，1997年。

黃靜吟《楚金文研究》，中山大學博士論文，1997年。

劉信芳《〈包山楚簡〉職官與官府通考》，《故宮學術季刊》15卷1期，

1997年。

孔仲溫《再釋望山卜筮祭禱簡文字兼論其相關問題》,《第八屆中國文字學全國學術研討會論文集》,彰化師範大學,1997年。

孔仲溫《望山卜筮祭禱簡"瘠"、"莓"二字考釋》,《中山大學中文系討論會論文集》,1997年。

饒宗頤《在開拓中的訓詁學——從楚簡〈易經〉談到新編〈經典釋文〉的建議》,《第三屆訓詁學學術研討會論文集》,1997年。

吳振武《趙鈹銘文"伐器"試解》,《第三屆全國訓詁學學術研討會論文集》,1997年。

黃靜吟《楚金文試釋》,《第三屆全國訓詁學學術研討會論文集》,1997年。

袁國華《釋幾個从"皿"的戰國文字》,《中華學苑》50,政治大學,1997年。

許學仁《古文四聲韻古文合證稿(二)》,《第三屆國際中國古文字學研討會論文集》,香港中文大學,1997年。

林清源《〈殷周金文集成〉11383號戈銘讀序檢討》,《第三屆國際中國古文字學研討會論文集》,香港中文大學中文系,1997年。

袁國華《鑄司寇鼎銘淺釋》,《第三屆國際中國古文字學研討會論文集》,香港中文大學,1997年。

孔仲溫《楚簡中有關祭禱的幾個固定字詞試釋》,《第三屆國際中國古文字學研討會論文集》,香港中文大學,1997年。

劉信芳《楚簡器物釋名(上篇)》,《中國文字》新22期,藝文印書館,1997年。

林清源《楚國官璽考釋(五篇)》,《中國文字》新22期,藝文印書館,1997年。

顏世鉉《包山楚簡釋地八則》,《中國文字》新22期,藝文印書館,1997年。

楊澤生《古陶文字零釋》,《中國文字》新22期,藝文印書館,1997年。

張光裕《萍廬藏公朱右官鼎跋》,《中國文字》新22期,藝文印書館,1997年。

劉信芳《楚簡器物釋名(下篇)》,《中國文字》新 22 期,藝文印書館,1997 年。

周鳳五《子彈庫帛書"熱氣倉氣"説》,《中國文字》新 22 期,藝文印書館,1997 年。

袁國華《由曾侯乙墓竹簡幾個从水的文字談起——兼論〈詩・周頌・殷武〉"罙入其阻"句"罙"字的來歷》,《中國文字》新 22 期,藝文印書館,1997 年。

陳昭容《秦書同文字新探》,《史語所集刊》,1997 年。

丁原植《郭店竹簡〈老子〉釋析與研究》,萬卷樓圖書公司,1998 年。

李郁晴《淅川下寺春秋楚墓及其器銘研究》,臺灣師範大學碩士論文,1998 年。

周鳳五、林素清《鄂君啓節研究》,1998 年。

林進忠《戰國楚璽藝術賞析》,《印林》17 卷 1 期,1998 年。

林雅婷《戰國合文研究》,中山大學碩士論文,1998 年。

邴尚白《楚國卜筮祭禱簡研究》,暨南國際大學碩士論文,1998 年。

洪燕梅《秦金文研究》,中山大學博士論文,1998 年。

許仙瑛《先秦鳥蟲書研究》,臺灣師範大學碩士論文,1998 年。

許雅惠《犨墓所見戰國中期銅器的轉變》,臺灣大學碩士論文,1998 年。

陳茂仁《淺探帛書〈宜忌篇〉章題之内涵》1998 年。

雷敦龢《郭店〈老子〉及〈太一生水〉英譯》,《達慕思郭店老子國際討論會論文集》,1998 年。

陳鼓應《初讀簡本〈老子〉》,《達慕思郭店老子國際討論會論文集》,1998 年。

林進忠《戰國時代中山國出土文字的書法研究》,《藝術學報》62,1998 年。

丁原植《郭店竹簡〈老子〉的出土及其特殊意義》,《國文天地》14 卷 2 期,1998 年。

孔仲溫《郭店緇衣簡字詞補釋》,中山大學中文系第 73 次學術討論會,1998 年。

許抗生《初談郭店竹簡"老子"》,《宗教哲學》4 卷 4 期,1998 年。

王振華《古越閣藏銅兵萃珍——銅鐱篇》,臺北・古越閣,1998年。

李家浩《燕國"洇谷山金鼎"補釋》,《中國文字》新22期,藝文印書館,1998年。

吳振武《釋三方藏在日本的中國古代官印》,《中國文字》新22期,藝文印書館,1998年。

劉釗《香港中文大學文物館藏印集釋文訂補》,《中國文字》新22期,藝文印書館,1998年。

黃錫全《"取子"所鑄銚器考》,《中國文字》新22期,藝文印書館,1998年。

劉信芳《蒿宮、蒿間與蒿里》,《中國文字》新22期,藝文印書館,1998年。

周鳳五《郭店楚簡忠信之道考釋》,《中國文字》新22期,藝文印書館,1998年。

季旭昇《讀郭店楚墓竹簡札記：卞、絕爲棄作、民復季子》,《中國文字》新24期,藝文印書館,1998年。

袁國華《郭店楚簡文字考釋十一則》,《中國文字》新24期,藝文印書館,1998年。

黃錫全《齊"六字刀"銘文釋讀及相關問題》,《第四屆全國訓詁學學術研討會論文集》,1998年。

蔡鴻江《蔡侯盤考釋》,《第七屆高雄師範大學所友研討會論文集》,1998年。

丁原植《從出土老子文本看中國古典哲學的發展》,《哲學與文化》26卷4期,1999年。

丁原植、郭梨華《最老的老子——竹簡老子》,《國文天地》14卷10期,1999年。

王輝《秦文字集證》,藝文印書館,1999年。

周鳳五《郭店楚墓竹簡唐虞之道新釋》,《史語所集刊》,1999年。

程元敏《郭店楚簡〈緇衣〉引書考》,《古文字與古文獻》試刊號,1999年。

周鳳五《郭店竹簡〈成之聞之〉札記》,《古文字與古文獻》試刊號,

1999年。

周鳳五、林素清《郭店竹簡編序復原研究》,《古文字與古文獻》試刊號,1999年。

劉信芳《郭店簡文字考釋二則》,《古文字與古文獻》試刊號,1999年。

陳偉《太一生水考釋》,《古文字與古文獻》試刊號,1999年。

李若暉《郭店老子零釋》,《古文字與古文獻》試刊號,1999年。

黃人二《郭店竹簡〈窮達以時〉考釋》,《古文字與古文獻》試刊號,1999年。

周鳳五《楚簡文字瑣記(三則)》,第一屆簡帛學術討論會,1999年。

林素清《簡牘符號試論——從楚簡上的符號談起》,第一屆簡帛學術討論會,1999年。

林清源《戰國燕王戈器銘特徵及其定名辨偽問題》,《史語所集刊》,1999年。

姜元媛《老子道德經版本的比較——以郭店楚墓竹簡為研探中心》,淡江大學碩士論文,1999年。

徐貴美《考釋楚簡帛文字的問題及方法——以考訂楚簡帛文字編為背景的研究》,中興大學碩士論文,1999年。

高去尋《李峪出土銅器及其相關問題》,《史語所集刊》,1999年。

張光裕《郭店楚簡研究·文字編》,藝文印書館,1999年。

許學仁《〈古文四聲韻〉古文研究·古文合證篇》,文史哲出版社,1999年。

郭梨華《簡帛五行的禮樂考述》,《哲學與文化》第26卷第5期,1999年。

陳立《楚系簡帛文字研究》,臺灣師範大學碩士論文,1999年。

陳茂仁《楚帛書置圖方式試論》,第一屆先秦兩漢學術研討會,1999年。

陳麗桂《從郭店竹簡〈五行〉檢視帛書〈五行〉說文對經文的依違情況》,《哲學與文化》26卷5期,1999年。

黃錫全《古文字論叢》,藝文印書館,1999年。

劉佳傑《先秦音樂律名研究》,藝術學院碩士論文,1999年。

劉信芳《荊門郭店竹簡〈老子〉解詁》,藝文印書館,1999年。

蔡哲茂《關於戰國文字"全"字的探討》,第十屆中國文字學全國學術研討會論文,1999年。

魏啓鵬《楚簡老子柬釋》,萬卷樓圖書出版,1999年。

周鳳五《郭店楚簡識字札記》,《張以仁先生十秩壽慶論文集》,學生書局,1999年。

陳高志《郭店楚墓竹簡〈緇衣〉篇部分文字隸定檢討》,《張以仁先生十秩壽慶論文集》,學生書局,1999年。

顏世鉉《郭店簡淺釋》,《張以仁先生十秩壽慶論文集》,學生書局,1999年。

黃人二《郭店楚簡〈魯穆公問子思〉考釋》,《張以仁先生十秩壽慶論文集》,學生書局,1999年。

廖名春《楚簡老子校詁(下)》,《大陸雜志》,1999年。

邱德修《湖北郭店楚簡〈緇衣〉篇考釋舉例》,《紀念許世瑛先生九十冥誕學術研討會論文集》,1999年。

顏世鉉《郭店楚墓竹簡儒家典籍文字考釋》,《經學研究論叢》第六輯,學生書局,1999年。

蔡鴻江《晉系青銅器諸問題之探討》,《周虎林先生六十榮慶論文集》,1999年。

李家浩《楚墓竹簡中的"昆"字及从"昆"之字》,《中國文字》新25期,藝文印書館,1999年。

劉信芳《包山楚簡解詁試筆十七則》,《中國文字》新25期,藝文印書館,1999年。

袁國華《郭店楚簡"卲"(邵)、"其"、"卡"(卞)諸字考釋》,《中國文字》新25期,藝文印書館,1999年。

季旭昇《讀郭店楚簡札記之二:〈老子〉第三十二章》,《中國文字》新25期,藝文印書館,1999年。

白於藍《〈包山楚簡文字編〉校訂》,《中國文字》新25期,藝文印書館,

1999年。

顏世鉉《楚簡文字補釋二則》,《中國文字》新 25 期,藝文印書館, 1999年。

林美娟《〈說文解字〉古文研究》,暨南大學碩士論文,2000年。

尹振環《郭店楚墓竹簡〈老子〉與〈老子〉之辨》,《歷史月刊》2000年2月5日。

李知君《戰國璽印文字研究》,高雄師大碩士論文,2000年。

李富琪《郭店楚簡文字構形研究》,高雄師大碩士論文,2000年。

周鳳五、林素清《郭店楚墓竹簡儒家類古籍研究》,2000年。

胡雲鳳《秦金文文例研究》,靜宜大學碩士論文,2000年。

袁國華《〈郭店楚墓竹簡·五行〉"遰"字考釋》,中國文字學會第十一屆學術研討會論文。又《中國文字》新 26 期,藝文印書館,2000年。

陳高志《讀郭店楚墓竹簡札記》,《中國哲學》21 輯,2000年。

陳溫菊《先秦三晉文化研究》,中正大學博士論文,2000年。

劉信芳《談談假竹簡的識別要點》,《故宮文物月刊》206,2000年。

闕曉瑩《〈古璽彙編〉考釋》,臺灣師範大學碩士論文,2000年。

顏世鉉《郭店楚簡散論(二)》,《江漢考古》2000年1期。

羅凡晸《郭店楚簡異體字研究》,臺灣師範大學碩士論文,2000年。

池田知久《郭店楚簡〈窮達以時〉之研究》,《古今論衡》4,2000年。

邢文《中國簡帛學與二十一世紀》,《兩岸青年學者論壇——中華傳統文化的現代價值論文集》,法鼓人文社會學院,2000年。

陳高志《讀〈郭店楚墓竹簡〉札記》,《郭店簡與儒學研究》,遼寧教育出版社。又《中國哲學》21 輯。

袁國華《山彪鎮一號大墓出土鳥蟲書錯金戈銘新釋》,《古今論衡》5,2000年。

陳昭容《論山彪鎮周王叚戈一號墓出土的作器者及時代》,《古今論衡》5,2000年。

王人聰《新獲吳王夫差劍與越王州句劍》,第一屆古文字與出土文獻學術討論會,2000年。

何琳儀《墙盤賸義》,第一屆古文字與出土文獻學術討論會,2000年。

林清源《欒書缶的時代與國別》,第一屆古文字與出土文獻學術討論會,2000年。

邱德修《簡本〈緇衣篇〉校注舉例——兼論〈緇衣‧鄭注〉之貢獻》,第一屆古文字與出土文獻學術討論會,2000年。

洪燕梅《試論雲夢龍崗M6號秦墓及木牘》,第一屆古文字與出土文獻學術討論會,2000年。

徐少華《楚簡與帛書五行篇若干問題探析》,第一屆古文字與出土文獻學術討論會,2000年。

曹錦炎《從竹簡本〈老子〉〈緇衣〉〈五行〉談楚簡文字構形》,第一屆古文字與出土文獻學術討論會,2000年。

陳松長《帛書〈陰陽五行〉甲篇的文字釋讀與相關問題》,第一屆古文字與出土文獻學術討論會,2000年。

陳偉武《試論出土古文字資料之擬補》,第一屆古文字與出土文獻學術討論會,2000年。

馮時《侯馬、溫縣盟書年代考》,第一屆古文字與出土文獻學術討論會,2000年。

黃德寬、徐在國《傳鈔老子古文輯說》,第一屆古文字與出土文獻學術討論會,2000年。

黃錫全《新見布權試析》,第一屆古文字與出土文獻學術討論會,2000年。

劉信芳《郭店簡"善述者不說"及其相關問題》,第一屆古文字與出土文獻學術討論會,2000年。

顏世鉉《子犯編鐘銘文"喪厥師,滅厥尤"補證》,第一屆古文字與出土文獻學術討論會,2000年。

季旭昇《古璽雜識二題》,第十一屆中國文字學全國學術研討會論文集,2000年。

林文華《戰國文字考釋二則》，第十一屆中國文字學全國學術研討會論文集，2000年。

林宏明《古璽中的弦氏及其相關問題》，第十一屆中國文字學全國學術研討會論文集，2000年。

胡雲鳳《秦文例流變考》，第十一屆中國文字學全國學術研討會論文集，2000年。

袁國華《郭店楚墓竹簡遞字考釋》，第十一屆中國文字學全國學術研討會論文集，2000年。

許文獻《戰國叠加勺聲符構形研究》，第十一屆中國文字學全國學術研討會論文集，2000年。

顏世鉉《第一屆"出土文獻學術研討會"紀要》，《古今論衡》4，2000年。

季旭昇《從戰國文字的"疌"字談詩經中"之"字誤爲"止"字的現象》，中國詩經學會會務通訊第18期，2000年。

顏世鉉《郭店楚簡散論（三）》，《大陸雜志》101卷2期，2000年。

王輝《秦出土文獻編年》，新文豐，2000年。

周鳳五《郭店竹簡的形式特徵及其分類意義》，《郭店楚簡國際學術研討會論文集》，湖北人民出版社，2000年。

顏世鉉《郭店楚簡散論（一）》，《郭店楚簡國際學術研討會論文集》，湖北人民出版社，2000年。

袁國華《〈郭店楚墓竹簡·唐虞之道〉"弓爲天子而不驕"句的"弓"字考釋》，《郭店楚簡國際學術研討會論文集》，湖北人民出版社，2000年。

林素清《郭店竹簡語叢四箋釋》，《郭店楚簡國際學術研討會論文集》，湖北人民出版社，2000年。

丁原植《楚簡老子思辨觀念的天文探源》，《郭店楚簡國際學術研討會論文集》，湖北人民出版社，2000年。

黃人二《讀郭簡〈老子〉並論其爲鄒齊儒者之版本》，《郭店楚簡國際學術研討會論文集》，湖北人民出版社，2000年。

李嘉興《包山楚簡司法文書中的訴訟制度》，出土文獻研究室2000年度工作報告,2000年。

陳宗祺《出土文獻所見楚官名輯證》,出土文獻研究室2000年度工作報告,2000年。

陳時聖《包山楚簡所見楚經濟問題》,出土文獻研究室2000年度工作報告,2000年。

文炳淳《包山楚簡官名補釋五則》,出土文獻研究室2000年度工作報告,2000年。

謝如柏《郭店竹書〈性自命出〉心性論探析》,出土文獻研究室2000年度工作報告,2000年。

吳傑夫《試論郭店竹書中六篇簡長32.5公分的再分類》,出土文獻研究室2000年度工作報告,2000年。

林志鵬《郭店楚簡〈緇衣〉篇的來源及流傳問題試探》,出土文獻研究室2000年度工作報告,2000年。

范麗梅《從郭店唐虞之道論先秦儒者堯舜禪讓說之思想建構及意義》,出土文獻研究室2000年度工作報告,2000年。

陳立《郭店竹書〈六德〉文字零拾》,出土文獻研究室2000年度工作報告,2000年。

林美娟《郭店楚簡與傳鈔古文研究》,出土文獻研究室2000年度工作報告,2000年。

吳振武《古文字中的注音形聲字》,第三屆國際漢學會議,2000年。

周鳳五《楚簡文字的書法史意義》,第三屆國際漢學會議,2000年。

林素清《楚簡文字綜論》,第三屆國際漢學會議,2000年。

曾憲通《盲及相關諸字考辨》,第三屆國際漢學會議,2000年。

王輝《郭店楚簡零釋三則》,《中國文字》新26期,藝文印書館,2000年。

劉信芳《古璽試解十則》,《中國文字》新26期,藝文印書館,2000年。

蕭毅《"麋亡"印釋》,《中國文字》新26期,藝文印書館,2000年。

蘇建洲《戰國古陶文雜識》,《中國文字》新26期,藝文印書館,2000年。

## 國外論著目録

徐在國

### [日本]

林泰輔《秦詛楚文考》,《書苑》3卷5號,1913年。

古華山農《石鼓文地名考》,《國學雜志》1、2、3期,1915年。

太田孝太郎《夢庵藏陶》,1922年。

太田孝太郎《古銅印譜舉隅》1934年;又補遺,1967年。

奥平昌洪《東亞錢志》,東京岩波書店,1938年。

吉田虎(陳觀譯)《先秦貨幣考》,《説文月刊》2卷1期,1940年。

梅原末治《近時出現的文字資料》,《書道全集》卷一,平凡社,1954年。

澤谷昭次《長沙楚墓時占神物圖卷》,《定本書道全集》卷一,1956年。

加藤繁《郢爰考》,《中國經濟史考證(第一卷)》,商務印書館,1959年。

白川静《䖍羌鐘銘文考釋》(上、下),立命館文學164、165,1959年。

白川静《金文通釋》,白鶴美術雜志,1962—1980年。

林巳奈夫《長沙出土戰國帛書考》,《東方學報》36卷,1964年。

神田喜一郎、野上俊静監修《大谷大學所藏禿庵文庫中國古印圖録》,大谷大學,1963年。

下中邦彦《書道全集》卷一,平凡社,1965年。

林巳奈夫《長沙出土戰國帛書考補正》,《東方學報》37卷,1966年。

林巳奈夫《長沙出土戰國帛書十二神考》,《古代中國藝術及其在太平洋地區之影響論文集》,1967年,美國哥倫比亞大學。

林巳奈夫、稻葉一郎、大庭脩《圖版解説信陽出土竹簡、武威出土木簡》,《書道全集》卷二十六,平凡社,1967年。

下中邦彦《書道全集·別卷一——印譜·中國》,平凡社,1968年。

林巳奈夫《長沙出土楚帛書の十二種神の由來》,《東方學報》1971年。

船越昭生《關於鄂君啓節》,《東方學報》第 43 册,1972 年。

大西正男《十干十二支の成立の研究》,1975 年。

神田喜一郎《中國の古印》,二玄社,1976 年。

橫田實《中國印譜解題》,二玄社,1976 年。

赤塚忠《石鼓文的新研究》,《甲骨學》第 11 號,1976 年。

江村治樹《侯馬盟書考》,《内田吟風博士頌壽紀念史論集》,同朋舍,1978 年。

平勢隆郎《"楚曆"小考——對"楚月名初探"的管見》,《中山大學學報》,1981 年。

平勢隆郎《侯馬盟書について》,《書と書論》1 號,1983 年。

梅原末治《洛陽金村古墓聚英》(增訂),同朋舍,1984 年。

梅原末治《戰國式銅器の研究》,同朋舍,1984 年。

吉本道雄《春秋載書考》,《東洋史研究》43 卷 4 號,1985 年。

吉本道雄《晉國出土載書考》,《古史春秋》2 號,朋友書店,1985 年。

平勢隆郎《趙孟とろの集團の室——兼わて侯馬盟書を檢討する》,《東洋文化研究所紀要》第 98 册,1985 年。

林巳奈夫《戰國時代出土文物的研究》,京都大學人文科學研究所,1985 年。

平勢隆郎《春秋晉國"侯馬盟書"字體通覽》,東京大學東洋文化研究所附屬東洋學文獻刊行委員會發行,1988 年。

原田浩《青川秦墓木牘考》,《史海》35,1988 年。

佐原康夫《秦漢陶文考》,《古代文化》41,1989 年。

南山修作《青川秦墓木牘を読む》,《東方學》79,1990 年。

淺原達郎《楚文字の"陵"について》,《中國出土文字資料の基礎的研究》,1993 年。

中野遵(蔣進譯)《吉語印概説》,《印學論談》,西泠印社,1993 年。

菅原石廬(韓天雍譯)《關於戰國璽及秦印中所見的假借字》,《印學論談》,西泠印社,1993 年。

池田雄一《戰國楚の法制——包山楚簡の出土にせて》,《中央大學文學部紀要》38,1993年。

新井光風《包山楚簡書法的考察》,《書法叢刊》1994年3期。

林巳奈夫《〈殷周時代青銅器の研究〉——殷周青銅器綜覽》,訓弘文館,1994年。

石黑ひさ子《曾侯乙墓出土竹簡についての一考察》,《駿臺史學》95,1995年。

菅原石廬《中國璽印集粹》,二玄社,1995年。

新井儀平《戰國包山楚簡——篆書に見えるゑ卒の文字を中心として一》,《大東書道研究》,1995年。

關野雄《臨淄封泥考》,《國際漢學》,1996年。

大西克也《楚の言語につぃこ》,《日中文化研究》,1996年。

大西克也《"殹""也"の交替——六國統一前後に於計る書面言語の一側面》,《中國出土資料研究》2,1998年。

大西克也《並列連詞"及""與"在出土文獻中的分布及上古漢語方言語法》,《古漢語語法論集》,語文出版社,1998年。

池田知久《荊門市博物館〈郭店楚墓竹簡〉筆記》(《老子》甲、乙、丙),達慕思會議論文,1998年。

池田知久《荊門市博物館〈郭店楚墓竹簡〉筆記》(《五行》),達慕思會議論文,改訂版,1998年;增補版,1998年。

平勢隆郎《從太歲議論的出現看郭店楚簡〈太一生水〉》,第44屆國際東方學論文,1999年。

池田知久《郭店楚簡〈五行〉譯注》,《郭店楚簡思想史的研究》第一卷,1999年。

池田知久《尚處形成階段的〈老子〉最古文本——郭店楚簡〈老子〉》,《道家文化研究》第17輯("郭店楚簡"專號),三聯書店,1999年。

東京大學郭店楚簡研究會編《郭店楚簡思想史的研究》第一卷,1999年。

谷口滿《郭店楚簡老子的作者和成書時代》,第44屆國際東方學論文,

1999年。

江村治樹《春秋戰國秦漢時代出土文字資料研究》,汲古書院,2000年。

小寺敦《列國金文にみえる祖先祭祀と女性》,《中國出土資料研究》4,2000年。

池田知久《郭店楚簡〈五行〉研究》,《郭店簡與儒學研究》,《中國哲學》21輯,遼寧教育出版社,2000年。

大西克也《談談郭店楚簡〈老子甲本〉"瀏"字的讀音和訓讀問題》,《中國出土資料研究》4,2000年。

谷中修一《郭店〈老子關係著作五種〉》,《中國出土資料研究》4,2000年。

池田知久《郭店楚簡〈窮達以時〉之研究》,《古今論衡》4,2000年。

## [英國]

鄭德坤《〈中國考古〉第三冊〈周代・帛書〉》,劍橋大學出版社,1963年。

雷敦龢《郭店〈老子〉及〈太一生水〉英譯》,達慕思會議論文,1998年。

雷敦龢《郭店〈老子〉:一些前提的討論》,陳福濱主編《本世紀出土思想文獻與中國古典哲學論文集》(下冊),臺北輔仁大學出版社,1999年。又《道家文化研究》17輯("郭店楚簡"專號),三聯書店,1999年。

## [美國]

錢存訓《書於竹帛》,美國芝加哥大學出版社,1962年。

沙可樂(A・M・Sacklek)沙可樂所藏楚帛書,紐約,1967年。

丘文明《中國錢幣百科辭典》1972年。

馬幾道《東周銅器銘文》,夏含夷《早期中國歷史的新史料》,1997年。

羅鳳鳴《侯馬、溫縣盟書》,夏含夷《早期中國歷史的新史料》,1997年。

夏德安《同方術有關的戰國秦漢簡帛》,夏含夷《早期中國歷史的新史料》,1997年。

馬幾道《秦石鼓》,Netletal:Steylen,1998。

羅浩《郭店〈老子〉對文中一些方法論問題》,達慕思會議論文,1998年。

又《道家文化研究》17 輯（"郭店楚簡"專號），三聯書店，1999 年。

譚樸森（P·M·Thomson）《老子古本校對説明》，達慕思會議論文，1998 年。

William G. Boltz：《中國古代手寫本整理校訂工作的九項基本原則》，達慕思會議論文，1998 年。

韓禄伯《治國大綱——試讀郭店〈老子〉甲組的第一部分》，《道家文化研究》第 17 輯（"郭店楚簡"專號），三聯書店，1999 年。

W. Wagner, Rudolf G.：The Impact of Conceptions of Rhetoric and Styleupon the Formation of Early Laozi Editions. Evidence from Guodian, Mawangdui and the Wang Bi Laozi, 第 44 屆國際東方學論文，日本，1999 年。

Donald Harper（夏德安）：Reading Comprehension and Writing States (as Evidenced in the Guodian Manuscripts)，《郭店楚簡國際學術研討會論文集》，湖北人民出版社，2000 年。

艾蘭《太一·水·郭店〈老子〉》，《郭店楚簡國際學術研討會論文集》，湖北人民出版社，2000 年。

Annping Chin：Chengzhiwenzhi in light of the Shangshu，《郭店楚簡國際學術研討會論文集》，湖北人民出版社，2000 年。

Rudolf G. Wangner：The Guodian MSS and the "Units of thought" in Early Chinese Philosophy，《郭店楚簡國際學術研討會論文集》，湖北人民出版社，1999 年。

艾蘭編《郭店簡〈老子〉》，早期中國學會和東亞研究所，2000 年。

# ［加拿大］

懷履光《洛陽故城古墓考》，1934 年。

高島謙一《中山王陵三器銘文中"隹"與"也"的比較》，《古漢語語法論集》，語文出版社，1998 年。

## [澳大利亞]

巴納《楚帛書初探——文字之新復原》，《華裔雜志》第17卷，1958年。

巴納《楚帛書及其他中國古代出土文書》，《古代中國藝術及其在太平洋地區之影響論文集》，美國哥倫比亞大學，1967年。

巴納《楚帛書》，紐約，1970年。

巴納《楚帛書文字的韻與律》，堪培拉，1971年。

巴納《對一部中文書——楚帛書進行釋讀、翻譯和考證之前的科學鑒定》，堪培拉，1971年。

巴納《一項中國古文書的科學考察》，《楚帛書釋讀導論》，1971年。

巴納《楚帛書及其補遺》，紐約，1972年。

巴納《楚帛書——釋讀和箋注》，澳大利亞國立大學，堪培拉，1973年。

巴納《楚帛書譯注》，堪培拉，1973年。

巴納《陳璋兩銘》，《第二屆國際中國古文字學研討會論文集續編》，香港中文大學，1993年。

## [法國]

賀碧來《論〈太一生水〉》，《道家文化研究》第17輯（"郭店楚簡"專號），三聯書店，1999年。

## [比利時]

戴卡琳《〈太一生水〉初探》，《道家文化研究》第17輯（"郭店楚簡"專號），三聯書店，1999年。

李承律《郭店楚簡〈魯穆公問子思〉譯注》，《郭店楚簡思想史的研究》第一卷，1999年。

李承律《郭店楚簡〈唐虞之道〉譯注》，《郭店楚簡思想史的研究》第一卷，1999年。

# 出 版 後 記

何師的《戰國文字通論（訂補）》自 2003 年在江蘇教育出版社出版以來，一直深受學界歡迎。時隔十餘年，承蒙上海古籍出版社吳長青先生的關照將此書列入再版計劃，深表感激！本次再版，全書使用繁體編排，並對注釋格式進行了規範統一。

書稿清樣出來後遵吳先生之囑，校稿一遍，將 2003 版中明顯的錯誤如錯字、漏字、器物出處錯誤等一一改正。由於這些年戰國文字研究日新月異的發展，書中原來的釋文和觀點被新材料證明是錯誤的，但我們爲了保持原書的面貌，一律不作修正。

編輯部賈利民修正原書諸多訛誤，爲出版事宜費力良多，亦借此致謝！

今年是何師逝世十周年，謹以此書紀念老師！

程燕

二〇一七年六月